2024
믿고 듣는 즐거움

전효진
경찰헌법

8 day cycle

8421 문제집
1차 시험 대비

진도별 모의고사 **15회분** 수록

CONTENTS

문제편

8일 순환

1day	**006**
2day	**013**
3day	**020**
4day	**029**
5day	**037**
6day	**045**
7day	**053**
8day	**061**

4일 순환

1day	**070**
2day	**076**
3day	**084**
4day	**092**

2일 순환

1day	**102**
2day	**109**

1일 순환

1day	**120**

정답 및 해설

8일 순환

1day ··· **130**
2day ··· **136**
3day ··· **145**
4day ··· **152**
5day ··· **160**
6day ··· **169**
7day ··· **177**
8day ··· **184**

4일 순환

1day ··· **192**
2day ··· **198**
3day ··· **205**
4day ··· **214**

2일 순환

1day ··· **222**
2day ··· **229**

1일 순환

1day ··· **237**

8·4·2·1 공부법으로 경찰헌법 실전완성

전효진 경찰헌법
8421
8 day cycle

8일 순환

01

헌법개정에 대한 설명으로 옳지 않은 것은?

① 헌법개정은 국회재적의원 과반수 또는 대통령의 발의로 제안된다.
② 대통령은 제안된 헌법개정안을 20일 이상 공고하여야 한다.
③ 국회는 헌법개정안이 공고된 날로부터 60일 이내에 의결하여야 한다.
④ 헌법개정안에 대한 국회의 의결은 출석의원 3분의 2 이상의 찬성을 얻어야 한다.

02

국적에 대한 설명으로 가장 적절하지 않은 것은? (다툼이 있는 경우 판례에 의함)

① 대한민국에서 출생한 사람으로서 부 또는 모가 대한민국에서 출생한 외국인은 대한민국에 3년 이상 계속하여 주소가 있는 경우 간이귀화허가를 받을 수 있다.
② 외국인의 자(子)로서 대한민국의 민법상 미성년인 사람은 부 또는 모가 귀화허가를 신청할 때 함께 국적 수반취득을 신청할 수 있다.
③ 복수국적자는 18세가 되어 병역준비역에 편입된 때부터 3개월이 지나기 전이라면 자유롭게 국적을 이탈할 수 있고 그 이후부터 병역의무가 해소되는 시점까지만 국적이탈이 금지되는 국적법 제12조 제2항은 과잉금지원칙에 위배되어 국적이탈의 자유를 침해한다.
④ 직계존속(直系尊屬)이 외국에서 영주(永住)할 목적 없이 체류한 상태에서 출생한 자는 병역의무를 해소한 경우에만 국적이탈을 신고할 수 있도록 하는 국적법 제12조 제3항은 과잉금지원칙에 위배되어 국적이탈의 자유를 침해한다.

03

법치국가원리에 대한 설명으로 옳지 않은 것은? (다툼이 있는 경우 판례에 의함)

① 오늘날 법률유보원칙은 국가공동체와 그 구성원에게 기본적이고도 중요한 의미를 갖는 영역, 특히 국민의 기본권 실현과 관련된 영역에 있어서는 국민의 대표자인 입법자가 그 본질적 사항에 대해서 스스로 결정하여야 한다는 요구까지 내포하고 있다.
② 헌법 제37조 제2항은 기본권제한에 관한 일반적 법률유보조항이고, 법률유보의 원칙은 '법률에 의한 규율'을 요청하고 있으므로, 기본권 제한에는 법률의 근거가 필요하고 반드시 법률의 형식으로 하여야 한다.
③ 법률이 구체적인 사항을 대통령령에 위임하고 있고, 그 대통령령에 규정되거나 제외된 부분의 위헌성이 문제되는 경우, 헌법의 근본원리인 권력분립주의와 의회주의 내지 법치주의의 원리상, 법률조항의 위임에 따라 대통령령으로 규정한 내용이 헌법에 위반될 경우라도 그로 인하여 정당하고 적법하게 입법권을 위임한 수권법률조항까지도 위헌으로 되는 것은 아니다.
④ 자기책임원리는 인간의 자유와 유책성, 그리고 인간의 존엄성을 진지하게 반영한 원리로 민사법이나 형사법에 국한된 원리라기보다는 근대법의 기본이념으로서 법치주의에 당연히 내재하는 원리이다.

04

1962년의 제5차 개정헌법의 내용으로 옳은 것만을 <보기>에서 모두 고르면?

― <보 기> ―
㉠ 헌법부칙에 반민주행위자처벌을 위한 소급입법의 근거 마련
㉡ 인간의 존엄과 가치 조항 신설
㉢ 간접선거에 의한 임기 6년의 대통령제
㉣ 기본권 제한의 사유로 국가안전보장 추가

① ㉡
② ㉣
③ ㉠, ㉢
④ ㉡, ㉣

05

헌법전문(前文)에 대한 설명으로 옳지 않은 것은? (다툼이 있는 경우 판례에 의함)

① 헌법전문은 제5차 개헌 때 최초로 개정이 이루어졌다.
② 헌법전문에서 대한민국 임시정부의 법통을 계승한다고 선언하고 있다고 하더라도 국가가 독립유공자와 그 유족에 대하여 응분의 예우를 하여야 할 헌법적 의무를 지는 것은 아니다.
③ '헌법전문에 기재된 3·1정신'은 우리나라 헌법의 연혁적·이념적 기초로서 헌법이나 법률해석에서의 해석기준으로 작용한다고 할 수 있지만, 그에 기하여 곧바로 국민의 개별적 기본권성을 도출해낼 수는 없다.
④ 헌법전문은 헌법개정절차에서의 국회의 의결과 국민투표를 명문으로 규정하고 있다.

06

다음 설명으로 가장 적절한 것은? (다툼이 있는 경우 헌법재판소 판례에 의함)

① 예비군대원 본인의 부재시 예비군훈련 소집통지서를 수령한 같은 세대 내의 가족 중 성년자가 정당한 사유없이 소집통지서를 본인에게 전달하지 아니한 경우 형사처벌을 하는 「예비군법」 조항은 책임과 형벌 사이의 비례원칙에 위배되지 않는다.
② 독립행위가 경합하여 상해의 결과를 발생하게 한 경우 원인된 행위가 판명되지 아니한 때에는 공동정범의 예에 의하도록 규정한 「형법」 제263조는 책임주의원칙에 위반된다.
③ 누구든지 금융회사 등에 종사하는 자에게 타인의 금융거래의 내용에 관한 정보 또는 자료를 요구하는 것을 금지하고 이를 위반시 형사처벌하는 구 「금융실명거래 및 비밀보장에 관한 법률」상 조항은 과잉금지원칙에 반하여 일반적 행동자유권을 침해하지 않는다.
④ 어린이 보호구역에서 제한속도 준수의무 또는 안전운전의무를 위반하여 어린이를 상해에 이르게 한 경우 1년 이상 15년 이하의 징역 또는 500만 원 이상 3천만 원 이하의 벌금에, 사망에 이르게 한 경우 무기 또는 3년 이상의 징역에 처하도록 규정한 '특정범죄 가중처벌 등에 관한 법률'상 조항은 과잉금지원칙에 위반되어 청구인들의 일반적 행동자유권을 침해하지 않는다.

07

법적 안정성에 대한 설명으로 옳지 않은 것은? (다툼이 있는 경우 판례에 의함)

① 일반적으로 과거에 시작된 구성요건사항에 대한 신뢰는 더 보호될 가치가 있는 것이므로 부진정소급입법의 신뢰보호의 원칙에 대한 심사는 장래 입법의 경우보다 일반적으로 더 강화되어야 한다.
② 친일재산의 취득 경위에 내포된 민족배반적 성격, 대한민국 임시정부의 법통 계승을 선언한 헌법전문 등에 비추어 친일반민족 행위자 측으로서는 친일재산의 소급적 박탈을 충분히 예상할 수 있었고, 친일재산 환수 문제는 그 시대적 배경에 비추어 역사적으로 매우 이례적인 공동체적 과업이므로 이러한 소급입법의 합헌성을 인정한다고 하더라도 이를 계기로 진정소급입법이 빈번하게 발생할 것이라는 우려는 충분히 불식될 수 있다.
③ 사법연수원의 소정 과정을 마치더라도 바로 판사임용 자격을 취득할 수 없고 일정 기간 이상의 법조경력을 갖추어야 판사로 임용될 수 있도록 한 「법원조직법」 개정조항은 신뢰보호의 원칙에 위반되지 않는다.
④ 국세관련 경력공무원 중 구법 규정상의 자격부여요건을 충족한 자들에게만 세무사 자격이 부여되도록 규정한 개정된 「세무사법」 규정은 관련자들의 신뢰이익을 침해한 것이다.

08

헌법의 기본원리에 대한 설명으로 가장 옳지 않은 것은? (다툼이 있는 경우 판례에 의함)

① 오늘날에 와서는 국가가 어떤 문화현상에 대하여도 이를 선호하거나, 우대하는 경향을 보이지 않는 불편부당의 원칙이 가장 바람직한 정책으로 평가받고 있다.
② 헌법이 채택하고 있는 적법절차의 원리는 절차적 차원에서 볼 때에 국민의 기본권을 제한하는 경우에는 반드시 당사자인 국민에게 자기의 입장과 의견을 자유로이 개진할 수 있는 기회를 보장하여야 한다는 것을 그 핵심적인 내용으로 하고, 형사처벌이 아닌 행정상의 불이익 처분에도 적용된다.
③ 부진정소급입법은 원칙적으로 허용되는 것이기 때문에 위헌여부 심사에 있어서 진정소급입법과 달리 공익과 비교형량하여 판단할 필요가 없다는 것이 헌법재판소의 입장이다.
④ 헌법 제119조 제2항에 규정된 '경제주체 간의 조화를 통한 경제 민주화' 이념은 경제영역에서 정의로운 사회질서를 형성하기 위하여 추구할 수 있는 국가목표로서 개인의 기본권을 제한하는 국가행위를 정당화하는 헌법규범이다.

09

다음 설명으로 가장 적절하지 않은 것은? (다툼이 있는 경우 헌법재판소 판례에 의함)

① 헌법정신에 맞도록 법률의 내용을 해석·보충하거나 정정하는 '헌법합치적 법률해석'은 '유효한' 법률조항의 의미나 문구를 대상으로 하는 것이므로 입법의 공백을 방지하기 위하여 실효된 법률 조항을 유효한 것으로 해석하는 결과에 이르는 것은 '헌법합치적 법률해석'을 이유로도 정당화될 수 없다.
② 통일정신, 국민주권원리 등은 우리나라 헌법의 연혁적·이념적 기초로서 헌법이나 법률해석에서의 해석기준으로 작용한다고 할 수 있으나, 그에 기하여 곧바로 국민의 개별적 기본권성을 도출해내기는 어렵다.
③ 조약은 국가·국제기구 등 국제법 주체 사이에 권리의무관계를 창출하기 위하여 체결되고 국제법에 의하여 규율되는 합의를 의미하는 것으로, 반드시 서면형식으로 체결될 필요가 있다.
④ 「헌법」 제8조 제1항은 정당설립의 자유, 정당조직의 자유, 정당활동의 자유를 포괄하는 정당의 자유를 보장하는 규정이므로 정당의 자유의 주체는 정당을 설립하려는 개개인과 이를 통해 조직된 정당이다.

10

영토조항 및 평화통일조항에 대한 설명으로 가장 옳지 않은 것은? (다툼이 있는 경우 판례에 의함)

① 국민의 기본권 침해에 대한 권리구제를 위하여 그 전제조건으로서 영토에 관한 권리를 영토권이라 구성하여, 이를 헌법소원의 대상인 기본권으로 간주하는 것은 가능하다.
② 남북합의서는 남북관계를 '나라와 나라 사이의 관계가 아닌 통일을 지향하는 과정에서 잠정적으로 형성되는 특수관계'임을 전제로 하여 이루어진 합의문서인바, 이는 일종의 공동성명 또는 신사협정에 준하는 성격을 가진다.
③ 남북교류협력에 관한 법률과 국가보안법의 상호관계에 대해서, 헌법재판소는 양 법률의 규제대상이 동일한 점을 들어 일반법과 특별법의 관계로 파악하고 있다.
④ 헌법상의 여러 통일관련 조항들로부터 국민 개개인의 통일에 대한 기본권, 특히 국가기관에 대하여 통일과 관련된 구체적인 행위를 요구하거나 일정한 행동을 할 수 있는 권리가 도출된다고 볼 수 없다.

11

다음 중 '헌법'개정에 관한 설명으로 가장 옳지 않은 것은?

① 대통령의 임기를 4년으로 하고 중임을 허용하는 내용의 헌법개정은 가능하지만 그러한 헌법개정 제안 당시의 대통령에 대하여는 효력이 없다.
② 국회의 의결절차를 거치지 아니한 채, 헌법 제72조의 중요정책에 관한 국민투표만으로 헌법을 개정하는 것은 위헌이다.
③ 대통령이 헌법개정을 발의하고 제안된 헌법개정안을 공고하면 국회는 공고된 날로부터 90일 이내에 의결하여야 하며, 국회의 의결은 재적의원 3분의 2 이상의 찬성을 얻어야 한다.
④ 헌법개정안은 국회가 의결한 후 30일 이내에 국민투표에 붙여 국회의원 선거권자 과반수의 투표와 투표자 과반수의 찬성을 얻으면 헌법개정은 확정된다.

12
헌정사에 대한 설명으로 옳지 않은 것은?

① 제1차 헌법개정(1952년 헌법)에서는 국무위원 임명에 있어서 국무총리의 제청권을 규정하였다.
② 제3차 헌법개정(1960년 헌법)에서는 위헌법률심판 및 헌법소원심판을 위한 헌법재판소를 설치하였다.
③ 제5차 헌법개정(1962년 헌법)에서는 헌법전문(前文)을 최초로 개정하여 4·19 이념을 명문화하였다.
④ 제8차 헌법개정(1980년 헌법)에서는 행복추구권, 사생활의 비밀과 자유에 관한 규정을 신설하였다.

13
헌법상 국제법규에 관한 설명으로 옳은 것은 몇 개인가? (다툼이 있는 경우 판례에 의함)

> ㉠ '대한민국과 일본국 간의 어업에 관한 협정'은 한일 간 행정협정에 불과하여 국내법과 같은 효력을 가지는 조약에 해당하지 않는다.
> ㉡ 대통령은 조약을 체결·비준하고, 외교사절을 신임·접수 또는 파견하며, 선전포고와 강화를 한다.
> ㉢ 통상조약의 체결 절차 및 이행과정에서 남한과 북한 간의 거래는 「남북교류협력에 관한 법률」 제12조에 따라 국가 간의 거래가 아닌 민족내부의 거래로 본다.

① 0개　② 1개
③ 2개　④ 3개

14
국적에 대한 설명으로 가장 적절한 것은?

① 현행 국적법은 속지주의를 원칙으로 하면서 부모양계혈통주의에 기초한 속인주의를 예외적으로 채택하고 있다.
② 대한민국의 민법상 미성년인 대한민국의 국민이 아닌 자는 대한민국 국민인 부 또는 모에 의하여 인지되고, 출생 당시에 그 부 또는 모가 대한민국의 국민이라는 요건을 모두 갖춘 때에 대한민국 국적을 취득한다.
③ 대한민국 국적을 취득한 외국인으로서 외국 국적을 가지고 있는 자는 대한민국 국적을 취득한 날부터 1년 내에 그 외국 국적을 포기하여야 한다.
④ 대한민국의 국민만이 누릴 수 있는 권리 중 대한민국의 국민이었을 때 취득한 것으로서 양도할 수 있는 것은 그 권리와 관련된 법령에서 따로 정한 바가 없으면 2년 내에 대한민국의 국민에게 양도하여야 한다.

15
다음 중 '헌법'상 신뢰보호원칙에 관한 설명으로 가장 옳지 않은 것은? (다툼이 있는 경우 판례에 의함)

① 신뢰보호원칙은 법률이나 그 하위법규뿐만 아니라 국가관리의 입시제도와 같이 국·공립대학의 입시 전형을 구속하여 국민의 권리에 직접 영향을 미치는 제도 운영지침의 개폐에도 적용되는 것이다.
② 법적안정성의 객관적 요소로서 신뢰보호원칙은 한번 제정된 법규범은 원칙적으로 존속력을 갖고 자신의 행위기준으로 작용하리라는 '헌법'상의 원칙이다.
③ 신뢰보호원칙의 위반 여부는 한편으로는 침해되는 이익의 보호가치, 침해의 정도, 신뢰의 손상 정도, 신뢰침해의 방법 등과 또다른 한편으로는 새로운 입법을 통하여 실현하고자 하는 공익적 목적 등을 종합적으로 형량하여야 한다.
④ 법률에 따른 개인의 행위가 단지 법률이 반사적으로 부여하는 기회의 활용을 넘어서 국가에 의하여 일정 방향으로 유인된 것이라면 특별히 신뢰이익이 인정될 수 있고, 이러한 경우 원칙적으로 개인의 신뢰보호가 국가의 법률개정이익에 우선된다고 볼 여지가 있다.

16

현행 「국적법」 규정으로 옳지 않은 것은 몇 개인가?

> 가. 출생 당시에 부 또는 모가 대한민국의 국민인 자는 출생과 동시에 대한민국 국적을 취득한다.
> 나. 복수국적자로서 외국 국적을 선택하려는 자는 외국에 주소가 있는 경우에만 주소지 관할 재외공관의 장을 거쳐 법무부장관에게 대한민국 국적을 이탈을 허가받을 수 있다.
> 다. 복수국적자는 대한민국의 법령 적용에서 대한민국 국민으로만 처우한다.
> 라. 출생 당시에 모가 자녀에게 외국 국적을 취득하게 할 목적으로 외국에서 체류 중이었던 사실이 인정되는 자는 외국 국적을 포기한 경우에만 대한민국 국적을 선택한다는 뜻을 신고할 수 있다.

① 1개 ② 2개
③ 3개 ④ 4개

17

다음 중 '헌법' 전문에서 명시적으로 규정하고 있지 않은 것은?

① 국민생활의 균등한 향상
② 자유와 권리에 따르는 책임과 의무의 완수
③ 민족문화의 창달
④ 1948년 7월 12일에 제정되고 8차에 걸쳐 개정된 헌법

18

다음 중 '헌법'의 기본원리에 관한 설명으로 가장 옳지 않은 것은? (다툼이 있는 경우 판례에 의함)

① '헌법' 제38조, 제59조가 선언하는 조세법률주의는 실질적 적법절차가 지배하는 법치주의를 뜻하므로, 비록 과세요건이 법률로 명확히 정해진 것일지라도 그것만으로 충분한 것은 아니고 조세법의 목적이나 내용이 기본권 보장의 '헌법' 이념과 이를 뒷받침하는 '헌법'상 요구되는 제 원칙에 합치되어야 한다.
② 국가가 저소득층 지역가입자를 대상으로 소득 수준에 따라 '국민건강보험법'상 보험료를 차등 지원하는 것은 사회국가원리에 의하여 정당화된다.
③ 평화추구이념을 '헌법'상의 기본원리로 채택하고 있는 우리 '헌법'하에서 평화적 생존권은 기본권성이 인정된다.
④ 법률의 개정 시 구법 질서에 대한 당사자의 신뢰가 합리적이고도 정당하며, 법률의 개정으로 야기되는 당사자의 손해가 극심하여 새로운 입법으로 달성하고자 하는 공익적 목적이 그러한 당사자의 신뢰의 파괴를 정당화할 수 없다면, 그러한 새 입법은 신뢰보호의 원칙상 허용될 수 없다.

19

사회국가원리에 대한 설명으로 옳지 않은 것은? (다툼이 있는 경우 판례에 의함)

① 사회국가란 사회정의의 이념을 헌법에 수용한 국가로 경제·사회·문화의 모든 영역에서 사회현상에 관여하고 간섭하고 분배하고 조정하는 국가를 말하지만 국가에게 국민 각자가 실제로 자유를 행사할 수 있는 그 실질적 조건을 마련해 줄 의무까지 부여하는 것은 아니다.

② 국가는 복지국가를 실현하기 위하여 가능한 수단을 동원할 책무를 진다고 할 것이나 가능한 여러 가지 수단들 가운데 구체적으로 어느 것을 선택할 것인가는 기본적으로 입법자의 재량에 속한다.

③ 특수한 불법행위책임에 관하여 위험책임의 원리를 수용하는 것은 입법정책에 관한 사항으로서 입법자의 재량에 속한다고 할 것이므로 「자동차손해배상보장법」 조항이 운행자의 재산권을 본질적으로 제한하거나 평등의 원칙에 위반되지 아니하는 이상 위험책임의 원리에 기하여 무과실책임을 지운 것만으로 헌법 제119조 제1항의 자유시장 경제질서에 위반된다고 할 수 없다.

④ 저소득층 지역가입자에 대하여 국가가 국고지원을 통하여 보험료를 보조하는 것은 경제적·사회적 약자에게도 의료보험의 혜택을 제공해야 할 사회국가적 의무를 이행하기 위한 것으로서 국고지원에 있어서의 지역가입자와 직장가입자의 차별취급은 사회국가원리의 관점에서 합리적인 차별에 해당하여 평등원칙에 위반되지 아니한다.

20

신뢰보호의 원칙에 대한 설명으로 옳지 않은 것은? (다툼이 있는 경우 판례에 의함)

① 입법자가 반복하여 음주운전을 하는 자를 총포소지허가의 결격사유로 규제하지 않을 것이라는 데 대한 신뢰가 보호가치 있는 신뢰라고 보기 어렵다.

② 무기징역의 집행 중에 있는 자의 가석방 요건을 종전의 '10년 이상'에서 '20년 이상' 형 집행 경과로 강화한 개정 「형법」 조항을 「형법」 개정 당시에 이미 수용 중인 사람에게도 적용하는 「형법」 부칙 규정은 신뢰보호원칙에 위배되지 아니한다.

③ 부진정소급입법은 원칙적으로 허용되지만 소급효를 요구하는 공익상의 사유와 신뢰보호의 요청 사이의 교량과정에서 신뢰보호의 관점이 입법자의 형성권에 제한을 가하게 된다.

④ 위법건축물에 대하여 이행강제금을 부과하도록 하면서 이행강제금제도 도입 전의 위법건축물에 대하여도 적용의 예외를 두지 아니한 「건축법」 (2008. 3. 21. 법률 제8974호) 부칙 규정은 신뢰보호의 원칙에 위반된다.

01
제도적 보장에 관한 설명 중 가장 적절하지 않은 것은?(다툼이 있는 경우 판례에 의함)

① 제도적 보장은 주관적 권리가 아닌 객관적 법규범이라는 점에서 기본권과 구별되기는 하지만, 헌법에 의하여 일정한 제도가 보장되면 입법자는 그 제도를 설정하고 유지할 입법의무를 지게 될 뿐만 아니라 헌법에 규정되어 있기 때문에 법률로써 이를 폐지할 수 없고, 비록 내용을 제한하더라도 그 본질적 내용을 침해할 수 없다.
② 제도적 보장은 객관적 제도를 헌법에 규정하여 당해 제도의 본질을 유지하려는 것으로서 헌법 제정권자가 특히 중요하고도 가치가 있다고 인정되고 헌법적으로도 보장할 필요가 있다고 생각하는 국가제도를 헌법에 규정함으로써 장래의 법 발전, 법 형성의 방침과 범주를 미리 규율하려는 데 있다.
③ 기본권이 입법권·집행권·사법권을 구속하는 법규범인데 반하여, 제도적 보장은 프로그램적 규정으로서 재판규범으로서의 기능을 하지 못한다.
④ 직업공무원제도는 지방자치제도, 복수정당제도, 혼인제도 등과 함께, '제도보장'의 하나로서 이는 일반적인 법에 의한 폐지나 제도본질의 침해를 금지한다는 의미의 '최소보장'의 원칙이 적용되는바, 이는 기본권의 경우 헌법 제37조 제2항의 과잉금지의 원칙에 따라 필요한 경우에 한하여 '최소한으로 제한'되는 것과 대조되는 것이다.

02
정당에 대한 설명으로 옳지 않은 것은? (다툼이 있는 경우 판례에 의함)

① 국회의원을 후원회지정권자로 정하면서 「지방자치법」의 '도'의회의원, '시'의회의원을 후원회지정권자에서 제외하고 있는 「정치자금법」 제6조 제2호는 국회의원과 지방의회의원의 업무의 특성을 고려한 합리적 차별로 평등권을 침해하지 않는다.
② 정당의 활동이란 정당 기관의 행위나 주요 정당관계자, 당원 등의 행위로서 그 정당에게 귀속시킬 수 있는 활동 일반을 의미하는데, 정당 소속의 국회의원 등은 비록 정당과 밀접한 관련성을 가지지만 헌법상으로는 정당의 대표자가 아닌 국민 전체의 대표자이므로 그들의 행위를 곧바로 정당의 활동으로 귀속시킬 수는 없다.
③ 강제적 정당해산은 헌법상 핵심적인 정치적 기본권인 정당활동의 자유에 대한 근본적 제한이므로, 헌법재판소는 이에 관한 결정을 할 때 헌법 제37조 제2항이 규정하고 있는 비례원칙을 준수해야만 한다.
④ 정당의 회계책임자는 타인의 명의나 가명으로 납부된 당비는 국고에 귀속시켜야 하는데, 국고에 귀속되는 당비는 관할 선거관리위원회가 이를 납부받아 국가에 납입한다.

03
다음 중 정당제도에 관한 설명으로 가장 옳지 않은 것은? (다툼이 있는 경우 판례에 의함)

① 회계보고된 자료의 열람기간을 3월간으로 제한한 정치자금법은 알 권리를 침해하지 않는다.
② 정당의 설립은 자유이며, 복수정당제는 보장된다.
③ 정당은 그 목적·조직과 활동이 민주적이어야 하며, 국민의 정치적 의사형성에 참여하는 데 필요한 조직을 가져야 한다고 규정하고 있는 「헌법」 제8조 제2항은 정당의 자유의 헌법적 근거규범이 아니다.
④ 정당은 국민 일반이 정치나 국가작용에 영향력을 행사하는 매개체의 구실과 같은 중요한 공적기능을 수행한다.

04

선거권에 관한 설명 중 가장 적절하지 않은 것은? (다툼이 있는 경우 판례에 의함)

① 주민등록이 되어 있지 않고 국내 거소신고도 하지 않은 재외국민의 임기만료 지역구 국회의원 선거권을 인정하지 않은 것은 보통선거원칙에 위반된다.
② 사법적인 성격을 지니는 농협의 조합장선거에서 조합장을 선출하거나 조합장으로 선출될 권리, 조합장선거에서 선거운동을 하는 것은 헌법에 의하여 보호되는 선거권의 범위에 포함되지 않는다.
③ 선거일 현재 1년 이상의 징역 또는 금고의 형의 선고를 받고 그 집행이 종료되지 아니하거나 그 집행을 받지 아니하기로 확정되지 아니한 사람은 선거권이 인정되지 않는다. 다만, 그 형의 집행유예를 선고받고 유예기간 중에 있는 사람은 그렇지 아니하다.
④ '공무원이 선거운동의 기획에 참여하거나 그 기획의 실시에 관여하는 행위'를 금지하는 공직선거법 조항은 '공무원의 지위를 이용하지 아니한 행위'에까지 적용하는 한 헌법에 위반한다.

05

공무원제도에 대한 설명으로 옳지 않은 것은? (다툼이 있는 경우 판례에 의함)

① 직업공무원의 정치적 중립성을 확보하기 위해 국·공립학교의 초·중등교원의 정당가입은 금지된다.
② 직제가 폐지되어 해당 공무원을 직권면직할 때는 합리적인 근거를 요한다.
③ 직업공무원제도는 헌법이 보장하는 제도적 보장 중의 하나로서 입법자는 직업공무원제도에 관하여 '최소한 보장'의 원칙의 한계 안에서 입법형성의 자유를 가진다.
④ 공무원이 집단, 연명으로 또는 단체의 명의를 사용하여 국가의 정책을 반대하거나 국가 정책의 수립·집행을 방해하는 정치적 주장을 표시·상징하는 복장을 직무수행 중 착용하지 못하게 하는 것은 정치적 표현의 자유의 침해이다.

06

통합진보당 해산(2014. 12. 19. 2013헌다1)에 대한 설명으로 옳지 않은 것은?

① 피청구인 통합진보당은 민주노동당이 국민참여당 등과 함께 신설합당 형식으로 창당한 정당이므로, 민주노동당의 목적과 활동은 피청구인의 목적이나 활동과의 관련성이 인정되는 범위에서 이 사건의 판단자료로 삼을 수 있을 뿐이고, 민주노동당의 목적이나 활동 그 자체가 이 사건의 심판대상이 되는 것은 아니다.
② 대통령은 국무회의의 의장으로서 회의를 소집하고 이를 주재하지만 대통령이 사고로 직무를 수행할 수 없는 경우에는 국무총리가 그 직무를 대행할 수 있고, 대통령이 해외 순방 중인 경우는 '사고'에 해당되므로, 대통령의 직무상 해외 순방 중 국무총리가 주재한 국무회의에서 이루어진 정당해산심판청구서 제출안에 대한 의결은 위법하지 아니하다.
③ 정당해산심판절차에는 헌법재판소법과 헌법재판소 심판규칙, 그리고 헌법재판의 성질에 반하지 않는 한도 내에서 형사소송에 관한 법령이 적용된다.
④ 정당해산심판제도는 정부의 일방적인 행정처분에 의해 진보적 야당이 등록취소되어 사라지고 말았던 우리 현대사에 대한 반성의 산물로서 제3차 헌법개정을 통해 헌법에 도입된 것이다.

07

정당해산제도에 대한 설명으로 옳지 않은 것은?

① '정당의 목적'이란, 어떤 정당이 추구하는 정치적 방향이나 지향점 혹은 현실 속에서 구현하고자 하는 정치적 계획 등을 통칭한다. 만약 정당의 진정한 목적이 숨겨진 상태라면 이 경우에는 강령 이외의 자료를 통해 진정한 목적을 파악해야 한다.

② 정당해산제도의 취지 등에 비추어 볼 때 헌법재판소의 정당해산 결정이 있는 경우 소속 비례대표 지방의회의원의 의원직은 상실된다.

③ 헌법 제8조 제4항은 정당해산심판의 사유를 "정당의 목적이나 활동이 민주적 기본질서에 위배될 때"로 규정하고 있는데, 여기서 말하는 민주적 기본질서의 '위배'란, 민주적 기본질서에 대한 단순한 위반이나 저촉을 의미하는 것이 아니라, 민주사회의 불가결한 요소인 정당의 존립을 제약해야 할만큼 그 정당의 목적이나 활동이 우리 사회의 민주적 기본질서에 대하여 실질적인 해악을 끼칠 수 있는 구체적 위험성을 초래하는 경우를 가리킨다.

④ 헌법 제8조 제4항의 민주적 기본질서 개념은 그 외연이 확장될수록 정당해산결정의 가능성은 확대되고 이와 동시에 정당 활동의 자유는 축소될 것이므로 최대한 엄격하고 협소한 의미로 이해해야 한다.

08

공무담임권에 대한 설명으로 옳은 것은? (다툼이 있는 경우 판례에 의함)

① 순경 공개경쟁채용시험의 응시연령 상한을 30세 이하로 규정한 「경찰공무원임용령」 조항은 공무담임권을 침해하지 않는다.

② 군의 특수성을 고려하여 부사관으로 최초로 임용되는 사람의 최고연령을 27세로 정한 「군인사법」 조항은 부사관임용을 원하는 사람들의 공무담임권을 침해한다.

③ 교육부 및 그 소속기관에서 근무하는 교육연구사 선발에 수석교사가 응시할 수 없도록 응시 자격을 제한한 교육부장관의 '2017년도 교육전문직선발 계획 공고', '2017년도 교육부 및 소속기관 근무 교육전문직선발계획'은 「교육공무원법」 제9조 [별표 1]에 근거한 것으로 공무담임권을 침해하지 않는다.

④ 공무담임권의 보호영역에는 공무원 신분의 부당한 박탈이나 권한 또는 직무의 부당한 정지뿐만 아니라 승진시험의 응시제한이나 이를 통한 승진기회의 보장 등 내부 승진인사에 관한 문제도 포함된다.

09

공무원제도 및 공무담임권에 관한 설명으로 가장 옳지 않은 것은? (다툼이 있는 경우 판례에 의함)

① 공무담임권은 국민이 국가나 공공단체의 구성원으로서 직무를 담당할 수 있는 권리를 뜻하고, 여기서 직무를 담당한다는 것은 공무담임에 관하여 능력과 적성에 따라 평등한 기회를 보장받는 것을 의미한다.

② 현행 헌법은 공무담임권을 명시적으로 규정하고 있다.

③ 선출직 공무원의 공무담임권은 선거를 전제로 하는 대의제의 원리에 의하여 발생하는 것이므로 공직의 취임이나 상실에 관련된 어떠한 법률조항이 대의제의 본질에 반한다면 이는 공무담임권도 침해하는 것이라고 볼 수 있다.

④ 공무담임권은 공직취임의 기회균등을 요구하지만, 취임한 뒤 승진할 때에도 균등한 기회 제공을 요구하지 않는다.

10

선거권 및 선거제도에 대한 설명으로 가장 적절하지 않은 것은? (다툼이 있는 경우 헌법재판소 판례에 의함)

① 선거는 주권자인 국민이 그 주권을 행사하는 통로이므로 국민의 의사를 제대로 반영하고, 국민의 자유로운 선택권을 보장하여야 하며, 정당의 공직선거 후보자의 결정과정이 민주적이어야 한다.
② 선거권의 평등은 투표가치의 평등을 의미하므로 자치구·시·군의원 선거구 획정에서 인구비례의 원칙 이외에 행정구역, 지세, 교통 등 2차적 요소들을 고려하여야 한다.
③ 선거구 구역표는 전체가 불가분의 일체를 이루는 것으로서 어느 한 부분에 위헌적 요소가 있다면 선거구 구역표 전체가 위헌적 하자가 있는 것으로 보아야 한다.
④ 선거에서 대통령의 중립의무는 헌법 제7조 제2항이 보장하는 직업공무원제도로부터 나오는 헌법적 요청이다.

11

다음 설명으로 가장 적절하지 않은 것은? (다툼이 있는 경우 헌법재판소 판례에 의함)

① 정당의 시·도당 하부조직의 운영을 위하여 당원협의회 등의 사무소를 두는 것을 금지한 정당법 규정은 정당활동의 자유를 침해하지 않는다.
② 대의기관의 결의와 소속 국회의원의 제명에 관한 결의는 서면이나 대리인에 의하여 의결할 수 없다.
③ 정당은 그 대의기관의 결의로써 해산할 수 있으며, 정당이 해산한 때에는 그 대표자는 지체 없이 그 뜻을 관할 선거관리위원회에 신고하여야 한다.
④ '공직선거법'상 법원의 판결에 의하여 선거일 현재 선거권이 정지된 18세 국민이라도 '정당법'에 따른 정당의 발기인은 될 수 있다.

12

제도적 보장에 대한 설명으로 옳은 것은? (다툼이 있는 경우 판례에 의함)

① 재판청구권과 같은 절차적 기본권은 원칙적으로 제도적 보장의 성격이 강하기 때문에, 자유권적 기본권의 경우와 비교하여 볼 때 상대적으로 축소된 입법형성권이 인정된다.
② 우리나라의 학설과 판례에 의하면 제도는 국법질서에 의하여 국가 내에서 인정되는 객관적 법규범인 동시에 재판규범으로 기능하며, 기본권과 달리 최대한의 보장을 내용으로 한다.
③ 방송의 자유는 주관적 권리로서의 성격과 함께 신문의 자유와 마찬가지로 자유로운 의견형성이나 여론형성을 위해 필수적인 기능을 행하는 객관적 규범질서로서 제도적 보장의 성격을 함께 가진다.
④ 전래의 어떤 가족제도가 헌법 제36조 제1항이 요구하는 양성평등에 반한다고 할지라도, 헌법 제9조의 전통문화와 규범조화적으로 해석하여 그 헌법적 정당성이 인정될 수도 있다.

13

선거제도에 대한 설명으로 가장 적절하지 않은 것은? (다툼이 있는 경우 판례에 의함)

① 지역구국회의원선거에 있어서 선거구선거관리위원회가 당해 국회의원지역구에서 유효투표의 다수를 얻은 자를 당선인으로 결정하도록 한 공직선거법 조항은 청구인의 선거권을 침해하지 않는다.

② 부재자투표 개시시간을 오전 10시부터로 정한 것은 투표관리 효율성의 도모와 행정부담 축소 외에 투표의 인계·발송절차의 지연위험 등과는 무관한 반면에, 부재자투표자에게는 학업이나 직장업무로 인한 사실상 선거권 행사에 중대한 제한이 되므로 선거권과 평등권을 침해하는 것이다.

③ 국회의원 지역구 선거구에 있어, 전국 선거구의 최대인구수와 최소 인구수의 비율이 3:1 이하로 유지되면 평등선거의 원칙에 위배되지 않는다.

④ 비례대표국회의원 당선인이 공직선거법 제264조(당선인의 선거범죄로 인한 당선무효)의 규정에 의하여 당선이 무효로 된 때 비례대표국회의원 후보자명부상의 차순위 후보자의 승계를 부인하는 것은 과잉금지원칙에 위배하여 청구인들의 공무담임권을 침해한다.

14

지방자치에 대한 설명으로 옳지 않은 것은? (다툼이 있는 경우 판례에 의함)

① 헌법 제117조 제1항은 '지방자치단체는 주민의 복리에 관한 사무를 처리하고 재산을 관리하며, 법령의 범위 안에서 자치에 관한 규정을 제정할 수 있다'라고 하여 지방자치제도의 보장과 지방자치단체의 자치권을 규정하고 있는데, 헌법 제117조 제1항에서 규정하는 '법령'에는 법규명령으로서 기능하는 행정규칙이 포함된다.

② 국가기본도에 표시된 해상경계선은 그 자체로 불문법상 해상경계선으로 인정되는 것은 아니므로 관할 행정청이 국가기본도에 표시된 해상경계선을 기준으로 하여 과거부터 현재에 이르기까지 반복적으로 처분을 내리고, 지방자치단체가 허가, 면허 및 단속 등의 업무를 지속적으로 수행하여 왔다 하더라도 국가기본도상의 해상경계선은 여전히 지방자치단체 관할 경계에 관하여 불문법으로서 그 기준이 될 수 없다.

③ 헌법이 규정하는 지방자치단체의 자치권 가운데에는 자치에 관한 규정을 스스로 제정할 수 있는 자치입법권은 물론이고 그 밖에 그 소속 공무원에 대한 인사와 처우를 스스로 결정하고 이에 관련된 예산을 스스로 편성하여 집행하는 권한이 성질상 당연히 포함된다.

④ 지방자치단체의 구역은 주민자치권과 함께 자치단체의 구성요소이며 자치권이 미치는 관할구역의 범위에는 육지는 물론 바다도 포함되므로 공유수면에 대해서도 지방자치단체의 자치권한이 존재한다고 보아야 한다.

15

혼인과 가족제도에 관한 설명 중 옳지 않은 것은? (다툼이 있는 경우 판례에 의함)

① '혼인 중 여자와 남편 아닌 남자 사이에서 출생한 자녀에 대한 생부의 출생신고'를 허용하도록 규정하지 아니한 '가족관계의 등록 등에 관한 법률' 부분은 혼인 외 출생자인 청구인들의 태어난 즉시 '출생등록될 권리'를 침해한다.
② 헌법 제36조 제1항에서 규정하는 '혼인'이란 양성이 평등하고 존엄한 개인으로서 자유로운 의사의 합치에 의하여 생활공동체를 이루는 것을 말하므로, 법적으로 승인되지 아니한 사실혼은 헌법 제36조 제1항의 보호범위에 포함되지 않는다.
③ '부모의 자녀에 대한 교육권'은 비록 헌법에 명문으로 규정되어 있지는 아니하지만, 이는 모든 인간이 국적과 관계없이 누리는 양도할 수 없는 불가침의 인권이다.
④ 소비단위에 있어서 혼인한 부부를 독신자나 사실혼관계의 부부와 "본질적으로 동일"한 것이라고 볼 수 없으므로 공평한 과세를 실현하기 위해 부부의 자산소득을 합산하여 과세하는 것은 비례원칙에 반하여 헌법 제36조 제1항을 위반하는 것으로 볼 수 없다.

16

혼인과 가족생활에 관한 설명으로 가장 옳지 않은 것은? (다툼이 있는 경우 판례에 의함)

① 부모의 자녀에 대한 교육권은 비록 헌법에 명문으로 규정되어, 혼인과 가족생활을 보장하는 '헌법' 제36조 제1항과 행복추구권을 보장하는 '헌법' 제10조에 의하여 보호받는다.
② 부모가 자녀의 이름을 지을 자유는 혼인과 가족생활을 보장하는 '헌법' 제36조 제1항과 행복추구권을 보장하는 '헌법' 제10조에 의하여 보호받는다.
③ 혼인 종료 후 300일 이내에 출생한 자를 전남편의 친생자로 추정하는 것은 모가 가정생활과 신분관계에서 누려야 할 혼인과 가족생활에 관한 기본권을 침해한다.
④ 친양자 입양을 청구하기 위해서는 친생부모의 친권상실, 사망 기타 동의할 수 없는 사유가 없는 한 친생부모의 동의를 반드시 요하도록 하는 것은 친양자가 될 자의 가족생활에 관한 기본권을 침해하지 않는다.

17

선거권에 관한 설명 중 가장 적절하지 않은 것은? (다툼이 있는 경우 판례에 의함)

① 헌법 제24조는 모든 국민은 '법률이 정하는 바에 의하여' 선거권을 가진다고 규정함으로써 법률유보의 형식을 취하고 있지만, 이것은 국민의 기본권을 법률에 의하여 구체화하라는 뜻이며 선거권을 법률을 통해 구체적으로 실현하라는 의미이다.
② 지방공사 상근직원의 경선운동을 금지하는 공직선거법 규정은 선거운동의 자유를 침해하지 않는다.
③ 헌법재판소는 국민건강보험공단 상근직원의 선거운동을 금지·처벌하는 구 '공직선거및선거부정방지법'은 '선거운동의 자유를 침해하지 않으나, 한국철도공사 상근직원의 선거운동을 금지·처벌하는 구 공직선거법은 선거운동의 자유를 침해한다고 판시하였다.
④ 부재자투표 종료시간을 오후 4시까지로 정한 것은 부재자투표자의 선거권을 침해하지 않는다.

18

지방자치에 대한 설명으로 옳지 않은 것은? (다툼이 있는 경우 판례에 의함)

① 지방자치단체는 법령에 위반되지 아니하는 범위 내에서 그 사무에 관하여 조례를 제정할 수 있는 것이고, 조례가 규율하는 특정사항에 관하여 그것을 규율하는 국가의 법령이 이미 존재하는 경우에도 조례가 법령과 별도의 목적에 기하여 규율함을 의도하는 것으로서 그 적용에 의하여 법령의 규정이 의도하는 목적과 효과를 전혀 저해하는 바가 없는 때에는 그 조례가 국가의 법령에 위반되는 것은 아니다.

② 지방의회 사무직원의 임용권을 지방자치단체의 장에게 부여하는 것은 지방의회와 지방자치단체의 장 사이의 상호 견제와 균형의 원리에 위배된다.

③ 지방의회는 매년 1회 그 지방자치단체의 사무에 대하여 시·도에서는 14일의 범위에서, 시·군 및 자치구에서는 9일의 범위에서 감사를 실시하고, 지방자치단체의 사무 중 특정 사안에 관하여 본회의 의결로 본회의나 위원회에서 조사하게 할 수 있다.

④ 지방자치단체 및 그 장이 위임받아 처리하는 국가사무와 시·도의 사무에 대하여 국회와 시·도의회가 직접 감사하기로 한 사무 외에는 그 감사를 각각 해당 시·도의회와 시·군 및 자치구의회가 할 수 있다. 이 경우 국회와 시·도의회는 그 감사 결과에 대하여 그 지방의회에 필요한 자료를 요구할 수 있다.

19

선거권 및 선거제도에 대한 설명으로 옳지 않은 것은? (다툼이 있는 경우 판례에 의함)

① 범죄자에 대한 형벌의 내용으로 선거권을 제한하는 경우에도 헌법 제37조 제2항에 따라 엄격한 비례심사를 하여야 한다.

② 10개월의 징역형을 선고받고 그 집행이 종료되지 아니한 사람은 선거권이 없다.

③ 집행유예기간 중인 자와 수형자의 선거권을 제한하고 있는 공직선거법 제18조 제1항 제2호 관련 부분은 입법목적의 정당성과 수단의 적합성은 갖추고 있다고 볼 수 있다.

④ 「출입국관리법」 제10조에 따른 영주의 체류자격 취득일 후 3년이 경과한 18세 이상의 외국인으로서 선거인명부작성기준일 현재 「출입국관리법」 제34조에 따라 해당 지방자치단체의 외국인등록대장에 올라 있는 사람은 그 구역에서 선거하는 지방자치단체의 의회의원 및 장의 선거권이 있다.

20

참정권 및 공무담임권에 대한 설명으로 옳지 않은 것은? (다툼이 있는 경우 판례에 의함)

① 헌법상 직접민주주의에 따른 참정권으로 헌법개정안에 대한 국민투표권과, 외교·국방·통일 기타 국가안위에 관한 중요정책에 대한 국민투표권이 규정되어 있는데 전자는 필수적이고 후자는 대통령의 재량으로 이뤄진다.

② 비례대표 국회의원의 기탁금을 1,500만원으로 정한 공직선거법은 공무담임권이나 평등권을 침해하지 아니한다.

③ 지역구국회의원의 기탁금을 1,500만원으로 정한 부분 및 유효투표총수의 100분의 15 이상을 득표한 경우에 기탁금을 반환하는 부분이 공무담임권이나 평등권을 침해하지 아니한다.

④ 비위공무원에 대한 징계를 통해 불이익을 줌으로써 공직기강을 바로 잡고 공무수행에 대한 국민의 신뢰를 유지하고자 하는 공익은 제한되는 사익 이상으로 중요하므로, 공무원이 감봉 처분을 받은 경우 12월간 승진임용을 제한하는 「국가공무원법」 조항 중 '승진임용'에 관한 부분은 공무담임권을 침해하지 않는다.

01

기본권의 제한과 한계에 대한 설명으로 옳지 않은 것은? (다툼이 있는 경우 판례에 의함)

① 운전면허를 받은 사람이 자동차 등을 이용하여 범죄행위를 한 경우 범죄행위의 심각성 및 범죄행위의 기여정도와는 관계없이 필수적으로 운전면허를 취소하도록 하는 것은 기본권 제한에 있어서 최소침해성의 원칙에 위반된다.
② 경찰서장이 동시에 접수한 두 개의 옥외집회 신고서를 상호충돌을 피한다는 이유로 모두 반려한 행위는 법률의 근거 없이 집회의 자유를 침해한 것으로서 헌법에 위반된다.
③ 식품에 숙취해소 효과가 있음에도 불구하고, '숙취해소' 표시를 금지하고 있는 「식품등의표시기준」은 광고표현의 자유를 침해한다.
④ 입법자는 기본권행사의 '여부'에 관한 규제로써 공익을 실현할 수 있는가를 시도하고 이러한 방법으로는 공익달성이 어렵다고 판단되는 경우에 비로소 그 다음 단계인 기본권행사의 '방법'에 관한 규제를 선택해야 한다.

02

다음 설명 중 가장 적절하지 않은 것은? (다툼이 있는 경우 판례에 의함)

① 2012년도 대학교육역량강화사업 기본계획의 수범자는 국공립 대학이나, 당해 계획은 근본적으로 대학에 소속된 교수나 교수회를 비롯한 각 대학 구성원들이 자유롭게 총장후보자 선출방식을 정하고 그에 따라 총장을 선출할 수 있는 권리를 제한하고 있으므로, 당해 기본계획에 대한 헌법소원을 청구하는 데에 있어 대학에 소속된 교수나 교수회의 자기관련성을 인정할 수 있다.
② 모든 인간은 헌법상 생명권의 주체가 되나, 자궁에 착상하기 전 또는 원시선이 나타나기 전까지의 '초기배아'에게는 기본권 주체성을 인정하기 어렵다.
③ 태아도 '헌법'상 생명권의 주체이고, 그 성장 상태가 보호 여부의 기준이 되어서는 안 된다.
④ 대학 자치의 주체를 기본적으로 대학으로 본다고 하더라도 교수나 교수회의 주체성이 부정된다고 볼 수 없는 바, 가령 학문의 자유를 침해하는 대학의 장에 대한 관계에서는 교수나 교수회가 주체가 될 수 있고, 또한 국가에 의한 침해에 있어서는 대학 자체 외에도 대학 전구성원이 자율성을 갖는 경우도 있을 것이므로 문제되는 경우에 따라서 대학, 교수, 교수회 모두가 단독, 혹은 중첩적으로 주체가 될 수 있다고 보아야 할 것이다.

03

기본권 주체에 대한 설명으로 가장 적절하지 않은 것은? (다툼이 있는 경우 헌법재판소 판례에 의함)

① 공법상 재단법인인 방송문화진흥회가 최다출자자인 방송사업자로서「방송법」등 관련 규정에 의하여 공법상의 의무를 부담하고 있지만, 그 설립목적이 언론의 자유의 핵심 영역인 방송사업이므로 이러한 업무수행과 관련해서 기본권 주체가 될 수 있다.
② 일할 자리에 관한 권리는 국민에게만 인정되지만, 일할 환경에 관한 권리는 외국인에게도 인정된다.
③ 아동과 청소년은 부모와 국가에 의한 단순한 보호의 대상이 아닌 독자적인 인격체이며, 그의 인격권은 성인과 마찬가지로 인간의 존엄성 및 행복추구권을 보장하는「헌법」제10조에 의하여 보호된다.
④ '학교안전사고 예방 및 보상에 관한 법률'에 의하여 설립된 학교안전공제회는 행정관청 또는 그로부터 행정권한을 위임받은 공공단체로 공법인에 해당할 뿐, 사법인적 성격을 갖는 것은 아니므로 기본권의 주체가 될 수 없다.

04

다음 설명으로 옳지 않은 것은? (다툼이 있는 경우 판례에 의함)

① 구「건설근로자의 고용개선 등에 관한 법률」제14조 제2항 중 구「산업재해보상보험법」제63조 제1항 가운데 '그 근로자가 사망할 당시 대한민국 국민이 아닌 자로서 외국에서 거주하고 있던 유족은 제외한다'를 준용하는 부분은 합리적 이유 없이 외국거주 외국인 유족을 대한민국 국민인 유족 및 국내거주 외국인 유족과 차별하는 것으로 평등원칙에 위반된다.
② 고용허가를 받아 적법하게 입국하여 일정한 생활관계를 형성·유지하는 외국인 근로자는 직장선택의 자유에 대한 기본권주체성이 인정된다.
③ 헌법상 근로의 권리 중 건강한 작업환경, 일에 대한 정당한 보수, 합리적인 근로조건의 보장 등을 내용으로 하는 일할 환경에 관한 권리는 외국인에게도 인정된다.
④ '인간의 권리'로서 외국인에게도 주체성이 인정되는 일정한 기본권이라 하더라도 불법체류 여부에 따라 그 인정여부가 달라진다.

05

기본권의 주체성에 대한 설명으로 옳지 않은 것은? (다툼이 있는 경우 판례에 의함)

① 인간의 존엄과 가치, 행복추구권은 대체로 '인간의 권리'로서 외국인도 주체가 될 수 있다고 보아야 하고, 평등권도 인간의 권리로서 참정권 등에 대한 성질상의 제한 및 상호주의에 따른 제한이 있을 수 있을 뿐이다.
② 국가 정책에 따라 정부의 허가를 받은 외국인은 정부가 허가한 범위 내에서 소득활동을 할 수 있는 것이므로 외국인이 국내에서 누리는 직업의 자유는 법률 이전에 헌법에 의해서 부여된 기본권이라고 할 수는 없고, 법률에 따른 정부의 허가에 의해 비로소 발생하는 권리이다.
③ 직장선택의 자유는 국민의 권리가 아닌 인간의 권리로 보아야 할 것이므로, 적법하게 고용허가를 받아 우리 사회에서 정당한 노동인력으로서의 지위를 부여받은 외국인에게도 직장선택의 자유에 대한 기본권 주체성을 인정할 수 있다.
④ 근로의 권리란 일할 자리에 관한 권리와 일할 환경에 관한 권리를 말하며, 후자는 건강한 작업환경, 일에 대한 정당한 보수, 합리적인 근로조건의 보장 등을 요구할 수 있는 권리 등을 요구하는바, 직장변경의 횟수를 제한하고 있는 법률조항은 일할 자리에 관한 권리로서의 근로의 권리를 제한하는 것이다.

06

인간의 존엄과 가치에 대한 설명으로 옳지 않은 것은? (다툼이 있는 경우 판례에 의함)

① 수용자를 교정시설에 수용할 때마다 전자영상 검사기를 이용하여 수용자의 항문 부위를 검사하는 행위는 인격권의 침해가 아니다.
② 인간의 존엄과 가치는 국민뿐 아니라 외국인과 무국적자에게도 인정된다.
③ 미결수용자가 수감되어 있는 동안 구치소 등 수용시설에서 사복을 입지 못하게 하고 재소자용 의류를 입게 하는 것은 무죄추정의원칙에 반하고, 인간의 존엄과 가치에서 유래하는 인격권의 침해이다.
④ 교정시설의 1인당 수용면적이 인간으로서의 최소한의 품위를 유지할 수 없을 정도로 과밀하다면 인간으로서의 존엄과 가치를 침해한다.

07

다음 중 과잉금지원칙(비례원칙)에 관한 설명으로 가장 옳지 않은 것은? (다툼이 있는 경우 판례에 의함)

① 과잉금지원칙은 기본권 제한의 방법상 한계로서 「헌법」 제37조 제2항의 '필요한 경우에 한하여' 부분에서 그 근거를 찾을 수 있다.
② 국민의 기본권을 제한하는 입법은 그 목적이 「헌법」 및 법률의 체제상 정당성이 인정되어야 하고, 그 목적의 달성을 위하여 방법이 효과적이고 적절하여야 하며, 입법권자가 선택한 방법이 설사 적절하다고 하더라도 보다 완화된 형태나 방법을 모색함으로써 기본권의 제한은 필요한 최소한도에 그치도록 하여야 하며, 입법에 의하여 보호하려는 공익과 침해되는 사익을 비교형량할 때 보호되는 공익이 더 커야 한다.
③ 입법목적을 달성하기 위한 수단으로서 반드시 가장 합리적이며 효율적인 수단을 선택하여야 하는 것은 아니라고 할지라도 적어도 현저하게 불합리하고 불공정한 수단의 선택은 피하여야 한다.
④ 입법자가 임의적 규정으로도 법의 목적을 실현할 수 있는 경우, 구체적 사안의 개별성과 특수성을 고려할 수 있는 가능성을 일체 배제하는 필요적 규정을 둔다면 이는 비례원칙의 한 요소인 '수단의 적합성(적절성) 원칙'에 위배된다.

08

국가의 기본권 보호의무에 관한 설명 중 적절하지 않은 것은? (다툼이 있는 경우 판례에 의함)

① 국가의 기본권 보호의무의 이행은 입법자의 입법을 통하여 비로소 구체화되는 것이고, 국가가 그 보호의무를 어떻게 어느 정도로 이행할 것인지는 원칙적으로 한 나라의 정치 경제 사회 문화적인 제반 여건과 재정 사정 등을 감안하여 입법정책적으로 판단하여야 하는 입법재량의 범위에 속한다.
② 국가가 국민의 생명·신체의 안전에 대한 보호의무를 다하지 않았는지 여부를 헌법재판소가 심사할 때에는 국가가 이를 보호하기 위하여 적어도 적절하고 효율적인 최소한의 보호조치를 취하였는가 하는 이른바 '과소보호금지원칙' 위반 여부를 기준으로 한다.
③ 「산업단지 인·허가 절차 간소화를 위한 특례법」상 산업단지의 지정권자로 하여금 산업단지계획안에 대한 주민의견청취와 동시에 환경영향평가서 초안에 대한 주민의견청취를 진행하도록 한 것은 국가의 기본권 보호의무에 위반되지 않는다.
④ 사산된 태아에게 불법적인 생명침해로 인한 손해배상청구권을 인정하지 않는 것은 입법형성권의 한계를 명백히 일탈한 것으로서 국가의 기본권 보호의무를 위반한 것이다.

09

인간의 존엄과 가치에 관한 설명으로 가장 옳지 않은 것은? (다툼이 있는 경우 판례에 의함)

① 1980년 제8차 개정헌법은 최초로 '인간으로서의 존엄과 가치'를 규정하였다.
② 태어난 즉시 '출생등록될 권리'는 인간의 존엄과 가치 및 행복추구권으로부터 도출되는 일반적 인격권을 실현하기 위한 기본적인 전제로서 헌법에 명시되지 아니한 독자적 기본권이다.
③ 수용자를 교정시설에 수용할 때마다 전자영상 검사기를 이용하여 수용자의 항문 부위에 대한 신체검사를 하는 것이 필요한 최소한도를 벗어나 과잉금지원칙에 위배되어 수용자의 인격권 내지 신체의 자유를 침해한다고 볼 수 없다.
④ 변호사에 대한 징계결정정보를 인터넷 홈페이지에 공개하도록 한 「변호사법」 조항은 전문적인 법률지식, 윤리적 소양, 공정성 및 신뢰성을 갖추어야 할 변호사가 징계를 받은 경우 국민이 이러한 사정을 쉽게 알 수 있도록 하여 변호사를 선택할 권리를 보장하고, 변호사의 윤리의식을 고취시킴으로써 법률사무에 대한 전문성, 공정성 및 신뢰성을 확보하여 국민의 기본권을 보호하며 사회정의를 실현하기 위한 것으로서 청구인의 인격권을 침해하지 아니한다.

10

다음 설명으로 옳은 것은? (다툼이 있는 경우 판례에 의함)

① 변호사의 업무와 관련된 수임사건의 건수 및 수임액은 변호사의 내밀한 개인적 영역에 속하는 것이므로 이를 소속 지방 변호사회에 보고하도록 한 것은 헌법 제17조의 사생활의 비밀과 자유에 대한 제한에 해당한다.
② 헌법 제20조 제1항에 근거한 종교전파의 자유는 국민에게 그가 선택한 임의의 장소에서 이를 자유롭게 행사할 수 있는 권리까지 보장한다.
③ 금고이상의 선고유예를 받고 그 기간 중에 있는 자를 임용 결격 사유로 삼고 위 사유에 해당하는 자가 임용되더라도 이를 당연무효로 하는 구 국가공무원법 조항은, 입법자의 재량을 일탈하여 공무담임권을 침해한 것이라고 볼 수 없다.
④ 헌법 제25조의 공무담임권의 보호영역에는 일반적으로 공직취임의 기회보장, 신분박탈, 직무의 정지가 포함되는 것일 뿐만 아니라, 여기서 더 나아가 공무원이 특정의 장소에서 근무하는 것 또는 특정의 보직을 받아 근무하는 것을 포함하는 일종의 '공무수행의 자유'까지 포함된다.

11

생명권에 대한 설명으로 가장 적절하지 않은 것은? (다툼이 있는 경우 판례에 의함)

① 생명이 이념적으로 절대적 가치를 지닌 것이라 하더라도 생명에 대한 법적 평가가 예외적으로 허용될 수 있다.
② 상관을 살해한 경우 사형만을 유일한 법정형으로 규정한 군형법은 군대 내 명령·지휘체계를 유지하고 유사시 군의 전투력을 확보할 필요성에 비추어 볼 때 헌법에 위반되지 않는다.
③ 동일한 생명이라 할지라도 법질서가 생명의 발달과정을 일정한 단계들로 구분하고 그 각 단계에 상이한 법적 효과를 부여하는 것이 불가능하지 않으므로, 국가가 생명을 보호하는 입법적 조치를 취함에 있어 인간생명의 발달단계에 따라 그 보호 정도나 보호 수단을 달리할 수 있다.
④ 죽음에 임박한 환자의 연명치료 중단에 관한 자기결정권은 헌법상 보장되는 기본권이다.

12

기본권의 제한에 관한 설명 중 가장 적절하지 않은 것은? (다툼이 있는 경우 판례에 의함)

① 형법 제304조 중 "혼인을 빙자하여 음행의 상습없는 부녀를 기망하여 간음한 자" 부분은 선량한 성풍속 및 정조의무를 지키게 하기 위한 것으로 그 입법목적의 정당성은 인정된다.

② 배우자 있는 자의 간통행위 및 그와의 상간행위를 2년 이하의 징역에 처하도록 규정한 형법 제241조는 선량한 성풍속 및 일부일처제에 기초한 혼인제도를 보호하고 부부간 정조의무를 지키게 하기 위한 것으로 그 입법목적의 정당성은 인정된다.

③ 운전면허를 받은 사람이 다른 사람의 자동차등을 훔친 경우에는 운전면허를 필요적으로 취소하도록 한 구 도로교통법 조항 중 '다른 사람의 자동차 등을 훔친 경우' 부분은 다른 사람의 자동차 등을 훔친 범죄행위에 대한 행정적 제재를 강화하여 자동차 등의 운행과정에서 야기될 수 있는 교통상의 위험과 장해를 방지함으로써 안전하고 원활한 교통을 확보하고자 하는 것으로서 그 입법목적이 정당하다.

④ 형법 제269조 제1항의 자기낙태죄 조항은 태아의 생명을 보호하기 위한 것으로서 그 입법목적이 정당하고, 낙태를 방지하기 위하여 임신한 여성의 낙태를 형사처벌하는 것은 이러한 입법목적을 달성하는 데 적합한 수단이다.

13

다음 설명으로 옳지 않은 것은? (다툼이 있는 경우 판례에 의함)

① 「성폭력범죄의 처벌 등에 관한 특례법」에 규정된 카메라등이용촬영죄는 인격권에 포함된다고 볼 수 있는 '자신의 신체를 함부로 촬영당하지 않을 자유'를 보호하기 위한 것이다.

② 카메라등이용촬영죄 유죄판결이 확정된 자를 신상정보 등록대상자로 규정하는 「성폭력범죄의 처벌 등에 관한 특례법」상 등록대상자조항은 청구인의 개인정보자기결정권을 침해하지 않는다.

③ 교통사고 발생에 고의나 과실이 있는 운전자는 물론, 아무런 책임이 없는 무과실 운전자도 자신이 운전하는 차로 인하여 교통사고가 발생하기만 하면 즉시 정차하여 사상자를 구호하는 등 필요한 조치를 할 의무를 규정하고, 교통사고 발생 시 사상자 구호 등 필요한 조치를 하지 않은 자를 형사처벌하는 「도로교통법」 조항은 과잉금지원칙에 위반되어 운전자의 일반적 행동자유권을 침해한다.

④ 운전면허를 받은 사람이 다른 사람의 자동차등을 훔친 경우에는 운전면허를 필요적으로 취소하도록 하는 것은 임의적 취소 혹은 정지라는 보다 덜 제한적인 수단이 있어 일반적 행동자유권(운전을 업으로 하는 자에 대하여는 직업의 자유)에 대한 과도한 침해가 되어 위헌이다.

14

국가의 기본권 보호의무에 대한 설명으로 옳지 않은 것만을 <보기>에서 모두 고르면? (다툼이 있는 경우 헌법재판소 판례에 의함)

<보기>

㉠ 대통령은 행정부의 수반으로서 국가가 국민의 생명과 신체의 안전 보호의무를 충실하게 이행할 수 있도록 권한을 행사하고 직책을 수행하여야 하는 의무를 부담하므로, 국민의 생명이 위협받는 재난상황이 발생한 경우 직접 구조활동에 참여하여야 하는 등 구체적이고 특정한 행위의무까지 발생한다고 볼 수 있다.

㉡ 주거지역에서 출근 또는 등교 이전 및 퇴근 또는 하교 이후 시간대에 확성장치의 최고출력 내지 소음을 제한하는 등 사용시간과 사용지역에 따른 수인한도 내에서 확성장치의 최고출력내지 소음 규제 기준에 관한 구체적인 규정을 두어야 함에도 이러한 규정을 두지 아니한 것은 적절하고 효율적인 최소한의 보호조치를 취하지 아니하여 국가의 기본권 보호의무를 과소하게 이행한 것이다.

㉢ 자동차 운전자가 업무상 과실 또는 중대한 과실로 인한 교통사고로 말미암아 피해자로 하여금 중상해에 이르게 한 경우, 가해차량이 종합보험 등에 가입되어 있음을 이유로 공소를 제기할 수 없도록 한 것은 형벌까지 동원해야 보호법익을 유효적절하게 보호할 수 있다는 의미에서 교통사고 피해자에 대한 국가의 기본권 보호의무를 위반한 것이다.

㉣ 구 '전원개발촉진법' 제2조 제1호에서 원전 건설을 내용으로 하는 전원개발사업 실시계획에 대한 승인권한을 다른 전원개발과 마찬가지로 산업통상자원부장관에게 부여하고 있다 하더라도, 국가가 국민의 생명·신체의 안전을 보호하기 위하여 필요한 최소한의 보호조치를 취하지 아니한 것이라고 보기는 어렵다.

㉤ 가축사육시설의 환경이 지나치게 열악할 경우 그러한 시설에서 사육되고 생산된 축산물을 섭취하는 인간의 건강도 악화될 우려가 있으므로, 국가로서는 건강하고 위생적이며 쾌적한 시설에서 가축을 사육할 수 있도록 필요한 적절하고도 효율적인 조치를 취함으로써 소비자인 국민의 생명·신체의 안전에 관한 기본권을 보호할 구체적인 헌법적 의무가 있다.

① ㉠, ㉤
② ㉡, ㉢
③ ㉣, ㉤
④ ㉠, ㉢

15

인간의 존엄과 가치에 관한 설명 중 가장 적절하지 않은 것은? (다툼이 있는 경우 판례에 의함)

① 친생부인의 소의 제척기간을 규정한 민법 규정 중 "부(夫)가 그 사유가 있음을 안 날부터 2년내" 부분은 부(夫)가 가정생활과 신분관계에서 누려야 할 인격권을 침해하지 않는다.

② 보험사기를 이유로 체포된 피의자가 경찰서 내에서 수갑을 차고 얼굴을 드러낸 상태에서 조사받는 모습을 촬영할 수 있도록 허용한 행위는 일반 국민의 알 권리 보장을 위한 것이어서 목적의 정당성은 인정되나, 그 얼굴 및 수갑 등의 노출을 방지할 만한 조치를 전혀 취하지 아니한 것은 침해의 최소성 원칙을 충족하였다고 볼 수 없어 결국 피의자의 인격권을 침해하였다고 할 것이다.

③ 장래 가족의 구성원이 될 태아의 성별 정보에 대한 접근을 국가로부터 방해받지 않을 부모의 권리는 일반적 인격권에 의하여 보호된다.

④ 선거기사심의위원회가 불공정한 선거기사를 보도하였다고 인정한 언론사에 대하여 언론중재위원회를 통하여 사과문을 게재할 것을 명하도록 하는 공직선거법 조항 중 '사과문 게재' 부분과, 해당 언론사가 사과문 게재 명령을 지체 없이 이행하지 않을 경우 형사처벌하는 구 공직선거법 규정 중 해당 부분은 언론사의 인격권을 침해한다.

16

인간의 존엄과 가치 및 행복추구권에 관한 설명 중 적절하지 않은 것은? (다툼이 있는 경우 판례에 의함)

① 헌법 제10조가 보호하는 명예는 사람이나 그 인격에 대한 사회적 평가, 즉 객관적·외부적 가치평가뿐 아니라 단순한 주관적·내면적 명예감정도 헌법이 보호하는 명예에 포함된다.
② 헌법 제10조의 행복추구권은 국민이 행복을 추구하기 위하여 필요한 급부를 국가에게 적극적으로 요구할 수 있는 것을 내용으로 하는 것이 아니라, 국민이 행복을 추구하기 위한 활동을 국가권력의 간섭 없이 자유롭게 할 수 있다는 포괄적인 의미의 자유권으로서의 성격을 가진다.
③ 흡연권은 인간의 존엄과 행복추구권을 규정한 헌법 제10조와 사생활의 자유를 규정한 헌법 제17조에 의하여 뒷받침된다.
④ 인수자가 없는 시체를 생전의 본인의 의사와는 무관하게 해부용 시체로 제공될 수 있도록 규정한 시체 해부 및 보존에 관한 법률의 조항은 시체의 처분에 대한 자기결정권을 침해한다.

17

다음 설명으로 옳지 않은 것은? (다툼이 있는 경우 판례에 의함)

① 공문서의 한글전용을 규정한 「국어기본법」 및 「국어기본법 시행령」의 해당 조항은 청구인들의 행복추구권을 침해하지 않는다.
② 국립묘지 안장 대상자의 사망 당시의 배우자가 재혼한 경우에는 국립묘지에 안장된 안장대상자와 합장할 수 없도록 규정한 「국립묘지의 설치 및 운영에 관한 법률」상 조항은 재혼한 배우자를 불합리하게 차별한 것으로 평등원칙에 위배된다.
③ 청구인이 공적인 인물의 부당한 행위를 비판하는 과정에서 모욕적인 표현을 사용한 행위가 사회상규에 위배되지 아니하는 행위로서 정당행위에 해당될 여지가 있음에도, 이에 대한 판단 없이 청구인에게 모욕 혐의를 인정한 피청구인의 기소유예처분은 청구인의 행복추구권을 침해한다.
④ 「수상레저안전법」상 조종면허를 받은 사람이 동력수상레저기구를 이용하여 범죄행위를 하는 경우에 조종면허를 필요적으로 취소하도록 하는 구「수상레저안전법」상 규정은 직업의 자유 내지 일반적 행동의 자유를 침해한다.

18

일반적 행동자유권에 관한 설명 중 옳지 않은 것을 모두 고른 것은? (다툼이 있는 경우 판례에 의함)

㉠ 게임물 관련사업자에게 게임물 이용자의 회원가입 시 본인인증을 할 수 있는 절차를 마련하도록 하고 있는 법률조항은 인터넷게임을 이용하고자 하는 사람들에게 본인인증이라는 사전적 절차를 거칠 것을 강제함으로써, 개개인이 생활방식과 취미활동을 자유롭게 선택하고 이를 원하는 방식대로 영위하고자 하는 일반적 행동의 자유를 제한한다.
㉡ 육군 장교가 민간법원에서 약식명령을 받아 확정되면 자진신고할 의무를 규정한, '2020년도 장교 진급 지시'의 해당 부분 중 '민간법원에서 약식명령을 받아 확정된 사실이 있는 자'에 관한 부분은 청구인인 육군 장교의 일반적 행동의 자유를 침해한다.
㉢ 인천 영종도에 거주하는 주민들에게 인천국제공항 고속도로의 사용료를 징수하는 것은 대체도로가 없는 주민들에 대하여 통행료납부를 사실상 강요하는 것이 되어 일반적 행동자유권을 침해하고, 영종도에 거주하거나 영종도 외부에 직장을 두고 있는 사람들로 하여금 도로의 사용료 부담 때문에 영종도에 자유롭게 거주하는 것을 꺼리게 하고 영종도 외부에 직장을 갖는 것을 주저하게 하여 거주·이전의 자유 및 직업선택의 자유를 침해한다.
㉣ 의료분쟁 조정신청의 대상인 의료사고가 사망에 해당하는 경우 한국의료분쟁조정중재원의 원장은 지체 없이 조정절차를 개시해야 한다고 규정한 의료사고 피해구제 및 의료분쟁 조정 등에 관한 법률 제27조 제9항 전문 중 '사망'에 관한 부분이 청구인의 일반적 행동의 자유를 침해한다고 할 수 없다.

① ㉠, ㉡
② ㉡, ㉢
③ ㉢, ㉣
④ ㉠, ㉣

19

다음 자기결정권에 대한 설명으로 옳은 것은? (다툼이 있는 경우 판례에 의함)

① 지역 주민의 의사가 반영되지 않은 채 이루어진 미군기지의 이전은 인근 지역에 거주하는 주민들의 삶을 결정함에 있어서 사회적으로 영향을 미치므로 헌법상 보장된 개인의 자기결정권을 제한하는 것이다.
② '형법'상 자기낙태죄 조항은 '모자보건법'이 정한 예외를 제외하고는 임신기간 전체를 통틀어 모든 낙태를 전면적·일률적으로 금지하고, 이를 위반할 경우 형벌을 부과함으로써 임신의 유지·출산을 강제하고 있으므로, 임신한 여성의 자기결정권을 제한한다.
③ 환자가 장차 죽음에 임박한 상태에 이를 경우에 대비하여 미리 의료인 등에게 연명치료 거부 또는 중단에 관한 의사를 밝히는 등의 방법으로 죽음에 임박한 상태에서 인간으로서의 존엄과 가치를 지키기 위하여 연명치료의 거부 또는 중단을 결정할 수 있으므로, 입법자에게 헌법 해석상 '연명치료 중단 등에 관한 법률'을 제정할 입법의무까지 인정된다고 볼 수 있다.
④ 응급환자 본인의 행위가 '응급진료 방해 행위'로 평가되는 경우 이를 다른 응급진료 방해 행위와 마찬가지로 금지하고 형사처벌의 대상으로 하는 것은 자기결정권 내지 일반적 행동의 자유를 제한하는 것이다.

20
다음 설명 중 가장 옳지 않은 것은?

① 요양기관이 의료법 제33조 제2항을 위반하였다는 사실을 수사기관의 수사 결과로 확인한 경우 공단으로 하여금 해당 요양기관이 청구한 요양급여비용의 지급을 보류할 수 있도록 규정한 국민건강보험법 제47조의2는 요양기관 개설자의 재산권을 침해하지 않는다.

② 국가를 상대로 하는 당사자소송의 경우에는 가집행선고를 할 수 없다고 규정한 행정소송법 제43조는 평등원칙에 위배된다.

③ 증여계약의 합의해제에 따라 신고기한 이내에 증여받은 재산을 반환하는 경우 처음부터 증여가 없었던 것으로 보는 대상에서 '금전'을 제외한 규정은 수증자의 계약의 자유를 침해하지 않는다.

④ 소주도매업자로 하여금 그 영업장소 소재지에서 생산되는 자도소주를 의무적으로 총구입액의 100분의 50 이상을 구입하도록 하는 자도소주 구입명령제도는 소비자가 자신의 의사에 따라 자유롭게 상품을 선택하는 자기결정권을 제한한다.

01

평등권 또는 평등원칙에 대한 설명으로 옳지 않은 것은? (다툼이 있는 경우 판례에 의함)

① '혼인 중 여자와 남편 아닌 남자 사이에서 출생한 자녀에 대한 생부의 출생신고'를 허용하도록 규정하지 아니한 '가족관계의 등록 등에 관한 법률' 부분은 생부인 청구인들의 평등권을 침해한다.
② 「국민연금법」이 형제자매를 사망일시금 수급권자로 규정하고 있는 것과는 달리 「공무원연금법」이 형제자매를 연금수급권자에서 제외하고 있다 하여도 합리적인 이유에 의한 차별로서 「국민연금법」상의 수급권의 범위와 비교하여 헌법상 평등권을 침해하였다고 볼 수 없다.
③ 평등원칙 위반의 특수성은 대상 법률이 정하는 '법률효과' 자체가 위헌이 아니라 그 법률효과가 수범자의 한 집단에만 귀속되어 '다른 집단과 사이에 차별'이 발생한다는 점에 있기 때문에, 평등원칙의 위반을 인정하기 위해서는 우선 법적용과 관련하여 상호 배타적인 '두 개의 비교집단'을 일정한 기준에 따라서 구분할 수 있어야 한다.
④ 변호인선임서 등을 공공기관에 제출할 때 소속 지방변호사회를 경유하도록 하는 「변호사법」 조항은 다른 전문직과 비교하여 차별취급의 합리적 이유가 있다고 할 것이므로 변호사의 평등권을 침해하지 아니한다.

02

평등원칙 내지 평등권에 관한 설명 중 적절하지 않은 것은? (다툼이 있는 경우 판례에 의함)

① 고소인이나 고발인만을 항고권자로 규정한 검찰청법 조항은 동법상 항고를 통하여 불복할 수 없게 된 기소유예 처분을 받은 피의자를 고소인이나 고발인에 비하여 합리적 이유 없이 차별하는 것이라 할 수 없다.
② 단기복무군인 중 여성에게만 육아휴직을 허용하는 것은 성별에 의한 차별에 해당한다.
③ 경찰공무원은 교육훈련 또는 직무수행 중 사망한 경우 국가유공자 등 예우 및 지원에 관한 법률상 순직군경으로 예우받을 수 있는 것과는 달리, 소방공무원은 화재진압, 구조·구급 업무수행 또는 이와 관련된 교육훈련 중 사망한 경우에 한하여 순직군경으로서 예우를 받을 수 있도록 하는 소방공무원법 규정은 소방공무원에 대한 합리적인 이유없는 차별에 해당한다고 볼 수 없다.
④ 일반 형사소송절차와 달리 소년심판절차에서 검사에게 상소권이 인정되지 않는 것은 객관적이고 합리적인 이유가 있어 피해자의 평등권을 침해한다고 볼 수 없다.

03

평등권에 대한 설명 중 적절하지 않은 것은? (다툼이 있는 경우 판례에 의함)

① 자의심사의 경우에는 차별을 정당화하는 합리적인 이유가 있는지만을 심사하기 때문에 그에 해당하는 비교대상 간의 사실상의 차이나 입법목적의 발견·확인에 그친다.
② 헌법상의 평등원칙에서 파생하는 부담평등의 원칙은 조세뿐만 아니라, 보험료를 부과하는 경우에도 준수되어야 한다.
③ 대한민국 국적을 가지고 있는 영유아 중에서 재외국민인 영유아를 보육료·양육수당의 지원대상에서 제외하는 것은 국가의 재정능력에 비추어 보았을 때, 국내에 거주하면서 재외국민인 영유아를 양육하는 부모를 차별하고 있더라도 평등권을 침해하지는 않는다.
④ 국가라 할지라도 국고작용으로 인한 민사관계에 있어서는 일반인과 같이 원칙적으로 대등하게 다루어져야 하며 국가라고 하여 우대하여야 할 헌법상의 근거가 없다.

04

다음 중 현행 헌법에 규정되어 있지 않은 것은?

① 모든 형사사건에 대한 필요적 국선변호제도
② 연좌제 금지
③ 일사부재리 원칙
④ 자백의 증거능력 제한

05

명확성원칙에 대한 설명으로 옳은 것은? (다툼이 있는 경우 판례에 의함)

① 공중도덕상 유해한 업무에 취업시킬 목적으로 근로자를 파견한 사람을 형사처벌하도록 규정한 구 「파견근로자보호 등에 관한 법률」 조항 중 '공중도덕상 유해한 업무' 부분은 그 행위의 의미가 문언상 불분명하다고 할 수 없으므로 죄형법정주의의 명확성원칙에 위배되지 않는다.
② 외국인이 귀화허가를 받기 위해서는 '품행이 단정할 것'의 요건을 갖추도록 한 구 「국적법」 조항은 그 해석이 불명확하여 수범자의 예측가능성을 해하고, 법 집행기관의 자의적인 집행을 초래할 정도로 불명확하다고 할 수 있으므로, 명확성원칙에 위배된다.
③ 혈액투석 정액수가에 포함되는 비용의 범위를 정한 '의료급여수가의 기준 및 일반기준' 제7조 제2항 본문의 정액범위조항에 사용된 '등'은 열거된 항목 외에 같은 종류의 것이 더 있음을 나타내는 의미로 해석할 수 있으나, 다른 조항과의 유기적·체계적 해석을 통해 그 적용범위를 합리적으로 파악할 수는 없으므로 명확성원칙에 위배된다.
④ 형의 선고와 함께 소송비용 부담의 재판을 받은 피고인이 '빈곤'을 이유로 해서만 집행면제를 신청할 수 있도록 한 「형사소송법 규정에 따른 소송비용에 관한 부분 중 '빈곤'은 경제적 사정으로 소송비용을 납부할 수 없는 경우를 지칭하는 것으로 해석될 수 있으므로 명확성원칙에 위배되지 않는다.

06

다음 설명 중 적절하지 않은 것은? (다툼이 있는 경우 판례에 의함)

① '검사'는 영장신청권을 행사하고(헌법 제12조 제3항, 제16조), 공익의 대표자로서 범죄수사, 공소제기 및 그 유지에 필요한 사항 등에 관한 직무를 담당하여(검찰청법 제4조 제1항), 헌법과 법률에 의해 독자적인 권한을 부여받고 있다.
② '검사'는 검사의 수사 및 공소제기에 관한 권한 중 일부를 조정·제한하는 법률개정행위에 대하여 권한쟁의심판을 청구할 적절한 관련성을 가지고 있다.
③ 국가기관의 '법률상 권한'은, 다른 국가기관의 행위로 침해될 수 있음은 별론으로 하고, 국회의 입법행위로는 침해될 수 없다.
④ 법무부장관은 권한쟁의심판에서 일반적인 당사자능력이 인정되지 않는다.

07

변호인의 조력을 받을 권리에 대한 설명으로 가장 적절하지 않은 것은? (다툼이 있는 경우 판례에 의함)

① 인천공항출입국 외국인청장이 입국불허되어 송환대기실 내에 수용된 외국인에게 변호인의 접견신청을 거부한 것은, '구금' 상태에 놓여 있었다고 볼 수 있으므로, 헌법상 변호인의 조력을 받을 권리를 침해한다.
② '피고인 등'에 대하여 차폐시설을 설치하고 신문할 수 있도록 한 형사소송법 조항은 청구인의 변호인의 조력을 받을 권리를 침해하지 않는다.
③ 수형자가 형사사건의 변호인이 아닌 민사사건, 행정사건, 헌법소원사건 등에서 변호사와 접견할 경우에는 원칙적으로 헌법상 변호인의 조력을 받을 권리의 주체가 될 수 없다.
④ 가사소송에서 당사자가 변호사를 대리인으로 선임하여 그 조력을 받는 것은 헌법 제12조 제4항의 변호인의 조력을 받을 권리의 보호영역에 포함된다.

08

헌법상 신체의 자유에 대한 설명으로 가장 적절하지 않은 것은? (다툼이 있는 경우 판례에 의함)

① 형사 법률에 저촉되는 행위 또는 규율 위반 행위를 한 피보호감호자에 대하여 징벌처분을 내릴 수 있도록 한 구 사회보호법 조항은 과잉금지원칙에 위배되지 않아 청구인의 신체의 자유를 침해하지 않는다.
② 입법자는 외국에서 형의 집행을 받은 자에게 어떠한 요건 아래, 어느 정도의 혜택을 줄 것인지에 대하여 일정 부분 재량권을 가지고 있으므로 외국에서 형의 전부 또는 일부의 집행을 받은 자에 대하여 형을 감경 또는 면제할 수 있도록 한 형벌규정은 신체의 자유를 침해하지 않는다.
③ 지방의회에서의 사무감사·조사를 위한 증인의 동행명령장 제도는 증인의 신체의 자유를 억압하여 일정 장소로 인치하는 것으로서 헌법 제12조 제3항의 체포 또는 구속에 준하는 사태로 보아야 하므로 이를 실행하기 위하여는 법관이 발부한 영장의 제시가 있어야 한다.
④ 국가보안법 위반죄 등 일부 범죄혐의자를 법관의 영장 없이 구속, 압수, 수색할 수 있도록 규정하고 있던 구 인신구속 등에 관한 임시 특례법 조항은 영장주의에 위배된다.

09

신체의 자유에 대한 설명으로 옳지 않은 것은? (다툼이 있는 경우 판례에 의함)

① 변호인의 조력을 받을 권리에 대한 헌법과 법률의 규정 및 취지에 비추어 보면 형사절차가 종료되어 교정시설에 수용중인 수형자는 원칙적으로 변호인의 조력을 받을 권리의 주체가 될 수 없다.
② 헌법 제12조 제4항 본문에 규정된 '구속'은 사법절차에서 이루어진 구속뿐 아니라 행정절차에서 이루어진 구속까지 포함하는 개념이므로 헌법 제12조 제4항 본문에 규정된 변호인의 조력을 받을 권리는 행정절차에서 구속을 당한 사람에게도 즉시 보장된다.
③ 살인미수 등 사건의 수형자이면서 공무집행방해 등 사건의 미결수용자와 같은 지위에 있는 수형자의 변호인이 위 수형자에게 보낸 서신을 교도소장이 금지물품 동봉 여부를 확인하기 위하여 개봉한 후 교부한 행위는 위 수형자가 갖는 변호인의 조력을 받을 권리를 침해하지 않는다.
④ 체포 또는 구속된 자와 변호인 등 간의 접견이 실제로 이루어지는 경우에 있어서의 '자유로운 접견'은 어떠한 명분으로도 제한될 수 없는 성질의 것이므로 변호인 등과의 접견 자체에 대하여 아무런 제한도 가할 수 없다는 것을 의미한다.

10

다음 중 신체의 자유에 관한 설명으로 가장 옳지 않은 것은? (다툼이 있는 경우 판례에 의함)

① 헌법은 동일한 범죄에 대하여 거듭 처벌되지 않는다고 하고 있는데, 여기서 말하는 '처벌'은 국가가 행하는 일체의 제재나 불이익처분을 모두 포함하는 것이다.
② 체포 또는 구속을 당한 자의 가족 등 법률이 정하는 자에게는 그 이유와 일시·장소가 지체 없이 통지되어야 한다.
③ 체포·구속·압수 또는 수색을 할 때에는 적법한 절차에 따라 검사의 신청에 의하여 법관이 발부한 영장을 제시하여야 한다.
④ 모든 국민은 고문을 받지 아니하며, 형사상 자기에게 불리한 진술을 강요당하지 아니한다.

11

변호인의 조력을 받을 권리에 대한 설명으로 옳지 않은 것은? (다툼이 있는 경우 판례에 의함)

① 별건으로 공소제기 후 확정되어 검사가 보관하고 있는 서류에 대해 법원의 열람·등사 허용 결정에도 청구인에 대한 형사사건과 별건이라는 이유로 검사가 해당 서류의 열람·등사를 허용하지 아니한 행위는 청구인이 갖는 변호인의 조력을 받을 권리를 침해하지 않는다.
② 헌법 제12조 제4항 본문에 규정된 변호인의 조력을 받을 권리는 '출입국관리법'상 보호 또는 강제퇴거의 절차에서도 인정될 수 있다.
③ 변호인이 피의자신문에 자유롭게 참여할 수 있는 권리는 피의자가 가지는 변호인의 조력을 받을 권리를 실현하는 수단이라고 할 수 있어 헌법상 기본권인 변호인의 변호권으로서 보호되어야 하므로, 검찰수사관인 피청구인이 피의자신문에 참여한 변호인인 청구인에게 피의자 후방에 앉으라고 요구한 행위는 변호인인 청구인의 변호권을 침해한다.
④ 헌법 제12조 제4항에서 "누구든지 체포 또는 구속을 당한 때에는 즉시 변호인의 조력을 받을 권리를 가진다."라고 규정하고 있지만, 대법원은 임의동행한 피내사자의 경우에 대해서도 변호인과의 접견교통권이 보장된다고 본다.

12

변호인의 조력을 받을 권리에 관한 설명 중 적절하지 않은 것은? (다툼이 있는 경우 판례에 의함)

① 난민인정신청을 하였으나 난민인정심사불회부 결정을 받고 인천공항 송환대기실에 계속 수용된 외국인의 경우 형사절차에서 구속된 자로는 볼 수는 없으므로 변호인의 조력을 받을 권리는 보장되지 않는다.
② 강제퇴거명령을 받은 사람을 보호할 수 있도록 하면서 보호기간의 상한을 마련하지 아니한 「출입국관리법」상 보호는 그 개시 또는 연장단계에서 공정하고 중립적인 기관에 의한 통제절차가 없고 당사자에게 의견을 제출할 기회도 보장하고 있지 아니하므로 헌법상 적법절차원칙에 위배된다.
③ 변호인과의 자유로운 접견은 신체구속을 당한 사람에게 보장된 변호인의 조력을 받을 권리의 가장 중요한 내용이어서 국가안전 보장·질서유지 또는 공공복리 등 어떠한 명분으로도 제한될 수 있는 성질의 것이 아니라고 할 것이다.
④ '변호인이 되려는 자'의 접견교통권 역시 헌법상 기본권으로서 보장되어야 한다.

13

영장주의 및 적법절차원칙에 대한 설명으로 옳지 않은 것은? (다툼이 있는 경우 판례에 의함)

① 헌법 제12조 제3항이 영장의 발부에 관하여 '검사의 신청'에 의할 것을 규정한 취지는 모든 영장의 발부에 검사의 신청이 필요하다는 데에 있는 것이 아니라 수사단계에서 영장의 발부를 신청할 수 있는 자를 검사로 한정함으로써 검사 아닌 다른 수사기관의 영장신청에서 오는 인권유린의 폐해를 방지하고자 함에 있다.
② 전투경찰순경에 대한 징계처분을 규정하고 있는 구 「전투경찰대 설치법」의 조항 중 '전투경찰순경에 대한 영창' 부분은 그 사유의 제한, 징계대상자의 출석권과 진술권의 보장 및 법률에 의한 별도의 불복절차가 마련되어 있으므로 헌법 제12조 제1항의 적법절차원칙에 위배되지 않는다.
③ 피의자를 긴급체포하여 조사한 결과 구금을 계속할 필요가 없다고 판단하여 48시간 이내에 석방하는 경우까지도 수사기관이 반드시 체포영장발부절차를 밟게 하는 것은 인권침해적 상황을 예방하는 적절한 방법이다.
④ 헌법 제12조 제3항의 영장주의는 법관이 발부한 영장에 의하지 아니하고는 수사에 필요한 강제처분을 하지 못한다는 원칙으로, 교도소장이 마약류 관련 수형자에게 소변을 받아 제출하도록 한 것은 교도소의 안전과 질서유지를 위한 것으로 수사에 필요한 처분이 아닐 뿐만 아니라 검사대상자들의 협력이 필수적이어서 강제처분이라고 할 수도 없어 영장주의의 원칙이 적용되지 않는다.

14

죄형법정주의에 관한 설명 중 가장 옳지 않은 것은? (다툼이 있는 경우 판례에 의함)

① 중소기업중앙회 임원 선거와 관련하여 '정관으로 정하는 기간에는' 선거운동을 위하여 정회원에 대한 호별방문 등의 행위를 한 경우 이를 처벌하도록 규정한 중소기업협동조합법 조항은 죄형법정주의에 위배된다.
② 선거운동 기간 외에는 중소기업중앙회 회장선거에 관한 선거운동을 제한하고, 이를 위반하면 형사처벌하는 중소기업협동조합법 규정은 명확성원칙에 위반된다.
③ 처벌을 규정하고 있는 법률조항이 구성요건이 되는 행위를 같은 법률조항에서 직접 규정하지 않고 다른 법률조항에서 이미 규정한 내용을 원용하였다거나 그 내용 중 일부를 괄호 안에 규정하였다는 사실만으로 명확성원칙에 위반된다고 할 수는 없다.
④ 형벌 구성요건의 실질적 내용을 법률에서 직접 규정하지 아니하고 모두 단체협약에 위임하는 것은 죄형법정주의에 위반된다.

15

죄형법정주의의 명확성원칙에 대한 설명으로 옳은 것은? (다툼이 있는 경우 판례에 의함)

① '여러 사람의 눈에 뜨이는 곳에서 공공연하게 알몸을 지나치게 내놓거나 가려야 할 곳을 내놓아 다른 사람에게 부끄러운 느낌이나 불쾌감을 준 사람'을 처벌하는 경범죄처벌법 조항은 죄형법정주의의 명확성원칙에 위반되지 않는다.
② '운행 중인 자동차의 운전자를 폭행하거나 협박한 사람'을 처벌하는 특정범죄 가중처벌 등에 관한 법률 조항 가운데 '운행 중' 부분은 죄형법정주의의 명확성원칙에 위반된다.
③ 카메라 등을 이용하여 성적 욕망 또는 수치심을 유발할 수 있는 다른 사람의 신체를 촬영한 촬영물을 그 의사에 반하여 반포한 경우 등을 처벌하는 성폭력범죄의 처벌 등에 관한 특례법 조항은 죄형법정주의의 명확성원칙에 위반된다.
④ 국가공무원 복무규정 조항이 금지하는 정치적 주장을 표시 또는 상징하는 행위에서의 '정치적 주장'이란 정당활동이나 선거와 직접적으로 관련되거나 특정 정당과의 밀접한 연계성을 인정할 수 있는 경우 등 정치적 중립성을 훼손할 가능성이 높은 주장에 한정된다고 해석되므로, 명확성원칙에 위배되지 아니한다.

16

평등권에 대한 설명으로 옳지 않은 것은? (다툼이 있는 경우 판례에 의함)

① 입법자가 근로자 퇴직급여 보장법상 퇴직급여제도를 설정함에 있어 4주간을 평균하여 1주간의 소정근로시간이 15시간 미만인 근로자를 그 지급대상에서 배제함으로써 차별취급이 발생하였다고 하더라도 이를 입법재량을 벗어난 자의적인 재량권 행사라고 보기는 어렵다.

② 공중보건의사로 편입되어 군사교육에 소집된 자에게 군사교육 소집기간 동안의 보수를 지급하지 않도록 규정한 것은 헌법상 평등원칙에 위배되지 않는다.

③ 1991년 개정 「농어촌의료법」이 적용되기 전에 공중보건의사로 복무한 사람이 사립학교 교직원으로 임용된 경우 공중보건의사로 복무한 기간을 사립학교 교직원 재직기간에 산입하도록 규정하지 않은 「사립학교교직원 연금법」상 조항은 공중보건의사가 출·퇴근을 하며 병역을 이행한다는 점에서 그 복무기간을 재직기간에 산입하지 않는 것에 합리적 이유가 있다.

④ 지역가입자에 대한 보험료 산정·부과 시 소득 외에 재산 등의 요소를 추가적으로 고려하도록 한 국민건강보험법 조항은 평등권을 침해한다고 보기 어렵다.

17

평등권 침해 여부에 대한 설명으로 옳지 않은 것은? (다툼이 있는 경우 판례에 의함)

① 「국가배상법」은 법치국가원리에 따라 국가의 공권력 행사는 적법해야 함을 전제로 모든 공무원의 직무행위상 불법행위로 발생한 손해에 대해 국가가 책임지도록 규정한 것으로, 법관과 다른 공무원은 본질적으로 다른 집단이라고 볼 수 있다.

② 주로 농촌 지역에 위치한 군의 평균 선거인수는 도시지역인 자치구·시의 평균 선거인수에 비하여 적어서, 이러한 차이를 고려하여 자치구·시의 장의 선거에서보다 군의 장의 선거에서 예비후보자의 선거운동기간을 단기간으로 정한 차별취급은 자의적인 것이라 할 수 없다.

③ 입법자가 외부의 침략으로부터 국가를 보존한다는 목적을 위해 존재하는 집단인 군의 특수성을 고려하여 「군사법원법」에 의한 군사재판을 국민참여재판 대상 사건에서 제외한 것은 평등원칙에 위배되지 아니한다.

④ 6·25전몰군경 자녀에게 수당 지급에 있어 수급권자 수를 확대할 수 있는 어떤 예외도 없고 나이가 많은 1명을 한정하여 우선하도록 한 것은, 나이가 많다는 우연한 사정을 기준으로 순위를 정한 것으로 합리성을 인정하기 어렵다.

18

다음 신체의 자유에 대한 설명 중 가장 옳지 않은 것은?

① 헌법은 사후영장을 청구할 수 있는 경우를 현행범인인 경우와 장기 3년 이상의 형에 해당하는 죄를 범하고 도피 또는 증거인멸의 염려가 있을 때로 한정하고 있다.
② '변호인이 되려는 자'의 접견교통권은 피의자 등을 조력하기 위한 핵심적인 부분으로서, 피의자 등이 가지는 헌법상의 기본권인 '변호인이 되려는 자'와의 접견교통권과 표리의 관계에 있다. 따라서 피의자 등이 가지는 '변호인이 되려는 자'의 조력을 받을 권리가 실질적으로 확보되기 위해서는 '변호인이 되려는 자'의 접견교통권 역시 헌법상 기본권으로서 보장되어야 한다.
③ 육군 장교가 민간법원에서 약식명령을 받아 확정되면 자진신고할 의무를 규정한 '2020년도 장교 진급 지시' 중 '민간법원에서 약식명령을 받아 확정된 사실이 있는 자'에 관한 부분은 육군 장교인 청구인의 진술거부권을 침해한다.
④ 경찰서장이 구속적부심사 중에 있는 피구속자의 변호인에게 고소장과 피의자신문조서에 대한 열람 및 등사를 거부한 것은 변호인의 피구속자를 조력할 권리 및 알 권리를 침해한 것이다.

19

신체의 자유에 대한 설명으로 옳지 않은 것은? (다툼이 있는 경우 판례에 의함)

① 징역형의 집행유예를 선고하면서 부과된 사회봉사명령은 대상자에게 근로의무를 부과함에 그치고 공권력이 신체를 구금하는 등의 방법으로 근로를 강제하는 것이 아니므로 신체의 자유를 제한한다고 볼 수 없다.
② 노역장유치조항은 벌금 액수에 따라 유치기간의 하한이 증가하도록 하여 범죄의 경중이나 죄질에 따른 형평성을 도모하고 있으나, 노역장유치기간의 상한이 3년인 점과 선고되는 벌금 액수를 고려하면 그 하한이 지나치게 장기라고 볼 수 있어 신체의 자유를 침해한다.
③ 강제퇴거명령을 받은 사람을 즉시 대한민국 밖으로 송환할 수 없으면 송환할 수 있을 때까지 보호시설에 수용하는 것은 퇴거명령을 받은 사람의 신체의 자유를 침해하지 않는다.
④ 보안처분이라 하더라도 형벌적 성격이 강하여 신체의 자유를 박탈하거나 박탈에 준하는 정도로 신체의 자유를 제한하는 경우에는 소급입법금지원칙이 적용된다.

20

명확성의 원칙에 관한 다음 설명 중 옳지 않은 것은 모두 몇 개인가?

㉠ 방송편성에 관하여 간섭을 금지하는 조항의 '간섭'에 관한 부분은 명확성의 원칙에 위배되지 않는다.
㉡ 명확성의 원칙은 기본적으로 최대한의 명확성을 요구한다. 만일 법 해석·적용단계에서 법관의 보충적인 가치판단을 통해서 비로소 그 의미내용을 확인해 낼 수 있다면, 이는 곧바로 명확성 원칙에 위반된다.
㉢ 법률에서 저속한 간행물을 출간한 출판사에 대하여 등록취소를 할 수 있는 것으로 규정한 경우, 이때 '저속'은 다소 불명확하기는 하지만, 명확성의 원칙에 위반되지는 않는다.
㉣ 처벌법규의 구성요건이 어느 정도 명확하여야 하는가는 일률적으로 정할 수 없고, 각 구성요건의 특수성과 그러한 법적 규제의 원인이 된 여건이나 처벌의 정도등을 고려하여 종합적으로 판단하여야 한다.

① 1개 ② 2개
③ 3개 ④ 4개

01

개인정보자기결정권과 사생활의 비밀과 자유에 관한 설명으로 옳지 않은 것은? (다툼이 있는 경우 판례에 의함)

① 보안관찰처분대상자가 교도소 등에서 출소 후 신고한 거주예정지 등 정보에 변동이 생길 때마다 7일 이내 이를 신고하도록 규정한 「보안관찰법」상 변동신고조항 및 위반 시 처벌조항은 청구인의 개인정보자기결정권을 침해하지 않는다.

② 개인정보자기결정권의 보호 대상인 개인정보는 개인의 내밀한 영역이나 사사의 영역에 속하는 정보에 국한되지 않고 공적생활에서 형성되었거나 이미 공개된 개인정보를 포함한다.

③ 형제자매에게 가족관계등록부 등의 기록사항에 관한 증명서 교부청구권을 부여하는 가족관계의 등록 등에 관한 법률 제14조 제1항 본문 중 '형제자매' 부분은 개인정보자기결정권을 침해한다.

④ 사생활의 비밀과 자유를 보장하기 위해 동의 없는 위치정보수집은 원칙적으로 금지되지만, 특정 범죄의 재발을 막기 위해 전자장치를 부착해서 위치정보를 수집하는 것은 허용된다.

02

사생활의 비밀과 자유에 대한 설명으로 옳지 않은 것은? (다툼이 있는 경우 판례에 의함)

① 교도소 엄중격리대상자의 수용거실에 CCTV를 설치하여 24시간 감시하는 행위는 일반적인 계호활동의 범위를 넘어서는 것으로 사생활의 비밀과 자유를 침해한다.

② 4급 이상 공무원들의 병역 면제사유인 질병명을 관보와 인터넷을 통해 공개하도록 하는 것은 사생활의 비밀과 자유를 침해한다.

③ 자동차를 도로에서 운전하는 중에 좌석안전띠를 착용할 것인가 여부는 더 이상 사생활영역의 문제가 아니므로, 운전할 때 운전자가 좌석안전띠를 착용할 의무는 청구인의 사생활의 비밀과 자유를 침해하는 것이라 할 수 없다.

④ 오늘날 이메일, 메신저 등 통신뿐 아니라 각종 구매, 금융서비스 이용 등 생활의 전 영역이 인터넷을 기반으로 이루어지기 때문에 인터넷 회선을 감청하는 것은 사생활의 비밀과 자유를 제한하게 된다.

03

다음 설명으로 옳은 것은? (다툼이 있는 경우 판례에 의함)

① 외국인 근로자의 사업장 변경을 원칙적으로 3회를 초과할 수 없도록 하는 규정은 외국인 근로자에게 일단 형성된 근로관계를 포기하는 것을 제한하기 때문에 직업선택의 자유에 대한 제한이 아니라 근로의 권리에 대한 제한으로 보아야 한다.

② 최저임금의 적용을 위해 주(週) 단위로 정해진 근로자의 임금을 시간에 대한 임금으로 환산할 때, 해당 임금을 1주 동안의 소정근로시간 수와 법정 주휴시간 수를 합산한 시간 수로 나누도록 한 「최저임금법 시행령」 해당 조항은 사용자의 계약의 자유 및 직업의 자유를 침해한다.

③ 최저임금을 인상하는 내용의 고시는 근로자에게 지급하여야 할 임금 증가, 생산성 저하, 이윤 감소 등 사업자에게 불이익을 겪게 할 우려가 있으므로 사업자의 재산권을 제한한다.

④ 매월 1회 이상 정기적으로 지급하는 상여금 등이나 복리후생비는 그 성질이나 실질적 기능 면에서 기본급과 본질적인 차이가 있다고 보기 어려우므로, 기본급과 마찬가지로 이를 최저임금에 산입하는 것은 그 합리성을 수긍할 수 있다.

04

다음 설명으로 옳지 않은 것은? (다툼이 있는 경우 판례에 의함)

① '서울대학교 2023학년도 대학 신입학생 입학전형 시행계획' 중 저소득학생 특별전형의 모집인원을 모두 수능위주전형으로 선발하도록 정한 부분이 저소득학생 특별전형에 응시하고자 하는 수험생들의 기회를 불합리하게 박탈하는 것은 아니다.

② 헌법재판소는 이동통신서비스 시장에서 과도한 지원금 지급을 제한하는 것은 경쟁의 왜곡을 방지하기 위한 제도적 장치로서 헌법에 위반되지 않는다고 판단하였다.

③ 직업수행을 위하여 필요한 자격인정 등에 관하여 입법부작위가 있는 경우에도 직업선택의 자유를 침해하는 것이다.

④ 자율형 사립고등학교(이하 '자사고'라 함)와 일반고등학교(이하 '일반고'라 함)가 동시선발을 하게 되면 해당 자사고의 교육에 적합한 학생을 선발하는 데 지장이 있고 자사고의 사학운영의 자유를 침해하므로 자사고를 후기학교로 정하여 신입생을 일반고와 동시에 선발하도록 한 「초·중등교육법 시행령」 해당 조항은 국가가 학교 제도를 형성할 수 있는 재량 권한의 범위를 일탈하였다.

05

직업의 자유에 대한 설명으로 옳지 않은 것은? (다툼이 있는 경우 판례에 의함)

① 세무사 자격 보유 변호사로 하여금 세무사로서 세무대리를 일체 할 수 없도록 전면적으로 금지한 세무사법 조항은 과잉금지원칙을 위반하여 세무사 자격 보유 변호사의 직업선택의 자유를 침해한다.
② 변호사의 자격이 있는 자에게 더 이상 세무사 자격을 부여하지 않는 세무사법 조항은 시행일 이후 변호사 자격을 취득한 청구인들의 직업선택의 자유를 침해하지 않는다.
③ 아동학대 관련 범죄로 형을 선고받아 확정된 자로 하여금 그 형이 확정된 때부터 형의 집행이 종료되거나 집행을 받지 아니하기로 확정된 후 10년 동안 아동 관련 기관인 체육시설 등을 운영하거나 학교에 취업할 수 없도록 제한하는 것은 아동학대 관련 범죄전력자의 직업선택의 자유를 침해하지 아니한다.
④ 변호사의 영리행위 겸직을 원칙적으로 금지하고 지방변호사회의 허가를 받아 예외적으로 겸직할 수 있도록 한 변호사법 규정을 법무법인에 준용하지 않은 것은 법무법인의 영업의 자유를 침해하지 않는다.

06

다음 설명으로 옳은 것은? (다툼이 있는 경우 판례에 의함)

① 안경사 면허를 가진 자연인에게만 안경업소의 개설 등을 할 수 있도록 하고 위반 시 처벌하도록 규정한 구「의료기사 등에 관한 법률」조항은 자연인 안경사와 법인의 직업의 자유를 침해한다.
② 택시운전자격을 취득한 사람이 강제추행 등 성범죄를 범하여 금고 이상의 형의 집행유예를 선고받은 경우 그 자격을 취소하도록 규정한「여객자동차 운수사업법」조항은 택시운전자격을 취득한 사람의 직업의 자유를 침해한다.
③ 청원경찰이 금고 이상의 형의 선고유예를 받은 경우 당연퇴직되도록 규정한「청원경찰법」조항은 청원경찰의 직업의 자유를 침해한다.
④ 의료인이 허위로 진료비를 청구하여 환자나 진료비를 지급하는 기관이나 단체를 속여 사기죄로 금고 이상 형의 선고를 받고 그 형의 집행이 종료되지 아니하였거나 그 집행을 받지 아니하기로 확정되지 아니한 경우 그 면허를 필요적으로 취소하는 의료법 부분은 의료인의 직업의 자유를 침해한다.

07

직업의 자유에 관한 설명 중 가장 적절하지 않은 것은? (다툼이 있는 경우 판례에 의함)

① 직장선택의 자유는 원하는 직장을 제공하여 줄 것을 청구하거나 한 번 선택한 직장의 존속보호를 청구할 권리를 보장하지 않으며, 또한 사용자의 처분에 따른 직장 상실로부터 직접 보호하여 줄 것을 청구할 수도 없다.
② 성매매를 한 자를 형사처벌하는 성매매알선 등 행위의 처벌에 관한 법률 조항은 성판매자의 직업선택의 자유를 제한하지 않는다.
③ 경쟁의 자유는 기본권의 주체가 직업의 자유를 실제로 행사하는 데에서 나오는 결과이므로 당연히 직업의 자유에 의하여 보장되고, 다른 기업과의 경쟁에서 국가의 간섭이나 방해를 받지 않고 기업활동을 할 수 있는 자유를 의미한다.
④ 직업의 선택 혹은 수행의 자유는 주관적 공권의 성격이 두드러진 것이기는 하나, 사회적 시장경제질서라고 하는 객관적 법질서의 구성요소이기도 하다.

08

직업의 자유에 관한 설명으로 가장 옳지 않은 것은? (다툼이 있는 경우 판례에 의함)

① 시설경비업을 허가받은 경비업자로 하여금 '허가받은 경비업무 외의 업무에 경비원을 종사하게 하는 것'을 금지하고, 이를 위반한 경비업자에 대한 허가를 취소하도록 정하고 있는 「경비업법」 제7조 제5항 중 '시설경비업무'에 관한 부분, 같은 법 제19조 제1항 제2호 중 '시설경비업무'에 관한 부분은 과잉금지원칙에 위반하여 시설경비업을 수행하는 경비업자의 직업의 자유를 침해한다.
② 직업선택의 자유에는 직업결정의 자유, 직업종사 (직업수행)의 자유, 전직의 자유 등이 포함된다.
③ 의사 및 한의사의 복수면허 의료인이라고 하더라도 양방 또는 한방 중 그 선택에 따라 어느 '하나의' 의료기관 이외에 다른 의료기관의 개설을 금지하는 것은 직업선택의 자유를 침해한다.
④ 금고 이상의 실형을 선고받고 그 집행이 종료된 날부터 3년이 경과되지 않은 경우 중개사무소 개설등록을 취소하도록 한 '공인중개사법' 조항은 직업선택의 자유를 침해한 것이다.

09

사생활의 비밀과 자유에 대한 설명으로 옳은 것은? (다툼이 있는 경우 판례에 의함)

① 교도소장의 수용자가 없는 상태에서 실시한 교도소수용자의 거실 및 작업장 검사행위는 과잉금지원칙에 위배하여 교도소 수용자의 사생활의 비밀과 자유를 침해한다고 할 수 있다.
② 변호사의 수임사건의 건수 및 수임액을 보고하게 하는 것은 변호사들의 사생활의 비밀과 자유를 침해하는 것이다.
③ 자신의 인격권이나 명예권을 보호하기 위하여 대외적으로 해명을 하는 행위는 표현의 자유에 속하는 영역일 뿐 이미 사생활의 자유에 의하여 보호되는 범주를 벗어난 행위이다.
④ 지문은 그 정보주체를 타인으로부터 식별가능하게 하는 개인정보가 아니므로, 경찰청장이 이를 보관·전산화하여 범죄수사목적에 이용하는 것은 정보주체의 개인정보자기결정권을 제한하는 것이 아니다.

10

개인정보자기결정권에 관한 설명 중 적절하지 않은 것은? (다툼이 있는 경우 판례에 의함)

① 개인정보 보호법에 의하면 특별한 보호대상이 되는 민감정보에는 정당의 가입·탈퇴 또는 건강, 성생활 등에 관한 정보가 포함된다.
② 법무부장관은 변호사시험 합격자가 결정되면 즉시 명단을 공고하여야 한다고 규정한 변호사시험법 규정 중 '명단 공고' 부분은 변호사시험 응시자들의 개인정보자기결정권을 침해하지 않는다.
③ 검사의 '혐의없음' 불기소처분에 관한 수사경력자료를 보관하는 것은 개인정보자기결정권을 침해한다.
④ 소년에 대한 수사경력자료의 삭제와 보존기간에 대하여 규정하면서 법원에서 불처분결정된 소년부송치 사건에 대하여 규정하지 않은 구 형의 실효 등에 관한 법률의 규정은 과잉금지 원칙을 위반하여 소년부송치 후 불처분결정을 받은 자의 개인정보자기결정권을 침해한다.

11

양심의 자유에 대한 설명 중 적절하지 않은 것은? (다툼이 있는 경우 판례에 의함)

① 양심의 자유 중 양심형성의 자유는 물론 양심실현의 자유도 법률에 의하여 제한될 수 없는 절대적 자유이다.
② 의사가 환자의 신병(身病)에 관한 사실을 자신의 의사에 반하여 외부에 알려야 한다면, 이는 의사로서의 윤리적·도덕적 가치에 반하는 것으로서 심한 양심적 갈등을 겪을 수밖에 없을 것이므로, 연말정산 간소화를 위하여 의료기관에게 환자들의 의료비 내역에 관한 정보를 국세청에 제출하도록 의무를 부과하는 소득세법 조항은 의사의 양심의 자유를 제한한다
③ 헌법이 보호하려는 양심은 어떤 일의 옳고 그름을 판단함에 있어서 그렇게 행동하지 아니하고는 자신의 인격적인 존재가치가 허물어지고 말 것이라는 강력하고 진지한 마음의 소리이지 막연하고 추상적인 개념으로서의 양심은 아니다.
④ 병역의 종류를 현역, 예비역, 보충역, 병역준비역, 전시근로역의 다섯 가지로 한정하여 규정하고 양심적 병역거부자에 대한 대체 복무제를 규정하지 아니한 병역종류조항은 과잉금지원칙을 위반하여 양심적 병역거부자의 양심의 자유를 침해한다.

12

종교의 자유에 대한 설명으로 옳지 않은 것은? (다툼이 있는 경우 판례에 의함)

① 국가 또는 지방자치단체외의 자가 양로시설을 설치하고자 하는 경우 신고하도록 규정하고 이를 위반한 경우 처벌하는 노인복지법 조항은 과잉금지원칙에 위배되어 종교의 자유를 침해한다고 볼 수 없다.
② 종교적인 의식 또는 행사, 유형물에 대한 국가 등의 지원은 일정 범위 내에서 전통문화의 계승·발전이라는 문화국가원리에 부합한다고 하더라도 정교분리원칙에 위배된다.
③ 육군훈련소장이 훈련병에게 개신교, 불교, 천주교, 원불교 종교행사 중 하나에 참석하도록 한 것은 국가가 종교를 군사력 강화라는 목적을 달성하기 위한 수단으로 전락시키거나, 반대로 종교단체가 군대라는 국가권력에 개입하여 선교행위를 하는 등 영향력을 행사할 수 있는 기회를 제공하므로, 국가와 종교의 밀접한 결합을 초래한다는 점에서 헌법상 정교분리원칙에 위배된다.
④ 종립학교의 학교법인이 국·공립학교의 경우와는 달리 종교교육을 할 자유와 운영의 자유를 가진다고 하더라도, 그 종립학교가 공교육체계에 편입되어 있는 이상 원칙적으로 학생의 종교의 자유, 교육을 받을 권리를 고려한 대책을 마련하는 등의 조치를 취하는 속에서 그러한 자유를 누린다.

13

사생활의 비밀과 자유 및 개인정보자기결정권에 관한 다음 설명 중 가장 옳지 않은 것은?

① 디엔에이 신원확인정보 담당자가 디엔에이 신원확인정보를 검색하거나 그 결과를 회보할 수 있도록 규정한 것은 개인정보자기결정권을 침해하지 않는다.
② 정보주체의 배우자나 직계혈족이 정보주체의 위임 없이도 정보주체의 가족관계 상세증명서의 교부청구를 할 수 있도록 하는 '가족관계의 등록 등에 관한 법률'의 해당 조항은 개인정보자기결정권을 침해하지 않는다.
③ 가정폭력 가해자에 대한 별도의 제한 없이 직계혈족이 기만 하면 그 자녀의 가족관계증명서 및 기본증명서의 교부를 청구하여 발급받을 수 있도록 한 「가족관계의 등록 등에 관한 법률」 조항은 가정폭력 피해자인 청구인의 개인정보자기결정권을 침해한다.
④ 이미 공개된 개인정보를 정보주체의 동의가 있었다고 객관적으로 인정되는 범위 내에서 수집·이용·제공 등 처리를 한다고 해도 정보주체의 별도의 동의가 필요하며 별도의 동의를 받지 아니하였다면 개인정보 보호법 제15조나 제17조를 위반한 것으로 볼 수 있다.

14

사생활의 비밀과 자유에 대한 설명으로 옳지 않은 것은? (다툼이 있는 경우 판례에 의함)

① 인터넷언론사의 공개된 게시판 대화방에서 스스로의 의사에 의하여 정당·후보자에 대한 지지·반대의 글을 게시하는 행위는 양심의 자유나 사생활 비밀의 자유에 의하여 보호되는 영역이라고 할 수 없다.
② 공직선거후보자로 등록하고자 하는 자가 제출하여야 하는 금고 이상의 형의 범죄경력에 실효된 형까지 포함하도록 하는 것은 사생활의 비밀과 자유를 침해하지 아니한다.
③ 금융감독원의 4급 이상 직원에 대하여 공직자윤리법상 재산등록 의무를 부과하는 것은 금융감독원의 4급 이상 직원의 사생활의 비밀의 자유를 침해한다.
④ 성폭력범죄를 2회 이상 범하여 그 습벽이 인정된 때에 해당하고 성폭력범죄를 다시 범할 위험성이 인정되는 자에 대해 전자장치부착을 명할 수 있도록 한 것은 피부착자의 사생활의 비밀과 자유를 제한한다.

15

직업의 자유에 관한 설명 중 가장 옳은 것은? (다툼이 있는 경우 판례에 의함)

① 직업의 자유에는 해당 직업에 '합당한 보수를 받을 권리'까지 포함되어 있어서 노동자는 동일하거나 동급, 동질의 유사 다른 직업군에서 수령하는 보수에 상응하는 보수를 요구할 수 있다.
② 학원이나 체육시설에서 어린이통학버스를 운영하는 자로 하여금 어린이통학버스에 반드시 보호자를 동승하여 운행하도록 한 여객자동차 운수사업법 조항은 학원이나 체육시설에서 어린이통학버스를 운영하는 자의 직업수행의 자유를 침해한다.
③ 전문과목을 표시한 치과의원은 그 표시한 전문과목에 해당하는 환자만을 진료하여야 한다고 규정한 의료법 규정은 직업수행의 자유를 침해하지 않는다.
④ 의료인으로 하여금 둘 이상의 의료기관을 운영할 수 없도록 하고 이를 위반할 경우 형사처벌을 받도록 한 것은 여러 개의 의료기관을 운영하고자 하는 의료인의 직업수행의 자유를 침해하지 않는다.

16

개인정보자기결정권과 관련된 다음 설명 중 옳은 것은 모두 몇 개인가?

㉠ 특정범죄의 수형자로부터 디엔에이감식시료를 채취하여 그 채취대상자가 사망할 때까지 디엔에이신원확인정보를 데이터베이스에 수록, 관리할 수 있도록 규정한 구 디엔에이 신원확인정보의 이용 및 보호에 관한 법률(2010. 1. 25. 법률 제9944호로 제정되고, 2020. 1. 21. 법률 제16866호로 개정되기 전의 것) 규정은 개인정보자기결정권을 침해하는 것이 아니다.
㉡ 통신매체이용음란죄로 유죄판결이 확정된 자는 신상정보등록대상자가 된다고 규정한 성폭력범죄의 처벌 등에 관한 특례법 제42조 제1항 중 "제13조의 범죄로 유죄판결이 확정된자는 신상정보 등록대상자가 된다."는 부분은 청구인의 개인정보자기결정권을 침해한다.
㉢ 서울특별시 교육감 등이 졸업생의 성명, 생년월일 및 졸업일자 정보를 교육정보시스템(NEIS)에 보유하는 행위는 개인정보자기결정권을 침해하지 않는다.
㉣ 구치소수용자와 배우자의 접견녹음파일은 개인정보에 해당하며, 이를 관계기관에 제공하는 것은 개인정보자기결정권을 제한하나 침해하는 것은 아니다.
㉤ 헌법재판소는 인터넷게시판을 설치·운영하는 정보통신서비스 제공자에게 본인확인 조치의무를 부과하여 게시판 이용자로 하여금 본인확인절차를 거쳐야만 게시판을 이용할 수 있도록 하는 이른바 '본인확인제'를 규정한 정보통신망 이용촉진 및 정보보호 등에 관한 법률 규정은 개인정보자기결정권을 침해한다고 판단하였다.

① 2개
② 3개
③ 4개
④ 5개

17

사생활의 비밀과 자유 및 개인정보자기결정권에 관한 설명 중 가장 옳지 않은 것은?

① 디엔에이신원확인정보는 개인식별을 위한 최소한의 정보인 단순한 숫자에 불과하여 이로부터 개인의 유전정보를 확인할 수 없는 것이어서 개인의 존엄과 인격권에 심대한 영향을 미칠 수 있는 민감한 정보라고 보기 어렵다.

② 피청구인 대통령의 지시로 야당 소속 후보를 지지하였거나 정부에 비판적 활동을 한 문화예술인이나 단체를 정부의 문화예술 지원 사업에서 배제할 목적으로 개인의 정치적 견해에 관한 정보를 수집·보유·이용한 행위는 법률유보원칙을 위반하여 개인정보자기결정권을 침해한다.

③ 혼인 종료 후 300일 이내에 출생한 자를 전남편의 친생자로 추정하는 민법 관련 조항은 청구인의 사생활의 비밀과 자유를 제한하지 않는다.

④ 건강에 관한 정보는 민감정보에 해당하지만, 국민건강보험공단 이사장이 경찰서장의 요청에 따라 질병명이 기재되지 않은 수사 대상자의 요양급여내역만을 제공한 행위 자체만으로는 수사대상자의 개인정보자기결정권이 침해되었다고 볼 수는 없다.

18

직업(선택)의 자유에 대한 설명 중 적절하지 않은 것은? (다툼이 있는 경우 판례에 의함)

① "약사 또는 한약사가 아니면 약국을 개설할 수 없다."라고 규정한 약사법 관련 조항은 법인을 구성하여 약국을 개설·운영하려고 하는 약사들 및 이들 약사들로 구성된 법인의 직업선택의 자유를 침해한다.

② 변호사가 변호사 업무수행을 하던 중 변리사 등록을 한 경우 대한변리사회에 의무적으로 가입하게 하는 조항은 변호사의 직업수행의 자유를 침해하지 않는다.

③ '약사 또는 한약사가 아닌 자연인'의 약국 개설을 금지하고 위반 시 형사처벌하는 약사법 조항은 직업의 자유를 침해한다.

④ 사립학교 교원이 금고 이상의 형의 집행유예를 받은 경우 그 직에서 당연퇴직하도록 하는 것이 헌법상 직업의 자유를 침해하는 것은 아니다.

19

직업의 자유에 대한 설명으로 옳지 않은 것은? (다툼이 있는 경우 판례에 의함)

① 변호사 광고에 관한 규정 중 '유권해석위반 광고금지규정'은 '협회의 유권해석에 위반되는'이라는 표지만을 두고 그에 따라 금지되는 광고의 내용 또는 방법 등을 한정하지 않고 있어 법률유보원칙에 위반되어 청구인들의 직업의 자유를 침해한다.

② 업무상 배임을 처벌하도록 규정한 형법 관련 조항은 구 '부정경쟁방지 및 영업비밀보호에 관한 법률'상 영업비밀에 해당하지 아니하는 영업상 주요자산인 정보를 유출한 경우까지 처벌함으로써 과잉금지원칙을 위반하여 근로자의 직업수행의 자유를 침해하지 아니한다.

③ 변호사시험에서 코로나19 확진환자의 응시를 금지하고, 자가격리자 및 고위험자의 응시를 제한한 것은 부득이한 상황에 따른 것으로서 과잉금지원칙을 위반하여 청구인들의 직업선택의 자유를 침해하지 아니한다.

④ 총포소지허가의 결격사유를 정한 '총포·도검·화약류 등의 안전관리에 관한 법률' 제13조 제1항 제6호의3 중 '음주운전으로 벌금 이상의 형을 선고받은 날로부터 5년 이내에 다시 음주운전으로 벌금 이상의 형을 선고받고 그 집행이 종료되거나 면제된 날부터 5년이 지나지 아니한 사람'이 과잉금지원칙에 반하여 직업의 자유를 침해하지 아니한다.

20

직업의 자유에 대한 설명으로 가장 적절하지 않은 것은? (다툼이 있는 경우 판례에 의함)

① 주류 판매업면허를 받은 자가 타인과 동업 경영을 하는 경우 관할 세무서장이 해당 주류 판매업자의 면허를 필요적으로 취소하도록 한 구 '주세법' 조항은 주류 판매면허업자의 직업의 자유를 침해하지 않는다.

② '세무사법' 위반으로 벌금형을 받은 세무사의 등록을 필요적으로 취소하도록 한 것은 청구인의 직업선택의 자유를 침해하지 않는다.

③ 아동학대관련 범죄로 형을 선고받아 형이 확정된 때부터 형의 집행이 종료되거나 집행을 받지 아니하기로 확정된 후 10년까지의 기간 동안 아동관련기관인 체육시설 또는 '초·중등교육법' 제2조 각 호의 학교를 운영하거나 그에 취업할 수 없도록 한 것은 '객관적 요건에 의한 좁은 의미의 직업선택의 자유'에 대한 제한에 해당한다.

④ 성매매는 그것이 가지는 사회적 유해성과는 별개로 성판매자의 입장에서 생활의 기본적 수요를 충족하기 위한 소득활동에 해당함을 부인할 수 없다 할 것이므로, '성매매알선 등 행위의 처벌에 관한 법률'에서 성매매를 한 사람을 처벌하는 것은 성판매자의 직업선택의 자유도 제한하고 있다.

01

통신의 자유에 대한 설명으로 옳지 않은 것은? (다툼이 있는 경우 판례에 의함)

① 수형자가 수발하는 서신에 대한 검열로 인하여 수형자의 통신의 비밀이 일부 제한되는 것은 국가안전보장·질서유지 또는 공공복리라는 정당한 목적을 위하여 부득이할 뿐만 아니라 유효적절한 방법에 의한 최소한의 제한이며 통신의 자유의 본질적 내용을 침해하는 것이 아니므로 헌법에 위반된다고 할 수 없다.
② 자유로운 의사소통은 통신내용의 비밀을 보장하는 것만으로는 충분하지 아니하고 구체적인 통신으로 발생하는 외형적인 사실관계, 특히 통신관여자의 인적 동일성·통신시간·통신장소·통신횟수 등 통신의 외형을 구성하는 통신이용의 전반적 상황의 비밀까지도 보장해야 한다.
③ 통신의 자유란 통신수단을 자유로이 이용하여 의사소통할 권리이고, 이러한 '통신수단의 자유로운 이용'에는 자신의 인적사항을 누구에게도 밝히지 않는 상태로 통신수단을 이용할 자유, 즉 통신수단의 익명성 보장도 포함된다.
④ 전기통신역무제공에 관한 계약을 체결하는 경우 전기통신사업자로 하여금 가입자에게 본인임을 확인할 수 있는 증서 등을 제시하도록 요구하고 부정가입방지시스템 등을 이용하여 본인인지 여부를 확인하도록 규정한 「전기통신사업법」상 조항은 자신들의 인적 사항을 밝히지 않은 채 통신하고자 하는 자들의 통신의 자유를 침해한다.

02

통신의 자유에 대한 설명으로 적절하지 않은 것은? (다툼이 있는 경우 판례에 의함)

① 통신비밀보호법 제3조의 규정에 위반하여, 불법검열에 의하여 취득한 우편물이나 그 내용 및 불법감청에 의하여 지득 또는 채록된 전기통신의 내용은 재판 또는 징계절차에서 증거로 사용할 수 없다.
② 통신비밀보호법상 '감청'이란 대상이 되는 전기통신의 송·수신과 동시에 이루어지는 경우만을 의미하고 이미 수신이 완료된 전기통신의 내용을 지득하는 등의 행위는 포함되지 아니한다.
③ 피청구인 구치소장이 구치소에 수용 중인 수형자에게 온 서신에 '허가 없이 수수되는 물품'인 녹취서와 사진이 동봉되어 있음을 확인하여 서신수수를 금지하고 발신인인 청구인에게 위 물품을 반송한 것은 통신의 자유를 침해하지 않는다.
④ 통신제한조치 기간의 연장을 허가함에 있어 총연장기간 내지 총연장횟수의 제한을 두지 아니하고 무제한 연장을 허가할 수 있도록 규정한 통신비밀보호법 중 전기통신에 관한 '통신제한조치 기간의 연장'에 관한 부분은 과잉금지원칙을 위반하여 통신의 비밀을 침해하지 않는다.

03

다음 중 표현의 자유에 관한 설명으로 가장 옳지 않은 것은? (다툼이 있는 경우 판례에 의함)

① 대한민국 또는 헌법상 국가기관에 대하여 모욕, 비방, 사실 왜곡, 허위사실 유포 또는 기타 방법으로 대한민국의 안전, 이익 또는 위신을 해하거나 해할 우려가 있는 표현에 대하여 형사처벌하도록 하는 것은 과잉금지원칙에 위배되어 해당 표현을 한 자의 표현의 자유를 침해한다.
② '국가공무원복무규정' 제8조의2 제2항 등은 "공무원이 직무를 수행할 때 정치적 주장을 표시 또는 상징하는 복장을 하거나 관련 물품을 착용해서는 아니 된다."라고 규정하고 있는바, 정치적 주장을 표시·상징하는 복장 등 관련 물품을 착용하는 행위는 복장 등 비언어적인 방법을 통해 정치적 의사표현을 행하는 것이라 할 수 있다.
③ 구체적인 전달이나 전파의 상대방이 없는 집필의 단계를 표현의 자유의 보호영역에 포함시킬 것인지 의문이 있을 수 있으나 집필은 문자를 통한 모든 의사표현의 기본 전제가 된다는 점에서 당연히 표현의 자유의 보호영역에 속해 있다고 보아야 한다.
④ 건강기능식품 기능성 광고의 사전심의절차를 규정한 '건강기능식품에 관한 법률' 조항은 국민의 건강권을 보호하고 국민의 보건에 관한 국가의 보호의무를 이행하기 위하여 사전심의 절차를 법률로 규정한 것으로서 사전검열금지 원칙이 적용되지 않는다.

04

다음 중 언론·출판·집회·결사와 관련하여 현행 '헌법'이 취하고 있는 태도로 가장 옳지 않은 것은? (다툼이 있는 경우 판례에 의함)

① 인천애뜰 잔디마당의 사용허가를 예외 없이 제한하는 '인천애(愛)뜰의 사용 및 관리에 관한 조례'는 집회의 자유를 침해한다.
② 통신·방송의 시설기준은 법률로 정한다.
③ 집회는 내적 유대뿐만 아니라 공통의 의사형성과 의사표현을 전제로 한다.
④ 모든 국민은 언론·출판의 자유와 집회·결사의 자유를 가진다.

05

집회의 자유에 대한 설명으로 옳지 않은 것은? (다툼이 있는 경우 판례에 의함)

① 일반적으로 집회는 일정한 장소를 전제로 하여 특정 목적을 가진 다수인이 일시적으로 회합하는 것을 말하는 것으로 일컬어지고 있으나, 그 공동의 목적은 적어도 '내적인 유대 관계'를 넘어서 공공의 이익을 추구하는 것이어야 한다.
② 헌법 제21조 제2항의 '허가'는 '행정청이 주체가 되어 집회의 허용 여부를 사전에 결정하는 것'으로서 행정청에 의한 사전허가는 헌법상 금지되지만, 입법자가 법률로써 일반적으로 집회를 제한하는 것은 헌법상 '사전허가금지'에 해당하지 않는다.
③ 헌법 제21조 제2항은 헌법 자체에서 언론·출판에 대한 허가나 검열의 금지와 더불어 집회에 대한 허가금지를 명시함으로써, 집회의 자유에 있어서는 다른 기본권 조항들과는 달리, '허가'의 방식에 의한 제한을 허용하지 않겠다는 헌법적 결단을 분명히 하고 있다.
④ 누구든지 헌법재판소의 결정에 따라 해산된 정당의 목적을 달성하기 위한 집회 또는 시위를 주최하여서는 아니 된다.

06

양심의 자유에 관한 설명으로 가장 옳지 않은 것은? (다툼이 있는 경우 판례에 의함)

① 운전 중의 운전자에게 좌석안전띠 착용 의무를 부과하는 것은 운전자의 양심의 자유를 침해하는 것이라 할 수 없다.
② 열 손가락 지문날인의 의무를 부과하는 「주민등록법 시행령」 조항은 국가가 개인의 윤리적 판단에 개입한다거나 그 윤리적 판단을 표명하도록 강제하는 것이라고 할 수 없으므로 양심의 자유를 침해하는 것이 아니다.
③ 양심은 그 대상이나 내용 또는 동기에 의하여 판단될 수 없지만, 양심상의 결정이 이성적·합리적인지, 타당한지 또는 법질서나 사회규범, 도덕률과 일치하는지 여부는 양심의 존재를 판단하는 기준이 된다.
④ 단순한 사실관계의 확인과 같이 가치적·윤리적 판단이 개입될 여지가 없는 경우는 물론, 법률 해석에 관하여 여러 견해가 갈리는 경우처럼 다소의 가치관련성을 가진다고 하더라도 개인의 인격 형성과는 관계가 없는 사사로운 사유나 의견 등은 양심의 자유의 보호대상이 아니다.

07

다음 설명으로 가장 옳지 않은 것은? (다툼이 있는 경우 판례에 의함)

① 변호사 또는 소비자로부터 대가를 받고 법률상담 또는 사건들을 소개·알선·유인하기 위하여 변호사등을 광고·홍보·소개하는 행위를 금지하는 대한변호사협회의 '변호사광고에 관한 규정' 중 대가수수 광고금지규정은 과잉금지원칙을 위반하여 청구인들의 표현의 자유를 침해한다.
② 상업광고는 헌법 제21조 제1항의 표현의 자유의 보호대상이 되지만 사전검열금지원칙의 적용대상에는 해당하지 않는다.
③ 검열은 언론의 내용에 대한 허용될 수 없는 사전적 제한이라는 점에서 헌법 제21조 제2항 전단의 "허가"와 "검열"은 본질적으로 같은 것이라고 할 것이다.
④ 지역농협 이사 선거의 경우 문자메시지를 포함한 전화 및 전자우편을 포함한 컴퓨터통신을 이용한 지지 호소의 선거운동방법을 금지하고 이를 위반한 자를 처벌하는 것은 표현의 자유를 침해한다.

08

통신의 자유에 관한 설명 중 가장 적절하지 않은 것은? (다툼이 있는 경우 판례에 의함)

① 신병교육훈련기간 동안 전화사용을 하지 못하도록 정하고 있는 규율이 청구인을 포함한 신병교육훈련생들의 통신의 자유 등 기본권을 필요한 정도를 넘어 과도하게 제한하는 것이라고 보기 어렵다.
② 전기통신역무제공에 관한 계약을 체결하는 경우 전기통신사업자로 하여금 가입자에게 본인임을 확인할 수 있는 증서 등을 제시하도록 요구하고 부정가입방지시스템 등을 이용하여 본인인지 여부를 확인하도록 한 전기통신사업법 조항 및 전기통신사업법 시행령 조항은 이동통신서비스에 가입하려는 청구인들의 통신의 비밀을 제한한다.
③ 통신비밀보호법 조항 중 '인터넷회선을 통하여 송수신하는 전기통신'에 관한 부분은 인터넷회선 감청의 특성을 고려하여 그 집행 단계나 집행 이후에 수사기관의 권한 남용을 통제하고 관련 기본권의 침해를 최소화하기 위한 제도적 조치가 제대로 마련되어 있지 않은 상태에서, 범죄수사 목적을 이유로 인터넷회선 감청을 통신제한조치 허가 대상 중 하나로 정하고 있으므로 청구인의 기본권을 침해한다.
④ 미결수용자가 교정시설 내에서 규율위반행위 등을 이유로 금치처분을 받은 경우 금치기간 중 서신수수, 접견, 전화통화를 제한하는 형의 집행 및 수용자의 처우에 관한 법률 조항 중 미결수용자에게 적용되는 부분은 미결수용자인 청구인의 통신의 자유를 침해하지 않는다.

09

정치적 표현의 자유에 관한 다음 설명 중 가장 옳지 않은 것은?

① 공무원이 선거에서 특정정당 또는 특정인을 지지하기 위하여 타인에게 정당에 가입하도록 권유 운동을 한 경우 형사처벌하는 조항은 공무원의 정치적 표현의 자유를 침해한다.
② 당원이 아닌 자에게도 투표권을 부여하는 당내경선에서 지방공기업법에 규정된 시설관리공단의 상근직원이 경선운동을 할 수 없도록 금지하는 조항은 정치적 표현의 자유를 침해한다.
③ 당내경선에서 이루어지는 경선운동은 원칙적으로 공직선거에서의 당선 또는 낙선을 위한 행위인 선거운동에 해당하지 않으므로, 경선운동을 금지하는 조항이 과잉금지원칙에 반하는지 여부를 판단할 때에는 엄격한 심사기준이 적용되어야 한다.
④ 오늘날 정치적 표현의 자유는 자유민주적 기본질서의 구성요소로서 다른 기본권에 비하여 우월한 효력을 가지므로, 공무원이라는 지위에 있다는 이유만으로 정치적 표현의 자유를 전면적으로 부정할 수는 없다.

10

양심의 자유에 관한 설명으로 옳지 않은 것은? (다툼이 있는 경우 판례에 의함)

① 음주측정요구와 그 거부는 양심의 자유의 보호영역에 포괄되지 아니하므로 양심의 자유를 침해하는 것이라고 할 수 없다.
② 양심이란 세계관·인생관·주의·신조 등은 물론 이에 이르지 아니하여도 보다 널리 개인의 인격형성에 관계되는 내심에 있어서의 가치적·윤리적 판단도 포함된다.
③ 의사가 환자의 신병(身病)에 관한 사실을 자신의 의사에 반하여 외부에 알리도록 강제하는 법률조항은 의사의 양심의 자유를 제한하는 것은 아니다.
④ 운전 중의 운전자에게 좌석안전띠 착용 의무를 부과하는 것은 운전자의 양심의 자유를 침해하는 것이라 할 수 없다.

11

표현의 자유에 관한 다음 설명 중 가장 옳지 않은 것은? (다툼이 있는 경우 헌법재판소 결정 및 대법원 판례에 의함)

① 한국의료기기산업협회가 행하는 의료기기 광고 사전심의는 헌법이 금지하는 사전검열에 해당한다.
② 야당 소속 후보를 지지하였거나 정부에 비판적 활동을 한 문화예술인이나 단체를 정부의 문화예술 지원사업에서 배제할 목적으로, 특정 개인이나 단체를 문화예술인 지원사업에서 배제하도록 한 일련의 지시 행위는 표현의 자유를 침해한다.
③ 인터넷언론사에 대하여 선거일 전 90일부터 선거일까지 후보자 명의의 칼럼이나 저술을 게재하는 보도를 제한하는 '인터넷선거보도 심의기준 등에 관한 규정' 조항은 후보자 명의로 칼럼을 게재하는 자의 표현의 자유를 침해하지 않는다.
④ 표현의 자유를 규제하는 법률은 그 규제로 인해 보호되는 다른 표현에 대하여 위축효과가 미치지 않도록 규제되는 표현의 개념을 세밀하고 명확하게 규정할 것이 헌법적으로 요구되는데, 이는 명확성의 원칙과 관련된다.

12

양심의 자유에 관한 다음 설명 중 가장 옳지 않은 것은?

① '특정한 내용의 행위를 함으로써 공정거래법을 위반하였다는 사실'을 일간지 등에 공표라는 내용으로 하는 공정거래위원회의 법위반사실 공표명령은 위반행위자의 양심의 자유를 침해하지 않는다.
② 양심의 자유에는 널리 사물의 시시비비나 선악과 같은 윤리적 판단에 국가가 개입해서는 아니 되는 내심적 자유는 물론, 이와 같은 윤리적 판단을 국가권력에 의하여 외부에 표명하도록 강제받지 아니할 자유, 즉 침묵의 자유까지 포괄한다.
③ 현역입영 또는 소집 통지서를 받은 사람이 정당한 사유 없이 입영일이나 소집일부터 3일이 지나도 입영하지 아니하거나 소집에 응하지 아니한 경우를 처벌하는 병역법 처벌조항은 과잉금지원칙을 위반하여 양심적 병역거부자의 양심의 자유를 침해한다.
④ 국가보안법과 집회 및 시위에 관한 법률 등을 위반한 수형자의 가석방 결정 전 준법의지를 확인하기 위해 제출하도록 한 준법서약서에 대하여 헌법재판소는 합헌 결정을 하였으나, 이후 준법서약서 제도는 법무부령의 개정으로 폐지되었다.

13

집회 및 결사 자유에 관한 설명 중 가장 적절하지 않은 것은? (다툼이 있는 경우 판례에 의함)

① 집회의 자유는 집권세력에 대한 정치적 반대의사를 공동으로 표명하는 효과적인 수단으로서 현대사회에서 언론매체에 접근할 수 없는 소수집단에게 그들의 권익과 주장을 옹호하기 위한 적절한 수단을 제공한다.
② 대한민국을 방문하는 외국의 국가 원수를 경호하기 위하여 지정된 경호구역 안에서 서울종로경찰서장이 안전 활동의 일환으로 청구인들의 삼보일배행진을 제지한 행위는 집회의 자유를 침해하지 않는다.
③ 집회 장소의 선택은 집회의 성과를 결정하는 주요 요인이 되므로, 집회 장소를 선택할 자유는 집회의 자유의 실질적 부분을 형성한다고 볼 수 있다.
④ 결사의 자유는 역사적으로 언론·출판의 자유 및 집회의 자유와 함께 정치적 의견을 형성하고 전파하기 위한 수단으로서 넓은 의미의 표현의 자유 내지 정신적 자유의 하나로 형성·발전되어 왔으므로 그 성질상 영리단체와는 직접 관련이 없기 때문에 영리단체는 결사의 자유의 보호대상에 포함되지 않는다.

14

종교의 자유에 대한 설명으로 옳은 것은? (다툼이 있는 경우 판례에 의함)

① 피청구인인 구치소장이 2009년 6월 1일부터 2009년 10월 8일까지 구치소 내에서 실시하는 종교의식 또는 행사에 미결수용자인 청구인의 참석을 금지한 행위는 종교행사 등 참석불허 처우로 얻어질 공익의 정도가 무죄추정의 원칙이 적용되는 미결수용자들이 종교행사 등에 참석을 하지 못함으로써 입게 되는 종교의 자유의 제한이라는 불이익에 비하여 더 크다고 할 것이므로 종교행사 참석불허 처우는 청구인의 종교의 자유를 침해하지 않았다.

② 금치기간 중 공동행사 참가를 정지하는 「형의 집행 및 수용자의 처우에 관한 법률」 제112조 제3항 본문 중 제108조 제4호에 관한 부분에 따라 금치처분을 받은 사람은 최장 30일 이내의 기간 동안 공동행사에 참가할 수 없으나, 종교상담을 통해 종교활동을 할 수 있으므로 금치조항 중 제108조 제4호에 관한 부분은 청구인의 종교의 자유를 침해하지 아니한다.

③ 피청구인인 구치소장이 2012년 12월 21일부터 2013년 4월 5일까지 구치소 내 미결수용자를 대상으로 한 개신교 종교행사를 4주에 1회, 일요일이 아닌 요일에 실시한 행위의 경우 종교행사 처우로 얻을 수 있는 공익은 구치소의 안전과 질서 유지 및 종교집회의 원활한 진행으로서 이러한 공익은 청구인에게 매주 1회, 일요일에 종교집회의 참석이 보장되지 않음으로써 청구인이 입게 되는 종교의 자유 침해라는 불이익보다 크다고 할 수 없으므로 청구인의 종교의 자유를 침해한다.

④ 피청구인인 구치소장이 미결수용자의 신분으로 구치소에 수용되었던 기간 중 청구인의 조사수용 내지 징벌(금치)집행 중이었던 기간을 제외한 기간 및 미지정 수형자(추가 사건이 진행 중인 자 등)의 신분으로 수용되어 있던 기간 동안, 교정시설 안에서 매주 화요일에 실시하는 종교집회 참석을 제한한 행위는 피청구인이 원칙적으로 수형자를 대상으로 종교집회를 실시하는 것에는 나름의 합리적 이유가 있다고 할 것이므로 미결수용자인 청구인의 종교의 자유를 침해하지 않았다.

15

표현의 자유 등에 관한 다음 설명 중 가장 옳지 않은 것은?

① 집회 및 시위에 관한 법률이 미신고 옥외집회 또는 시위를 해산명령의 대상으로 하면서 별도의 해산 요건을 정하고 있지 않다면 그 옥외집회 또는 시위로 인하여 타인의 법익이나 공공의 안녕질서에 대한 직접적인 위험이 명백하게 초래된 경우라도 해산을 명할 수 없다.

② 공공기관은 전자적 형태로 보유·관리하지 아니하는 정보에 대하여 청구인이 전자적 형태로 공개하여 줄 것을 요청한 경우에는 정상적인 업무수행에 현저한 지장을 초래하거나 그 정보의 성질이 훼손될 우려가 없는 한 그 정보를 전자적 형태로 변환하여 공개할 수 있다.

③ 집회의 자유는 가령 국가가 개인의 집회참가행위를 감시하고 그에 관한 정보를 수집함으로써 집회에 참가하고자 하는 자로 하여금 불이익을 두려워하여 미리 집회참가를 포기하도록 집회참가의사를 약화시키는 것 등 집회의 자유행사에 영향을 미치는 모든 조치를 금지하는 것이다.

④ 노동조합을 설립할 때 행정관청에 설립신고서를 제출하게 하고 그 요건을 충족하지 못하는 경우 설립신고서를 반려하도록 하는 법률조항은 헌법상 금지된 단체결성에 대한 허가제에 해당하지 않는다.

16

언론·출판의 자유에 대한 설명으로 옳지 않은 것은? (다툼이 있는 경우 판례에 의함)

① 정보위원회 회의를 비공개하도록 규정한 국회법 조항은 알 권리를 침해한다.
② 인터넷신문의 언론으로서의 신뢰성을 제고하기 위해 5인 이상의 취재 및 편집 인력을 정식으로 고용하도록 강제하고, 이에 대한 확인을 위하여 국민연금 등 가입사실을 확인하는 것은 언론의 자유를 침해한다.
③ 변호사시험 성적 비공개는 알 권리를 침해하나, 변호사시험 성적 공개기간을 6개월로 제한한 것은 알 권리를 침해하지 않는다.
④ 학교 구성원으로 하여금 성별 등의 사유를 이유로 차별적 언사나 행동, 혐오적 표현 등을 통해 다른 사람의 인권을 침해하지 못하도록 한 「서울특별시 학생인권조례」 규정은 학교 구성원들의 표현의 자유를 침해한 것이라고 볼 수 없다.

17

양심의 자유에 관한 다음 설명 중 가장 옳은 것은?

① 가해학생에 대한 조치로 피해학생에 대한 서면사과를 규정한 학교폭력예방 및 대책에 관한 법률 부분은 양심의 자유 침해로 볼 수 없다.
② 근로관계의 속성상 사용자가 비위행위를 저지른 근로자에게 자신의 잘못을 반성하고 사죄한다는 내용의 시말서 제출을 명령하는 것은 양심의 자유 침해로 볼 수 없다.
③ 사업자단체의 독점규제 및 공정거래법 위반행위가 있을 때 공정거래위원회가 당해 사업자단체에 대하여 법 위반사실의 공표를 명할 수 있도록 한 위 법의 관계규정은 양심의 자유를 침해한다.
④ 국가가 수형자의 가석방 여부를 심사하면서 국법질서나 헌법체제를 준수하겠다는 취지의 준법서약서 제출을 요구한 조치는 양심의 자유와 자유로운 정신세계를 형성할 행복추구권을 침해한다.

18

표현의 자유 및 언론 출판의 자유에 대한 설명으로 가장 적절하지 않은 것은? (다툼이 있는 경우 판례에 의함)

① 선거운동기간 중 어깨띠 등 표시물을 사용한 선거운동을 금지한 공직선거법 관련 조항은 정치적 표현의 자유를 침해한다.
② 공포심이나 불안감을 유발하는 문언을 반복적으로 상대방에게 도달하게 한 자를 형사처벌하도록 한 정보통신망 이용촉진 및 정보보호 등에 관한 법률 조항은 표현의 자유를 침해하지 않는다.
③ 변호사 또는 소비자로부터 금전·기타경제적 대가를 받고 변호사등을 광고·홍보·소개하는 행위를 하는 자에게 변호사 등이 광고, 홍보, 소개를 의뢰하지 못하게 한 것은 표현의 자유를 침해하지 않는다.
④ 정당이 당원과 당원이 아닌 자에게 투표권을 부여하여 실시하는 당내경선에서 허용되는 경선운동방법을 한정하고, 이를 위반하여 경선운동을 한 자를 처벌하는 공직선거법 관련 조항은 당내경선운동을 하려는 사람의 정치적 표현의 자유를 침해하지 아니한다.

19

집회·결사의 자유에 대한 설명으로 옳지 않은 것은? (다툼이 있는 경우 판례에 의함)

① 재판에 영향을 미칠 염려가 있거나 미치게 하기 위한 집회 또는 시위를 금지하고 이를 위반한 자를 형사처벌하는 규정은 과잉금지원칙에 위배되지 않는다.
② 누구든지 각급 법원의 경계 지점으로부터 100미터 이내의 장소에서 옥외집회 또는 시위를 할 경우 형사처벌하는 규정은 집회의 자유를 침해한다.
③ 야간시위를 금지하는 내용의 집회 및 시위에 관한 법률은 이미 보편화된 야간의 일상적인 생활의 범주에 속하는 '해가 진 후부터 같은 날 24시까지의 시위'에 적용하는 한 헌법에 위반된다.
④ 옥외집회나 시위가 사전신고한 범위를 뚜렷이 벗어나 신고제도의 목적달성을 심히 곤란하게 하고, 그로 인하여 질서를 유지할 수 없게 된 경우에 공공의 안녕질서 유지 및 회복을 위해 해산명령을 할 수 있도록 하는 것은 헌법에 위반되지 않는다.

20

표현의 자유에 대한 다음 설명 중 가장 옳지 않은 것은? (다툼이 있는 경우 판례에 의함)

① 저작자 아닌 자를 저작자로 하여 실명·이명을 표시하여 저작물을 공표한 자를 처벌하는 것은 표현의 자유를 침해하지 않는다.
② 공공기관 등이 설치·운영하는 모든 게시판에 본인확인 조치를 한 경우에만 정보를 게시하도록 하는 것은 게시판에 자신의 사상이나 견해를 표현하고자 하는 사람에게 표현의 내용과 수위 등에 대한 자기검열 가능성을 높이는 것이므로 익명표현의 자유를 침해한다.
③ '자유로운' 표명과 전파의 자유에는 자신의 신원을 누구에게도 밝히지 아니한 채 익명 또는 가명으로 자신의 사상이나 견해를 표명하고 전파할 익명표현의 자유도 그 보호영역에 포함된다고 할 것이다.
④ 인터넷언론사는 선거운동기간 중 당해 홈페이지 게시판 등에 정당·후보자에 대한 지지·반대 등의 정보를 게시하는 경우 실명을 확인받는 기술적 조치를 하도록 하고 실명확인을 위한 기술적 조치를 하지 아니하거나 실명인증의 표시가 없는 정보를 삭제하지 않는 경우 과태료를 부과하도록 한 것은 익명표현의 자유를 침해한다.

01

재산권에 대한 설명으로 옳지 않은 것은? (다툼이 있는 경우 판례에 의함)

① 조세채무에 대하여 면책의 효력이 미치지 못하는 것으로 규정한 '채무자 회생 및 파산에 관한 법률' 부분은 재산권을 침해하지 아니한다.

② 소액임차인이 우선변제권을 취득하기 위해 구비해야 할 대항요건으로 임차인이 주택을 인도받아 실제로 계속 거주하였다는 객관적 사실 이외에 주민등록을 마칠 것까지 요구하고 그것을 경매신청의 등기전으로 한정하고 있는 것은 재산권을 침해하지 않는다.

③ 재산권의 침해와 공익간의 비례성을 다시 회복하기 위한 방법은 헌법상 반드시 금전보상만을 해야 하는 것은 아니다.

④ 구 약사법상 약사에게 인정된 한약조제권은 위 헌법조항들이 말하는 재산권의 범위에 포함된다.

02

재산권에 관한 설명 중 가장 적절하지 않은 것은? (다툼이 있는 경우 판례에 의함)

① 회원제 골프장용 부동산의 재산세에 대하여 1천분의 40의 중과세율을 규정한 구 「지방세법」조항은 모든 회원제 골프장을 동일하게 취급하고 있는바, 이는 회원제 골프장 운영자 등의 재산권을 침해하는 것으로서 과잉금지원칙에 반하여 헌법에 위반된다.

② 국민연금법상 연금수급권 내지 연금수급기대권이 재산권의 보호대상인 사회보장적 급여라고 한다면 사망일시금은 사회보험의 원리에서 다소 벗어난 장제부조적·보상적 성격을 갖는 급여로 사망일시금은 헌법상 재산권에 해당하지 아니한다.

③ 공무원연금법이 개정되어 시행되기 전에 청구인이 이미 퇴직하여 퇴직연금을 수급할 수 있는 기초를 상실한 경우에는 공무원 퇴직연금의 수급요건을 재직기간 20년에서 10년으로 완화한 개정 공무원연금법 규정이 청구인의 재산권을 제한한다고 볼 수 없다.

④ '사업인정고시가 있은 후에 3년 이상 토지가 공익용도로 사용된 경우' 토지소유자에게 매수 혹은 수용청구권을 인정한 공익사업을 위한 토지 등의 취득 및 보상에 관한 법률의 조항을 통하여 인정되는 '수용청구권'은 사적 유용성을 지닌 것으로서 재산의 사용, 수익, 처분에 관계되는 법적 권리이므로 헌법상 재산권에 포함된다.

03

다음 설명으로 옳지 않은 것은? (다툼이 있는 경우 판례에 의함)

① 이혼시 재산분할을 청구하여 상속세 인적공제액을 초과하는 재산을 취득한 경우 그 초과부분에 대하여 증여세를 부과하는 것은 재산권보장의 헌법이념에 부합하지 않으므로 실질적 조세법률주의에 위배된다.
② 부담금은 조세에 대한 관계에서 예외적으로 인정되어야 하지만, 어떤 공적 과제에 관한 재정조달을 조세로 할 것인지 아니면 부담금으로 할 것인지에 관한 입법자의 자유로운 선택권은 허용된다.
③ 자산소득이 있는 모든 납세의무자 중에서 부부가 혼인하였다는 이유만으로 혼인하지 않은 자보다 더 많은 조세부담을 하여 소득을 재분배하도록 강요받는 것은 부당하다.
④ 입법자는 소득세법에 있어서 반드시 누진세율을 도입할 의무를 지는 것은 아니다.

04

국민투표제도에 관한 다음 설명 중 옳지 않은 것은? (다툼이 있는 경우 판례에 의함)

① 대통령이 어떤 사항을 국민투표에 회부하기 위해서는 국무회의의 심의를 거쳐야 한다.
② 대통령의 임기를 절대적으로 보장하는 헌법 제70조나 궐위사유를 한정적으로 규정하는 헌법 제68조 제2항 등 헌법규범에 비추어 볼 때, 대통령에 대한 국민의 신임여부는 헌법 제72조의 국민투표의 대상이 되는 '중요정책'에 포함되지 않는다고 보아야 한다.
③ 대의기관의 선출주체가 곧 대의기관의 의사결정에 대한 승인주체가 되는 것이 원칙이나 국민투표권자의 범위가 대통령선거권자·국회의원선거권자와 반드시 일치되어야 하는 것은 아니다.
④ 대법원은 국민투표무효소송에 있어서 국민투표에 관하여 국민투표법 또는 국민투표법에 의하여 발하는 명령에 위반하는 사실이 있는 경우라도 국민투표의 결과에 영향을 미쳤다고 인정하는 때에 한하여 국민투표의 전부 또는 일부의 무효를 판결한다.

05

국민투표에 대한 설명으로 옳지 않은 것은? (다툼이 있는 경우 판례에 의함)

① 헌법 제130조는 헌법개정안이 국회에서 의결되면 국민투표를 통해 확정하도록 하고 있는데, 이는 필수적 국민투표 사항이다.
② 헌법은 대통령이 필요하다고 인정할 때에 외교·국방·통일 기타 국가안위에 관한 중요정책을 국민투표에 부칠 수 있도록 규정한다.
③ 국민투표의 효력에 관하여 이의가 있는 투표인은 중앙선거관리위원장을 피고로 하여 국민투표무효소송을 대법원에 제소할 수 있다.
④ 헌법 제72조의 국민투표는 입법 수단적이라기보다는 정치대립 상황에서 국민에 의한 중재적 성격을 가지고 있으므로 대통령은 자신의 신임을 국민투표에 부칠 수 있다.

06

다음 중 재판을 받을 권리에 관한 설명으로 가장 옳지 않은 것은? (다툼이 있는 경우 판례에 의함)

① '헌법'은 재판의 전심절차로서 행정심판을 할 수 있다고 규정하고 있다.
② 비상계엄하의 군인·군무원의 범죄에 대한 군사재판은 사형을 선고한 경우에도 단심으로 할 수 있다.
③ 재판을 받을 권리에 국민참여재판을 받을 권리가 포함되는 것은 아니다.
④ 군인 또는 군무원이 아닌 국민은 비상계엄이 선포된 경우 군사법원의 재판을 받을 수 있다.

07

재판청구권에 대한 설명으로 옳은 것은? (다툼이 있는 경우 판례에 의함)

① 정식재판 청구기간을 '약식명령의 고지를 받은 날로부터 7일 이내'로 정하고 있는 형사소송법 규정이 약식명령 피고인의 재판청구권을 침해한다고 볼 수 없다.
② 항소심 확정판결에 대한 재심소장에 붙일 인지액을 항소장에 붙일 인지액과 같게 정한 「민사소송 등 인지법」 조항은 항소심 확정판결에 대해서 재심을 청구하는 사람의 재판청구권을 침해한다.
③ 헌법 제27조 제1항이 규정하는 '법률에 의한' 재판청구권을 보장하기 위해서는 입법자에 의한 재판청구권의 구체적 형성이 불가피하므로 입법자의 광범위한 입법재량이 인정되며, 그러한 입법을 함에 있어서 헌법 제37조 제2항의 비례의 원칙은 적용되지 않는다.
④ 심리불속행 상고기각판결의 경우 판결이유를 생략할 수 있도록 규정한 「상고심절차에 관한 특례법」 조항은 재판의 본질에 반하여 당사자의 재판청구권을 침해한다.

08

재판청구권에 관한 설명 중 가장 옳지 않은 것은? (다툼이 있는 경우 판례에 의함)

① 국회의원의 자격심사, 징계, 제명은 법원에의 제소가 금지된다.
② 재판청구권에는 민사재판, 형사재판, 행정재판뿐만 아니라 헌법재판을 받을 권리도 포함되므로, 헌법상 보장되는 기본권인 '공정한 재판을 받을 권리'에는 '공정한 헌법재판을 받을 권리'도 포함된다.
③ 사형, 무기 또는 10년 이상의 징역이나 금고가 선고된 사건'에 한하여 중대한 사실오인 또는 양형부당을 이유로 한 상고를 허용한 것은 재판청구권을 침해하지 않는다.
④ '군사시설' 중 '전투용에 공하는 시설'을 손괴한 군인 또는 군무원이 아닌 국민이 군사법원에서 재판받도록 한 구 군사법원법 조항은 헌법과 법률이 정한 법관에 의한 재판을 받을 권리를 침해하지 않는다.

09

재산권에 대한 설명으로 옳지 않은 것은? (다툼이 있는 경우 판례에 의함)

① 의료급여수급권은 공공부조의 일종으로서 순수하게 사회정책적 목적에서 주어지는 권리이므로 개인의 노력과 금전적 기여를 통하여 취득되는 재산권의 보호대상에 포함된다고 보기 어렵다.
② 전기통신금융사기의 피해자가 피해구제 신청을 하는 경우, 피해자의 자금이 송금·이체된 계좌 및 해당 계좌로부터 자금의 이전에 이용된 계좌를 지급정지하는 「전기통신금융사기 피해방지 및 피해금 환급에 관한 특별법」 조항은 과잉금지원칙을 위반하여 청구인의 재산권을 침해한다.
③ 지방자치단체의 장선거 예비후보자의 기탁금 반환 사유로 정당의 공천심사에서 탈락하고 후보자등록을 하지 않은 경우를 규정하지 않은 것은 예비후보자의 재산권을 침해한다.
④ 종합부동산세는 전국의 모든 과세대상 부동산을 과세물건으로 하여, 소유자별 내지 세대별로 합산한 '부동산 가액'을 과세표준으로 삼는 보유세의 일종이므로 양도소득세와의 사이에 이중과세의 문제는 발생하지 아니한다.

10

재산권에 관한 다음 설명 중 옳지 않은 것은? (다툼이 있는 경우 판례에 의함)

① 개발이익은 그 성질상 완전보상의 범위에 포함되는 피수용자의 손실이라고 볼 수 없으므로, 이러한 개발이익을 배제하고 손실보상액을 산정한다 하여 헌법이 규정한 정당한 보상의 원칙에 위반되지 않는다.

② 전원개발사업자가 전원개발사업에 필요한 타인의 토지 등에 대하여 사용재결을 신청하여 토지수용위원회의 사용재결처분이 있을 경우 해당 토지에 구분지상권이 설정되도록 한 것과 이에 따라 전기사업자가 구분지상권 설정등기를 하게 되면, 그 구분지상권의 존속 기간을 '송전선이 존속하는 때까지'로 정한 것은 토지소유자의 재산권을 침해한다.

③ 유류분 반환청구는 피상속인이 생전에 한 유효한 증여라도 그 효력을 잃게 하는 것이므로, 민법 제1117조에서 '반환하여야 할 증여를 한 사실을 안 때로부터 1년'이라는 단기소멸시효를 정한 것은 재산권을 침해하지 않는다.

④ 통일부장관이 2010. 5. 24. 발표한 북한에 대한 신규투자 불허 및 진행 중인 사업의 투자확대 금지 등을 내용으로 하는 대북조치는 헌법 제23조 제3항 소정의 재산권의 공용제한에 해당하지 않는다.

11

재산권에 관한 설명 중 가장 적절하지 않은 것은? (다툼이 있는 경우 판례에 의함)

① 댐사용권의 취소·변경 처분을 할 경우 국가는 댐사용권자가 납부한 부담금이나 납부금의 일부를 반환하도록 하고, 금액은 대통령령에서 정하는 상각액을 뺀 금액을 초과하지 못하도록 규정한 댐건설관리법 부담금반환조항은 재산권을 침해한다.

② 댐사용권은 헌법 제23조에 의한 재산권 보장의 대상이 된다.

③ 재산권이 헌법 제23조에 의하여 보장된다고 하더라도, 입법자에 의하여 일단 형성된 구체적 권리가 그 형태로 영원히 지속될 것이 보장된다고까지 하는 의미는 아니다.

④ 헌법상 보장된 재산권은 사적 유용성 및 그에 대한 원칙적 처분권을 내포하는 재산가치 있는 구체적 권리이므로 구체적인 권리가 아닌 단순한 이익이나 재화의 획득에 관한 기회 또는 기업활동의 사실적·법적 여건 등은 재산권보장의 대상이 아니다.

12

재판청구권에 대한 설명으로 옳은 것만을 모두 고르면? (다툼이 있는 경우 판례에 의함)

㉠ 「공익사업을 위한 토지 등의 취득 및 보상에 관한 법률」 제85조 제1항 전문 중 '관계인은 이의신청을 거쳤을 때에는 이의신청에 대한 재결서를 받은 날부터 60일 이내에 행정소송을 제기할 수 있다' 부분은 입법재량의 한계를 벗어나지 않았다고 할 것이므로 재판청구권을 침해하지 아니한다.

㉡ 행정소송에 관하여 변론을 종결할 때까지만 청구의 취지 또는 원인을 변경할 수 있도록 하는 「행정소송법」 제8조 제2항 가운데 「민사소송법」 제262조 제1항 본문 중 '변론을 종결할 때까지' 부분을 준용하는 부분은 재판청구권을 침해한다고 볼 수 없다.

㉢ 공공단체인 한국과학기술원의 총장이 교원소청심사위원회의 결정에 대하여 「행정소송법」으로 정하는 바에 따라 소송을 제기할 수 없도록 하는 구 「교원의 지위 향상 및 교육활동 보호를 위한 특별법」 제10조 제3항 중 '교원, 사립학교법 제2조에 따른 학교법인 또는 사립학교경영자 등 당사자'에 관한 부분은 법관에 의한 재판을 받을 권리를 합리적 이유 없이 부인하고 있으므로 청구인의 재판청구권을 침해한다.

㉣ '피고인인 공탁자'가 형사공탁을 할 때 '피해자인 피공탁자'의 성명·주소·주민등록번호를 기재하도록 한 「공탁규칙」 제20조 제2항 제5호 중 '피고인인 공탁자'에 관한 부분은 입법형성권의 한계를 일탈하여 피고인의 공정한 재판을 받을 권리를 침해하지 아니한다.

① ㉠, ㉡
② ㉢, ㉣
③ ㉠, ㉡, ㉣
④ ㉠, ㉡, ㉢, ㉣

13

재산권에 대한 설명으로 옳지 않은 것은? (다툼이 있는 경우 판례에 의함)

① 토지의 협의취득 또는 수용 후 당해 공익사업이 다른 공익사업으로 변경되는 경우에 당해 토지의 원소유자 또는 그 포괄승계인의 환매권을 제한하고, 환매권 행사기간을 변환 고시일부터 기산하도록 한 구 공익사업을 위한 토지 등의 취득 및 보상에 관한 법률 조항은 이들의 재산권을 침해하지 않는다.

② 공무원이거나 공무원이었던 사람이 재직 중의 사유로 금고 이상의 형을 받거나 형이 확정된 경우 퇴직급여 및 퇴직수당의 일부를 감액하여 지급하도록 하고 그 이후 형의 선고의 효력을 상실하게 하는 특별사면 및 복권을 받은 경우를 달리 취급하지 아니한 것은 재산권을 침해한다.

③ 부당환급받은 세액을 징수하는 근거규정인 법인세법 개정조항을 개정법 시행 후 최초로 환급세액을 징수하는 분부터 적용하도록 규정한 것은 소급입법금지원칙을 위반하여 재산권을 침해한다.

④ 영화관 관람객이 입장권 가액의 100분의 3을 부담하도록 하고 영화관 경영자는 이를 징수하여 영화진흥위원회에 납부하도록 강제하는 내용의 영화상영관 입장권 부과금 제도는 영화관 관람객의 재산권을 침해하지 않는다.

14

재판청구권에 대한 설명으로 옳지 않은 것은? (다툼이 있는 경우 판례에 의함)

① 헌법상 재판을 받을 권리의 보호범위에는 배심재판을 받을 권리가 포함되지 아니한다.
② 디엔에이감식시료채취영장 발부 과정에서 채취대상자에게 자신의 의견을 밝히거나 영장 발부 후 불복할 수 있는 절차 등에 관하여 규정하지 아니한 디엔에이신원확인정보의 이용 및 보호에 관한 법률의 조항은 채취대상자들의 재판청구권을 침해한다.
③ 헌법 해석상 국회가 선출하여 임명된 헌법재판소의 재판관 중 공석이 발생한 경우에 국회가 공정한 헌법재판을 받을 권리의 보장을 위하여 공석인 재판관의 후임자를 선출하여야 할 구체적 작위의무를 부담한다고 볼 수는 없다.
④ 상급법원 재판에서의 판단은 해당 사건에 관하여 하급심을 기속한다.

15

재산권에 대한 설명으로 옳지 않은 것은? (다툼이 있는 경우 판례에 의함)

① 청중이나 관중으로부터 당해 공연에 대한 반대급부를 받지 아니하는 경우에는 상업용 목적으로 공표된 음반 또는 상업용 목적으로 공표된 영상저작물을 재생하여 공중에게 공연할 수 있도록 하더라도 저작재산권자의 재산권을 침해하지 않는다.
② 공무원연금법상의 연금수급권과 같이 사회보장수급권과 재산권의 두 요소가 불가분적으로 혼재되어 있는 경우 입법자로서는 그 구체적 내용을 정함에 있어 어느 한 쪽의 요소에 보다 중점을 둘 수는 없다.
③ 퇴직연금수급자가 지방의회의원에 취임한 경우 그 재직기간 중 퇴직연금 전부의 지급을 정지하도록 하는 것은 퇴직연금수급자의 재산권을 침해한다.
④ 농지의 사회성과 공공성은 일반적인 토지의 경우보다 더 강하다고 할 수 있으므로 농지재산권을 제한하는 입법에 대한 헌법심사의 강도는 다른 토지재산권을 제한하는 입법에 대한 것보다 완화된다.

16

재산권에 대한 설명 중 가장 적절하지 않은 것은? (다툼이 있는 경우 판례에 의함)

① 일본국에 의하여 광범위하게 자행된 반인도적 범죄행위에 대하여 일본군위안부 피해자들이 일본에 대하여 가지는 배상청구권은 헌법상 보장되는 재산권에 해당한다.
② 재산권의 내용을 새로이 형성하는 법률이 합헌적이기 위하여서는 장래에 적용될 법률이 헌법에 합치하면 되는 것이지 과거의 법적 상태에 의하여 부여된 구체적 권리에 대한 침해를 정당화하는 이유가 존재하여야 하는 것은 아니다.
③ 우리 헌법의 재산권 보장은 사유재산의 처분과 그 상속을 포함하는 것인바, 유언자가 생전에 최종적으로 자신의 재산권에 대하여 처분할 수 있는 법적 가능성을 의미하는 유언의 자유는 생전증여에 의한 처분과 마찬가지로 헌법상 재산권의 보호를 받는다.
④ 일반국민이 공동불법행위자인 군인의 부담부분에 관하여 국가에 대하여 구상권을 행사할 수 없다고 해석한다면 일반국민의 재산권을 과잉 제한하는 경우에 해당한다.

17

재판청구권에 대한 설명으로 가장 적절하지 않은 것은? (다툼이 있는 경우 판례에 의함)

㉠ 성폭력범죄의 처벌 등에 관한 특례법에 따라 촬영한 영상물에 수록된 19세 미만 성폭력범죄 피해자의 진술을 공판준비기일 또는 공판기일에 조사 과정에 동석하였던 신뢰관계에 있는 사람 또는 진술조력인의 진술에 의하여 그 성립의 진정함이 인정된 경우에 증거로 할 수 있도록 한 것은 헌법에 위반되지 않는다.
㉡ 군사법원법의 적용을 받는 비용보상청구권자의 제척기간을 '무죄판결이 확정된 날부터 6개월'로 정한 구 군사법원법 제227조의12 제2항은 헌법에 위반되지 않는다.
㉢ 국가배상사건인 당해사건 확정판결에 대해 헌법재판소 위헌결정을 이유로 한 재심의 소를 제기할 경우 재심제기기간을 재심사유를 안 날부터 30일 이내로 한 「헌법재판소법」 조항은 재판청구권을 침해하지 않는다.
㉣ 즉시항고 제기기간을 3일로 제한하고 있는 「형사소송법」 조항은 재판청구권을 침해하지 않는다.

① ㉠, ㉡, ㉢
② ㉠, ㉡, ㉣
③ ㉠, ㉢, ㉣
④ ㉡, ㉢, ㉣

18

재판청구권에 관한 다음 설명 중 가장 옳지 않은 것은?

① 헌법상 재판을 받을 권리의 보호범위에는 배심재판을 받을 권리가 포함되지 아니한다.
② 헌법 제27조 제1항의 재판청구권은 법적 분쟁의 해결을 가능하게 하는 적어도 한 번의 권리구제절차가 개설될 것을 요청하는 것이며 그를 넘어서 소송절차의 형성에 있어서 실효성 있는 권리보호를 제공하기 위하여 그에 필요한 절차적 요건을 갖출 것을 요구하는 것이 아니다.
③ 법정소동죄 등을 규정한 형법 제138조에서의 '법원의 재판'에 헌법의 규정에 따라 헌법재판소가 담당하게 된 '헌법재판'도 포함된다.
④ 군인이 상관의 지시나 명령에 대하여 재판청구권을 행사하는 경우에 그것이 위법·위헌인 지시와 명령을 시정하려는데 목적이 있을 뿐, 군 내부의 상명하복관계를 파괴하고 명령불복종 수단으로서 재판청구권의 외형만을 빌리거나 그 밖에 다른 불순한 의도가 있지 않다면, 정당한 기본권의 행사이므로 군인의 복종의무를 위반하였다고 볼 수 없다.

19

재판을 받을 권리에 대한 설명으로 옳지 않은 것은? (다툼이 있는 경우 판례에 의함)

① 형사피해자가 약식명령을 고지받지 못한다고 하여 형사재판절차에서의 참여기회가 완전히 봉쇄되어 있다고 볼 수 없다. 따라서 이 사건 고지조항은 형사피해자의 재판절차진술권을 침해하지 않는다.

② 헌법 제27조 제1항의 재판을 받을 권리는 신분이 보장되고 독립된 법관에 의한 재판의 보장을 주된 내용으로 하므로 국민참여재판을 받을 권리는 헌법 제27조 제1항에서 규정하는 재판받을 권리의 보호범위에 속하지 아니한다.

③ 공정한 재판을 받을 권리 속에는 신속하고 공개된 법정의 법관의 면전에서 모든 증거자료가 조사·진술되고 이에 대하여 피고인이 공격·방어할 수 있는 기회가 보장되는 재판, 원칙적으로 당사자주의와 구두변론주의가 보장되어 당사자가 공소사실에 대한 답변과 입증 및 반증을 하는 등 공격, 방어권이 충분히 보장되는 재판을 받을 권리가 포함되어 있다.

④ 헌법재판소의 한정위헌결정의 기속력을 부인하여 재심청구를 기각한 법원의 결정은 헌법상 보장된 재판청구권을 침해한 것으로 볼 수 없다.

20

청원권에 관한 설명으로 옳지 않은 것은? (다툼이 있는 경우 판례에 의함)

① 헌법은 국가의 청원심사의무를 규정하고 있다.

② 모든 국민은 법률이 정하는 바에 의하여 국가기관에 문서로 청원할 권리를 가진다.

③ 법률·명령·조례·규칙 등의 제정·개정 또는 폐지도 청원법에서 규정한 청원사항에 해당한다.

④ 현행 헌법규정에 의하면 청원은 문서 또는 구두(口頭)로 할 수 있다.

01

형사보상청구권에 대한 다음 설명으로 가장 옳은 것끼리 묶인 것은? (다툼이 있는 경우 판례에 의함)

㉠ 형사피의자 또는 형사피고인으로서 구금되었던 자가 법률이 정하는 불기소처분을 받거나 무죄판결을 받은 때에는 법률이 정하는 바에 의하여 국가에 완전한 보상을 청구할 수 있다.
㉡ 외국인의 경우 상호주의에 의한 제한 없이 형사보상청구권이 인정된다.
㉢ 형사보상청구에 관하여 어느 정도의 제척기간을 둘 것인가의 문제는 원칙적으로 입법권자의 재량에 맡겨져 있는 것이지만, 그 청구기간이 지나치게 단기간이거나 불합리하여 무죄재판이 확정된 형사피고인이 형사보상을 청구하는 것을 현저히 곤란하게 하거나 사실상 불가능하게 한다면 이는 입법재량의 한계를 넘어서는 것으로서 헌법이 보장하는 형사보상청구권을 침해하는 것이라 하지 않을 수 없다.
㉣ 권리의 행사가 용이하고 일상 빈번히 발생하는 것이거나 권리의 행사로 인하여 상대방의 지위가 불안정해지는 경우 또는 법률관계를 보다 신속히 확정하여 분쟁을 방지할 필요가 있는 경우에는 특별히 짧은 소멸시효나 제척기간을 인정할 필요가 있기에 형사보상의 청구를 무죄재판이 확정된 때로부터 1년 이내에 하도록 하는 것은 헌법 제28조를 침해하지 않는다.
㉤ 형사보상청구에 관한 제척기간을 두고 있는 것은 형사보상에 관한 국가의 채무 관계를 조기에 확정하고 예산 수립의 불안정성을 제거하여 국가재정을 합리적으로 운영하기 위한 것이다.

① ㉠, ㉡, ㉢
② ㉡, ㉢, ㉣
③ ㉡, ㉢, ㉤
④ ㉢, ㉣, ㉤

02

형사보상청구권에 대한 설명으로 옳은 것은? (다툼이 있는 경우 판례에 의함)

① 형사보상청구권을 인정하는 헌법적 본질은 국민의 인신권을 침해하는 결과를 발생시킨 국가의 그릇된 형사사법작용에 대한 원인책임을 추궁하기 위한 것이다.
② 형사피의자 또는 형사피고인으로서 구금되었던 자가 법률이 정하는 불기소처분을 받거나 무죄판결을 받은 때에는 법률이 정하는 바에 의하여 국가에 정당한 보상을 청구할 수 있다.
③ 형사보상청구는 무죄재판이 확정된 때로부터 1년 이내에 하여야 한다.
④ 헌법이 명하는 정당한 보상이라 함은 구금 중에 받은 적극적인 재산상의 손실과 구금으로 인한 정신적·물질적 피해에 대한 보상을 요구할 수 있다는 것이며, 구금되지 않았더라면 얻을 수 있었던 소극적인 이익이나 기대이익의 상실 등은 청구할 수 없다.

03

대학의 자유에 대한 설명으로 옳은 것은? (다툼이 있는 경우 판례에 의함)

① 대학의 자율은 연구와 교육의 내용, 그 방법과 대상, 교과 과정의 편성, 학생의 선발과 전형 및 교원의 임면에 관한 사항을 포함하는 것으로 대학시설의 관리·운영은 대학의 자율에 포함되지 않는다.
② 법인으로 설립되지 않은 국립대학은 당사자능력이 인정되지 않으므로 헌법소원심판을 제기할 수 있는 청구인적격도 인정되지 않는다.
③ 국립대학의 장 후보자 선정을 위한 직접선거과정에서 선거관리를 그 대학소재지 관할 선거관리위원회에 위탁하게 정한 교육공무원법의 규정은 대학의 자율성을 침해하지 않는다.
④ 임용기간이 만료한 교수에 대한 재임용거부를 재심청구대상으로 법률에 명시하지 않은 것은 교원지위법정주의에 위반되지 않는다.

04

근로의 권리에 대한 설명으로 가장 옳지 않은 것은?

① 법률이 정하는 주요방위산업체에 종사하는 근로자의 단체행동권은 법률이 정하는 바에 의하여 이를 제한하거나 인정하지 아니할 수 있다.
② 교육공무원에게 근로 3권을 일체 허용하지 않고 전면적으로 부정하는 것은 합리성을 상실한 과도한 것으로서 입법형성권의 범위를 벗어나 헌법에 위반된다.
③ 헌법은 여자 및 연소자 근로의 특별한 보호와 최저임금제의 시행에 관하여 규정하고 있다.
④ 헌법 제32조 제1항의 근로의 권리는 국가에 대하여 근로의 기회를 제공하는 정책을 수립해 줄 것을 요구할 수 있는 권리도 내포하므로 노동조합도 그 주체가 될 수 있다.

05

근로 3권에 관한 설명으로 가장 옳은 것은? (다툼이 있는 경우 판례에 의함)

① 퇴직급여제도가 갖는 사회보장적 급여의 성격과 근로자의 장기간 복무 및 충실한 근무를 요하는 기능을 감안하더라도, 소정근로시간이 1주간 15시간 미만인 이른바 '초단기근로자'에 대해 퇴직급여제도 적용대상에서 제외하는 것은 "근로조건의 기준은 인간의 존엄성을 보장하도록 법률로 정하도록 규정"한 헌법 제32조 제3항에 위배된다.
② '교원의 노동조합 설립 및 운영 등에 관한 법률'의 적용을 받는 교원의 범위를 초·중등학교에 재직 중인 교원으로 한정하고 있는 동법 조항은 과잉금지원칙에 위배된다.
③ '가구 내 고용활동'에 대해서는 「근로자퇴직급여 보장법」을 적용하지 않도록 규정한 같은 법 제3조 단서 중 '가구 내 고용활동' 부분은 합리적 이유가 있는 차별로서 평등원칙에 위배되지 아니한다.
④ 청원경찰의 복무에 관하여 국가공무원법 제66조 제1항을 준용함으로써 노동운동을 금지하는 청원경찰법 규정은 근로 3권을 침해하지 않는다.

06

교육을 받을 권리에 관한 설명으로 가장 옳지 않은 것은? (다툼이 있는 경우 판례에 의함)

① '헌법' 제31조 제3항의 의무교육 무상의 원칙은 교육을 받을 권리를 보다 실효성 있게 보장하기 위하여 의무교육 비용을 학령아동의 보호자 개개인의 직접적 부담에서 공동체 전체의 부담으로 이전 하라는 명령일 뿐, 의무교육의 비용을 오로지 국가 또는 지방자치단체의 예산으로 해결해야 함을 의미하는 것은 아니다.
② '2018학년도 대학수학능력시험 시행기본계획' 중 대학수학능력시험의 문항 수 기준 70%를 한국교육방송공사 교재와 연계하여 출제한다는 부분은 2018학년도 대학수학능력시험을 준비하는 학생인 청구인들이 대학수학능력시험을 준비하면서 무엇을 어떻게 공부하여야 할지에 관하여 스스로 결정할 자유를 제한한다.
③ '고시 공고일을 기준으로 고등학교에서 퇴학된 날로부터 6월이 지나지 아니한 자를 고등학교 졸업학력 검정고시를 받을 수 있는 자의 범위에서 제외하고 있는 '고등학교 졸업학력 검정고시 규칙'의 조항은 교육을 받을 권리를 침해한다.
④ '헌법' 제31조 제1항에서 보장되는 교육의 기회 균등은 모든 국민에게 균등한 교육을 받게하고 특히 경제적 약자가 실질적인 평등교육을 받을 수 있도록 국가에게 적극적 정책을 실현할 것을 요구하므로, 실질적인 평등교육을 실현해야 할 국가의 적극적인 의무가 인정된다고 하여 이로부터 국민이 직접 실질적 평등교육을 위한 교육비를 청구할 권리가 도출되는 것은 아니다.

07

형사보상청구권에 관한 설명으로 옳은 것은? (다툼이 있는 경우 판례에 의함)

① 형사보상은 과실책임의 원리에 의하여 고의·과실로 인한 위법행위와 인과관계 있는 모든 손해를 배상하는 손해배상과 마찬가지로 형사사법절차에 내재하는 불가피한 위험에 대하여 형사사법기관의 고의·과실을 따져 형사보상청구권자가 입은 손실을 보상하는 것이다.
② 형사보상을 청구할 수 있는 자가 그 청구를 하지 아니하고 사망하였을 때에는 그 상속인이 이를 청구할 수 있으며 사망한 자에 대하여 재심 또는 비상상고의 절차에서 무죄재판이 있었을 때에는 보상의 청구에 관하여는 사망한 때에 무죄재판이 있었던 것으로 본다.
③ 형사보상의 청구는 무죄재판이 확정된 때로부터 또는 검사로부터 공소를 제기하지 아니하는 처분의 고지나 통지를 받은 날로부터 6개월 이내에 하여야 한다.
④ 형사피의자의 경우, 보상을 하는 것이 선량한 풍속 기타 사회질서에 반한다고 할 특별한 사정이 있다 하더라도 보상의 전부를 지급해야 한다.

08

다음 중 범죄피해자구조청구권에 관한 설명으로 가장 옳지 않은 것은? (다툼이 있는 경우 판례에 의함)

① '범죄피해자 보호법'에 따르면 구조금의 지급신청은 해당 구조대상 범죄피해의 발생을 안 날부터 3년이 지나거나 해당 구조대상 범죄피해가 발생한 날부터 5년이 지나면 할 수 없다.
② 범죄피해자구조청구권의 대상이 되는 범죄피해의 범위에 관하여 해외에서 발생한 범죄피해는 포함하고 있지 아니한 조항이 평등원칙에 위배된다고 볼 수 없다.
③ 범죄피해구조대상이 되는 범죄피해의 범위에는 '형법' 제20조 또는 제21조 제1항에 따라 처벌되지 아니하는 행위, 과실에 의한 행위는 제외한다.
④ 타인의 범죄행위로 피해를 당한 사람과 그 배우자, 직계친족뿐만 아니라 범죄피해 방지 및 범죄피해자 구조 활동으로 피해를 당한 사람도 범죄피해자로 본다.

09

근로 3권에 대한 설명으로 옳지 않은 것은? (다툼이 있는 경우 판례에 의함)

① 근로자가 노동조합을 결성하지 아니할 자유나 노동조합에 가입을 강제당하지 아니할 자유, 그리고 가입한 노동조합을 탈퇴할 자유는 근로자에게 보장된 단결권의 내용에 포섭되는 권리가 아니다.
② 동물의 사육 사업 근로자에 대하여 근로기준법 제4장에서 정한 근로시간 및 휴일 규정의 적용을 제외하도록 한 것은 근로의 권리를 침해하는 것이다.
③ 사용자가 노동조합의 운영비를 원조하는 행위를 부당노동행위로 금지하는 '노동조합 및 노동관계조정법'의 운영비원조금지조항은 노동조합의 단체교섭권을 침해한다.
④ 청원경찰에 대하여 직접행동을 수반하지 않는 단결권과 단체교섭권을 인정하더라도 시설의 안전 유지에 지장이 된다고 단정할 수 없다.

10

사회적 기본권에 대한 설명으로 옳지 않은 것은? (다툼이 있는 경우 판례에 의함)

① 근로의 권리는 사회적 기본권으로서 고용증진을 위한 사회적·경제적 정책을 요구할 수 있는 권리에 그치며, 근로의 권리로부터 국가에 대한 직접적인 직장존속청구권이 도출되는 것은 아니다.
② 모든 국민은 인간다운 생활을 할 권리를 가지며 국가는 생활능력 없는 국민을 보호할 의무가 있다는 헌법의 규정은 모든 국가기관을 기속하지만, 그 기속의 의미는 적극적·형성적 활동을 하는 입법부 또는 행정부의 경우와 헌법재판에 의한 사법적 통제기능을 하는 헌법재판소에 있어서 동일하지 아니하다.
③ 보건복지부장관이 고시한 생계보호기준이 일반 최저생계비에 못미친다면 인간다운 생활을 할 권리를 침해한 것에 해당한다.
④ 산재보험수급권은 이른바 '사회보장수급권'의 하나로서 국가에 대하여 적극적으로 급부를 요구하는 것이지만, 헌법규정만으로는 이를 실현할 수 없고, 법률에 의한 형성을 필요로 한다.

11

다음 중 환경권에 관한 설명으로 가장 옳은 것은? (다툼이 있는 경우 판례에 의함)

① 국민의 생명·신체의 안전이 질병 등으로부터 위협받거나 받게 될 우려가 있는 경우, 국가는 국민의 생명·신체의 안전을 보호하기 위하여 필요한 적절하고 효율적인 입법·행정상의 조치를 취함으로써 침해의 위험을 방지하고 이를 유지할 구체적이고 직접적인 의무를 진다.
② 헌법 제35조 제1항은 "모든 사람은 건강하고 쾌적한 환경에서 생활할 권리를 침해받지 아니하며, 국가는 환경보전을 위하여 노력하여야 한다."라고 규정하고 있다.
③ '헌법' 제35조 제1항은 환경정책에 관한 국가적 규제와 조경을 뒷받침하는 헌법적 근거가 되며 국가는 환경정책 실현을 위한 재원마련과 환경 침해적 행위를 억제하고 환경보전에 적합한 행위를 유도하기 위한 수단으로 환경부담금을 부과·징수하는 방법을 선택할 수 있다.
④ 일정한 경우 국가는 사인인 제3자에 의한 국민의 환경권 침해에 대해서도 적극적으로 기본권보호 조치를 취할 의무를 지므로 헌법재판소가 이를 심사할 때에는 '과잉금지원칙'의 위반 여부를 기준으로 삼아야 한다.

12

다음 설명 중 가장 옳지 않은 것은? (다툼이 있는 경우 판례에 의함)

① 외국인 지역가입자에 대하여 보험료 체납시 다음 달부터 곧바로 보험급여를 제한하는 국민건강보험법 부분은 합리적인 이유 없이 외국인인 청구인들을 내국인등과 달리 취급한 것이므로 청구인들의 평등권을 침해한다.
② 정직일수를 연가일수에서 공제하도록 규정하고 있는 '국가공무원복무규정' 제17조 제1항은 근로의 권리를 침해한다.
③ 자본주의 경제질서하에서 근로자가 기본적 생활수단을 확보하고 인간의 존엄성을 보장받기 위하여 최소한의 근로조건을 요구할 수 있는 권리는 자유권적 기본권의 성격도 아울러 가지므로 이러한 경우 외국인근로자에게도 그 기본권 주체성을 인정함이 타당하다.
④ 연차유급휴가는 근로자의 건강하고 문화적인 생활의 실현에 이바지할 수 있도록 여가를 부여하는 데 그 목적이 있는 것으로 인간의 존엄성을 보장하기 위한 합리적인 근로조건에 해당하므로 연차유급휴가에 관한 권리는 근로의 권리의 내용에 포함된다.

13

교육을 받을 권리에 대한 설명으로 옳지 않은 것은? (다툼이 있는 경우 판례에 의함)

① 검정고시응시자격을 제한하는 것은 국민의 교육받을 권리 중 그 의사와 능력에 따라 균등하게 교육을 받을 것을 국가로부터 방해받지 않을 권리를 제한하는 것이므로 과소보호금지의 원칙에 따른 심사를 받아야 할 것이다.
② 헌법 제31조 제1항이 보장하는 국민의 교육을 받을 권리로부터 국가 및 지방자치단체에게 사립유치원에 대한 교사 인건비, 운영비 및 영양사 인건비를 예산으로 지원하라는 작위의무가 도출되지 않는다.
③ 헌법 제31조 제3항에 규정된 의무교육 무상의 원칙에 있어서 무상의 범위는 헌법상 교육의 기회균등을 실현하기 위해 필수불가결한 비용, 즉 모든 학생이 의무교육을 받음에 있어서 경제적인 차별 없이 수학하는 데 반드시 필요한 비용에 한한다.
④ 의무교육 대상인 중학생의 학부모에게 급식 관련 비용 일부를 부담하도록 규정한 구「학교급식법」의 조항은 헌법상 의무교육의 무상원칙에 반하지 않는다.

14

범죄피해자구조청구권에 관한 설명 중 가장 적절한 것은? (다툼이 있는 경우 판례에 의함)

① 범죄피해자구조청구권은 생명, 신체에 대한 피해를 입은 경우에 적용되는 것은 물론이고 재산상 피해를 입은 경우에도 적용된다.
② 범죄피해자 보호법에 의할 때 외국인이 구조피해자이거나 유족인 경우에는 구조를 청구할 수 없다.
③ 범죄피해자구조청구권은 1980년 개정헌법에서 신설되었다.
④ 범죄피해구조금을 받을 권리는 그 구조결정이 해당 신청인에게 송달된 날부터 2년간 행사하지 아니하면 시효로 인하여 소멸된다.

15

근로의 권리 및 근로 3권에 관한 설명 중 가장 적절하지 않은 것은? (다툼이 있는 경우 판례에 의함)

① 근로자에게 보장된 단결권의 내용에는 노동조합을 결성하지 아니할 자유나 노동조합에 가입을 강제당하지 아니할 자유, 그리고 가입한 노동조합을 탈퇴할 자유는 포함되지 않는다.
② 근로의 권리는 국민의 권리이므로 외국인은 그 주체가 될 수 없는 것이 원칙이나, 근로의 권리 중 일할 환경에 관한 권리에 대해서는 외국인의 기본권 주체성을 인정할 수 있다.
③ 헌법 제32조 제6항에 의하여 법률이 정하는 바에 의하여 우선적으로 근로의 기회가 부여되는 대상이 누구인가에 대하여 헌법재판소는 국가유공자, 상이군경, 전몰군경의 유가족, 국가유공자의 유가족, 상이군경의 유가족이 포함된다고 판시하고 있다.
④ 근로의 권리는 사회적 기본권으로서, 국가에 대하여 직접 일자리를 청구하거나 일자리에 갈음하는 생계비의 지급청구권을 의미하는 것이 아니라, 고용증진을 위한 사회적·경제적 정책을 요구할 수 있는 권리에 그치는 것이다.

16

근로의 권리에 관한 설명 중 가장 옳지 않은 것은?

① "월급근로자로서 6개월이 되지 못한 자"를 해고예고제도의 적용대상에서 제외한 것은 근무기간이 6개월 미만인 월급근로자의 근로의 권리를 침해하고, 평등원칙에도 위배된다.

② 업무상 재해로 휴업하여 당해 연도에 출근의무가 없는 근로자에게도 유급휴가를 주도록 되어 있는 근로기준법 부분은 일정기간 출근한 근로자에게 일정기간 유급으로 근로의무를 면제함으로써 정신적·육체적 휴양의 기회를 제공하고 문화적 생활의 향상을 기하기 위한 것으로 직업수행의 자유를 침해하지 않는다.

③ 비록 헌법 제33조 제1항이 '단체협약체결권'을 명시하여 규정하고 있지 않다고 하더라도 근로조건의 향상을 위한 근로자 및 그 단체의 본질적인 활동의 자유인 '단체교섭권'에는 단체협약체결권이 포함되어 있다고 보아야 한다.

④ 근로기준법이 5인 이상 사업장에 대하여만 근로기준법을 전부 적용하고, 4인 이하 사업장에 대하여는 시행령에서 정하는 근로기준법의 일부 조항만을 적용하도록 규정함으로써, 근로기준법상 부당해고의 제한조항이나 부당해고에 대한 노동위원회 구제명령 신청조항이 4인 이하 사업장에는 적용되지 않도록 한 것은 근로의 권리를 침해한다.

17

교육을 받을 권리에 관한 설명으로 옳지 않은 것은? (다툼이 있는 경우 판례에 의함)

① 교육을 받을 권리란 모든 국민에게 저마다의 능력에 따른 교육이 가능하도록 그에 필요한 설비와 제도를 마련해야 할 국가의 과제와 아울러, 사회적·경제적 약자도 능력에 따른 실질적 평등교육을 받을 수 있도록 적극적인 정책을 실현해야 할 국가의 의무를 뜻한다.

② 교육을 받을 권리는 국민이 국가에 대하여 직접 특정한 교육제도나 교육과정을 요구할 수 있는 것을 포함한다.

③ 자녀의 교육에 관한 부모의 권리와 의무는 서로 불가분의 관계에 있고 자녀교육권의 본질을 결정하는 구성요소이기 때문에, 부모의 자녀교육권은 '자녀교육에 대한 부모의 책임'으로도 표현될 수 있다.

④ 국가는 학교에서의 교육목표, 학습계획, 학습방법, 학교조직 등 교육제도를 정하는 데 포괄적 규율 권한과 폭넓은 입법형성권을 가진다.

18

근로의 권리에 관한 설명 중 옳지 않은 것은? (다툼이 있는 경우 판례에 의함)

① 노조전임자의 급여를 지원하는 행위를 금지하는 노동조합 및 노동관계조정법 '급여지원금지조항'은 과잉금지원칙에 위배되지 않는다.
② 근로자가 퇴직급여를 청구할 수 있는 권리도 헌법상 바로 도출되는 것이 아니라 퇴직급여법 등 관련 법률이 구체적으로 정하는 바에 따라 비로소 인정될 수 있는 것이므로 계속근로기간 1년 미만인 근로자가 퇴직급여를 청구할 수 있는 권리가 헌법 제32조 제1항에 의하여 보장된다고 보기는 어렵다.
③ 최저임금제는 법률이 정하는 바에 의하여 보장되는 것이므로, 근로자가 최저임금을 청구할 수 있는 권리가 헌법상 근로의 권리로서 바로 보장되는 것은 아니다.
④ 월급근로자로서 6개월이 되지 못한 자를 해고예고제도의 적용예외 사유로 규정하고 있는 근로기준법 조항은 근로자보호와 사용자의 효율적인 기업경영 및 기업의 생산성이라는 측면의 조화를 고려한 합리적 규정이므로 헌법에 위배되지 않는다.

19

"2018학년도 대학수학능력시험 시행기본계획' 중 대학수학능력시험의 문항 수 기준 70%를 한국교육방송공사(이하 'EBS'라 한다) 교재와 연계하여 출제한다는 부분"에 대한 설명으로 가장 적절하지 않은 것은? (다툼이 있는 경우 헌법재판소 판례에 의함)

① '2018학년도 대학수학능력시험 시행기본계획'은 고등학교 교사들에 대해 기본권 침해 가능성이 인정되지 않는다.
② '2018학년도 대학수학능력시험 시행기본계획'은 성년의 자녀를 둔 부모의 자녀교육권을 제한하지 않는다.
③ 2018학년도 대학수학능력시험 시행기본계획'은 헌법 제31조 제1항의 능력에 따라 균등하게 교육을 받을 권리를 제한하나 침해한다고 볼 수 없다.
④ 심판대상계획은 사교육비를 줄이고 학교교육을 정상화하는 것을 목적으로 하므로 목적의 정당성이 인정된다.

20

국가배상청구권에 대한 설명으로 가장 적절하지 않은 것은? (다툼이 있는 경우 판례에 의함)

① 국가배상법에 따른 손해배상의 소송은 배상심의회에 배상신청을 하지 않고도 제기할 수 있다.
② 행위의 근거가 된 법률조항에 대하여 위헌결정이 선고된 경우에는 위 법률조항에 따라 행위한 당해 공무원에게 고의 또는 과실이 있는 것이므로 국가배상책임이 성립한다.
③ 국가배상청구의 요건인 '공무원의 직무'에는 권력적 작용만이 아니라 비권력적 작용도 포함되며 단지 행정주체가 사경제주체로서 하는 활동만 제외된다.
④ 5·18 민주화운동과 관련하여 사망하거나 행방불명된 자 및 상이를 입은 자 또는 그 유족이 적극적·소극적 손해의 배상에 상응하는 보상금 등 지급결정에 동의하였다는 사정만으로 재판상 화해의 성립을 간주하는 것은 국가배상청구권에 대한 과도한 제한이다.

8·4·2·1 공부법으로 경찰헌법 **실전완성**

전효진 경찰헌법 8421

4 day cycle

4일 순환

01

지방자치에 대한 설명으로 옳지 않은 것은? (다툼이 있는 경우 판례에 의함)

① 지방자치단체의 자치권 보장을 위하여 자치사무에 대한 감사는 합법성 감사로 제한되어야 하는바, 포괄적·사전적 일반감사나 법령위반사항을 적발하기 위한 감사는 합목적성 감사에 해당하므로 허용되지 않는다.
② 지방자치단체 상호 간 또는 지방자치단체의 장 상호 간에 사무를 처리할 때 의견이 달라 다툼(이하 "분쟁"이라 한다)이 생기면 다른 법률에 특별한 규정이 없으면 행정안전부장관이나 시·도지사가 당사자의 신청을 받아 조정할 수 있지만, 그 분쟁이 공익을 현저히 해쳐 조속한 조정이 필요하다고 인정되면 당사자의 신청이 없어도 직권으로 조정할 수 있다.
③ 지방자치단체의 장 선거 예비후보자가 정당의 공천심사에서 탈락한 후 후보자등록을 하지 않은 경우를 기탁금 반환 사유로 규정하지 않은 것은 과잉금지원칙에 위반된다.
④ 지방의회는 지방자치단체의 장의 동의 없이 지출예산 각 항의 금액을 증가시키거나 새로운 비용항목을 설치할 수 있다.

02

문화국가원리에 관한 설명 중 가장 적절하지 않은 것은? (다툼이 있는 경우 판례에 의함)

① 우리 헌법상 문화국가원리는 견해와 사상의 다양성을 그 본질로 하며, 이를 실현하는 국가의 문화정책은 불편부당의 원칙에 따라야 한다.
② 문화창달을 위하여 문화예술 공연관람자 등에게 예술 감상에 의한 정신적 풍요의 대가로 문화예술진흥기금을 납입하게 하는 것은 헌법의 문화국가이념에 반하는 것이다.
③ 국가의 문화육성의 대상에는 원칙적으로 모든 사람에게 문화창조의 기회를 부여한다는 의미에서 모든 문화가 포함되므로, 엘리트문화를 제외한 서민문화, 대중문화 모두 그 가치가 인정되고 정책적인 배려의 대상이 되어야 한다.
④ 고액 과외교습을 방지하기 위하여 모든 학생으로 하여금 오로지 학원에서만 사적으로 배울 수 있도록 규율한다는 것은 개성과 창의성, 다양성을 지향하는 문화국가원리에 위반된다.

03

다음 중 신뢰보호의 원칙에 관한 설명으로 가장 옳지 않은 것은? (다툼이 있는 경우 판례에 의함)

① 군인연금법상 퇴역연금 수급권자가 사립학교교직원연금법 제3조의 학교기관으로부터 보수 기타 급여를 지급받는 경우에는 대통령령이 정하는 바에 따라 퇴역연금의 전부 또는 일부의 지급을 정지할 수 있도록 하는 것은 신뢰보호원칙에 위반되지 않는다.
② 외국에서 치과대학을 졸업한 대한민국 국민이 국내 치과의사 면허시험에 응시하기 위해서는 기존의 응시요건에 추가하여 새로이 예비시험에 합격할 것을 요건으로 규정한 의료법의 '예비시험' 조항은 외국에서 치과대학을 졸업한 국민들이 가지는 합리적 기대를 저버리는 것으로서 신뢰보호의 원칙상 허용되지 아니한다.
③ 전부개정된 「성폭력범죄의 처벌에 관한 특례법」시행 전에 행하여졌으나 아직 공소시효가 완성되지 아니한 성폭력범죄에 대해서도 공소시효의 정지·배제조항을 적용하는 「성폭력범죄의 처벌에 관한 특례법」 조항은 신뢰보호원칙에 위반되지 않는다.
④ 전문과목을 표시한 치과의원은 그 표시한 전문과목에 해당하는 환자만을 진료하여야 한다고 규정한 의료법 제77조 제3항은 신뢰보호원칙에 위배되지 않는다.

04

헌법상 기본원리에 대한 설명으로 가장 적절하지 않은 것은? (다툼이 있는 경우 헌법재판소 판례에 의함)

① 국제법적으로 조약은 국제법 주체들이 일정한 법률효과를 발생시키기 위하여 체결한 국제법의 규율을 받는 국제적 합의를 말하며 서면에 의한 경우가 대부분이지만 예외적으로 구두합의도 조약의 성격을 가질 수 있다.
② '중대사고'에 대한 평가를 제외하는 '원자력이용시설 방사선환경영향평가서 작성 등에 관한 규정' 조항은 국민들이 원전과 관련하여 정확하고 공정한 여론을 형성하는 것을 방해하므로 민주주의원리에 위반된다.
③ 헌법해석상 특정인에게 구체적인 기본권이 생겨 이를 보장하기 위한 국가의 행위의무 내지 보호의무가 발생하였음이 명백함에도 불구하고 입법자가 아무런 입법조치를 취하지 아니한 경우에는 입법자에게 입법의무가 인정된다.
④ 규율대상이 기본권적 중요성을 가질수록 그리고 그에 관한 공개적 토론의 필요성 내지 상충하는 이익 간 조정의 필요성이 클수록, 그것이 국회의 법률에 의해 직접 규율될 필요성 및 그 규율밀도의 요구 정도는 그만큼 더 증대되는 것으로 보아야 한다.

05

대한민국 헌정사에 대한 설명으로 옳지 않은 것은?

① 1952년 제1차 개정헌법에서는 국회의 구조와 관련하여 양원제를 최초로 규정하였다.
② 1960년 제3차 개정헌법에서는 헌법개정에 대한 국민투표를 최초로 규정하였다.
③ 1962년 제5차 개정헌법에서는 인간다운 생활을 할 권리를 최초로 규정하였다.
④ 1987년 제9차 개정헌법에서는 형사피의자의 형사보상청구권을 최초로 규정하였다.

06

대한민국 국민이 되는 요건에 대한 설명으로 가장 옳지 않은 것은? (다툼이 있는 경우 판례에 의함)

① 대한민국에 특별한 공로가 있는 외국인으로서 대한민국에 주소가 있는 사람은 자신의 자산이나 기능에 의하거나 생계를 같이하는 가족에 의존하여 생계를 유지할 능력이 없더라도 귀화허가를 받을 수 있다.
② 대한민국에서 발견된 기아(棄兒)는 대한민국에서 출생한 것으로 추정한다.
③ 국적을 후천적으로 취득하는 방법으로 인지나 귀화 등이 있다.
④ 부모 중 어느 한쪽이 국적이 없는 경우에 대한민국에서 출생한 자는 대한민국 국적을 취득한다.

07

국제평화주의에 대한 설명으로 옳지 않은 것은? (다툼이 있는 경우 판례에 의함)

① 국제법 존중주의는 우리나라가 가입한 조약과 일반적으로 승인된 국제법규가 국내법과 같은 효력을 가진다는 것으로서 조약이나 국제법규가 국내법에 우선한다는 것은 아니다.
② 우리나라가 2003년 개정교토협약에 가입하였고, 2006년부터 개정교토협약이 발효된 이상 국내법과 마찬가지로 이를 준수할 의무가 있으므로, 개정교토협약은 국내법과 같은 효력을 가지고 위헌성 심사의 척도가 될 수 있다.
③ 평화적 생존권은 헌법에 열거되지 아니한 기본권으로서 특별히 새롭게 인정할 필요성이 있다거나 그 권리내용이 비교적 명확하여 구체적 권리로서의 실질에 부합한다고 보기 어렵다.
④ 외국에의 국군의 파견결정은 고도의 정치적 결단이 요구되는 사안으로, 현행 헌법이 채택하고 있는 대의민주제 통치구조 하에서 대의기관인 대통령과 국회의 그와 같은 고도의 정치적 결단은 가급적 존중되어야 한다.

08

법치국가원리에 관한 설명으로 가장 옳은 것은? (다툼이 있는 경우 판례에 의함)

① 검사에 대한 징계사유 중 하나인 '검사로서의 체면이나 위신을 손상하는 행위를 하였을 때'의 의미는 그 포섭범위가 지나치게 광범위하므로 명확성의 원칙에 반하여 헌법에 위배된다.
② 체계정당성의 원리는 규범 상호간의 구조와 내용 등이 모순됨이 없이 체계와 균형을 유지하도록 입법자를 기속하는 헌법적 원리라고 볼 수 있다. 따라서 일반적으로 일정한 공권력작용이 체계정당성을 위반하였다면 곧바로 그 자체가 위헌이 된다.
③ 기본권제한입법에 있어서 규율대상이 지극히 다양하거나 수시로 변화하는 성질의 것이어서 입법기술상 일의적으로 규정할 수 없는 경우라도 명확성의 요건이 강화되어야 한다.
④ 종합생활기록부에 의하여 절대평가와 상대평가를 병행, 활용하도록 한 교육부장관 지침(종합생활기록부제도개선 보완시행지침, 1996.8.7.)은 교육개혁위원회의 교육개혁 방안에 따라 절대평가가 이루어질 것으로 믿고 특수목적 고등학교에 입학한 학생들의 신뢰이익을 침해하였다고 볼 수 없다.

09

정당해산제도에 관한 설명 중 옳지 않은 것은? (다툼이 있는 경우 판례에 의함)

① 정당해산심판절차에서는 정당해산심판의 성질에 반하지 않는 한도에서 헌법재판소법 제40조에 따라 민사소송에 관한 법령이 준용될 수 있지만, 민사소송에 관한 법령이 준용되지 않아 법률의 공백이 생기는 부분에 대하여는 헌법재판소가 정당해산심판의 성질에 맞는 절차를 창설할 수 있다.
② 정당은 일반결사와 달리 오직 국회의 제소에 따른 헌법재판소의 심판에 의해서만 해산된다.
③ 헌법재판소의 해산결정으로 정당이 해산되는 경우에 그 정당 소속 국회의원이 의원직을 상실하는지에 대하여 명문의 규정은 없다.
④ 정당해산제도의 취지 등에 비추어 볼 때 헌법재판소의 정당해산결정이 있는 경우 그 정당 소속 국회의원의 의원직은 당선 방식을 불문하고 모두 상실되어야 한다.

10

관습헌법에 관한 설명 중 가장 적절하지 않은 것은? (다툼이 있는 경우 판례에 의함)

① 우리나라는 성문헌법을 가진 나라로서 기본적으로 우리 헌법전이 헌법의 법원(法源)이 된다.
② 성문헌법이라고 하여도 그 속에 모든 헌법사항을 빠짐없이 완전히 규율하는 것은 불가능하고 또한 헌법은 국가의 기본법으로서 간결성과 함축성을 추구하기 때문에 형식적 헌법전에는 기재되지 아니한 사항이라도 이를 불문헌법 내지 관습헌법으로 인정할 소지가 있다.
③ 관습헌법도 성문헌법과 마찬가지로 주권자인 국민의 헌법적 결단의 의사의 표현이며 성문헌법과 동등한 효력을 가진다고 보아야 한다.
④ 국민은 최고의 헌법제정권력이기 때문에 성문헌법의 제·개정에 참여하지만 헌법전에 포함되지 아니한 헌법사항을 필요에 따라 관습의 형태로 직접 형성할 수는 없다.

11

헌법해석 및 합헌적 법률해석에 관한 설명 중 가장 적절한 것은? (다툼이 있는 경우 판례에 의함)

① 합헌적 법률해석은 헌법재판소가 헌법과 법률을 해석·적용함에 있어서 입법자의 입법취지대로 해석하여야 한다는 것으로 민주주의와 권력분립원칙의 관점에서 입법자의 입법권에 대한 존중과 규범유지의 원칙에 의하여 정당화된다.
② 입법권자가 그 법률의 제정으로써 추구하고자 하는 입법자의 명백한 의지와 입법의 목적을 헛되게 하는 내용으로 법률조항을 해석할 수 없다는 '법 목적에 따른 한계'는 사법적 헌법해석기관에 의한 최종적 헌법해석권을 형해화할 수 있으므로 인정될 수 없다.
③ 헌법의 기본원리는 헌법의 이념적 기초인 동시에 헌법을 지배하는 지도원리로서 입법이나 정책결정의 방향을 제시하며, 구체적 기본권을 도출하는 근거로 될 수는 없으나 기본권의 해석 및 기본권제한입법의 합헌성 심사에 있어 해석기준의 하나로서 작용한다.
④ 입법부작위에 대한 헌법소원은 원칙적으로 인정될 수 없고, 다만 헌법에서 기본권 보장을 위해 명시적인 입법위임을 하였음에도 입법자가 이를 이행하지 않은 경우에만 예외적으로 인정될 수 있다.

12

헌법개정에 관한 설명으로 가장 적절한 것은? (다툼이 있는 경우 판례에 의함)

① 우리 헌법은 헌법개정의 한계에 관한 규정을 두고 있으며, 헌법의 개정을 법률의 개정과는 달리 국민투표에 의하여 이를 확정하도록 규정하고 있다.
② 국회는 헌법개정안이 공고된 날로부터 60일 이내에 의결하여야 하며, 국회의 의결은 무기명투표로 한다.
③ 헌법개정안이 국회가 의결한 후 30일 이내에 국민투표에 붙여 국회의원선거권자 과반수의 투표와 투표자 과반수의 찬성을 얻은 때에는 헌법개정은 확정되며, 대통령은 즉시 이를 공포하여야 한다.
④ 우리 헌법의 각 개별규정 가운데 무엇이 헌법제정규정이고 무엇이 헌법개정규정인지를 구분하는 것이 가능할 뿐만 아니라, 그 효력상의 차이도 인정할 수 있다.

13

지방자치에 대한 설명으로 옳은 것은? (다툼이 있는 경우 판례에 의함)

① 지방자치단체의 폐치·분합에 관한 것은 지방자치단체의 자치행정권 중 지역고권의 보장문제이기 때문에 국민의 기본권침해를 요건으로 하는 헌법소원의 대상이 될 수 없다.
② 「지방자치법」에 규정된 국민의 조례제정·개폐청구권 및 주민투표권은 헌법상 보장된 지방자치제도의 본질적 내용을 이룬다.
③ 공유수면 관리 및 매립에 관한 법률에 따른 매립지가 속할 지방자치단체를 정하는 행정안전부장관의 결정에 대하여 이의가 있는 경우 관계 지방자치단체의 장은 그 결과를 통보받은 날부터 15일 이내에 대법원에 소송을 제기할 수 있다.
④ 「지방자치법」상 주민은 그 지방자치단체의 장 및 비례대표의원을 포함한 지방의회의원을 소환할 권리를 가진다.

14

직업공무원제도에 관한 설명으로 가장 옳지 않은 것은? (다툼이 있는 경우 판례에 의함)

① 선거에서 중립의무가 있는 구 「공직선거및선거부정방지법」 제9조의 '공무원'이란 원칙적으로 국가와 지방자치단체의 모든 공무원, 즉 좁은 의미의 직업공무원은 물론이고, 대통령, 국무총리, 국무위원, 지방자치단체의 장을 포함한다.
② 국민이 공무원으로 임용된 경우에 있어서 그가 정년까지 근무할 수 있는 권리는 '헌법'의 공무원 신분보장규정에 의하여 보호되는 기득권으로서 그 침해 내지 제한은 신뢰보호의 원칙에 위배 되지 않는 범위 내에서만 가능하다 할 것이다.
③ 국·공립학교 채용시험의 동점자 처리에서 국가유공자 등 및 그 유족·가족에게 우선권을 주도록 하고 있는 '국가유공자 등 예우 및 지원에 관한 법률'의 해당 조항에 의하여 일반 응시자들은 국·공립학교 채용시험의 동점자 처리에서 불이익을 당하며 이는 일반 응시자들의 공무담임권을 침해한다.
④ 직제폐지에 따른 직권면직을 규정한 '지방공무원법' 제62조 제1항 제3호는 직업공무원제도에 위반되지 않는다.

15

지방자치에 대한 설명으로 가장 옳지 않은 것은? (다툼이 있는 경우 판례에 의함)

① 지방교육자치는 지방자치권행사의 일환으로서 보장되는 것이므로, 중앙권력에 대한 지방적 자치로서의 속성을 지니고 있지만, 동시에 그것은 헌법 제31조 제4항이 보장하고 있는 교육의 자주성·전문성·정치적 중립성을 구현하기 위한 것이므로, 정치권력에 대한 문화적 자치로서의 속성도 아울러 지니고 있다.
② 헌법 제118조 제2항에서 지방자치단체의 장의 '선임방법'에 관한 사항은 법률로 정한다고 규정하고 있으므로 지방자치단체의 장 선거권은 다른 공직선거권과 달리 헌법상 보장되는 기본권으로 볼 수 없다.
③ 지방자치단체의 장이 의료법에 따른 의료기관에 60일 이상 계속하여 입원한 경우 부단체장이 그 권한을 대행한다.
④ 국가사무로서의 성격을 가지고 있는 기관위임사무의 집행권한의 존부 및 범위에 관하여 지방자치단체가 청구한 권한쟁의심판청구는 지방자치단체의 권한에 속하지 아니하는 사무에 관한 심판청구로서 그 청구가 부적법하다.

16

선거제도에 대한 설명으로 가장 옳은 것은? (다툼이 있는 경우 판례에 의함)

① 비례대표후보자를 유권자들이 직접 선택할 수 있는 이른바 자유명부식이나 가변명부식과 달리 고정명부식에서는 후보자와 그 순위가 전적으로 정당에 의하여 결정되므로 직접선거의 원칙에 위반된다.
② 임기만료에 따른 비례대표국회의원선거에서 전국 유효투표총수의 100분의 5 이상을 득표하였거나 임기만료에 따른 지역구국회 의원선거에서 3 이상의 의석을 차지한 정당에 대하여 비례대표 국회의원의석이 배분된다.
③ 대통령선거에 있어서 최고득표자가 2인 이상인 때에는 국회의 재적의원 과반수가 출석한 공개회의에서 다수표를 얻은 자를 당선자로 한다.
④ 범죄자가 저지른 범죄의 경중을 전혀 고려하지 않고 수형자와 집행유예자 모두의 선거권을 제한하는 것은 보통선거원칙에 위반되지 않는다.

17

정당제도에 관한 설명 중 가장 옳은 것은?

① 정당의 목적과 활동이 민주적 기본질서에 위배될 때에는 정부는 국무회의 심의를 거쳐 헌법재판소에 정당해산심판을 청구할 수 있다.
② 헌법재판소는 직권 또는 청구인의 신청에 의하여 종국결정의 선고 시까지 피청구인의 활동을 정지하는 결정을 할 수 있다.
③ 정당은 법률이 정하는 바에 의하여 국가의 보호를 받으며, 국가는 법률이 정하는 바에 의하여 정당운영에 필요한 자금을 보조하여야 한다.
④ 헌법재판소의 해산결정에 따라 통진당 소속 비례대표 지방의회의원이었던 자는 지방의회의원직을 상실한다고 볼 수 있다.

18

선거관리위원회에 대한 설명으로 옳지 않은 것은?

① 선거관리위원회는 법령이 정하는 바에 의하여 국가 및 지방자치단체의 선거에 관한 사무, 국민투표에 관한 사무, 정당에 관한 사무, 「공공단체등 위탁선거에 관한 법률」에 따른 위탁선거에 관한 사무, 기타법령으로 정하는 사무를 행한다.
② 중앙선거관리위원회는 법령의 범위 안에서 선거관리·국민투표관리 또는 정당사무에 관한 규칙을 제정할 수 있으며, 법률에 저촉되지 아니하는 범위 안에서 내부규율에 관한 규칙을 제정할 수 있다.
③ 각급선거관리위원회는 선거사무를 위하여 인원·장비의 지원 등이 필요한 경우에는 행정기관에 대하여는 지시 또는 협조 요구를, 공공단체 및 「은행법」 제2조에 따른 은행(개표사무종사원을 위촉하는 경우에 한함)에 대하여는 협조 요구를 할 수 있다.
④ 각급선거관리위원회는 위원 3분의 1 이상의 출석으로 개의하고 출석위원 과반수의 찬성으로 의결하며, 위원장은 표결권을 가지고 가부동수인 때에는 부결된 것으로 본다.

19

대통령선거에 대한 설명으로 옳지 않은 것은? (다툼이 있는 경우 판례에 의함)

① 국회의원의 피선거권이 있고 선거일 현재 5년 이상 국내에 거주하고 있는 40세 이상의 국민은 대통령의 피선거권이 있으며, 이 경우 공무로 외국에 파견된 기간과 국내에 주소를 두고 일정 기간 외국에 체류한 기간은 국내 거주기간으로 본다.
② 대통령이 궐위된 때 또는 대통령 당선자가 사망하거나 판결 기타의 사유로 그 자격을 상실한 때에는 70일 이내에 후임자를 선거한다.
③ 대통령선거에 있어서 최고득표자가 2인 이상인 때에는 국회의 재적의원 과반수가 출석한 공개회의에서 다수표를 얻은 자를 당선자로 하며, 대통령후보자가 1인일 때에는 그 득표수가 선거권자 총수의 3분의 1 이상이 아니면 대통령으로 당선될 수 없다.
④ 대통령선거에서 후보 난립을 방지하고 선거비용 중 일부를 예납하도록 하기 위한 기탁금 제도는 그 기탁금액이 과다하지 않는 한 헌법상 허용된다고 할 것이므로 대통령선거에서 기탁금 3억원을 납부하는 것이 헌법에 위배되는 것은 아니다.

20

지방자치에 대한 설명으로 옳은 것은? (다툼이 있는 경우 판례에 의함)

① 헌법상 지방자치제도보장의 핵심영역 내지 본질적 부분이 지방자치단체에 의한 자치행정을 보장하는 것이므로, 현행법에 따른 지방자치단체의 중층구조를 계속하여 존속하도록 할지 여부는 입법자의 입법형성권의 범위에 포함되지 않는다.
② 지방자치단체의 폐지·분합에 관한 사항은 헌법재판소법 제68조 제1항에 따른 헌법소원심판의 대상이 될 수 없다.
③ 지방의회의원과 지방자치단체장을 선출하는 지방선거는 지방자치단체의 기관을 구성하고 그 기관의 각종 행위에 정당성을 부여하는 행위라 할 것이므로, 지방선거사무는 지방자치단체의 존립을 위한 자치사무에 해당한다 할 것이다.
④ 지방자치단체의 장이 금고 이상의 형을 선고받고 그 형이 확정되지 아니한 경우 부단체장이 그 권한을 대행하도록 규정한 「지방자치법」 조항은 지방자치단체장의 공무담임권을 침해하지 아니한다.

01

기본권 주체성에 대한 설명으로 옳지 않은 것은? (다툼이 있는 경우 헌법재판소 판례에 의함)

① 재개발조합이 재개발조합이 기본권의 수범자로 기능하면서 행정심판의 피청구인이 된 경우에 적용되는 심판대상조항의 위헌성을 다투는 이 사건에 있어, 재개발조합인 청구인은 기본권의 주체가 된다고 볼 수 있다.
② 출국만기보험금은 퇴직금의 성질을 가지고 있어서 그 지급시기에 관한 것은 근로조건의 문제이므로 외국인인 청구인들에게도 기본권 주체성이 인정된다.
③ '일할 환경에 관한 권리'는 인간의 존엄성에 대한 침해를 방어하기 위한 권리로서 외국인에게도 인정되며, 건강한 작업환경, 일에 대한 정당한 보수, 합리적인 근로조건의 보장 등을 요구할 수 있는 권리 등을 포함한다.
④ 공법상 재단법인인 방송문화진흥회가 최다출자자인 방송사업자는 「방송법」 등 관련 규정에 의하여 공법상의 의무를 부담하고 있지만, 그 설립목적이 언론의 자유의 핵심 영역인 방송 사업이므로 이러한 업무 수행과 관련해서는 기본권 주체가 될 수 있고, 그 운영을 광고수익에 전적으로 의존하고 있는 만큼 이를 위해 사경제 주체로서 활동하는 경우에도 기본권 주체가 될 수 있다.

02

기본권 주체에 대한 설명 중 옳은 것을 모두 고른 것은? (다툼이 있는 경우 판례에 의함)

> ⊙ 축협중앙회는 공법인성과 사법인성을 겸유한 특수한 법인으로서 기본권의 주체가 될 수 있다.
> ⓒ 국가나 국가기관 또는 국가조직의 일부나 공법인은 기본권의 '수범자'이지 기본권의 주체로서 그 '소지자'가 아니다.
> ⓒ 정당은 국민의 정치적 의사형성에 참여하기 위한 조직으로 성격상 권리능력 없는 단체에 속하므로, 구성원과는 독립하여 그 자체로서 기본권의 주체가 될 수 없다.
> ⓔ 태아도 헌법상 생명권의 주체가 되며 국가는 헌법 제10조에 따라 태아의 생명을 보호할 의무가 있다.

① ㄱ, ㄴ, ㄷ
② ㄱ, ㄴ, ㄹ
③ ㄱ, ㄷ, ㄹ
④ ㄴ, ㄷ, ㄹ

03

다음 설명 중 옳지 않은 것은 모두 몇 개인가?

㉠ 흡연권과 혐연권의 관계처럼 상하의 위계질서가 있는 기본권끼리 충돌하는 경우 상위기본권우선의 원칙에 따라 하위기본권이 제한될 수 있으므로, 흡연권은 혐연권을 침해하지 않는 한에서 인정되어야 한다.

㉡ 만성신부전증환자에 대한 외래 혈액투석 의료급여수가의 기준을 정액수가로 규정한 '의료급여수가의 기준 및 일반기준'상 조항은 과잉금지원칙에 반하여 수급권자인 청구인의 의료행위선택권을 침해한다.

㉢ 채권자취소권에 관한 민법 규정으로 인하여 채권자의 재산권과 채무자 및 수익자의 일반적 행동의 자유, 그리고 채권자의 재산권과 수익자의 재산권이 동일한 장에서 충돌한다. 따라서 이러한 경우에는 상충하는 기본권 모두가 최대한으로 그 기능과 효력을 발휘할 수 있도록 이른바 규범조화적 해석방법에 따라 심사하여야 한다.

㉣ 하나의 법률관계를 둘러싸고 사인 사이의 기본권이 충돌하는 경우에는 구체적인 사안에서의 사정을 종합적으로 고려한 이익형량과 함께 양 기본권 사이의 실제적인 조화를 꾀하는 해석 등을 통하여 이를 해결하여야 하고, 그 결과에 따라 정해지는 양 기본권 행사의 한계등을 감안하여 그 행위의 최종적인 위법성 여부를 판단하여야 한다.

① 0개 ② 1개
③ 2개 ④ 3개

04

명확성의 원칙에 관한 설명 중 가장 옳지 않은 것은? (다툼이 있는 경우 판례에 의함)

① 법치국가원리의 한 표현인 명확성의 원칙은 기본적으로 모든 기본권제한입법에 대하여 요구된다.

② 다소 광범위하여 법관의 보충적인 해석을 필요로 하는 개념을 사용하였다면 통상의 해석방법에 의하여 건전한 상식과 통상적인 법감정을 가진 사람이면 당해 처벌법규의 보호법익과 금지된 행위 및 처벌의 종류와 정도를 알 수 있도록 규정하였다고 해도 처벌법규의 명확성에 위반된다.

③ 응급의료에 관한 법률 조항 중 '누구든지 응급의료 종사자의 응급환자에 대한 진료를 폭행, 협박, 위계, 위력, 그 밖의 방법으로 방해하여서는 아니 된다.'는 부분 가운데 '그 밖의 방법' 부분은 죄형법정주의의 명확성원칙에 위반되지 않는다.

④ 누구든지 선거기간 중 선거에 영향을 미치게 하기 위하여 그 밖의 집회나 모임을 개최할 수 없고, 이를 위반하는 자를 처벌하는 공직선거법 부분은 죄형법정주의의 명확성원칙에 위배되지 않는다.

05

국가인권위원회에 대한 설명으로 적절하지 않은 것은? (다툼이 있는 경우 판례에 의함)

① 국가인권위원회는 헌법에 의하여 설치되고 헌법과 법률에 의하여 독자적인 권한을 부여받은 국가기관이라 할 수 없으므로 권한쟁의심판의 당사자능력이 인정되지 않는다.

② 국가인권위원회는 위원장 1명과 상임위원 3명을 포함한 11명의 인권위원으로 구성되며, 국회가 선출하는 4명, 대통령이 지명하는 4명, 대법원장이 지명하는 3명을 대통령이 임명한다.

③ 국가인권위원회는 피해자의 명시한 의사에 반하여 피해자를 위한 법률구조요청을 할 수 없다.

④ 국가인권위원회가 진정에 대해 각하 또는 기각결정을 하면 이 결정은 헌법소원의 대상이 되고 헌법소원의 보충성 요건을 충족한다.

06

인격권에 대한 설명으로 옳지 않은 것은? (다툼이 있는 경우 판례에 의함)

① 지역아동센터의 시설별 신고정원의 80% 이상을 돌봄취약아동으로 구성하도록 한 보건복지부 '2019년 지역아동센터 지원 사업안내' 관련 부분은 돌봄취약아동과 일반아동을 분리하려는 것이 아니라 돌봄취약아동에게 우선권을 부여하려는 것이므로 아동들의 인격권을 침해하지 않는다.

② 이미 출국 수속 과정에서 일반적인 보안검색을 마친 승객을 상대로 촉수검색(patdown)과 같은 추가적인 보안 검색 실시를 예정하고 있는 국가항공보안계획은 달성하고자 하는 공익에 비해 추가 보안검색으로 인해 대상자가 느낄 모욕감이나 수치심의 정도가 크다고 할 수 있으므로 과잉금지원칙에 위반되어 해당 승객의 인격권을 침해한다.

③ 사자(死者)에 대한 사회적 명예와 평가의 훼손은 사자와의 관계를 통하여 스스로의 인격상을 형성하고 명예를 지켜온 그 후손의 인격권을 제한한다.

④ 변호사 정보 제공 웹사이트 운영자가 변호사들의 개인신상정보를 기반으로 한 인맥지수를 공개하는 서비스를 제공하는 행위는 변호사들의 개인정보에 관한 인격권을 침해한다.

07

다음 설명으로 옳지 않은 것은? (다툼이 있는 경우 판례에 의함)

① 혼인 종료 후 300일 이내에 출생한 자(子)를 전남편의 친생자로 추정하는 민법 조항은 혼인관계가 해소된 이후에 자가 출생하고 생부가 출생한 자를 인지하려는 경우마저도, 아무런 예외 없이 그 자를 전남편의 친생자로 추정함으로써 친생부인의 소를 거치도록 하는 것은 모가 가정생활과 신분관계에서 누려야 할 인격권을 침해한다.

② 카메라 등을 이용하여 성적 욕망 또는 수치심을 유발할 수 있는 다른 사람의 신체를 그 의사에 반하여 촬영하는 행위를 처벌하는 성폭력범죄의 처벌 등에 관한 특례법 조항은 과잉금지원칙에 위배되어 일반적 행동자유권을 침해하지 않는다.

③ 8촌 이내의 혈족 사이에서는 혼인할 수 없도록 하는 「민법」 제809조 제1항은 입법목적의 달성에 필요한 범위를 넘는 과도한 제한으로서 침해의 최소성을 충족하지 못하므로 혼인의 자유를 침해한다.

④ 기부행위자는 자신의 재산을 사회적 약자나 소외 계층을 위하여 출연함으로써 자기가 속한 사회에 공헌하였다는 행복감과 만족감을 실현할 수 있으므로, 기부행위는 행복추구권과 그로부터 파생되는 일반적 행동자유권에 의해 보호된다.

08

평등권에 대한 설명 중 가장 옳은 것은? (다툼이 있는 경우 판례에 의함)

① 사회복무요원에게 현역병의 봉급에 해당하는 보수를 지급하도록 한 병역법 조항은 현역병에 비하여 사회복무요원을 합리적 근거 없이 차별하여 평등권을 침해한다.
② 부마민주항쟁을 이유로 30일 미만 구금된 자는 보상금 또는 생활지원금의 지급대상에서 제외하는 것은 다른 보상금 및 생활지원금 지급대상자와 달리 취급하고 있으므로, 청구인의 평등권을 침해한다.
③ 형의 집행이 종료 또는 면제된 자와 달리 집행유예를 선고받은 소년범에 대하여는 자격완화 특례규정을 두지 아니하여 자격제한을 함에 있어 군인사법 등 해당 법률의 적용을 받도록 한 소년법 규정은 평등원칙에 위반되지 않는다.
④ 직무수행 중 사망한 소방공무원에 대하여 순직군경으로서의 보훈혜택을 부여하지 않는다고 해서 이를 합리적인 이유없는 차별에 해당한다고 볼 수 없다.

09

인간의 존엄과 가치 및 행복추구권에 관한 설명으로 가장 옳지 않은 것은? (다툼이 있는 경우 판례에 의함)

① 전국기능경기대회 입상자의 국내기능경기대회 참가를 금지하는 숙련기술장려법 시행령 부분은 청구인들의 행복추구권을 침해한다.
② 헌법이 보호하는 명예권은 그 기본권 주체가 가지고 있는 인격과 명예가 부당하게 훼손되는 것의 배제를 청구할 권리이지, 국가가 기본권 주체에게 최대한의 사회적 평가를 부여하도록 국가에게 요청할 권리는 아니다.
③ 일반적 행동자유권의 보호영역에는 개인의 생활방식과 취미에 관한 사항은 포함되나, 위험한 스포츠를 즐길 권리는 포함되지 않는다.
④ 남편의 폭행에 대항하여 손톱으로 남편의 팔을 할퀸 행위는 정당행위 또는 정당방위에 해당할 수 있음에도 폭행죄가 성립함을 전제로 한 기소유예처분은 자의적인 검찰권의 행사로서 청구인의 행복추구권을 침해한다.

10

기본권에 대한 설명 다음 설명 중 가장 적절하지 않은 것은? (다툼이 있는 경우 판례에 의함)

① 대법원은 헌법상의 기본권은 사법영역에서는 적용되지 않는다고 판시한 바 있다.
② 통치구조의 구성원리는 자기목적적인 것이 아니라 국민의 기본권과 헌법이 추구하는 가치를 보장하고 실현하기 위한 수단의 성격을 가지는 것이므로, 자유위임원칙 역시 무제한적으로 보장되는 것은 아니며, 국회의 기능을 수행하기 위해서 필요한 범위 내에서 불가피하게 제한될 수밖에 없다.
③ 대법원은 사적단체가 남성 회원에게는 별다른 심사 없이 총회 의결권 등을 가지는 총회원 자격을 부여하면서도 여성 회원의 경우에는 지속적인 요구에도 불구하고 원천적으로 총회원 자격심사에서 배제하여 온 것에 대해 평등권의 효력이 간접적으로 사법관계에 미친다고 하면서 기본권 침해를 인정하였다.
④ 헌법 제10조에서 규정하듯이 모든 국가권력은 국민의 기본권에 기속되므로 원칙적으로 기본권에 기속되는 국가권력은 모두 헌법소원의 대상이 된다고 하여야 할 것이다.

11

인간의 존엄과 가치 및 인격권에 관한 설명 중 가장 적절하지 않은 것은? (다툼이 있는 경우 판례에 의함)

① 태아 성별 고지 금지는 낙태, 특히 성별을 이유로 한 낙태를 방지함으로써 성비의 불균형을 해소하고 태아의 생명권을 보호하기 위해 입법된 것으로 부모의 태아성별정보에 접근을 방해받지 않을 권리를 제한하지만 침해하는 것은 아니다.
② 거짓이나 그 밖의 부정한 방법으로 보조금을 교부받거나 보조금을 유용하여 어린이집 운영정지, 폐쇄명령 또는 과징금 처분을 받은 어린이집에 대하여 그 위반사실을 공표하도록 한 것이 인격권을 침해하는 것은 아니다.
③ 외부 민사재판에 출정할 때 운동화를 착용하게 해달라는 수형자인 청구인의 신청에 대하여 이를 불허한 피청구인 교도소장의 행위는 청구인의 인격권을 침해한다고 볼 수 없다.
④ 유치인들이 경찰서 유치장에 수용되어 있는 동안 차폐시설이 불충분하여 사용과정에서 신체부위가 다른 유치인들이나 경찰관들에게 관찰될 수 있고, 냄새가 유출되는 유치실 내 화장실을 사용하도록 강제된 것은 인간의 존엄과 가치로부터 유래하는 인격권을 침해한다.

12

다음 중 명확성원칙에 대한 설명으로 가장 옳지 않은 것은? (다툼이 있는 경우 판례에 의함)

① 취소소송 등의 제기 시 '회복하기 어려운 손해'를 집행정지의 요건으로 규정한 '행정소송법' 조항은 명확성원칙에 위배되지 않는다.
② 어린이집이 시·도지사가 정한 수납한도액을 초과하여 보호자로부터 필요경비를 수납한 것에 대해 해당 시·도지사가 '영유아보육법'에 근거하여 발할 수 있도록 한 '시정 또는 변경' 명령은 명확성원칙에 위배되지 않는다.
③ 전문과목을 표시한 치과의원은 그 표시한 '전문과목'에 해당하는 환자만을 진료하여야 한다고 규정한 '의료법' 조항은 명확성원칙에 위배되지 않는다.
④ 집단급식소에 근무하는 영양사의 직무를 규정한 조항을 위반한 자를 처벌하는 처벌조항은 명확성원칙에 위배되지 않는다.

13

국적에 관한 설명 중 가장 적절하지 않은 것은? (다툼이 있는 경우 판례에 의함)

① 대한민국 국적을 취득한 사실이 없는 외국인은 법무부장관의 귀화허가를 받아 대한민국 국적을 취득할 수 있으며, 법무부장관 앞에서 국민선서를 하고 귀화증서를 수여받은 때에 대한민국 국적을 취득한다.
② 대한민국 국민으로서 자진하여 외국 국적을 취득한 자는 그 외국국적 취득 신고를 한 때에 대한민국 국적을 상실한다.
③ 1948년 정부수립이전이주동포를 「재외동포의 출입국과 법적 지위에 관한 법률」의 적용대상에서 제외하는 것은 헌법 제11조의 평등원칙에 위배된다.
④ 법무부장관은 귀화신청인이 법률이 정하는 귀화요건을 갖추었다고 하더라도 귀화를 허가할 것인지 여부에 관하여 재량권을 가진다.

14

헌법전문(前文)에 대한 설명으로 가장 적절하지 않은 것은? (다툼이 있는 경우 판례에 의함)

① 현행 헌법전문은 "1945년 7월 12일에 제정되고 9차에 걸쳐 개정된 헌법을 이제 국회의 의결을 거쳐 국민투표에 의하여 개정한다."고 규정하고 있다.
② 헌법전문에 규정된 3. 1정신은 우리나라 헌법의 연혁적·이념적 기초로서 헌법이나 법률해석에서의 기준으로 작용한다고 할 수 있지만, 그에 기하여 곧바로 국민의 개별적 기본권성을 도출해낼 수는 없다고 할 것이므로, 헌법소원의 대상인 헌법상 보장된 기본권에 해당하지 아니한다.
③ 헌법전문은 1962년 제5차 개정헌법에서 처음으로 개정되었다.
④ 헌법전문(前文)에서 "3.1운동으로 건립된 대한민국임시정부의 법통을 계승"한다고 선언하고 있는 것에 비추어 국가는 일제로부터 조국의 자주독립을 위하여 공헌한 독립유공자와 그 유족에 대하여는 응분의 예우를 하여야 할 헌법적 의무를 지닌다.

15

체계정당성의 원리에 대한 설명으로 옳지 않은 것은? (다툼이 있는 경우 판례에 의함)

① 체계정당성의 원리라는 것은 동일 규범 내에서 또는 상이한 규범 간에 그 규범의 구조나 내용 또는 규범의 근거가 되는 원칙면에서 상호 배치되거나 모순되어서는 아니 된다는 하나의 헌법적 요청이다.
② 일반적으로 일정한 공권력작용이 체계정당성에 위반한다고 해서 곧 위헌이 되는 것은 아니고, 그것이 위헌이 되기 위해서는 결과적으로 비례의 원칙이나 평등의 원칙 등 일정한 헌법의 규정이나 원칙을 위반하여야 한다.
③ 체계정당성의 원리는 규범 상호간의 구조와 내용 등이 모순됨이 없이 체계와 균형을 유지하여야 한다는 헌법적 원리이지만 곧바로 입법자를 기속하는 것이라고는 볼 수 없다.
④ 규범 상호간의 체계정당성을 요구하는 이유는 입법자의 자의를 금지하여 규범의 명확성, 예측가능성 및 규범에 대한 신뢰와 법적 안정성을 확보하기 위한 것이고 이는 국가공권력에 대한 통제와 이를 통한 국민의 자유와 권리의 보장을 이념으로 하는 법치주의원리로부터 도출되는 것이다.

16

헌법의 경제적 기본질서에 대한 설명 중 가장 적절하지 않은 것은? (다툼이 있는 경우 판례에 의함)

① 국방상 또는 국민경제상 긴절한 필요로 인하여 법률이 정하는 경우를 제외하고는, 사영기업을 국유 또는 공유로 이전하거나 그 경영을 통제 또는 관리할 수 없다.
② 강제저축 프로그램으로서의 국민연금제도는 상호부조의 원리에 입각한 사회연대성에 기초하여 국민간에 소득재분배의 기능을 함으로써 사회적 시장경제질서에 부합하는 제도이므로 헌법상의 시장경제질서에 위배되지 않는다.
③ 농업생산성의 제고와 농지의 합리적인 이용을 위하거나 불가피한 사정으로 발생하는 농지의 소작제도와 위탁경영은 법률이 정하는 바에 의하여 인정된다
④ 헌법 제123조 제5항은 국가에게 "농·어민의 자조조직을 육성할 의무"와 "자조조직의 자율적 활동과 발전을 보장할 의무"를 아울러 규정하고 있는데, 이러한 국가의 의무는 그 조직이 제대로 기능하지 못하고 향후의 전망도 불확실한 경우라면 단순히 그 조직의 자율성을 보장하는 것에 그쳐서는 아니 되고, 적극적으로 이를 육성하여야 할 전자의 의무까지도 수행하여야 한다.

17

기본권의 주체성에 대한 설명으로 옳지 않은 것은? (다툼이 있는 경우 판례에 의함)

① 무소속 국회의원으로서 교섭단체소속 국회의원과 동등하게 대우받을 권리는 입법권을 행사하는 국가기관인 국회를 구성하는 국회의원의 지위에서 향유할 수 있는 권한일 수는 있을지언정 헌법이 일반국민에게 보장하고 있는 기본권이라고 할 수는 없다.
② 정당이 등록이 취소된 이후라면 '등록정당'과 달리 기본권 주체성이 인정될 수 없으므로 헌법소원의 청구인능력을 인정할 수 없다.
③ 국립대학인 서울대학교는 다른 국가기관 내지 행정기관과는 달리 공권력의 행사자의 지위와 함께 기본권의 주체라는 점도 중요하게 다루어져야 한다.
④ 주택재개발정비사업조합은 노후·불량한 건축물이 밀집한 지역에서 주거환경을 개선하여 도시의 기능을 정비하고 주거생활의 질을 높여야 할 국가의 의무를 대신하여 실현하는 기능을 수행하고 있으므로 구「도시 및 주거환경정비법」상 주택재개발정비사업 조합이 공법인의 지위에서 기본권의 수범자로 기능하면서 행정심판의 피청구인이 된 경우에는 기본권의 주체가 될 수 없다.

18

기본권 보호의무에 관한 설명 중 가장 적절하지 않은 것은? (다툼이 있는 경우 판례에 의함)

① 미국산 쇠고기 수입의 위생조건에 관한 고시가 개정 전 고시에 비하여 완화된 수입위생조건을 정한 측면이 있다 하더라도, 관련 과학기술과 국제 기준 등에 근거하여 일정 수준의 보호조치를 취하고 있다는 점에서 기본권 보호의무를 위반한 것으로 보기는 어렵다.
② '담배사업법'은 담배성분의 표시나 경고문구의 표시, 담배광고의 제한 등 여러 규제들을 통하여 직접흡연으로부터 국민의 생명·신체의 안전을 보호하려고 노력하고 있으므로 '담배사업법'이 국가의 보호의무에 관한 과소보호금지 원칙을 위반하여 청구인의 생명·신체의 안전에 관한 권리를 침해하였다고 볼 수 없다.
③ 외국의 대사관저에 대하여 강제집행을 할 수 없다는 이유로 집달관이 강제집행신청의 접수를 거부하여 강제집행이 불가능하게 되었다고 하더라도 이로부터 그 손실을 보상하는 법률을 제정함으로써 국민의 기본권을 보호하여야 할 입법자의 보호의무가 발생하였다고 볼 수는 없다.
④ 검사만 치료감호를 청구할 수 있고 치료감호대상자의 치료감호 청구권이나 법원의 직권에 의한 치료감호를 인정하지 않는 것은 국민의 보건에 관한 국가의 보호의무에 반한다.

19

행복추구권에 관한 설명으로 옳지 않은 것은? (다툼이 있는 경우 판례에 의함)

① 행복추구권은 국민이 행복을 추구하기 위한 활동을 국가권력의 간섭 없이 자유롭게 할 수 있다는 포괄적 의미의 자유권으로서의 성격뿐 아니라 국민이 행복을 추구하기 위하여 필요한 급부를 국가에게 적극적으로 요구할 수 있는 것도 내용으로 한다.

② 계약자유의 원칙이란 계약을 체결할 것인가의 여부, 체결한다면 어떠한 내용의, 어떠한 상대방과의 관계에서, 어떠한 방식으로 계약을 체결하느냐 하는 것도 당사자 자신이 자기의사로 결정하는 자유뿐만 아니라, 원치 않으면 계약을 체결하지 않을 자유를 말하며, 이는 헌법상의 행복추구권 속에 함축된 일반적 행동자유권으로부터 파생되는 것이다.

③ 행복추구권 속에 함축된 일반적인 행동자유권과 개성의 자유로운 발현권은 국가안전보장, 질서유지 또는 공공복리에 반하지 않는 한 입법 기타 국정상 최대의 존중을 필요로 하는 것이다.

④ 행복추구권은 다른 기본권에 대한 보충적 기본권으로서의 성격을 지니므로 직업선택의 자유라는 우선적으로 적용되는 기본권의 침해 여부를 판단하는 이상 행복추구권 침해 여부에 대해서는 별도로 판단하지 않는다.

20

평등권에 대한 다음 설명 중 가장 적절하지 않은 것은? (다툼이 있는 경우 판례에 의함)

① 사립학교 관계자와 언론인 못지않게 공공성이 큰 민간 분야 종사자에 대하여 부정청탁 및 금품등 수수의 금지에 관한 법률이 적용되지 않는 것은 언론인과 사립학교 관계자의 평등권을 침해하지 않는다.

② 외국거주 외국인유족의 퇴직공제금 수급 자격을 인정하지 아니하는 구 건설근로자의 고용개선 등에 관한 법률 관련 조항은 합리적 이유 없이 '외국거주 외국인유족'을 '대한민국 국민인 유족' 및 '국내거주 외국인유족'과 차별하는 것이므로 평등원칙에 위반된다.

③ 국회의원과 달리 지방의원은 지방공사직원의 직을 겸할 수 없게 한 것은 지방의회의원인 청구인의 평등권을 침해한 것이다.

④ 보훈보상대상자의 부모에 대한 유족보상금 지급 시, 수급권자를 부모 1인에 한정하고 나이가 많은 자를 우선하도록 규정한 '보훈보상대상자 지원에 관한 법률' 조항은 부모 중 나이가 많은 자와 그렇지 않은 자를 합리적 이유 없이 차별하여 나이가 적은 부모의 평등권을 침해한다.

01

적법절차원리에 대한 설명으로 옳지 않은 것은? (다툼이 있는 경우판례에 의함)

① 국가기관이 국민과의 관계에서 공권력을 행사함에 있어서 준수해야 할 법원칙으로서 형성된 적법절차의 원칙을 국가기관에 대하여 헌법을 수호하고자 하는 탄핵소추절차에는 직접 적용할 수 없다.
② 특정공무원범죄의 범인에 대한 추징판결을 범인 외의 자가 그 정황을 알면서 취득한 불법재산 및 그로부터 유래한 재산에 대하여 그 범인 외의 자를 상대로 집행할 수 있도록 규정한 공무원범죄에 관한 몰수 특례법 제9조의2에 의한 추징판결의 집행이 그 성질상 신속성과 밀행성을 요구한다는 사정만으로 이 조항이 추징판결을 집행하기에 앞서 제3자에게 통지하거나 의견을 진술할 기회를 부여하지 않은 것은 적법절차원칙에 위배되지 않는다.
③ 공익의 대표자로서 준사법기관적 성격을 가지고 있는 검사에게만 치료감호 청구권한을 부여한 것은, 본질적으로 자유박탈적이고 침익적 처분인 치료감호와 관련하여 재판의 적정성 및 합리성을 기하기 위한 것이므로 적법절차원칙에 반하지 않는다.
④ 전기통신사업법이 통신자료 취득에 대한 사후통지절차를 규정하고 있지 않은 것 수사의 밀행성을 기하기 위한 것이므로 적법절차원칙에 반하지 않는다.

02

표현의 자유에 대한 설명으로 옳지 않은 것은? (다툼이 있는 경우 판례에 의함)

① 북한 지역으로 전단 등 살포를 하여 국민의 생명·신체에 위해를 끼치거나 심각한 위험을 발생시키는 것을 금지하고, 이를 위반할 경우 처벌하는 '남북관계 발전에 관한 법률' 관련 부분은 과잉금지원칙에 위배되어 표현의 자유를 침해한다.
② '일단 표출되면 그 해악이 처음부터 해소될 수 없거나 또는 너무나 심대한 해악을 지닌 음란표현'도 헌법 제21조가 규정하는 언론·출판의 자유의 보호영역에 해당한다.
③ 공직선거법 제59조 중 선거운동기간 전에 개별적으로 대면하여 말로 하는 선거운동을 금지하고 처벌하는 부분은 과잉금지원칙에 반하여 선거운동 등 정치적 표현의 자유를 침해한다고 볼 수 없다.
④ 공개장소에서의 연설·대담장소 또는 대담·토론회장에서 연설·대담·토론용으로 사용하는 경우를 제외하고는 선거운동을 위하여 확성장치를 사용할 수 없도록 한 공직선거법 '확성장치사용 금지조항'은 정치적 표현의 자유를 침해하지 아니한다.

03

사생활의 비밀과 자유에 대한 설명으로 옳지 않은 것은? (다툼이 있는 경우 판례에 의함)

① 교도소장이 수용자가 없는 상태에서 실시한 거실 검사행위는 교도소의 안전과 질서를 유지하고 수형자의 교화·개선에 지장을 초래할 수 있는 물품을 차단하기 위한 것으로서, 과잉금지원칙에 위배하여 수형자의 사생활의 비밀과 자유를 침해하였다고 할 수 없다.
② 보안관찰처분대상자가 교도소 등에서 출소 후 신고한 거주예정지 등 정보에 변경이 생길 때마다 7일 이내 이를 신고하도록 규정한 「보안관찰법」상 변동신고조항 및 위반 시 처벌조항은 청구인의 사생활의 비밀과 자유를 침해한다.
③ 보안관찰처분대상자가 교도소 등에서 출소한 후 7일 이내에 출소사실을 신고하도록 정한 구 보안관찰법 출소 후 신고의무에 관한 부분은 과잉금지원칙을 위반하여 청구인의 사생활의 비밀과 자유를 침해한다.
④ 존속상해치사죄와 같은 범죄행위는 헌법상 보호되는 사생활의 영역에 속한다고 볼 수 없을 뿐만 아니라, 가중처벌하는 것이 사생활의 자유를 침해하는 것은 아니다.

04

거주·이전의 자유에 대한 설명으로 가장 옳지 않은 것은? (다툼이 있는 경우 판례에 의함)

① 영내에 기거하는 군인은 그가 속한 세대의 거주지에서 등록하여야 한다고 규정하고 있는 「주민등록법」은 영내 기거 현역병의 거주·이전의 자유를 제한한다.
② 기간의 제한없이 귀화허가를 취소할 수 있도록 규정한 국적법 제21조는 과잉금지원칙에 위반하여 거주·이전의 자유를 침해한다.
③ 서울광장에 출입하고 통행하는 행위가 그 장소를 중심으로 생활을 형성해 나가는 행위에 속한다고 볼 수도 없으므로 서울광장의 출입을 통제하는 것은 거주·이전의 자유를 제한하지 않는다.
④ 병역준비역에 편입된 복수국적자는 편입된 때부터 3개월 이내에 하나의 국적을 선택하도록 하고, 그 기간이 경과하면 국적이탈의 신고를 할 수 없도록 규정한 국적법 조항은 국적이탈의 자유를 침해한다.

05

통신의 자유에 관한 설명 중 가장 옳지 않은 것은? (다툼이 있는 경우 판례에 의함)

① 통신제한조치기간의 연장을 허가함에 있어 횟수나 기간제한을 두지 않는 규정은 통신제한조치기간을 연장함에 있어 법운용자의 남용을 막을 수 있는 최소한의 한계를 설정하지 않은 것으로 비례원칙에 위반된다.
② 불법감청에 의하여 지득 또는 채록된 전기통신의 내용은 재판절차에서 증거로 사용될 수 없으나 징계절차에서는 증거로 사용할 수 있다.
③ 불법감청·녹음 등에 의하여 취득한 타인 간의 대화내용을 어떠한 경로로 알게 되었는지 그 지득경위를 묻지 않고 그 대화내용을 공개한 자를 처벌하는 것은 과잉금지원칙에 위반되지 않는다.
④ 통신의 비밀이란 서신·우편·전신의 통신수단을 통하여 개인 간에 의사나 정보의 전달과 교환이 이루어지는 경우, 통신의 내용과 통신이용의 상황이 개인의 의사에 반하여 공개되지 아니할 자유를 의미하므로, 휴대전화 통신계약체결 단계에서는 아직 통신의 비밀에 대한 제한이 이루어진다고 보기 어렵다.

06

표현의 자유에 대한 설명으로 가장 옳지 않은 것은? (다툼이 있는 경우 판례에 의함)

① 북한 지역으로 전단 등 살포를 하여 국민의 생명·신체에 위해를 끼치거나 심각한 위험을 발생시키는 것을 금지하고, 이를 위반한 경우 처벌하는 남북관계 발전에 관한 법률 부분은 정치적 표현의 자유를 침해한다.
② 초·중등학교의 교육공무원이 정치단체의 결성에 관여하거나 이에 가입하는 행위를 금지한 국가공무원법 제65조 제1항 부분은 정치적 표현의 자유 및 결사의 자유를 침해하지 않는다.
③ 공직자의 공무집행과 직접적인 관련이 없는 개인적인 사생활에 관한 사실이라도 일정한 경우 공적인 관심 사안에 해당할 수 있고, 공직자의 자질·도덕성·청렴성에 관한 사실은 그 내용이 개인적인 사생활에 관한 것이라 할지라도 순수한 사생활의 영역에 있다고 보기 어려우므로 이에 대한 문제제기 내지 비판은 허용되어야 한다.
④ 보건복지부장관으로부터 위탁을 받은 각 의사협회의 사전심의를 받지 아니한 의료광고를 금지하고 이를 위반한 경우 처벌하는 것은 헌법이 금지하는 사전검열에 해당하여 헌법에 위반된다.

07

다음 중 '집회 및 시위에 관한 법률'에 관한 설명으로 가장 옳지 않은 것은? (다툼이 있는 경우 판례에 의함)

① 집회나 시위 해산을 위한 살수차 사용은 집회의 자유 및 신체의 자유에 중대한 제한을 초래하므로 그 사용요건이나 기준은 법률에 근거를 두어야 한다.
② 야간시위를 일률적으로 금지하는 것은 현대인의 근무·학업 시간이나 생활형태 등을 고려하지 아니한 과도한 제한으로 과잉금지원칙에 위반된다.
③ 국회의 업무가 없는 공휴일이나 휴회기 등에 행하여지는 집회를 예외 없이 금지하는 것은 과도하게 집회의 자유를 제한하는 것이다.
④ 사법행정과 관련된 의사표시 전달을 목적으로 한 집회는 법관의 독립을 침해할 우려가 있으므로 금지되어야 한다.

08

공무담임권에 대한 다음 설명 중 가장 옳은 것은? (다툼이 있는 경우 판례에 의함)

① 순경 공채시험, 소방사 등 채용시험, 그리고 소방간부 선발시험의 응시연령의 상한을 '30세 이하'로 규정하고 있는 것은 공무담임권을 침해하지 않는다.
② 피성년후견인인 국가공무원은 당연퇴직한다고 정한 구 「국가공무원법」 제69조 제1호 중 제33조 제1호 가운데 '피성년후견인'에 관한 부분은 피성년후견인이 된 공무원의 공무담임권을 침해하지 아니한다.
③ 정당의 공직선거 후보자 선출은 자발적 조직 내부의 의사결정에 지나지 아니하므로, 정당의 내부경선에 참여할 권리는 헌법이 보장하는 공무담임권의 내용에 포함된다고 보기 어렵다.
④ 금고 이상의 형의 '선고유예'를 받은 경우에 공무원직에서 당연히 퇴직하는 것으로 정한 '지방공무원법'의 조항은 공무담임권을 침해하지 아니한다.

09

다음 중 언론·출판·집회·결사와 관련하여 가장 옳지 않은 것은? (다툼이 있는 경우 판례에 의함)

① 언론·출판은 타인의 명예나 권리 또는 공중도덕이나 사회윤리를 침해하여서는 안 된다.
② 신문의 편집인 등으로 하여금 아동보호사건에 관련된 아동학대행위자를 특정하여 파악할 수 있는 인적 사항 등을 신문 등 출판물에 싣거나 방송매체를 통하여 방송할 수 없도록 하는 것은 언론·출판의 자유를 침해하지 아니한다.
③ 인터넷게시판 이용자로 하여금 본인확인절차를 거쳐야만 게시판을 이용할 수 있도록 한 구 정보통신망이용촉진 및 정보보호 등에 관한 법률 조항은 인터넷 게시판을 운영하는 정보통신서비스 제공자의 언론의 자유를 침해하지 아니한다.
④ 집회·시위를 위한 인천애뜰 잔디마당의 사용허가를 예외없이 제한하는 '인천애(愛)뜰의 사용 및 관리에 관한 조례' 관련 조항은 과잉금지원칙에 위배되어 집회의 자유를 침해한다.

10

일반적 인격권에 대한 설명으로 가장 적절하지 않은 것은? (다툼이 있는 경우 판례에 의함)

① 중혼을 혼인취소의 사유로 정하면서 그 취소청구권의 제척기간 또는 소멸사유를 규정하지 않은 민법조항은 후혼 배우자의 인격권을 침해한다.
② 성명(姓名)은 개인의 정체성과 개별성을 나타내는 인격의 상징으로서 개인이 사회 속에서 자신의 생활영역을 형성하고 발현하는 기초가 되는 것이므로 자유로운 성(姓)의 사용은 헌법상 인격권으로부터 보호된다.
③ 민사재판의 당사자로 출석하는 수형자에 대하여 사복 착용을 허용하지 않는 형의 집행 및 수용자의 처우에 관한 법률 조항은 인격권을 침해하지 않는다.
④ 상체승의 포승과 수갑을 채우고 별도의 포승으로 다른 수용자와 연승한 행위는 인격권을 침해하지 않는다.

11

평등권 또는 평등원칙에 대한 설명으로 옳지 않은 것은? (다툼이 있는 경우 판례에 의함)

① 친일반민족행위자의 후손이라는 점이 헌법 제11조 제1항 후문의 사회적 신분에 해당한다 할지라도 이것만으로는 헌법에서 특별히 평등을 요구하고 있는 경우라고 할 수 없으므로 친일반민족행위자의 후손에 대한 차별은 평등권 침해 여부의 심사에서 완화된 기준을 적용해야 한다.
② 헌법은 사회적 신분에 대한 차별금지와 같이 헌법 제11조 제1항 후문에서 예시한 사유가 있는 경우에 절대적으로 차별을 금지할 것을 요구함으로써 입법자에게 인정되는 입법형성권을 제한한다.
③ '수사가 진행 중이거나 형사재판이 계속 중이었다가 그 사유가 소멸한 경우'에는 잔여 퇴직급여 등에 대해 이자를 가산하는 규정을 두면서, '형이 확정되었다가 그 사유가 소멸한 경우'에는 이자 가산 규정을 두지 않은 군인연금법 관련 조항은 평등원칙에 위반된다.
④ '공익신고자 보호법'상 보상금의 지급을 신청할 수 있는 자의 범위를 '내부 공익신고자'로 한정함으로써 '외부 공익신고자'를 보상금 지급대상에서 배제하도록 정한 '공익신고자 보호법' 관련 부분은 평등원칙에 위배되지 않는다.

12

변호인의 조력을 받을 권리에 관한 설명 중 가장 적절하지 않은 것은? (다툼이 있는 경우 판례에 의함)

① 변호인접견실에 CCTV를 설치하여 교도관이 그 CCTV를 통해 미결수용자와 변호인 간의 접견을 관찰한 행위는 변호인의 조력을 받을 권리를 침해하지 않는다.
② 변호인의 조력을 받을 권리란 국가권력의 일방적인 형벌권 행사에 대항하여 자신에게 부여된 헌법상·소송법상 권리를 효율적이고 독립적으로 행사하기 위하여 변호인의 도움을 얻을 피의자 및 피고인의 권리를 말한다.
③ 변호인의 조력을 받을 권리란 변호인과 신체구속을 당한 사람 사이의 충분한 접견교통을 허용함은 물론 교통내용에 대하여 비밀이 보장되고 부당한 간섭이 없어야 하는 것이며, 이러한 취지는 변호인과 미결수용자 사이의 서신에는 적용되지 않는다.
④ 국가보안법 위반죄로 구속기소된 청구인의 변호인이 청구인의 변론준비를 위하여 피청구인인 검사에게 그가 보관중인 수사기록일체에 대한 열람·등사신청을 하였으나 피청구인은 국가기밀의 누설이나 증거인멸, 증인협박, 사생활침해의 우려 등 정당한 사유를 밝히지 아니한 채 이를 전부 거부한 것은 청구인의 신속·공정한 재판을 받을 권리와 변호인의 조력을 받을 권리를 침해하는 것으로 헌법에 위반된다 할 것이다.

13

헌법소원심판제도에 관한 설명으로 옳지 않은 것은? (다툼이 있는 경우 판례에 의함)

① 대한민국 외교부장관과 일본국 외무부대신이 2015.12. 28. 공동발표한 일본군 위안부 피해자 문제 관련 합의는 헌법소원심판청구의 대상이 되지 않는다.
② 대한민국과 일본국 간의 어업에 관한 협정은 우리나라 정부가 일본 정부와의 사이에서 어업에 관해 체결·공포한 조약으로서 국내법과 같은 효력을 가지므로, 그 협정의 체결행위는 '공권력의 행사'에 해당한다.
③ 행정권력의 부작위에 대한 헌법소원과 관련하여 '대한민국과 일본국 간의 재산 및 청구권에 관한 문제의 해결과 경제협력에 관한 협정'에 따라 분쟁해결의 절차로 나아갈 의무가 국가에게 인정되지 않는다.
④ 위헌인 법률 조항에 근거한 행정처분이 항상 무효인 것은 아니고 그 무효 여부는 당해 사건을 재판하는 법원이 판단할 사항이므로 법률 조항이 위헌으로 결정되었더라도 그 조항에 근거하였던 처분이 무효인지 여부는 법원이 판단할 사항이다.

14

기본권 제한에 대한 설명으로 가장 적절하지 않은 것은? (다툼이 있는 경우 헌법재판소 판례에 의함)

① 영상물에 수록된 미성년 피해자 진술에 있어서 원진술자인 미성년 피해자에 대한 피고인의 반대신문권을 실질적으로 배제하여 피고인의 방어권을 과도하게 제한하는 구「성폭력범죄의 처벌 및 피해자보호 등에 관한 법률」조항은 피해의 최소성 요건을 갖추지 못하였다.
② '변호인의 피의자신문 참여 운영 지침'상 피의자신문에 참여한 변호인이 피의자 옆에 앉는 경우 피의자 뒤에 앉는 경우보다 수사를 방해할 가능성이나 수사기밀을 유출할 가능성이 높아진다고 볼 수 있으므로, 후방착석요구행위의 목적의 정당성과 수단의 적절성이 인정된다.
③ 「마약류 관리에 관한 법률」을 위반하여 금고 이상의 실형을 선고받고 그 집행이 끝나거나 면제된 날부터 20년이 지나지 아니한 것을 택시운송사업의 운전업무 종사자격의 결격사유 및 취소사유로 정한 구「여객자동차운수사업법」조항은 침해의 최소성 원칙에 위배된다.
④ 임차주택의 양수인이 임대인의 지위를 승계하도록 규정한 구「주택임대차보호법」조항은 임차인의 주거생활의 안정을 도모함과 동시에 주민등록이라는 공시기능을 통하여 주택 양수인의 불측의 손해를 예방할 수 있도록 하고 있으므로, 기본권 침해의 최소성 원칙에 반하지 않는다.

15

사생활의 비밀과 자유에 대한 설명으로 옳지 않은 것은? (다툼이 있는 경우 판례에 의함)

① 사생활의 비밀은 국가가 사생활영역을 들여다보는 것에 대한 보호를 제공하는 기본권이며, 사생활의 자유는 국가가 사생활의 자유로운 형성을 방해하거나 금지하는 것에 대한 보호를 의미한다.

② 인터넷회선 감청은 타인과의 관계를 전제로 하는 개인의 사적영역을 보호하려는 헌법 제18조의 통신의 비밀과 자유 외에 헌법 제17조 사생활의 비밀과 자유도 제한한다.

③ 교도소 내 거실이나 작업장은 수용자의 사생활 영역이거나 사생활에 연결될 수 있는 영역이므로 수용자가 없는 상태에서 교도소장이 비밀리에 거실 및 작업장에서 개인물품 등을 검사하는 행위는 수용자의 사생활의 비밀과 자유를 제한하는 것이 아니다.

④ 피고인이나 변호인에 의한 공판정에서의 녹취는 진술인의 인격권 또는 사생활의 비밀과 자유에 대한 침해를 수반하고, 실체적 진실발견 등 다른 법익과 충돌할 개연성이 있으므로, 녹취를 금지해야 할 필요성이 녹취를 허용함으로써 달성하고자 하는 이익보다 큰 경우에는 녹취를 금지 또는 제한함이 타당하다.

16

국가의 기본권보호의무에 대한 설명으로 옳지 않은 것은? (다툼이 있는 경우 판례에 의함)

① 동물장묘업 등록에 관하여 「장사 등에 관한 법률」 제17조 외에 다른 지역적 제한사유를 규정하지 않은 것만으로 국가의 기본권 보호의무를 과소하게 이행한 것이라고 할 수 없다.

② 교통사고처리특례법(2003. 5. 29. 법률 제6891호로 개정된 것) 제4조 제1항 본문 중 업무상과실 또는 중대한 과실로 인한 교통사고로 말미암아 피해자로 하여금 상해에 이르게 한 경우 공소를 제기할 수 없도록 한 부분은 국가의 기본권보호의무에 위반되지 아니한다.

③ 국민의 기본권을 보호하는 것은 국민주권의 원리상 국가의 가장 기본적인 의무이므로 입법자는 기본권 보호의무를 최대한 실현 하여야 하며, 헌법재판소는 입법자의 기본권 보호의무를 엄밀하게 심사하여야 한다.

④ 태평양전쟁 전후 강제동원된 자 중 국외 강제동원자에 대해서만 의료지원금을 지급하도록 하고 국내 강제동원자를 제외하는 것이 국민에 대한 국가의 기본권 보호의무에 위배된다고 볼 수 없다.

17

다음 설명 중 가장 적절하지 않은 것은? (다툼이 있는 경우 판례에 의함)

① 공인이 아니며 보험사기를 이유로 체포된 피의자가 경찰서 내에서 수갑을 차고 얼굴을 드러낸 상태에서 조사받는 과정을 기자들로 하여금 촬영하도록 허용하는 행위는 기본권 제한의 목적의 정당성이 인정되지 아니한다.
② 질병, 장애, 노령, 그 밖의 사유로 인한 정신적 제약으로 사무를 처리할 능력이 지속적으로 결여된 사람에 대하여 성년후견개시심판이 이루어진 경우 성년후견인관련조항에 따라 선임된 성년후견인이 피성년후견인의 법률행위를 대리하고 신상에 관하여 결정할 수 있으며, 재산을 관리하게 되는데 이는 피성년후견인의 자기결정권 및 일반적 행동자유권을 침해한다.
③ 자기낙태죄 조항은 「모자보건법」에서 정한 사유에 해당하지 않는다면 결정가능기간 중에 다양하고 광범위한 사회적·경제적 사유를 이유로 낙태갈등 상황을 겪고 있는 경우까지도 예외 없이 전면적·일률적으로 임신의 유지 및 출산을 강제하고 이를 위반한 경우 형사처벌하고 있으므로 임신한 여성의 자기결정권을 제한하고 있어 침해의 최소성을 갖추지 못하였다.
④ 고졸검정고시 또는 고입검정고시에 합격했던 자가 해당 검정고시에 다시 응시할 수 없게 됨으로써 제한되는 주된 기본권은 자유로운 인격발현권인데, 이러한 응시자격 제한은 검정고시 제도 도입 이후 허용되어 온 합격자의 재응시를 경과조치 등 없이 무조건적으로 금지하는 것이어서 과잉금지원칙에 위배된다.

18

개인정보자기결정권에 관한 설명 중 가장 적절하지 않은 것은? (다툼이 있는 경우 판례에 의함)

① 수사기관 등이 전기통신사업자에게 이용자의 성명 등 통신자료의 열람이나 제출을 요청할 수 있도록 한 통신자료 제공요청 관련 조항은 개인정보자기결정권을 제한한다.
② 수사경력자료는 보존기간이 지나면 삭제하도록 하면서도 범죄경력자료의 삭제에 대해 규정하지 않은 수사경력자료 정리 조항은 개인정보자기결정권을 침해하지 아니한다.
③ 야당 소속 후보자 지지 혹은 정부 비판은 정치적 견해로서 개인의 인격주체성을 특정짓는 개인정보에 해당하지만, 그것이 지지 선언 등의 형식으로 공개적으로 이루어진 것이라면 개인정보자기결정권의 보호범위 내에 속하지 않는다.
④ 성폭력범죄의 처벌 등에 관한 특례법상 공중밀집장소에서의 추행죄로 유죄판결이 확정된 자를 신상정보 등록대상자로 규정한 부분은 해당 신상정보 등록대상자의 개인정보자기결정권을 침해하지 않는다.

19

주거의 자유에 대한 설명으로 가장 적절하지 않은 것은? (다툼이 있는 경우 판례에 의함)

① 헌법 제16조가 영장주의에 대한 예외를 마련하고 있지 않으므로 주거에 대한 압수나 수색에 있어서 영장주의의 예외를 인정할 수 없다.
② 점유할 권리없는 자의 점유라고 하더라도 그 주거의 평온은 보호되어야 할 것이므로, 권리자가 그 권리를 실행함에 있어 법에 정하여진 절차에 의하지 아니하고 그 건조물 등에 침입한 경우에 주거침입죄가 성립한다.
③ 주거용 건축물의 사용·수익관계를 정하고 있는 도시 및 주거환경정비법 조항은 헌법 제16조에 의해 보호되는 주거의 자유를 제한하지 않는다.
④ 헌법 제16조가 보장하는 주거의 자유는 개방되지 않은 사적공간인 주거를 공권력이나 제3자에 의해 침해당하지 않도록 함으로써 국민의 사생활영역을 보호하기 위한 권리이다.

20

직업의 자유에 관한 설명으로 옳지 않은 것은? (다툼이 있는 경우 헌법재판소 판례에 의함)

① 직업수행의 자유는 직업결정의 자유에 비하여 상대적으로 그 제한의 정도가 작다고 할 것이므로 이에 대하여는 공공복리 등 공익상의 이유로 비교적 넓은 법률상의 규제가 가능하다.
② 직업선택의 자유는 각자의 생활의 기본적 수요를 충족시키는 방편이 되고 개성신장의 바탕이 된다는 점에서 주관적 공권의 성격을 가지면서도 국민 개개인이 선택한 직업의 수행에 의하여 국가의 사회질서와 경제질서가 형성된다는 점에서 사회적 시장경제질서라고 하는 객관적 법질서의 구성요소이기도 하다.
③ 이미 국내에서 치과의사면허를 취득하고 외국의 의료기관에서 치과전문의 과정을 이수한 사람들에게 국내에서 전문의 과정을 다시 이수할 것을 요구하는 것은 치과의사의 직업수행의 자유를 침해한다.
④ 범죄의 종류나 내용을 불문하고 금고 이상의 형의 선고유예를 받은 청원경찰을 당연퇴직되도록 한 것은 금고 이상의 형의 선고유예를 받은 자를 청원경찰직에서 당연퇴직시킴으로써 청원경찰의 사회적 책임 및 청원경찰직에 대한 국민의 신뢰를 제고하고, 청원경찰로서의 성실하고 공정한 직무수행을 담보하기 위한 법적 조치이므로 청원경찰의 직업의 자유를 침해하지 않는다.

01

재산권에 대한 설명 중 적절하지 않은 것은? (다툼이 있는 경우 판례에 의함)

① 헌법이 보장하고 있는 재산권은 경제적 가치가 있는 모든 공법상·사법상의 권리를 뜻한다.
② 국가의 간섭을 받지 아니하고 자유로이 기부행위를 할 수 있는 기회의 보장은 헌법상 보장된 재산권의 보호범위에 포함되지 않는다.
③ 장기미집행 도시계획시설결정의 실효제도는 도시계획시설부지로 하여금 도시계획시설결정으로 인한 사회적 제약으로부터 벗어나게 하는 것으로서 결과적으로 개인의 재산권이 보다 보호되는 측면이 있는 것은 사실이며, 이와 같은 보호는 헌법상 재산권으로부터 당연히 도출되는 권리이다.
④ 환매권의 발생기간을 제한하고 있는 '공익사업을 위한 토지 등의 취득 및 보상에 관한 법률' 제91조 제1항 중 '토지의 협의취득일 또는 수용의 개시일부터 10년 이내에' 부분은 과잉금지원칙에 반하여 재산권을 침해한다.

02

근로의 권리에 관한 설명 중 가장 적절하지 않은 것은? (다툼이 있는 경우 판례에 의함)

① 근로의 권리는 국가의 개입 간섭을 받지 않고 자유로이 근로를 할 자유와, 국가에 대하여 근로의 기회를 제공하는 정책을 수립해줄 것을 요구할 수 있는 권리 등을 기본적인 내용으로 하고있고, 이 때 근로의 권리는 근로자를 개인의 차원에서 보호하기 위한 권리로서 개인인 근로자가 근로의 권리의 주체가 되는 것이고, 노동조합은 그 주체가 될 수 없다.
② 일용근로자로서 3개월을 계속 근무하지 아니한 자를 해고예고제도의 적용제외사유로 규정하고 있는 근로기준법 규정은 일용근로자인 청구인의 근로의 권리를 침해하지 않는다.
③ '교원의 노동조합 설립 및 운영 등에 관한 법률'의 적용을 받는 교원의 범위를 초·중등학교에 재직 중인 교원으로 한정하고 있는 '교원의 노동조합 설립 및 운영 등에 관한 법률' 제2조는 청구인 전국교직원노동조합 및 해직 교원들의 단결권을 침해하지 않는다.
④ 공항·항만 등 국가중요시설의 경비업무를 담당하는 특수경비원에게 경비업무의 정상적인 운영을 저해하는 일체의 쟁의행위를 금지하는 경비업법의 해당 조항은 특수경비원의 단체행동권을 박탈하여 근로 3권을 규정하고 있는 헌법 제33조 제1항에 위배된다.

03

공무담임권에 대한 설명으로 가장 적절하지 않은 것은? (다툼이 있는 경우 판례에 의함)

① 피성년후견인인 국가공무원은 당연퇴직한다고 규정한 국가공무원법 조항은 성년후견이 개시되지는 않았으나 동일한 정도의 정신적 장애가 발생한 국가공무원의 경우와 비교할 때 사익의 제한 정도가 과도하여 과잉금지원칙에 위반되므로 공무담임권을 침해한다.

② 청구인이 당선된 당해 선거에 관한 것인지를 묻지 않고, 선거에 관한 여론조사의 결과에 영향을 미치게 하기 위하여 둘 이상의 전화번호를 착신 전환 등의 조치를 하여 같은 사람이 두 차례 이상 응답하여 100만원 이상의 벌금형을 선고받은 자로 하여금 지방의회의원의 직에서 퇴직되도록 한 조항은 청구인의 공무담임권을 침해하지 않는다.

③ 국립대학 총장후보자에 지원하려는 사람에게 접수시 1,000만원의 기탁금을 납부하도록 하고, 지원서 접수시 기탁금 납입 영수증을 제출하도록 하는 것은 총장후보자 지원자들의 무분별한 난립을 방지하려는 것으로 총장 후보자에 지원하려는 자의 공무담임권을 침해하지 않는다.

④ 경북대학교 총장임용후보자선거의 후보자로 등록하려면 3,000만원의 기탁금을 납부하고 후보자등록신청 시 기탁금납부영수증을 제출하도록 정한 '경북대학교 총장임용후보자 선정 규정' 제20조 제1항 및 제26조 제2항 제7호는 후보자인 청구인의 공무담임권을 침해하지 않는다.

04

인간다운 생활을 할 권리에 관한 설명으로 옳은 것은? (다툼이 있는 경우 판례에 의함)

① 수급권자에게 2 이상의 급여의 수급권이 발생한 때 그 자의 선택에 의하여 그 중의 하나만을 지급하고 다른 급여의 지급을 정지하도록 하는 것은 공공복리를 위하여 필요하고 적정한 방법으로서 헌법 제37조 제2항의 기본권 제한의 입법적 한계를 일탈한 것으로 볼 수 없다.

② 생계급여를 지급함에 있어 '개별가구 또는 개인의 여건'에 관한 조건 부과 유예 대상자의 범위를 정할 때 '대학원에 재학 중인 사람' 또는 '부모에게 버림받아 부모를 알 수 없는 사람'에 대하여 조건 부과 유예사유를 두지 않은 것은 인간다운 생활을 할 권리를 침해한 것이다.

③ 공무원이거나 공무원이었던 사람이 재직 중의 사유로 금고 이상의 형을 받거나 형이 확정된 경우 퇴직급여 및 퇴직수당의 일부를 감액하여 지급함에 있어 그 이후 형의 선고의 효력을 상실하게 하는 특별사면 및 복권을 받은 경우를 달리 취급하는 규정을 두지 아니한 공무원연금법은 인간다운 생활을 할 권리를 침해한다.

④ 경과실로 인한 범죄행위에 기인하는 보험사고에 대하여 의료보험급여를 부정하는 것이 사회보장제도로서의 의료보험의 본질을 침해하는 것은 아니다.

05

재산권에 관한 다음 설명 중 가장 옳지 않은 것은? (다툼이 있는 경우 판례에 의함)

① 종래 보수연동제에 의하여 연금액의 조정을 받아오던 기존의 연금수급자에게 법률개정을 통해 물가연동제에 의한 연금액조정방식을 적용하도록 하는 것은 헌법에 위배되지 않는다.
② 연금수급권의 내용은 사회·경제적 상황을 고려한 입법자의 정책적 판단에 의하여 변경될 수 있어 조기노령연금의 수급개시연령에 대한 신뢰는 보호가치가 크지 않으므로, 조기노령연금을 수급할 수 있는 연령이 59세에서 60세로 인상하는 법률은 재산권을 침해하지 않는다.
③ 학교안전공제회가 관리·운용하는 학교안전공제 및 사고예방기금은 헌법 제23조 제1항에 의하여 보호되는 재산권에 해당하지 않는다.
④ 재산권의 객체가 갖는 객관적 가치란 그 물건의 성질에 정통한 사람들의 자유로운 거래에 의하여 도달할 수 있는 합리적인 매매가능가격 즉 시가에 의하여 산정되는 것이 보통이므로, 수용으로 인한 보상가액은 피수용토지의 수용시점 시가에 의하여야 하고, 공익사업의 시행으로 지가가 상승하여 발생하는 개발이익 역시 해당 토지의 객관적 가치에 포함되므로, 손실보상액에서 그와 같은 개발이익을 배제하는 것은 헌법이 정한 정당보상의 원리에 위배된다.

06

국민투표권에 관한 설명 중 가장 적절하지 않은 것은? (다툼이 있는 경우 판례에 의함)

① '정당법'상의 당원의 자격이 없는 자는 국민투표에 관한 운동을 할 수 없다.
② 주민등록을 할 수 없는 재외국민의 국민투표권 행사를 전면적으로 배제하고 있는 국민투표법 제14조 제1항은 국민투표권을 침해한다.
③ 국회의원선거권자인 재외선거인에게 국민투표권을 인정하지 않은 것은 국회의원 선거권자의 헌법개정안 국민투표 참여를 전제하고 있는 헌법 제130조 제2항의 취지에 부합하지 않는다.
④ 신행정수도 후속대책을 위한 '연기·공주 지역 행정중심복합도시 건설을 위한 특별법'이 수도를 분할하는 국가정책을 집행하는 내용을 가지고 있고 대통령이 이를 추진하고 집행하기 이전에 그에 관한 국민투표를 실시하지 아니하였다면 국민투표권이 행사될 수 있는 계기인 대통령의 중요정책 국민투표 부의가 행해지지 않았다고 하더라도 청구인들의 국민투표권이 행사될 수 있을 정도로 구체화되었다고 할 수 있으므로 그 침해의 가능성이 인정된다.

07

청원권에 대한 다음 설명으로 가장 적절하지 않은 것은?

① 청원기관의 장은 청원인의 성명, 주소 등이 불분명하거나 청원내용이 불명확한 사항은 처리를 하지 아니할 수 있다.
② 청원서의 일반인에 대한 공개를 위해 30일 이내에 100명 이상의 찬성을 받도록 하고, 청원서가 일반인에게 공개되면 그로부터 30일 이내에 10만 명 이상의 동의를 받도록 한 국회청원심사규칙 조항은 청원의 요건을 지나치게 까다롭게 설정하여 국민의 청원권을 침해한다.
③ 청원기관의 장은 청원을 접수한 때에는 특별한 사유가 없으면 90일 이내에 처리결과를 청원인에게 알려야 한다.
④ 청원은 청원서에 청원인의 성명과 주소 또는 거소를 적고 서명한 문서(「전자문서 및 전자거래 기본법」에 따른 전자문서를 포함한다)로 하여야 한다.

08

재판청구권에 대한 다음 설명 중 가장 옳은 것은? (다툼이 있는 경우 판례에 의함)

① 토지수용위원회의 수용재결서를 받은 날로부터 60일 이내에 보상금증감청구소송을 제기하도록 한 '공익사업을 위한 토지 등의 취득 및 보상에 관한 법률'은 보상금증감청구소송을 제기하려는 토지소유자의 재판청구권을 침해한다.
② 우리나라의 영토 내에서 행하여진 외국의 사법적(私法的) 행위가 주권적 활동에 속하는 것이거나 이와 밀접한 관련이 있어서 이에 대한 재판권의 행사가 외국의 주권적 활동에 대한 부당한 간섭이 될 우려가 있다는 등의 특별한 사정이 없는 한, 외국의 사법적 행위에 대하여는 당해국가를 피고로 하여 우리나라의 법원이 재판권을 행사할 수 있다.
③ 교원소청심사위원회의 결정에 대하여 행정소송법으로 정하는 바에 따라 소송을 제기할 수 있는 주체에서 광주과학기술원을 제외하도록 하는 것은 청구인의 재판청구권을 침해한다.
④ 정식재판 청구기간을 약식명령의 고지를 받은 날로부터 7일 이내로 정하고 있는 「형사소송법」 조항은 합리적인 입법재량의 범위를 벗어나 약식명령 피고인의 재판청구권을 침해한다.

09

범죄피해자구조청구권에 관한 다음 설명 중 가장 옳은 것은? (다툼이 있는 경우 판례에 의함)

① 타인의 범죄행위로 인하여 생명이나 재산에 대한 피해를 받은 국민은 법률이 정하는 바에 의하여 국가로부터 구조를 받을 수 있다.
② 범죄피해자 보호법 제17조 제2항의 유족구조금은 사람의 생명 또는 신체를 해치는 죄에 해당하는 행위로 인하여 사망한 피해자 또는 그 유족들에 대한 손해배상을 목적으로 하는 것으로서, 위 범죄행위로 인한 손해를 전보하기 위하여 지급된다는 점에서 불법행위로 인한 적극적 손해의 배상과 같은 종류의 금원이라고 봄이 타당하다.
③ 외국인이 구조피해자이거나 유족인 경우에는 해당 국가의 상호보증이 있는 경우에만 인정된다.
④ 범죄피해자 보호법에 따르면 국가는 구조피해자나 유족이 해당 구조대상 범죄피해를 원인으로 하여 손해배상을 받았으면 그 범위에서 구조금을 지급하지 아니할 수 있다.

10

사회국가원리와 사회적 기본권에 관한 설명 중 가장 적절한 것은? (다툼이 있는 경우 판례에 의함)

① 우리 헌법은 '사회국가원리'를 헌법전문과 경제질서 부분에서 명문으로 직접 규정하고 있다.
② 사회국가란 경제·사회·문화의 모든 영역에서 정의로운 사회질서의 형성을 위하여 사회현상에 관여하고 간섭하고 분배하고 조정하는 국가이며, 궁극적으로는 국민 각자가 실제로 자유를 행사할 수 있는 그 실질적 조건을 마련해 줄 의무가 있는 국가이다.
③ 사회적 기본권은 입법과정이나 정책결정과정에서 사회적 기본권에 규정된 국가목표의 무조건적인 최우선적 배려를 요청하는 것이며, 이러한 의미에서 사회적 기본권은 국가의 모든 의사결정과정에서 사회적 기본권이 담고 있는 국가목표를 최우선적으로 고려하여야 할 국가의 의무를 의미한다.
④ 국가가 인간다운 생활을 보장하기 위한 헌법적 의무를 다하였는지의 여부가 사법심사의 대상이 된 경우, 국가가 최저생활보장에 관한 입법을 전혀 하지 아니한 경우에만 한하여 헌법에 위반된다고 할 수 있다.

11

근로자의 기본권에 관한 설명으로 가장 옳지 않은 것은? (다툼이 있는 경우 판례에 의함)

① 노동조합 및 노동관계조정법 그리고 대법원 판례는 해고된 자는 설사 해고의 효력을 다투고 있다고 할지라도 근로자의 지위에 있지 않다고 해석하고 있다.

② 근로관계 종료 전 사용자로 하여금 근로자에게 해고예고를 하도록 하는 것은 개별 근로자의 인간 존엄성을 보장하기 위한 최소한의 근로조건 가운데 하나에 해당하므로, 해고예고에 관한 권리는 근로의 권리의 내용에 포함된다.

③ 출입국관리 법령에 따라 취업활동을 할 수 있는 체류 자격을 받지 아니한 외국인근로자도 노동조합 및 노동관계조정법상의 근로자성이 인정되면, 노동조합을 설립하거나 노동조합에 가입할 수 있다.

④ 노동관계 당사자가 쟁의행위를 함에 있어서는 그 목적, 방법 및 절차상의 한계를 벗어나지 아니한 범위 안에서 관계자들의 민사상 및 형사상 책임이 면제된다.

12

재판청구권에 관한 설명 중 가장 적절하지 않은 것은? (다툼이 있는 경우 판례에 의함)

① 소환된 증인 또는 그 친족 등이 보복을 당할 우려가 있는 경우, 재판장은 피고인을 퇴정시키고 증인신문을 행할 수 있도록 규정한 특정범죄신고자 등 보호법 조항은 피고인의 형사소송법상의 반대신문권을 제한하고 있어 피고인의 공정한 재판을 받을 권리를 침해하지 않는다.

② 형사재판에 계속 중인 사람에 대하여 출국을 금지할 수 있다고 규정한 출입국관리법 제4조 제1항 제1호는 무죄추정의 원칙에 위배된다.

③ 법관기피신청이 소송의 지연을 목적으로 함이 명백한 경우에 신청을 받은 법원 또는 법관은 결정으로 이를 기각할 수 있도록 규정한 형사소송법 제20조 제1항이 헌법상 보장되는 공정한 재판을 받을 권리를 침해하는 것은 아니다.

④ 심의위원회의 배상금 등 지급결정에 신청인이 동의한 때에는 국가와 신청인 사이에 민사소송법에 따른 재판상 화해가 성립된 것으로 보는 세월호피해지원법 제16조는 과잉금지원칙을 위반하여 청구인들의 재판청구권을 침해하지 아니한다.

13

대학의 자치에 관한 다음 설명 중 가장 옳지 않은 것은? (다툼이 있는 경우 판례에 의함)

① 대학의 재정, 시설 및 인사 등의 영역에서는 학교법인이 기본적인 윤곽을 결정하되, 대학구성원에게는 이러한 영역에 대하여 일정 정도 참여권을 인정하는 것이 필요하다.

② 대학의 자율성 즉, 대학의 자치란 대학이 그 본연의 임무인 연구와 교수를 외부의 간섭 없이 수행하기 위하여 인사 학사시설 재정 등의 사항을 자주적으로 결정하여 운영하는 것을 말한다. 따라서 연구 교수활동의 담당자인 교수가 그 핵심주체라 할 것이며 학생, 직원 등은 포함되지 않는다.

③ 헌법 제31조 제4항이 규정하는 교육의 자주성 및 대학의 자율성은 헌법 제22조 제1항이 보장하는 학문의 자유의 확실한 보장을 위해 꼭 필요한 것으로서 대학에 부여된 헌법상 기본권인 대학의 자율권이므로, 국립대학인 청구인도 이러한 대학의 자율권의 주체로서 헌법소원심판의 청구인능력이 인정된다.

④ 이사회와 재경위원회에 일정 비율 이상의 외부인사를 포함하는 내용 등을 담고 있는 구 국립대학법인 서울대학교 설립 운영에 관한 법률 규정의 이른바 '외부인사 참여 조항'이 대학의 자율의 본질적인 부분을 침해하였다고 볼 수 없다.

14

형사보상에 관한 설명 중 가장 적절하지 않은 것은? (다툼이 있는 경우 판례에 의함)

① 형사보상의 청구에 대한 보상의 결정에 대하여는 불복을 신청할 수 없도록 단심재판으로 규정한 형사보상법 조항은 형사보상인용결정의 안정성을 유지하고, 신속한 형사보상절차의 확립을 통해 형사보상에 관한 국가 예산 수립의 안정성을 확보하며, 나아가 상급법원의 부담을 경감하고자 하는 데 그 목적이 있으므로 청구인들의 형사보상청구권을 침해한다.

② 형사보상의 청구를 무죄재판이 확정된 때로부터 1년 이내에 하도록 규정하고 있는 형사보상법 조항은 입법재량의 한계를 일탈하여 청구인의 형사보상청구권을 침해한다.

③ 형사소송법의 비용보상청구권의 제척기간을 무죄판결이 확정된 날부터 6개월로 규정한 것은 재판청구권 및 재산권을 침해하지 않는다.

④ 헌법재판소의 견해에 의하면 형사보상청구권은 국가기관의 고의 또는 과실을 전제로 하지 않는다는 점에서 국가배상청구권과는 구별되나, 그 보상의 범위는 국가배상에서의 손해배상과 동일하여야 한다.

15

국가배상청구권에 관한 설명 중 가장 적절한 것은? (다툼이 있는 경우 판례에 의함)

① 신청인이 동의한 때 배상심의회의 배상결정에 민사소송법 규정에 의한 재판상의 화해 효력을 부여한 것은 행정상의 손해배상에 관한 분쟁을 신속히 종결·이행시키기 위한 것으로 헌법에 위반되지 아니한다.

② 특수임무수행자 등이 보상금 등의 지급결정에 동의한 때에는 특수임무수행 또는 이와 관련한 교육훈련으로 입은 피해에 대하여 재판상 화해가 성립된 것으로 보는 「특수임무수행자 보상에 관한 법률」제17조의2 가운데 특수임무수행 또는 이와 관련한 교육훈련으로 입은 피해 중 '정신적 손해'에 관한 부분이 과잉금지원칙을 위반하여 국가배상청구권을 침해한다고 보기 어렵다.

③ '국가배상법' 조항이 국가배상청구권의 성립요건으로서 공무원의 고의 또는 과실을 규정한 것은 법률로 이미 형성된 국가배상청구권의 행사 및 존속을 제한할 뿐만 아니라, 국가배상청구권의 내용을 새롭게 형성하는 것이라고 할 것이므로, '국가배상법' 조항이 국가배상청구권의 성립요건으로서 공무원의 고의 또는 과실을 요구함으로써 무과실책임을 인정하지 않은 것은 입법형성의 범위를 벗어나 헌법 제29조에서 규정한 국가배상청구권을 침해한다.

④ 생명·신체 및 재산의 침해로 인한 국가배상을 받을 권리는 양도하거나 압류하지 못한다.

16

재판청구권에 대한 다음 설명 중 가장 옳지 않은 것은? (다툼이 있는 경우 판례에 의함)

① 상속재산분할에 관한 사건을 가사비송사건으로 분류하고 있는 것은 상속재산분할에 관한 사건을 제기하고자 하는 자의 공정한 재판을 받을 권리를 침해하지 않는다.
② 소환된 증인 또는 그 친족 등이 보복을 당할 우려가 있는 경우 재판장은 당해 증인의 인적 사항의 전부 또는 일부를 공판조서에 기재하지 아니하게 할 수 있고, 이때 증인의 인적사항이 증인신문의 모든 과정에서 공개되지 아니하도록 한 것은 피고인의 공정한 재판을 받을 권리를 침해한다.
③ 헌법 제27조 제5항에서 형사피해자의 개념은 반드시 형사실체법상의 보호법익을 기준으로 한 피해자개념에 한정하여 결정할 것이 아니라 형사실체법상으로는 직접적인 보호법익의 향유주체로 해석되지 않는 자라 하더라도 문제된 범죄행위로 말미암아 법률상 불이익을 받게 되는 자의 뜻으로 풀이하여야 할 것이다.
④ 변호사와 접견하는 경우에도 수용자의 접견은 원칙적으로 접촉차단시설이 설치된 장소에서 하도록 규정하고 있는 형의 집행 및 수용자의 처우에 관한 법률 시행령은 재판청구권을 침해한다.

17

포괄위임금지원칙에 관한 설명으로 옳지 않은 것은? (다툼이 있는 경우 판례에 의함)

① 법률에 의한 처벌법규의 위임은 헌법이 죄형법정주의와 적법절차를 규정하고 법률에 의한 처벌을 특별히 강조하는 기본권보장 우위사상에 비추어 바람직스럽지 못하므로, 그 요건과 범위가 보다 엄격하게 제한적으로 적용되어야 한다.
② 대통령령은 법률에서 구체적으로 범위를 정하여 위임받은 사항에 관하여 제정될 수 있는데, 이는 법률에 이미 대통령령으로 규정될 내용 및 범위의 기본사항이 구체적으로 규정되어 있어서 관련분야 평균인이 대통령령에 규정될 내용의 상세한 사항을 예측할 수 있어야 함을 의미한다.
③ 대통령은 법률에서 구체적으로 범위를 정하여 위임받은 사항과 법률을 집행하기 위하여 필요한 사항에 관하여 대통령령을 발할 수 있다.
④ 국민의 헌법상 기본권 및 기본의무와 관련한 중요한 사항이나 본질적인 내용에 대한 정책형성기능은 원칙적으로 주권자인 국민에 의하여 선출된 대표자들로 구성되는 입법부가 담당하여 법률의 형식으로써 이를 수행하여야 하고, 입법화된 정책을 집행하거나 적용함을 임무로 하는 행정부나 사법부에 그 기능이 넘겨져서는 안 된다.

18

교육을 받을 권리에 대한 설명으로 옳은 것은? (다툼이 있는 경우 판례에 의함)

① 중등교육을 받을 권리는 법률에서 중등교육을 의무교육으로서 시행하도록 규정하기 전이더라도 헌법상 권리로서 보장되는 것이다.

② 학교폭력 가해학생에 대해서 수개의 조치를 병과하고 출석정지 기간의 상한을 두지 않은 학교폭력예방 및 대책에 관한 법률 조항은 피해학생의 보호에만 치중하여 가해학생에 대해 무기한 내지 지나치게 장기간의 출석정지 조치가 취해지는 경우 가해 학생에게 가혹한 결과가 초래될 수 있어 학교폭력 가해학생의 자유롭게 교육을 받을 권리를 침해한다.

③ 국립교육대학교 등이 검정고시 출신자의 수시모집 지원을 제한하는 것은 수시모집에 지원하려는 검정고시 출신자의 균등하게 교육을 받을 권리를 침해하는 것이 아니다.

④ '의무교육은 무상으로 한다.'는 헌법 제31조 제3항은 초등교육에 관하여는 직접적인 효력규정으로서, 이로부터 개인은 국가에 대하여 초등학교의 입학금·수업료 등을 면제받을 수 있는 헌법상의 권리를 가진다.

19

공무담임권에 대한 설명으로 옳은 것은? (다툼이 있는 경우 판례에 의함)

① 미성년자에 대하여 성범죄를 범하여 형을 선고받아 확정된 자와 성인에 대한 성폭력범죄를 범하여 벌금 100만 원 이상의 형을 선고받아 확정된 자는 「초·중등교육법」상의 교원에 임용될 수 없도록 한 부분은 그 제한의 범위가 지나치게 넓고 포괄적이어서 공무담임권을 침해한다.

② 취업지원 실시기관 채용시험의 가점 적용대상에서 보국수훈자의 자녀를 제외하는 법 개정을 하면서, 가까운 장래에 보국수훈자의 자녀가 되어 채용시험의 가점을 받게 될 것이라는 신뢰를 장기간 형성해 온 사람에 대하여 경과조치를 두지 않은 것은 공무담임권을 침해하지 않는다.

③ 「국가공무원법」 해당 조항 중 「아동복지법」 제17조 제2호 가운데 '아동에게 성적 수치심을 주는 성희롱 등의 성적 학대행위로 형을 선고받아 그 형이 확정된 사람은 일반직 공무원으로 임용될 수 없도록 한 부분은 아동·청소년 대상 성범죄의 재범률을 고려해 볼 때 공무담임권을 침해하지 않는다.

④ 「고등교육법」상 심판대상조항이 성인에 대한 성폭력범죄 행위로 벌금 100만 원 이상의 형을 선고받고 확정된 자에 한하여 「고등교육법」상의 교원으로 임용할 수 없도록 한 것은, 성폭력범죄를 범하는 대상과 형의 종류에 따라 성폭력범죄에 관한 교원으로서의 최소한의 자격기준을 설정하였다고 할 수 없으므로, 죄형법정주의 및 과잉금지원칙에 반하여 청구인의 공무담임권을 침해한다.

20

선거권에 관한 다음 설명 중 옳지 않은 것은? (다툼이 있는 경우 판례에 의함)

① 사전선거운동 금지의 예외로서 예비후보자 홍보물의 발송을 허용하면서도 그 수량을 선거구 안에 있는 세대수 100분의 10에 해당하는 수 이내로 제한하는 것이 예비후보자의 선거운동 자유를 과도하게 제한함으로써 선거운동의 자유를 침해한다고 볼 수 없다.

② 인터넷언론사로 하여금 선거운동기간 중 당해 인터넷 홈페이지 게시판 등에 정당·후보자에 대한 지지·반대 등의 정보를 게시하는 경우 실명을 확인받는 기술적 조치를 하도록 하고, 이러한 기술적 조치를 하지 아니하거나 실명인증의 표시가 없는 정보를 삭제하지 않는 경우 과태료를 부과하도록 정한 공직선거법 조항은 게시판 등 이용자의 익명표현의 자유 및 개인정보자기결정권과 인터넷언론사의 언론의 자유를 침해한다.

③ 지방공단의 상근직원으로 하여금 정당원이 아닌 자에게도 투표권을 부여하는 당내경선에서 경선운동을 할 수 없도록 금지·처벌하는 것은 당내경선의 형평성과 공정성의 확보라는 공익을 위한 합리적인 제한에 해당하므로 정치적 표현의 자유를 침해하지 아니한다.

④ 후보자가 되고자 하는 자가 당해 선거구안에 있는 단체 등에 기부행위를 하는 경우 처벌하는 공직선거법 조항은 죄형법정주의의 명확성원칙 또는 과잉금지원칙에 위배되어 선거운동의 자유를 침해한다고 볼 수 없다.

8·4·2·1 공부법으로 경찰헌법 실전완성

전효진 경찰헌법 8421
2 day cycle

2일 순환

01

헌법상 국제법규에 관한 설명으로 옳은 것은? (다툼이 있는 경우 판례에 의함)

① 조약의 체결권한은 대통령에게 있고, 비준권은 국회에 속한다.
② 조약의 체결·비준의 주체인 대통령이 국회의 동의를 필요로 하는 조약에 대하여 국회의 동의절차를 거치지 아니한 채 체결·비준하는 경우 국회의원의 심의·표결권을 침해한 것이다.
③ 국회는 상호원조 또는 안전보장에 관한 조약, 중요한 국제조직에 관한 조약, 우호통상항해조약, 주권의 제약에 관한 조약, 강화조약, 국가나 국민에게 중대한 재정적 부담을 지우는 조약 또는 입법사항에 관한 조약의 체결·비준에 대한 동의권을 가진다.
④ 국회의 구성원인 국회의원이 국회를 위하여 국회의 권한침해를 주장하는 권한쟁의심판의 청구는 그 권능이 권력분립원칙과 소수자보호의 이념으로부터 도출될 수 있으므로, 헌법재판소법에 명문의 규정이 없더라도 적법하다고 보아야 한다.

02

역대 헌법에 대한 설명으로 옳지 않은 것은?

① 1948년 제헌헌법에서 국회의원의 임기와 국회에서 선거되는 대통령의 임기는 모두 4년으로 규정되었다.
② 1972년 헌법은 대통령이 제안한 헌법개정안은 국민투표로 확정되며, 국회의원이 제안한 헌법개정안은 국회의 의결을 거쳐 통일주체국민회의의 의결로 확정된다고 규정함으로써 헌법개정절차를 이원화하였다.
③ 1980년 개정헌법은 행복추구권, 친족의 행위로 인하여 불이익한 처우의 금지 및 범죄피해자구조청구권을 새로 도입하였다
④ 1987년 제9차 개정헌법에서는 국가의 최저임금제 시행 의무를 최초로 규정하였다.

03

영토조항 및 평화통일조항에 대한 설명으로 옳지 않은 것은? (다툼이 있는 경우 판례에 의함)

① 「남북관계발전에 관한 법률」은 남북관계발전에 관한 기본계획을 국무회의의 심의를 거치도록 하고 있다.
② 외교통상부장관이 중국에 대해 간도협약의 무효를 주장하는 등 간도지역을 우리의 영토로 회복하기 위한 적극적인 행위를 하지 않고 있는 것은 국민의 영토권을 제한하는 것이어서 헌법소원의 대상이 되는 공권력 불행사에 해당된다.
③ 우리 헌법이 "대한민국의 영토는 한반도와 그 부속도서로 한다"는 영토조항(제3조)를 두고 있는 이상 대한민국의 헌법은 북한지역을 포함한 한반도 전체에 그 효력이 미치고 따라서 북한지역은 당연히 대한민국의 영토가 된다.
④ 외국환거래의 일방 당사자가 북한의 주민일 경우 그는 남북교류 협력에 관한 법률상 '북한의 주민'에 해당하는 것이므로, 북한의 조선아시아태평양위원회가 외국환거래법 제15조에서 말하는 '거주자'나 '비거주자'에 해당하는지 또는 남북교류협력에 관한 법률상 '북한의 주민'에 해당하는지 여부는 법률해석의 문제에 불과한 것이고, 헌법 제3조의 영토조항과는 관련이 없다.

04

헌법상 경제조항에 대한 설명으로 옳지 않은 것은? (다툼이 있는 경우 판례에 의함)

① 헌법 제119조는 헌법상 경제질서에 관한 일반조항으로서 국가의 경제정책에 대한 하나의 헌법적 지침이 됨과 동시에 경제에 관한 기본권의 성질도 포함하고 있다.
② 특정의료기관이나 특정의료인의 기능·진료방법에 관한 광고를 금지하는 것은 새로운 의료인들에게 자신의 기능이나 기술 혹은 진단 및 치료방법에 관한 광고와 선전을 할 기회를 배제함으로써 기존의 의료인과의 경쟁에서 불리한 결과를 초래하므로, 자유롭고 공정한 경쟁을 추구하는 헌법상의 시장경제질서에 부합되지 않는다.
③ 입법자가 경제영역에서의 국가목표를 이루기 위하여 가능한 여러 정책 중 필요하다고 판단되는 경제정책을 선택하였다면 입법자의 그러한 정책판단과 선택은 현저히 합리성을 결여한 것이라고 볼 수 없는 한 존중되어야 한다.
④ 헌법은 단지 국가가 실현하려고 의도하는 전형적인 경제목표를 예시적으로 구체화하고 있을 뿐이므로 기본권의 침해를 정당화 할 수 있는 모든 공익을 아울러 고려하여 법률의 합헌성 여부를 심사하여야 한다.

05

정당에 대한 설명으로 옳지 않은 것은? (다툼이 있는 경우 판례에 의함)

① 정당설립에 대한 국가의 간섭은 원칙적으로 허용되지 아니하며, 입법자가 정당설립에 대해 형식적 요건을 설정하는 것은 금지된다.
② "누구든지 2 이상의 정당의 당원이 되지 못한다."라고 규정하고 있는 정당법 조항은 정당 가입·활동의 자유를 침해하지 아니한다.
③ 교섭단체를 구성한 정당에게만 정책연구원을 배정하고 있는 국회법 조항은 그렇지 못한 정당을 합리적 이유 없이 차별하는 것이라고 볼 수 없다.
④ 정당설립의 자유는 자신들이 원하는 명칭을 사용하여 정당을 설립하거나 정당활동을 할 자유도 포함하고, 정당설립의 자유를 제한하는 법률의 합헌성을 심사할 때에는 헌법 제37조 제2항에 따라 엄격한 비례심사를 하여야 한다.

06

명확성의 원칙에 위반되는 것은? (다툼이 있는 경우 판례에 의함)

① 유골 500구 이상을 안치할 수 있는 사설봉안시설을 설치·관리하려는 자는 「민법」에 따라 봉안시설의 설치·관리를 목적으로 하는 재단법인을 설립하도록 하는 구 「장사 등에 관한 법률」 제15조 제3항 본문 중 '설치·관리하려는 자' 부분
② 청원주로 하여금 청원경찰이 품위를 손상하는 행위를 한 때에는 대통령령으로 정하는 징계절차를 거쳐 징계처분을 하도록 규정한 「청원경찰법」 제5조의2 제1항 제2호
③ 초·중등학교의 교육공무원이 정치단체의 결성에 관여하거나 이에 가입하는 행위를 금지한 「국가공무원법」 제65조 제1항 중 '국가공무원법 제2조 제2항 제2호의 교육공무원 가운데 초·중등교육법 제19조 제1항의 교원은 그 밖의 정치단체의 결성에 관여하거나 이에 가입할 수 없다' 부분
④ 이용자의 개인정보를 유출한 경우로서 정보통신서비스 제공자가 법률상 요구되는 기술적·관리적 보호조치를 하지 아니한 경우 위반행위와 관련한 매출액의 100분의 3 이하에 해당하는 금액을 과징금으로 부과할 수 있도록 한 구 「정보통신망 이용촉진 및 정보보호 등에 관한 법률」 제64조의3 제1항 제6호 중 '이용자의 개인정보를 누출한 경우로서 정보통신서비스제공자가 제28조 제1항 제2호 및 제4호의 조치를 하지 아니한 경우'에 관한 부분 중 '위반행위와 관련한 매출액' 부분

07

기본권의 충돌 또는 경합에 관한 다음 설명 중 가장 옳지 않은 것은?

① 공무원직의 선택 내지 제한에 있어서는 공무담임권에 관한 헌법 규정이 직업의 자유에 대한 특별규정으로서 우선적으로 적용되어야 한다.
② 노동조합의 적극적 단결권은 근로자 개인의 단결하지 않을 자유보다 중시된다고 할 것이다.
③ 채권자취소권에 관한 민법 규정으로 인하여 채권자의 재산권과 채무자 및 수익자의 일반적 행동의 자유, 그리고 채권자의 재산권과 수익자의 재산권이 충돌할 경우 채권자의 재산권과 채무자 및 수익자의 일반적 행동의 자유권 중 채무자 및 수익자의 일반적 행동의 자유권을 더 상위의 기본권으로 보아야 한다.
④ 기업의 경영에 관한 의사결정의 자유 등 영업의 자유와 근로자들이 누리는 일반적 행동자유권 등이 '근로조건' 설정을 둘러싸고 충돌하는 경우에는, 근로조건과 인간의 존엄성 보장 사이의 헌법적 관련성을 염두에 두고 구체적인 사안에서의 사정을 종합적으로 고려한 이익형량과 함께 기본권들 사이의 실제적인 조화를 꾀하는 해석 등을 통하여 이를 해결하여야 한다.

08

국가인권위원회에 관한 설명으로 가장 옳은 것은? (다툼이 있는 경우 판례에 의함)

① 국가인권위원회의 진정에 대한 조사·조정 및 심의는 공개한다. 다만, 국가인권위원회의 의결이 있을 때에는 비공개로 할 수 있다.
② 국가인권위원회법상 '평등권 침해의 차별행위'에는 합리적인 이유 없이 성적 지향을 이유로 성희롱을 하는 행위는 포함되지 않는다.
③ 국가인권위원회는 진정이 없는 경우에도 인권침해나 차별행위가 있다고 믿을 만한 상당한 근거가 있고 그 내용이 중대하다고 인정할 때에는 이를 직권으로 조사할 수 있다.
④ 인권침해나 차별행위를 당한 사람이 아니라 그 사실을 알고 있는 사람이나 단체도 위원회에 그 내용을 진정할 수 있다.

09

헌법개정과 국민투표에 관한 설명 중 가장 적절하지 않은 것은? (다툼이 있는 경우 판례에 의함)

① 헌법개정은 국회재적의원 과반수 또는 대통령의 발의로 제안되며, 제안된 헌법개정안은 대통령이 20일 이상의 기간 이를 공고하여야 한다.
② 대통령의 임기연장 또는 중임변경을 위한 헌법개정은 그 헌법개정 제안 당시의 대통령에 대하여는 효력이 없다.
③ 대통령이 국정운영에 위기를 맞이하여 이를 타개하는 방법으로 자신에 대한 국민의 재신임을 묻기 위해 이를 헌법 제72조의 국민투표에 회부하는 것은 인정되지 않는다.
④ 국민투표의 효력에 관하여 이의가 있는 투표인은 투표인 10만인 이상의 찬성을 얻어 대통령을 피고로 하여 투표일로부터 20일 이내에 대법원에 제소할 수 있다.

10

평등권에 대한 설명으로 가장 옳지 않은 것은? (다툼이 있는 경우 판례에 의함)

① 청구인이 공동거주자의 지위에 있고 사실상 평온을 해치는 방법으로 공동주거에 들어간 사실이 인정되지 않음에도 불구하고, 피의사실이 인정됨을 전제로 기소유예처분을 한 것은 자의적인 검찰권 행사로서 청구인의 평등권을 침해한다.
② 일정한 범위의 공공기관 및 공기업으로 하여금 매년 정원의 100분의 3 이상씩 15세 이상 34세 이하의 청년 미취업자를 채용하도록 한 것은, 합리적 이유 없이 능력주의 내지 성적주의를 배제한 채 단순히 생물학적인 나이를 기준으로 특정 연령층에게 특혜를 부여함으로써 35세 이상 미취업자들의 평등권을 침해한다.
③ 공중보건의사가 군사교육에 소집된 기간을 복무기간에 산입하지 않도록 규정한 병역법 제34조 제3항은 청구인들의 평등권을 침해하지 않는다.
④ 우정직 공무원을 우체국장 및 과·실장의 보직 부여 대상에서 제외한 '우정사업본부 직제 시행규칙' 관련 규정이 우정직 공무원인 청구인들의 평등권을 침해하지 않는다.

11

법치주의에 대한 설명 중 적절하지 않은 것은? (다툼이 있는 경우 판례에 의함)

① 기본권을 제한하는 법률을 제정할 때 입법자는 동일 규범 내에서 혹은 당해 기본권을 규율하는 상이한 규범 간에 구조나 내용 또는 원칙 면에서 상호 배치되거나 모순되는 입법을 해서는 안 된다는 헌법적 요청을 '체계정당성원리'라 하는데, 그 위반자체가 바로 위헌은 아니며 평등원칙 위반 내지 입법의 자의금지위반 등 위헌성을 시사하는 하나의 징후에 불과하고, 이것은 법치주의원리로부터 도출되는 것이다.
② 위임입법과 관련하여, 위임조항 자체에서 위임의 구체적 범위를 명백히 규정하고 있지 않다고 하더라도 당해 법률의 전반적 체계와 관련규정에 비추어 위임조항의 내재적인 위임의 범위나 한계를 객관적으로 분명히 확정할 수 있다면 이를 포괄적인 백지위임에 해당하는 것으로는 볼 수 없다.
③ 신법이 피적용자에게 유리한 경우에는 시혜적인 소급입법이 가능하지만 이 경우 입법자가 반드시 시혜적인 소급입법을 해야 할 의무를 지는 것은 아니다.
④ 세무당국에 사업자등록을 하고 운전교습에 종사해 왔음에도 불구하고, 자동차운전학원으로 등록한 경우에만 자동차운전교습업을 영위할 수 있도록 법률을 개정하는 것은 관련자들의 정당한 신뢰를 침해하는 것이다.

12

다음 중 혼인과 가족생활에 관한 설명으로 가장 옳지 않은 것은? (다툼이 있는 경우 판례에 의함)

① 혼인한 남성 등록의무자와 달리 혼인한 여성 등록의무자의 경우에만 본인이 아닌 배우자의 직계존·비속의 재산을 등록하도록 하는 것은 목적의 정당성은 인정되나 수단의 적합성이 인정되지 않아 혼인과 가족생활에서의 양성의 평등을 천명하고 있는 헌법에 정면으로 위배된다.
② 출생신고 시 자녀의 이름에 사용할 수 있는 한자의 범위를 대법원 규칙이 정하는 '인명용 한자'로 한정하는 것은 헌법 제36조 제1항에 의하여 보호되는 '부모의 자녀 이름을 지을 자유'를 침해하지 아니한다.
③ 8촌 이내 혈족 사이의 금혼조항을 위반한 혼인을 무효로 하는 민법 무효조항은 혼인의 자유를 침해한다.
④ 육아휴직신청권은 헌법 제36조 제1항 등으로부터 개인에게 직접 주어지는 헌법적 차원의 권리가 아니며 법률상의 권리에 불과하다.

13

자기결정권과 생명권에 대한 설명으로 가장 옳은 것은? (다툼이 있는 경우 판례에 의함)

① 만성신부전증 환자에 대한 혈액투석 의료급여수가의 기준을 정액수가로 규정한 보건복지부고시는 수급권자인 청구인의 의료행위선택권을 침해하지 아니한다.
② 국가는 헌법 제10조, 제12조 등에 따라 태아의 생명을 보호할 의무가 있지만, 태아는 헌법상 생명권의 주체로 인정되지 않는다.
③ 인간이라는 생명체의 형성이 출생 이전의 그 어느 시점에서 시작됨을 인정하더라도, 법적으로 사람의 시기를 출생의 시점에서 시작되는 것으로 보는 것은 헌법적으로 금지된다.
④ 「응급의료에 관한 법률」 중 '누구든지 응급의료종사자의 응급환자에 대한 진료를 폭행, 협박, 위계, 위력, 그 밖의 방법으로 방해하여서는 아니 된다'는 부분은 응급환자의 자기결정권을 제한한다.

14

다음 설명 중 가장 옳지 않은 것은? (다툼이 있는 경우 판례에 의함)

① 정당의 등록요건으로 5 이상의 시·도당과 각 시·도당 1,000명 이상의 당원을 요구하는 것은 정당설립의 자유를 침해하지 않는다.
② 지역구국회의원선거 예비후보자의 기탁금 반환 사유로 예비후보자가 당의 공천심사에서 탈락하고 후보자 등록을 하지 않았을 경우를 규정하지 않은 것은 헌법에 위배되지 않는다.
③ 일정기간 동안 선거에 영향을 미치게 하기 위한 현수막, 광고물의 설치·게시나 표시물의 착용을 금지하는 공직선거법 제90조 관련 조항은 정치적 표현의 자유를 침해한다.
④ 비례대표국회의원후보자가 선거운동기간 중 공개장소에서 연설·대담하는 것을 금지하는 조항은 헌법에 위배되지 않는다.

15

지방자치제도에 대한 설명으로 옳지 않은 것은? (다툼이 있는 경우 판례에 의함)

① 조례와 규칙은 특별한 규정이 없으면 공포한 날부터 20일이 지나면 효력을 발생한다.
② 지방자치단체는 법령의 범위에서 그 사무에 관하여 조례를 제정할 수 있다. 다만, 주민의 권리 제한 또는 의무 부과에 관한 사항이나 벌칙을 정할 때에는 법률의 위임이 있어야 한다.
③ 지방자치단체는 헌법상 자치입법권이 인정되고, 법령의 범위 안에서 그 권한에 속하는 모든 사무에 관하여 조례를 제정할 수 있다는 점과 조례는 선거를 통하여 선출된 그 지역의 지방의원으로 구성된 주민의 대표기관인 지방의회에서 제정되므로 지역적인 민주적 정당성까지 갖고 있다는 점을 고려하면, 조례에 위임할 사항은 헌법 제75조 소정의 행정입법에 위임할 사항보다 더 포괄적이어도 헌법에 반하지 않는다.
④ 후보자가 1인일 경우 투표를 실시하지 않고 해당 후보자를 지방자치단체의 장 당선자로 정하도록 한 것은 선거권을 침해한다.

16

정당제도에 대한 설명으로 가장 적절한 것은? (다툼이 있는 경우 판례에 의함)

① 헌법재판소는 정당설립의 자유를 제한하는 법률의 합헌성을 심사하는 경우 제도보장의 법리에 따라 합리성 기준에 따른 심사를 한다.
② 정당이 비례대표 국회의원선거 및 비례대표 지방의회의원 선거에 후보자를 추천하는 때에는 그 후보자 중 100분의 50 이상을 여성으로 추천하되, 그 후보자명부의 순위의 매 홀수에는 여성을 추천하여야 한다.
③ 정당이 그 소속 국회의원을 제명하기 위해서는 당헌이 정하는 절차를 거치는 외에 그 소속 국회의원 전원의 3분의 1 이상의 찬성이 있어야 한다.
④ 임기만료에 의한 국회의원선거에 참여하여 의석을 얻지 못하고 유효투표총수의 100분의 2 이상을 득표하지 못한 정당에 대해 등록취소하도록 한 정당법 조항은 헌법에 위반되지 않는다.

17

지방자치제도에 대한 설명으로 옳지 않은 것은? (다툼이 있는 경우 판례에 의함)

① 주민소환은 대표자에 대한 신임을 묻는 것으로서 그 속성은 재선거와 다를 바 없으므로 선거와 마찬가지로 그 사유를 묻지 않는 것이 제도의 취지에 부합한다.
② 지방자치단체 주민으로서의 자치권 또는 주민권은 헌법에 의하여 직접 보장된 개인의 주관적 공권이 아니어서, 그 침해만을 이유로 하여 국가사무인 고속철도의 역의 명칭 결정의 취소를 구하는 헌법소원심판을 청구할 수 없다.
③ 감사원이 지방자치단체에 대하여 자치사무의 합법성뿐만 아니라 합목적성에 대하여도 감사하는 것은 지방자치단체의 자치권을 침해하지 아니한다.
④ 지방자치단체는 그 고유사무인 자치사무와 법령에 따라 지방자치단체에 속하는 사무에 관하여 법령에 위반되지 않는 범위 안에서 스스로 조례를 제정할 수 있지만, 국가사무인 기관위임사무에 관하여는 개별 법령에서 일정한 사항을 조례로 정하도록 위임하고 있더라도 조례를 제정할 수 없다.

18

기본권 주체성에 대한 다음 설명으로 가장 옳지 않은 것은? (다툼이 있는 경우 판례에 의함)

① 법인도 그 목적과 사회적 기능에 비추어 볼 때 그 성질에 반하지 않는 범위 내에서 인격권의 한 내용인 사회적 신용이나 명예의 주체가 될 수 있다.
② 외국인은 자격제도 자체를 다툴 수 있는 기본권 주체성이 인정되지 않지만 평등권의 주체는 될 수 있으므로, 자격제도와 관련된 평등권의 기본권 주체성은 인정될 수 있다.
③ 외국인에게 직장선택의 자유에 대한 기본권 주체성을 인정한다는 것이 곧바로 이들에게 우리 국민과 동일한 수준의 직장선택의 자유가 보장된다는 것을 의미하지는 않는다.
④ 대통령은 소속 정당을 위하여 정당활동을 할 수 있는 사인으로서의 지위와 국민 모두에 대한 봉사자로서 공익 실현의 의무가 있는 헌법기관으로서의 지위를 동시에 갖는데 최소한 전자의 지위와 관련하여서는 기본권 주체성을 갖는다고 할 수 있다.

19

국적과 재외국민에 관한 다음 설명 중 가장 옳지 않은 것은?

① 주된 생활의 근거를 외국에 두고 있는 복수국적자가 병역준비역에 편입된 때부터 대한민국 국적으로부터 이탈한다는 뜻을 신고하지 않고 3개월이 지난 경우 병역의무 해소 전에는 예외 없이 대한민국 국적에서 이탈할 수 없도록 제한하는 국적법 조항은 국적이탈의 자유를 침해한다.
② 여행금지국가로 고시된 사정을 알면서도 외교부장관으로부터 예외적 여권사용 등의 허가를 받지 않고 여행금지국가를 방문하는 등의 행위를 형사처벌하는 여권법 규정은 거주·이전의 자유를 침해하지 않는다.
③ 국가의 재외국민 보호의무는 재외국민이 조약 기타 일반적으로 승인된 국제법규와 거류국의 법령에 의하여 누릴 수 있는 모든 분야에서 정당한 대우를 받도록 거류국과의 관계에서 국가가 외교적 보호를 행하는 것과 국외 거주 국민에 대하여 정치적인 고려에서 특별히 법률로써 정하여 베푸는 법률·문화·교육 기타 제반영역에서의 지원을 의미한다.
④ 헌법 제2조 제1항은 "대한민국의 국민이 되는 요건은 법률로 정한다"고 하여 기본권의 주체인 국민에 관한 내용을 입법자가 형성하도록 하고 있으나 대한민국 국적의 '취득'뿐만 아니라 국적의 유지, 상실을 둘러싼 전반적인 법률관계를 법률에 규정하도록 위임하고 있는 것으로 풀이할 수는 없다.

20

현행 헌법의 전문에 대한 설명으로 옳지 않은 것은? (다툼이 있는 경우 판례에 의함)

① 일제강점기에 일본군위안부로 강제 동원되어 인간의 존엄과 가치가 말살된 상태에서 장기간 비극적인 삶을 영위하였던 피해자들의 훼손된 인간의 존엄과 가치를 회복시켜야 할 의무는 대한민국임시정부의 법통을 계승한 지금의 정부가 국민에 대하여 부담하는 가장 근본적인 보호의무에 속한다.

② 우리 헌법은 전문에서 모든 사회적 폐습과 불의를 타파한다고 규정하고 있다

③ 헌법재판소 결정에 의하면 헌법전문은 헌법규범의 일부로서 헌법으로서의 규범적 효력을 나타내기 때문에 구체적으로는 헌법소송에서의 재판규범이 된다.

④ 헌법제정 및 개정의 주체, 건국이념과 대한민국의 정통성, 자유민주주의적 기본질서의 확립, 평화통일과 국제평화주의의 지향은 물론 대한민국이 민주공화국이고 모든 권력이 국민으로부터 나온다는 사실도 헌법전문에 선언되어 있다.

01

다음 중 '목적의 정당성'이 부정된 판례로 옳지 않은 것은?

① 혼인을 빙자하여 음행의 상습 없는 부녀를 기망하여 간음한 자를 처벌하는 「형법」 조항
② 검찰수사관이 피의자신문에 참여한 변호인에게 피의자 후방에 앉으라고 요구한 행위
③ 혼인한 등록의무자 모두 배우자가 아닌 본인의 직계존·비속의 재산을 등록하도록 법률이 개정되었음에도 불구하고, 개정 전 조항에 따라 이미 배우자의 직계존·비속의 재산을 등록한 혼인한 여성 등록의무자는 종전과 동일하게 배우자의 직계존·비속의 재산을 등록하도록 규정한 부분
④ 시설경비업을 허가받은 경비업자로 하여금 허가받은 경비업무 외의 업무에 경비원을 종사하게 하는 것을 금지하고, 이를 위반한 경비업자에 대한 허가를 취소하도록 정하고 있는 경비업법 조항

02

개인정보자기결정권에 관한 다음 설명 중 가장 옳지 않은 것은?

① 개인정보자기결정권은 자신에 관한 정보가 언제 누구에게 어느 범위까지 알려지고 또 이용되도록 할 것인지를 그 정보주체가 스스로 결정할 수 있는 권리이다.
② 법률정보 제공 사이트를 운영하는 회사가 공립대학교 법학과 교수의 사진, 성명, 성별, 출생연도, 직업, 직장, 학력, 경력 등 개인정보를 위 법학과 홈페이지 등을 통해 수집하여 위 사이트 내 '법조인' 항목에서 유료로 제공한 것은 영리 목적으로 개인정보를 수집하여 제3자에게 제공한 것이므로 개인정보자기결정권을 침해하는 위법한 행위에 해당한다.
③ 직계혈족이기만 하면 아무런 제한 없이 자녀의 가족관계 증명서 및 기본증명서의 교부를 청구하여 발급받을 수 있도록 규정한 가족관계의 등록 등에 관한 법률 제15조 제1항은 과잉금지원칙을 위반하여 자녀의 개인정보자기결정권을 침해한다.
④ 개별 교원의 교원단체 및 노동조합 가입 정보는 개인정보 보호법 제23조의 노동조합의 가입·탈퇴에 관한 정보로서 민감정보에 해당한다.

03

표현의 자유에 대한 설명으로 가장 적절하지 않은 것은? (다툼이 있는 경우 판례에 의함)

① 방송편성에 관하여 간섭을 금지하고 그 위반 행위자를 처벌하는 것은 과잉금지원칙에 위반하여 표현의 자유를 침해한다.
② 정당에 관련된 표현행위는 직무 내외를 구분하기 어려우므로 '직무와 관련된 표현행위만을 규제'하는 등 기본권을 최소한도로 제한하는 대안을 상정하기 어렵다.
③ 사람을 비방할 목적으로 정보통신망을 통하여 공공연하게 거짓의 사실을 드러내어 다른 사람의 명예를 훼손한 자를 형사처벌하도록 규정한 「정보통신망 이용촉진 및 정보보호 등에 관한 법률」 조항 중 '사람을 비방할 목적' 부분은 청구인들의 표현의 자유를 침해하지 않는다.
④ 언론의 자유는 언론·출판의 본질적 표현의 방법과 내용의 자유를 보장하는 것이지, 그를 객관화하는 수단으로 필요한 시설이나 언론기업의 주체인 기업인으로서의 활동에 관한 것까지 포함하는 것으로 볼 수 없다.

04

다음 중 집회의 자유에 관한 설명으로 가장 옳지 않은 것은? (다툼이 있는 경우 판례에 의함)

① 집회의 자유는 민주국가에서 사회·정치현상에 대한 불만과 비판을 공개적으로 표출케 함으로써 정치적 불만이 있는 자를 사회에 통합하고 정치적 안정에 기여하는 기능을 하는 중요한 수단이기 때문에, 평화적 수단을 이용한 의견의 표명뿐만 아니라 폭력을 사용한 의견의 강요 역시 헌법적으로 보호된다.
② 옥외집회·시위에 대한 경찰의 촬영행위는 증거보전의 필요성 및 긴급성, 방법의 상당성이 인정되는 때에는 헌법에 위반된다고 할 수 없으나, 경찰이 옥외집회 및 시위 현장을 촬영하여 수집한 자료의 보관·사용 등은 엄격하게 제한하여, 옥외집회·시위참가자 등의 기본권 제한을 최소화해야 한다.
③ 누구나 '어떤 장소에서' 자신이 계획한 집회를 할 것인가를 원칙적으로 자유롭게 결정할 수 있어야만 집회의 자유가 비로소 효과적으로 보장되는 것이므로, 집회의 자유는 다른 법익의 보호를 위하여 정당화되지 않는 한, 집회 장소를 항의의 대상으로부터 분리시키는 것을 금지한다.
④ '집회 및 시위에 관한 법률' 상의 '시위'는 반드시 '일반인이 자유로이 통행할 수 있는 장소'에서 이루어져야 한다거나 '행진' 등 장소 이동을 동반해야만 성립하는 것은 아니다.

05

거주·이전의 자유에 관한 설명으로 가장 옳은 것은? (다툼이 있는 경우 판례에 의함)

① 북한 고위직 출신의 탈북 인사인 여권발급 신청인에 대하여 신변에 대한 위해 우려가 있다는 이유로 미국 방문을 위한 여권발급을 거부한 것은 거주·이전의 자유를 과도하게 제한하는 것이다.
② 법인이 과밀억제권역 내에 본점의 사업용 부동산으로 건축물을 신축하여 이를 취득하는 경우, 취득세를 중과세하는 구 '지방세법' 조항은 법인의 영업의 자유를 제한하는 것으로 법인의 거주·이전의 자유를 제한하는 것은 아니다.
③ 거주·이전의 자유에는 국내에서의 거주·이전의 자유과 귀국의 자유가 포함되나 국외 이주의 자유와 해외여행의 자유는 포함되지 않는다.
④ 경찰청장이 경찰버스들로 서울광장을 둘러싸 통행을 제지한 행위는 서울광장을 가로질러 통행하려는 사람들의 거주·이전의 자유를 제한하는 것이다.

06

개인정보자기결정권에 대한 설명으로 가장 옳지 않은 것은? (다툼이 있는 경우 판례에 의함)

① 개인정보를 대상으로 한 조사, 수집, 보관, 처리 이용 등의 행위는 모두 원칙적으로 개인정보자기결정권에 대한 제한에 해당한다.
② 법무부장관이 등록대상자의 재범 위험성이 상존하는 20년 동안 그의 신상정보를 보존·관리하는 것은 정당한 목적을 위한 적합한 수단이므로, 모든 등록대상 성범죄자에 대하여 일률적으로 20년의 등록기간을 적용하고 있더라도 개인정보자기결정권을 침해한다고 볼 수 없다.
③ 「영유아보육법」은 CCTV 열람의 활용 목적을 제한하고 있고, 어린이집 원장은 열람시간 지정 등을 통해 보육활동에 지장이 없도록 보호자의 열람 요청에 적절히 대응할 수 있으므로 동법의 CCTV 열람조항으로 보육교사의 개인정보자기결정권이 필요 이상으로 과도하게 제한된다고 볼 수 없다.
④ 구치소장이 검사의 요청에 따라 미결수용자와 그 배우자의 접견녹음파일을 미결수용자의 동의 없이 제공하더라도, 이러한 제공행위는 형사사법의 실체적 진실을 발견하고 이를 통해 형사사법의 적정한 수행을 도모하기 위한 것으로 미결수용자의 개인정보자기결정권을 침해하는 것은 아니다.

07

다음 중 현행 '헌법'상 재산권 보장 관련 설명으로 가장 옳지 않은 것은?

① 공공필요에 의하여 재산권을 수용할 때에는 법률이 정하는 바에 의하여 상당한 보상을 지급하여야 한다.
② 모든 국민은 소급입법에 의하여 재산권을 박탈당하지 않는다.
③ 재산권의 내용과 한계는 법률로 정한다.
④ 재산권의 행사는 공공복리에 적합하도록 하여야 한다.

08

청원권에 관한 설명으로 가장 옳지 않은 것은? (다툼이 있는 경우 판례에 의함)

① 정부에 제출 또는 회부된 정부의 정책에 관계되는 청원의 심사는 국무회의의 심의를 거쳐야 한다.
② 공개청원을 접수한 청원기관의 장은 접수일부터 30일 이내에 청원심의회의 심의를 거쳐 공개 여부를 결정하고 결과를 청원인(공동청원의 경우 대표자를 말한다)에게 알려야 한다.
③ 지방의회에 청원을 할 때 지방의회 의원의 소개를 얻도록 한 조항은 청원권을 침해하지 않는다.
④ 청원사항의 처리내용이 청원인이 기대하는 바에 미치지 않는다고 하더라도 헌법소원의 대상이 되는 공권력의 행사 내지 불행사라고 볼 수 없으므로 헌법소원의 대상이 되지 않는다.

09

공무담임권에 대한 설명으로 옳은 것은? (다툼이 있는 경우 판례에 의함)

① 수뢰죄를 범하여 금고 이상의 형의 선고유예를 받은 국가공무원을 당연퇴직하도록 하는 것은 공무담임권을 침해한다.
② 공무원의 재임기간동안 충실한 공무수행을 담보하기 위하여 공무원의 퇴직급여 및 공무상 재해보상을 보장할 것까지 공무담임권의 보호영역에 포함된다고 보기는 어렵다.
③ 세무직 국가공무원 공개경쟁채용시험에서 일정한 가산점을 부여하는 제도는 가산 대상 자격증을 소지하지 아니한 사람들에 대하여는 공직으로의 진입에 장애를 초래하므로 공무담임권을 침해한다.
④ 국립대학교 총장임용후보자 선거 시 투표에서 일정 수 이상을 득표한 경우에만 기탁금 전액이나 일부를 후보자에게 반환하고, 반환되지 않은 기탁금은 국립대학교 발전기금에 귀속시키는 기탁금 귀속조항에 대해서는 재산권보다 공무담임권을 중심으로 살핀다.

10

교육을 받을 권리에 대한 설명으로 옳은 것은? (다툼이 있는 경우 판례에 의함)

① 헌법 제31조 제3항의 의무교육 무상의 원칙은 교육을 받을 권리를 보다 실효성 있게 보장하기 위하여 의무교육의 비용을 오로지 국가 또는 지방자치단체의 예산으로 해결해야 함을 의미한다.
② 대학수학능력시험의 문항 수 기준 70%를 한국교육방송공사(EBS) 교재와 연계하여 출제하는 내용의 '2018학년도 대학수학능력시험 시행기본계획'은 대학수학능력시험을 준비하는 자의 교육을 받을 권리를 제한한다.
③ 지능이나 수학능력 등 일정한 능력이 있음에도 법률에 따라 아동의 입학연령을 제한하여 만 6세 미만 아동의 초등학교 입학을 허용하지 않는 것은 능력에 따라 균등한 교육을 받을 권리를 침해한다.
④ 서울대학교 2023학년도 저소득학생 특별전형의 모집인원을 모두 수능위주전형으로 선발하도록 정한 '서울대학교 2023학년도 대학 신입학생 입학전형 시행계획'은 신뢰보호원칙에 위배되어 균등하게 교육을 받을 권리를 침해하지 않는다.

11

다음 중 재산권에 관한 설명으로 가장 옳지 않은 것은? (다툼이 있는 경우 판례에 의함)

① 재산권 보장은 주관적 공권의 보장인 동시에 그 재산권이 존재하는 특정한 공동체의 사유재산 제도 보장인 점에서, 사유재산권이나 사유재산 제도를 부인하면 재산권 침해가 된다.

② 개발제한구역 지정으로 인하여 토지를 종래의 목적으로도 사용할 수 없거나 또는 더 이상 법적으로 허용된 토지이용의 방법이 없기 때문에 실질적으로 토지의 사용·수익의 길이 없는 경우에는 토지소유자가 수인해야 하는 사회적 제약의 한계를 넘는 것으로 보아야 한다.

③ 재산권은 민법상의 소유권·물권·채권을 물론 특별법상의 권리인 광업권·어업권·수렵권 그리고 공법상의 권리인 환매권·퇴직연금수급권·퇴직급여청구권 등도 포함된다.

④ 헌법 제23조 제3항은 "공공필요에 의한 재산권의 수용·사용 또는 제한 및 그에 대한 보상은 법률로써 하되, 완전한 보상을 지급하여야 한다."고 규정하여 피수용재산의 객관적인 재산가치를 완전하게 보상하여야 함을 선언하고 있다.

12

국가배상청구권에 대한 설명으로 옳지 않은 것은? (다툼이 있는 경우 판례에 의함)

① 헌법재판소는 일반국민이 직무집행 중인 군인과의 공동불법행위로 직무집행 중인 다른 군인에게 피해를 입혔을 때, 손해를 배상한 후 공동불법행위자인 군인의 부담 부분에 관하여 국가에 대하여 구상권을 행사하는 것을 허용하지 않는 것은 헌법에 위반된다고 하였다.

② 「진실·화해를 위한 과거사 정리 기본법」상 민간인 집단희생사건, 중대한 인권침해·조작의혹사건에 「민법」상 소멸시효 조항의 객관적 기산점이 적용되도록 하는 것은 청구인들의 국가배상청구권을 침해한다.

③ 「국가배상법」은 외국인이 피해자인 경우에는 해당 국가와 상호보증이 있을 때에만 「국가배상법」을 적용한다고 규정하고 있다.

④ 헌법재판소는 국가배상법상의 배상결정전치주의가 법관에 의한 재판을 받을 권리와 신속한 재판을 받을 권리를 침해한다고 하였고, 이에 따라 국가배상법상의 배상결정전치주의가 폐지되었다.

13

근로의 권리에 대한 설명으로 가장 옳지 않은 것은?

① 외국인근로자에게 3년의 체류기간 동안 3회까지 사업장을 변경할 수 있도록 하고 대통령령이 정하는 부득이한 사유가 있는 경우 추가로 사업장변경이 가능하도록 하고 있는 것은 근로의 권리를 제한하는 것은 아니다.
② 헌법상 근로의 권리에 열악한 근로환경을 갖춘 사업장을 이탈하여 다른 사업장으로 이직함으로써 사적(私的)으로 근로환경을 개선하거나 해결하는 방법을 보장하는 것까지 포함된다고 볼 수는 없다.
③ 법령 등에 의하여 국가 또는 지방자치단체가 그 권한으로 행하는 정책결정에 관한 사항, 임용권의 행사 등 그 기관의 관리 운영에 관한 사항으로서 근무조건과 직접 관련되지 아니하는 사항에 대해서는 단체교섭을 할 수 없도록 규정하고 있는 공무원의 노동조합 설립 및 운영 등에 관한 법률 제8조 제1항 단서가 단체교섭권을 침해하지는 않는다.
④ 소방공무원은 노동조합에 가입할 수 없다고 규정에 대한 위헌 결정에 따라 공무원의 노동조합 설립 및 운영 등에 관한 법률에서 소방공무원의 노조가입을 허용하고 있다.

14

조세법률주의에 관한 설명 중 적절하지 않은 것은? (다툼이 있는 경우 판례에 의함)

① 납세의무의 중요한 사항이나 본질적인 내용에 관련된 것이라 하더라도 그 중 경제현실의 변화나 전문적 기술의 발달 등에 즉응하여야 하는 세부적인 사항에 관하여는 국회 제정의 형식적 법률보다 더 탄력성이 있는 행정입법에 이를 위임할 필요가 있다.
② 과세대상인 자본이득의 범위에 실현된 소득뿐만 아니라 미실현 이득까지 포함시키는 것이 과세목적, 과세소득의 특성, 과세기술상의 문제 등을 고려할 때 헌법상의 조세개념에 저촉되거나 그와 양립할 수 없는 모순이 발생한 것으로 위헌이다.
③ 과세요건 명확주의는 과세요건을 법률로 규정하였다고 하더라도 그 규정내용이 지나치게 추상적이고 불명확하면 과세관청의 자의적인 해석과 집행을 초래할 염려가 있으므로 그 규정 내용이 명확하고 일의적이어야 한다는 것이다.
④ 양도소득세 과세대상으로 '양도'의 개념을 정하고 있는 소득세법 조항은 과세요건 명확주의원칙에 반한다고 할 수 없다.

15

다음 중 인간다운 생활을 할 권리에 관한 설명으로 가장 옳지 않은 것은? (다툼이 있는 경우 판례에 의함)

① 국가에서 '헌법' 제34조에 의하여 장애인의 복지를 위하여 노력을 해야 할 의무가 있다는 것은, 장애인도 인간다운 생활을 누릴 수 있는 정의로운 사회질서를 형성해야 할 국가의 일반적인 의무를 뜻하는 것이지, 장애인을 위하여 저상버스를 도입해야 한다는 구체적 내용의 의무가 '헌법'으로부터 나오는 것은 아니다.
② 구치소·치료감호시설에 수용 중인 자에 대하여 '국민기초생활보장법'에 의한 중복적인 보장을 피하기 위하여 개별가구에서 제외하기로 한 입법자의 판단이 '헌법'상 용인될 수 있는 재량의 범위를 일탈하여 인간다운 생활을 할 권리와 보건권을 침해한다고 볼 수 없다.
③ 특별교통수단에 있어 표준휠체어만을 기준으로 휠체어 고정설비의 안전기준을 정한 부분은 합리적 이유 없이 표준휠체어를 이용할 수 있는 장애인과 표준휠체어를 이용할 수 없는 장애인을 달리 취급하여 청구인의 평등권을 침해한다고 볼 수 없다.
④ 국가가 인간다운 생활을 보장하기 위한 헌법적 의무를 다하였는지의 여부가 사법적 심사의 대상이 된 경우에는, 국가가 최저생활보장에 관한 입법을 전혀 하지 아니하였다든가 그 내용이 현저히 불합리하여 '헌법'상 용인될 수 있는 재량의 범위를 명백히 일탈한 경우에 한하여 '헌법'에 위반된다고 할 수 있다.

16

근로의 권리에 관한 다음 설명 중 가장 옳지 않은 것은?

① 헌법 제32조 및 제33조에 각 규정된 근로기본권은 근로자의 근로 조건을 개선함으로써 그들의 경제적·사회적 지위의 향상을 기하기 위한 것으로서 자유권적 기본권으로서의 성격보다는 생존권 내지 사회적 기본권으로서의 측면이 보다 강한 것으로서 그 권리의 실질적 보장을 위해서는 국가의 적극적인 개입과 뒷받침이 요구되는 기본권이다.
② 근로자가 퇴직급여를 청구할 수 있는 권리는 헌법 제32조 제1항의 근로의 권리의 본질적인 내용에 해당하므로, 모든 근로자는 헌법상 권리로서 퇴직급여청구권을 갖는다.
③ 공무원인 근로자는 법률이 정하는 자에 한하여 단결권·단체교섭권 및 단체행동권을 가진다.
④ 근로의 권리는 개인인 근로자가 그 주체가 되는 것이고, 근로자의 모임인 노동조합은 그 주체가 될 수 없다.

17

재판청구권에 대한 설명으로 가장 적절하지 않은 것은? (다툼이 있는 경우 판례에 의함)

① 과학기술의 발전으로 인해 기존의 확정판결에서 인정된 사실과는 다른 새로운 사실이 드러난 경우를 민사소송법상 재심의 사유로 인정하고 있지 않는 민사소송법 조항은 입법자의 합리적인 재량의 범위를 벗어나 재판청구권을 침해한다고 할 수 없다.
② 사법보좌관에 의한 소송비용액 확정결정절차를 규정한 법원조직법 조항은 소송비용액 확정절차의 경우에 이의절차 등 법관에 의한 판단을 거치도록 하고 있기 때문에 헌법 제27조 제1항에 위반되지 않는다.
③ 디엔에이감식시료채취 영장 발부 과정에서 채취대상자가 자신의 의견을 진술하거나 영장 발부에 불복하는 등의 절차를 두지 아니한 것은 재판청구권을 침해하는 것이다
④ 헌법 제27조 제3항은 '모든 국민은 신속한 재판을 받을 권리를 가진다.'고 규정하고 있으므로 모든 국민은 법률에 의한 구체적 형성이 없어도 직접 신속한 재판을 청구할 수 있는 권리를 가진다.

18

근로기본권에 대한 설명으로 옳지 않은 것은? (다툼이 있는 경우 판례에 의함)

① 청원경찰은 일반근로자일 뿐 공무원이 아니므로, 이들의 근로3권을 전면적으로 제한하는 것은 헌법에 위반된다.
② 헌법상 보장된 근로자의 단결권은 단결할 자유만을 가리킬 뿐이고, 단결하지 아니할 자유 이른바 소극적 단결권은 이에 포함되지 않는다.
③ 근로의 권리란 인간이 자신의 의사와 능력에 따라 근로관계를 형성하고, 타인의 방해를 받음이 없이 근로관계를 계속 유지하며, 근로의 기회를 얻지 못한 경우에는 국가에 대하여 근로의 기회를 제공하여 줄 것을 요구할 수 있는 권리를 말한다.
④ 교육공무원이 아닌 대학 교원의 단결권을 인정하지 않는 것은 헌법에 위배되지만, 교육공무원인 대학 교원의 단결권을 인정하지 않는 것은 헌법에 위배되지 않는다.

19

근로의 권리에 대한 설명으로 옳지 않은 것은? (다툼이 있는 경우 판례에 의함)

① 영화근로자의 업무가 재량근로 대상 업무에 해당할 수 있다는 사실만으로 근로시간을 명시하지 않아도 된다고 볼 수도 없다.
② 4주간을 평균하여 1주간의 소정근로시간이 15시간 미만인 근로자, 즉 이른바 '초단시간근로자'를 퇴직급여제도의 적용대상에서 제외하고 있는 것은 인간의 존엄에 상응하는 근로조건에 관한 기준을 갖추지 못한 것으로서 헌법 제32조 제3항에 위배되어 근로의 권리를 침해한다.
③ 헌법 제15조 직업의 자유와 제32조 근로의 권리는 국가에게 단지 사용자의 처분에 따른 직장 상실에 대하여 최소한의 보호를 제공해줄 의무를 지울 뿐이고, 여기에서 직장 상실로부터 근로자를 보호하여 줄 것을 청구할 수 있는 권리가 나오는 것은 아니다.
④ 근로자 4명 이하 사용 사업장에 적용될 「근로기준법」 조항을 정하고 있는 「근로기준법 시행령」 제7조, 구 「근로기준법 시행령」 [별표1]이 「근로기준법」 제11조 제2항의 위임에 따라 4명 이하 사업장에 적용될 「근로기준법」 조항을 정하면서, 4명 이하 사업장에 부당해고제한 조항이나 노동위원회 구제절차를 적용되는 조항으로 나열하지 않은 것이 청구인의 근로의 권리를 침해하는 것은 아니다.

20

국민의 기본의무에 관한 설명 중 옳지 않은 것은? (다툼이 있는 경우 판례에 의함)

① 공무원 시험의 응시자격을 '군복무를 필한 자'라고 하여 군복무 중에는 그 응시기회를 제한하는 것은 병역의무의 이행을 이유로 불이익을 주는 것이라 할 수 없다.
② 조세의 부과·징수로 인해 납세의무자의 사유재산에 관한 이용·수익·처분권이 중대한 제한을 받게 되는 경우에는 재산권의 침해가 될 수 있다.
③ 병역의무가 국민 전체의 인간으로서의 존엄과 가치를 보장하기 위한 것이라고 하더라도, 양심적 병역거부자의 양심의 자유가 국방의 의무보다 우월한 가치라고 할 수 있다.
④ 학교운영지원비를 학교회계 세입항목에 포함시키도록 하는 것은 헌법 제31조 제3항에 규정되어 있는 의무교육의 무상원칙에 위반된다.

8·4·2·1 공부법으로 경찰헌법 **실전완성**

전효진 경찰헌법
8421
1 day cycle

1일 순환

01

정당제도에 관한 설명으로 가장 적절한 것은? (다툼이 있는 경우 판례에 의함)

① 정당의 설립은 자유이나 복수정당제는 헌법상 바로 보장되는 것은 아니고, 구체적인 법률의 규정이 존재하여야 비로소 보장된다.
② 헌법 제8조 제2항은 정당에 대하여 정당의 자유의 한계를 부과하는 것임과 동시에 입법자에 대하여 그에 필요한 입법을 해야 할 의무를 부과하고 있다
③ 정당의 목적이나 활동이 민주적 기본질서에 위배될 때에는 국회는 헌법재판소에 그 해산을 제소할 수 있고, 정당은 헌법재판소의 심판에 의하여 해산된다.
④ 헌법 제8조 제4항이 의미하는 '민주적 기본질서'는 최대한 넓은 의미로 이해해야 한다.

02

다음 설명 중 가장 적절하지 않은 것은? (다툼이 있는 경우 판례에 의함)

① 지역농협 임원 선거는 국민주권 내지 대의민주주의 원리와 관계없는 단체 내부의 조직구성에 관한 것으로서 공익을 위하여 상대적으로 폭넓은 법률상 규제가 가능하다.
② 사법인적인 성격을 지니는 지역농협의 조합장선거에서 조합장을 선출하거나 조합장으로 선출될 권리, 조합장선거에서 선거운동을 하는 것은 헌법에 의하여 보호되는 선거권의 범위에 포함되지 않는다.
③ 선거운동 기간 외에는 중소기업중앙회 회장선거에 관한 선거운동을 제한하고, 이를 위반하면 형사처벌하는 중소기업협동조합법 관련 부분은 죄형법정주의의 명확성원칙에 위반되지 않는다.
④ 농협·축협 조합장이 금고 이상의 형을 선고받고 그 형이 확정되지 아니한 경우에도 이사가 그 직무를 대행하도록 규정한 농업협동조합법 제46조 제4항 제3호 중 '조합장'에 관한 부분은 조합장의 직무수행에 대한 조합원 내지 공공의 신뢰를 지키고 직무에 대한 전념성을 확보하여 조합의 원활한 운영에 대한 위험을 미연에 방지하기 위한 것이므로 과잉금지원칙에 반하여 조합장들의 직업수행의 자유를 침해하는 것이 아니다.

03

지방자치제도에 관한 다음 설명 중 가장 옳지 않은 것은?

① 헌법 제8장의 지방자치제도는 제도보장을 의미하는 것으로 지방자치단체의 자치권의 범위나 내용은 지방자치제도의 본질을 침해하지 않는 범위 내에서 입법권자가 광범위한 입법형성권을 가진다.
② 중앙행정기관이 지방자치단체의 자치사무에 대하여 포괄적·사전적 일반감사나 법령위반사항을 적발하기 위한 감사를 하는 것은 허용될 수 없다.
③ 주민소환투표에 있어 소환사유에 대하여 구체적이고 명확한 기준을 규정하지 아니한 것은 무분별한 주민소환이 추진될 소지가 있으므로 헌법에 위반된다.
④ 조례에 대한 법률의 위임은 반드시 구체적으로 범위를 정하여 할 필요가 없고 포괄적인 것으로 족하다.

04

계약의 자유에 관한 다음 설명 중 가장 옳지 않은 것은?

① 석조, 석회조, 연와조 또는 이와 유사한 견고한 건물기타 공작물의 소유를 목적으로 하는 토지임대차나 식목, 채염을 목적으로 하는 토지임대차를 제외한 임대차의 존속기간을 예외 없이 20년으로 제한한 조항은 계약의 자유를 침해한다.
② 사용자로 하여금 2년을 초과하여 기간제근로자를 사용할 수 없도록 한 기간제 및 단시간근로자 보호 등에 관한 법률 조항은 해당 기간제근로자의 계약의 자유를 침해하지 않는다.
③ 퇴직금을 퇴직일로부터 14일 이내에 지급하도록 한 것과 임금을 매월 1회 이상 정기적으로 지급하도록 한 것은 사용자의 계약의 자유 및 기업활동의 자유를 침해하지 아니한다.
④ 이동통신단말장치 유통구조 개선에 관한 법률상 이동통신단말 장치 구매지원금 상한 조항은 이동통신단말장치를 구입하고, 이동통신서비스의 이용에 관한 계약을 체결하고자 하는 자의 일반적 행동자유권에서 파생하는 계약의 자유를 침해한다.

05

합헌적 법률해석에 관한 설명으로 가장 옳은 것은? (다툼이 있는 경우 판례에 의함)

① 헌법재판소의 한정위헌의 결정은 법률을 구체적인 사실관계에 적용함에 있어서 그 법률의 의미와 내용을 밝히는 것이지 법률에 대한 위헌성심사의 결과로서 법률조항이 특정의 적용영역에서 제외되는 부분은 위헌이라는 것을 뜻하는 것이 아니다.
② 합헌적 법률해석이란 법률의 개념이 다의적인 경우 가급적 헌법에 합치되도록 해석하는 헌법해석기법을 말한다.
③ 입법자의 명백한 의지와 입법의 목적을 헛되게 하는 내용으로 법률을 해석할 수 없으나, 오직 공공의 이익을 증진하는 경우에는 예외가 인정된다.
④ 어떤 법률의 개념이 다의적이고 그 어의의 테두리 안에서 여러 가지 해석이 가능할 때 헌법을 그 최고법규로 하는 통일적인 법질서의 형성을 위하여 헌법에 합치되는 해석 즉 합헌적인 해석을 택하여야 하며, 이에 의하여 위헌적인 결과가 될 해석을 배제하면서 합헌적이고 긍정적인 면은 살려야 한다는 것이 헌법의 일반 법리이다.

06

변호인의 조력을 받을 권리에 대한 설명으로 옳지 않은 것은? (다툼이 있는 경우 판례에 의함)

① 변호인의 조력을 받을 권리는 불구속 피의자와 피고인 모두에게 포괄적으로 인정된다.
② 변호인의 수사서류 열람·등사권은 피고인의 신속·공정한 재판을 받을 권리 및 변호인의 조력을 받을 권리라는 헌법상 기본권의 중요한 내용이자 구성요소이며 이를 실현하는 구체적인 수단이 된다.
③ 변호인과 상담하고 조언을 구할 권리는 변호인의 조력을 받을 권리의 내용 중 구체적인 입법형성이 필요한 다른 절차적 권리의 필수적인 전제요건으로서 변호인의 조력을 받을 권리 그 자체에서 막바로 도출되는 것은 아니다.
④ 미결구금자가 수발하는 서신이 변호인 또는 변호인이 되려는 자와의 서신임이 확인되고 미결구금자의 범죄혐의 내용이나 신분에 비추어 소지금지품의 포함 또는 불법내용의 기재 등이 있다고 의심할 만한 합리적인 이유가 없음에도 그 서신을 검열하는 행위는 위헌이다.

07

종교의 자유에 대한 설명으로 가장 적절하지 않은 것은? (다툼이 있는 경우 판례에 의함)

① 헌법 제20조 제2항이 국교금지와 정교분리원칙을 규정하고 있기 때문에, 종교시설의 건축행위에만 기반시설부담금을 면제한다면 국가가 종교를 지원하여 종교를 승인하거나 우대하는 것으로 비칠 소지가 있다.
② 전통사찰에 대하여 채무명의를 가진 일반채권자가 전통사찰 소유의 전법(傳法)용 경내지의 건조물 등에 대하여 압류하는 것을 금지하는 전통사찰의 보존 및 지원에 관한 법률 조항은 '전통사찰의 일반채권자'의 재산권을 제한하지만, 종교의 자유의 내용 중 어떠한 것도 제한되지 않는다.
③ 구치소에 종교행사 공간이 1개뿐이고, 종교행사는 종교, 수형자와 미결수용자, 성별, 수용동별로 진행되며, 미결수용자는 공범이나 동일사건 관련자가 있는 경우 분리하여 참석하게 해야 하는 점을 고려하면, 구치소장이 종교행사를 4주에 1회 실시한 것은 미결수용자의 종교의 자유를 침해하지 아니한다.
④ 구치소장이 수용자 중 미결수용자에 대하여 일률적으로 종교행사 등에의 참석을 불허한 것은 교정시설의 여건 및 수용관리의 적정성을 기하기 위한 것으로서 목적이 정당하고, 일부 수용자에 대한 최소한의 제한에 해당하므로 종교의 자유를 침해한 것으로 볼 수 없다.

08

평등권(평등원칙)에 관한 설명 중 가장 적절한 것은? (다툼이 있는 경우 판례에 의함)

① 자사고를 지원한 학생의 중복지원을 금지한 것이 자사고에 진학하고자 하는 학생들의 평등권을 침해하는지 문제되는 경우 엄격한 심사기준이 적용된다.
② 업무상 재해에 통상의 출퇴근 재해를 포함시키는 개정 법률조항을 개정법 시행 후 최초로 발생하는 재해부터 적용하도록 하는 것은 헌법상 평등원칙에 위반되지 않는다.
③ 헌법 제11조 제1항 제2문은 차별금지사유로서 성별을 명시하고 있으므로 대한민국 국민인 남자에 한하여 병역의무를 부과하는 병역법 조항이 평등권을 침해하는지 여부는 완화된 심사척도인 자의금지원칙 위반 여부가 아니라 엄격한 심사기준을 적용하여 판단하여야 한다.
④ 혼인 중인 여자와 남편 아닌 남자 사이에서 출생한 자녀의 경우에 혼인 외 출생자의 신고의무를 모에게만 부과하고, 남편 아닌 남자인 생부에게 자신의 혼인 외 자녀에 대해서 출생신고를 할 수 있도록 규정하지 아니한 것은 생부의 평등권을 침해한다.

09

문화국가의 원리에 대한 설명으로 옳지 않은 것은?

① 우리나라는 건국헌법 이래 문화국가의 원리를 헌법의 기본원리로 채택하고 있다.
② 헌법은 제9조에서 "문화의 영역에 있어서 각인의 기회를 균등히" 할 것을 선언하고 있을 뿐 아니라, 국가에게 전통문화의 계승 발전과 민족문화의 창달을 위하여 노력할 의무를 지우고 있다.
③ 헌법 제9조의 규정취지와 민족문화유산의 본질에 비추어 볼 때, 국가가 민족문화유산을 보호하고자 하는 경우 이에 관한 헌법적 보호법익은 '민족문화유산의 존속' 그 자체를 보장하는 것이고, 원칙적으로 민족문화유산의 훼손등에 관한 가치보상이 있는지 여부는 이러한 헌법적 보호법익과 직접적인 관련이 없다.
④ 국가는 학교교육에 관한 한, 교육제도의 형성에 관한 폭넓은 권한을 가지고 있지만, 학교교육 밖의 사적인 교육영역에서는 원칙적으로 부모의 자녀교육권이 우위를 차지하고, 국가 또한 헌법이 지향하는 문화국가이념에 비추어, 학교교육과 같은 제도교육 외에 사적인 교육의 영역에서도 사인의 교육을 지원하고 장려해야 할 의무가 있으므로 사적인 교육영역에 대한 국가의 규율권한에는 한계가 있다.

10

다음 설명 중 가장 적절하지 않은 것은? (다툼이 있는 경우 판례에 의함)

① 위헌적 법률에 기초한 신뢰이익은 합헌적인 법률에 기초한 신뢰이익과 동일한 정도의 보호, 즉 "헌법에서 유래하는 국가의 보호의무"까지는 요청할 수는 없다.
② 구 '매장 및 묘지 등에 관한 법률'이 '장사 등에 관한 법률'로 전부개정되면서 그 부칙에서 종전의 법령에 따라 설치된 봉안시설을 신법에 의하여 설치된 봉안시설로 보도록 함으로써 구법에 따라 설치허가를 받은 봉안시설 설치·관리인의 기존의 법상태에 대한 신뢰는 이미 보호되었다고 할 것이므로, 더 나아가 신법 시행 후 추가로 설치되는 부분에 대해서까지 기존의 법상태에 대한 보호가치 있는 신뢰가 있다고 보기 어렵다.
③ 법 시행일 이후에 이행기가 도래하는 퇴직연금에 대하여도 소득과 연계하여 그 일부의 지급을 정지할 수 있도록 한 것은 신뢰보호원칙에 위반된다.
④ '개성공단의 정상화를 위한 합의서'에는 국내법과 동일한 법적 구속력을 인정하기 어렵고, 과거 사례 등에 비추어 개성공단의 중단 가능성은 충분히 예상할 수 있었으므로 개성공단 전면중단 조치는 신뢰보호원칙을 위반하여 개성공단 투자기업인 청구인들의 영업의 자유와 재산권을 침해하지 아니한다.

11

직업의 자유에 대한 설명으로 가장 적절하지 않은 것은? (다툼이 있는 경우 판례에 의함)

① 고용허가를 받아 국내에 입국한 외국인근로자의 출국만기보험금을 출국 후 14일 이내에 지급하도록 한 「외국인근로자의 고용 등에 관한 법률」의 해당 조항 중 '피보험자등이 출국한 때부터 14일 이내' 부분이 청구인들의 근로의 권리를 침해한다고 보기 어렵다.

② 근로자가 회사의 영업상 주요자산에 해당하는 정보를 유출한 행위가 사회적으로 유해하다고 보더라도, 생활의 기본적 수요를 충족시키기 위한 계속적 소득활동의 일환으로 이루어진 이상 직업의 자유의 보호영역에서 제외되지는 않는다.

③ 직업선택의 자유에는 자신이 원하는 직업 내지 직종에 종사하는 데 필요한 전문지식을 습득하기 위한 직업교육장을 임의로 선택할 수 있는 '직업교육장 선택의 자유'도 포함된다.

④ 직장선택의 자유는 인간의 존엄과 가치 및 행복추구권과도 밀접한 관련을 가지는 만큼 단순히 국민의 권리가 아닌 인간의 권리이기 때문에, 외국인도 국내에서 제한 없이 직장선택의 자유를 향유할 수 있다고 보아야 한다.

12

국민투표에 관한 다음 설명 중 가장 옳지 않은 것은?

① 국민투표법은 헌법 제72조의 규정에 의한 외교·국방·통일 기타 국가안위에 관한 중요정책과 헌법 제130조의 규정에 의한 헌법개정안에 대한 국민투표에 관하여 필요한 사항을 규정하고 있다.

② 19세 이상의 국민은 투표권이 있으나, 투표일 현재 공직선거법에 따라 선거권이 없는 자는 투표권이 없다.

③ 천재·지변으로 국민투표를 실시할 수 없거나, 실시하지 못한 때에는 선거관리위원회의 결정으로 투표를 연기하거나 다시 투표일을 정하여야 한다.

④ 국민투표의 전부 또는 일부의 무효판결이 있을 때에는 재투표를 실시하여야 한다.

13

청원권에 관한 설명으로 옳은 것끼리 묶인 것은? (다툼이 있는 경우 판례에 의함)

㉠ 청원에 대하여 국가기관이 수리·심사하여 그 결과를 청원인에게 통지하였다고 하더라도, 그 결과가 청원인의 기대에 미치지 못한다면 헌법소원의 대상이 되는 공권력의 불행사에 해당한다.

㉡ 국민은 지방자치단체와 그 소속 기관에 청원을 제출할 수 있다.

㉢ 국민은 공무원의 위법·부당한 행위에 대한 시정이나 징계의 요구를 청원할 수 없다.

㉣ 교도소 수형자의 서신을 통한 청원을 아무런 제한 없이 허용한다면 수용자가 이를 악용하여 검열 없이 외부에 서신을 발송하는 탈법수단으로 이용할 수 있게 되므로 이에 대한 검열은 수용목적을 달성하기 위한 불가피한 것으로서 청원권의 본질적 내용을 침해하는 것은 아니다.

① ㉠, ㉡, ㉢
② ㉡, ㉢
③ ㉡, ㉣
④ ㉢, ㉣

14

재산권을 침해하는 것은? (다툼이 있는 경우 판례에 의함)

① 임대차 목적물인 상가건물이 「유통산업발전법」 제2조에 따른 대규모 점포의 일부인 경우 임차인의 권리금 회수기회 보호 등에 관한 「상가건물임대차보호법」 제10조의4를 적용하지 않도록 하는 구 「상가건물 임대차보호법」 제10조의5 제1호 중 대규모점포에 관한 부분
② 전자세금계산서를 발급하여야 할 의무가 있는 자가 전자세금계산서를 발급하지 아니하고 세금계산서의 발급시기에 전자세금계산서 외의 세금계산서를 발급한 경우에는 그 공급가액의 1퍼센트를 곱한 금액을 납부세액에 더하거나 환급세액에서 빼도록 한 구 「부가가치세법」 제60조 제2항 제2호 단서
③ 부동산을 사실상 양수한 사람 또는 그 대리인이 등기원인을 증명하는 서면 없이 보증서를 바탕으로 발급받은 확인서로써 단독으로 소유권 이전등기를 신청할 수 있도록 한 구 「부동산소유권 이전등기 등에 관한 특별조치법」 제7조 제1항 및 제2항
④ 환매권의 발생기간을 제한하고 있는 「공익사업을 위한 토지 등의 취득 및 보상에 관한 법률」 제91조 제1항 중 '토지의 협의취득일 또는 수용의 개시일부터 10년 이내에' 부분

15

형사보상청구권에 관한 다음 설명 중 가장 옳지 않은 것은?

① 형사보상청구를 무죄재판이 확정된 때로부터 1년 이내에 하도록 규정한 형사보상법 조항은 그 청구기간이 지나치게 단기간이어서 입법목적 달성에 필요한 정도를 넘어선 것이다.
② 형사보상의 구체적 내용과 금액 및 절차에 관한 사항은 입법자가 정하여야 할 사항으로 형사보상금을 일정한 범위 내로 한정하고 있는 형사보상법 조항은 형사보상청구권을 침해한다고 볼 수 없다.
③ 형사보상청구권은 국가의 공권력 작용에 의하여 신체의 자유를 침해받은 국민에 대해 금전적인 보상을 청구할 권리를 인정하는 것이므로, 형사보상청구권이 제한됨으로 인하여 침해되는 국민의 기본권은 단순히 금전적인 권리에 불과한 것이라기보다는 실질적으로 국민의 신체의 자유와 밀접하게 관련된 중대한 기본권이다.
④ 가중처벌규정에 대하여 헌법재판소의 위헌결정이 있었음을 이유로 개시된 재심절차에서, 피고인이 무죄판결을 받지는 않았으나 원판결보다 가벼운 형으로 유죄판결이 확정됨에 따라 원판결에 따른 구금형 집행이 재심판결에서 선고된 형을 초과하게 된 경우에도 재심판결에서 선고된 형을 초과하여 집행된 구금에 대하여 보상요건을 규정하지 아니한 것은 평등권을 침해하지 않는다.

16

인간다운 생활을 할 권리에 관한 설명 중 가장 적절하지 않은 것은? (다툼이 있는 경우 판례에 의함)

① 인간다운 생활을 할 권리로부터 인간의 존엄성에 상응하는 "최소한의 물질적인 생활"의 유지에 필요한 급부를 요구할 수 있는 구체적인 권리가 상황에 따라서는 직접 도출될 수 있다고 할 수는 있어도, 동 기본권이 직접 그 이상의 급부를 내용으로 하는 구체적인 권리를 발생케 한다고는 볼 수 없다.

② 인간다운 생활을 할 권리는 자연인의 권리이므로 법인에게는 인정되지 않고, 또한 국민의 권리이므로 원칙적으로 외국인에게는 인정되지 아니한다.

③ 직장가입자가 소득월액보험료를 일정 기간 이상 체납한 경우 국민건강보험공단이 그 가입자 및 피부양자에게 보험급여 지급을 거부할 수 있도록 한 것은 사회보장수급권의 가장 핵심적이고 본질적인 내용인 건강보험수급권을 박탈한 것으로 인간다운 생활을 할 권리를 침해한다.

④ 인간다운 생활을 보장하기 위한 객관적인 내용의 최소한을 보장 하고 있는지 여부는 심판대상조항만을 가지고 판단하여서는 안 되고, 다른 법령에 의거하여 국가가 최저생활보장을 위하여 지급하는 각종 급여나 각종 부담의 감면 등도 함께 고려하여 판단하여야 한다.

17

근로의 권리에 대한 설명으로 옳지 않은 것은? (다툼이 있는 경우 판례에 의함)

① 4주간을 평균하여 1주간의 소정근로시간이 15시간 미만인 근로자, 즉 이른바 '초단시간근로자'를 퇴직급여 제도의 적용대상에서 제외하고 있는 것은 근로의 권리를 침해하지 아니한다.

② 축산업 근로자들에게 육체적·정신적 휴식을 보장하고 장시간노동에 대한 경제적 보상을 해야 할 필요성이 요청됨에도 동물의 사육사업 근로자에 대하여 근로시간 및 휴일 규정의 적용을 제외하도록 한 것은 근로의 권리를 침해한다.

③ 공무원인 근로자 중 법률이 정하는 자 이외의 공무원은 노동 3권의 주체가 되지 못하므로 노동 3권이 인정됨을 전제로 하여 헌법 제37조 제2항의 과잉금지원칙을 적용할 수는 없다.

④ 근로자 4명 이하 사용 사업장에 적용될 「근로기준법」 조항을 정하고 있는 「근로기준법 시행령」 제7조, 구 「근로기준법 시행령」 [별표1]이 「근로기준법」 제11조 제2항의 위임에 따라 4명 이하 사업장에 적용될 「근로기준법」 조항을 정하면서, 4명 이하 사업장에 부당해고제한 조항이나 노동위원회 구제절차를 적용되는 조항으로 나열하지 않은 것이 청구인의 근로의 권리를 침해하는 것은 아니다.

18

대한민국 헌법전문(前文)에 규정된 내용이 아닌 것은?

① 법치주의
② 항구적인 세계평화와 인류공영
③ 4·19민주이념
④ 평화적 통일의 사명

19

교육을 받을 권리에 대한 설명으로 옳은 것만을 모두 고르면? (다툼이 있는 경우 판례에 의함)

㉠ 고등학교 퇴학일부터 검정고시 공고일까지의 기간이 6개월 이상이 되지 않은 사람은 고등학교 졸업학력 검정고시에 응시할 수 없도록 규정한 「초·중등교육법 시행규칙」 제35조 제6항 제2호 본문 중 '고등학교'에 관한 부분은 고등학교를 자진 퇴학한 청구인들의 교육을 받을 권리를 침해한다.

㉡ 2년제 전문대학의 졸업자에게만 대학·산업대학 또는 원격대학의 편입학 자격을 부여하고, 3년제 전문대학의 2년 이상 과정 이수자에게는 편입학 자격을 부여하지 않는 것은 교육을 받을 권리를 침해하지 않는다.

㉢ 의무교육 무상의 원칙에 있어서 무상의 범위는 헌법상 교육의 기회균등을 실현하기 위해 필수 불가결한 비용, 즉 모든 학생이 의무교육을 받음에 있어서 경제적인 차별 없이 수학하는 데 반드시 필요한 비용에 한한다.

㉣ 「고등교육법」 및 동법 시행령, 「사립학교법」, 「지방자치법」의 관련규정을 종합하면, 청구인인 경기도의 학교 설치·운영 및 지도에 관한 사무는 지역적 특성에 따라 달리 다루어야 할 필요성이 있는 사무로서 유아원부터 고등학교 및 이에 준하는 학교에 관한 사무에 한하여 이를 자치사무로 보아야 할 것이다.

① ㉠, ㉡
② ㉡, ㉢
③ ㉠, ㉢, ㉣
④ ㉡, ㉢, ㉣

20

다음 설명으로 옳지 않은 것은? (다툼이 있는 경우 판례에 의함)

① 재혼을 유족연금수급권 상실사유로 규정한 구 군인연금법 제29조 제1항 제2호는 재혼한 배우자의 인간다운 생활을 할 권리와 재산권을 침해한다.

② 헌법은 제119조 이하의 경제에 관한 장에서 국가가 경제정책을 통하여 달성하여야 할 '공익'을 구체화함과 동시에 헌법 제37조 제2항의 기본권제한을 위한 일반 법률유보에서의 '공공복리'를 구체화하고 있다.

③ 헌법 제119조는 헌법상 경제질서에 관한 일반조항으로서 국가의 경제정책에 대한 하나의 헌법적 지침일 뿐, 그 자체가 기본권의 성질을 가진다거나 독자적인 위헌심사의 기준이 된다고 할 수 없다.

④ 근로자의 날을 관공서의 공휴일에 포함시키지 않은 '관공서의 공휴일에 관한 규정'은 공무원인 청구인들의 평등권을 침해하지 않는다.

8·4·2·1 공부법으로 경찰헌법 실전완성

전효진 경찰헌법
8421
8 day cycle

정답 및 해설

01 Day

01 ⑤ 02 ④ 03 ② 04 ① 05 ② 06 ④ 07 ③ 08 ③ 09 ③ 10 ③
11 ② 12 ② 13 ③ 14 ③ 15 ② 16 ① 17 ③ 18 ③ 19 ① 20 ④

01
정답 ⑤

① ◯, ② ◯, ③ ◯, ④ ✕

> 헌법 제128조 ① 헌법개정은 국회재적의원 과반수 또는 대통령의 발의로 제안된다.
> 헌법 제129조 제안된 헌법개정안은 대통령이 20일 이상의 기간 이를 공고하여야 한다.
> 헌법 제130조 ① 국회는 헌법개정안이 공고된 날로부터 60일 이내에 의결하여야 하며, 국회의 의결은 재적의원 3분의 2 이상의 찬성을 얻어야 한다.
> ② 헌법개정안은 국회가 의결한 후 30일 이내에 국민투표에 붙여 국회의원선거권자 과반수의 투표와 투표자 과반수의 찬성을 얻어야 한다.
> ③ 헌법개정안이 제2항의 찬성을 얻은 때에는 헌법개정은 확정되며, 대통령은 즉시 이를 공포하여야 한다.

02
정답 ④

④ ✕ 직계존속(直系尊屬)이 외국에서 영주(永住)할 목적 없이 체류한 상태에서 출생한 자는 병역의무를 해소한 경우에만 국적이탈을 신고할 수 있도록 하는 국적법 제12조 제3항은 과잉금지원칙에 위배되어 국적이탈의 자유를 침해하지 않는다(헌재 2023. 2. 23. 2019헌바462).

① ◯

> 국적법 제6조(간이귀화 요건) ① 다음 각 호의 어느 하나에 해당하는 외국인으로서 대한민국에 3년 이상 계속하여 주소가 있는 사람은 및 제1호의2의 요건을 갖추지 아니하여도 귀화허가를 받을 수 있다.
> 2. 대한민국에서 출생한 사람으로서 부 또는 모가 대한민국에서 출생한 사람

② ◯

> 국적법 제8조(수반 취득) ① 외국인의 자(子)로서 대한민국의 「민법」상 미성년인 사람은 부 또는 모가 귀화허가를 신청할 때 함께 국적 취득을 신청할 수 있다.

③ ◯ 복수국적자는 18세가 되어 병역준비역에 편입된 때부터 3개월이 지나기 전이라면 자유롭게 국적을 이탈할 수 있고 그 이후부터 병역의무가 해소되는 시점까지만 국적이탈이 금지되는 '국적법' 제12조 제2항은 과잉금지원칙에 위배되어 청구인의 국적이탈의 자유를 침해한다(헌재 2020. 9. 24. 2016헌마889).

03
정답 ②

② ✕ 기본권 제한에 관한 법률유보원칙은 '법률에 의한 규율'을 요청하는 것이 아니라 '법률에 근거한 규율'을 요청하는 것이므로, 기본권 제한에는 법률의 근거가 필요할 뿐이고 기본권 제한의 형식이 반드시 법률의 형식일 필요는 없으므로, 법규명령, 규칙, 조례 등 실질적 의미의 법률을 통해서도 기본권 제한이 가능하다(헌재 2013. 7. 25. 2012헌마167).

> 2023 경찰 2차 헌법 제37조 제2항은 기본권제한에 관한 일반적 법률유보조항이고, 법률유보의 원칙은 '법률에 의한 규율'을 요청하고 있으므로, 기본권 제한에는 법률의 근거가 필요하고 반드시 법률의 형식으로 하여야 한다. (✕)

① ◯ 헌법은 법치주의를 그 기본원리의 하나로 하고 있으며, 법치주의는 행정작용에 국회가 제정한 형식적 법률의 근거가 요청된다는 법률유보를 그 핵심적 내용의 하나로 하고 있다. 그런데 오늘날 법률유보원칙은 단순히 행정작용이 법률에 근거를 두기만 하면 충분한 것이 아니라, 국가공동체와 그 구성원에게 기본적이고도 중요한 의미를 갖는 영역, 특히 국민의 기본권실현에 관련된 영역에 있어서는 행정에 맡길 것이 아니라 국민의 대표자인 입법자 스스로 그 본질적 사항에 대하여 결정하여야 한다는 요구까지 내포하는 것으로 이해하여야 한다(이른바 의회유보원칙)(헌재 1999. 5. 27. 98헌바70).

③ ◯ 위임입법의 법리는 헌법의 근본원리인 권력분립주의와 의회주의 내지 법치주의에 바탕을 두는 것이기 때문에 행정부에서 제정된 대통령령에서 규정한 내용이 정당한 것인지 여부와 위임의 적법성은 직접적인 관계가 없다. 따라서 대통령령으로 규정한 내용이 헌법에 위반될 경우라도 그 대통령령의 규정이 위헌으로 되는 것은 별론으로 하고 그로 인하여 정당하고 적법하게 입법권을 위임한 수권법률조항까지 위헌으로 되는 것은 아니다(헌재 2010. 12. 28. 2009헌바145 등).

④ ◯ 자기책임원리는 인간의 자유와 유책성, 그리고 인간의 존엄성을 진지하게 반영한 원리로서 그것이 비단 민사법이나 형사법에 국한된 원리라기보다는 근대법의 기본이념으로서 법치주의에 당연히 내재하는 원리로 볼 것이다(헌재 2017. 5. 25. 2014헌바360).

04
정답 ①

㉠ ✕ 1960년 4차 개정헌법에 대한 설명이다.
㉢ ✕, ㉣ ✕ 1972년 7차 개정헌법에 대한 설명이다.

+ 제5차 개정헌법: 1962년 12월 26일, 전문 개정	
주요 내용	관련 주요 사건 및 평가

· 헌정사상 처음으로 국민투표를 통해 확정된 헌법 → 헌법이 아닌 국가재건비상조치법으로 헌법개정
· 헌법개정시 필수적 국민투표 도입
· 헌법전문 최초 개정
· 대통령제(국민직선) → 간직간직간직
· 대통령 임기 4년, 1차 중임 가능
  → 4454675 대통령 잔임기간 2년 미만의 궐위시에는 국회에서 후임대통령을 선출하고 잔임기간만 재임할 수 있도록 하였음. 부통령은 두지 않았음
· 국회의원과 국무위원 간 겸직금지
· 단원제: 건국 단원제 → 1차 양원제(구성 2공화국) → 3공 단원제
· 공무원의 국민 전체에 대한 봉사자, 국민에 대한 책임규정 신설
· 극단적 정당국가화 경향
  - 무소속 대통령·국회의원 출마금지
  - 당적변경시 의원직 상실
· 국무회의는 심의기관: 제헌~4차 의결기관
· 헌법재판소가 폐지되고 대법원이 위헌법률심사권을, 탄핵심판위원회가 탄핵심판권을 가짐
  → 독립된 헌법재판기관이 없었던 적이 있다.
· 국가안전보장회의, 감사원 신설(제3공화국 이후 감사원)
	· 1961년 5월 16일, 박정희 소장을 중심으로 하는 군사세력의 쿠데타 성공
	· 국회의 의결 없이 국가재건최고회의가 의결 → 1961년 6월 6일 국가 재건비상조치법 제정·공포하고, 헌법개정작업 착수
	· 헌법개정안에 대해서는 1962년 12월 17일 국민투표로 확정되어 12월 26일 공포됨

- 인간의 존엄과 가치조항 신설
- 인간다운 생활할 권리
- 건국헌법에서 규정되었던 근로자의 이익분배 균점권 삭제
- 헌법개정 한계조항(2~4차) 삭제 → 현행 헌법에는 헌법개정금지조항이 존재하지 않는다.
- 경제에 대한 국가조정이 가능하도록 헌법적 규정을 둠
- 비상계엄하 단심재판에 대한 헌법적 근거를 둠

05
정답 ②

② ✗ 헌법은 국가유공자 인정에 관하여 명문 규정을 두고 있지 않으나 전문(前文)에서 "3.1운동으로 건립된 대한민국임시정부의 법통을 계승"한다고 선언하고 있다. 이는 대한민국이 일제에 항거한 독립운동가의 공헌과 희생을 바탕으로 이룩된 것임을 선언한 것이고, 그렇다면 국가는 일제로부터 조국의 자주독립을 위하여 공헌한 독립유공자와 그 유족에 대하여는 응분의 예우를 하여야 할 헌법적 의무를 지닌다(헌재 2005. 6. 30. 2004헌마859).

① ○ 헌법전문은 5, 7, 8, 9차 개정헌법에서 자구수정되었다.

③ ○ "헌법전문에 기재된 3.1정신"은 우리나라 헌법의 연혁적·이념적 기초로서 헌법이나 법률해석에서의 해석기준으로 작용한다고 할 수 있지만, 그에 기하여 곧바로 국민의 개별적 기본권성을 도출해낼 수는 없다고 할 것이므로, 헌법소원의 대상인 "헌법상 보장된 기본권"에 해당하지 아니한다(헌재 2001. 3. 21. 99헌마139).

④ ○

> 헌법전문 … 1948년 7월 12일에 제정되고 8차에 걸쳐 개정된 헌법을 이제 국회의 의결을 거쳐 국민투표에 의하여 개정한다.

06
정답 ④

④ ○

관련판례

특정범죄 가중처벌 등에 관한 법률 제5조의13 위헌확인
[헌재 2023. 2. 23. 2020헌마460, 862(병합)]

가. 어린이 보호구역에서 제한속도 준수의무 또는 안전운전의무를 위반하여 어린이를 상해에 이르게 한 경우 1년 이상 15년 이하의 징역 또는 500만 원 이상 3천만 원 이하의 벌금에, 사망에 이르게 한 경우 무기 또는 3년 이상의 징역에 처하도록 규정한 '특정범죄 가중처벌 등에 관한 법률' 제5조의13(이하 '심판대상조항'이라 한다)이 죄형법정주의의 명확성원칙에 위반되는지 여부(소극) 차량의 통행에 관하여 운전자에게 자세하게 규율된 의무를 부여하고 있는 도로교통법의 개정 연혁과 개정 취지, 그리고 특별한 보호가 필요한 보행자에 관한 구역을 별도로 지정할 수 있도록 도로교통법이 근거조항을 두게 된 경위와 연혁을 종합하면, 건전한 상식과 통상적 법 감정을 가진 운전자의 경우 어린이 보호구역에서 도로의 유형과 형태, 횡단보도 및 신호기 설치 여부, 주요 표지 및 어린이의 존부 등을 살핌으로써 해당 보호구역에서 운전자에게 부여되는 안전운전의무의 구체적 의미 내용이 무엇인지 충분히 파악할 수 있을 것으로 보이고, 달리 심판대상조항이 법 해석·적용기관에 의한 자의적 법 집행 여지를 두고 있다고 보기 어렵다.

따라서 심판대상조항은 죄형법정주의의 명확성원칙에 위반되지 아니한다.

나. **심판대상조항이 과잉금지원칙에 위반되어 청구인들의 일반적 행동자유권을 침해하는지 여부(소극)** 어린이의 통행이 빈번한 초등학교 인근 등 제한된 구역을 중심으로 어린이 보호구역을 설치하고 엄격한 주의의무를 부과하여 위반자를 엄하게 처벌하는 것은 어린이에 대한 교통사고 예방과 보호를 위해 불가피한 조치이다. 심판대상조항에 의할 때 어린이 상해의 경우 죄질이 가벼운 위반행위에 대하여 벌금형을 선택한 경우는 정상참작감경을 통하여, 징역형을 선택한 경우는 정상참작감경을 하지 않고도 집행유예를 선고할 수 있음은 물론, 선고유예를 하는 것도 가능하다. 어린이 사망의 경우 법관이 정상참작감경을 하지 않더라도 징역형의 집행유예를 선고하는 것은 가능하다. 운전자의 주의의무 위반의 내용 및 정도와 어린이가 입은 피해의 정도가 다양하여 불법성 및 비난가능성에 차이가 있다고 하더라도, 이는 법관의 양형으로 충분히 극복될 수 있는 범위 내에 있다.

운전자가 어린이 보호구역에서 높은 주의를 기울여야 하고 운행의 방식을 제한받는 데 따른 불이익보다, 주의의무를 위반한 운전자를 가중처벌하여 어린이가 교통사고의 위험으로부터 벗어나 안전하고 건강한 생활을 영위하도록 함으로써 얻게 되는 공익이 더 크다.

따라서 심판대상조항은 과잉금지원칙에 위반되어 청구인들의 일반적 행동자유권을 침해한다고 볼 수 없다.

① ✗ 예비군대원 본인과 세대를 같이 하는 가족 중 성년자라면 특별한 사정이 없는 한 소집통지서를 본인에게 전달함으로써 훈련불참으로 인한 불이익을 받지 않도록 각별히 신경을 쓸 것임이 충분히 예상되고, 설령 그들이 소집통지서를 전달하지 아니하여 행정절차적 협력의무를 위반한다고 하여도 과태료 등의 행정적 제재를 부과하는 것만으로도 그 목적의 달성이 충분히 가능하다고 할 것임에도 불구하고, 심판대상조항은 훨씬 더 중한 형사처벌을 하고 있어 그 자체 만으로도 형벌의 보충성에 반하고, 책임에 비하여 처벌이 지나치게 과도하여 비례원칙에도 위반된다고 할 것이다(헌재 2022. 5. 26. 2019헌가12).

> 2023 경찰승진 예비군대원 본인의 부재시 예비군훈련 소집통지서를 수령한 같은 세대 내의 가족 중 성년자가 정당한 사유없이 소집통지서를 본인에게 전달하지 아니한 경우 형사처벌을 하는 「예비군법」 조항은 책임과 형벌 사이의 비례원칙에 위배되지 않는다. (✗)

② ✗ 독립행위가 경합하여 상해의 결과를 발생하게 한 경우 원인된 행위가 판명되지 아니한 때에는 공동정범의 예에 의하도록 규정한 형법 제263조(이하 '심판대상조항'이라 한다)가 책임주의원칙에 위반되는지 여부(소극) 심판대상조항을 적용하기 위하여 검사는 실제로 발생한 상해를 야기할 수 있는 구체적 위험성을 가진 가해행위의 존재를 입증하여야 하므로 이를 통하여 상해의 결과에 대하여 아무런 책임이 없는 피고인이 심판대상조항으로 처벌되는 것을 막을 수 있고, 피고인도 자신의 행위와 상해의 결과 사이에 개별 인과관계가 존재하지 않음을 입증하여 상해의 결과에 대한 책임에서 벗어날 수 있다. 또한 법관은 피고인이 가해행위에 이르게 된 동기, 가해행위의 태양과 폭력성의 정도, 피해 회복을 위한 피고인의 노력 정도 등을 모두 참작하여 피고인의 행위에 상응하는 형을 선고하므로, 가해행위자는 자신의 행위를 기준으로 형사책임을 부담한다. 이러한 점을 종합하여 보면, 심판대상조항은 책임주의원칙에 반한다고 볼 수 없다(헌재 2018. 3. 29. 2017헌가10).

> 2020 국회직 8급 독립행위가 경합하여 상해의 결과를 발생하게 한 경우 원인된 행위가 판명되지 아니한 때에는 공동정범의 예에 의하도록 규정한 「형법」 제263조는 책임주의원칙에 위반된다. (×)

③ ❌ 심판대상조항은 금융거래정보 유출을 막음으로써 금융거래의 비밀을 보장하기 위하여 명의인의 동의 없이 금융기관에게 금융거래정보를 요구하는 것을 금지하고 그 위반행위에 대하여 형사처벌을 가하는 것이다. …… 금융거래의 비밀보장이 중요한 공익이라는 점은 인정할 수 있으나, 심판대상조항이 정보제공요구를 하게 된 사유나 행위의 태양, 요구한 거래정보의 내용을 고려하지 아니하고 일률적으로 일반 국민들이 거래정보의 제공을 요구하는 것을 금지하고 그 위반 시 형사처벌을 하는 것은 그 공익에 비하여 지나치게 일반 국민의 일반적 행동자유권을 제한하는 것이다. 따라서 심판대상조항은 과잉금지원칙에 반하여 일반적 행동자유권을 침해한다(헌재 2022. 2. 24. 2020헌가5).

> 2023 경찰간부 누구든지 금융회사 등에 종사하는 자에게 타인의 금융거래의 내용에 관한 정보 또는 자료를 요구하는 것을 금지하고 이를 위반시 형사처벌하는 구 「금융실명거래 및 비밀보장에 관한 법률」상 조항은 과잉금지원칙에 반하여 일반적 행동자유권을 침해하지 않는다. (×)

07　　　　　　　　　　　　　　　　　정답 ③

③ ❌ 2013. 1. 1.부터 판사임용자격에 일정 기간 법조경력을 요구하는 이 사건 심판대상 조항은 이 사건 법원조직법 개정 시점인 2011. 7. 18. 당시에 이미 사법연수원에 입소하여 사법연수생의 신분을 가지고 있었던 자가 사법연수원을 수료하는 해의 판사 임용에 지원하는 경우에 적용되는 한 신뢰보호원칙에 반하여 청구인들의 공무담임권을 침해한다(헌재 2012. 11. 29. 2011헌마786).

① ⭕ 부진정(不眞正)소급입법(遡及立法)의 경우, 일반적으로 과거에 시작된 구성요건사항에 대한 신뢰는 더 보호될 가치가 있는 것이므로, 신뢰보호의 원칙에 대한 심사는 장래 입법의 경우보다 일반적으로 더 강화되어야 한다(헌재 1995. 10. 26. 94헌바12).

② ⭕ 이 사건 귀속조항은 진정소급입법에 해당하지만, 진정소급입법이라 할지라도 예외적으로 국민이 소급입법을 예상할 수 있었던 경우와 같이 소급입법이 정당화되는 경우에는 허용될 수 있다. 친일재산의 취득 경위에 내포된 민족배반적 성격, 대한민국임시정부의 법통 계승을 선언한 헌법 전문 등에 비추어 친일반민족행위자측으로서는 친일재산의 소급적 박탈을 충분히 예상할 수 있었고, 친일재산 환수 문제는 그 시대적 배경에 비추어 역사적으로 매우 이례적인 공동체적 과업이므로 이러한 소급입법의 합헌성을 인정한다고 하더라도 이를 계기로 진정소급입법이 빈번하게 발생할 것이라는 우려는 충분히 불식될 수 있다(헌재 2011. 3. 31. 2008헌바141).

④ ⭕ 청구인들의 세무사자격 부여에 대한 신뢰는 보호할 필요성이 있는 합리적이고도 정당한 신뢰라 할 것이고, 개정법 제3조 등의 개정으로 말미암아 청구인들이 입게 된 불이익의 정도, 즉 신뢰이익의 침해정도는 중대하다고 아니할 수 없는 반면, 청구인들의 신뢰이익을 침해함으로써 일반응시자와의 형평을 제고한다는 공익은 위와 같은 신뢰이익 제한을 헌법적으로 정당화할 만한 사유라고 보기 어렵다. 그러므로 기존 국세관련 경력공무원 중 일부에게만 구법 규정을 적용하여 세무사자격이 부여되도록 규정한 위 세무사법 부칙 제3항은 충분한 공익적 목적이 인정되지 아니함에도 청구인들의 기대가치 내지 신뢰이익을 과도하게 침해한 것으로서 헌법에 위반된다(헌재 2001. 9. 27. 2000헌마152).

08　　　　　　　　　　　　　　　　　정답 ③

③ ❌ 헌법 제13조 제2항은 "모든 국민은 소급입법에 의하여 …… 재산권을 박탈당하지 아니한다."라고 하여 소급입법에 의한 재산권의 박탈을 금지하고 있다. 소급입법의 태양에는 이미 과거에 완성된 사실·법률관계를 규율의 대상으로 하는 이른바 진정소급효의 입법과 이미 과거에 시작하였으나 아직 완성되지 아니하고 진행과정에 있는 사실·법률관계를 규율의 대상으로 하는 부진정소급효의 입법이 있다. 헌법 제13조 제2항이 금하고 있는 소급입법은 진정소급효를 가지는 법률만을 의미하는 것으로서 부진정소급효의 입법은 원칙적으로 허용된다. 다만 부진정소급효를 가지는 입법에서도 소급효를 요구하는 공익상의 사유와 신뢰보호의 요청 사이의 비교형량 과정에서, 신뢰보호의 관점이 입법자의 형성권에 제한을 가하게 된다(헌재 2013. 11. 28. 2012헌마770).

① ⭕ **문화국가원리의 실현과 문화정책** 문화국가원리는 국가의 문화국가실현에 관한 과제 또는 책임을 통하여 실현되는바, 국가의 문화정책과 밀접 불가분의 관계를 맺고 있다. 과거 국가절대주의사상의 국가관이 지배하던 시대에는 국가의 적극적인 문화간섭정책이 당연한 것으로 여겨졌다. 그러나 오늘날에 와서는 국가가 어떤 문화현상에 대하여도 이를 선호하거나, 우대하는 경향을 보이지 않는 불편부당의 원칙이 가장 바람직한 정책으로 평가받고 있다. 오늘날 문화국가에서의 문화정책은 그 초점이 문화 그 자체에 있는 것이 아니라 문화가 생겨날 수 있는 문화풍토를 조성하는 데 두어야 한다. 문화국가원리의 이러한 특성은 문화의 개방성 내지 다원성의 표지와 연결되는데, 국가의 문화육성의 대상에는 원칙적으로 모든 사람에게 문화창조의 기회를 부여한다는 의미에서 모든 문화가 포함된다(헌재 2004. 5. 27. 2003헌가1).

② ⭕ 우리 헌법이 채택하고 있는 적법절차의 원리는 형사처벌이 아닌 행정상의 불이익처분에도 적용된다. 적법절차의 원리는 절차적 차원에서 볼 때에 국민의 기본권을 제한하는 경우에는 반드시 당사자인 국민에게 자기의 입장과 의견을 자유로이 개진할 수 있는 기회를 법으로 보장하여야 한다는 것을 핵심으로 하며 그 기반에는 국민의 입장과 의견을 존중하고 배려하는 것이 문명국가의 의무라는 원칙이 전제되어 있는 헌법의 원리라고 할 것이다(헌재 2000. 11. 30. 99헌마624).

④ ⭕ 헌법 제119조 제2항에 규정된 '경제주체간의 조화를 통한 경제민주화'의 이념은 경제영역에서 정의로운 사회질서를 형성하기 위하여 추구할 수 있는 국가목표로서 개인의 기본권을 제한하는 국가행위를 정당화하는 헌법규범이다(헌재 2003. 11. 27. 2001헌바35).

09　　　　　　　　　　　　　　　　　정답 ③

③ ❌ 국제법적으로, 조약은 국제법 주체들이 일정한 법률효과를 발생시키기 위하여 체결한 국제법의 규율을 받는 국제적 합의를 말하며 서면에 의한 경우가 대부분이지만 예외적으로 구두합의도 조약의 성격을 가질 수 있다(헌재 2019. 12. 27. 2016헌마253).

② ⭕ 통일정신, 국민주권원리 등은 우리나라 헌법의 연혁적·이념적 기초로서 헌법이나 법률해석에서의 해석기준으로 작용한다고 할 수 있지만 그에 기하여 곧바로 국민의 개별적 기본권성을 도출해내기는 어려우며, 헌법전문에 기재된 대한민국 임시정부의 법통을 계승하는 부분에 위배된다는 점이 청구인들의 법적지위에 현실적이고 구체적인 영향을 미친다고 볼 수도 없다(헌재 2008. 11. 27. 2008헌마517).

④ ⭕ 헌법 제8조 제1항 전단의 정당설립의 자유는 정당설립의 자유만이 아니라 정당활동의 자유를 포함한다. 즉, 헌법 제8조 제1항은 정당설립의 자유만을 명시적으로 규정하고 있지만, 정당설립의 자유만이 아니라 누구나 국가의 간섭을 받지 아니하고 자유롭게 정당에 가입하고 정당

으로부터 탈퇴할 수 있는 자유를 함께 보장한다. 정당의 설립만이 보장될 뿐 설립된 정당이 언제든지 다시 금지될 수 있거나 정당의 활동이 임의로 제한될 수 있다면, 정당설립의 자유는 사실상 아무런 의미가 없기 때문이다. 따라서 정당설립의 자유는 당연히 정당의 존속과 정당활동의 자유도 보장하는 것이다. 따라서 정당의 자유의 주체는 정당을 설립하려는 개개인과 이를 통해 조직된 정당 모두에게 인정되는 것이다(헌재 2006. 3. 30. 2004헌마246).

10 정답 ③

③ ✗ 국가보안법과 남북교류협력에 관한 법률은 상호 그 입법목적과 규제대상을 달리하고 있는 관계로 구 국가보안법 제6조 제1항 소정의 잠입·탈출죄에서의 "잠입·탈출"과 남북교류법 제27조 제2항 제1호 소정의 죄에서의 "왕래"는 그 각 행위의 목적이 다르다고 해석되고, 따라서 두 죄는 각기 그 구성요건을 달리하고 있다고 보아야 할 것이므로, 위 두 법률조항에 관하여 형법 제1조 제2항의 신법우선의 원칙이 적용될 수 없다(헌재 1993. 7. 29. 92헌바48).

① ○ 국민의 개별적 기본권이 아니라 할지라도 기본권보장의 실질화를 위하여서는, 영토조항만을 근거로 하여 독자적으로는 헌법소원을 청구할 수 없다 할지라도, 모든 국가권능의 정당성의 근원인 국민의 기본권침해에 대한 권리구제를 위하여 그 전제조건으로서 영토에 관한 권리를, 이를테면 영토권이라 구성하여, 이를 헌법소원의 대상인 기본권의 하나로 간주하는 것은 가능한 것으로 판단된다(헌재 2001. 3. 21. 99헌마139).

② ○ 남북합의서는 남북관계를 나라와 나라 사이의 관계가 아닌 통일을 지향하는 과정에서 잠정적으로 형성되는 특수관계임을 전제로 하여 이루어진 합의문서인바, 이는 한민족공동체 내부의 특수관계를 바탕으로 한 당국간의 합의로서 남북당국의 성의있는 이행을 상호 약속하는 일종의 공동성명 또는 신사협정에 준하는 성격을 가짐에 불과하다(헌재 1997. 1. 16. 92헌바6).

④ ○ 헌법상의 여러 통일관련 조항들은 국가의 통일의무를 선언한 것이기는 하지만, 그로부터 국민 개개인의 통일에 대한 기본권, 특히 국가기관에 대하여 통일과 관련된 구체적인 행동을 요구하거나 일정한 행동을 할 수 있는 권리가 도출된다고 볼 수 없다(헌재 2000. 7. 20. 98헌바63).

11 [2022 해경간부] 정답 ③

③ ✗, ④ ○

헌법 제130조 ① 국회는 헌법개정안이 공고된 날로부터 60일 이내에 의결하여야 하며, 국회의 의결은 재적의원 3분의 2 이상의 찬성을 얻어야 한다.
② 헌법개정안은 국회가 의결한 후 30일 이내에 국민투표에 붙여 국회의원선거권자 과반수의 투표와 투표자 과반수의 찬성을 얻어야 한다.

① ○

헌법 제128조 ② 대통령의 임기연장 또는 중임변경을 위한 헌법개정은 그 헌법개정 제안 당시의 대통령에 대하여는 효력이 없다.

② ○ 국회의 의결절차를 거치지 아니한 채, 헌법 제72조의 중요정책에 관한 국민투표만으로 헌법을 개정하는 것은 우리 헌법의 경성헌법의 원리, 즉 헌법 제130조를 명백히 위반한 것으로서 위헌이다.

12 [2022 국가직 7급] 정답 ②

② ✗ 제9차 헌법개정(1987년 헌법)에서 헌법소원심판이 도입되었다.

13 정답 ③

㉠ ✗ 헌법소원심판의 대상이 되는 것은 헌법에 위반된 "공권력의 행사 또는 불행사"이다. 여기서 '공권력'이란 입법권·행정권·사법권을 행사하는 모든 국가기관·공공단체등의 고권적 작용이라고 할 수 있는바, 이 사건 협정은 우리나라 정부가 일본 정부와의 사이에서 어업에 관해 체결·공포한 조약(조약 제1477호)으로서 헌법 제6조 제1항에 의하여 국내법과 같은 효력을 가지므로, 그 체결행위는 고권적 행위로서 '공권력의 행사'에 해당한다(헌재 2001. 3. 21. 99헌마139).

㉡ ○

헌법 제73조 대통령은 조약을 체결·비준하고, 외교사절을 신임·접수 또는 파견하며, 선전포고와 강화를 한다.

㉢ ○

통상조약의 체결절차 및 이행에 관한 법률 제18조(남북한 거래의 원칙) 통상조약의 체결 절차 및 이행과정에서 남한과 북한 간의 거래는 「남북교류협력에 관한 법률」 제12조에 따라 국가 간의 거래가 아닌 민족내부의 거래로 본다.

14 정답 ③

③ ○

국적법 제10조(국적 취득자의 외국 국적 포기 의무) ① 대한민국 국적을 취득한 외국인으로서 외국 국적을 가지고 있는 자는 대한민국 국적을 취득한 날부터 1년 내에 그 외국 국적을 포기하여야 한다.

① ✗ 우리나라 국적법은 속인주의 중 양계혈통주의를 원칙으로 하여 속지주의를 가미한 것으로 평가된다.

② ✗

국적법 제3조(인지에 의한 국적 취득) ① 대한민국의 국민이 아닌 자(이하 "외국인"이라 한다)로서 대한민국의 국민인 부 또는 모에 의하여 인지(認知)된 자가 다음 각 호의 요건을 모두 갖추면 법무부장관에게 신고함으로써 대한민국 국적을 취득할 수 있다.
  1. 대한민국의 「민법」상 미성년일 것
  2. 출생 당시에 부 또는 모가 대한민국의 국민이었을 것
② 제1항에 따라 신고한 자는 그 신고를 한 때에 대한민국 국적을 취득한다.

④ ✗

국적법 제18조(국적상실자의 권리 변동) ① 대한민국 국적을 상실한 자는 국적을 상실한 때부터 대한민국의 국민만이 누릴 수 있는 권리를 누릴 수 없다.
② 제1항에 해당하는 권리 중 대한민국의 국민이었을 때 취득한 것으로서 양도(讓渡)할 수 있는 것은 그 권리와 관련된 법령에서 따로 정한 바가 없으면 3년 내에 대한민국의 국민에게 양도하여야 한다.

15 [2022 해경간부] 정답 ②

② ✗ 법적 안정성은 객관적 요소로서 법질서의 신뢰성·항구성·법적 투명성과 법적 평화를 의미하고, 이와 내적인 상호연관관계에 있는 법적 안정성의 주관적 측면은 한번 제정된 법규범은 원칙적으로 존속력을 갖

고 자신의 행위기준으로 작용하리라는 개인의 신뢰보호원칙이다(헌재 2021. 6. 24. 2018헌바457).

① ◎ 헌법상의 법치국가원리의 파생원칙인 신뢰보호의 원칙은 국민이 법률적 규율이나 제도가 장래에도 지속할 것이라는 합리적인 신뢰를 바탕으로 이에 적응하여 개인의 법적 지위를 형성해 왔을 때에는 국가로 하여금 그와 같은 국민의 신뢰를 되도록 보호할 것을 요구한다. 따라서 법규나 제도의 존속에 대한 개개인의 신뢰가 그 법규나 제도의 개정으로 침해되는 경우에 상실된 신뢰의 근거 및 종류와 신뢰이익의 상실로 인한 손해의 정도 등과 개정규정이 공헌하는 공공복리의 중요성을 비교교량하여 현존상태의 지속에 대한 신뢰가 우선되어야 한다고 인정될 때에는 규범정립자는 지속적 또는 과도적으로 그 신뢰보호에 필요한 조치를 취하여야 할 의무가 있다. 이 원칙은 법률이나 그 하위법규뿐만 아니라 국가관리의 입시제도와 같이 국·공립대학의 입시전형을 구속하여 국민의 권리에 직접 영향을 미치는 제도운영지침의 개폐에도 적용되는 것이다(헌재 1997. 7. 16. 97헌마38).

③ ◎ 신뢰보호의 원칙은 헌법상 법치국가 원리로부터 파생되는 것으로, 법률이 개정되는 경우 기존의 법질서에 대한 당사자의 신뢰가 합리적이고 정당한 반면, 법률의 제정이나 개정으로 야기되는 당사자의 손해가 극심하여 새로운 입법으로 달성코자 하는 공익적 목적이 그러한 당사자의 신뢰가 파괴되는 것을 정당화할 수 없는 경우, 그러한 새 입법은 허용될 수 없다는 것이다. 이러한 신뢰보호원칙의 위반 여부는 한편으로는 침해되는 이익의 보호가치, 침해의 정도, 신뢰의 손상 정도, 신뢰침해의 방법 등과 또 다른 한편으로는 새로운 입법을 통하여 실현하고자 하는 공익적 목적 등을 종합적으로 형량하여야 한다(헌재 2009. 5. 28. 2005헌바20).

④ ◎ 개인의 신뢰이익에 대한 보호가치는 ㉠ 법령에 따른 개인의 행위가 국가에 의하여 일정방향으로 유인된 신뢰의 행사인지, ㉡ 아니면 단지 법률이 부여한 기회를 활용한 것으로서 원칙적으로 사적 위험부담의 범위에 속하는 것인지 여부에 따라 달라진다. 만일 법률에 따른 개인의 행위가 단지 법률이 반사적으로 부여하는 기회의 활용을 넘어서 국가에 의하여 일정 방향으로 유인된 것이라면 특별히 보호가치가 있는 신뢰이익이 인정될 수 있고, 원칙적으로 개인의 신뢰보호가 국가의 법률개정이익에 우선된다고 볼 여지가 있다(헌재 2002. 11. 28. 2002헌바45).

16 [2022 경위 공채 변형] 정답 ①

가. ◎

국적법 제2조(출생에 의한 국적 취득) ① 다음 각 호의 어느 하나에 해당하는 자는 출생과 동시에 대한민국 국적(國籍)을 취득한다.
1. 출생 당시에 부(父)또는 모(母)가 대한민국의 국민인 자
2. 출생하기 전에 부가 사망한 경우에는 그 사망 당시에 부가 대한민국의 국민이었던 자
3. 부모가 모두 분명하지 아니한 경우나 국적이 없는 경우에는 대한민국에서 출생한 자

② 대한민국에서 발견된 기아(棄兒)는 대한민국에서 출생한 것으로 추정한다.

나. ✕

국적법 제14조(대한민국 국적의 이탈 요건 및 절차) ① 복수국적자로서 외국 국적을 선택하려는 자는 외국에 주소가 있는 경우에만 주소지 관할 재외공관의 장을 거쳐 법무부장관에게 대한민국 국적을 이탈한다는 뜻을 신고할 수 있다.

다.

국적법 제11조의2(복수국적자의 법적 지위 등) ① 출생이나 그 밖에 이 법에 따라 대한민국 국적과 외국 국적을 함께 가지게 된 사람으로서 대통령령으로 정하는 사람[이하 "복수국적자"(複數國籍者)라 한다]은 대한민국의 법령 적용에서 대한민국 국민으로만 처우한다.

라. ◎

국적법 제13조(대한민국 국적의 선택 절차) ③ 제1항 및 제2항 단서에도 불구하고 출생 당시에 모가 자녀에게 외국 국적을 취득하게 할 목적으로 외국에서 체류 중이었던 사실이 인정되는 자는 외국 국적을 포기한 경우에만 대한민국 국적을 선택한다는 뜻을 신고할 수 있다.

17 [2022 해경 2차] 정답 ③

③ ◎

헌법전문
유구한 역사와 전통에 빛나는 우리 대한국민은 3·1운동으로 건립된 대한민국임시정부의 법통과 불의에 항거한 4·19민주이념을 계승하고, 조국의 민주개혁과 평화적 통일의 사명에 입각하여 정의·인도와 동포애로써 민족의 단결을 공고히 하고, 모든 사회적 폐습과 불의를 타파하며, 자율과 조화를 바탕으로 자유민주적 기본질서를 더욱 확고히 하여 정치·경제·사회·문화의 모든 영역에 있어서 각인의 기회를 균등히 하고, 능력을 최고도로 발휘하게 하며, 자유와 권리에 따르는 책임과 의무를 완수하게 하여, 안으로는 국민생활의 균등한 향상을 기하고 밖으로는 항구적인 세계평화와 인류공영에 이바지함으로써 우리들과 우리들의 자손의 안전과 자유와 행복을 영원히 확보할 것을 다짐하면서 1948년 7월 12일에 제정되고 8차에 걸쳐 개정된 헌법을 이제 국회의 의결을 거쳐 국민투표에 의하여 개정한다.

18 [2022 해경간부] 정답 ③

③ ✕ 청구인들이 평화적 생존권이란 이름으로 주장하고 있는 평화란 헌법의 이념 내지 목적으로서 추상적인 개념에 지나지 아니하고, 평화적 생존권은 이를 헌법에 열거되지 아니한 기본권으로서 특별히 새롭게 인정할 필요성이 있다거나 그 권리내용이 비교적 명확하여 구체적 권리로서의 실질에 부합한다고 보기 어려워 헌법상 보장된 기본권이라고 할 수 없다(헌재 2009. 5. 28. 2007헌마369).

① ◎ 오늘날의 법치주의는 국민의 권리·의무에 관한 사항을 법률로써 정해야 한다는 형식적 법치주의에 그치는 것이 아니라 그 법률의 목적과 내용 또한 기본권 보장의 헌법이념에 부합되어야 한다는 실질적 적법절차를 요구하는 법치주의를 의미하며, 헌법 제38조, 제59조가 선언하는 조세법률주의도 이러한 실질적 적법절차가 지배하는 법치주의를 뜻하므로, 비록 과세요건이 법률로 명확히 정해진 것일지라도 그것만으로 충분한 것은 아니고 조세법의 목적이나 내용이 기본권 보장의 헌법이념과 이를 뒷받침하는 헌법상 요구되는 제 원칙에 합치되어야 한다(헌재 1994. 6. 30. 93헌바9).

② ◎ 직장가입자에 비하여, 지역가입자에는 노인, 실업자, 퇴직자 등 소득이 없거나 저소득의 주민이 다수 포함되어 있고, 이러한 저소득층 지역가입자에 대하여 국가가 국고지원을 통하여 보험료를 보조하는 것은, 경제적·사회적 약자에게도 의료보험의 혜택을 제공해야 할 사회국가적 의무를 이행하기 위한 것이다. 사회보험의 목적이 모든 국민에게 최소한

의 인간다운 생활을 보장하고자 하는 데 있으므로, 사회보험은 국가의 사회국가적 의무를 이행하기 위한 주요수단이다. 사회국가원리는 소득의 재분배의 관점에서 경제적 약자에 대한 보험료의 지원을 허용할 뿐만 아니라, 한걸음 더 나아가 정의로운 사회질서의 실현을 위하여 이를 요청하는 것이다. 따라서 국가가 저소득층 지역가입자를 대상으로 소득수준에 따라 보험료를 차등지원하는 것은 사회국가원리에 의하여 정당화되는 것이다(헌재 2000. 6. 29. 99헌마289).

④ ◉ 법률의 제정이나 개정시 구법질서에 대한 당사자의 신뢰가 합리적이고 정당하며, 법률의 제정이나 개정으로 야기되는 당사자의 손해가 극심하여 새로운 입법으로 달성하고자 하는 공익적 목적이 그러한 당사자의 신뢰의 파괴를 정당화할 수 없다면, 그러한 새로운 입법은 신뢰보호의 원칙을 위배한다(헌재 2004. 12. 16. 2003헌마226).

19 [2022 국가직 7급] 정답 ①

① ✕ 우리 헌법은 사회국가원리를 명문으로 규정하고 있지는 않지만, 헌법의 전문, 사회적 기본권의 보장(헌법 제31조 내지 제36조), 경제 영역에서 적극적으로 계획하고 유도하고 재분배하여야 할 국가의 의무를 규정하는 경제에 관한 조항(헌법 제119조 제2항 이하) 등과 같이 사회국가원리의 구체화된 여러 표현을 통하여 사회국가원리를 수용하였다. 사회국가란 한마디로, 사회정의의 이념을 헌법에 수용한 국가, 사회현상에 대하여 방관적인 국가가 아니라 경제·사회·문화의 모든 영역에서 정의로운 사회질서의 형성을 위하여 사회현상에 관여하고 간섭하고 분배하고 조정하는 국가이며, 궁극적으로는 국민 각자가 실제로 자유를 행사할 수 있는 그 실질적 조건을 마련해 줄 의무가 있는 국가이다(헌재 2002. 12. 18. 2002헌마52).

② ◉ 우리 헌법은 그 전문에 "각인의 기회를 균등히 하고 …… 국민생활의 균등한 향상을 기하고 ……"라고 선언하고, 제10조에서 "모든 국민은 인간으로서의 존엄과 가치를 가지며, 행복을 추구할 권리를 가진다", 제34조에서는 "모든 국민은 인간다운 생활을 할 권리를 가진다"라고 각 규정하며, 제119조에서는 경제주체간의 조화를 통한 경제민주화를 다짐하고 있으므로, 국가는 이러한 복지국가를 실현하기 위하여 가능한 수단을 동원할 책무를 진다고 할 것이다. 그러나, 가능한 여러가지 수단들 가운데 구체적으로 어느 것을 선택할 것인가는 기본적으로 입법자의 재량에 속하는 것이고, 따라서 입법자는 그 목적을 추구함에 있어 그에게 부여된 입법재량권을 남용하였거나 그 한계를 일탈하여 명백히 불공정 또는 불합리하게 자의적으로 입법형성권을 행사하였다는 등 특별한 사정이 없는 한 헌법위반의 문제는 야기되지 아니한다고 할 것이다(헌재 1996. 4. 25. 94헌마129).

③ ◉ 자유시장 경제질서를 기본으로 하면서도 사회국가원리를 수용하고 있는 우리 헌법의 이념에 비추어, 일반불법행위책임에 관하여는 과실책임의 원리를 기본원칙으로 하면서 이 사건 법률조항과 같은 특수한 불법행위책임에 관하여 위험책임의 원리를 수용하는 것은 입법정책에 관한 사항으로서 입법자의 재량에 속한다고 할 것이므로, 이 사건 법률조항이 위험책임의 원리에 기하여 무과실책임을 지운 것만으로 자유시장 경제질서에 위반된다고 할 수 없다(헌재 1998. 5. 28. 96헌가4).

④ ◉ 법 제67조 제3항은 재정통합 후에도 지역가입자에 대해서만 국가가 보험료의 일부를 부담할 수 있도록 규정함으로써, 직장가입자와 지역가입자를 달리 취급하고 있다. 그러나 직장가입자에 비하여, 지역가입자에는 노인, 실업자, 퇴직자 등 소득이 없거나 저소득의 주민이 다수 포함되어 있고, 이러한 저소득층 지역가입자에 대하여 국가가 국고지원을 통하여 보험료를 보조하는 것은, 경제적·사회적 약자에게도 의료보험의 혜택을 제공해야 할 사회국가적 의무를 이행하기 위한 것으로서, 국고지원에 있어서의 지역가입자와 직장가입자의 차별취급은 사회국가원리의 관점에서 합리적인 차별에 해당하는 것으로서 평등원칙에 위반되지 아니한다(헌재 2000. 6. 29. 99헌마289).

20 [2022 지방직 7급] 정답 ④

④ ✕ 위법건축물에 대하여 이행강제금을 부과하도록 하면서 이행강제금제도 도입 전의 위법건축물에 대하여도 이행강제금제도 적용의 예외를 두지 아니한 건축법 부칙(2008. 3. 21. 법률 제8974호) 제9조(이하 '이 사건 부칙조항'이라 한다)가 신뢰보호원칙에 위배되는지 여부(소극) 위법건축물에 대하여 종전처럼 과태료만이 부과될 것이라고 기대한 신뢰는 제도상의 공백에 따른 반사적인 이익에 불과하여 그 보호가치가 그리 크지 않은데다가, 이미 이행강제금 도입으로 인한 국민의 혼란이나 부담도 많이 줄어든 상태인 반면, 이행강제금제도 도입 전의 위법건축물이라 하더라도 이행강제금을 부과함으로써 위법상태를 치유하여 건축물의 안전, 기능, 미관을 증진하여야 한다는 공익적 필요는 중대하다 할 것이다. 따라서 이 사건 부칙조항은 신뢰보호원칙에 위배된다고 볼 수 없다(헌재 2015. 10. 21. 2013헌바248).

① ◉ 총포소지허가를 신청하는 사람 중 청구인과 같이 반복하여 음주운전을 한 사람은 구법 하에서 허가를 받을 수 있는 것으로 신뢰하여 왔다고 하더라도, 총포의 소지는 원칙적으로 금지되고 다만 예외적으로 허가되는 것으로서 그 결격사유 역시 사회적·정책적 판단에 따라 새로이 규정, 시행될 수 있는 것임을 고려하여야 한다. 총포화약류법의 입법연혁을 살펴보아도 1981. 1. 10. 법률 제3354호로 총포소지허가의 결격사유를 규정한 이래 점차 사유가 추가되고 허가의 기준이 강화되는 방향으로 수차례 개정되었다. 따라서 입법자가 반복하여 음주운전을 하는 자를 총포소지허가의 결격사유로 규제하지 않을 것이라는 데 대한 청구인의 신뢰가 보호가치 있는 신뢰라고 보기 어렵다(헌재 2018. 4. 26. 2017헌바341).

② ◉ 무기징역의 집행 중에 있는 자의 가석방 요건을 종전의 '10년 이상'에서 '20년 이상' 형 집행 경과로 강화한 개정 형법 제72조 제1항을, 형법 개정 당시에 이미 수용 중인 사람에게도 적용하는 형법 부칙 제2항(이하 '이 사건 부칙조항'이라 한다)이 신뢰보호원칙에 위배되어 신체의 자유를 침해하는지 여부(소극) 수형자가 형법에 규정된 형 집행경과기간 요건을 갖춘 것만으로 가석방을 요구할 권리를 취득하는 것은 아니므로, 10년간 수용되어 있으면 가석방 적격심사 대상자로 선정될 수 있었던 구 형법(1953. 9. 18. 법률 제293호로 제정되고, 2010. 4. 15. 법률 제10259호로 개정되기 전의 것, 이하 '구 형법'이라 한다) 제72조 제1항에 대한 청구인의 신뢰를 헌법상 권리로 보호할 필요성이 있다고 할 수 없다. 가석방 제도의 실제 운용에 있어서도 구 형법 제72조 제1항이 정한 10년보다 장기간의 형 집행 이후에 가석방을 해 왔고, 무기징역형을 선고받은 수형자에 대하여 가석방을 한 예가 많지 않으며, 2002년 이후에는 20년 미만의 집행기간을 경과한 무기징역형 수형자가 가석방된 사례가 없으므로, 청구인의 신뢰가 손상된 정도도 크지 아니하다. 그렇다면 죄질이 더 무거운 무기징역형을 선고받은 수형자를 가석방할 수 있는 형 집행 경과기간이 개정 형법 시행 후에 유기징역형을 선고받은 수형자의 경우와 같거나 오히려 더 짧게 되는 불합리한 결과를 방지하고, 사회를 방위하기 위한 이 사건 부칙조항이 신뢰보호원칙에 위배되어 청구인의 신체의 자유를 침해한다고 볼 수 없다(헌재 2013. 8. 29. 2011헌마408).

③ ◉ 소급입법은 새로운 입법으로 이미 종료된 사실관계 또는 법률관계에 작용케 하는 진정소급입법과 현재 진행중인 사실관계 또는 법률관계에 작용케 하는 부진정소급입법으로 나눌 수 있는바, 부진정소급입법은 원칙적으로 허용되지만 소급효를 요구하는 공익상의 사유와 신뢰보

호의 요청 사이의 교량과정에서 신뢰보호의 관점이 입법자의 형성권에 제한을 가하게 되는데 반하여, 기존의 법에 의하여 형성되어 이미 굳어진 개인의 법적 지위를 사후입법을 통하여 박탈하는 것 등을 내용으로 하는 진정소급입법은 개인의 신뢰보호와 법적 안정성을 내용으로 하는 법치국가원리에 의하여 특단의 사정이 없는 한 헌법적으로 허용되지 아니하는 것이 원칙이고, 다만 일반적으로 국민이 소급입법을 예상할 수 있었거나 법적 상태가 불확실하고 혼란스러워 보호할만한 신뢰이익이 적은 경우와 소급입법에 의한 당사자의 손실이 없거나 아주 경미한 경우 그리고 신뢰보호의 요청에 우선하는 심히 중대한 공익상의 사유가 소급입법을 정당화하는 경우 등에는 예외적으로 진정소급입법이 허용된다(헌재 1999. 7. 22. 97헌바76 등).

02 Day

01 ③ 02 ① 03 ① 04 ① 05 ④ 06 ③ 07 ② 08 ③ 09 ④ 10 ④
11 ④ 12 ③ 13 ③ 14 ② 15 ④ 16 ① 17 ② 18 ② 19 ② 20 ②

01 정답 ③

③ ✗ 제도적 보장은 기본권과 같은 주관적 권리가 아니라 객관적 법규범으로서의 성격을 가진다. 따라서 제도적 보장 침해를 이유로 헌법소원을 청구할 수는 없지만, 입법권·행정권·사법권을 직접적으로 구속하는 객관적 법규범으로서 재판규범의 기능을 한다.

> 2018 국가직 7급 기본권이 입법권·집행권·사법권을 구속하는 법규범인데 반하여, 제도적 보장은 프로그램적 규정으로서 재판규범으로서의 기능을 하지 못한다. (✗)

① ◯, ② ◯ 제도적 보장은 객관적 제도를 헌법에 규정하여 당해 제도의 본질을 유지하려는 것으로서 헌법제정권자가 특히 중요하고도 가치가 있다고 인정되고 헌법적으로도 보장할 필요가 있다고 생각하는 국가제도를 헌법에 규정함으로써 장래의 법발전, 법형성의 방침과 범주를 미리 규율하려는 데 있다. 이러한 제도적 보장은 주관적 권리가 아닌 객관적 범규범이라는 점에서 기본권과 구별되기는 하지만 헌법에 의하여 일정한 제도가 보장되면 입법자는 그 제도를 설정하고 유지할 입법의무를 지게될 뿐만 아니라 헌법에 규정되어 있기 때문에 법률로써 이를 폐지할 수 없고, 비록 내용을 제한하더라도 그 본질적 내용을 침해할 수 없다. 그러나 기본권 보장은 "최대한 보장의 원칙"이 적용됨에 반하여, 제도적 보장은 그 본질적 내용을 침해하지 아니하는 범위 안에서 입법자에게 제도의 구체적 내용과 형태의 형성권을 폭넓게 인정한다는 의미에서 "최소한 보장의 원칙"이 적용될 뿐이다(헌재 1997. 4. 24. 95헌바48).

④ ◯ 직업공무원제도는 지방자치제도, 복수정당제도, 혼인제도 등과 함께 "제도보장"의 하나로서 이는 일반적인 법에 의한 폐지나 제도본질의 침해를 금지한다는 의미의 "최소보장"의 원칙이 적용되는바, 이는 기본권의 경우 헌법 제37조 제2항의 과잉금지의 원칙에 따라 필요한 경우에 한하여 "최소한으로 제한"되는 것과 대조되는 것이다(헌재 1994. 4. 28. 91헌바15).

02 정답 ①

① ✗ 지방의회의원은 주민의 대표자이자 지방의회의 구성원으로서 주민들의 다양한 의사와 이해관계를 통합하여 지방자치단체의 의사를 형성하는 역할을 하므로, 지방의회의원의 전문성을 확보하고 원활한 의정활동을 지원하기 위해서는 지방의회의원들에게도 후원회를 허용하여 정치자금을 합법적으로 확보할 수 있는 방안을 마련해 줄 필요가 있다. …… 따라서 심판대상조항이 국회의원과 달리 지방의회의원을 후원회지정권자에서 제외하고 있는 것은 불합리한 차별로서 청구인들의 평등권을 침해한다(헌재 2022. 11. 24. 2019헌마528).

> 2023 경찰 2차 국회의원을 후원회지정권자로 정하면서 「지방자치법」의 '도'의회의원, '시'의회의원을 후원회지정권자에서 제외하고 있는 「정치자금법」 제6조 제2호는 국회의원과 지방의회의원의 업무의 특성을 고려한 합리적 차별로 평등권을 침해하지 않는다. (✗)

② ◯ 정당의 활동이란, 정당 기관의 행위나 주요 정당관계자, 당원 등의 행위로서 그 정당에게 귀속시킬 수 있는 활동 일반을 의미한다. 여기

에서는 정당에게 귀속시킬 수 있는 활동의 범위, 즉 정당과 관련한 활동 중 어느 범위까지를 그 정당의 활동으로 볼 수 있는지가 문제된다. 구체적으로 살펴보면, 당대표의 활동, 대의기구인 당대회와 중앙위원회의 활동, 집행기구인 최고위원회의 활동, 원내기구인 원내의원총회와 원내대표의 활동 등 정당 기관의 활동은 정당 자신의 활동이므로 원칙적으로 정당의 활동으로 볼 수 있고, 정당의 최고위원 등 주요 당직자의 공개된 정치 활동은 일반적으로 그 지위에 기하여 한 것으로 볼 수 있으므로 원칙적으로 정당에 귀속시킬 수 있을 것으로 보인다. 정당 소속의 국회의원 등은 비록 정당과 밀접한 관련성을 가지지만 헌법상으로는 정당의 대표자가 아닌 국민 전체의 대표자이므로 그들의 행위를 곧바로 정당의 활동으로 귀속시킬 수는 없겠으나, 가령 그들의 활동 중에서도 국민의 대표자의 지위가 아니라 그 정당에 속한 유력한 정치인의 지위에서 행한 활동으로서 정당과 밀접하게 관련되어 있는 행위들은 정당의 활동이 될 수도 있을 것이다(헌재 2014. 12. 19. 2013헌다1).

③ ⊙ 강제적 정당해산은 헌법상 핵심적인 정치적 기본권인 정당활동의 자유에 대한 근본적 제한이므로, 헌법재판소는 이에 관한 결정을 할 때 헌법 제37조 제2항이 규정하고 있는 비례원칙을 준수해야만 한다. 따라서 헌법 제8조 제4항의 명문규정상 요건이 구비된 경우에도 해당 정당의 위헌적 문제성을 해결할 수 있는 다른 대안적 수단이 없고, 정당해산 결정을 통하여 얻을 수 있는 사회적 이익이 정당해산결정으로 인해 초래되는 정당활동 자유 제한으로 인한 불이익과 민주주의 사회에 대한 중대한 제약이라는 사회적 불이익을 초과할 수 있을 정도로 큰 경우에 한하여 정당해산결정이 헌법적으로 정당화될 수 있다(헌재 2014. 12. 19. 2013헌다1).

④ ⊙

> **정치자금법 제4조(당비)** ① 정당은 소속 당원으로부터 당비를 받을 수 있다.
> ② 정당의 회계책임자는 타인의 명의나 가명으로 납부된 당비는 국고에 귀속시켜야 한다.
> ③ 제2항의 규정에 의하여 국고에 귀속되는 당비는 관할 선거관리위원회가 이를 납부받아 국가에 납입하되, 납부기한까지 납부하지 아니한 때에는 관할 세무서장에게 위탁하여 관할 세무서장이 국세체납처분의 예에 따라 이를 징수한다.

03   정답 ①

① ✗ 열람기간이 공직선거법상의 단기 공소시효조차 완성되지 아니한, 공고일부터 3개월 후에 만료된다는 점에서도 지나치게 짧게 설정되어 있다. …… 짧은 열람기간으로 인해 청구인 신○○는 회계보고된 자료를 충분히 살펴 분석하거나, 문제를 발견할 실질적 기회를 갖지 못하게 되는바, 달성되는 공익과 비교할 때 이러한 사익의 제한은 정치자금의 투명한 공개가 민주주의 발전에 가지는 의미에 비추어 중대하다. 그렇다면 이 사건 열람기간제한 조항은 과잉금지원칙에 위배되어 청구인 신○○의 알 권리를 침해한다(헌재 2021. 5. 27. 2018헌마1168).

② ⊙

> **헌법 제8조** ① 정당의 설립은 자유이며, 복수정당제는 보장된다.
> ② 정당은 그 목적·조직과 활동이 민주적이어야 하며, 국민의 정치적 의사형성에 참여하는 데 필요한 조직을 가져야 한다.
> ③ 정당은 법률이 정하는 바에 의하여 국가의 보호를 받으며, 국가는 법률이 정하는 바에 의하여 정당운영에 필요한 자금을 보조할 수 있다.

③ ⊙ 헌법 제8조 제2항은 헌법 제8조 제1항에 의하여 정당의 자유가 보장됨을 전제로 하여, 그러한 자유를 누리는 정당의 목적·조직·활동이 민주적이어야 한다는 요청, 그리고 그 조직이 국민의 정치적 의사형성에 참여하는 데 필요한 조직이어야 한다는 요청을 내용으로 하는 것으로서, 정당에 대하여 정당의 자유의 한계를 부과하는 것임과 동시에 입법자에 대하여 그에 필요한 입법을 해야 할 의무를 부과하고 있다. 그러나 이에 나아가 정당의 자유의 헌법적 근거를 제공하는 근거규범으로서 기능한다고는 할 수 없다(헌재 2004. 12. 16. 2004헌마456).

④ ⊙ 정치적 결사로서의 정당은 국민의 정치적 의사를 적극적으로 형성하고 각계각층의 이익을 대변하며, 정부를 비판하고 정책적 대안을 제시할 뿐만 아니라, 국민 일반이 정치나 국가작용에 영향력을 행사하는 매개체의 구실을 하는 등 현대의 대의제 민주주의에 없어서는 안 될 중요한 공적 기능을 수행하고 있으므로 그 설립과 활동의 자유를 보장하고 국가의 보호를 받는다(헌재 1996. 3. 28. 96헌마18).

04   정답 ①

① ✗ **주민등록이 되어 있지 않고 국내거소신고도 하지 않은 재외국민에게 임기만료지역구국회의원선거권을 인정하지 않은 공직선거법 제15조 제1항 단서 부분 및 공직선거법 제218조의5 제1항 중 '임기만료에 따른 비례대표국회의원선거를 실시하는 때마다 재외선거인 등록신청을 하여야 한다.' 부분이 재외선거인의 선거권을 침해하거나 보통선거원칙에 위배되는지 여부(소극)** 지역구국회의원은 국민의 대표임과 동시에 소속지역구의 이해관계를 대변하는 역할을 하고 있다. 전국을 단위로 선거를 실시하는 대통령선거와 비례대표국회의원선거에 투표하기 위해서는 국민이라는 자격만으로 충분한 데 반해, 특정한 지역구의 국회의원선거에 투표하기 위해서는 '해당 지역과의 관련성'이 인정되어야 한다. 주민등록과 국내거소신고를 기준으로 지역구국회의원선거권을 인정하는 것은 해당 국민의 지역적 관련성을 확인하는 합리적인 방법이다. 따라서 선거권조항과 재외선거인 등록신청조항이 재외선거인의 임기만료지역구국회의원선거권을 인정하지 않은 것이 재외선거인의 선거권을 침해하거나 보통선거원칙에 위배된다고 볼 수 없다(헌재 2014. 7. 24. 2009헌마256).

② ⊙ 헌재 2012. 2. 23. 2011헌바154

③ ⊙

> **공직선거법 제18조(선거권이 없는 자)** ① 선거일 현재 다음 각 호의 어느 하나에 해당하는 사람은 선거권이 없다.
> 1. 금치산선고를 받은 자
> 2. 1년 이상의 징역 또는 금고의 형의 선고를 받고 그 집행이 종료되지 아니하거나 그 집행을 받지 아니하기로 확정되지 아니한 사람. 다만, 그 형의 집행유예를 선고받고 유예기간 중에 있는 사람은 제외한다.

④ ⊙ 모든 공무원에 대해 '선거운동의 기획에 참여하거나 그 기획의 실시에 관여하는 행위'를 금지하는 이 사건 법률조항은 공무원의 정치적 표현의 자유를 침해하나, 다만 위와 같은 위헌성은 공무원이 '그 지위를 이용하여' 하는 선거운동의 기획행위 외에 사적인 지위에서 하는 선거운동의 기획행위까지 포괄적으로 금지하는 것에서 비롯된 것이므로, 이 사건 법률조항은 공무원의 지위를 이용하지 아니한 행위에까지 적용하는 한 헌법에 위반된다(헌재 2008. 5. 29. 2006헌마1096).

> **2022 5급 공채** '공무원이 선거운동의 기획에 참여하거나 그 기획의 실시에 관여하는 행위'를 금지하는 공직선거법 조항은 '공무원의 지위를 이용하지 아니한 행위'에까지 적용하는 한 헌법에 위반한다. (○)

05
정답 ④

④ ✗ [1] 공무원에 대하여 국가 또는 지방자치단체의 정책에 대한 반대·방해 행위를 금지한 구 '국가공무원 복무규정' 제3조 제2항 및 구 '지방공무원 복무규정' 제1조의2 제2항이 법률유보원칙, 명확성원칙 및 과잉금지원칙에 반하여 공무원의 정치적 표현의 자유를 침해하는지 여부(소극)

[2] 공무원에 대하여 직무수행 중 정치적 주장을 표시·상징하는 복장 등 착용 행위를 금지한 '국가공무원 복무규정' 제8조의2 제2항 및 '지방공무원 복무규정' 제1조의3 제2항이 법률유보원칙, 명확성원칙 및 과잉금지원칙에 반하여 공무원의 정치적 표현의 자유를 침해하는지 여부(소극)(헌재 2012. 5. 31. 2009헌마705)

① ◯ 정당가입 금지조항은 공무원의 정치적 중립성을 보장하고 초·중등학교 교육의 중립성을 확보한다는 점에서 입법목적의 정당성이 인정되고, 정당에의 가입을 금지하는 것은 입법목적 달성을 위한 적합한 수단이다. 공무원은 정당의 당원이 될 수 없을 뿐, 정당에 대한 지지를 선거와 무관하게 개인적인 자리에서 밝히거나 투표권을 행사하는 등의 활동은 허용되므로 침해의 최소성 원칙에 반하지 않는다. 정치적 중립성, 초·중등학교 학생들에 대한 교육기본권 보장이라는 공익은 공무원이 제한받는 불이익에 비하여 크므로 법익균형성도 인정된다. 또한 초·중등학교 교원에 대하여는 정당가입을 금지하면서 대학교원에게는 허용하는 것은, 기초적인 지식전달, 연구기능 등 직무의 본질이 서로 다른 점을 고려한 합리적 차별이므로 평등원칙에 반하지 아니한다(헌재 2014. 3. 27. 2011헌바42).

> **정당법 제22조(발기인 및 당원의 자격)** ① 국회의원 선거권이 있는 자는 공무원 그 밖에 그 신분을 이유로 정당가입이나 정치활동을 금지하는 다른 법령의 규정에 불구하고 누구든지 정당의 발기인 및 당원이 될 수 있다. 다만, 다음 각 호의 어느 하나에 해당하는 자는 그러하지 아니하다.
> 1. 「국가공무원법」 제2조(공무원의 구분) 또는 「지방공무원법」 제2조(공무원의 구분)에 규정된 공무원. 다만, 대통령, 국무총리, 국무위원, 국회의원, 지방의회의원, 선거에 의하여 취임하는 지방자치단체의 장, 국회 부의장의 수석비서관·비서관·비서·행정보조요원, 국회 상임위원회·예산결산특별위원회·윤리특별위원회 위원장의 행정보조요원, 국회의원의 보좌관·비서관·비서, 국회 교섭단체대표의원의 행정비서관, 국회 교섭단체의 정책연구위원·행정보조요원과 「고등교육법」 제14조(교직원의 구분) 제1항·제2항에 따른 교원은 제외한다.
> 2. 「고등교육법」 제14조 제1항·제2항에 따른 교원을 제외한 사립학교의 교원
> 3. 법령의 규정에 의하여 공무원의 신분을 가진 자

② ◯ 직제가 폐지되면 해당 공무원은 그 신분을 잃게 되므로 직제폐지를 이유로 공무원을 직권면직할 때는 합리적인 근거를 요하며, 직권면직이 시행되는 과정에서 합리성과 공정성이 담보될 수 있는 절차적 장치가 요구된다(헌재 2004. 11. 25. 2002헌바8).

③ ◯ 직업공무원제도는 헌법이 보장하는 제도적 보장 중의 하나임이 분명하므로 입법자는 직업공무원제도에 관하여 '최소한 보장'의 원칙의 한계 안에서 폭넓은 입법형성의 자유를 가진다(헌재 1997. 4. 24. 95헌바48).

06
정답 ③

③ ✗

| 관련판례 |

통합진보당 해산 (헌재 2014. 12. 19. 2013헌다1)

1. **민주노동당의 목적과 활동이 이 사건의 심판대상이 되는지 여부(소극)** 피청구인은 민주노동당이 국민참여당 등과 함께 신설합당 형식으로 창당한 정당이므로, 민주노동당의 목적과 활동은 피청구인의 목적이나 활동과의 관련성이 인정되는 범위에서 이 사건의 판단자료로 삼을 수 있을 뿐이고, 민주노동당의 목적이나 활동 그 자체가 이 사건의 심판대상이 되는 것은 아니다.

2. **대통령의 해외 순방 중 국무총리가 주재한 국무회의에서 이루어진 정당해산심판청구서 제출안에 대한 의결이 위법한지 여부(소극)** 대통령은 국무회의의 의장으로서 회의를 소집하고 이를 주재하지만 대통령이 사고로 직무를 수행할 수 없는 경우에는 국무총리가 그 직무를 대행할 수 있고, 대통령이 해외 순방 중인 경우는 '사고'에 해당되므로, 대통령의 직무상 해외 순방 중 국무총리가 주재한 국무회의에서 이루어진 정당해산심판청구서 제출안에 대한 의결은 위법하지 아니하다.

3. **정당해산심판절차에 적용되는 법령** 정당해산심판절차에 관하여 민사소송에 관한 법령을 준용하도록 한 헌법재판소법 제40조 제1항은 헌법상 재판을 받을 권리를 침해하지 아니하므로(헌재 2014. 2. 27. 2014헌마7), 정당해산심판절차에는 헌법재판소법과 헌법재판소 심판규칙, 그리고 헌법재판의 성질에 반하지 않는 한도 내에서 민사소송에 관한 법령이 적용된다.

4. **정당해산심판제도의 의의** 정당해산심판제도는 정부의 일방적인 행정처분에 의해 진보적 야당이 등록취소되어 사라지고 말았던 우리 현대사에 대한 반성의 산물로서 제3차 헌법개정을 통해 헌법에 도입된 것이다. 우리나라의 경우 이 제도는 발생사적 측면에서 정당을 보호하기 위한 절차로서의 성격이 부각된다. 따라서 모든 정당의 존립과 활동은 최대한 보장되며, 설령 어떤 정당이 민주적 기본질서를 부정하고 이를 적극적으로 공격하는 것으로 보인다 하더라도 국민의 정치적 의사형성에 참여하는 정당으로서 존재하는 한 헌법에 의해 최대한 두텁게 보호되므로, 단순히 행정부의 통상적인 처분에 의해서는 해산될 수 없고, 오직 헌법재판소가 그 정당의 위헌성을 확인하고 해산의 필요성을 인정한 경우에만 정당정치의 영역에서 배제된다. 그러나 한편 이 제도로 인해서, 정당활동의 자유가 인정된다 하더라도 민주적 기본질서를 침해해서는 안 된다는 헌법적 한계 역시 설정된다.

07
정답 ②

② ✗ **위헌정당 해산결정으로 소속 비례대표 지방의회의원이 공직선거법 제192조 제4항에 의하여 지방의회의원직을 상실하는지 여부(소극)** 국회의원이 국민의 정치적 의사형성에 관여하는 역할을 담당하는 반면 지방의회의원은 주로 지방자치단체의 주민의 복리에 관한 사무를 처리하고 재산을 관리하는 행정적 역할을 담당하므로 지방의회의원은 국회의원과 그 역할에 있어 본질적인 차이가 있고, 헌법과 법률이 지위를 보장하는 정도도 다르며, 정당에 대한 기속성의 정도 또한 다르다. 공직선거법 제192조 제4항은 소속정당이 헌법재판소의 정당해산결정에 따라 해산된 경우 비례대표지방의회의원의 퇴직을 규정하는 조항이라고 할 수 없으므로, 원고가 비례대표 전라북도 의회의원의 지위를 상실하였다고 볼 수 없다(대판 2021. 4. 29. 2016두39825).

① ⭕, ③ ⭕

관련판례

통합진보당 해산 - 정당해산의 사유 (헌재 2014. 12. 19. 2013헌다1)

가. **"정당의 목적이나 활동"의 의미** '정당의 목적'이란, 어떤 정당이 추구하는 정치적 방향이나 지향점 혹은 현실 속에서 구현하고자 하는 정치적 계획 등을 통칭한다. 이는 주로 정당의 공식적인 강령이나 당헌의 내용을 통해 드러나겠지만, 그밖에 정당대표나 주요 당직자 등의 공식적 발언, 정당의 기관지나 선전자료와 같은 간행물, 정당의 의사결정과정에서 일정한 영향력을 가지거나 정당의 이념으로부터 영향을 받은 당원들의 행위 등도 정당의 목적을 파악하는 데에 도움이 될 수 있다. 만약 정당의 진정한 목적이 숨겨진 상태라면 이 경우에는 강령 이외의 자료를 통해 진정한 목적을 파악해야 한다. 한편 '정당의 활동'이란, 정당 기관의 행위나 주요 정당관계자, 당원 등의 행위로서 그 정당에게 귀속시킬 수 있는 활동 일반을 의미한다.

나. **"민주적 기본질서"의 의미** 헌법 제8조 제4항이 의미하는 '민주적 기본질서'는, 개인의 자율적 이성을 신뢰하고 모든 정치적 견해들이 각각 상대적 진리성과 합리성을 지닌다고 전제하는 다원적 세계관에 입각한 것으로서, 모든 폭력적·자의적 지배를 배제하고, 다수를 존중하면서도 소수를 배려하는 민주적 의사결정과 자유·평등을 기본원리로 하여 구성되고 운영되는 정치적 질서를 말하며, 구체적으로는 국민주권의 원리, 기본적 인권의 존중, 권력분립제도, 복수정당제도 등이 현행 헌법상 주요한 요소라고 볼 수 있다.

다. **정당의 목적이나 활동이 민주적 기본질서에 "위배될 때"의 의미** 헌법 제8조 제4항은 정당해산심판의 사유를 "정당의 목적이나 활동이 민주적 기본질서에 위배될 때"로 규정하고 있는데, 여기서 말하는 민주적 기본질서의 '위배'란, 민주적 기본질서에 대한 단순한 위반이나 저촉을 의미하는 것이 아니라, 민주사회의 불가결한 요소인 정당의 존립을 제약해야 할 만큼 그 정당의 목적이나 활동이 우리 사회의 민주적 기본질서에 대하여 실질적인 해악을 끼칠 수 있는 구체적 위험성을 초래하는 경우를 가리킨다.

라. **정당해산의 헌법적 정당화 사유로서 '비례원칙'의 준수** 강제적 정당해산은 헌법상 핵심적인 정치적 기본권인 정당활동의 자유에 대한 근본적 제한이므로, 헌법재판소는 이에 관한 결정을 할 때 헌법 제37조 제2항이 규정하고 있는 비례원칙을 준수해야만 한다. 따라서 헌법 제8조 제4항의 명문규정상 요건이 구비된 경우에도 해당 정당의 위헌적 문제성을 해결할 수 있는 다른 대안적 수단이 없고, 정당해산결정을 통하여 얻을 수 있는 사회적 이익이 정당해산결정으로 인해 초래되는 정당활동 자유 제한으로 인한 불이익과 민주주의 사회에 대한 중대한 제약이라는 사회적 불이익을 초과할 수 있을 정도로 큰 경우에 한하여 정당해산결정이 헌법적으로 정당화될 수 있다.

④ ⭕ 헌법 제8조 제4항의 민주적 기본질서 개념은 정당해산결정의 가능성과 긴밀히 결부되어 있다. 이 민주적 기본질서의 외연이 확장될수록 정당해산결정의 가능성은 확대되고, 이와 동시에 정당활동의 자유는 축소될 것이다. 민주 사회에서 정당의 자유가 지니는 중대한 함의나 정당해산심판제도의 남용가능성 등을 감안한다면, 헌법 제8조 제4항의 민주적 기본질서는 최대한 엄격하고 협소한 의미로 이해해야 한다(헌재 2014. 12. 19. 2013헌다1).

08
정답 ③

③ ⭕ 이 사건 공고는 임용권자인 피청구인이 교육연구사 전직임용을 위한 공개경쟁시험을 실시함에 있어 위 교육공무원 인사관리규정 제14조 제1항 제7호에 따라 교육연구사 전직임용을 위한 공개경쟁시험의 응시 자격을 세부적으로 확정한 것이다. 교육공무원법 제9조 [별표 1]에서 정한 자격기준인 '대학·사범대학·교육대학 졸업자로서 5년 이상의 교육경력이나 2년 이상의 교육경력을 포함한 5년 이상의 교육행정경력 또는 교육연구경력'은 교육연구사의 직무수행에 필요한 역량과 자질을 갖추었는지 여부를 판단하기 위한 기본적인 지표라 할 것이다. 피청구인은 이와 같은 자격기준을 토대로 교육연구사로의 전직임용을 위한 공개경쟁시험의 응시 자격을 '정교사 1급, 보건교사 및 영양교사 1급 이상의 자격증 소지자로서 현재 해당 자격증으로 임용되어 근무 중인 자' 등으로 세부적으로 확정하고 있다. 또한 수석교사의 응시 자격을 제한한 것은 교육공무원법 제29조의4가 규정하는 수석교사의 임용 및 대우 등을 고려한 것으로, 교육연구사 등 교육전문직원의 전직임용을 위한 공개경쟁시험의 응시 자격을 세부적으로 확정함에 있어 피청구인에게 인정되는 재량의 범위 내에 있다고 할 것이다. 따라서 이 사건 공고는 교육공무원법 제9조 [별표1]에 근거한 것으로 법률유보원칙에 위배되지 않는다(헌재 2023. 2. 23. 2017헌마604). → 법률유보원칙, 과잉금지원칙 어디에도 위반되지 않는다고 본 사례

① ❌ 획일적으로 30세까지는 순경과 소방사·지방소방사 및 소방간부후보생의 직무수행에 필요한 최소한도의 자격요건을 갖추고, 30세가 넘으면 그러한 자격요건을 상실한다고 보기 어렵고, 이 점은 순경을 특별 채용하는 경우 응시연령을 40세 이하로 제한하고, 소방사·지방소방사와 마찬가지로 화재현장업무 등을 담당하는 소방교·지방소방교의 경우 특채시험의 응시연령을 35세 이하로 제한하고 있는 점만 보아도 분명하다. 따라서 이 사건 심판대상 조항들이 순경 공채시험, 소방사 등 채용시험, 그리고 소방간부 선발시험의 응시연령의 상한을 '30세 이하'로 규정하고 있는 것은 합리적이라고 볼 수 없으므로 침해의 최소성 원칙에 위배되어 청구인들의 공무담임권을 침해한다(헌재 2012. 5. 31. 2010헌마278).

② ❌ 심판대상조항에서 정한 부사관의 최초 임용연령상한이 지나치게 낮아 부사관 임용을 원하는 사람의 응시기회를 실질적으로 차단한다거나 제한할 정도에 이르렀다고 보기 어렵다. 나아가 심판대상조항으로 인하여 입는 불이익은 부사관 임용지원기회가 27세 이후에 제한되는 것임에 반하여, 이를 통해 달성할 수 있는 공익은 군의 전투력 등 헌법적 요구에 부응하는 적절한 무력의 유지, 궁극적으로 국가안위의 보장과 국민의 생명·재산 보호로서 매우 중대하므로, 법익의 균형성 원칙에도 위배되지 아니한다. 따라서 심판대상조항이 과잉금지의 원칙을 위반하여 청구인들의 공무담임권을 침해한다고 볼 수 없다(헌재 2014. 9. 25. 2011헌마414).

④ ❌ 공무담임권의 보호영역에는 공직취임 기회의 자의적인 배제뿐 아니라, 공무원 신분의 부당한 박탈이나 권한(직무)의 부당한 정지도 포함된다. 다만, '승진시험의 응시제한'이나 이를 통한 승진기회의 보장 문제는 공직신분의 유지나 업무수행에는 영향을 주지 않는 단순한 내부 승진인사에 관한 문제에 불과하여 공무담임권의 보호영역에 포함된다고 보기는 어렵다고 할 것이다(헌재 2007. 6. 28. 2005헌마1179).

09 [2022 해경 2차]
정답 ④

④ ❌ 공무담임권은 공직취임의 기회 균등뿐만 아니라 취임한 뒤 승진할 때에도 균등한 기회 제공을 요구한다(헌재 2018. 7. 26. 2017헌마1183).

① ⭕ 공무담임권은, 국민이 국가나 공공단체의 구성원으로서 직무를 담당할 수 있는 권리를 뜻하고, 여기서 직무를 담당한다는 것은 공무담임에 관하여 능력과 적성에 따라 평등한 기회를 보장받는 것을 의미한다(헌재 2018. 7. 26. 2017헌마1183).

② ○

> **헌법 제25조** 모든 국민은 법률이 정하는 바에 의하여 공무담임권을 가진다.

③ ○ 선출직 공무원의 공무담임권은 선거를 전제로 하는 대의제의 원리에 의하여 발생하는 것이므로 공직의 취임이나 상실에 관련된 어떠한 법률조항이 대의제의 본질에 반한다면 이는 공무담임권도 침해하는 것이라고 볼 수 있다(헌재 2009. 3. 26. 2007헌마843).

10   정답 ④

④ ✕ 선거에서의 공무원의 정치적 중립의무는 '국민 전체에 대한 봉사자'로서의 공무원의 지위를 규정하는 헌법 제7조 제1항, 자유선거원칙을 규정하는 헌법 제41조 제1항 및 제67조 제1항 및 정당의 기회균등을 보장하는 헌법 제116조 제1항으로부터 나오는 헌법적 요청이다. 공선법 제9조는 이러한 헌법적 요청을 구체화하고 실현하는 법규정이다(헌재 2004. 5. 14. 2004헌나1).

> 2023 경찰 1차 '선거에서 대통령의 중립의무는 헌법 제7조 제2항이 보장하는 직업공무원제도로부터 나오는 헌법적 요청이다. (✕)

① ○ 선거는 주권자인 국민이 그 주권을 행사하는 통로이므로 선거제도는 첫째, 국민의 의사를 제대로 반영하고, 둘째, 국민의 자유로운 선택을 보장하여야 하고, 셋째, 정당의 공직선거 후보자의 결정과정이 민주적이어야 하며, 그렇지 않으면 민주주의원리 나아가 국민주권의 원리에 부합한다고 볼 수 없다(헌재 2001. 7. 19. 2000헌마91).

② ○ 선거권의 평등은 투표가치의 평등을 의미하므로 자치구·시·군의원 선거구 획정에 있어서도 인구비례 원칙에 의한 투표가치의 평등은 가장 중요하고도 우선적인 기준이어야 한다. 다만, 자치구·시·군의원도 국회의원이나 시·도의회의원과 마찬가지로 주민대표임과 동시에 비록 그 대표하는 지역의 크기는 다르지만 지역대표로서의 성격을 갖고 있음을 부인할 수 없고, 또한 그 정도는 다르지만 급격한 산업화·도시화의 과정에서 인구의 도시집중으로 인하여 발생한 도시와 농어촌 간의 인구편차와 각 분야에 있어서의 개발 불균형이 존재하는 점은 마찬가지일 것이므로 자치구·시·군의원 선거구 획정에 있어서도 행정구역이나 교통, 지세 등의 2차적인 요소들을 인구비례 원칙에 못지않게 함께 고려해야 할 필요성도 적지 않다 할 것이다. 그렇다면, 자치구·시·군의원 선거구 획정에 있어서는 인구비례의 원칙 이외에 행정구역, 지세, 교통 등 2차적 요소들을 적절하게 고려하여 선거구들 사이에 인구비례에 의한 투표가치 평등의 원칙을 완화하고, 이를 통해서 합리적인 인구편차 기준을 설정하는 것이 과제라고 할 것이다(헌재 2009. 3. 26. 2006헌마67).

③ ○ 선거구구역표는 각 선거구가 서로 유기적으로 관련을 가짐으로써 한 부분에서의 변동은 다른 부분에서도 연쇄적으로 영향을 미치는 성질을 가진다. 이러한 의미에서 선거구구역표는 전체가 불가분의 일체를 이루는 것으로서 어느 한 부분에 위헌적인 요소가 있다면, 선거구구역표 전체가 위헌의 하자를 갖는 것이라고 보아야 한다(헌재 2014. 10. 30. 2012헌마190).

11   정답 ④

④ ✕

> **정당법 제22조(발기인 및 당원의 자격)** ① 16세 이상의 국민은 공무원 그 밖에 그 신분을 이유로 정당가입이나 정치활동을 금지하는 다른 법령의 규정에 불구하고 누구든지 정당의 발기인 및 당원이 될 수 있다. 다만, 다음 각 호의 어느 하나에 해당하는 자는 그러하지 아니하다.
> 1. 「국가공무원법」 제2조(공무원의 구분) 또는 「지방공무원법」 제2조(공무원의 구분)에 규정된 공무원. 다만, 대통령, 국무총리, 국무위원, 국회의원, 지방의회의원, 선거에 의하여 취임하는 지방자치단체의 장, 국회 부의장의 수석비서관·비서관·비서·행정보조요원, 국회 상임위원회·예산결산특별위원회·윤리특별위원회 위원장의 행정보조요원, 국회의원의 보좌관·비서관·비서, 국회 교섭단체대표의원의 행정비서관, 국회 교섭단체의 정책연구위원·행정보조요원과 「고등교육법」 제14조(교직원의 구분) 제1항·제2항에 따른 교원은 제외한다.
> 2. 「고등교육법」 제14조 제1항·제2항에 따른 교원을 제외한 사립학교의 교원
> 3. 법령의 규정에 의하여 공무원의 신분을 가진 자
> 4. 「공직선거법」 제18조 제1항에 따른 선거권이 없는 사람
> ② 대한민국 국민이 아닌 자는 당원이 될 수 없다.

> **공직선거법 제18조(선거권이 없는 자)** ① 선거일 현재 다음 각 호의 어느 하나에 해당하는 사람은 선거권이 없다.
> 1. 금치산선고를 받은 자
> 2. 1년 이상의 징역 또는 금고의 형의 선고를 받고 그 집행이 종료되지 아니하거나 그 집행을 받지 아니하기로 확정되지 아니한 사람. 다만, 그 형의 집행유예를 선고받고 유예기간 중에 있는 사람은 제외한다.
> 3. 선거범, 「정치자금법」 제45조(정치자금부정수수죄) 및 제49조(선거비용관련 위반행위에 관한 벌칙)에 규정된 죄를 범한 자 또는 대통령·국회의원·지방의회의원·지방자치단체의 장으로서 그 재임중의 직무와 관련하여 「형법」(「특정범죄가중처벌 등에 관한 법률」 제2조에 의하여 가중처벌되는 경우를 포함한다) 제129조(수뢰, 사전수뢰) 내지 제132조(알선수뢰)·「특정범죄가중처벌 등에 관한 법률」 제3조(알선수재)에 규정된 죄를 범한 자로서, 100만원 이상의 벌금형의 선고를 받고 그 형이 확정된 후 5년 또는 형의 집행유예의 선고를 받고 그 형이 확정된 후 10년을 경과하지 아니하거나 징역형의 선고를 받고 그 집행을 받지 아니하기로 확정된 후 또는 그 형의 집행이 종료되거나 면제된 후 10년을 경과하지 아니한 자(형이 失效된 者도 포함한다)
> 4. 법원의 판결 또는 다른 법률에 의하여 선거권이 정지 또는 상실된 자

> 2023 해경간부 '공직선거법'상 법원의 판결에 의하여 선거일 현재 선거권이 정지된 18세 국민이라도 '정당법'에 따른 정당의 발기인이 될 수 있다. (✕)

① ○ 정당의 시·도당 하부조직의 운영을 위하여 당원협의회 등의 사무소를 두는 것을 금지한 정당법 제37조 제3항 단서가 정당활동의 자유를 침해하는지 여부(소극) 심판대상조항은 임의기구인 당원협의회를 둘 수 있도록 하되, 과거 지구당 제도의 폐해가 되풀이되는 것을 방지하고 고비용 저효율의 정당구조를 개선하기 위해 사무소를 설치할 수 없도록 하는 것이므로 그 입법목적은 정당하고, 수단의 적절성도 인정된다. 현재도 당원협의회 사무소 설치를 허용할 만큼 국민의 의식수준이나 정치환경이 변화하였다고 보기 어렵고, 현행 당원협의회는 정당의 임의기구로서 중앙선거관리위원회의 감독대상이 아니므로 사무소 설치를 허용한다면 과거 지구당 제도 때보다 더 큰 폐해가 발생할 우려가 있다. 따라서 입법목적 달성을 위하여 사무소 설치를 전면적으로 금지하는 것 외에 다른 효과적인 대체수단을 발견하기 어렵다. …… 심판대상조항으로 인해 침해되는 사익

은 당원협의회 사무소를 설치하지 못하는 불이익에 불과한 반면, 심판대상조항이 달성하고자 하는 고비용 저효율의 정당구조 개선이라는 공익은 위와 같은 불이익에 비하여 결코 작다고 할 수 없어 심판대상조항은 법익균형성도 충족되었다. 따라서 심판대상조항은 제청신청인의 정당활동의 자유를 침해하지 아니한다(헌재 2016. 3. 31. 2013헌가22).

② ◯

> **정당법 제32조(서면결의의 금지)** ① 대의기관의 결의와 소속 국회의원의 제명에 관한 결의는 서면이나 대리인에 의하여 의결할 수 없다.

③ ◯

> **정당법 제45조(자진해산)** ① 정당은 그 대의기관의 결의로써 해산할 수 있다.
> ② 제1항의 규정에 의하여 정당이 해산한 때에는 그 대표자는 지체 없이 그 뜻을 관할 선거관리위원회에 신고하여야 한다.

> 2018 지방직 7급 정당은 그 대의기관의 결의로써 해산할 수 있으며, 정당이 해산한 때에는 그 대표자는 지체 없이 그 뜻을 국회에 신고하여야 한다. (×)

12

정답 ③

③ ◯ 방송의 자유는 주관적 권리로서의 성격과 함께 자유로운 의견형성이나 여론형성을 위해 필수적인 기능을 행하는 객관적 규범질서로서 제도적 보장의 성격을 함께 가진다(헌재 2003. 12. 18. 2002헌바49).

① ✕ 재판청구권과 같은 절차적 기본권은 원칙적으로 제도적 보장의 성격이 강하기 때문에, 자유권적 기본권 등 다른 기본권의 경우와 비교하여 볼 때 상대적으로 광범위한 입법형성권이 인정되므로, 관련 법률에 대한 위헌심사 기준은 합리성원칙 내지 자의금지원칙이 적용된다(헌재 2009. 7. 30. 2008헌바162).

② ✕ 기본권 보장은 "최대한 보장의 원칙"이 적용됨에 반하여, 제도적 보장은 그 본질적 내용을 침해하지 아니하는 범위 안에서 입법자에게 제도의 구체적 내용과 형태의 형성권을 폭넓게 인정한다는 의미에서 "최소한 보장의 원칙"이 적용될 뿐이다(헌재 1997. 4. 24. 95헌바48).

④ ✕ 가족제도에 관한 전통·전통문화란 적어도 그것이 가족제도에 관한 헌법이념인 개인의 존엄과 양성의 평등에 반하는 것이어서는 안 된다는 자명한 한계가 도출된다. 역사적 전승으로서 오늘의 헌법이념에 반하는 것은 헌법전문에서 타파의 대상으로 선언한 '사회적 폐습'이 될 수 있을지언정 헌법 제9조가 '계승·발전'시키라고 한 전통문화에는 해당하지 않는다고 보는 것이 우리 헌법의 자유민주주의원리, 전문, 제9조, 제36조 제1항을 아우르는 조화적 헌법해석이라 할 것이다(헌재 2005. 2. 3. 2001헌가9).

13

정답 ③

③ ✕ 인구편차 상하 33⅓%를 넘어 인구편차를 완화하는 것은 지나친 투표가치의 불평등을 야기하는 것으로, 이는 대의민주주의의 관점에서 바람직하지 아니하고, 국회를 구성함에 있어 국회의원의 지역대표성이 고려되어야 한다고 할지라도 이것이 국민주권주의의 출발점인 투표가치의 평등보다 우선시 될 수는 없다. 특히, 현재는 지방자치제도가 정착되어 지역대표성을 이유로 헌법상 원칙인 투표가치의 평등을 현저히 완화할 필요성이 예전에 비해 크지 아니하다. 또한, 인구편차의 허용기준을 완화하면 할수록 과대대표되는 지역과 과소대표되는 지역이 생길 가능성 또한 높아지는데, 이는 지역정당구조를 심화시키는 부작용을 야기할 수 있다. 같은 농·어촌 지역 사이에서도 나타날 수 있는 이와 같은 불균형은 농·어촌 지역의 합리적인 변화를 저해할 수 있으며, 국토의 균형발전에도 도움이 되지 아니한다. 나아가, 인구편차의 허용기준을 점차로 엄격하게 하는 것이 외국의 판례와 입법추세임을 고려할 때, 우리도 인구편차의 허용기준을 엄격하게 하는 일을 더 이상 미룰 수 없다. 이러한 사정들을 고려할 때, 현재의 시점에서 헌법이 허용하는 인구편차의 기준을 인구편차 상하 33⅓%를 넘어서지 않는 것으로 봄이 타당하다. 따라서 심판대상 선거구구역표 중 인구편차 상하 33⅓%의 기준을 넘어서는 선거구에 관한 부분은 위 선거구가 속한 지역에 주민등록을 마친 청구인들의 선거권 및 평등권을 침해한다(헌재 2014. 10. 30. 2012헌마190).

① ◯ 소선거구 다수대표제는 다수의 사표가 발생할 수 있다는 문제점이 제기됨에도 불구하고 정치의 책임성과 안정성을 강화하고 인물 검증을 통해 당선자를 선출하는 등 장점을 가지며, 선거의 대표성이나 평등선거의 원칙 측면에서도 다른 선거제도와 비교하여 반드시 열등하다고 단정할 수 없다. 또한 비례대표선거제도를 통하여 소선거구 다수대표제를 채택함에 따라 발생하는 정당의 득표비율과 의석비율 간의 차이를 보완하고 있다. 그리고 유권자들의 후보들에 대한 각기 다른 지지는 자연스러운 것이고, 선거제도상 모든 후보자들을 당선시키는 것은 불가능하므로 사표의 발생은 불가피한 측면이 있다. 이러한 점들을 고려하면, 선거권자들에게 성별, 재산 등에 의한 제한 없이 모두 투표참여의 기회를 부여하고(보통선거), 선거권자 1인의 투표를 1표로 계산하며(평등선거), 선거결과가 선거권자에 의해 직접 결정되고(직접선거), 투표의 비밀이 보장되며(비밀선거), 자유로운 투표를 보장함으로써(자유선거) 헌법상의 선거원칙은 모두 구현되는 것이므로, 이에 더하여 국회의원선거에서 사표를 줄이기 위해 소선거구 다수대표제를 배제하고 다른 선거제도를 채택할 것까지 요구할 수는 없다. 따라서 지역구국회의원선거에 있어서 선거구선거관리위원회가 당해 국회의원지역구에서 유효투표의 다수를 얻은 자를 당선인으로 결정하도록 한 심판대상조항이 청구인의 평등권과 선거권을 침해한다고 할 수 없다(헌재 2016. 5. 26. 2012헌마374).

② ◯ 투표개시시간을 일과시간 이내인 오전 10시부터로 정한 것은 투표시간을 줄인 만큼 투표관리의 효율성을 도모하고 행정부담을 줄이는 데 있고, 그 밖에 부재자투표의 인계·발송절차의 지연위험 등과는 관련이 없다. 이에 반해 일과시간에 학업이나 직장업무를 하여야 하는 부재자투표자는 이 사건 투표시간조항 중 투표개시시간 부분으로 인하여 일과시간 이전에 투표소에 가서 투표할 수 없게 되어 사실상 선거권을 행사할 수 없게 되는 중대한 제한을 받는다. 따라서 이 사건 투표시간조항 중 투표개시시간 부분은 수단의 적정성, 법익균형성을 갖추지 못하므로 과잉금지원칙에 위배하여 청구인의 선거권과 평등권을 침해하는 것이다(헌재 2012. 2. 23. 2010헌마601).

④ ◯ 선거범죄로 인하여 당선이 무효로 된 때를 비례대표지방의회의원의 의석 승계 제한사유로 규정한 공직선거법 조항은 왜곡된 선거인의 의사를 바로잡고 선거의 공정성 확보라는 구체적 입법목적 달성에 기여하는 것이라기보다는 오로지 선거범죄에 대한 엄정한 제재를 통한 공명한 선거 분위기의 창출이라는 추상적이고도 막연한 구호에 이끌려 비례대표지방의회의원선거를 통하여 표출된 선거권자들의 정치적 의사표명을 무시, 왜곡하는 결과를 초래할 뿐이라 할 것이므로, 수단의 적합성 요건을 충족한 것으로 보기 어렵다. 또한, 선거범죄 예방을 통한 선거의 공정성 확보라는 입법목적은 선거범죄를 규정한 각종 처벌조항과 선거범죄를 범한 당선인의 당선을 무효로 하는 것만으로도 어느 정도 달성될 수 있는 것이고, 선거권자의 의사를 최대한 반영하면서도 덜 제약적인 대체수단을 통해서도 입법목적의 달성이 가능한 것이므로, 심판대상조항은 필요 이상의 지나친 규제를 정하고 있는 것이라고 보지 않을 수 없다. 따라서 심판대상조항은 과잉금지원칙에 위배하여 청구인의 공무담임권을 침해한 것이다(헌재 2009. 6. 25. 2007헌마40).

14
정답 ②

② ✗ 불문법상 해상경계의 성립 기준 지방자치단체 사이의 불문법상 해상경계가 성립하기 위해서는 ㉠ 관계 지방자치단체·주민들 사이에 해상경계에 관한 일정한 관행이 존재하고, ㉡ 그 해상경계에 관한 관행이 장기간 반복되어야 하며, ㉢ 그 해상경계에 관한 관행을 법규범이라고 인식하는 관계 지방자치단체·주민들의 법적 확신이 있어야 한다. 국가기본도에 표시된 해상경계선은 그 자체로 불문법상 해상경계선으로 인정되는 것은 아니나, 관할 행정청이 국가기본도에 표시된 해상경계선을 기준으로 하여 과거부터 현재에 이르기까지 반복적으로 처분을 내리고, 지방자치단체가 허가, 면허 및 단속 등의 업무를 지속적으로 수행하여 왔다면 국가기본도상의 해상경계선은 여전히 지방자치단체 관할 경계에 관하여 불문법으로서 그 기준이 될 수 있다(헌재 2021. 2. 25. 2015헌라7). → 경상남도와 전라남도 사이의 해상경계 획정에 관한 사건

결정의 의의
- 청구인들은 헌법재판소가 2010헌라2 결정에서 국가기본도상의 해상경계선은 국토지리정보원이 국가기본도상 도서 등의 소속을 명시할 필요가 있는 경우 여러 도서 사이의 적당한 위치에 각 소속이 인지될 수 있도록 임의로 표시해 놓은 선에 불과하여 여기에 어떠한 규범적 효력을 인정할 수 없다는 이유로 국가기본도상의 해상경계선을 불문법상 해상경계의 기초로 이해해 온 종전의 결정(헌재 2004. 9. 23. 2000헌라2; 헌재 2006. 8. 31. 2003헌라1 등)을 변경한 이상, 국가기본도상의 해상경계선은 더 이상 불문법상 해상경계선이 존재하는지 여부를 판단함에 있어 고려되어서는 아니 된다는 취지로 주장하였다.
- 이에 대해 헌법재판소는 위 2010헌라2 결정은 특별한 사정이 없는 이상 1948. 8. 15.에 가장 근접한 국가기본도에 규범적 효력을 인정하여 국가기본도에 표시된 해상경계선을 그 자체로 불문법상 해상경계선으로 인정해 온 종전의 입장을 변경한 것일 뿐이고, 위 2010헌라2 결정에 따르더라도, 1948. 8. 15. 당시 존재하던 불문법상 경계는 여전히 해상경계 획정의 원천적인 기준이 되며, 비록 국토지리정보원이 발행한 국가기본도상에 표시된 해상경계가 특별한 사정이 없는 한 그 자체로 불문법상 해상경계선으로 인정될 수는 없다고 할지라도, 국가기본도에 표시된 해상경계선을 기준으로 하여 과거부터 현재에 이르기까지 관할 행정청이 반복적으로 처분을 내리고, 지방자치단체가 허가, 면허 및 단속 등의 업무를 지속적으로 수행하여 왔다면 국가기본도상의 해상경계선은 여전히 지방자치단체 관할 경계에 관하여 불문법으로서 그 기준이 될 수 있음을 확인하였다.
- 이 사건은 헌법재판소가 2010헌라2 결정에서 공유수면에서의 해상경계 획정 기준에 관한 새로운 법리를 설시한 이후, 등거리 중간 선 등 형평의 원칙에 따라 해상경계선을 획정하지 아니하고 불문법상 해상경계를 확인한 최초의 결정이다.

① ○ 헌법 제117조 제1항에서 규정하고 있는 '법령'에 법률 이외에 헌법 제75조 및 제95조 등에 의거한 '대통령령', '총리령' 및 '부령'과 같은 법규명령이 포함되는 것은 물론이지만, 헌법재판소의 "법령의 직접적인 위임에 따라 수임행정기관이 그 법령을 시행하는 데 필요한 구체적 사항을 정한 것이면, 그 제정형식은 비록 법규명령이 아닌 고시, 훈령, 예규 등과 같은 행정규칙이더라도, 그것이 상위법령의 위임한계를 벗어나지 아니하는 한, 상위법령과 결합하여 대외적인 구속력을 갖는 법규명령으로서 기능하게 된다고 보아야 한다"고 판시한 바에 따라, 헌법 제117조 제1항에서 규정하는 '법령'에는 법규명령으로서 기능하는 행정규칙이 포함된다(헌재 2002. 10. 31. 2001헌라1).

③ ○ 헌법 제117조 제1항은 "지방자치단체는 주민의 복리에 관한 사무를 처리하고 재산을 관리하며, 법령의 범위안에서 자치에 관한 규정을 제정할 수 있다"고 규정하여 지방자치제도의 보장과 지방자치단체의 자치권을 규정하고 있다. 헌법이 규정하는 이러한 자치권 가운데에는 자치에 관한 규정을 스스로 제정할 수 있는 자치입법권은 물론이고 그밖에 그 소속 공무원에 대한 인사와 처우를 스스로 결정하고 이에 관련된 예산을 스스로 편성하여 집행하는 권한이 성질상 당연히 포함된다. 다만, 이러한 헌법상의 자치권의 범위는 법령에 의하여 형성되고 제한된다. 헌법도 제117조 제1항에서 법령의 범위 안에서 자치에 관한 규정을 제정할 수 있다고 하였고 제118조 제2항에서 지방자치단체의 조직과 운영에 관한 사항은 법률로 정한다고 규정하고 있다(헌재 2002. 10. 31. 2001헌라1).

④ ○ 지방자치법 제4조 제1항에 규정된 지방자치단체의 구역은 주민·자치권과 함께 자치단체의 구성요소이고, 자치권이 미치는 관할구역의 범위에는 육지는 물론 바다도 포함되므로, 공유수면에 대해서도 지방자치단체의 자치권한이 미친다(헌재 2015. 7. 30. 2010헌라1).

15
정답 ④

④ ✗ 부부자산소득합산과세는 혼인한 부부를 비례의 원칙에 반하여 사실혼관계의 부부나 독신자에 비하여 차별하는 것으로서 헌법 제36조 제1항에 위반된다(헌재 2005. 5. 26. 2004헌가6).

① ○ '혼인 중 여자와 남편 아닌 남자 사이에서 출생한 자녀에 대한 생부의 출생신고'를 허용하도록 규정하지 아니한 '가족관계의 등록 등에 관한 법률' 부분은 입법형성권의 한계를 넘어서서 실효적으로 출생등록될 권리를 보장하고 있다고 볼 수 없으므로, 혼인 중 여자와 남편 아닌 남자 사이에서 출생한 자녀에 해당하는 혼인 외 출생자인 청구인들의 태어난 즉시 '출생등록될 권리'를 침해한다(헌재 2023. 3. 23. 2021헌마975).

② ○ 법적으로 승인되지 아니한 사실혼은 헌법 제36조 제1항의 보호범위에 포함되지 아니하므로, 이 사건 법률조항은 헌법 제36조 제1항에 위반되지 않는다(헌재 2014. 8. 28. 2013헌바119).

③ ○ 부모의 자녀에 대한 교육권은 비록 헌법에 명문으로 규정되어 있지는 아니하지만, 혼인과 가족생활을 보장하는 헌법 제36조 제1항, 행복추구권을 보장하는 헌법 제10조 및 "국민의 자유와 권리는 헌법에 열거되지 아니한 이유로 경시되지 아니한다."라고 규정하는 헌법 제37조 제1항에서 나오는 중요한 기본권이며, 이러한 부모의 자녀교육권이 학교영역에서는 자녀의 교육진로에 관한 결정권 내지는 자녀가 다닐 학교를 선택하는 권리로 구체화된다(헌재 2009. 4. 30. 2005헌마514).

> 2020 경정승진 '부모의 자녀에 대한 교육권'은 비록 헌법에 명문으로 규정되어 있지는 아니하지만, 이는 모든 인간이 국적과 관계없이 누리는 양도할 수 없는 불가침의 인권이다. (O)

16
정답 ①

① ✗ 부모의 자녀에 대한 교육권은 비록 헌법에 명문으로 규정되어 있지는 아니하지만, 혼인과 가족생활을 보장하는 헌법 제36조 제1항, 행복추구권을 보장하는 헌법 제10조 및 "국민의 자유와 권리는 헌법에 열거되지 아니한 이유로 경시되지 아니한다."라고 규정하는 헌법 제37조 제1항에서 나오는 중요한 기본권이며, 이러한 부모의 자녀교육권이 학교영역에서는 자녀의 교육진로에 관한 결정권 내지는 자녀가 다닐 학교를 선택하는 권리로 구체화된다(헌재 2009. 4. 30. 2005헌마514).

② ○ 부모가 자녀의 이름을 지어주는 것은 자녀의 양육과 가족생활을 위하여 필수적인 것이고, 가족생활의 핵심적 요소라 할 수 있으므로, '부모가 자녀의 이름을 지을 자유'는 혼인과 가족생활을 보장하는 헌법 제36조 제1항과 행복추구권을 보장하는 헌법 제10조에 의하여 보호받는다(헌재 2016. 7. 28. 2015헌마964).

③ ○ 오늘날 이혼 및 재혼이 크게 증가하였고, 여성의 재혼금지기간이 2005년 민법개정으로 삭제되었으며, 이혼숙려기간 및 조정전치주의가 도입됨에 따라 혼인 파탄으로부터 법률상 이혼까지의 시간간격이 크게 늘어나게 됨에 따라, 여성이 전남편 아닌 생부의 자를 포태하여 혼인 종

료일로부터 300일 이내에 그 자를 출산할 가능성이 과거에 비하여 크게 증가하게 되었으며, 유전자검사 기술의 발달로 부자관계를 의학적으로 확인하는 것이 쉽게 되었다. 그런데 심판대상조항에 따르면, 혼인 종료 후 300일 내에 출생한 자녀가 전남편의 친생자가 아님이 명백하고, 전남편이 친생추정을 원하지도 않으며, 생부가 그 자를 인지하려는 경우에도, 그 자녀는 전남편의 친생자로 추정되어 가족관계등록부에 전남편의 친생자로 등록되고, 이는 엄격한 친생부인의 소를 통해서만 번복될 수 있다. 그 결과 심판대상조항은 이혼한 모와 전남편이 새로운 가정을 꾸리는 데 부담이 되고, 자녀와 생부가 진실한 혈연관계를 회복하는 데 장애가 되고 있다. 이와 같이 민법 제정 이후의 사회적·법률적·의학적 사정변경을 전혀 반영하지 아니한 채, 이미 혼인관계가 해소된 이후에 자가 출생하고 생부가 출생한 자를 인지하려는 경우마저도, 아무런 예외 없이 그 자를 전남편의 친생자로 추정함으로써 친생부인의 소를 거치도록 하는 심판대상조항은 입법형성의 한계를 벗어나 모가 가정생활과 신분관계에서 누려야 할 인격권, 혼인과 가족생활에 관한 기본권을 침해한다(헌재 2015. 4. 30. 2013헌마623).

④ ◎ 이 사건 법률조항은 친생부모의 친권이 상실되거나 사망 그 밖의 사유로 동의할 수 없는 경우를 제외하고는 친생부모의 동의가 있어야 친양자 입양을 청구할 수 있도록 규정하여 친양자가 될 자의 가족생활에 관한 기본권 등을 제한하고 있는바, 친양자 입양은 친생부모와 그 자녀 사이의 친족관계를 완전히 단절시키는 등 친생부모의 지위에 중대한 영향을 미치는 점, 친생부모 역시 헌법 제10조 및 제36조 제1항에 근거한 가족생활에 관한 기본권을 보유하고 있다는 점에 비추어 볼 때 그 입법목적은 정당하고, 나아가 이 사건 법률조항은 친양자 입양에 있어 무조건 친생부모의 동의를 요하도록 하고 있는 것이 아니라, '친생부모의 친권이 상실되거나 사망 기타 그 밖의 사유로 동의할 수 없는 경우'에는 그 동의 없이도 친양자 입양이 가능하도록 예외규정을 두어 기본권 제한의 비례성을 준수하고 있으므로 헌법에 위반되지 아니한다(헌재 2012. 5. 31. 2010헌바87).

17 정답 ②

② ✕ 서울교통공사의 상근직원이 특정 경선후보자의 당선 또는 낙선을 위한 경선운동을 한다고 하여 그로 인한 부작용과 폐해가 일반 사기업 직원의 경우보다 크다고 보기 어렵다. 공직선거법 제53조 제1항 제6호가 지방공사의 상근임원과 달리 상근직원은 그 직을 유지한 채 공직선거에 입후보할 수 있도록 규정한 것도 상근직원의 영향력이 상근임원보다 적다는 점을 고려한 것이다. 그럼에도 심판대상조항이 서울교통공사 상근임원의 경선운동을 금지하는 데 더하여 상근직원에게까지 경선운동을 금지하는 것은 당내경선의 형평성과 공정성을 확보한다는 입법목적에 비추어 보았을 때 과도한 제한이라고 볼 수 있다(헌재 2022. 6. 30. 2021헌가24).

① ◎ 헌법 제24조는 모든 국민은 '법률이 정하는 바에 의하여' 선거권을 가진다고 규정함으로써 법률유보의 형식을 취하고 있지만, 이것은 국민의 선거권이 '법률이 정하는 바에 따라서만 인정될 수 있다'는 포괄적인 입법권의 유보하에 있음을 의미하는 것이 아니다. 국민의 기본권을 법률에 의하여 구체화하라는 뜻이며 선거권을 법률을 통해 구체적으로 실현하라는 의미이다(헌재 2007. 6. 28. 2004헌마644).

③ ◎ 헌법재판소는 국민건강보험공단 상근직원의 선거운동을 금지·처벌하는 구 '공직선거 및 선거부정방지법'(2003. 2. 4 법률 제6854호로 개정되기 전의 것) 제60조 제1항 제9호가 과잉금지원칙에 반하여 선거운동의 자유를 침해하지 않는다는 이유로 헌법소원심판청구를 기각하였다(헌재 2004. 4. 29. 2002헌마467). 이후 한국철도공사 상근직원의 선거운동을 금지·처벌하는 구 공직선거법(2010. 1. 25. 법률 제9974호로 개정되고, 2020. 3. 25. 법률 제17127호로 개정되기 전의 것) 제60조 제1항 제5호 중 제53조 제1항 제4호 가운데 한국철도공사의 상근직원 부분 및 같은 법 제255조 제1항 제2호 중 위 해당 부분이 헌법에 위반된다는 결정을 선고하였다(헌재 2018. 2. 22. 2015헌바124).

④ ◎ 이 사건 투표시간조항이 투표종료시간을 오후 4시까지로 정한 것은 투표당일 부재자투표의 인계·발송 절차를 밟을 수 있도록 함으로써 부재자투표의 인계·발송절차가 지연되는 것을 막고 투표관리의 효율성을 제고하고 투표함의 관리위험을 경감하기 위한 것이고, 이 사건 투표시간조항이 투표종료시간을 오후 4시까지로 정한다고 하더라도 투표개시시간을 일과시간 이전으로 변경한다면, 부재자투표의 인계·발송절차가 지연될 위험 등이 발생하지 않으면서도 일과시간에 학업·직장업무를 하여야 하는 부재자투표자가 현실적으로 선거권을 행사하는 데 큰 어려움이 발생하지 않을 것이다. 따라서 이 사건 투표시간조항 중 투표종료시간 부분은 수단의 적정성, 법익균형성을 갖추고 있으므로 청구인의 선거권이나 평등권을 침해하지 않는다(헌재 2012. 2. 23. 2010헌마601).

18 정답 ②

② ✕ **지방의회 사무직원의 임용권을 지방자치단체의 장에게 부여하고 있는 구 지방자치법 제91조 제2항이 지방의회와 지방자치단체의 장 사이의 상호 견제와 균형의 원리에 어긋나는지 여부(소극)** 심판대상조항에 따른 지방의회 의장의 추천권이 적극적이고 실질적으로 발휘된다면 지방의회 사무직원의 임용권이 지방자치단체의 장에게 있다고 하더라도 그것이 곧바로 지방의회와 집행기관 사이의 상호 견제와 균형의 원리를 침해할 우려로 확대된다거나 또는 지방자치제도의 본질적 내용을 침해한다고 볼 수는 없다(헌재 2014. 1. 28. 2012헌바216).

2018 서울시 7급 지방의회 사무직원의 임용권을 지방자치단체의 장에게 부여하는 것은 지방의회와 지방자치단체의 장 사이의 상호 견제와 균형의 원리에 위배된다. (✕)

관련 **지방자치법 제103조(사무직원의 정원과 임면 등)** ② 지방의회의 의장은 지방의회 사무직원을 지휘·감독하고 법령과 조례·의회규칙으로 정하는 바에 따라 그 임면·교육·훈련·복무·징계 등에 관한 사항을 처리한다.

① ◎ 지방자치단체는 법령에 위반되지 아니하는 범위 내에서 그 사무에 관하여 조례를 제정할 수 있는 것이고, 조례가 규율하는 특정사항에 관하여 그것을 규율하는 국가의 법령이 이미 존재하는 경우에도 조례가 법령과 별도의 목적에 기하여 규율함을 의도하는 것으로서 그 적용에 의하여 법령의 규정이 의도하는 목적과 효과를 전혀 저해하는 바가 없는 때, 또는 양자가 동일한 목적에서 출발한 것이라고 할지라도 국가의 법령이 반드시 그 규정에 의하여 전국에 걸쳐 일률적으로 동일한 내용을 규율하려는 취지가 아니고 각 지방자치단체가 그 지방의 실정에 맞게 별도로 규율하는 것을 용인하는 취지라고 해석되는 때에는 그 조례가 국가의 법령에 위반되는 것은 아니다(대판 1997. 4. 25. 96추244).

③ ◎, ④ ◎

지방자치법 제49조(행정사무 감사권 및 조사권) ① 지방의회는 매년 1회 그 지방자치단체의 사무에 대하여 시·도에서는 14일의 범위에서, 시·군 및 자치구에서는 9일의 범위에서 감사를 실시하고, 지방자치단체의 사무 중 특정 사안에 관하여 본회의 의결로 본회의나 위원회에서 조사하게 할 수 있다.

② 제1항의 조사를 발의할 때에는 이유를 밝힌 서면으로 하여야 하며,

재적의원 3분의 1 이상의 찬성이 있어야 한다.
③ 지방자치단체 및 그 장이 위임받아 처리하는 국가사무와 시·도의 사무에 대하여 국회와 시·도의회가 직접 감사하기로 한 사무 외에는 그 감사를 각각 해당 시·도의회와 시·군 및 자치구의회가 할 수 있다. 이 경우 국회와 시·도의회는 그 감사 결과에 대하여 그 지방의회에 필요한 자료를 요구할 수 있다.

④

공직선거법 제15조(선거권) ② 18세 이상으로서 제37조 제1항에 따른 선거인명부작성기준일 현재 다음 각 호의 어느 하나에 해당하는 사람은 그 구역에서 선거하는 지방자치단체의 의회의원 및 장의 선거권이 있다.
　3. 「출입국관리법」 제10조에 따른 영주의 체류자격 취득일 후 3년이 경과한 외국인으로서 같은 법 제34조에 따라 해당 지방자치단체의 외국인등록대장에 올라 있는 사람

19 　　정답 ②

②

공직선거법 제18조(선거권이 없는 자) ① 선거일 현재 다음 각 호의 어느 하나에 해당하는 사람은 선거권이 없다.
　2. 1년 이상의 징역 또는 금고의 형의 선고를 받고 그 집행이 종료되지 아니하거나 그 집행을 받지 아니하기로 확정되지 아니한 사람. 다만, 그 형의 집행유예를 선고받고 유예기간 중에 있는 사람은 제외한다.

① ◯ **선거법 제한입법에 대한 심사기준** 선거권을 제한하는 입법은 선거의 결과로 선출된 입법자들이 스스로 자신들을 선출하는 주권자의 범위를 제한하는 것이므로 신중해야 한다. 범죄자에게 형벌의 내용으로 선거권을 제한하는 경우에도 선거권 제한 여부 및 적용범위의 타당성에 관하여 보통선거원칙에 입각한 선거권 보장과 그 제한의 관점에서 헌법 제37조 제2항에 따라 엄격한 비례심사를 하여야 한다[헌재 2014. 1. 28. 2012헌마409·510, 2013헌마167(병합)].

> 2015 사시 범죄자에 대한 형벌의 내용으로 선거권을 제한하는 경우에도 선거권 제한 여부 및 적용범위의 타당성에 관하여 보통선거 원칙에 입각한 선거권 보장과 그 제한의 관점에서 헌법 제37조 제2항에 따라 엄격한 비례심사를 하여야 한다. (◯)

③ ◯ **집행유예기간 중인 자와 수형자의 선거권을 제한하고 있는 공직선거법 제18조 제1항 제2호 관련 부분 및 형법 제43조 제2항 중 수형자와 집행유예자의 '공법상의 선거권'에 관한 부분이 헌법 제37조 제2항에 위반하여 청구인들의 선거권을 침해하고, 보통선거원칙에 위반하여 평등원칙에도 어긋나는지 여부(적극)** 심판대상조항에 의한 선거권 박탈은 범죄자에 대해 가해지는 형사적 제재의 연장으로서 범죄에 대한 응보적 기능을 갖는다. 나아가 심판대상조항이 집행유예자와 수형자에 대하여 그가 선고받은 자유형과는 별도로 선거권을 박탈하는 것은 집행유예자 또는 수형자 자신을 포함하여 일반국민으로 하여금 시민으로서의 책임성을 함양하고 법치주의에 대한 존중의식을 제고하는 데도 기여할 수 있다. 심판대상조항이 담고 있는 이러한 목적은 정당하다고 볼 수 있고, 집행유예자와 수형자의 선거권 제한은 이를 달성하기 위한 효과적이고 적절한 방법의 하나이다. 따라서 심판대상조항은 입법목적의 정당성과 수단의 적합성은 갖추고 있다고 볼 수 있다. …… 그러나 보통선거원칙 및 그에 기초한 선거권을 법률로써 제한하는 것은 필요최소한에 그쳐야 한다. 집행유예자와 수형자의 선거권 제한은 범죄자가 범죄의 대가로 선고받은 자유형의 본질에서 당연히 도출되는 것이 아니므로, 범죄자의 선거권 제한 역시 보통선거원칙에 기초하여 필요최소한의 정도에 그쳐야 한다. …… 범죄자의 선거권을 제한할 필요가 있다 하더라도 그가 저지른 범죄의 경중을 전혀 고려하지 않고 수형자와 집행유예자 모두의 선거권을 제한하는 것은 침해의 최소성원칙에 어긋난다[헌재 2014. 1. 28. 2012헌마409·510, 2013헌마167(병합)].

20 [2018 국가직 7급] 　　정답 ②

② 상대적으로 당비나 국고보조금을 지원받기 어렵고 재정상태가 열악한 신생정당이나 소수정당에게 후보자 1명마다 1천 500만원이라는 기탁금액은 선거에의 참여 자체를 위축시킬 수 있는 금액으로서, 비례대표제의 취지를 실현하기 위해 필요한 최소한의 액수보다 지나치게 과다한 액수이다. 이상을 종합하면, 비례대표 기탁금조항은 침해의 최소성 원칙에 위반된다. …… 따라서 비례대표 기탁금조항은 과잉금지원칙을 위반하여 청구인 ○○당 및 비례대표국회의원후보자인 청구인들의 정당활동의 자유 등을 침해한다(헌재 2016. 12. 29. 2015헌마1160). → 헌법불합치결정

① ◯

헌법 제72조 대통령은 필요하다고 인정할 때에는 외교·국방·통일 기타 국가안위에 관한 중요정책을 국민투표에 붙일 수 있다. → 중요정책에 대한 국민투표

헌법 제130조 ② 헌법개정안은 국회가 의결한 후 30일 이내에 국민투표에 붙여 국회의원선거권자 과반수의 투표와 투표자 과반수의 찬성을 얻어야 한다. → 헌법개정안에 대한 국민투표

③ ◯ 지역구국회의원의 기탁금을 1,500만원으로 정한 공직선거법 관련 부분 및 유효투표총수의 100분의 15 이상을 득표한 경우에 기탁금을 반환하는 조항들로 인한 공무담임권 등의 제한은 위 조항들로 인하여 달성하려는 공익보다 우월하다고 할 수 없으므로 법익의 균형성원칙에도 위반되지 않는다. 따라서 기탁금조항과 기탁금반환조항은 청구인의 공무담임권이나 평등권을 침해하지 아니한다(헌재 2017. 10. 26. 2016헌마623).

④ ◯ 비위공무원에 대한 징계를 통해 불이익을 줌으로써 공직기강을 바로 잡고 공무수행에 대한 국민의 신뢰를 유지하고자 하는 공익은 제한되는 사익 이상으로 중요하다. 이 사건 승진조항은 과잉금지원칙을 위반하여 청구인의 공무담임권을 침해하지 않는다(헌재 2022. 3. 31. 2020헌마211).

> 2023 경찰간부 비위공무원에 대한 징계를 통해 불이익을 줌으로써 공직기강을 바로 잡고 공무수행에 대한 국민의 신뢰를 유지하고자 하는 공익은 제한되는 사익 이상으로 중요하므로, 공무원이 감봉 처분을 받은 경우 12월간 승진임용을 제한하는 「국가공무원법」 조항 중 '승진임용'에 관한 부분은 공무담임권을 침해하지 않는다. (◯)

03 Day

01 ④ 02 ① 03 ④ 04 ④ 05 ④ 06 ③ 07 ④ 08 ④ 09 ① 10 ③
11 ② 12 ① 13 ③ 14 ④ 15 ② 16 ① 17 ② 18 ② 19 ② 20 ①

01
정답 ④

④ ❌ 입법자는 공익실현을 위하여 기본권을 제한하는 경우에도 입법목적을 실현하기에 적합한 여러 수단 중에서 되도록 국민의 기본권을 가장 존중하고 기본권을 최소로 침해하는 수단을 선택해야 한다. 기본권을 제한하는 규정은 기본권행사의 '방법'에 관한 규정과 기본권행사의 '여부'에 관한 규정으로 구분할 수 있다. 침해의 최소성의 관점에서, 입법자는 그가 의도하는 공익을 달성하기 위하여 우선 기본권을 보다 적게 제한하는 단계인 기본권행사의 '방법'에 관한 규제로써 공익을 실현할 수 있는가를 시도하고 이러한 방법으로는 공익달성이 어렵다고 판단되는 경우에 비로소 그 다음 단계인 기본권행사의 '여부'에 관한 규제를 선택해야 한다(헌재 1998. 5. 28. 96헌가5).

① ⊙ 자동차 등을 이용하여 범죄행위를 하기만 하면 그 범죄행위가 얼마나 중한 것인지, 그러한 범죄행위를 행함에 있어 자동차 등이 당해 범죄행위에 어느 정도로 기여했는지 등에 대한 아무런 고려 없이 무조건 운전면허를 취소하도록 하고 있으므로 이는 구체적 사안의 개별성과 특수성을 고려할 수 있는 여지를 일체 배제하고 그 위법의 정도나 비난의 정도가 극히 미약한 경우까지도 운전면허를 취소할 수밖에 없도록 하는 것으로 최소침해성의 원칙에 위반된다 할 것이다(헌재 2005. 11. 24. 2004헌가28).

② ⊙ 이 사건 피청구인은 청구인 ○○합섬HK지회와 ○○생명인사지원실이 제출한 옥외집회신고서를 폭력사태 발생이 우려된다는 이유로 동시에 접수하였고, 이후 상호 충돌을 피한다는 이유로 두 개의 집회신고를 모두 반려하였는바, 법의 집행을 책임지고 있는 국가기관인 피청구인으로서는 집회의 자유를 제한함에 있어 실무상 아무리 어렵더라도 법에 규정된 방식에 따라야 할 책무가 있고, 이 사건 집회신고에 관한 사무를 처리하는 데 있어서도 적법한 절차에 따라 접수순위를 확정하려는 최선의 노력을 한 후, 집시법 제8조 제2항에 따라 후순위로 접수된 집회의 금지 또는 제한을 통고하였어야 한다. 만일 접수순위를 정하기 어렵다는 현실적인 이유로 중복신고된 모든 옥외집회의 개최가 법률적 근거 없이 불허되는 것이 용인된다면, 집회의 자유를 보장하고 집회의 사전허가를 금지한 헌법 제21조 제1항 및 제2항은 무의미한 규정으로 전락할 위험성이 있다. 결국 이 사건 반려행위는 법률의 근거 없이 청구인들의 집회의 자유를 침해한 것으로서 헌법상 법률유보원칙에 위반된다고 할 것이다(헌재 2008. 5. 29. 2007헌마712).

③ ⊙ 청구인들은 "숙취해소용 천연차 및 그 제조방법"에 관하여 특허권을 획득하였음에도 불구하고 위 규정으로 인하여 특허권자인 청구인들조차 그 특허발명제품에 "숙취해소용 천연차"라는 표시를 하지 못하고 "천연차"라는 표시만 할 수밖에 없게 됨으로써 청구인들의 헌법상 보호받는 재산권인 특허권도 침해되었다(헌재 2000. 3. 30. 99헌마143).

02
정답 ①

① ❌ [1] 2012년도 2013년도 대학교육역량 강화사업 기본계획 중 총장직선제 개선 규정을 유지하지 않는 경우 지원금 전액을 삭감 또는 환수하도록 규정한 부분 헌법소원의 대상이 되는 공권력 행사에 해당하는지 여부(소극)

[2] 교육부장관이 청구인 소속 대학들을 대학교육역량강화사업 지원대상에서 제외한 2012. 4. 12.자 조치에 대하여 청구인들의 자기관련성이 인정되는지 여부(소극)(헌재 2016. 10. 27. 2013헌마576)

> 2017 서울시 7급 2012년도 대학교육역량강화사업 기본계획의 수범자는 국공립 대학이나, 당해 계획은 근본적으로 대학에 소속된 교수나 교수회를 비롯한 각 대학 구성원들이 자유롭게 총장후보자 선출방식을 정하고 그에 따라 총장을 선출할 수 있는 권리를 제한하고 있으므로, 당해 기본계획에 대한 헌법소원을 청구하는 데에 있어 대학에 소속된 교수나 교수회의 자기관련성을 인정할 수 있다. (×)

② ⊙ "모든 인간은 헌법상 생명권의 주체가 되며, 형성 중의 생명인 태아에게도 생명에 대한 권리가 인정되어야 한다. …… 초기배아는 수정이 된 배아라는 점에서 형성 중인 생명의 첫걸음을 떼었다고 볼 여지가 있기는 하나 아직 모체에 착상되거나 원시선이 나타나지 않은 이상 현재의 자연과학적 인식 수준에서 독립된 인간과 배아 간의 개체적 연속성을 확정하기 어렵다고 봄이 일반적이라는 점, 배아의 경우 현재의 과학기술 수준에서 모태 속에서 수용될 때 비로소 독립적인 인간으로의 성장가능성을 기대할 수 있다는 점, 수정 후 착상 전의 배아가 인간으로 인식된다거나 그와 같이 취급하여야 할 필요성이 있다는 사회적 승인이 존재한다고 보기 어려운 점 등을 종합적으로 고려할 때, 기본권 주체성을 인정하기 어렵다(헌재 2010. 5. 27. 2005헌마346).

③ ⊙ 태아도 헌법상 생명권의 주체이고, 따라서 그 성장 상태가 보호 여부의 기준이 되어서는 안 될 것이다(헌재 2012. 8. 23. 2010헌바402).

④ ⊙ 대학의 자치의 주체를 기본적으로 대학으로 본다고 하더라도 교수나 교수회의 주체성이 부정된다고 볼 수는 없고, 가령 학문의 자유를 침해하는 대학의 장에 대한 관계에서는 교수나 교수회가 주체가 될 수 있고, 또한 국가에 의한 침해에 있어서는 대학 자체 외에도 대학 전구성원이 자율성을 갖는 경우도 있을 것이므로 문제되는 경우에 따라서 대학, 교수, 교수회 모두가 단독, 혹은 중첩적으로 주체가 될 수 있다고 보아야 할 것이다(헌재 2006. 4. 27. 2005헌마1047).

03
정답 ④

④ ❌ 공제회는 이처럼 공법인적 성격과 사법인적 성격을 겸유하고 있는데, 공제회가 일부 공법인적 성격을 갖고 있다고 하더라도 공무를 수행하거나 고권적 행위를 하는 경우가 아닌 사경제주체로서 활동하는 경우나 조직법상 국가로부터 독립한 고유 업무를 수행하는 경우, 그리고 다른 공권력 주체와의 관계에서 지배복종관계가 성립되어 일반 사인처럼 그 지배하에 있는 경우 등에는 기본권 주체가 될 수 있다(헌재 2015. 7. 30. 2014헌가7).

① ⊙ 청구인은 공법상 재단법인인 방송문화진흥회가 최다출자자인 방송사업자로서 방송법 등 관련 규정에 의하여 공법상의 의무를 부담하고 있지만, 그 설립목적이 언론의 자유의 핵심 영역인 방송 사업이므로 이러한 업무 수행과 관련해서는 기본권 주체가 될 수 있다(헌재 2013. 9. 26. 2012헌마271).

② ⊙ 근로의 권리가 "일할 자리에 관한 권리"만이 아니라 "일할 환경에 관한 권리"도 함께 내포하고 있는바, 후자(後者)는 인간의 존엄성에 대한 침해를 방어하기 위한 자유권적 기본권의 성격도 갖고 있어 건강한 작업환경, 일에 대한 정당한 보수, 합리적인 근로조건의 보장 등을 요구할 수 있는 권리 등을 포함한다고 할 것이므로 외국인 근로자라고 하여 이 부분에까지 기본권 주체성을 부인할 수는 없다. 즉 근로의 권리의 구체적인 내용에 따라, 국가에 대하여 고용증진을 위한 사회적·경제적 정책을 요구할 수 있는 권리는 사회권적 기본권으로서 국민에 대하여만 인정해야 하지만, 자본주의 경제질서하에서 근로자가 기본적 생활수단을 확보하

고 인간의 존엄성을 보장받기 위하여 최소한의 근로조건을 요구할 수 있는 권리는 자유권적 기본권의 성격도 아울러 가지므로 이러한 경우 외국인 근로자에게도 그 기본권 주체성을 인정함이 타당하다(헌재 2007. 8. 30. 2004헌마670).

③ ◎ 아동과 청소년은 부모와 국가에 의한 단순한 보호의 대상이 아닌 독자적인 인격체이며, 그의 인격권은 성인과 마찬가지로 인간의 존엄성 및 행복추구권을 보장하는 헌법 제10조에 의하여 보호된다. 따라서 헌법이 보장하는 인간의 존엄성 및 행복추구권은 국가의 교육권한과 부모의 교육권의 범주 내에서 아동에게도 자신의 교육환경에 관하여 스스로 결정할 권리, 그리고 자유롭게 문화를 향유할 권리를 부여한다고 할 것이다(헌재 2004. 5. 27. 2003헌가1).

04
정답 ④

④ ✕ 헌법재판소법 제68조 제1항 소정의 헌법소원은 기본권의 주체이어야만 청구할 수 있는데, 단순히 '국민의 권리'가 아니라 '인간의 권리'로 볼 수 있는 기본권에 대해서는 외국인도 기본권의 주체가 될 수 있다. 나아가 청구인들이 불법체류 중인 외국인들이라 하더라도, 불법체류라는 것은 관련 법령에 의하여 체류자격이 인정되지 않는다는 것일 뿐이므로, '인간의 권리'로서 외국인에게도 주체성이 인정되는 일정한 기본권에 관하여 불법체류 여부에 따라 그 인정 여부가 달라지는 것은 아니다(헌재 2012. 8. 23. 2008헌마430).

① ◎ 퇴직공제금 수급 자격에 있어 '외국거주 외국인유족'이 '외국인'이라는 사정 또는 '외국에 거주'한다는 사정이 '대한민국 국민인 유족' 혹은 '국내거주 외국인유족'과 달리 취급받을 합리적인 이유가 될 수 없다. 따라서 심판대상조항은 합리적 이유 없이 '외국거주 외국인유족'을 '대한민국 국민인 유족' 및 '국내거주 외 국인유족'과 차별하는 것이므로 평등원칙에 위반된다(헌재 2023. 3. 23. 2020헌바471).

> 2023 경찰 2차 구 「건설근로자의 고용개선 등에 관한 법률」 제14조 제2항 중 구 「산업재해보상보험법」 제63조 제1항 가운데 '그 근로자가 사망할 당시 대한민국 국민이 아닌 자로서 외국에서 거주하고 있던 유족은 제외한다'를 준용하는 부분은 합리적 이유 없이 외국거주 외국인 유족을 대한민국 국민인 유족 및 국내거주 외국인 유족과 차별하는 것으로 평등원칙에 위반된다. (O)

② ◎ 직업의 자유 중 이 사건에서 문제되는 직장선택의 자유는 인간의 존엄과 가치 및 행복추구권과도 밀접한 관련을 가지는 만큼 단순히 국민의 권리가 아닌 인간의 권리로 보아야 할 것이므로 외국인도 제한적으로라도 직장선택의 자유를 향유할 수 있다고 보아야 한다. 청구인들이 이미 적법하게 고용허가를 받아 적법하게 우리나라에 입국하여 우리나라에서 일정한 생활관계를 형성, 유지하는 등, 우리 사회에서 정당한 노동인력으로서의 지위를 부여받은 상황임을 전제로 하는 이상, 이 사건 청구인들에게 직장선택의 자유에 대한 기본권 주체성을 인정할 수 있다 할 것이다(헌재 2011. 9. 29 2007헌마1083).

③ ◎ 헌법상 근로의 권리는 '일할 자리에 관한 권리'만이 아니라 '일할 환경에 관한 권리'도 의미하는데, '일할 환경에 관한 권리'는 인간의 존엄성에 대한 침해를 방어하기 위한 권리로서 외국인에게도 인정되며, 건강한 작업환경, 일에 대한 정당한 보수, 합리적인 근로조건의 보장 등을 요구할 수 있는 권리 등을 포함한다(헌재 2016. 3. 31 2014헌마367).

05
정답 ④

④ ✕ 근로의 권리란 "일할 자리에 관한 권리"와 "일할 환경에 관한 권리"를 말하며, 후자는 건강한 작업환경, 일에 대한 정당한 보수, 합리적인 근로조건의 보장 등을 요구할 수 있는 권리 등을 의미하는바, 직장변경의 횟수를 제한하고 있는 이 사건 법률조항은 위와 같은 근로의 권리를 제한하는 것은 아니라 할 것이다. 한편, 직업선택의 자유는 누구나 자유롭게 자신이 종사할 직업을 선택하고, 그 직업에 종사하며, 이를 변경할 수 있는 자유를 말하며, 이에는 개인의 직업적 활동을 하는 장소 즉 직장을 선택할 자유도 포함된다. 이때 직장선택의 자유란 개인이 그 선택한 직업분야에서 구체적인 취업의 기회를 가지거나, 이미 형성된 근로관계를 계속 유지하거나 포기하는 데 있어 국가의 방해를 받지 않는 자유로운 선택·결정을 보호하는 것을 내용으로 한다. 이 사건 법률조항은 외국인근로자의 사업장 최대변경가능 횟수를 설정하고 있는바, 이로 인하여 외국인근로자는 일단 형성된 근로관계를 포기(직장이탈)하는 데 있어 제한을 받게 되므로 이는 직업선택의 자유 중 직장선택의 자유를 제한하고 있다(헌재 2011. 9. 29. 2007헌마1083).

> 2022 해경간부 근로의 권리란 일할 자리에 관한 권리와 일할 환경에 관한 권리를 말하며, 후자는 건강한 작업환경, 일에 대한 정당한 보수, 합리적인 근로조건의 보장 등을 요구할 수 있는 권리 등을 요구하는바, 직장변경의 횟수를 제한하고 있는 법률조항은 일할 자리에 관한 권리로서의 근로의 권리를 제한하는 것이다. (✕)

① ◎ 인간의 존엄과 가치, 행복추구권은 대체로 '인간의 권리'로서 외국인도 주체가 될 수 있다고 보아야 하고, 평등권도 인간의 권리로서 참정권 등에 대한 성질상의 제한 및 상호주의에 따른 제한이 있을 수 있을 뿐이다(헌재 2001. 11. 29. 99헌마494).

② ◎ 심판대상조항이 제한하고 있는 직업의 자유는 국가자격제도정책과 국가의 경제상황에 따라 법률에 의하여 제한할 수 있는 국민의 권리에 해당한다. 국가정책에 따라 정부의 허가를 받은 외국인은 정부가 허가한 범위 내에서 소득활동을 할 수 있는 것이므로, 외국인이 국내에서 누리는 직업의 자유는 법률에 따른 정부의 허가에 의해 비로소 발생하는 권리이다. 따라서 외국인인 청구인에게는 그 기본권주체성이 인정되지 아니하며, 자격제도 자체를 다룰 수 있는 기본권주체성이 인정되지 아니하는 이상 국가자격제도에 관련된 평등권에 관하여 따로 기본권주체성을 인정할 수 없다(헌재 2014. 8. 28. 2013헌마359).

③ ◎ 직업의 자유 중 이 사건에서 문제되는 직장선택의 자유는 인간의 존엄과 가치 및 행복추구권과도 밀접한 관련을 가지는 만큼 단순히 국민의 권리가 아닌 인간의 권리로 보아야 할 것이므로 외국인도 제한적으로라도 직장선택의 자유를 향유할 수 있다고 보아야 한다. 청구인들이 이미 적법하게 고용허가를 받아 적법하게 우리나라에 입국하여 우리나라에서 일정한 생활관계를 형성, 유지하는 등, 우리 사회에서 정당한 노동인력으로서의 지위를 부여받은 상황임을 전제로 하는 이상, 이 사건 청구인들에게 직장 선택의 자유에 대한 기본권 주체성을 인정할 수 있다 할 것이다(헌재 2011. 9. 29. 2007헌마1083).

06
정답 ③

③ ✕ 구치소 등 수용시설 안에서는 재소자용 의류를 입더라도 일반인의 눈에 띄지 않고, 수사 또는 재판에서 변해(辯解)·방어권을 행사하는 데 지장을 주는 것도 아닌 반면에, 미결수용자에게 사복을 입도록 하면 의복의 수선이나 세탁 및 계절에 따라 의복을 바꾸는 과정에서 증거인멸 또는 도주를 기도하거나 흉기, 담배, 약품 등 소지금지품이 반입될 염려 등이 있으므로 미결수용자에게 시설 안에서 재소자용 의류를 입게 하는 것은 구금 목적의 달성, 시설의 규율과 안전유지를 위한 필요최소한의 제한으로서 정당성·합리성을 갖춘 재량의 범위 내의 조치이다(헌재 1999. 5. 27. 97헌마137).

① ◎ 수용자를 교정시설에 수용할 때마다 전자영상 검사기를 이용하여 수용자의 항문 부위에 대한 신체검사를 하는 것이 수용자의 인격권 등을 침해하는지 여부(소극)(헌재 2011. 5. 26. 2010헌마775)

② ⭕ 인간의 존엄과 가치는 인간의 권리에 해당하므로 국민뿐 아니라 외국인이나 무국적자도 주체가 될 수 있다.

④ ⭕ 수형자가 인간 생존의 기본조건이 박탈된 교정시설에 수용되어 인간의 존엄과 가치를 침해당하였는지 여부를 판단함에 있어서는 1인당 수용면적뿐만 아니라 수형자 수와 수용거실 현황 등 수용시설 전반의 운영 실태와 수용기간, 국가 예산의 문제 등 제반 사정을 종합적으로 고려할 필요가 있다. 그러나 교정시설의 1인당 수용면적이 수형자의 인간으로서의 기본 욕구에 따른 생활조차 어렵게 할 만큼 지나치게 협소하다면, 이는 그 자체로 국가형벌권 행사의 한계를 넘어 수형자의 인간의 존엄과 가치를 침해하는 것이다(헌재 2016. 12. 29. 2013헌마142).

07 [2022 해경 2차 변형] 정답 ④

④ ❌ 입법자가 임의적 규정으로도 법의 목적을 실현할 수 있는 경우에 구체적 사안의 개별성과 특수성을 고려할 수 있는 가능성을 일체 배제하는 필요적 규정을 둔다면 이는 비례의 원칙의 한 요소인 "최소침해성의 원칙"에 위배되는바, 종래의 임의적 취소제도로도 철저한 단속, 엄격한 법집행 등 그 운용 여하에 따라서는 지입제 관행의 근절이라는 입법목적을 효과적으로 달성할 수 있었을 것으로 보이므로, 기본권침해의 정도가 덜한 임의적 취소제도의 적절한 운용을 통하여 입법목적을 달성하려는 노력은 기울이지 아니한 채 기본권침해의 정도가 한층 큰 필요적 취소제도를 도입한 이 사건 법률조항은 행정편의적 발상으로서 피해최소성의 원칙에 위반된다(헌재 2000. 6. 1. 99헌가11).

② ⭕ 국가가 국민의 기본권을 제한하는 내용의 입법활동을 함에 있어서는 국민의 기본권을 제한하려는 입법의 목적이 헌법 및 법률의 체제상 그 정당성이 인정되어야 하고(목적의 정당성), 그 목적의 달성을 위하여 그 방법이 효과적이고 적절하여야 하며(수단의 상당성), 입법권자가 선택한 기본권 제한의 조치가 입법목적달성을 위하여 설사 적절하다 할지라도 보다 완화된 형태나 방법을 모색함으로써 기본권의 제한은 필요한 최소한도에 그치도록 하여야 하며(피해의 최소성), 그 입법에 의하여 보호하려는 공익과 침해되는 사익을 비교형량할 때 보호되는 공익이 더 커야 한다(법익의 균형성)는 헌법상의 원칙이다. 위와 같은 요건이 충족될 때 국가의 입법작용에 비로소 정당성이 인정되고 그에 따라 국민의 수인의무가 생겨나는 것으로서, 이러한 요구는 오늘날 법치국가의 원리에서 당연히 추출되는 확고한 원칙으로서 자리하고 있다(헌재 1995. 4. 20. 92헌바29).

③ ⭕ 입법목적을 달성하기 위하여 가능한 여러 수단들 가운데 구체적으로 어느 것을 선택할 것인가의 문제가 기본적으로 입법재량에 속하는 것이기는 하다. 그러나 위 입법재량이라는 것도 자유재량을 말하는 것은 아니므로 입법목적을 달성하기 위한 수단으로서 반드시 가장 합리적이며 효율적인 수단을 선택하여야 하는 것은 아니라고 할지라도 적어도 현저하게 불합리하고 불공정한 수단의 선택은 피하여야 할 것이다(헌재 1996. 4. 25. 92헌바47).

08 정답 ④

④ ❌ 이 사건 법률조항들이 권리능력의 존재 여부를 출생시를 기준으로 확정하고 태아에 대해서는 살아서 출생할 것을 조건으로 손해배상청구권을 인정한다 할지라도 이러한 입법적 태도가 입법형성권의 한계를 명백히 일탈한 것으로 보기는 어려우므로 이 사건 법률조항들이 국가의 생명권 보호의무를 위반한 것이라 볼 수 없다(헌재 2008. 7. 31. 2004헌바81).

① ⭕ 국가의 기본권보호의무의 이행은 입법자의 입법을 통하여 비로소 구체화되는 것이고, 국가가 그 보호의무를 어떻게 어느 정도로 이행할 것인지는 입법자가 제반사정을 고려하여 입법정책적으로 판단하여야 하는 입법재량의 범위에 속하는 것이기 때문이다(헌재 2008. 7. 31. 2004헌바81).

② ⭕ 국가가 국민의 생명·신체의 안전에 대한 보호의무를 다하지 않았는지 여부를 헌법재판소가 심사할 때에는 국가가 이를 보호하기 위하여 적어도 적절하고 효율적인 최소한의 보호조치를 취하였는가 하는 이른바 '과소보호 금지원칙'의 위반 여부를 기준으로 삼아, 국민의 생명·신체의 안전을 보호하기 위한 조치가 필요한 상황인데도 국가가 아무런 보호조치를 취하지 않았든지 아니면 취한 조치가 법익을 보호하기에 전적으로 부적합하거나 매우 불충분한 것임이 명백한 경우에 한하여 국가의 보호의무의 위반을 확인하여야 하는 것이다(헌재 2008. 12. 26. 2008헌마419).

③ ⭕ 의견청취동시진행조항은 종래 산업단지의 지정을 위한 개발계획 단계와 산업단지 개발을 위한 실시계획 단계에서 각각 개별적으로 진행하던 산업단지개발계획안과 환경영향평가서 초안에 대한 주민의견청취절차 또는 주민의견수렴 절차를 산업단지 인·허가 절차의 간소화를 위하여 한 번의 절차에서 동시에 진행하도록 하고 있을 뿐, 환경영향평가서 초안에 대한 주민의견수렴절차 자체를 생략하거나 주민이 환경영향평가서 초안을 열람하고 그에 대한 의견을 제출함에 있어 어떠한 방법상·내용상 제한을 가하고 있지도 않다. 또한 입법자는 산단절차간소화법 및 환경영향평가법 등에 환경영향평가서 초안에 대한 지역주민의 의견수렴이 부실해지는 것을 방지하기 위한 여러 보완장치를 마련해 두고 있다. 따라서 국가가 산업단지계획의 승인 및 그에 따른 산업단지의 조성·운영으로 인하여 초래될 수 있는 환경상 위해로부터 지역주민을 포함한 국민의 생명·신체의 안전을 보호하기 위하여 필요한 최소한의 보호조치를 취하지 아니한 것이라고 보기는 어려우므로, 의견청취동시진행조항이 국가의 기본권 보호의무에 위배되었다고 할 수 없다(헌재 2016. 12. 29. 2015헌바280).

09 정답 ①

① ❌ 1962년 제5차 개정헌법에서 최초로 규정하였다.

② ⭕ **태어난 즉시 '출생등록될 권리'가 기본권인지 여부(적극)** 태어난 즉시 '출생등록될 권리'는 '출생 후 아동이 보호를 받을 수 있을 최대한 빠른 시점'에 아동의 출생과 관련된 기본적인 정보를 국가가 관리할 수 있도록 등록할 권리로서, 아동이 사람으로서 인격을 자유로이 발현하고, 부모와 가족 등의 보호 하에 건강한 성장과 발달을 할 수 있도록 최소한의 보호장치를 마련하도록 요구할 수 있는 권리이다. 이는 헌법 제10조의 인간의 존엄과 가치 및 행복추구권으로부터 도출되는 일반적 인격권을 실현하기 위한 기본적인 전제로서 헌법 제10조뿐만 아니라, 헌법 제34조 제1항의 인간다운 생활을 할 권리, 헌법 제36조 제1항의 가족생활의 보장, 헌법 제34조 제4항의 국가의 청소년 복지향상을 위한 정책실시의무 등에도 근거가 있다. 이와 같은 태어난 즉시 '출생등록될 권리'는 앞서 언급한 기본권 등의 어느 하나에 완전히 포섭되지 않으며, 이들을 이념적 기초로 하는 헌법에 명시되지 아니한 독자적 기본권으로서, 자유로운 인격실현을 보장하는 자유권적 성격과 아동의 건강한 성장과 발달을 보장하는 사회적 기본권의 성격을 함께 지닌다(헌재 2023. 3. 23. 2021헌마975).

③ ⭕ 이 사건 신체검사는 교정시설의 안전과 질서를 유지하기 위한 것으로 그 목적이 정당하고, 항문 부위에 대한 금지물품의 은닉여부를 효과적으로 확인할 수 있는 적합한 검사방법으로 그수단이 적절하다. 교정시설을 이감·수용할 때마다 전자영상 신체검사를 실시하는 것은, 수용자가 금지물품을 취득하여 소지·은닉하고 있을 가능성을 배제할 수 없고, 외부관찰 등의 방법으로는 쉽게 확인할 수 없기 때문이다. 이 사건 신체검사는 사전에 검사의 목적과 방법을 고지한 후, 다른 사람이 볼 수 없는 차단된 장소에서 실시하는 등 검사받는 사람의 모욕감 내지 수치심 유발을 최소화하는 방법으로 실시하였는바, 기본권 침해의 최소성 요건을 충

족하였다. 또한 이 사건 신체검사로 인하여 수용자가 느끼는 모욕감이나 수치심이 결코 작다고 할 수는 없지만, 흉기 기타 위험물이나 금지물품을 교정시설 내로 반입하는 것을 차단함으로써 수용자 및 교정시설 종사자들의 생명·신체의 안전과 교정시설 내의 질서를 유지한다는 공적인 이익이 훨씬 크다 할 것이므로, 법익의 균형성요건 또한 충족된다. 이 사건 신체검사는 필요한 최소한도를 벗어나 과잉금지원칙에 위배되어 청구인의 인격권 내지 신체의 자유를 침해한다고 볼 수 없다(헌재 2011. 5. 26. 2010헌마775).

④ ◯ 징계결정 공개조항은 위와 같이 전문적인 법률지식과 윤리적 소양 및 공정성과 신뢰성을 갖추어야 할 변호사가 변론 불성실, 비밀누설 등 직무상 의무 또는 직업윤리를 위반하여 징계를 받은 경우, 국민이 이러한 사정을 쉽게 알 수 있도록 하여 법률사무를 맡길 변호사를 선택할 권리를 보장하고 변호사의 윤리의식을 고취시킴으로써 법률사무에 대한 전문성, 공정성 및 신뢰성을 확보하여 국민의 기본권을 보호하고 사회정의를 실현하기 위한 것이다. …… 징계결정 공개조항의 입법목적은 정당하다. …… 징계결정 공개조항은 과잉금지원칙에 위배되지 아니하므로 청구인의 인격권을 침해하지 아니한다(헌재 2018. 7. 26. 2016헌마1029).

10
정답 ③

③ ◯ 이 사건 법률조항은 금고 이상의 형의 선고유예의 판결을 받아 그 기간 중에 있는 사람이 공무원으로 임용되는 것을 금지하고 이러한 사람이 공무원으로 임용되더라도 그 임용을 당연무효로 하는 것으로서, 공직에 대한 국민의 신뢰를 보장하고 공무원의 원활한 직무수행을 도모하기 위하여 마련된 조항이다. …… 따라서 이 사건 법률조항은 입법자의 재량을 일탈하여 공무담임권을 침해한 것이라고 볼 수 없다(헌재 2016. 7. 28. 2014헌바437).

> 2023 경찰 1차 금고 이상의 선고유예를 받고 그 기간 중에 있는 자를 임용 결격 사유로 삼고 위 사유에 해당하는 자가 임용되더라도 이를 당연무효로 하는 구 국가공무원법 조항은, 입법자의 재량을 일탈하여 공무담임권을 침해한 것이라고 볼 수 없다. (O)

① ✕ 사생활의 비밀은 국가가 사생활영역을 들여다보는 것에 대한 보호를 제공하는 기본권이며, 사생활의 자유는 국가가 사생활의 자유로운 형성을 방해하거나 금지하는 것에 대한 보호를 의미한다. 구체적으로 사생활의 비밀과 자유가 보호하는 것은 개인의 내밀한 내용의 비밀을 유지할 권리, 개인이 자신의 사생활의 불가침을 보장받을 수 있는 권리, 개인의 양심영역이나 성적 영역과 같은 내밀한 영역에 대한 보호, 인격적인 감정세계의 존중을 받을 권리와 정신적인 내면생활이 침해받지 아니할 권리 등이다. 한편, 공적인 영역의 활동은 다른 기본권에 의한 보호는 별론으로 하고 사생활의 비밀과 자유가 보호하는 것은 아니라고 할 것이다. 일반적으로 경제적 내지 직업적 활동은 복합적인 사회적 관계를 전제로 하여 다수 주체간의 상호작용을 통하여 이루어지는 것이고, 특히 변호사의 업무는 앞서 본 바와 같이 다른 어느 직업적 활동보다도 강한 공공성을 내포한다는 점 등을 감안하여 볼 때, 변호사의 업무와 관련된 수임사건의 건수 및 수임액이 변호사의 내밀한 개인적 영역에 속하는 것이라고 보기 어렵고, 따라서 이 사건 법률조항이 청구인들의 사생활의 비밀과 자유를 침해하는 것이라 할 수 없다(헌재 2009. 10. 29. 2007헌마667).

② ✕ 종교(선교활동)의 자유는 국민에게 그가 선택한 임의의 장소에서 자유롭게 행사할 수 있는 권리까지 보장한다고 할 수 없으며, 그 임의의 장소가 대한민국의 주권이 미치지 아니하는 지역 나아가 국가에 의한 국민의 생명·신체 및 재산의 보호가 강력히 요구되는 해외 위난지역인 경우에는 더욱 그러하다(헌재 2008. 6. 26. 2007헌마1366).

④ ✕ 공무담임권의 보호영역에는 일반적으로 공직취임의 기회보장, 신분박탈, 직무의 정지가 포함되는 것일 뿐, 여기서 더 나아가 공무원이 특정한 장소에서 근무하는 것 또는 특정의 보직을 받아 근무하는 것을 포함하는 일종의 '공무수행의 자유'까지 그 보호영역에 포함된다고 보기는 어렵다(헌재 2008. 6. 26. 2005헌마1275).

11
정답 ②

② ✕ 법정형의 종류와 범위를 정하는 것이 기본적으로 입법자의 권한에 속하는 것이라고 하더라도, 형벌은 죄질과 책임에 상응하도록 적절한 비례성이 지켜져야 하는바, 군대 내 명령체계유지 및 국가방위라는 이유만으로 가해자와 상관 사이에 명령복종관계가 있는지 여부를 불문하고 전시와 평시를 구분하지 아니한 채 다양한 동기와 행위태양의 범죄를 동일하게 평가하여 사형만을 유일한 법정형으로 규정하고 있는 이 사건 법률조항은, 범죄의 중대성 정도에 비하여 심각하게 불균형적인 과중한 형벌을 규정함으로써 죄질과 그에 따른 행위자의 책임 사이에 비례관계가 준수되지 않아 인간의 존엄과 가치를 존중하고 보호하려는 실질적 법치국가의 이념에 어긋나고, 형벌체계상 정당성을 상실한 것이다(헌재 2007. 11. 29. 2006헌가13).

① ◯ 비록 생명이 이념적으로 절대적 가치를 지닌 것이라 하더라도 생명에 대한 법적 평가가 예외적으로 허용될 수 있다고 할 것이므로, 생명권 역시 헌법 제37조 제2항에 의한 일반적 법률유보의 대상이 될 수밖에 없다 할 것이다(헌재 1996. 11. 28. 95헌바1).

③ ◯ 동일한 생명이라 할지라도 법질서가 생명의 발달과정을 일정한 단계들로 구분하고 그 각 단계에 상이한 법적 효과를 부여하는 것이 불가능하지 않으므로, 국가가 생명을 보호하는 입법적 조치를 취함에 있어 인간생명의 발달단계에 따라 그 보호정도나 보호수단을 달리할 수 있다(헌재 2008. 7. 31. 2004헌바81).

④ ◯ 환자가 장차 죽음에 임박한 상태에 이를 경우에 대비하여 미리 의료인 등에게 연명치료 거부 또는 중단에 관한 의사를 밝히는 등의 방법으로 죽음에 임박한 상태에서 인간으로서의 존엄과 가치를 지키기 위하여 연명치료의 거부 또는 중단을 결정할 수 있다 할 것이고, 위 결정은 헌법상 기본권인 자기결정권의 한 내용으로서 보장된다 할 것이다(헌재 2009. 11. 26. 2008헌마385).

12
정답 ①

① ✕ 형법 제304조 중 "혼인을 빙자하여 음행의 상습 없는 부녀를 기망하여 간음한 자" 부분은 형벌규정을 통하여 추구하고자 하는 목적 자체가 헌법에 의하여 허용되지 않는 것으로서 그 정당성이 인정되지 않는다고 할 것이다(헌재 2009. 11. 26. 2008헌바58).

> 2022 경찰1차 형법 제304조 중 "혼인을 빙자하여 음행의 상습 없는 부녀를 기망하여 간음한 자" 부분은 형벌규정을 통하여 추구하고자 하는 목적 자체가 헌법에 의하여 허용되지 않는 것으로서 그 정당성이 인정되지 않는다. (O)

② ◯ 배우자 있는 자의 간통행위 및 그와의 상간행위를 2년 이하의 징역에 처하도록 규정한 심판대상조항은 선량한 성풍속 및 일부일처제에 기초한 혼인제도를 보호하고 부부간 정조의무를 지키게 하기 위한 것으로 그 입법목적의 정당성은 인정된다(헌재 2015. 2. 26. 2009헌바17).

③ ◯ 운전면허를 받은 사람이 다른 사람의 자동차등을 훔친 경우에는 운전면허를 필요적으로 취소하도록 한 심판대상조항은 다른 사람의 자동차등을 훔친 범죄행위에 대한 행정적 제재를 강화하여 자동차등의 운행과정에서 야기될 수 있는 교통상의 위험과 장해를 방지함으로써 안전하고 원활한 교통을 확보하고자 하는 것으로서 그 입법목적이 정당하다(헌재 2017. 5. 25 2016헌가6).

④ ⭕ 자기낙태죄 조항은 태아의 생명을 보호하기 위한 것으로서 그 입법목적이 정당하고, 낙태를 방지하기 위하여 임신한 여성의 낙태를 형사처벌하는 것은 이러한 입법목적을 달성하는 데 적합한 수단이다. …… 자기낙태죄 조항은 입법목적을 달성하기 위하여 필요한 최소한의 정도를 넘어 임신한 여성의 자기결정권을 제한하고 있어 침해의 최소성을 갖추지 못하고 있으며, 법익균형성의 원칙도 위반하였다고 할 것이므로, 과잉금지원칙을 위반하여 임신한 여성의 자기결정권을 침해하는 위헌적인 규정이다(헌재 2019. 4. 11. 2017헌바127).

13 정답 ③

③ ❌ 교통사고 발생 시 사상자 구호 등 필요한 조치를 하지 않은 자에 대한 형사처벌을 정하는 구 도로교통법 제148조가 과잉금지원칙에 위반하여 일반적 행동자유권을 침해하는지 여부(소극) 교통사고 발생 시 조치의무를 형사처벌로 강제하는 심판대상조항은, 교통사고로 인한 사상자의 신속한 구호 및 교통상의 위험과 장해의 방지·제거를 통하여 안전하고 원활한 교통을 확보하기 위한 것으로, 입법목적의 정당성 및 수단의 적합성을 인정할 수 있다. 교통사고 관련 운전자등이 조치의무를 이행하지 않고 그대로 현장을 벗어날 유인이 많은 점을 고려할 때, 과태료와 같은 행정적 제재만으로는 조치의무의 실효성을 담보할 수 없으므로 최소침해성의 원칙에 위배되지 않으며, 심판대상조항이 운전자등의 시간적, 경제적 손해를 유발할 가능성이 있는 것은 사실이나 이미 발생한 피해자의 생명·신체에 대한 피해 구호와 안전한 교통의 회복이라는 공익은 운전자등이 제한당하는 사익보다 크므로, 심판대상조항은 법익균형성을 갖추었다. 따라서 심판대상조항은 청구인의 일반적 행동자유권을 침해하지 않는다(헌재 2019. 4. 11. 2017헌가28).

① ⭕ 심판대상조항은 최근 사회적으로 물의가 되고 있는 '몰래카메라'의 폐해를 방지하기 위한 것으로서, '자신의 신체를 함부로 촬영당하지 않을 자유' 등 인격권을 보호하는 것을 목적으로 한다(헌재 2017. 6. 29. 2015헌바243).

② ⭕ 등록대상자 조항은 일정한 성폭력범죄자의 개인정보의 수집·보관·처리·이용에 관한 근거규정으로서 개인정보자기결정권을 제한한다. …… 이상에서 본 바와 같이 등록대상자조항은 과잉금지원칙을 위반하여 청구인의 개인정보자기결정권을 침해하지 아니한다(헌재 2019. 11. 28. 2017헌마399).

> 2022 경찰간부 카메라등이용촬영죄 유죄판결이 확정된 자를 신상정보 등록대상자로 규정하는 「성폭력범죄의 처벌 등에 관한 특례법」상 등록대상자조항은 청구인의 개인정보자기결정권을 침해하지 않는다. (O)

④ ⭕ 운전면허를 받은 사람이 다른 사람의 자동차등을 훔친 경우에는 운전면허를 필요적으로 취소하도록 한 것은, 그것이 달성하려는 공익의 비중에도 불구하고 운전면허 소지자의 직업의 자유 내지 일반적 행동의 자유를 과도하게 제한하는 것이다. 그러므로 심판대상조항은 직업의 자유 내지 일반적 행동의 자유를 침해한다(헌재 2017. 5. 25. 2016헌가6).

14 정답 ④

㉠ ❌ 피청구인은 행정부의 수반으로서 국가가 국민의 생명과 신체의 안전 보호의무를 충실하게 이행할 수 있도록 권한을 행사하고 직책을 수행하여야 하는 의무를 부담한다. 하지만 국민의 생명이 위협받는 재난상황이 발생하였다고 하여 피청구인이 직접 구조 활동에 참여하여야 하는 등 구체적이고 특정한 행위의무까지 바로 발생한다고 보기는 어렵다(헌재 2017. 3. 10. 2016헌나1).

㉡ ⭕ 심판대상조항이 선거운동의 자유를 감안하여 선거운동을 위한 확성장치를 허용할 공익적 필요성이 인정된다고 하더라도 정온한 생활환경이 보장되어야 할 주거지역에서 출근 또는 등교 이전 및 퇴근 또는 하교 이후 시간대에 확성장치의 최고출력 내지 소음을 제한하는 등 사용시간과 사용지역에 따른 수인한도 내에서 확성장치의 최고출력 내지 소음 규제기준에 관한 규정을 두지 아니한 것은, 국민이 건강하고 쾌적하게 생활할 수 있는 양호한 주거환경을 위하여 노력하여야 할 국가의 의무를 부과한 헌법 제35조 제3항에 비추어 보면, 적절하고 효율적인 최소한의 보호조치를 취하지 아니하여 국가의 기본권 보호의무를 과소하게 이행한 것으로서, 청구인의 건강하고 쾌적한 환경에서 생활할 권리를 침해하므로 헌법에 위반된다(헌재 2019. 12. 27. 2018헌마730).

㉢ ❌ 국가의 신체와 생명에 대한 보호의무는 교통과실범의 경우 발생한 침해에 대한 사후처벌뿐이 아니라, 무엇보다도 우선적으로 운전면허 취득에 관한 법규 등 전반적인 교통관련법규의 정비, 운전자와 일반국민에 대한 지속적인 계몽과 교육, 교통안전에 관한 시설의 유지 및 확충, 교통사고 피해자에 대한 보상제도 등 여러 가지 사전적·사후적 조치를 함께 취함으로써 이행된다. 그렇다면 이 사건에서는 교통사고를 방지하는 다른 보호조치에도 불구하고 국가가 형벌권이란 최종적인 수단을 사용하여야만 가장 효율적으로 국민의 생명과 신체권을 보호할 수 있는가가 문제된다. 이를 위하여는 무엇보다도 우선적으로 형벌권의 행사가 곧 법익의 보호로 직결된다는 양자간의 확연하고도 직접적인 인과관계와 긴밀한 내적인 연관관계가 요구되고, 형벌이 법익을 가장 효율적으로 보호할 수 있는 유일한 방법인 경우, 국가가 형벌권을 포기한다면 국가는 그의 보호의무를 위반하게 된다. 그러나 교통과실범에 대한 국가형벌권의 범위를 확대한다고 해서 형벌권의 행사가 곧 확실하고도 효율적인 법익의 보호로 이어지는 것은 아니다. 형벌의 일반예방효과와 범죄억제기능을 어느 정도 감안한다 하더라도 형벌을 통한 국민의 생명·신체의 안전이라는 법익의 보호효과는 그다지 확실한 것이 아니며, 결국 이 경우 형벌은 국가가 취할 수 있는 유효적절한 수많은 수단 중의 하나일 뿐이지, 결코 형벌까지 동원해야만 보호법익을 유효적절하게 보호할 수 있다는 의미의 최종적인 유일한 수단이 될 수는 없는 것이다. 그러므로 이 사건 법률조항을 두고 국가가 일정한 교통사고범죄에 대하여 형벌권을 행사하지 않음으로써 도로교통의 전반적인 위험으로부터 국민의 생명과 신체를 적절하고 유효하게 보호하는 아무런 조치를 취하지 않았다든지, 아니면 국가가 취한 현재의 제반 조치가 명백하게 부적합하거나 부족하여 그 보호의무를 명백히 위반한 것이라고 할 수 없다(헌재 2009. 2. 26 2005헌마764).

㉣ ⭕ 전원개발사업을 실시할 때에는 우리나라 전체의 전력수급상황이나 장기적인 에너지 정책에 부합하는 여부 등을 고려하여 그 필요성을 따져보아야 하므로, 이를 종합적으로 검토하기 위하여 전원개발사업 실시 단계에서 일률적으로 산업통상자원부장관의 승인을 받도록 한 것은 그 타당성이 있다. 다만 원전 사고로 인한 피해의 심각성을 고려할 때 원자력의 특성을 도외시하고 다른 전원 개발과 동일한 절차만으로 원전을 건설·운영할 수 있도록 한다면, 이는 국민의 생명·신체의 안전에 상당한 위협이 될 수 있다. 그런데 국가는 원전의 건설·운영을 산업통상자원부장관의 전원개발사업 실시계획 승인만으로 가능하도록 한 것이 아니라, '원자력안전법'에서 규정하고 있는 건설허가 및 운영허가 등의 절차를 거치도록 하고 있다. 원전 사고로 인한 방사능 피해는 전원개발사업 실시계획 승인 단계에서가 아니라 원전의 건설·운영과정에서 발생하므로 원전 건설·운영의 허가 단계에서 보다 엄격한 기준을 마련하여 원전으로 인한 피해가 발생하지 않도록 조치들을 강구하고 있다. 따라서 이 사건 승인조항에서 원전 건설을 내용으로 하는 전원개발사업 실시계획에 대한 승인권한을 다른 전원개발과 마찬가지로 산업통상자원부장관에게 부여하고 있다 하더라도, 국가가 국민의 생명·신체의 안전을 보호

하기 위하여 필요한 최소한의 보호조치를 취하지 아니한 것이라고 보기는 어렵다(헌재 2016. 10. 27. 2015헌바358).

ⓜ ⭕ 가축사육시설의 환경이 지나치게 열악할 경우 그러한 시설에서 사육되고 생산된 축산물을 섭취하는 인간의 건강도 악화될 우려가 있으므로, 국가로서는 건강하고 위생적이며 쾌적한 시설에서 가축을 사육할 수 있도록 필요한 적절하고도 효율적인 조치를 취함으로써 소비자인 국민의 생명·신체의 안전에 관한 기본권을 보호할 구체적인 헌법적 의무가 있다(헌재 2015. 9. 24. 2013헌마384).

15
정답 ②

② ❌ 사람은 자신의 의사에 반하여 얼굴을 비롯하여 일반적으로 특정인임을 식별할 수 있는 신체적 특징에 관하여 함부로 촬영당하지 아니할 권리를 가지고 있으므로, 촬영허용행위는 헌법 제10조로부터 도출되는 초상권을 포함한 일반적 인격권을 제한한다고 할 것이다. 원칙적으로 '범죄사실' 자체가 아닌 그 범죄를 저지른 자에 관한 부분은 일반 국민에게 널리 알려야 할 공공성을 지닌다고 할 수 없고, 이에 대한 예외는 공개수배의 필요성이 있는 경우 등에 극히 제한적으로 인정될 수 있을 뿐이다. 피청구인은 기자들에게 청구인이 경찰서 내에서 수갑을 차고 얼굴을 드러낸 상태에서 조사받는 모습을 촬영할 수 있도록 허용하였는데, 청구인에 대한 이러한 수사 장면을 공개 및 촬영하게 할 어떠한 공익 목적도 인정하기 어려우므로 촬영허용행위는 목적의 정당성이 인정되지 아니한다. 피의자의 얼굴을 공개하더라도 그로 인한 피해의 심각성을 고려하여 모자, 마스크 등으로 피의자의 얼굴을 가리는 등 피의자의 신원이 노출되지 않도록 침해를 최소화하기 위한 조치를 취하여야 하는데, 피청구인은 그러한 조치를 전혀 취하지 아니하였으므로 침해의 최소성 원칙도 충족하였다고 볼 수 없다. 또한 촬영허용행위는 언론 보도를 보다 실감나게 하기 위한 목적 외에 어떠한 공익도 인정할 수 없는 반면, 청구인은 피의자로서 얼굴이 공개되어 초상권을 비롯한 인격권에 대한 중대한 제한을 받았고, 촬영한 것이 언론에 보도될 경우 범인으로서의 낙인 효과와 그 파급효는 매우 가혹하여 법익균형성도 인정되지 아니하므로, 촬영허용행위는 과잉금지원칙에 위반되어 청구인의 인격권을 침해하였다(헌재 2014. 3. 27. 2012헌마652).

① ⭕ 헌법재판소 1997. 3. 27. 95헌가14등 결정의 취지에 따라 2005. 3. 31. 법률 제7427호로 개정된 민법 제847조 제1항은 '친생부인의 사유가 있음을 안 날'을 제척기간의 기산점으로 삼음으로써 부(夫)가 혈연관계의 진실을 인식할 때까지 기간의 진행을 유보하고, '그로부터 2년'을 제척기간으로 삼음으로써 부(夫)의 친생부인의 기회를 실질적으로 보장하고 있다. 또한 2년이란 기간은 자녀의 불안정한 지위를 장기간 방치하지 않기 위한 것으로서 지나치게 짧다고 볼 수 없다. 따라서 민법 제847조 제1항 중 "부(夫)가 그 사유가 있음을 안 날부터 2년내" 부분은 친생부인의 소의 제척기간에 관한 입법재량의 한계를 일탈하지 않은 것으로서 헌법에 위반되지 아니한다(헌재 2015. 3. 26. 2012헌바357).

③ ⭕ 헌법 제10조로부터 도출되는 일반적 인격권에는 각 개인이 그 삶을 사적으로 형성할 수 있는 자율영역에 대한 보장이 포함되어 있음을 감안할 때, 장래 가족의 구성원이 될 태아의 성별 정보에 대한 접근을 국가로부터 방해받지 않을 부모의 권리는 이와 같은 일반적 인격권에 의하여 보호된다고 보아야 할 것이다(헌재 2008. 7. 31. 2005헌바90).

④ ⭕ 이 사건 사과문 게재 조항은 정기간행물 등을 발행하는 언론사가 보도한 선거기사의 내용이 공정하지 아니하다고 인정되는 경우 선거기사심의위원회의 사과문 게재 결정을 통하여 해당 언론사로 하여금 그 잘못을 인정하고 용서를 구하게 하고 있다. 이는 언론사 스스로 인정하거나 형성하지 아니한 윤리적·도의적 판단의 표시를 강제하는 것으로서 언론사가 가지는 인격권을 제한하는 정도가 매우 크다. 더욱이 이 사건 처벌조항은 형사처벌을 통하여 그 실효성을 담보하고 있다. 그런데 공직선거법에 따르면, 언론사가 불공정한 선거기사를 보도하는 경우 선거기사심의위원회는 사과문 게재 명령 외에도 정정보도문의 게재 명령을 할 수 있다. 또한 해당 언론사가 '공정보도의무를 위반하였다는 결정을 선거기사심의위원회로부터 받았다는 사실을 공표'하도록 하는 방안, 사과의 의사표시가 필요한 경우에도 사과의 '권고'를 하는 방법을 상정할 수 있다. 나아가, 이 사건 법률조항들이 추구하는 목적, 즉 선거기사를 보도하는 언론사의 공적인 책임의식을 높임으로써 민주적이고 공정한 여론 형성 등에 이바지한다는 공익이 중요하다는 점에는 이론의 여지가 없으나, 언론에 대한 신뢰가 무엇보다 중요한 언론사에 대하여 그 사회적 신용이나 명예를 저하시키고 인격의 자유로운 발현을 저해함에 따라 발생하는 인격권 침해의 정도는 이 사건 법률조항들이 달성하려는 공익에 비해 결코 작다고 할 수 없다. 결국 이 사건 법률조항들은 언론사의 인격권을 침해하여 헌법에 위반된다(헌재 2015. 7. 30. 2013헌가8).

16
정답 ①

① ❌ 헌법 제10조가 보호하는 명예는 사람이나 그 인격에 대한 사회적 평가, 즉 객관적·외부적 가치평가를 가리키며 단순한 주관적·내면적 명예감정은 헌법이 보호하는 명예에 포함되지 않는다(헌재 2010. 11. 25. 2009헌마147).

② ⭕ 헌법 제10조의 행복추구권은 국민이 행복을 추구하기 위하여 필요한 급부를 국가에게 적극적으로 요구할 수 있는 것을 내용으로 하는 것이 아니라, 국민이 행복을 추구하기 위한 활동을 국가권력의 간섭 없이 자유롭게 할 수 있다는 포괄적인 의미의 자유권으로서의 성격을 가진다고 할 것이므로 자유권이나 자유권의 제한영역에 관한 규정이 아닌 이 사건 조항이 청구인들의 행복추구권을 침해하는 규정이라고 할 수는 없다(헌재 2011. 3. 31. 2009헌617).

③ ⭕ 흡연자들이 자유롭게 흡연할 권리를 흡연권이라고 한다면, 이러한 흡연권은 인간의 존엄과 행복추구권을 규정한 헌법 제10조와 사생활의 자유를 규정한 헌법 제17조에 의하여 뒷받침된다(헌재 2004. 8. 26. 2003헌마457).

④ ⭕ 인수자가 없는 시체를 생전의 본인의 의사와는 무관하게 해부용 시체로 제공될 수 있도록 규정한 이 사건 법률조항은 인수자가 없는 시체를 해부용으로 제공될 수 있도록 함으로써 사인(死因)의 조사와 병리학적·해부학적 연구의 기초가 되는 해부용 시체의 공급을 원활하게 하여 국민 보건을 향상시키고 의학 교육 및 연구에 기여하기 위한 것으로서, 그 목적의 정당성 및 수단의 적합성은 인정된다. 최근 5년간 이 사건 법률조항으로 인하여 인수자가 없는 시체를 해부용으로 제공한 사례는 단 1건에 불과하고, 실제로 의과대학이 필요로 하는 해부용 시체는 대부분 시신기증에 의존하고 있어 이 사건 법률조항이 아니더라도 의과대학에서 필요로 하는 해부용 시체는 다른 방법으로 충분히 공급될 수 있다. 그런데 시신 자체의 제공과는 구별되는 장기나 인체조직에 있어서는 본인이 명시적으로 반대하는 경우 이식·채취될 수 없도록 규정하고 있음에도 불구하고, 이 사건 법률조항은 본인이 해부용 시체로 제공되는 것에 대해 반대하는 의사표시를 명시적으로 표시할 수 있는 절차도 마련하지 않고 본인의 의사와는 무관하게 해부용 시체로 제공될 수 있도록 규정하고 있다는 점에서 침해의 최소성 원칙을 충족했다고 보기 어렵고, 실제로 해부용 시체로 제공된 사례가 거의 없는 상황에서 이 사건 법률조항이 추구하는 공익이 사후 자신의 시체가 자신의 의사와는 무관하게 해부용 시체로 제공됨으로써 침해되는 사익보다 크다고 할 수 없으므로 이 사건 법률조항은 청구인의 시체 처분에 대한 자기결정권을 침해한다(헌재 2015. 11. 26. 2012헌마940).

17
정답 ②

② ✕ 국립묘지 안장 대상자의 사망 당시의 배우자가 재혼한 경우에는 국립묘지에 안장된 안장 대상자와 합장할 수 없도록 한 것은 평등원칙에 위배되지 않는다(헌재 2022. 11. 24. 2020헌바463).

> 2023 경찰간부 국립묘지 안장 대상자의 사망 당시의 배우자가 재혼한 경우에는 국립묘지에 안장된 안장대상자와 합장할 수 없도록 규정한 「국립묘지의 설치 및 운영에 관한 법률」상 조항은 재혼한 배우자를 불합리하게 차별한 것으로 평등원칙에 위배된다. (✕)

① ◎ 이 사건 공문서 조항은 공문서를 한글로 작성하여 공적 영역에서 원활한 의사소통을 확보하고 효율적·경제적으로 공적 업무를 수행하기 위한 것이다. 국민들은 공문서를 통하여 공적 생활에 관한 정보를 습득하고 자신의 권리·의무와 관련된 사항을 알게 되므로 우리 국민 대부분이 읽고 이해할 수 있는 한글로 작성할 필요가 있다. 한자어를 굳이 한자로 쓰지 않더라도 앞뒤 문맥으로 그 뜻을 이해할 수 있는 경우가 대부분이고, 뜻을 정확히 전달하기 위하여 필요한 경우에는 괄호 안에 한자를 병기할 수 있으므로 한자혼용방식에 비하여 특별히 한자어의 의미 전달력이나 가독성이 낮아진다고 보기 어렵다. 따라서 공문서의 한글전용을 규정한 이 사건 공문서 조항은 청구인들의 행복추구권을 침해하지 아니한다(헌재 2016. 11. 24. 2012헌마854).

③ ◎ 청구인이 공적인 인물의 부적절한 언행을 비판하면서 모욕적인 표현을 1회 사용한 행위는 청구인이 글을 게시한 동기, 청구인이 게시한 글의 전체적인 맥락 등을 고려할 때 비판의 범위 내에 있는 것으로 평가될 수 있어 사회상규에 위배되지 아니하는 행위로서 정당행위에 해당한다고 볼 여지가 있다. 그럼에도 불구하고 정당행위 여부를 판단하지 않고 청구인에 대한 모욕 혐의를 인정한 이 사건 기소유예처분은 자의적인 검찰권의 행사로서 청구인의 평등권과 행복추구권을 침해하였다(헌재 2020. 9. 24. 2019헌마1285).

④ ◎ 수상레저안전법상 조종면허를 받은 사람이 동력수상레저기구를 이용하여 범죄행위를 하는 경우에 조종면허를 필요적으로 취소하도록 규정한 구 수상레저안전법 제13조 제1항 제3호는 과잉금지원칙을 위반하여 직업의 자유 내지 일반적 행동의 자유를 침해한다(헌재 2015. 7. 30. 2014헌가13).

18
정답 ②

㉠ ◎ 본인인증 조항은 인터넷게임을 이용하고자 하는 사람들에게 본인인증이라는 사전적 절차를 거칠 것을 강제함으로써, 개개인이 생활방식과 취미활동을 자유롭게 선택하고 이를 원하는 방식대로 영위하고자 하는 일반적 행동의 자유를 제한하고, 동의확보 조항은 청소년이 친권자 등 법정대리인의 동의를 얻어야만 인터넷게임을 즐길 수 있도록 함으로써 청소년 스스로가 게임물의 이용 여부를 자유롭게 결정할 수 있는 권리를 제한하는바, 위 조항들은 자기결정권을 포함한 청구인들의 일반적 행동자유권을 제한한다(헌재 2015. 3. 26. 2013헌마517).

㉡ ✕ '군인의 지위 및 복무에 관한 기본법' 제24조 제1항, 제36조 제2항 및 제4항에 근거하여, 육군참모총장은 직무와 관계가 있고 권한 내의 사항이라면 육군 장교를 지휘·감독하는 내용의 명령을 할 수 있다. 군인사법 제25조 제1항 등에서는 육군참모총장에게 육군 장교 중 진급대상자 추천 권한을 부여하면서, 같은 법 시행령 제33조 제1항 제2호 다목에서 그 평가항목 중 하나로 '상벌사항'을 규정하고 있다. 따라서 육군참모총장이 상벌사항을 파악하는 일환으로 육군 장교에게 민간법원에서 약식명령을 받아 확정된 사실을 자진신고 하도록 명령하는 것은 법률에 근거가 있다. 20년도 육군지시 자진신고조항 및 21년도 육군지시 자진신고조항은 법률유보원칙 및 과잉금지원칙에 반하여 일반적 행동의 자유를 침해한다고 볼 수 없다(헌재 2021. 8. 31. 2020헌마12).

㉢ ✕ 청구인들은 이 공항고속도로를 이용하지 않고도, 이 도로개설 이전의 영종도 주민들과 마찬가지로, 뱃길을 이용하여 자유로이 다른 곳으로 이동할 수도 있고 다른 곳으로 거주를 옮길 수도 있으며 또 이 도로를 이용하는 경우에도 비록 통행료의 부담이 있기는 하지만 그 부담의 정도가 이전의 자유를 실제로 제약할 정도로, 이용의 편익에 비하여, 현저히 크다고는 볼 수 없다. 따라서 인천국제공항고속도로를 건설한 민간사업시행자가 고속도로 사용료를 징수하는 근거인 심판대상조항으로 인하여 청구인들의 거주이전의 자유나 직업선택의 자유가 제한된 것으로 볼 수 없다(헌재 2005. 12. 22. 2004헌바64).

㉣ ◎ 환자의 사망이라는 중한 결과가 발생한 경우 환자 측으로서는 피해를 신속·공정하게 구제하기 위해 조정절차를 적극적으로 활용할 필요가 있고, 보건의료인의 입장에서도 이러한 경우 분쟁으로 비화될 가능성이 높아 원만하게 분쟁을 해결할 수 있는 절차가 마련될 필요가 있으므로, 의료분쟁 조정절차를 자동으로 개시할 필요성이 인정된다. 조정절차가 자동으로 개시되더라도 피신청인은 이의신청을 통해 조정절차에 참여하지 않을 수 있고, 조정의 성립까지 강제되는 것은 아니므로 합의나 조정결정의 수용 여부에 대해서는 자유롭게 선택할 수 있으며, 채무부존재확인의 소 등을 제기하여 소송절차에 따라 분쟁을 해결할 수도 있다. 따라서 의료사고로 사망의 결과가 발생한 경우 의료분쟁 조정절차를 자동으로 개시하도록 한 심판대상조항이 청구인의 일반적 행동의 자유를 침해한다고 할 수 없다(헌재 2021. 5. 27. 2019헌마321).

19
정답 ②

② ◎ 자기낙태죄 조항은 모자보건법이 정한 예외를 제외하고는 임신기간 전체를 통틀어 모든 낙태를 전면적·일률적으로 금지하고, 이를 위반할 경우 형벌을 부과함으로써 임신의 유지·출산을 강제하고 있으므로, 임신한 여성의 자기결정권을 제한한다(헌재 2019. 4. 11. 2017헌바127).

① ✕ 미군기지의 이전은 공공정책의 결정 내지 시행에 해당하는 것으로서 인근 지역에 거주하는 사람들의 삶을 결정함에 있어서 사회적 영향을 미치게 되나, 개인의 인격이나 운명에 관한 사항은 아니며 각자의 개성에 따른 개인적 선택에 직접적인 제한을 가하는 것이 아니다. 따라서 그와 같은 사항은 헌법상 자기결정권의 보호범위에 포함된다고 볼 수 없다(헌재 2006. 2. 23. 2005헌마268).

③ ✕ 환자가 장차 죽음에 임박한 상태에 이를 경우에 대비하여 미리 의료인 등에게 연명치료 거부 또는 중단에 관한 의사를 밝히는 등의 방법으로 죽음에 임박한 상태에서 인간으로서의 존엄과 가치를 지키기 위하여 연명치료의 거부 또는 중단을 결정할 수 있다 할 것이고, 위 결정은 헌법상 기본권인 자기결정권의 한 내용으로서 보장된다 할 것이다. …… 죽음에 임박한 환자에 대한 연명치료 중단에 관한 다툼은 법원의 재판을 통하여 해결될 수 있고, 법원의 재판에서 나타난 연명치료 중단의 허용요건이나 절차 등에 관한 기준에 의하여 연명치료 중단에 관한 자기결정권은 충분하지 않을지는 모르나 효율적으로 보호될 수 있으며, 자기결정권을 행사하여 연명치료를 중단하고 자연스런 죽음을 맞이하는 문제는 생명권 보호라는 헌법적 가치질서와 관련된 것으로 법학과 의학만의 문제가 아니라 종교, 윤리, 나아가 인간의 실존에 관한 철학적 문제까지도 연결되는 중대한 문제이므로 충분한 사회적 합의가 필요한 사항이다. 따라서 이에 관한 입법은 사회적 논의가 성숙되고 공론화 과정을 거친 후 비로소 국회가 그 필요성을 인정하여 이를 추진할 사항이다. 또한 '연명치료 중단에 관한 자기결정권'을 보장하는 방법으로서 '법원의 재판을 통한 규범의 제시'와 '입법' 중 어느 것이 바람직한가는 입법정책의 문제로서 국회의 재량에 속한다 할 것이다. 그렇다면 헌법해석상 '연명치료 중단 등에 관한 법률'을 제정할 국가의 입법의무가 명백하다고 볼 수 없다(헌재

2009. 11. 26. 2008헌마385).

④ ❌ '이 사건 금지조항'과 구 '응급의료에 관한 법률' 제60조 제1항 제1호 중 이 사건 금지조항을 위반하여 '응급의료를 방해한 사람'에 관한 부분이 응급환자의 자기결정권 내지 일반적 행동자유권을 제한하는지 여부(소극) 응급환자 본인의 행위가 응급환자의 생명과 건강에 중대한 위해를 가할 우려가 있어 사회통념상 용인될 수 없는 정도의 것으로 '응급진료 방해 행위'로 평가되는 경우 이는 정당한 자기결정권 내지 일반적 행동의 자유의 한계를 벗어난 것이므로, 이를 다른 응급진료방해 행위와 마찬가지로 금지하고 형사처벌의 대상으로 한다고 하여 자기결정권 내지 일반적 행동의 자유의 제한의 문제가 발생하는 것은 아니다(헌재 2019. 6. 28. 2018헌바128).

20
정답 ①

① ❌ 요양기관이 의료법 제33조 제2항을 위반하였다는 사실을 수사기관의 수사 결과로 확인한 경우 공단으로 하여금 해당 요양기관이 청구한 요양급여비용의 지급을 보류할 수 있도록 규정한 국민건강보험법 제47조의2는 요양기관 개설자의 재산권을 침해한다(헌재 2023. 3. 23. 2018헌바433등, 헌법불합치). → 이 사건 지급보류조항은 무죄추정의 원칙에 위반된다고 볼 수 없다.

② ⭕ **국가를 상대로 하는 당사자소송의 경우에는 가집행선고를 할 수 없다고 규정한 행정소송법 제43조가 평등권에 위배되는지 여부(적극)** 재산권의 청구가 공법상 법률관계를 전제로 한다는 점만으로 국가를 상대로 하는 당사자소송에서 국가를 우대할 합리적인 이유가 있다고 할 수 없고, 집행 가능성 여부에 있어서도 국가와 지방자치단체 등이 실질적인 차이가 있다고 보기 어렵다는 점에서, 심판대상조항은 국가가 당사자소송의 피고인 경우 가집행의 선고를 제한하여, 합리적인 이유 없이 차별하고 있으므로 평등원칙에 반한다(헌재 2022. 2. 24. 2020헌가12).

③ ⭕ 증여계약의 합의해제에 따라 신고기한 이내에 증여받은 재산을 반환하는 경우 처음부터 증여가 없었던 것으로 보는 대상에서 금전을 제외한 구 상속세 및 증여세법은 수증자의 계약의 자유 및 재산권을 침해하지 않는다(헌재 2015. 12. 23. 2013헌바117).

④ ⭕ 이 사건 법률조항이 규정한 구입명령제도는 소주판매업자에게 자도소주의 구입의무를 부과함으로써, 어떤 소주제조업자로부터 얼마만큼의 소주를 구입하는가를 결정하는 직업활동의 방법에 관한 자유를 제한하는 것이므로 소주판매업자의 "직업행사의 자유"를 제한하는 규정이다. 또한 <u>구입명령제도는 비록 직접적으로는 소주판매업자에게만 구입의무를 부과하고 있으나 실질적으로는 구입명령제도가 능력경쟁을 통한 시장의 점유를 억제함으로써 소주제조업자의 "기업의 자유" 및 "경쟁의 자유"를 제한하고, 소비자가 자신의 의사에 따라 자유롭게 상품을 선택하는 것을 제약함으로써 소비자의 행복추구권에서 파생되는 "자기결정권"도 제한</u>하고 있다(헌재 1996. 12. 26. 96헌가18).

전효진 경찰헌법 8421 04Day

| 01 ① | 02 ② | 03 ③ | 04 ① | 05 ④ | 06 ④ | 07 ④ | 08 ② | 09 ④ | 10 ① |
| 11 ① | 12 ① | 13 ③ | 14 ② | 15 ④ | 16 ③ | 17 ① | 18 ③ | 19 ② | 20 ② |

01
정답 ①

① ❌ '혼인 중 여자와 남편 아닌 남자 사이에서 출생한 자녀에 대한 생부의 출생신고'를 허용하도록 규정하지 아니한 '가족관계의 등록 등에 관한 법률' 부분들이 생부인 청구인들의 평등권을 침해하는지 여부(소극) 심판대상조항들이 혼인 중인 여자와 남편 아닌 남자 사이에서 출생한 자녀의 경우에 혼인 외 출생자의 신고의무를 모에게만 부과하고, 남편 아닌 남자인 생부에게 자신의 혼인 외 자녀에 대해서 출생신고를 할 수 있도록 규정하지 아니한 것은 모는 출산으로 인하여 그 출생자와 혈연관계가 형성되는 반면에, 생부는 그 출생자와의 혈연관계에 대한 확인이 필요할 수도 있고, 그 출생자의 출생사실을 모를 수도 있다는 점에 있으며, 이에 따라 가족관계등록법은 모를 중심으로 출생신고를 규정하고, 모가 혼인 중일 경우에 그 출생자는 모의 남편의 자녀로 추정하도록 한 민법의 체계에 따르도록 규정하고 있는 점에 비추어 합리적인 이유가 있다. 그렇다면, 심판대상조항들은 생부인 청구인들의 평등권을 침해하지 않는다(헌재 2023. 3. 23. 2021헌마975).

② ⭕ 공무원연금제도와 산재보험제도는 사회보장 형태로서 사회보험이라는 점에 공통점이 있을 뿐, 보험가입자, 보험관계의 성립 및 소멸, 재정조성 주체 등에서 큰 차이가 있어, 공무원연금법상의 유족급여수급권자와 산재보험법상의 유족급여수급권자가 본질적으로 동일한 비교집단이라고 보기 어렵다. 공무원연금과 국민연금은 사회보장적 성격을 가진다는 점에서 동일하기는 하나, 제도의 도입 목적과 배경, 재원의 조성 등에 차이가 있고, 공무원연금은 국민연금에 비해 재정건전성 확보를 통하여 국가의 재정 부담을 낮출 필요가 절실하다는 점 등에 비추어 볼 때, 공무원연금의 수급권자에서 형제자매를 제외한 것은 합리적인 이유가 있다. 따라서 이 사건 법률조항이 산재보험법이나 국민연금법상의 수급권자의 범위와 비교하여 청구인들의 평등권을 침해하였다고 볼 수 없다(헌재 2014. 5. 29. 2012헌마555).

③ ⭕ 평등원칙 위반의 특수성은 대상 법률이 정하는 '법률효과' 자체가 위헌이 아니라, 그 법률효과가 수범자의 한 집단에만 귀속하여 '다른 집단과 사이에 차별'이 발생한다는 점에 있기 때문에, 평등원칙의 위반을 인정하기 위해서는 우선 법적용에 관련하여 상호 배타적인 '두 개의 비교집단'을 일정한 기준에 따라서 구분할 수 있어야 한다(헌재 2003. 12. 18. 2002헌마593).

④ ⭕ 다른 전문직에 비하여 변호사는 포괄적인 직무영역과 그에 따른 더 엄격한 직무의무를 부담하고 있는바, 이는 변호사 직무의 공공성 및 그 포괄적 직무범위에 따른 사회적 책임성을 고려한 것으로서, 다른 전문직과 비교하여 차별취급의 합리적 이유가 있다고 할 것이므로, 변호사법 제29조는 변호사의 평등권을 침해하지 아니한다(헌재 2013. 5. 30. 2011헌마131).

02
정답 ②

② ❌ 병역의무를 이행하고 있는 남성 단기복무군인과 달리 장교를 포함한 여성 단기복무군인은 지원에 의하여 직업으로서 군인을 선택한 것이므로, 이 사건 법률조항이 육아휴직과 관련하여 단기복무군인 중 남성

과 여성을 차별하는 것은 성별에 근거한 차별이 아니라 의무복무군인과 직업군인이라는 복무형태에 따른 차별로 봄이 타당하다(헌재 2008. 10. 30. 2005헌마1156).

① ⓞ 검찰청법상 항고제도의 인정 여부는 기본적으로 입법정책에 속하는 문제로서 그 주체, 대상의 범위 등의 제한도 그것이 현저히 불합리하지 아니한 이상 헌법에 위반되는 것이라 할 수 없고, 고소인·고발인과 피의자는 기본적으로 대립적 이해관계에서 기소유예처분에 불복할 이익을 지니며, 검찰청법상 항고제도의 성격과 취지 및 한정된 인적·물적 사법자원의 측면, 그리고 이 사건 법률조항이 헌법소원심판청구 등 피의자의 다른 불복수단까지 원천적으로 봉쇄하는 것은 아닌 점 등을 종합하면, 이 사건 법률조항이 피의자를 고소인·고발인에 비하여 합리적 이유 없이 차별하는 것이라 할 수 없다(헌재 2012. 7. 26. 2010헌마642).

③ ⓞ 소방공무원과 경찰공무원은 업무의 내용이 서로 다르고, 그로 인해 업무수행 중에 노출되는 위험상황의 성격과 정도에 있어서도 서로 동일하다고 볼 수 없다. 더욱이 경찰공무원의 경우에는 전쟁이 발생하거나 이에 준하는 상황이 발생하는 경우 군인과 마찬가지로 고도의 위험을 무릅쓰고 부여된 업무를 수행할 것이 기대되므로 정책적인 배려에서 예우법은 군인이나 경찰공무원이 직무수행 중 사망한 경우에는 순직군경으로 예우하도록 하고 있다. 그리고 그동안 국가는 소방공무원이 국가유공자로 예우를 받게 되는 대상자의 범위 등을 국가의 재정능력, 전체적인 사회보장의 수준과 국가에 대한 공헌과 희생의 정도 등을 감안하여 합리적인 범위 내에서 단계적으로 확대해왔다. 그렇다면 국가에 대한 공헌과 희생, 업무의 위험성의 정도, 국가의 재정상태 등을 고려하여 화재진압, 구조·구급 업무수행 또는 이와 관련된 교육훈련 이외의 사유로 직무수행 중 사망한 소방공무원에 대하여 순직군경으로서의 보훈혜택을 부여하지 않는다고 해서 이를 합리적인 이유 없는 차별에 해당한다고 볼 수 없다(헌재 2005. 9. 29. 2004헌바53).

④ ⓞ 형사소송절차에서는 일방 당사자인 검사가 상소 여부를 결정할 수 있고, 피해자도 간접적으로 검사를 통하여 상소 여부에 관여할 수 있음에 반하여, <u>소년심판절차에서는 검사에게 상소권이 인정되지 아니하여 소년심판절차에서의 피해자도 상소 여부에 관하여 전혀 관여할 수 있는 방법이 없는데, 양 절차의 피해자는 범죄행위로 인하여 피해를 입었다는 점에서 본질적으로 동일한 집단이라고 할 것임에도 서로 다르게 취급되고 있다.</u> 그런데, 소년심판절차의 전 단계에서 검사가 관여하고 있고, 소년심판절차의 제1심에서 피해자 등의 진술권이 보장되고 있다. 또한 소년심판은 형사소송절차와는 달리 소년에 대한 후견적 입장에서 소년의 환경조정과 품행교정을 위한 보호처분을 하기 위한 심문절차이며, 보호처분을 함에 있어 범행의 내용도 참작하지만 주로 소년의 환경과 개인적 특성을 근거로 소년의 개선과 교화에 부합하는 처분을 부과하게 되므로 일반 형벌의 부과와는 차이가 있다. 그리고 소년심판은 심리의 객체로 취급되는 소년에 대한 후견적 입장에서 법원의 직권에 의해 진행되므로 검사의 관여가 반드시 필요한 것이 아니고 이에 따라 소년심판의 당사자가 아닌 검사가 상소 여부에 관여하는 것이 배제된 것이다. 위와 같은 <u>소년심판절차의 특수성을 감안하면, 차별대우를 정당화하는 객관적이고 합리적인 이유가 존재한다고 할 것이어서 이 사건 법률조항은 청구인의 평등권을 침해하지 않는다</u>(헌재 2012. 7. 26. 2011헌마232).

03

정답 ③

③ ✗ 단순한 단기체류가 아니라 국내에 거주하는 재외국민, 특히 외국의 영주권을 보유하고 있으나 상당한 기간 국내에서 계속 거주하고 있는 자들은 주민등록법상 재외국민으로 등록·관리될 뿐 '국민인 주민'이라는 점에서는 다른 일반 국민과 실질적으로 동일하므로, 단지 외국의 영주권을 취득한 재외국민이라는 이유로 달리 취급할 아무런 이유가 없어 위

와 같은 차별은 청구인들의 평등권을 침해한다(헌재 2018. 1. 25. 2015헌마1047).

① ⓞ 자의심사의 경우에는 차별을 정당화하는 합리적인 이유가 있는지만을 심사하기 때문에 그에 해당하는 비교대상간의 사실상의 차이나 입법목적(차별목적)의 발견·확인에 그친다(헌재 2001. 2. 22. 2000헌마25).

② ⓞ 국가가 국민에게 세금을 비롯한 공과금을 부과하는 경우에 그에 대한 헌법적 한계가 있는 것과 같이, 사회보험법상의 보험료의 부과에 있어서도 국민의 기본권이나 헌법의 기본원리에 위배되어서는 아니 된다는 헌법적 제한을 받는다. 특히 헌법상의 평등원칙에서 파생하는 부담평등의 원칙은 조세뿐만 아니라, 보험료를 부과하는 경우에도 준수되어야 한다(헌재 2000. 6. 29. 99헌마289).

④ ⓞ 국가라 할지라도 국고작용으로 인한 민사관계에 있어서는 일반인과 같이 원칙적으로 대등하게 다루어져야 하며 국가라고 하여 우대하여야 할 헌법상의 근거가 없다(헌재 2000. 2. 24. 99헌바17).

04 [2022 해경 2차]

정답 ①

① ✗, ④ ⓞ

> **헌법 제12조** ④ 누구든지 체포 또는 구속을 당한 때에는 즉시 변호인의 조력을 받을 권리를 가진다. 다만, 형사피고인이 스스로 변호인을 구할 수 없을 때에는 법률이 정하는 바에 의하여 국가가 변호인을 붙인다.
> ⑦ 피고인의 자백이 고문·폭행·협박·구속의 부당한 장기화 또는 기망 기타의 방법에 의하여 자의로 진술된 것이 아니라고 인정될 때 또는 정식재판에 있어서 피고인의 자백이 그에게 불리한 유일한 증거일 때에는 이를 유죄의 증거로 삼거나 이를 이유로 처벌할 수 없다.

② ⓞ, ③ ⓞ

> **헌법 제13조** ① 모든 국민은 행위시의 법률에 의하여 범죄를 구성하지 아니하는 행위로 소추되지 아니하며, 동일한 범죄에 대하여 거듭 처벌받지 아니한다.
> ③ 모든 국민은 자기의 행위가 아닌 친족의 행위로 인하여 불이익한 처우를 받지 아니한다.

05 [2022 지방직 7급]

정답 ④

④ ⓞ '빈곤'은 경제적 사정으로 소송비용을 납부할 수 없는 경우를 지칭하는 것으로 해석될 수 있으므로 집행면제 신청 조항은 명확성원칙에 위배되지 않는다(헌재 2021. 2. 25. 2019헌바64).

① ✗ '공중도덕(公衆道德)'은 시대상황, 사회가 추구하는 가치 및 관습 등 시간적·공간적 배경에 따라 그 내용이 얼마든지 변할 수 있는 규범적 개념이므로, 그것만으로는 구체적으로 무엇을 의미하는지 설명하기 어렵다. / '파견근로자보호 등에 관한 법률'(이하 '파견법'이라 한다)의 입법목적에 비추어보면, 심판대상조항은 공중도덕에 어긋나는 업무에 근로자를 파견할 수 없도록 함으로써 근로자를 보호하고 올바른 근로자파견사업 환경을 조성하려는 취지임을 짐작해 볼 수 있다. 하지만 이것만으로는 '공중도덕'을 해석함에 있어 도움이 되는 객관적이고 명확한 기준을 얻을 수 없다. 파견법은 '공중도덕상 유해한 업무'에 관한 정의조항은 물론 그 의미를 해석할 수 있는 수식어를 두지 않았으므로, 심판대상조항이 규율하는 사항을 바로 알아내기도 어렵다. / 심판대상조항과 관련하여 파견법이 제공하고 있는 정보는 파견사업주가 '공중도덕상 유해한 업무'에 취업시킬 목적으로 근로자를 파견한 경우 불법파견에 해당하여 처벌

된다는 것뿐이다. 파견법 전반에 걸쳐 심판대상조항과 유의미한 상호관계에 있는 다른 조항을 발견할 수 없고, 파견법 제5조, 제16조 등 일부 관련성이 인정되는 규정은 심판대상조항 해석기준으로 활용하기 어렵다. 결국, 심판대상조항의 입법목적, 파견법의 체계, 관련조항 등을 모두 종합하여 보더라도 '공중도덕상 유해한 업무'의 내용을 명확히 알 수 없다. / 아울러 심판대상조항에 관한 이해관계기관의 확립된 해석기준이 마련되어 있다거나, 법관의 보충적 가치판단을 통한 법문 해석으로 심판대상조항의 의미내용을 확인할 수 있다는 사정을 발견하기도 어렵다. / 심판대상조항은 건전한 상식과 통상적 법감정을 가진 사람으로 하여금 자신의 행위를 결정해 나가기에 충분한 기준이 될 정도의 의미내용을 가지고 있다고 볼 수 없으므로 죄형법정주의의 명확성원칙에 위배된다(헌재 2016. 11. 24. 2015헌가23).

② ✕ 심판대상조항은 외국인에게 대한민국 국적을 부여하는 '귀화'의 요건을 정한 것인데, '품행', '단정' 등 용어의 사전적 의미가 명백하고, 심판대상조항의 입법취지와 용어의 사전적 의미 및 법원의 일반적인 해석 등을 종합해 보면, '품행이 단정할 것'은 '귀화신청자를 대한민국의 새로운 구성원으로서 받아들이는 데 지장이 없을 만한 품성과 행실을 갖춘 것'을 의미하고, 구체적으로 이는 귀화신청자의 성별, 연령, 직업, 가족, 경력, 전과관계 등 여러 사정을 종합적으로 고려하여 판단될 것임을 예측할 수 있다. 따라서 심판대상조항은 명확성원칙에 위배되지 아니한다(헌재 2016. 7. 28. 2014헌바421).

③ ✕ 정액범위조항에 사용된 '등'은 열거된 항목 외에 같은 종류의 것이 더 있음을 나타내는 의미로 해석할 수 있고, 다른 조항과의 유기적·체계적 해석을 통해 그 적용범위를 합리적으로 파악할 수 있으므로, 명확성원칙에 위배되지 않는다(헌재 2020. 4. 23. 2017헌마103).

06
정답 ④

④ ✕ 법무부장관은 권한쟁의심판에서 일반적인 당사자능력이 인정된다.
①◯, ②◯, ③◯ '검사'는 앞서 살펴본 바와 같이 영장신청권을 행사하고(헌법 제12조 제3항, 제16조), 공익의 대표자로서 범죄수사, 공소제기 및 그 유지에 필요한 사항 등에 관한 직무를 담당하여(검찰청법 제4조 제1항), 헌법과 법률에 의해 독자적인 권한을 부여받고 있다. 이 사건 법률개정행위는 이와 같은 검사의 수사 및 공소제기에 관한 권한 중 일부를 조정·제한하는 것을 주요 골자로 하고 있으므로, 검사는 이 사건 법률개정행위에 대하여 권한쟁의심판을 청구할 적절한 관련성을 가지고 있다. 그러나 국가기관의 '법률상 권한'은, 다른 국가기관의 행위로 침해될 수 있음은 별론으로 하고, 국회의 입법행위로는 침해될 수 없다(헌재 2023. 3. 23. 2022헌라4).

07
정답 ④

④ ✕ 헌법 제12조 제4항의 변호인의 조력을 받을 권리는 신체의 자유에 관한 영역으로서 가사소송에서 당사자가 변호사를 대리인으로 선임하여 그 조력을 받는 것을 그 보호영역에 포함된다고 보기 어렵고, 이 사건 법률조항이 가사소송의 당사자가 변호사의 조력을 얻어 소송수행을 하는 데 제약을 가하는 것도 아니므로, 재판청구권을 침해하는 것이라 볼 수도 없다(헌재 2012. 10. 25. 2011헌마598).

① ◯ 헌법 제12조 제4항 본문에 규정된 "구속"이란 강제로 사람을 일정한 범위의 폐쇄된 공간에 가두어 둠으로써, 가두어 둔 공간 밖으로의 신체의 자유로운 이동을 금지하는 행위를 의미한다. 이 사건 변호인 접견신청 거부가 있었던 2014. 4. 25. 청구인이 헌법 제12조 제4항 본문상 "구속"되었다고 인정하려면, 당시 피청구인이 강제로 송환대기실에 갇혀 있었음이 인정되어야 한다. 이 사건에 관하여 보건대, 변호인 접견신청 거부일인 2014. 4. 25. 청구인이 수용되어 있던 송환대기실은 출입문이 철문으로 되어 있는 폐쇄된 공간이고, 인천국제공항 항공사운영협의회에 의해 출입이 통제되었다. 청구인은 송환대기실 밖 환승구역으로 나갈 수 없었으며, 공중전화 외에는 외부와의 소통 수단이 없었다. 청구인은 이 사건 변호인 접견신청 거부 당시 약 5개월째 송환대기실에 수용되어 있었고, 적어도 난민인정심사불회부 결정 취소소송이 종료될 때까지는 임의로 송환대기실 밖으로 나갈 것을 기대할 수 없었다. 청구인은 이 사건 변호인 접견신청 거부 당시 자신에 대한 송환대기실 수용을 해제해 달라는 취지의 인신보호청구의 소를 제기해 둔 상태였으므로 자신의 의사에 따라 송환대기실에 머무르고 있었다고 볼 수도 없다. 위와 같은 사정을 종합하면, 청구인은 이 사건 변호인 접견신청 거부 당시 자신의 의사에 반하여 강제로 송환대기실에 갇혀 있었다고 인정된다. 따라서 청구인은 이 사건 변호인 접견신청 거부일인 2014. 4. 25. 헌법 제12조 제4항 본문에 규정된 "구속을 당한" 상태였다. 청구인은 이 사건 변호인 접견신청 거부가 있었을 당시 행정기관인 피청구인에 의해 송환대기실에 구속된 상태였으므로, 헌법 제12조 제4항 본문에 따라 변호인의 조력을 받을 권리가 있다. …… 이 사건 변호인 접견신청 거부는 국가안전보장이나 질서유지, 공공복리를 위해 필요한 기본권 제한 조치로 볼 수도 없다(헌재 2018. 5. 31. 2014헌마346).

② ◯ 강력범죄 또는 조직폭력범죄의 수사와 재판에서 범죄입증을 위해 증언한 자의 안전을 효과적으로 보장해 줄 수 있는 조치가 마련되어야 할 필요성은 매우 크고, 경우에 따라서는 증인이 피고인의 변호인과 대면하여 진술하는 것으로부터 보호할 필요가 있을 수 있다. 피고인 등과 증인 사이에 차폐시설을 설치한 경우에도 피고인 및 변호인에게는 여전히 반대신문권이 보장되고, 증인신문과정에서 증언의 신빙성에 대한 최종 판단 권한을 가진 재판부가 증인의 진술태도를 충분히 관찰할 수 있으며, 형사소송법은 차폐시설을 설치하고 증인신문절차를 진행할 경우 피고인으로부터 의견을 듣도록 하는 등 피고인이 받을 수 있는 불이익을 최소화하기 위한 장치를 마련하고 있다. 따라서 심판대상조항은 과잉금지원칙에 위배되어 청구인의 공정한 재판을 받을 권리 및 변호인의 조력을 받을 권리를 침해한다고 할 수 없다(헌재 2016. 12. 29. 2015헌바221).

③ ◯ 변호인의 조력을 받을 권리는 '형사사건'에서의 변호인의 조력을 받을 권리를 의미한다. 따라서 수형자가 형사사건의 변호인이 아닌 민사사건, 행정사건, 헌법소원사건 등에서 변호사와 접견할 경우에는 원칙적으로 헌법상 변호인의 조력을 받을 권리의 주체가 될 수 없다 할 것이다(헌재 2013. 9. 26. 2011헌마398).

> 2023 경찰간부 수형자가 형사사건의 변호인이 아닌 민사사건, 행정사건, 헌법소원사건 등에서 변호사와 접견할 경우에는 원칙적으로 헌법상 변호인의 조력을 받을 권리의 주체가 될 수 없다. (O)

08
정답 ②

② ✕ 입법자는 외국에서 형의 집행을 받은 자에게 어떠한 요건 아래, 어느 정도의 혜택을 줄 것인지에 대하여 일정 부분 재량권을 가지고 있으나, 신체의 자유는 정신적 자유와 더불어 헌법이념의 핵심인 인간의 존엄과 가치를 구현하기 위한 가장 기본적인 자유로서 모든 기본권 보장의 전제조건이므로 최대한 보장되어야 하는바, 외국에서 실제로 형의 집행을 받았음에도 불구하고 우리 형법에 의한 처벌 시 이를 전혀 고려하지 않는다면 신체의 자유에 대한 과도한 제한이 될 수 있으므로 그와 같은 사정은 어느 범위에서든 반드시 반영되어야 하고, 이러한 점에서 입법형성권의 범위는 다소 축소될 수 있다. 입법자는 국가형벌권의 실현과 국민의 기본권 보장의 요구를 조화시키기 위하여 형을 필요적으로 감면하거나 외국에서 집행된 형의 전부 또는 일부를 필요적으로 산입하는 등의 방법

을 선택하여 청구인의 신체의 자유를 덜 침해할 수 있음에도, 이 사건 법률조항과 같이 우리 형법에 의한 처벌 시 외국에서 받은 형의 집행을 전혀 반영하지 아니할 수도 있도록 한 것은 과잉금지원칙에 위배되어 신체의 자유를 침해한다(헌재 2015. 5. 28. 2013헌바129).

① ⊙ 이 사건 법률조항은 형사 법률에 저촉되는 행위 또는 규율 위반 행위를 한 피보호감호자에 대하여 징벌처분을 내릴 수 있도록 함으로써 수용시설의 안전과 공동생활의 질서를 유지하기 위한 것으로, 행위의 내용에 비하여 중한 징벌이 부과되지 않도록 하고, 징벌의 필요성을 고려하여 징벌을 감면할 수 있도록 한 점 등을 고려하면, 과잉금지원칙에 위배되어 청구인의 신체의 자유 등 기본권을 침해하지 않는다(헌재 2016. 5. 26. 2015헌바378).

③ ⊙ 지방의회에서의 사무감사·조사를 위한 증인의 동행명령장제도도 증인의 신체의 자유를 억압하여 일정 장소로 인치하는 것으로서 헌법 제12조 제3항의 "체포 또는 구속"에 준하는 사태로 보아야 할 것이고, 거기에 현행범 체포와 같이 사후에 영장을 발부받지 아니하면 목적을 달성할 수 없는 긴박성이 있다고 인정할 수는 없을 것이다. 그러므로, 이 경우에도 헌법 제12조 제3항에 의하여 법관이 발부한 영장의 제시가 있어야 할 것이다. 그럼에도 불구하고 동행명령장을 법관이 아닌 의장이 발부하고 이에 기하여 증인의 신체의 자유를 침해하여 증인을 일정 장소에 인치하도록 규정된 조례안 제6조는 영장주의원칙을 규정한 헌법 제12조 제3항에 위반한 것이라고 할 것이다(대판 1995. 6. 30. 93추83).

④ ⊙ 국가보안법위반죄 등 일부 범죄혐의자를 법관의 영장 없이 구속, 압수, 수색할 수 있도록 규정하고 있던 구 인신구속 등에 관한 임시 특례법 법률조항은 수사기관이 법관에 의하여 발부된 영장 없이 일부 범죄 혐의자에 대하여 구속 등 강제처분을 할 수 있도록 규정하고 있을 뿐만 아니라, 그와 같이 영장 없이 이루어진 강제처분에 대하여 일정한 기간 내에 법관에 의한 사후영장을 발부받도록 하는 규정도 마련하지 아니함으로써, 수사기관이 법관에 의한 구체적 판단을 전혀 거치지 않고서도 임의로 불특정 기간 동안 피의자에 대한 구속 등 강제처분을 할 수 있도록 하고 있는바, 이는 이 사건 법률조항의 입법목적과 그에 따른 입법자의 정책적 선택이 자의적이었는지 여부를 따질 필요도 없이 형식적으로 영장주의의 본질을 침해한다고 하지 않을 수 없다(헌재 2012. 12. 27. 2011헌가5).

09
정답 ④

④ ✕ 헌법재판소가 91헌마111 결정에서 미결수용자와 변호인과의 접견에 대해 어떠한 명분으로도 제한할 수 없다고 한 것은 구속된 자와 변호인 간의 접견이 실제로 이루어지는 경우에 있어서의 '자유로운 접견', 즉 '대화내용에 대하여 비밀이 완전히 보장되고 어떠한 제한, 영향, 압력 또는 부당한 간섭 없이 자유롭게 대화할 수 있는 접견'을 제한할 수 없다는 것이지, 변호인과의 접견 자체에 대해 아무런 제한도 가할 수 없다는 것을 의미하는 것이 아니므로 미결수용자의 변호인접견권 역시 국가안전보장·질서유지 또는 공공복리를 위해 필요한 경우에는 법률로써 제한될 수 있음은 당연하다(헌재 2011. 5. 26. 2009헌마341).

① ⊙ 형사절차가 종료되어 교정시설에 수용중인 수형자는 원칙적으로 변호인의 조력을 받을 권리의 주체가 될 수 없다. 다만, 수형자의 경우에도 재심절차 등에는 변호인 선임을 위한 일반적인 교통·통신이 보장될 수도 있겠으나, 기록에 의하면 청구인은 교도소 내에서의 처우를 왜곡하여 외부인과 연계, 교도소내의 질서를 해칠 목적으로 변호사에게 이 사건 서신을 발송하려는 것이므로 이와 같은 경우에는 변호인의 조력을 받을 권리가 보장되는 경우에 해당한다고 할 수 없다(헌재 1998. 8. 27. 96헌마398).

② ⊙ 헌법 제12조 제4항 본문의 문언 및 헌법 제12조의 조문 체계, 변호인 조력권의 속성, 헌법이 신체의 자유를 보장하는 취지를 종합하여 보면 헌법 제12조 제4항 본문에 규정된 "구속"은 사법절차에서 이루어진 구속뿐 아니라, 행정절차에서 이루어진 구속까지 포함하는 개념이다. 따라서 헌법 제12조 제4항 본문에 규정된 변호인의 조력을 받을 권리는 행정절차에서 구속을 당한 사람에게도 즉시 보장된다. 종래 이와 견해를 달리하여 헌법 제12조 제4항 본문에 규정된 변호인의 조력을 받을 권리는 형사절차에서 피의자 또는 피고인의 방어권을 보장하기 위한 것으로서 출입국관리법상 보호 또는 강제퇴거의 절차에도 적용된다고 보기 어렵다고 판시한 우리 재판소 결정(헌재 2012. 8. 23. 2008헌마430)은, 이 결정 취지와 저촉되는 범위 안에서 변경한다(헌재 2018. 5. 31. 2014헌마346).

③ ⊙ 변호인과의 서신 수수 이외에도 형집행법상 변호인과의 접견, 전화통화 등을 통해 변호인의 충분한 조력이 가능한 이상 위와 같은 정도의 사익의 제한이 달성되는 공익에 비하여 중대하다고 보기 어렵다. …… 따라서 이 사건 서신개봉행위는 과잉금지원칙에 위반되지 아니하므로 청구인의 변호인의 조력을 받을 권리를 침해하지 아니한다(헌재 2021. 10. 28. 2019헌마973).

> 2023 경찰간부 살인미수 등 사건의 수형자이면서 공무집행방해 등 사건의 미결수용자와 같은 지위에 있는 수형자의 변호인이 위 수형자에게 보낸 서신을 교도소장이 금지물품 동봉 여부를 확인하기 위하여 개봉한 후 교부한 행위는 위 수형자가 갖는 변호인의 조력을 받을 권리를 침해하지 않는다. (○)

10 [2022 해경 2차]
정답 ①

① ✕ 헌법 제13조 제1항은 "모든 국민은 …… 동일한 범죄에 대하여 거듭 처벌받지 아니한다."고 하여 '이중처벌금지원칙'을 규정하고 있다. 이는 한 번 판결이 확정되면 동일한 사건에 대해서는 다시 심판할 수 없다는 '일사부재리원칙'이 국가형벌권의 기속원리로 헌법상 선언된 것으로서, 동일한 범죄행위에 대하여 국가가 형벌권을 거듭 행사할 수 없도록 함으로써 국민의 기본권, 특히 신체의 자유를 보장하기 위한 것이다. 이러한 점에서 헌법 제13조 제1항에서 말하는 '처벌'은 원칙적으로 범죄에 대한 국가의 형벌권 실행으로서의 과벌을 의미하는 것이고, 국가가 행하는 일체의 제재나 불이익처분을 모두 그 '처벌'에 포함시킬 수는 없다(헌재 2015. 5. 28. 2013헌바129).

② ⊙, ③ ⊙, ④ ⊙

> 헌법 제12조 ② 모든 국민은 고문을 받지 아니하며, 형사상 자기에게 불리한 진술을 강요당하지 아니한다.
> ③ 체포·구속·압수 또는 수색을 할 때에는 적법한 절차에 따라 검사의 신청에 의하여 법관이 발부한 영장을 제시하여야 한다. 다만, 현행범인인 경우와 장기 3년 이상의 형에 해당하는 죄를 범하고 도피 또는 증거인멸의 염려가 있을 때에는 사후에 영장을 청구할 수 있다.
> ⑤ 누구든지 체포 또는 구속의 이유와 변호인의 조력을 받을 권리가 있음을 고지받지 아니하고는 체포 또는 구속을 당하지 아니한다. 체포 또는 구속을 당한 자의 가족등 법률이 정하는 자에게는 그 이유와 일시·장소가 지체 없이 통지되어야 한다.

11
정답 ①

① ✕ 법원이 검사의 열람·등사 거부처분에 정당한 사유가 없다고 판단하고 그러한 거부처분이 피고인의 헌법상 기본권을 침해한다는 취지에서 수사서류의 열람·등사를 허용하도록 명한 이상, 법치국가와 권력분립의 원칙상 검사로서는 당연히 법원의 그러한 결정에 지체 없이 따라야 하며, 이는 별건으로 공소제기되어 확정된 관련 형사사건 기록에 관한 경우에도 마찬가지이다. 법원이 열람·등사 허용 결정을 하였음에도 검사

가 이를 신속하게 이행하지 아니하는 경우에는 해당 증인 및 서류 등을 증거로 신청할 수 없는 불이익을 받는 것에 그치는 것이 아니라, 그러한 검사의 거부행위는 피고인의 열람·등사권을 침해하고, 나아가 피고인의 신속·공정한 재판을 받을 권리 및 변호인의 조력을 받을 권리까지 침해하게 되는 것이다(헌재 2022. 6. 30. 2019헌마356).

> **2023 경찰간부** 별건으로 공소제기 후 확정되어 검사가 보관하고 있는 서류에 대해 법원의 열람·등사 허용 결정이 있었음에도 불구하고 청구인에 대한 형사사건과 별건이라는 이유로 검사가 해당 서류의 열람·등사를 허용하지 아니한 행위는 청구인이 갖는 변호인의 조력을 받을 권리를 침해한다. (O)

② ◉ 헌법 제12조 제4항 본문은 형사절차뿐 아니라 행정절차에도 적용된다고 해석하는 것이 헌법 제12조 제4항 본문 자체의 문리해석의 측면에서 타당하고, 변호인 조력권의 속성에도 들어맞으며, 우리 헌법이 제12조 제1항 제1문에 명문으로 신체의 자유에 관한 규정을 두어 신체의 자유를 두텁게 보호하는 취지에도 부합할 뿐 아니라, 헌법 제12조의 체계적 해석 및 목적론적 해석의 관점에서도 정당하다. 종래 이와 견해를 달리하여, 헌법 제12조 제4항 본문에 규정된 변호인의 조력을 받을 권리는 형사절차에서 피의자 또는 피고인의 방어권을 보장하기 위한 것으로서 출입국관리법상 보호 또는 강제퇴거의 절차에도 적용된다고 보기 어렵다고 판시한 우리 재판소 결정(헌재 2012. 8. 23. 2008헌마430)은, 이 결정 취지와 저촉되는 범위 안에서 변경한다(헌재 2018. 5. 31. 2014헌마346).

③ ◉ 검찰수사관인 피청구인이 피의자신문에 참여한 변호인인 청구인에게 피의자 후방에 앉으라고 요구한 행위(이하 '이 사건 후방착석요구행위'라 한다)는 변호인인 청구인의 변호권을 침해한다(헌재 2017. 11. 30. 2016헌마503).

④ ◉ 변호인의 조력을 받을 권리를 실질적으로 보장하기 위하여는 변호인과의 접견교통권의 인정이 당연한 전제가 되므로, 임의동행의 형식으로 수사기관에 연행된 피의자에게도 변호인 또는 변호인이 되려는 자와의 접견교통권은 당연히 인정된다고 보아야 하고, 임의동행의 형식으로 연행된 피내사자의 경우에도 이는 마찬가지이다(대결 1996. 6. 3. 96모18).

> **2023 경찰간부** 난민인정신청을 하였으나 난민인정심사불회부 결정을 받고 인천공항 송환대기실에 계속 수용된 외국인의 경우 형사절차에서 구속된 자로는 볼 수는 없으므로 변호인의 조력을 받을 권리는 보장되지 않는다. (×)

② ◉ 심판대상조항은 보호의 개시 또는 연장 단계에서 공정하고 중립적인 기관에 의한 통제절차가 없고, 당사자에게 의견을 제출할 기회를 보장하고 있지 아니하므로, 헌법상 적법절차원칙에 위배된다(헌재 2023. 3. 23. 2020헌가1).

> **2023 경찰간부** 강제퇴거명령을 받은 사람을 보호할 수 있도록 하면서 보호기간의 상한을 마련하지 아니한 「출입국관리법」상 보호는 그 개시 또는 연장단계에서 공정하고 중립적인 기관에 의한 통제절차가 없고 당사자에게 의견을 제출할 기회도 보장하고 있지 아니하므로 헌법상 적법절차원칙에 위배된다. (O)

③ ◉ 변호인과의 자유로운 접견은 신체구속을 당한 사람에게 보장된 변호인의 조력을 받을 권리의 가장 중요한 내용이어서 국가안전보장·질서유지 또는 공공복리 등 어떠한 명분으로도 제한될 수 있는 성질의 것이 아니다(헌재 1992. 1. 28. 91헌마111).

④ ◉ 변호인 선임을 위하여 피의자·피고인(이하 '피의자 등'이라 한다)이 가지는 '변호인이 되려는 자'와의 접견교통권은 헌법상 기본권으로 보호되어야 하고, '변호인이 되려는 자'의 접견교통권은 피의자 등이 변호인을 선임하여 그로부터 조력을 받을 권리를 공고히 하기 위한 것으로서, 그것이 보장되지 않으면 피의자 등이 변호인 선임을 통하여 변호인으로부터 충분한 조력을 받는다는 것이 유명무실하게 될 수밖에 없다. 이와 같이 '변호인이 되려는 자'의 접견교통권은 피의자 등을 조력하기 위한 핵심적인 부분으로서, 피의자 등이 가지는 헌법상의 기본권인 '변호인이 되려는 자'와의 접견교통권과 표리의 관계에 있다. 따라서 피의자 등이 가지는 '변호인이 되려는 자'의 조력을 받을 권리가 실질적으로 확보되기 위해서는 '변호인이 되려는 자'의 접견교통권 역시 헌법상 기본권으로서 보장되어야 한다(이하 '변호인'과 '변호인이 되려는 자'를 합하여 '변호인 등'이라 한다)(헌재 2019. 2. 28. 2015헌마1204).

12

정답 ①

① ✕ [1] 헌법 제12조 제4항 본문에 규정된 변호인의 조력을 받을 권리는 행정절차에서 구속을 당한 사람에게도 즉시 보장된다. 종래 이와 견해를 달리하여 헌법 제12조 제4항 본문에 규정된 변호인의 조력을 받을 권리는 형사절차 에서 피의자 또는 피고인의 방어권을 보장하기 위한 것으로서 출입국관리법상 보호 또는 강제퇴거의 절차에도 적용된다고 보기 어렵다고 판시한 우리 재판소 결정은, 이 결정 취지와 저촉되는 범위 안에서 변경한다.
[2] 인천국제공항 송환대기실은 출입문이 철문으로 되어 있는 폐쇄된 공간이고, 인천국제공항 항공사운영협의회에 의해 출입이 통제되기 때문에 청구인은 송환대기실 밖 환승구역으로 나갈 수 없었으며, 공중전화 외에는 외부와의 소통 수단이 없었다. 청구인은 이 사건 변호인 접견신청 거부 당시 약 5개월 째 송환대기실에 수용되어 있었고, 적어도 난민인정심사불회부 결정 취소소송이 종료될 때까지는 임의로 송환대기실 밖으로 나갈 것을 기대할 수 없었다. 청구인은 이 사건 변호인 접견신청 거부 당시 자신에 대한 송환대기실 수용을 해제해 달라는 취지의 인신보호청구의 소를 제기해 둔 상태였으므로 자신의 의사에 따라 송환대기실에 머무르고 있었다고 볼 수도 없다. 따라서 청구인은 이 사건 변호인 접견신청 거부 당시 헌법 제12조 제4항 본문에 규정된 "구속" 상태였다(헌재 2018. 5. 31. 2014헌마346).

13 [2022 지방직 7급]

정답 ③

③ ✕ 이 사건 영장청구조항은 수사기관이 긴급체포한 피의자를 사후 영장청구 없이 석방할 수 있도록 규정하고 있다. 피의자를 긴급체포하여 조사한 결과 구금을 계속할 필요가 없다고 판단하여 48시간 이내에 석방하는 경우까지도 수사기관이 반드시 체포영장발부절차를 밟게 한다면, 이는 피의자, 수사기관 및 법원 모두에게 비효율을 초래할 가능성이 있고, 경우에 따라서는 오히려 인권침해적인 상황을 발생시킬 우려도 있다. 형사소송법은 긴급체포를 예외적으로만 허용하고 있고 피의자 석방 시 석방의 사유 등을 법원에 통지하도록 하고 있으며 긴급체포된 피의자도 체포적부심사를 청구할 수 있어 긴급체포제도의 남용을 예방하고 있다(헌재 2021. 3. 25. 2018헌바212).

① ◉ 헌법 제12조 제3항이 영장의 발부에 관하여 "검사의 신청"에 의할 것을 규정한 취지는 모든 영장의 발부에 검사의 신청이 필요하다는 데에 있는 것이 아니라 수사단계에서 영장의 발부를 신청할 수 있는 자를 검사로 한정함으로써 검사 아닌 다른 수사기관의 영장신청에서 오는 인권유린의 폐해를 방지하고자 함에 있으므로, 공판단계에서 법원이 직권에 의하여 구속영장을 발부할 수 있음을 규정한 형사소송법 제70조 제1항 및 제73조 중 "피고인을 …… 구인 또는 구금함에는 구속영장을 발부하여야 한다." 부분은 헌법 제12조 제3항에 위반되지 아니한다(헌재 1997. 3. 27. 96헌바28 등).

② ⭕ 헌법 제12조 제1항의 적법절차원칙은 형사소송절차에 국한되지 않고 모든 국가작용 전반에 대하여 적용되므로, 전투경찰순경의 인신구금을 내용으로 하는 영창처분에 있어서도 적법절차원칙이 준수되어야 한다. 그런데 전투경찰순경에 대한 영창처분은 그 사유가 제한되어 있고, 징계위원회의 심의절차를 거쳐야 하며, 징계 심의 및 집행에 있어 징계대상자의 출석권과 진술권이 보장되고 있다. 또한 소청과 행정소송 등 별도의 불복절차가 마련되어 있고 소청에서 당사자 의견진술 기회 부여를 소청결정의 효력에 영향을 주는 중요한 절차적 요건으로 규정하는바, 이러한 점들을 종합하면 이 사건 영창조항이 헌법에서 요구하는 수준의 절차적 보장 기준을 충족하지 못했다고 볼 수 없으므로 헌법 제12조 제1항의 적법절차원칙에 위배되지 아니한다(헌재 2016. 3. 31. 2013헌바190).

④ ⭕ 헌법 제12조 제3항의 영장주의는 법관이 발부한 영장에 의하지 아니하고는 수사에 필요한 강제처분을 하지 못한다는 원칙으로 소변을 받아 제출하도록 한 것은 교도소의 안전과 질서유지를 위한 것으로 수사에 필요한 처분이 아닐 뿐만 아니라 검사대상자들의 협력이 필수적이어서 강제처분이라고 할 수도 없어 영장주의의 원칙이 적용되지 않는다(헌재 2006. 7. 27. 2005헌마277).

14
정답 ②

② ❌ 선거운동의 의미, 심판대상조항의 입법취지, 관련 법률의 규정 등에 비추어, 심판대상조항에서의 '선거운동'은 '특정 후보자의 당선 내지 득표나 낙선을 위하여 필요하고도 유리한 모든 행위로서 당선 또는 낙선을 도모한다는 목적의사가 객관적으로 인정될 수 있는 능동적·계획적인 행위를 말하는 것'으로 풀이할 수 있다. 심판대상조항은 '선거운동 기간'의 의미에 관하여 "후보자등록마감일의 다음날부터 선거일 전일까지"라고 명확하게 규정하고 있고, 다의적인 해석가능성이 있다고 볼 수 없다. 나아가, 심판대상조항의 입법목적이나 입법취지, 입법연혁, 관련 법률의 규정 등을 종합하여 보면, 건전한 상식과 통상적인 법감정을 가진 사람이라면 선거운동이 금지되는 선거운동 기간이 언제인지 합리적으로 파악할 수 있으며, 아울러 법집행기관의 자의적인 법해석이나 법집행의 가능성도 배제되어 있다. 그러므로 심판대상조항은 죄형법정주의의 명확성원칙에 위반되지 아니한다(헌재 2021. 7. 15. 2020헌가9).

① ⭕ 이 사건 호별방문금지조항은 중소기업중앙회 임원 선거와 관련하여 '정관으로 정하는 기간에는' 선거운동을 위하여 정회원에 대한 호별방문 등의 행위를 한 경우 이를 형사처벌하도록 하고 있는바, 이때 '정관으로 정하는 기간'은 구성요건의 중요부분에 해당한다. 한편, 정관은 법인의 조직과 활동에 관하여 단체 내부에서 자율적으로 정한 자치규범으로서, 대내적으로만 효력을 가질 뿐 대외적으로 제3자를 구속하지는 않는 것이 원칙이고, 그 생성과정 및 효력발생요건에 있어 법규명령과 성질상 차이가 크다. 그럼에도 불구하고 이 사건 호별방문금지조항은 형사처벌과 관련한 주요사항을 헌법이 위임입법의 형식으로 예정하고 있지도 않은 특수법인의 정관에 위임하고 있는데, 이는 사실상 그 정관 작성권자에게 처벌법규의 내용을 형성할 권한을 준 것이나 다름없으므로 죄형법정주의에 비추어 허용되기 어렵다(헌재 2016. 11. 24. 2015헌가29).

③ ⭕ 처벌을 규정하고 있는 법률조항이 구성요건이 되는 행위를 같은 법률조항에서 직접 규정하지 않고 다른 법률조항에서 이미 규정한 내용을 원용하였다거나 그 내용 중 일부를 괄호 안에 규정하였다는 사실만으로 명확성원칙에 위반된다고 할 수는 없다(헌재 2010. 3. 25. 2009헌바121).

④ ⭕ 구 노동조합법(1986. 12. 31. 법률 제3925호로 최종 개정되었다가 1996. 12. 31. 법률 제5244호로 공포된 노동조합 및 노동관계조정법의 시행으로 폐지된 것) 제46조의3은 그 구성요건을 "단체협약에 …… 위반한 자"라고만 규정함으로써 범죄구성요건의 외피(外皮)만 설정하였을 뿐 구성요건의 실질적 내용을 직접 규정하지 아니하고 모두 단체협약에 위임하고 있어 죄형법정주의의 기본적 요청인 "법률"주의에 위배되고, 그 구성요건도 지나치게 애매하고 광범위하여 죄형법정주의의 명확성의 원칙에 위배된다(헌재 1998. 3. 26. 96헌가20).

15
정답 ④

④ ⭕ 위 규정들이 금지하는 '정치적 주장을 표시 또는 상징하는 행위'에서의 '정치적 주장'이란, 정당활동이나 선거와 직접적으로 관련되거나 특정 정당과의 밀접한 연계성을 인정할 수 있는 경우 등 공무원의 정치적 중립성을 훼손할 가능성이 높은 주장에 한정된다고 해석되므로, 명확성원칙에 위배되지 아니한다(헌재 2012. 5. 31. 2009헌마705).

> 2023 경찰 1차 국가공무원 복무규정 조항이 금지하는 정치적 주장을 표시 또는 상징하는 행위에서의 '정치적 주장'이란 정당 활동이나 선거와 직접적으로 관련되거나 특정 정당과의 밀접한 연계성을 인정할 수 있는 경우 등 정치적 중립성을 훼손할 가능성이 높은 주장에 한정된다고 해석되므로, 명확성원칙에 위배되지 아니한다. (O)

① ❌ 심판대상조항은 알몸을 '지나치게 내놓는' 것이 무엇인지 그 판단기준을 제시하지 않아 무엇이 지나친 알몸노출행위인지 판단하기 쉽지 않고, '가려야 할 곳'의 의미도 알기 어렵다. 심판대상조항 중 '부끄러운 느낌이나 불쾌감'은 사람마다 달리 평가될 수밖에 없고, 노출되었을 때 부끄러운 느낌이나 불쾌감을 주는 신체부위도 사람마다 달라 '부끄러운 느낌이나 불쾌감'을 통하여 '지나치게'와 '가려야 할 곳' 의미를 확정하기도 곤란하다. 심판대상조항은 '선량한 성도덕과 성풍속'을 보호하기 위한 규정인데, 이러한 성도덕과 성풍속이 무엇인지 대단히 불분명하므로, 심판대상조항의 의미를 그 입법목적을 고려하여 밝히는 것에도 한계가 있다. 대법원은 '신체노출행위가 단순히 다른 사람에게 부끄러운 느낌이나 불쾌감을 주는 정도에 불과한 경우 심판대상조항에 해당한다.'라고 판시하나, 이를 통해서도 '가려야 할 곳', '지나치게'의 의미를 구체화 할 수 없다. 심판대상조항의 불명확성을 해소하기 위해 노출이 허용되지 않는 신체부위를 예시적으로 열거하거나 구체적으로 특정하여 분명하게 규정하는 것이 입법기술상 불가능하거나 현저히 곤란하지도 않다. 예컨대 이른바 '바바리맨'의 성기노출행위를 규제할 필요가 있다면 노출이 금지되는 신체부위를 '성기'로 명확히 특정하면 될 것이다. 따라서 심판대상조항은 죄형법정주의의 명확성원칙에 위배된다(헌재 2016. 11. 24. 2016헌가3).

② ❌ 이 사건 운행조항의 입법취지, 규정형식 등을 종합하여 보면, '운행 중'이란 '운행 중 또는 일시 주·정차 한 경우로서 운전자에 대한 폭행으로 인하여 운전자, 승객 또는 보행자 등의 안전을 위협할 수 있는 상황'을 의미한다고 해석될 수 있다. 반면 그 보호법익을 해칠 우려가 없는 경우로서 '공중의 교통안전과 질서를 저해할 우려가 없는 장소에서 계속적인 운행의 의사 없이 자동차를 주·정차한 경우'는 법관의 해석에 의하여 '운행 중'의 의미에서 배제된다. 따라서 이 사건 운행조항은 건전한 상식과 통상적인 법감정을 가진 일반인이 구체적으로 어떠한 경우가 이에 해당하는지 알 수 있고, 법관의 자의적인 해석으로 확대될 염려가 없다고 할 것이므로 죄형법정주의에서 요구하는 형벌법규의 명확성원칙에 위배된다고 볼 수 없다(헌재 2017. 11. 30. 2015헌바336).

③ ❌ '성적 욕망 또는 수치심을 유발할 수 있는 다른 사람의 신체'는 구체적, 개별적, 상대적으로 판단할 수밖에 없는 개념이고, 사회와 시대의 문화, 풍속 및 가치관의 변화에 따라 수시로 변화하는 개념이므로, 심판대상조항이 다소 개방적이거나 추상적인 표현을 사용하면서 그 의미를 법관의 보충적 해석에 맡긴 것은 어느 정도 불가피하다. 법원은 이에 대해 합리적인 해석기준을 제시하고 그 기준에 따라 심판대상조항의 해당 여부를 판단하고 있으므로, 법 집행기관이 심판대상조항을 자의적으로

해석할 염려가 있다고 보기도 어렵다. 따라서 심판대상조항은 죄형법정주의의 명확성원칙에 위배되지 아니한다(헌재 2017. 6. 29. 2015헌바243).

16 정답 ③

③ ✗ 구 병역법 등의 규정에 의하면 의사·치과의사 등의 자격이 있는 사람이 병적에 편입되어 공중보건의사와 군의관 중 어떠한 형태로 복무할 것인지는 본인의 의사가 아니라 국방부장관에 의하여 결정되는 점, 군의관과 공중보건의사는 모두 병역의무 이행의 일환으로 의료분야의 역무를 수행한 점, 공중보건의사는 접적지역, 도서, 벽지 등 의료취약지역에서 복무하면서 그 지역 안에서 거주하여야 하고 그 복무에 관하여 국가의 강력한 통제를 받았던 점 등을 종합하면, 1991년 개정 농어촌의료법 시행 전에 공중보건의사로 복무하였던 사람이 사립학교 교직원으로 임용되었을 경우 현역병 등과 달리 공중보건의사 복무기간을 재직기간에 반영 하도록 규정하지 아니한 것은 차별취급에 합리적인 이유가 없다. 따라서 심판대상조항은 평등원칙에 위배된다(헌재 2016. 2. 25. 2015헌가15).

> **2023 경찰간부** 1991년 개정 「농어촌의료법」이 적용되기 전에 공중보건의사로 복무한 사람이 사립학교 교직원으로 임용된 경우 공중보건의사로 복무한 기간을 사립학교 교직원 재직기간에 산입하도록 규정하지 않은 「사립학교교직원 연금법」상 조항은 공중보건의사가 출·퇴근을 하며 병역을 이행한다는 점에서 그 복무기간을 재직기간에 산입하지 않는 것에 합리적 이유가 있다. (✗)

① ○ 국가는 합리적인 수준에서 능력이 허용하는 범위 내에서 법적 가치의 상향적 구현을 위한 제도의 단계적 개선을 추진할 수 있다. 실제로도 퇴직급여제도가 적용되는 사업장의 범위는 30인 이상 사업장, 16인 이상 사업장, 10인 이상 사업장, 5인 이상 사업장으로 확대되어 오다 현재는 상시 4인 이하 사업장까지 그 적용대상이 확대되었고, 또한, 종전에는 퇴직금만 퇴직급여의 종류로 인정하다 현재는 퇴직연금 등으로 그 종류가 확대되는 등 퇴직급여제도의 적용범위나 내용을 확대하여 근로자를 보호하기 위한 입법개선 노력이 지속적으로 있어왔다. 따라서 입법자가 퇴직급여제도를 설정함에 있어 초단시간근로자를 그 지급대상에서 배제함으로써 차별취급이 발생하였다고 하더라도 이는 입법자가 근로자에 대한 퇴직급여제도의 보편적 적용이라는 법적 가치의 상향적 구현을 단계적으로 추구하는 과정에서 발생한 결과로 사용자와의 이해관계를 조정하기 위한 그 나름의 합리적 이유를 확인할 수 있으므로 이를 입법재량을 벗어난 자의적인 재량권 행사라고 보기는 어렵다(헌재 2021. 11. 25. 2015헌바334).

② ○ 공중보건의사는 의사 등 전문자격 보유자를 대상으로 하고, 현역병보다 자유로운 환경에서 복무하며, 임기제 공무원으로 신분이 보장되고, 자신의 전문지식과 능력을 그대로 활용할 수 있으며, 장교에 해당하는 보수를 지급받고 있어 그 복무의 내용이나 성격이 현역병이나 사회복무요원과 같다고 보기 어렵고, 공중보건의사에 대한 군사교육은 복무기간 내내 비군사적인 복무에 종사하게 될 공중보건의사에게 단 1회 30일 이내의 기간에 한하여 이루어지고, 그 기간 동안 의식주에 필요한 기본물품이 제공된다는 점 등을 고려하면 공중보건의사가 받는 불이익이 심대하다고 보기도 어렵다. 따라서 심판대상조항이 공중보건의사로 편입되어 군사교육 소집된 자에게 군사교육 소집기간 동안의 보수를 지급하지 않도록 규정하였다고 하더라도 이는 한정된 국방예산의 범위 내에서 효율적인 병역 제도의 형성을 위하여 공중보건의사의 신분, 복무 내용, 복무 환경, 전체 복무기간 동안의 보수 수준 및 처우, 군사교육의 내용 및 기간 등을 종합적으로 고려하여 결정한 것이므로, 평등권을 침해한다고 보기 어렵다(헌재 2020. 9. 24. 2017헌마643).

④ ○ 지역가입자에 대한 보험료 산정·부과 시 소득 외에 재산 등의 요소를 추가적으로 고려하는 데에 합리적 이유가 있다 할 것이고, 재산 등의 요소를 추가적으로 고려함에 있어 발생하는 문제점은 보험재정의 안정성을 유지하는 한도 내에서 개선되어 나아가는 중이므로, 지역가입자에 대한 보험료를 산정·부과하는 기준에 관하여 규정한 심판대상조항이 헌법상 평등원칙에 위반된다고 할 수 없다(헌재 2016. 12. 29. 2015헌바199).

17 정답 ①

① ✗ 국가배상법은 법치국가원리에 따라 국가의 공권력 행사는 적법해야 함을 전제로 모든 공무원의 직무행위상 불법행위로 발생한 손해에 대해 국가가 책임지도록 규정한 것이다. 이에 대한 예외는 헌법 제29조 제2항에 따른 국가배상법 제2조 제1항 단서의 경우뿐이다. 이러한 심판대상조항의 의미와 목적을 살펴볼 때 법관과 다른 공무원은 본질적으로 다른 집단이라고 볼 수는 없다(헌재 2021. 7. 15. 2020헌바1).

② ○ 군은 주로 농촌 지역에 위치하고 있어 도시 지역인 자치구·시보다 대체로 인구가 적다. 또한, 군의 평균 선거인수는 자치구·시의 평균 선거인수에 비하여 적다. 심판대상조항은 이러한 차이를 고려하여 자치구·시의 장의 선거에서보다 군의 장의 선거에서 예비후보자의 선거운동기간을 단기간으로 정한 것인바, 이러한 차별취급은 자의적인 것이라 할 수 없다. 따라서 이 조항은 청구인의 평등권을 침해하지 않는다(헌재 2020. 11. 26. 2018헌마260).

③ ○ 입법자는 헌법 제110조 제1항에 따라 법률로 군사법원을 설치함에 있어 군사재판의 특수성을 고려하여 그 조직·권한 및 재판관의 자격 등을 일반법원과 달리 정하는 것이 허용되는바, 입법자가 광범위한 입법재량 내에서 외부의 침략으로부터 국가를 보존한다는 목적을 위해 존재하는 집단인 군의 특수성을 고려하여 군사법원법에 의한 군사재판을 국민참여재판 대상사건에서 제외한 이상, 「군사법원법」에 의한 군사재판을 국민참여재판 대상사건에서 제외한 것은 평등원칙에 위배되지 아니한다(헌재 2021. 6. 24. 2020헌바499).

④ ○ 6·25전몰군경자녀에게 이 사건 수당을 지급함에 있어 수급권자의 수를 확대할 수 있는 어떠한 예외도 두지 않고 1명에게만 한정하여 지급하도록 하고, 그 1명도 나이가 많은 자를 우선하도록 정하고 있는바, 이는 합리성을 인정하기 어렵다(헌재 2021. 3. 25. 2018헌가6).

18 정답 ③

③ ✗ 20년도 육군지시 자진신고조항은 어느 모로 보나 형사상 불이익한 진술을 강요한다고 볼 수 없으므로, 진술거부권을 제한하지 아니한다(헌재 2021. 8. 31. 2020헌마12).

> **2023 경찰간부** 육군 장교가 민간법원에서 약식명령을 받아 확정되면 자진신고할 의무를 규정한 '2020년도 장교 진급 지시' 중 '민간법원에서 약식명령을 받아 확정된 사실이 있는 자'에 관한 부분은 육군 장교인 청구인의 진술거부권을 침해한다. (✗)

① ○

> **헌법 제12조** ③ 체포·구속·압수 또는 수색을 할 때에는 적법한 절차에 따라 검사의 신청에 의하여 법관이 발부한 영장을 제시하여야 한다. 다만, 현행범인인 경우와 장기 3년 이상의 형에 해당하는 죄를 범하고 도피 또는 증거인멸의 염려가 있을 때에는 사후에 영장을 청구할 수 있다.

② ○ 변호인 선임을 위하여 피의자·피고인(이하 '피의자 등'이라 한다)이 가지는 '변호인이 되려는 자'와의 접견교통권은 헌법상 기본권으로 보호되어야 하고, '변호인이 되려는 자'의 접견교통권은 피의자 등이 변호인을 선임하여 그로부터 조력을 받을 권리를 공고히 하기 위한 것으로

서, 그것이 보장되지 않으면 피의자 등이 변호인 선임을 통하여 변호인으로부터 충분한 조력을 받는다는 것이 유명무실하게 될 수밖에 없다. 이와 같이 '변호인이 되려는 자'의 접견교통권은 피의자 등을 조력하기 위한 핵심적인 부분으로서, 피의자 등이 가지는 헌법상의 기본권인 '변호인이 되려는 자'와의 접견교통권과 표리의 관계에 있다. 따라서 피의자 등이 가지는 '변호인이 되려는 자'의 조력을 받을 권리가 실질적으로 확보되기 위해서는 '변호인이 되려는 자'의 접견교통권 역시 헌법상 기본권으로서 보장되어야 한다(이하 '변호인'과 '변호인이 되려는 자'를 합하여 '변호인 등'이라 한다)(헌재 2019. 2. 28. 2015헌마1204).

④ ⭕ 변호인에게 고소장과 피의자신문조서에 대한 열람 및 등사를 거부한 경찰서장의 정보비공개결정은 변호인의 피구속자를 조력할 권리 및 알 권리를 침해하여 헌법에 위반된다(헌재 2003. 3. 27. 2000헌마474).

19
정답 ②

② ❌ 벌금에 비해 노역장유치기간이 지나치게 짧게 정해지면 경제적 자력이 충분함에도 고액의 벌금 납입을 회피할 목적으로 복역하는 자들이 있을 수 있으므로, 벌금 납입을 심리적으로 강제할 수 있는 최소한의 유치기간을 정할 필요가 있다. 또한 고액 벌금에 대한 유치기간의 하한을 법률로 정해두면 1일 환형유치금액 간에 발생하는 불균형을 최소화할 수 있다. 노역장유치조항은 주로 특별형법상 경제범죄 등에 적용되는데, 이러한 범죄들은 범죄수익의 박탈과 함께 막대한 경제적 손실을 가하지 않으면 범죄의 발생을 막기 어렵다. 노역장유치조항은 벌금 액수에 따라 유치기간의 하한이 증가하도록 하여 범죄의 경중이나 죄질에 따른 형평성을 도모하고 있고, 노역장유치기간의 상한이 3년인 점과 선고되는 벌금 액수를 고려하면 그 하한이 지나치게 장기라고 보기 어렵다. 또한 노역장유치조항은 유치기간의 하한을 정하고 있을 뿐이므로 법관은 그 범위 내에서 다양한 양형요소들을 고려하여 1일 환형유치금액과 노역장유치기간을 정할 수 있다. 이러한 점들을 종합하면 노역장유치조항은 과잉금지원칙에 반하여 청구인들의 신체의 자유를 침해한다고 볼 수 없다(헌재 2017. 10. 26. 2015헌바239).

① ⭕ 형의 집행을 유예하면서 사회봉사를 명할 수 있도록 한 이 사건 법률조항에 의한 사회봉사명령은 청구인에게 근로의무를 부과함에 그치고 공권력이 신체를 구금하는 등의 방법으로 근로를 강제하는 것은 아니어서 이 사건 법률조항이 신체의 자유를 제한한다고 볼 수 없다(헌재 2012. 3. 29. 2010헌바100).

③ ⭕ 출입국관리법상 보호는 국가행정인 출입국관리행정의 일환이며, 주권국가로서의 기능을 수행하는 데 필요한 것이므로 일정부분 입법정책적으로 결정될 수 있다. 강제퇴거명령을 받은 사람을 즉시 대한민국 밖으로 송환할 수 없으면 송환할 수 있을 때까지 보호시설에 보호할 수 있도록 규정한 심판대상조항은 외국인의 출입국과 체류를 적절하게 통제하고 조정하여 국가의 안전보장·질서유지 및 공공복리를 도모하기 위한 것으로 입법목적이 정당하다. 강제퇴거대상자를 출국 요건이 구비될 때까지 보호시설에 보호하는 것은 강제퇴거명령의 신속하고 효율적인 집행과 외국인의 출입국·체류관리를 위한 효과적인 방법이므로 수단의 적정성도 인정된다. 강제퇴거대상자의 송환이 언제 가능해질 것인지 미리 알 수가 없으므로, 심판대상조항이 보호기간의 상한을 두지 않은 것은 입법목적 달성을 위해 불가피한 측면이 있다. 보호기간의 상한이 규정될 경우, 그 상한을 초과하면 보호는 해제되어야 하는데, 강제퇴거대상자들이 보호해제 된 후 잠적할 경우 강제퇴거명령의 집행이 현저히 어려워질 수 있고, 그들이 범죄에 연루되거나 범죄의 대상이 될 수도 있다. 강제퇴거대상자는 강제퇴거명령을 집행할 수 있을 때까지 일시적·잠정적으로 신체의 자유를 제한받는 것이며, 보호의 일시해제, 이의신청, 행정소송 및 집행정지 등 강제퇴거대상자가 보호에서 해제될 수 있는 다양한 제도가 마련되어 있다. 따라서 심판대상조항은 침해의 최소성 및 법익의 균형성 요건도 충족한다. 그러므로 심판대상조항은 과잉금지원칙에 위배되어 신체의 자유를 침해하지 아니한다(헌재 2018. 2. 22. 2017헌가29).

④ ⭕ 형벌불소급원칙에서 의미하는 '처벌'은 형법에 규정되어 있는 형식적 의미의 형벌 유형에 국한되지 않으며, 범죄행위에 따른 제재의 내용이나 실제적 효과가 형벌적 성격이 강하여 신체의 자유를 박탈하거나 이에 준하는 정도로 신체의 자유를 제한하는 경우에는 형벌불소급원칙이 적용되어야 한다. 노역장유치는 그 실질이 신체의 자유를 박탈하는 것으로서 징역형과 유사한 형벌적 성격을 가지고 있으므로 형벌불소급원칙의 적용대상이 된다(헌재 2017. 10. 26. 2015헌바239).

20
정답 ②

㉠ ⭕ 방송편성에 관하여 간섭을 금지하는 금지조항은 방송편성의 자유와 독립을 보장하기 위하여, 방송사 외부에 있는 자가 방송편성에 관계된 자에게 방송편성에 관해 특정한 요구를 하는 등의 방법으로, 방송편성에 관한 자유롭고 독립적인 의사결정에 영향을 미칠 수 있는 행위 일체를 금지한다는 의미임을 충분히 알 수 있다. 따라서 금지조항은 죄형법정주의의 명확성원칙에 위반되지 아니한다(헌재 2021. 8. 31. 2019헌바439).

㉡ ❌ 명확성의 원칙은 법치국가원리의 한 표현으로서 기본권을 제한하는 법규범의 내용은 명확하여야 한다는 헌법상의 원칙이며, 그 근거는 법규범의 의미내용이 불확실하면 법적 안정성과 예측가능성을 확보할 수 없고, 법집행 당국의 자의적인 법해석과 집행을 가능하게 할 것이기 때문이다. 그러나 법규범의 문언은 어느 정도 가치개념을 포함한 일반적, 규범적 개념을 사용하지 않을 수 없는 것이기 때문에 명확성의 원칙이란 기본적으로 최대한이 아닌 최소한의 명확성을 요구하는 것으로서, 그 문언이 법관의 보충적인 가치판단을 통해서 그 의미내용을 확인할 수 있고, 그러한 보충적 해석이 해석자의 개인적인 취향에 따라 좌우될 가능성이 없다면 명확성의 원칙에 반한다고 할 수 없다(헌재 2005. 12. 22. 2004헌바45).

㉢ ❌ "음란"의 개념과는 달리 "저속"의 개념은 그 적용범위가 매우 광범위할 뿐만 아니라 법관의 보충적인 해석에 의한다 하더라도 그 의미내용을 확정하기 어려울 정도로 매우 추상적이다. 이 "저속"의 개념에는 출판사등록이 취소되는 성적 표현의 하한이 열려 있을 뿐만 아니라 폭력성이나 잔인성 및 천한 정도도 그 하한이 모두 열려 있기 때문에 출판을 하고자 하는 자는 어느 정도로 자신의 표현내용을 조절해야 되는지를 도저히 알 수 없도록 되어 있어 명확성의 원칙 및 과도한 광범성의 원칙에 반한다(헌재 1998. 4. 30. 95헌가16).

㉣ ⭕ 처벌법규의 구성요건이 어느 정도 명확하여야 하는가를 일률적으로 정할 수 없고, 각 구성요건의 특수성과 그러한 법적 규제의 원인이 된 여건이나 처벌의 정도 등을 고려하여 종합적으로 판단하여야 한다(헌재 1995. 5. 25. 93헌바23).

05 Day

| 01 | ① | 02 | ① | 03 | ④ | 04 | ④ | 05 | ② | 06 | ③ | 07 | ② | 08 | ④ | 09 | ③ | 10 | ③ |
| 11 | ① | 12 | ② | 13 | ④ | 14 | ③ | 15 | ④ | 16 | ② | 17 | ④ | 18 | ② | 19 | ③ | 20 | ③ |

01

정답 ①

① ✗ 변동신고조항 및 위반 시 처벌조항은 과잉금지원칙을 위반하여 청구인의 사생활의 비밀과 자유 및 개인정보자기결정권을 침해한다(헌재 2021. 6. 24. 2017헌바479).

> 2022 경찰간부 보안관찰처분대상자가 교도소 등에서 출소 후 신고한 거주예정지 등 정보에 변동이 생길 때마다 7일 이내 이를 신고하도록 규정한 「보안관찰법」상 변동신고조항 및 위반 시 처벌조항은 청구인의 개인정보자기결정권을 침해하지 않는다. (×)

② ◯ 헌법 제10조의 인간의 존엄과 가치, 행복추구권과 헌법 제17조의 사생활의 비밀과 자유에서 도출되는 개인정보자기결정권은 자신에 관한 정보가 언제 누구에게 어느 범위까지 알려지고 또 이용되도록 할 것인지를 정보주체가 스스로 결정할 수 있는 권리이다. 개인정보자기결정권의 보호대상이 되는 개인정보는 개인의 신체, 신념, 사회적 지위, 신분 등과 같이 인격주체성을 특징짓는 사항으로서 개인의 동일성을 식별할 수 있게 하는 일체의 정보를 의미하며, 반드시 개인의 내밀한 영역에 속하는 정보에 국한되지 않고 공적 생활에서 형성되었거나 이미 공개된 개인정보까지도 포함한다(대판 2016. 3. 10. 2012다105482).

③ ◯ 형제자매에게 가족관계등록부 등의 기록사항에 관한 증명서 교부청구권을 부여하는 이 사건 법률조항은 본인이 스스로 증명서를 발급받기 어려운 경우 형제자매를 통해 증명서를 간편하게 발급받게 하고, 친족·상속 등과 관련된 자료를 수집하려는 형제자매가 본인에 대한 증명서를 편리하게 발급받을 수 있도록 하기 위한 것으로, 목적의 정당성 및 수단의 적합성이 인정된다. 그러나 가족관계등록법상 각종 증명서에 기재된 개인정보가 유출되거나 오남용될 경우 정보의 주체에게 가해지는 타격은 크므로 증명서 교부청구권자의 범위는 가능한 한 축소하여야 하는데, 형제자매는 언제나 이해관계를 같이 하는 것은 아니므로 형제자매가 본인에 대한 개인정보를 오남용 또는 유출할 가능성은 얼마든지 있다. 그런데 이 사건 법률조항은 증명서 발급에 있어 형제자매에게 정보주체인 본인과 거의 같은 지위를 부여하고 있으므로, 이는 증명서 교부청구권자의 범위를 필요한 최소한도로 한정한 것이라고 볼 수 없다. 본인은 인터넷을 이용하거나 위임을 통해 각종 증명서를 발급받을 수 있으며, 가족관계등록법 제14조 제1항 단서 각 호에서 일정한 경우에는 제3자도 각종 증명서의 교부를 청구할 수 있으므로 형제자매는 이를 통해 각종 증명서를 발급받을 수 있다. 따라서 이 사건 법률조항은 침해의 최소성에 위배된다. 또한, 이 사건 법률조항을 통해 달성하려는 공익에 비해 초래되는 기본권 제한의 정도가 중대하므로 법익의 균형성도 인정하기 어려워, 이 사건 법률조항은 청구인의 개인정보자기결정권을 침해한다(헌재 2016. 6. 30. 2015헌마924).

④ ◯

> 위치정보의 보호 및 이용 등에 관한 법률 제15조(위치정보의 수집 등의 금지) ① 누구든지 개인위치정보주체의 동의를 받지 아니하고 해당 개인위치정보를 수집·이용 또는 제공하여서는 아니 된다. 다만, 다음 각 호의 어느 하나에 해당하는 경우에는 그러하지 아니하다.
> 1. 제29조 제1항에 따른 긴급구조기관의 긴급구조요청 또는 같은 조 제7항에 따른 경보발송요청이 있는 경우
> 2. 제29조 제2항에 따른 경찰관서의 요청이 있는 경우
> 3. 다른 법률에 특별한 규정이 있는 경우 → 전자장치 부착 등에 관한 법률에 따른 위치추적 전자장치에 의한 위치정보 수집

02

정답 ①

① ✗ 엄중격리대상자의 수용거실에 CCTV를 설치하여 24시간 감시하는 행위가 법률유보의 원칙에 위배되어 사생활의 자유·비밀을 침해하는 것인지의 여부(소극) 이 사건 CCTV 설치행위는 행형법 및 교도관직무규칙 등에 규정된 교도관의 계호활동 중 육안에 의한 시선계호를 CCTV 장비에 의한 시선계호로 대체한 것에 불과하므로, 이 사건 CCTV 설치행위에 대한 특별한 법적 근거가 없더라도 일반적인 계호활동을 허용하는 법률규정에 의하여 허용된다고 보아야 한다. 한편 CCTV에 의하여 감시되는 엄중격리대상자에 대하여 지속적이고 부단한 감시가 필요하고 자살·자해나 흉기 제작 등의 위험성 등을 고려하면, 제반사정을 종합하여 볼 때 기본권 제한의 최소성 요건이나 법익균형성의 요건도 충족하고 있다(헌재 2008. 5. 29. 2005헌마137).

② ◯ 이 사건 법률조항이 공적 관심의 정도가 약한 4급 이상의 공무원들까지 대상으로 삼아 모든 질병명을 아무런 예외 없이 공개토록 한 것은 입법목적 실현에 치중한 나머지 사생활 보호의 헌법적 요청을 현저히 무시한 것이고, 이로 인하여 청구인들을 비롯한 해당 공무원들의 헌법 제17조가 보장하는 기본권인 사생활의 비밀과 자유를 침해하는 것이다(헌재 2007. 5. 31. 2005헌마1139).

③ ◯ 일반 교통에 사용되고 있는 도로는 국가와 지방자치단체가 그 관리책임을 맡고 있는 영역이며, 수많은 다른 운전자 및 보행자 등의 법익 또는 공동체의 이익과 관련된 영역으로, 그 위에서 자동차를 운전하는 행위는 더 이상 개인적인 내밀한 영역에서의 행위가 아니며, 자동차를 도로에서 운전하는 중에 좌석안전띠를 착용할 것인가 여부의 생활관계가 개인의 전체적 인격과 생존에 관계되는 '사생활의 기본조건'이라거나 자기결정의 핵심적 영역 또는 인격적 핵심과 관련된다고 보기 어려워 더 이상 사생활영역의 문제가 아니므로, 운전할 때 운전자가 좌석안전띠를 착용할 의무는 청구인의 사생활의 비밀과 자유를 침해하는 것이라 할 수 없다(헌재 2003. 10. 30. 2002헌마518).

④ ◯ 헌법 제17조에서 보장하는 사생활의 비밀이란 사생활에 관한 사항으로 일반인에게 아직 알려지지 아니하고 일반인의 감수성을 기준으로 할 때 공개를 원하지 않을 사항을 말한다. 감시, 도청, 비밀녹음, 비밀촬영 등에 의해 다른 사람의 사생활의 비밀을 탐지하거나 사생활의 평온을 침입하는 행위, 사적 사항의 무단 공개 등은 타인의 사생활의 비밀과 자유의 불가침을 해하는 것이다. 인터넷회선 감청은 해당 인터넷회선을 통하여 흐르는 모든 정보가 감청 대상이 되므로, 이를 통해 드러나게 되는 개인의 사생활 영역은 전화나 우편물 등을 통하여 교환되는 통신의 범위를 넘는다. 더욱이 오늘날 이메일, 메신저, 전화 등 통신뿐 아니라, 각종 구매, 게시물 등록, 금융서비스 이용 등 생활의 전 영역이 인터넷을 기반으로 이루어지기 때문에, 인터넷회선 감청은 타인과의 관계를 전제로 하는 개인의 사적 영역을 보호하려는 헌법 제18조의 통신의 비밀과 자유 외에 헌법 제17조의 사생활의 비밀과 자유도 제한하게 된다(헌재 2018. 8. 30. 2016헌마263).

03

정답 ④

④ ◯ 매월 1회 이상 정기적으로 지급하는 상여금 등이나 복리후생비는

그 성질이나 실질적 기능 면에서 기본급과 본질적인 차이가 있다고 보기 어려우므로, 기본급과 마찬가지로 이를 최저임금에 산입하는 것은 그 합리성을 수긍할 수 있다(헌재 2021. 12. 23. 2018헌마629).

> **2022 경찰간부** 매월 1회 이상 정기적으로 지급하는 상여금 등이나 복리후생비는 그 성질이나 실질적 기능 면에서 기본급과 본질적인 차이가 있다고 보기 어려우므로, 기본급과 마찬가지로 이를 최저임금에 산입하는 것은 그 합리성을 수긍할 수 있다. (O)

① ❌ 근로의 권리에, 열악한 근로환경을 갖춘 사업장을 이탈하여 다른 사업장으로 이직함으로써 사적(私的)으로 근로환경을 개선하거나 해결하는 방법을 보장하는 것까지 포함된다고 볼 수는 없다.

> **2020 국회직 8급** 외국인 근로자의 사업장 변경을 원칙적으로 3회를 초과할 수 없도록 하는 규정은 외국인 근로자에게 일단 형성된 근로관계를 포기하는 것을 제한하기 때문에 직업선택의 자유에 대한 제한이 아니라 근로의 권리에 대한 제한으로 보아야 한다. (X)

② ❌ 비교대상 임금을 시간급으로 환산할 때 소정근로시간 수 외에 법정 주휴시간 수까지 포함하여 나누도록 하는 것은 그 합리성을 수긍할 수 있다. 근로기준법이 근로자에게 유급주휴일을 보장하도록 하고 있다는 점을 고려할 때, 소정근로시간 수와 법정 주휴시간 수 모두에 대하여 시간급 최저임금액 이상을 지급하도록 하는 것이 그 자체로 사용자에게 지나치게 가혹하다고 보기는 어렵다. 따라서 이 사건 시행령조항은 과잉금지원칙에 위배되어 사용자의 계약의 자유 및 직업의 자유를 침해한다고 볼 수 없다(헌재 2020. 6. 25. 2019헌마15).

> **2023 경찰간부** 최저임금의 적용을 위해 주(週) 단위로 정해진 근로자의 임금을 시간에 대한 임금으로 환산할 때, 해당 임금을 1주 동안의 소정근로시간 수와 법정 주휴시간 수를 합산한 시간 수로 나누도록 한 「최저임금법 시행령」 해당 조항은 사용자의 계약의 자유 및 직업의 자유를 침해한다. (X)

③ ❌ 청구인들은 각 최저임금 고시 부분이 청구인들과 같은 중소상공인들로 하여금 임금을 대폭 인상토록 강제함으로써 청구인들의 재산권을 침해한다고 주장한다. 구체적 권리가 아닌 영리획득의 단순한 기회나 기업활동의 사실적·법적 여건은 기업에게는 중요한 의미를 갖는다고 하더라도 재산권 보장의 대상이 아니다(헌재 2019. 12. 27. 2017헌마1366).

> **2023 변호사시험** 최저임금을 인상하는 내용의 고시는 근로자에게 지급하여야 할 임금 증가, 생산성 저하, 이윤 감소 등 사업자에게 불이익을 겪게 할 우려가 있으므로 사업자의 재산권을 제한한다. (X)

04
정답 ④

④ ❌ 국가가 일반고의 경쟁력을 강화시키는 정책을 시행함과 동시에 자사고를 후기학교로 정한 것은 국가의 공적인 학교 제도를 보장하여야 할 책무에 의거하여 학교 제도를 형성할 수 있는 광범위한 재량 권한의 범위 내에 있는 것이다(헌재 2019. 4. 11. 2018헌마221).

> **2023 경찰간부** 자율형 사립고등학교(이하 '자사고'라 함)와 일반고등학교(이하 '일반고'라 함)가 동시선발을 하게 되면 해당 자사고의 교육에 적합한 학생을 선발하는 데 지장이 있고 자사고의 사학운영의 자유를 침해하므로 자사고를 후기학교로 정하여 신입생을 일반고와 동시에 선발하도록 한 「초·중등교육법 시행령」 해당 조항은 국가가 학교 제도를 형성할 수 있는 재량 권한의 범위를 일탈하였다. (X)

① ⭕ 저소득학생 특별전형과 달리 농어촌학생 특별전형은 학생부 종합전형으로 실시된다. 저소득학생 특별전형과 농어촌학생 특별전형은 그 목적, 지원자들 특성 등이 동일하지 아니하므로, 전형방법을 반드시 동일하게 정해야 한다고 볼 수 없다. 수능 성적으로 학생을 선발하는 전형방법이 사회통념적 가치기준에 적합한 합리적인 방법인 이상, 대입제도 공정성을 강화하기 위해 수능 위주전형 비율을 높이면서 농어촌학생 특별전형과 달리 저소득학생 특별전형에서는 모집인원 전체를 수능위주전형으로 선발한다고 하더라도, 이것이 저소득학생의 응시기회를 불합리하게 박탈하는 것이라고 보기는 어렵다. 결국 이 사건 입시계획은 청구인의 균등하게 교육을 받을 권리를 침해하지 않는다(헌재 2022. 9. 29. 2021헌마929).

> **2023 경찰간부** '서울대학교 2023학년도 대학 신입학생 입학전형 시행계획' 중 저소득학생 특별전형의 모집인원을 모두 수능위주전형으로 선발하도록 정한 부분이 저소득학생 특별전형에 응시하고자 하는 수험생들의 기회를 불합리하게 박탈하는 것은 아니다. (O)

② ⭕ 방송통신위원회가 지원금 상한액에 대한 기준 및 한도를 정하여 고시하도록 하고, 이동통신사업자가 방송통신위원회가 정하여 고시한 상한액을 초과한 지원금을 지급할 수 없도록 하며, 대리점 및 판매점은 이동통신사업자가 위 상한액의 범위 내에서 정하여 공시한 지원금의 100분의 15의 범위 내에서만 이용자에게 지원금을 추가로 지급할 수 있도록 정하고 있는 지원금 상한 조항은 포괄위임금지원칙에 위배되지 않으며 청구인들의 계약의 자유를 침해한다고 볼 수 없다(헌재 2017. 5. 25. 2014헌마844).

③ ⭕ 치과전문의 자격 인정 요건으로 '외국의 의료기관에서 치과의사전문의 과정을 이수한 사람'을 포함하지 아니한 '치과의사전문의의 수련 및 자격 인정 등에 관한 규정' 제18조 제1항은 청구인들의 직업수행의 자유를 침해한다(헌재 2015. 9. 24. 2013헌마197).

05
정답 ③

③ ❌ 심판대상조항은 아동학대관련범죄전력자가 아동관련기관인 체육시설 또는 「초·중등교육법」 제2조 각 호의 학교를 운영하거나 그에 취업하는 것을 형이 확정된 때부터 형의 집행이 종료되거나 집행을 받지 아니하기로 확정된 후 10년까지의 기간 동안 제한하는 방법으로 아동학대를 예방함으로써 아동들이 행복하고 안전하게 자라나게 하고, 체육시설 및 학교에 대한 윤리성과 신뢰성을 높여 아동 및 그 보호자가 이들 기관을 믿고 이용할 수 있도록 하려는 입법목적을 지니는바, 이러한 입법목적은 정당하다. …… 그렇다면 심판대상조항은 오직 아동학대관련범죄전력에 기초해 10년이라는 기간 동안 일률적으로 취업제한의 제재를 부과하는 점, 이 기간 내에는 취업제한 대상자가 그러한 제재로부터 벗어날 수 있는 어떠한 기회도 존재하지 않는 점, 재범의 위험성에 대한 사회적 차원의 대처가 필요하다 해도 이 위험의 경중에 대한 고려가 있어야 하는 점 등에 비추어 침해의 최소성 요건을 충족했다고 보기 힘들다. 심판대상조항은 그 목적의 정당성 및 수단의 적합성이 인정되지만, 침해의 최소성 및 법익의 균형성 요건을 충족하지 아니하므로 과잉금지원칙에 위반되어 청구인들의 직업선택의 자유를 침해한다(헌재 2018. 6. 28. 2017헌마130).

① ⭕ 세무사 자격 보유 변호사로 하여금 세무사로서 세무사의 업무를 할 수 없도록 규정한 세무사법 제6조 제1항 및 세무사법 제20조 제1항 본문 중 변호사에 관한 부분은 세무사 자격 보유 변호사의 직업선택의 자유를 침해한다(헌재 2018. 4. 26. 2015헌가19).

② ⭕ **변호사의 자격이 있는 자에게 더 이상 세무사 자격을 부여하지 않는 구 세무사법 제3조(이하 '이 사건 법률조항'이라 한다)가 시행일 이후 변호사 자격을 취득한 청구인들의 직업선택의 자유를 침해하는지 여부(소극)** 변호사가 세무나 회계 등과 관련한 법률사무를 처리할 수 있다고 하여 변호사에게 반드시 세무사의 자격이 부여되어야 하는 것은 아니고 변호사에 대하

여 세무사 자격을 부여할 것인지 여부는 국가가 입법 정책적으로 결정할 사안이라는 점, 세무사법은 세무사 제도가 정착되고 세무대리시장의 수급이 안정됨에 따라 세무사 자격 자동부여 대상을 점차 축소하는 방향으로 개정되어 왔다는 점 등을 고려하면, 이 사건 법률조항이 피해의 최소성 원칙에 반한다고 보기 어렵다. 나아가, 청구인들은 이 사건 법률조항으로 인하여 변호사의 직무로서 세무대리를 하는 것 외에는 세무대리를 할 수 없게 되어 업무의 범위가 축소되는 불이익을 입었으나, 이러한 불이익이 위 조항으로 달성하고자 하는 공익보다 크다고 볼 수 없다. 따라서 이 사건 법률조항은 과잉금지원칙에 반하여 청구인들의 직업선택의 자유를 침해한다고 볼 수 없다[헌재 2021. 7. 15. 2018헌마279·344, 2020헌마961(병합)].

> 2023 경찰 2차 변호사의 자격이 있는 자에게 더 이상 세무사 자격을 부여하지 않는 구 「세무사법」 조항은 시행일 이후 변호사 자격을 취득한 청구인의 직업선택의 자유를 침해한다고 볼 수 없다. (O)

④ ◎ 심판대상조항은 자연인인 변호사의 영리행위 겸직을 원칙적으로 금지하고 지방변호사회의 허가를 받아 예외적으로 겸직할 수 있도록 한 변호사법 제38조 제2항을 법무법인에 대하여 준용하지 않고 있는데, 이것은 법무법인이 변호사 직무에 속하는 업무를 집중적으로 수행할 수 있도록 하는 한편, 법무법인이 변호사 직무와 구분되는 영리행위는 할 수 없도록 함으로써 법무법인이 단순한 영리추구 기업으로 변질되는 것을 방지하고, 또한 법무법인이 변호사 직무와 영리행위를 함께 수행할 때 발생할 수 있는 양자의 혼입(混入)을 방지하기 위한 것이다. 심판대상조항은 목적의 정당성 및 수단의 적합성이 인정된다. 법무법인이 영리기업으로 변질될지 여부를 영리행위 겸업 허가 당시에 심사하는 것은 매우 어려운 점, 법무법인이 영리기업으로 변질됨에 따라 변호사 직무의 일반적 신뢰 저하나 법률소비자의 불측의 손해가 발생할 수 있고, 그 정도 또한 클 것으로 예상되는 점, 현행 변호사법 규정으로는 영리추구 기업으로 변질된 법무법인에 대한 실질적인 감독·제재가 어려운 점 등을 종합하면, 법무법인이 변호사회 등의 허가를 받아 영리행위를 할 수 있도록 하는 방법으로는 심판대상조항과 동등한 수준으로 입법목적을 달성할 것으로 보기 어렵다. 또한 법무법인이 영리행위를 겸업할 경우에는 변호사와 달리 '법무법인'의 명칭 사용이 불가피하여 영리행위와 변호사 직무의 구분이 현실적으로 어렵게 되고, 법무법인의 구성원 변호사들은 자신에 대한 겸직허가를 받아 영리행위를 하거나 영리법인을 설립할 수 있으므로, 법무법인의 구성원 변호사의 기본권실현에 특별한 지장이 있다고 보기도 어렵다. 이러한 점들을 종합하면, 심판대상조항이 피해의 최소성 및 법익의 균형성 원칙에 위반된다고 볼 수 없다. 그렇다면 심판대상조항은 과잉금지원칙에 위반되어 법무법인의 영업의 자유를 침해하지 않는다(헌재 2020. 7. 16. 2018헌바195).

06
정답 ③

③ ◎ 청원경찰이 금고 이상의 형의 선고유예를 받은 경우 당연퇴직되도록 규정한 청원경찰법(2010. 2. 4. 법률 제10013호로 개정된 것) 제10조의6 제1호 중 제5조 제2항에 의한 국가공무원법 제33조 제5호에 관한 부분이 직업의 자유를 침해하는지 여부(적극) …… 심판대상조항은 청원경찰이 저지른 범죄의 종류나 내용을 불문하고 금고 이상의 형의 선고유예를 받게 되면 당연히 퇴직되도록 규정함으로써 청원경찰에게 공무원보다 더 가혹한 제재를 가하고 있으므로, 침해의 최소성 원칙에 위배된다. 심판대상조항은 청원경찰이 저지른 범죄의 종류나 내용을 불문하고 범죄행위로 금고 이상의 형의 선고유예를 받게 되면 당연히 퇴직되도록 규정함으로써 그것이 달성하려는 공익의 비중에도 불구하고 청원경찰의 직업의 자유를 과도하게 제한하고 있어 법익의 균형성 원칙에도 위배된다. 따라서, 심판대상조항은 과잉금지원칙에 반하여 직업의 자유를 침해한다(헌재 2018. 1. 25. 2017헌가26).

① ✕ 국민의 눈 건강과 관련된 국민보건의 중요성, 안경사 업무의 전문성, 안경사로 하여금 자신의 책임하에 고객과의 신뢰를 쌓으면서 안경사 업무를 수행하게 할 필요성 등을 고려할 때, 안경업소 개설은 그 업무를 담당할 자연인 안경사에 한정할 것이 요청된다. 법인 안경업소가 허용되면 영리추구 극대화를 위해 무면허자로 하여금 안경 조제·판매를 하게 하는 등의 문제가 발생할 가능성이 높아지고, 안경 조제·판매 서비스의 질이 하락할 우려가 있다. 또한 대규모 자본을 가진 비안경사들이 법인의 형태로 안경시장을 장악하여 개인 안경업소들이 폐업하면 안경사와 소비자 간 신뢰관계 형성이 어려워지고, 독과점으로 인해 안경 구매비용이 상승할 수 있다. 반면 현행법에 의하더라도 안경사들은 협동조합, 가맹점 가입, 동업등의 방법으로 법인의 안경업소 개설과 같은 조직화, 대형화 효과를 어느 정도 누릴 수 있다. 따라서 심판대상조항은 과잉금지원칙에 반하지 아니하여 자연인 안경사와 법인의 직업의 자유를 침해하지 아니한다(헌재 2021. 6. 24. 2017헌가31).

② ✕ 택시를 이용하는 국민을 성범죄 등으로부터 보호하고, 여객운송서비스 이용에 대한 불안감을 해소하며, 도로교통에 관한 공공의 안전을 확보하려는 심판대상조항의 입법목적은 정당하고, 또한 해당 범죄를 범한 택시운송사업자의 운전자격의 필요적 취소라는 수단의 적합성도 인정된다. 택시 승객은 운전자와 접촉하는 빈도와 밀도가 높고 야간에도 택시를 이용하는 등 위험에 노출될 확률이 높다. 범죄의 개별성·특수성을 일일이 고려하여 해당 운전자의 준법의식 구비 여부를 가리는 방법은 매우 번잡한 절차가 필요하므로, 심판대상조항과 같이 명백하고 일률적인 기준을 설정하는 것은 불가피하다. 법원이 범죄의 모든 정황을 고려한 다음 금고 이상 형의 집행유예를 선택하였다면 사회적 비난가능성도 적지 않다. 이러한 점을 종합하면 임의적 운전자격 취소만으로는 입법목적을 달성하는 데 충분하다고 보기 어려우므로, 침해의 최소성도 인정된다. 운전자격이 취소되더라도 집행유예기간이 경과하면 다시 운전자격을 취득할 수 있으므로 운수종사자가 받는 불이익은 제한적인 반면, 심판대상조항으로 달성되는 입법목적은 매우 중요하므로, 법익의 균형성 요건도 충족한다. 따라서 심판대상조항은 과잉금지원칙에 위배되지 않는다[헌재 2018. 5. 31. 2016헌바14, 2017헌가24, 2017헌바376(병합)].

④ ✕ 의료인이 허위로 진료비를 청구하여 환자나 진료비를 지급하는 기관이나 단체를 속여 사기죄로 금고 이상 형의 선고를 받고 그 형의 집행이 종료되지 아니하였거나 그 집행을 받지 아니하기로 확정되지 아니한 경우 그 면허를 필요적으로 취소하는 의료법 부분은 헌법에 위반되는지(소극) 의료관련범죄 중 벌금형만을 규정하고 있는 경우에는 처음부터 그 위반행위만으로는 면허취소사유가 되지 아니하고, 징역형 또는 금고형과 벌금형 중에서 선택할 수 있도록 규정하고 있는 경우에도 법원이 구체적인 범죄의 정황 및 죄질을 고려하여 당해 의료인의 면허를 취소함이 상당하지 아니한 경우에는 금형을 선택하여 선고할 수 있으며 …… 이 사건 법률조항의 면허취소제도는 법원의 재판작용을 거치면서 구체적인 타당성도 확보할 수 있게 된다. …… 따라서 이 사건 면허취소조항은 과잉금지원칙에 위배되어 의료인의 직업의 자유를 침해한다고 볼 수 없다(헌재 2017. 6. 29. 2016헌바394).

07
정답 ②

② ✕ 헌법 제15조에서 보장하는 '직업'이란 생활의 기본적 수요를 충족시키기 위하여 행하는 계속적인 소득활동을 의미하고, 성매매는 그것이 가지는 사회적 유해성과는 별개로 성판매자의 입장에서 생활의 기본적 수요를 충족하기 위한 소득활동에 해당함을 부인할 수 없다 할 것이므로, 심판대상조항은 성판매자의 직업선택의 자유도 제한하고 있다(헌재 2016.

① ⊙ 직장선택의 자유는 개인이 그 선택한 직업분야에서 구체적인 취업의 기회를 가지거나, 이미 형성된 근로관계를 계속 유지하거나 포기하는 데에 있어 국가의 방해를 받지 않는 자유로운 선택·결정을 보호하는 것을 내용으로 한다. 그러나 이 기본권은 원하는 직장을 제공하여 줄 것을 청구하거나 한번 선택한 직장의 존속보호를 청구할 권리를 보장하지 않으며, 또한 사용자의 처분에 따른 직장 상실로부터 직접 보호하여 줄 것을 청구할 수도 없다. 다만 국가는 이 기본권에서 나오는 객관적 보호의무, 즉 사용자에 의한 해고로부터 근로자를 보호할 의무를 질 뿐이다(헌재 2002. 11. 28. 2001헌바50).

직업의 자유 ○	직업의 자유 ×
• 겸직의 자유 • 무직의 자유 • 이직의 자유 • 경쟁의 자유 • 직업교육장 선택의 자유	• 해당 직업에 합당한 보수를 받을 권리 • 원하는 직장을 제공하여 줄 것을 청구 • 직장존속청구권
• 국가는 객관적 보호의무, 즉 사용자에 의한 해고로부터 근로자를 보호할 의무를 질 뿐.	• 사용자의 처분에 따른 직장 상실로부터 직접 보호하여 줄 것을 청구할 수도 없다.

③ ⊙ 경쟁의 자유는 기본권의 주체가 직업의 자유를 실제로 행사하는 데에서 나오는 결과이므로 당연히 직업의 자유에 의하여 보장되고, 다른 기업과의 경쟁에서 국가의 간섭이나 방해를 받지 않고 기업활동을 할 수 있는 자유를 의미한다(헌재 1999. 7. 22. 98헌가5).

④ ⊙ 직업의 선택 혹은 수행의 자유는 각자의 생활의 기본적 수요를 충족시키는 방편이 되고, 또한 개성신장의 바탕이 된다는 점에서 주관적 공권의 성격이 두드러진 것이기는 하나, 다른 한편으로는 국민 개개인이 선택한 직업의 수행에 의하여 국가의 사회질서와 경제질서가 형성된다는 점에서 사회적 시장경제질서라고 하는 객관적 법질서의 구성요소이기도 하다(헌재 1996. 8. 29. 94헌마113).

08

정답 ④

④ ✕ 금고 이상의 실형을 선고받고 그 집행이 종료된 날부터 3년이 경과되지 않은 경우 중개사무소 개설등록을 취소하도록 하는 공인중개사법 제38조 제1항 제3호 본문 중 '제10조 제1항 제4호'에 관한 부분은 직업선택의 자유를 침해하지 않는다(헌재 2019. 2. 28. 2016헌바467).

① ⊙ 비경비업무의 수행이 경비업무의 전념성을 직접적으로 해하지 아니하는 경우가 있음에도 불구하고, 심판대상조항은 경비업무의 전념성이 훼손되는 정도를 고려하지 아니한 채 경비업자가 경비원으로 하여금 비경비업무에 종사하도록 하는 것을 일률적·전면적으로 금지하고, 경비업자가 허가받은 시설경비업무 외의 업무에 경비원을 종사하게 한 때에는 필요적으로 경비업의 허가를 취소하도록 규정하고 있는 점, 누구든지 경비원으로 하여금 경비업무의 범위를 벗어난 행위를 하게 하여서는 아니 된다며 이에 대한 제재를 규정하고 있는 경비업법 제15조의2 제2항, 제19조 제1항 제7호 등을 통해서도 경비업무의 전념성을 충분히 확보할 수 있는 점 등에 비추어 볼 때, 심판대상조항은 침해의 최소성에 위배되고, 경비업무의 전념성을 중대하게 훼손하지 않는 경우에도 경비원에게 비경비업무를 수행하도록 하면 허가받은 경비업 전체를 취소하도록 하여 경비업을 전부 영위할 수 없도록 하는 것은 법익의 균형성에도 반한다. 따라서 심판대상조항은 과잉금지원칙에 위반하여 시설경비업을 수행하는 경비업자의 직업의 자유를 침해한다(헌재 2023. 3. 23. 2020헌가19).

2023 경찰 2차 시설경비업을 허가받은 경비업자로 하여금 '허가받은 경비업무 외의 업무에 경비원을 종사하게 하는 것'을 금지하고, 이를 위반한 경비업자에 대한 허가를 취소하도록 정하고 있는 「경비업법」 제7조 제5항 중 '시설경비업무'에 관한 부분, 같은 법 제19조 제1항 제2호 중 '시설경비업무'에 관한 부분은 과잉금지원칙에 위반하여 시설경비업을 수행하는 경비업자의 직업의 자유를 침해한다. (○)

② ⊙ 직업선택의 자유에는 직업결정의 자유, 직업종사(직업수행)의 자유, 전직의 자유 등이 포함되지만 직업결정의 자유나 전직의 자유에 비하여 직업종사(직업수행)의 자유에 대하여서는 상대적으로 더욱 넓은 법률상의 규제가 가능하다고 할 것이고 따라서 다른 기본권의 경우와 마찬가지로 국가안전보장·질서유지 또는 공공복리를 위하여 필요한 경우에는 제한이 가하여질 수 있는 것은 물론이지만 그 제한의 방법은 법률로써만 가능하고 제한의 정도도 필요한 최소한도에 그쳐야 하는 것 또한 의문의 여지가 없이 자명한 것이다(헌재 1993. 5. 13. 92헌마80).

③ ⊙ 이 사건 법률조항은 의료인에게 '하나의' 의료기관만을 개설할 수 있도록 함으로써 의사 및 한의사의 복수면허 의료인이라고 하더라도, 양방 또는 한방 중 그 선택에 따라 어느 '하나의' 의료기관 이외에 다른 의료기관의 개설을 금지한다. 이는 의료기관 개설에 있어서 집행행위 이전에 미리 의료인의 법적 지위를 결정적으로 정하고 있을 뿐만 아니라, '하나를 초과하는' 의료기관을 개설하고자 할 경우 행정청에게 그 개설신고나 허가신청을 반려하거나 거부하도록 하여 행정청의 집행행위를 형식적인 것에 그치게 한다. 따라서 이 사건 법률조항은 집행행위가 예정되어 있음에도 예외적으로 기본권침해의 직접성을 인정할 수 있다. …… 복수면허 의료인은 의과 대학과 한의과 대학을 각각 졸업하고, 의사와 한의사 자격 국가고시에 모두 합격하였다. 따라서 단수면허 의료인에 비하여 양방 및 한방의 의료행위에 대하여 상대적으로 지식 및 능력이 뛰어나거나, 그가 행하는 양방 및 한방의 의료행위의 내용과 그것이 인체에 미치는 영향 등에 대하여도 상대적으로 더 유용한 지식과 정보를 취득하고 이를 분석하여 적절하게 대처할 수 있다고 평가될 수 있다. 복수면허 의료인들에게 단수면허 의료인과 같이 하나의 의료기관만을 개설할 수 있다고 한 이 사건 법률조항은 '다른 것을 같게' 대우하는 것으로 합리적인 이유를 찾기 어렵다. 이 사건 심판대상 법률조항은 복수면허 의료인인 청구인들의 직업의 자유, 평등권을 침해한다(헌재 2007. 12. 27. 2004헌마1021).

09

정답 ③

③ ⊙ 자신의 인격권이나 명예권을 보호하기 위하여 대외적으로 해명을 하는 행위는 표현의 자유에 속하는 영역일 뿐 이미 사생활의 자유에 의하여 보호되는 범주를 벗어난 행위이고, 또한, 자신의 태도나 입장을 외부에 설명하거나 해명하는 행위는 진지한 윤리적 결정에 관계된 행위라기보다는 단순한 생각이나 의견, 사상이나 확신 등의 표현행위라고 볼 수 있어, 그 행위가 선거에 영향을 미치게 하기 위한 것이라는 이유로 이를 하지 못하게 된다 하더라도 내면적으로 구축된 인간의 양심이 왜곡 굴절된다고는 할 수 없다는 점에서 양심의 자유의 보호영역에 포괄되지 아니하므로, 위 제93조 제1항은 사생활의 자유나 양심의 자유를 침해하지 아니한다(헌재 2001. 8. 30. 99헌바92).

① ✕ 교도소장이 수용자가 없는 상태에서 실시한 거실 및 작업장 검사행위는 교도소의 안전과 질서를 유지하고, 수형자의 교화·개선에 지장을 초래할 수 있는 물품을 차단하기 위한 것으로서 그 목적이 정당하고, 수단도 적절하며, 검사의 실효성을 확보하기 위한 최소한의 조치로 보이고, 달리 덜 제한적인 대체수단을 찾기 어려운 점 등에 비추어 보면 이 사건 검사행위가 과잉금지원칙에 위배하여 사생활의 비밀 및 자유를 침해하였다고 할 수 없다(헌재 2011. 10. 25. 2009헌마691).

② ✕ 일반적으로 경제적 내지 직업적 활동은 복합적인 사회적 관계를 전제로 하여 다수 주체 간의 상호작용을 통하여 이루어지는 것이고, 특히

변호사의 업무는 다른 어느 직업적 활동보다도 강한 공공성을 내포한다는 점 등을 감안하여 볼 때, 변호사의 업무와 관련된 수임사건의 건수 및 수임액이 변호사의 내밀한 개인적 영역에 속하는 것이라고 보기 어렵고, 따라서 이 사건 법률조항이 청구인들의 사생활의 비밀과 자유를 침해하는 것이라 할 수 없다(헌재 2009. 10. 29. 2007헌마667).

④ ✕ 개인정보자기결정권은 자신에 관한 정보가 언제 누구에게 어느 범위까지 알려지고 또 이용되도록 할 것인지를 그 정보주체가 스스로 결정할 수 있는 권리, 즉 정보주체가 개인정보의 공개와 이용에 관하여 스스로 결정할 권리를 말하는바, 개인의 고유성, 동일성을 나타내는 지문은 그 정보주체를 타인으로부터 식별가능하게 하는 개인정보이므로, 시장·군수 또는 구청장이 개인의 지문정보를 수집하고, 경찰청장이 이를 보관·전산화하여 범죄수사목적에 이용하는 것은 모두 개인정보자기결정권을 제한하는 것이다(헌재 2005. 5. 26. 99헌마513).

10 정답 ③

③ ✕ 검사의 '혐의없음' 불기소처분 등에 관한 수사경력자료의 보존 및 보존기간을 정한 구 '형의 실효 등에 관한 법률'은 과잉금지원칙을 위반하여 청구인의 개인정보자기결정권을 침해하지 않는다(헌재 2009. 10. 29. 2008헌마257).

① ◉

> 개인정보 보호법 제23조(민감정보의 처리 제한) ① 개인정보처리자는 사상·신념, 노동조합·정당의 가입·탈퇴, 정치적 견해, 건강, 성생활 등에 관한 정보, 그 밖에 정보주체의 사생활을 현저히 침해할 우려가 있는 개인정보로서 대통령령으로 정하는 정보(이하 "민감정보"라 한다)를 처리하여서는 아니 된다. 다만, 다음 각 호의 어느 하나에 해당하는 경우에는 그러하지 아니하다.
> 1. 정보주체에게 제15조 제2항 각 호 또는 제17조 제2항 각 호의 사항을 알리고 다른 개인정보의 처리에 대한 동의와 별도로 동의를 받은 경우
> 2. 법령에서 민감정보의 처리를 요구하거나 허용하는 경우

② ◉ 법무부장관은 변호사시험 합격자가 결정되면 즉시 명단을 공고하여야 한다고 규정한 변호사시험법 제11조 중 '명단 공고' 부분은 청구인들의 개인정보자기결정권을 침해하지 않는다(헌재 2020. 3. 26. 2018헌마77).

④ ◉ 소년에 대한 수사경력자료의 삭제와 보존기간에 대하여 규정하면서 법원에서 불처분결정된 소년부송치 사건에 대하여 규정하지 않은 구 '형의 실효 등에 관한 법률' 제8조의2 제1항 및 제3항, '형의 실효 등에 관한 법률' 제8조의2 제1항 및 제3항은 과잉금지원칙에 반하여 개인정보자기결정권을 침해한다(헌재 2021. 6. 24. 2018헌가2).

11 정답 ①

① ✕ 헌법 제19조가 보호하고 있는 양심의 자유는 양심형성의 자유와 양심적 결정의 자유를 포함하는 내심적 자유(forum internum)뿐만 아니라, 양심적 결정을 외부로 표현하고 실현할 수 있는 양심실현의 자유(forum externum)를 포함한다고 할 수 있다. 내심적 자유, 즉 양심형성의 자유와 양심적 결정의 자유는 내심에 머무르는 한 절대적 자유라고 할 수 있지만, 양심실현의 자유는 타인의 기본권이나 다른 헌법적 질서와 저촉되는 경우 헌법 제37조 제2항에 따라 국가안전보장·질서유지 또는 공공복리를 위하여 법률에 의하여 제한될 수 있는 상대적 자유라고 할 수 있다(헌재 1998. 7. 16. 96헌바35).

② ◉ 의사가 자신이 진찰하고 치료한 환자에 관한 사생활과 정신적·신체적 비밀을 유지하고 보존하는 것은 의사의 근원적이고 보편적인 윤리이자 도덕이고, 환자와의 묵시적 약속이라고 할 것이다. 만일 의사가 환자의 신병(身病)에 관한 사실을 자신의 의사에 반하여 외부에 알려야 한다면, 이는 의사로서의 윤리적·도덕적 가치에 반하는 것으로서 심한 양심적 갈등을 겪을 수밖에 없을 것이다. 그런데 소득공제증빙서류 제출의 무자들인 의료기관인 의사로서는 과세자료를 제출하지 않을 경우 국세청으로부터 행정지도와 함께 세무조사와 같은 불이익을 받을 수 있다는 심리적 강박감을 가지게 되는바, 결국 이 사건 법령조항에 대하여는 의무불이행에 대하여 간접적이고 사실적인 강제수단이 존재하므로 법적 강제수단의 존부와 관계없이 의사인 청구인들의 양심의 자유를 제한한다(헌재 2008. 10. 30. 2006헌마1401).

> 2015 서울시 7급 의사가 환자의 신병(身病)에 관한 사실을 자신의 의사에 반하여 외부에 알려야 한다면, 이는 의사로서의 윤리적·도덕적 가치에 반하는 것으로서 심한 양심적 갈등을 겪을 수밖에 없을 것이므로, 연말정산 간소화를 위하여 의료기관에게 환자들의 의료비 내역에 관한 정보를 국세청에 제출하도록 의무를 부과하는 소득세법 조항은 의사의 양심의 자유를 제한한다. (O)

③ ◉ 헌법이 보호하려는 양심은 어떤 일의 옳고 그름을 판단함에 있어서 그렇게 행동하지 아니하고는 자신의 인격적인 존재가치가 허물어지고 말 것이라는 강력하고 진지한 마음의 소리이지, 막연하고 추상적인 개념으로서의 양심이 아니다. 음주측정요구에 처하여 이에 응하여야 할 것인지 거부해야 할 것인지 고민에 빠질 수는 있겠으나 그러한 고민은 선과 악의 범주에 관한 진지한 윤리적 결정을 위한 고민이라 할 수 없으므로 그 고민 끝에 어쩔 수 없이 음주측정에 응하였다 하여 내면적으로 구축된 인간양심이 왜곡·굴절된다고 할 수 없다. 따라서 이 사건 법률조항을 두고 헌법 제19조에서 보장하는 양심의 자유를 침해하는 것이라고 할 수 없다(헌재 1997. 3. 27. 96헌가11).

④ ◉ 병역의 종류를 현역, 예비역, 보충역, 병역준비역, 전시근로역의 다섯 가지로 한정하여 규정하고 양심적 병역거부자에 대한 대체복무제를 규정하지 아니한 병역종류조항은 과잉금지원칙을 위반하여 양심적 병역거부자의 양심의 자유를 침해한다(헌재 2018. 6. 28. 2011헌바379).

12 정답 ②

② ✕ 오늘날 종교적인 의식 또는 행사가 하나의 사회공동체의 문화적인 현상으로 자리잡고 있으므로, 어떤 의식, 행사, 유형물 등이 비록 종교적인 의식, 행사 또는 상징에서 유래되었다고 하더라도 그것이 이미 우리 사회공동체 구성원들 사이에서 관습화된 문화요소로 인식되고 받아들여질 정도에 이르렀다면, 이는 정교분리원칙이 적용되는 종교의 영역이 아니라 헌법적 보호가치를 지닌 문화의 의미를 갖게 된다. 그러므로 이와 같이 이미 문화적 가치로 성숙한 종교적인 의식, 행사, 유형물에 대한 국가 등의 지원은 일정 범위 내에서 전통문화의 계승·발전이라는 문화국가원리에 부합하며 정교분리원칙에 위배되지 않는다(대판 2009. 5. 28. 2008두16933).

① ◉ **국가 또는 지방자치단체외의 자가 양로시설을 설치하고자 하는 경우 신고하도록 규정하고 이를 위반한 경우 처벌하는 노인복지법 관련 부분이 과잉금지원칙에 위배되어 종교의 자유를 침해하는지 여부(소극)** 심판대상조항은 양로시설에 입소하는 노인들에게 편안하고 쾌적한 주거환경을 제공하도록 국가나 지방자치단체가 관리·감독을 하기 위한 것으로, 이러한 입법목적은 정당하고 신고의무를 위반한 경우 형사제재를 가하는 것은 양로시설 현황을 파악하고 감독하기 위한 것으로 수단의 적절성도 인정된다. 양로시설을 설치하고자 하는 경우 일정한 시설기준과 인력기준 등을 갖추어야 하나, 이는 노인들의 안전한 주거공간 보장을 위한 최소한의 기준에 불과하므로 신고의무 부과가 지나치다고 할 수 없다(헌재 2016. 6.

③ ⭕ 해당 종교행사 참석조치는 국가가 종교를 군사력 강화라는 목적을 달성하기 위한 수단으로 전락시키거나, 반대로 종교단체가 군대라는 국가권력에 개입해 선교행위를 하는 등 영향력을 행사할 기회를 제공하므로 국가와 종교의 밀접한 결합을 초래한다는 점에서 정교분리원칙에 위배된다(헌재 2022. 11. 24. 2019헌마941).

> **2023 경찰 1차** 육군훈련소장이 훈련병에게 개신교, 불교, 천주교, 원불교 종교행사 중 하나에 참석하도록 한 것은 국가가 종교를 군사력 강화라는 목적을 달성하기 위한 수단으로 전락시키거나, 반대로 종교단체가 군대라는 국가권력에 개입하여 선교행위를 하는 등 영향력을 행사할 수 있는 기회를 제공하므로, 국가와 종교의 밀접한 결합을 초래한다는 점에서 헌법상 정교분리원칙에 위배된다. (O)

④ ⭕ 비록 종립학교의 학교법인이 국·공립학교의 경우와는 달리 종교교육을 할 자유와 운영의 자유를 가진다고 하더라도, 그 종립학교가 공교육체계에 편입되어 있는 이상 원칙적으로 학생의 종교의 자유, 교육을 받을 권리를 고려한 대책을 마련하는 등의 조치를 취하는 속에서 그러한 자유를 누린다고 해석하여야 한다(대판 2010. 4. 22. 2008다38288).

13
정답 ④

④ ❌ 이미 공개된 개인정보를 정보주체의 동의가 있었다고 객관적으로 인정되는 범위 내에서 수집·이용·제공 등 처리를 할 때는 정보주체의 별도의 동의는 불필요하다고 보아야 하고, 별도의 동의를 받지 아니하였다고 하여 개인정보 보호법 제15조나 제17조를 위반한 것으로 볼 수 없다. 그리고 정보주체의 동의가 있었다고 인정되는 범위 내인지는 공개된 개인정보의 성격, 공개의 형태와 대상 범위, 그로부터 추단되는 정보주체의 공개 의도 내지 목적뿐만 아니라, 정보처리자의 정보제공 등 처리의 형태와 정보제공으로 공개의 대상 범위가 원래의 것과 달라졌는지, 정보제공이 정보주체의 원래의 공개 목적과 상당한 관련성이 있는지 등을 검토하여 객관적으로 판단하여야 한다(대판 2016. 8. 17. 2014다235080).

① ⭕ 이 사건 검색·회보조항에서 정한 검색·회보 사유의 필요성이 있고, 검색·회보 사유가 한정되어 있으며, 개인정보보호를 위한 조치들을 규정하고 있고, 범죄수사 등을 위한 공익이 청구인들의 불이익보다 크다. 따라서 이 사건 검색·회보조항이 과도하게 개인정보자기결정권을 침해한다고 볼 수 없다(헌재 2014. 8. 28. 2011헌마28).

② ⭕ 심판대상조항은 정보주체의 배우자나 직계혈족이 스스로의 정당한 법적 이익을 지키기 위하여 정보주체 본인의 위임 없이도 가족관계 상세증명서를 간편하게 발급받을 수 있게 해주는 것이므로, 상세증명서 추가 기재 자녀의 입장에서 보아도 자신의 개인정보가 공개되는 것을 중대한 불이익이라고 평가하기는 어렵다. 나아가 가족관계 관련 법령은 가족관계증명서 발급 청구에 관한 부당한 목적을 파악하기 위하여 '청구사유기재'라는 나름의 소명절차를 규정하는 점 등을 아울러 고려하면 심판대상조항은 그 입법목적과 그로 인해 제한되는 개인정보자기결정권 사이에 적절한 균형을 달성한 것으로 평가할 수 있다. 심판대상조항은 과잉금지원칙에 위배되어 청구인의 개인정보자기결정권을 침해하지 아니한다(헌재 2022. 11. 24. 2021헌마130).

> **2023 소방간부** 정보주체의 배우자나 직계혈족이 정보주체의 위임 없이도 정보주체의 가족관계 상세증명서의 교부청구를 할 수 있도록 하는 '가족관계의 등록 등에 관한 법률'의 해당 조항은 개인정보자기결정권을 침해하지 않는다. (O)

③ ⭕ 가정폭력 가해자에 대한 별도의 제한 없이 직계혈족이기만 하면 그 자녀의 가족관계증명서 및 기본증명서의 교부를 청구하여 발급받을 수 있도록 한 「가족관계의 등록 등에 관한 법률」 조항은 가정폭력 피해자인 청구인의 개인정보자기결정권을 침해한다(헌재 2020. 8. 28. 2018헌마927).

14
정답 ③

③ ❌ 금융감독원의 4급 이상 직원에 대하여 공직자윤리법상 재산등록의무를 부과하는 것은 금융감독원의 4급 직원인 청구인들의 사생활의 비밀의 자유 및 평등권을 침해하지 않는다(헌재 2014. 6. 26. 2012헌마331).

① ⭕ 인터넷언론사의 공개된 게시판·대화방에서 스스로의 의사에 의하여 정당·후보자에 대한 지지·반대의 글을 게시하는 행위가 양심의 자유나 사생활 비밀의 자유에 의하여 보호되는 영역이라고 할 수 없다(헌재 2010. 2. 25. 2008헌마324).

② ⭕ 후보자의 실효된 형까지 포함한 금고 이상의 형의 범죄경력을 공개함으로써 국민의 알 권리를 충족하고 공정하고 정당한 선거권 행사를 보장하고자 하는 이 사건 법률조항의 입법목적은 정당하며, 이러한 입법목적을 달성하기 위하여는 선거권자가 후보자의 모든 범죄경력을 인지한 후 그 공직적합성을 판단하는 것이 효과적이다. 또한 금고 이상의 범죄경력에 실효된 형을 포함시키는 이유는 선거권자가 공직후보자의 자질과 적격성을 판단할 수 있도록 하기 위한 점, 전과기록은 통상 공개재판에서 이루어진 국가의 사법작용의 결과라는 점, 전과기록의 범위와 공개시기 등이 한정되어 있는 점 등을 종합하면, 이 사건 법률 조항은 피해최소성의 원칙에 반한다고 볼 수 없고, 공익적 목적을 위하여 공직선거 후보자의 사생활의 비밀과 자유를 한정적으로 제한하는 것이어서 법익균형성의 원칙도 충족한다. 따라서 이 사건 법률조항은 청구인들의 사생활의 비밀과 자유를 침해한다고 볼 수 없다(헌재 2008. 4. 24. 2006헌마402).

④ ⭕ 성폭력범죄를 2회 이상 범하여 습벽이 인정되고 재범의 위험성이 있는 자에게 검사의 청구에 따라 법원이 10년의 범위 내에서 위치추적 전자장치를 부착할 수 있도록 한 구 '특정 범죄자에 대한 위치추적 전자장치 부착 등에 관한 법률' 관련 부분(이하 '이 사건 전자장치부착조항')은 전자장치가 부착된 자(이하 '피부착자')의 위치와 이동경로를 실시간으로 파악하여 피부착자를 24시간 감시할 수 있도록 하고 있으므로 피부착자의 사생활의 비밀과 자유를 제한하며, 피부착자의 위치와 이동경로 등 '위치 정보'를 수집, 보관, 이용한다는 측면에서 개인정보자기결정권도 제한한다. …… 성폭력범죄가 피해자와 그 주변 사람들 및 사회 전체에 미치는 피해의 심각성에 비추어 보면, 재범의 위험성 있는 성폭력범죄자가 이 사건 전자장치부착조항으로 인해 입게 되는 불이익이 성폭력범죄의 피해로부터 국민을 보호하여야 할 이익에 비해 결코 크다고 할 수 없다(헌재 2012. 12. 27. 2010헌바187). → 이 사건 전자장치부착조항은 헌법에 위반되지 않는다.

15
정답 ④

④ ⭕ 의료인으로 하여금 둘 이상의 의료기관을 운영할 수 없도록 하고 이를 위반할 경우 형사처벌을 받도록 한 이 사건 법률조항은 여러 개의 의료기관을 운영하고자 하는 의료인의 직업수행의 자유를 과잉금지원칙에 위반하여 침해한다고 볼 수 없다(헌재 2019. 8. 29. 2014헌바212).

① ❌ 공무담임권 또는 직업의 자유에 '합당한 보수를 받을 권리'까지 포함되어 있다고 볼 수는 없다(헌재 2013. 11. 28. 2011헌마437).

② ❌ 학원이나 체육시설에서 어린이통학버스를 운영하는 자로 하여금 어린이통학버스에 반드시 보호자를 동승하여 운행하도록 한 이 사건 보호자동승조항이 학원 등 운영자로 하여금 어린이통학버스에 학원 강사 등의 보호자를 함께 태우고 운행하도록 한 것은 어린이 등이 안전사고 위험으로부터 벗어나 안전하고 건강한 생활을 영위하도록 하기 위한 것이다. 어린이통학버스의 동승보호자는 운전자와 함께 탑승함으로써 승·

하차 시 뿐만 아니라 운전자만으로 담보하기 어려운 '차량 운전 중' 또는 '교통사고 발생 등의 비상상황 발생 시' 어린이 등의 안전을 효과적으로 담보하는 중요한 역할을 하는 점 등에 비추어 보면, 이 사건 보호자동승조항이 과잉금지원칙에 반하여 청구인들의 직업수행의 자유를 침해한다고 볼 수 없다(헌재 2020. 4. 23 2017헌마479).

③ ✗ 전문과목을 표시한 치과의원은 그 표시한 전문과목에 해당하는 환자만을 진료하여야 한다고 규정한 심판대상조항이 달성하고자 하는 적정한 치과 의료전달체계의 정립 및 치과전문의의 특정 전문과목에의 편중 방지라는 공익은 중요하나, 심판대상조항으로 그러한 공익이 얼마나 달성될 수 있을 것인지 의문인 반면, 치과의원의 치과전문의가 표시한 전문과목 이외의 영역에서 치과일반의로서의 진료도 전혀 하지 못하는 데서 오는 사적인 불이익은 매우 크므로, 심판대상조항은 과잉금지원칙에 위배되어 청구인들의 직업수행의 자유를 침해한다(헌재 2015. 5. 28. 2013헌마799).

16 정답 ④

㉠ ◯ 디엔에이감식시료 채취 대상자가 사망할 때까지 디엔에이신원확인정보를 데이터베이스에 수록, 관리할 수 있도록 규정한 이 사건 법률 제13조 제3항 중 수형인등에 관한 부분이 개인정보자기결정권을 침해하는지 여부(소극) 재범의 위험성이 높은 범죄를 범한 수형인등은 생존하는 동안 재범의 가능성이 있으므로, 디엔에이신원확인정보를 수형인등이 사망할 때까지 관리하여 범죄 수사 및 예방에 이바지하고자 하는 이 사건 삭제조항은 입법목적의 정당성과 수단의 적절성이 인정된다. 디엔에이신원확인정보는 개인식별을 위한 최소한의 정보인 단순한 숫자에 불과하여 이로부터 개인의 유전정보를 확인할 수 없는 것이어서 개인의 존엄과 인격권에 심대한 영향을 미칠 수 있는 민감한 정보라고 보기 어렵고, 디엔에이신원확인정보의 수록 후 디엔에이감식시료와 디엔에이의 즉시 폐기, 무죄 등의 판결이 확정된 경우 디엔에이신원확인정보의 삭제, 디엔에이인적관리자와 디엔에이신원확인정보담당자의 분리, 디엔에이신원확인정보데이터베이스관리위원회의 설치, 업무목적 외 디엔에이신원확인정보의 사용·제공·누설 금지 및 위반시 처벌, 데이터베이스 보안장치 등 개인정보 보호에 관한 규정을 두고 있으므로 이 사건 삭제조항은 침해최소성 원칙에 위배되지 않는다. 디엔에이신원확인정보를 범죄수사 등에 이용함으로써 달성할 수 있는 공익의 중요성에 비하여 청구인의 불이익이 크다고 보기 어려워 법익균형성도 갖추었다. 따라서 이 사건 삭제조항이 과도하게 개인정보자기결정권을 침해한다고 볼 수 없다(헌재 2014. 8. 28. 2011헌마28).

㉡ ◯ 통신매체이용음란죄로 유죄판결이 확정된 자는 신상정보 등록대상자가 된다고 규정한 '성폭력범죄의 처벌 등에 관한 특례법' 제42조 제1항 중 "제13조의 범죄로 유죄판결이 확정된 자는 신상정보 등록대상자가 된다."는 부분은 청구인의 개인정보자기결정권을 침해한다(헌재 2016. 3. 31. 2015헌마688).

㉢ ◯ 서울특별시 교육감 등이 졸업생의 성명, 생년월일 및 졸업일자 정보를 교육정보시스템(NEIS)에 보유하는 행위가 그 정보주체의 개인정보자기결정권을 침해하는지 여부(소극) 개인정보의 종류 및 성격, 수집목적, 이용형태, 정보처리방식 등에 따라 개인정보자기결정권의 제한이 인격권 또는 사생활의 자유에 미치는 영향이나 침해의 정도는 달라지므로 개인정보자기결정권의 제한이 정당한지 여부를 판단함에 있어서는 위와 같은 요소들과 추구하는 공익의 중요성을 헤아려야 하는바, 피청구인들이 졸업증명서 발급업무에 관한 민원인의 편의 도모, 행정효율성의 제고를 위하여 개인의 존엄과 인격권에 심대한 영향을 미칠 수 있는 민감한 정보라고 보기 어려운 성명, 생년월일, 졸업일자 정보만을 NEIS에 보유하고 있는 것은 목적의 달성에 필요한 최소한의 정보만을 보유하는 것이라 할 수 있고, 공공기관의개인정보보호에관한법률에 규정된 개인정보 보호를 위한 법규정들의 적용을 받을 뿐만 아니라 피청구인들이 보유목적을 벗어나 개인정보를 무단 사용하였다는 점을 인정할 만한 자료가 없는 한 NEIS라는 자동화된 전산시스템으로 그 정보를 보유하고 있다는 점만으로 피청구인들의 적법한 보유행위 자체의 정당성마저 부인하기는 어렵다(헌재 2005. 7. 21. 2003헌마282).

㉣ ◯ 구치소장이 검사의 요청에 따라 청구인과 배우자의 접견녹음파일을 제공한 행위에 의하여 제공된 접견녹음파일로 특정개인을 식별할 수 있고, 그 대화내용 등은 인격주체성을 특징짓는 사항으로 그 개인의 동일성을 식별할 수 있게 하는 정보이므로, 정보주체인 청구인의 동의 없이 접견녹음파일을 관계기관에 제공하는 것은 청구인의 개인정보자기결정권을 제한하는 것이다. 그런데 이 사건 제공행위는 형사사법의 실체적 진실을 발견하고 이를 통해 형사사법의 적정한 수행을 도모하기 위한 것으로 그 목적이 정당하고, 수단 역시 적합하다. ······ 사적 대화내용을 분리하여 제공하는 것은 그 구분이 실질적으로 불가능하고, 범죄와 관련 있는 대화내용을 쉽게 파악하기 어려워 전체제공이 불가피한 점 등을 고려할 때 침해의 최소성 요건도 갖추고 있다. 나아가 접견내용이 기록된다는 사실이 미리 고지되어 그에 대한 보호가치가 그리 크다고 볼 수 없는 점 등을 고려할 때, 법익의 불균형을 인정하기도 어려우므로, 과잉금지원칙에 위반하여 청구인의 개인정보자기결정권을 침해하였다고 볼 수 없다(헌재 2012. 12. 27. 2010헌마153).

㉤ ◯ 인터넷게시판을 설치·운영하는 정보통신서비스 제공자에게 본인확인조치의무를 부과하여 게시판 이용자로 하여금 본인확인절차를 거쳐야만 게시판을 이용할 수 있도록 하는 본인확인제를 규정한 '정보통신망 이용촉진 및 정보보호 등에 관한 법률' 제44조의5 제1항 제2호, 같은 법 시행령 제29조, 제30조 제1항은 과잉금지원칙에 위배하여 인터넷게시판 이용자의 표현의 자유, 개인정보자기결정권 및 인터넷게시판을 운영하는 정보통신서비스 제공자의 언론의 자유를 침해한다(헌재 2012. 8. 23. 2010헌마47).

17 정답 ④

④ ✗ 이 사건 정보제공행위에 의하여 제공된 청구인 김○환의 약 2년 동안의 총 44회 요양급여내역 및 청구인 박○만의 약 3년 동안의 총 38회 요양급여내역은 건강에 관한 정보로서 '개인정보 보호법' 제23조 제1항이 규정한 민감정보에 해당한다. ······ 서울용산경찰서장은 그와 같은 요청을 할 당시 전기통신사업자로부터 위치추적자료를 제공받는 등으로 청구인들의 위치를 확인하였거나 확인할 수 있는 상태였다. 따라서 서울용산경찰서장이 청구인들을 검거하기 위하여 청구인들의 약 2년 또는 3년이라는 장기간의 요양급여내역을 제공받는 것이 불가피하였다고 보기 어렵다. 한편 급여일자와 요양기관명은 피의자의 현재 위치를 곧바로 파악할 수 있는 정보는 아니므로, 이 사건 정보제공행위로 얻을 수 있는 수사상의 이익은 없었거나 미약한 정도였다. 반면 서울용산경찰서장에게 제공된 요양 기관명에는 전문의의 병원도 포함되어 있어 청구인들의 질병의 종류를 예측할 수 있는 점, 2년 내지 3년 동안의 요양급여정보는 청구인들의 건강 상태에 대한 총체적인 정보를 구성할 수 있는 점 등에 비추어 볼 때, 이 사건 정보제공행위로 인한 청구인들의 개인정보자기결정권에 대한 침해는 매우 중대하다. 그렇다면 이 사건 정보제공행위는 이 사건 정보제공조항 등이 정한 요건을 충족한 것으로 볼 수 없고, 침해의 최소성 및 법익의 균형성에 위배되어 청구인들의 개인정보자기결정권을 침해하였다(헌재 2018. 8. 30. 2014헌마368).

① ◯ 디엔에이감식시료 채취 대상자가 사망할 때까지 디엔에이신원확인정보를 데이터베이스에 수록, 관리할 수 있도록 규정한 이 사건 법률 제13조 제3항 중 수형인 등에 관한 부분(이하 '이 사건 삭제조항'이라 한다)이 개인정보자

기결정권을 침해하는지 여부(소극) 재범의 위험성이 높은 범죄를 범한 수형인 등은 생존하는 동안 재범의 가능성이 있으므로, 디엔에이신원확인정보를 수형인등이 사망할 때까지 관리하여 범죄 수사 및 예방에 이바지하고자 하는 이 사건 삭제조항은 입법목적의 정당성과 수단의 적절성이 인정된다. 디엔에이신원확인정보는 개인식별을 위한 최소한의 정보인 단순한 숫자에 불과하여 이로부터 개인의 유전정보를 확인할 수 없는 것이어서 개인의 존엄과 인격권에 심대한 영향을 미칠 수 있는 민감한 정보라고 보기 어렵고, 디엔에이신원확인정보의 수록 후 디엔에이감식시료와 디엔에이의 즉시 폐기, 무죄 등의 판결이 확정된 경우 디엔에이신원확인정보의 삭제, 디엔에이인적관리자와 디엔에이신원확인정보담당자의 분리, 디엔에이신원확인 정보데이터베이스관리위원회의 설치, 업무목적 외 디엔에이신원확인정보의 사용·제공·누설 금지 및 위반시 처벌, 데이터베이스 보안장치 등 개인정보보호에 관한 규정을 두고 있으므로 이 사건 삭제조항은 침해최소성 원칙에 위배되지 않는다. 디엔에이신원확인정보를 범죄수사 등에 이용함으로써 달성할 수 있는 공익의 중요성에 비하여 청구인의 불이익이 크다고 보기 어려워 법익균형성도 갖추었다. 따라서 이 사건 삭제조항이 과도하게 개인정보자기결정권을 침해한다고 볼 수 없다[헌재 2014. 8. 28. 2011헌마28·106·141·156·326, 2013헌마215·360(병합)].

② ◉ 피청구인 대통령의 지시로 피청구인 대통령 비서실장, 정무수석비서관, 교육문화수석비서관, 문화체육관광부장관이 야당 소속 후보를 지지하였거나 정부에 비판적 활동을 한 문화예술인이나 단체를 정부의 문화예술 지원사업에서 배제할 목적으로 개인의 정치적 견해에 관한 정보를 수집·보유·이용한 행위(이하 '이 사건 정보수집 등 행위'라 한다)가 법률유보원칙을 위반하여 개인정보자기결정권을 침해하는지 여부(적극) 이 사건 정보수집 등 행위의 대상인 정치적 견해에 관한 정보는 공개된 정보라 하더라도 개인의 인격주체성을 특징짓는 것으로, 개인정보자기결정권의 보호 범위 내에 속하며, 국가가 개인의 정치적 견해에 관한 정보를 수집·보유·이용하는 등의 행위는 개인정보자기결정권에 대한 중대한 제한이 되므로 이를 위해서는 법령상의 명확한 근거가 필요함에도 그러한 법령상 근거가 존재하지 않으므로 이 사건 정보수집 등 행위는 법률유보원칙을 위반하여 청구인들의 개인정보자기결정권을 침해한다(헌재 2020. 12. 23. 2017헌마416).

③ ◉ 청구인은 심판대상조항으로 인하여 사생활의 비밀과 자유, 혼인의 자유, 성적자기결정권, 재산권, 평등권이 침해된다고 주장한다. 그러나 친생부인의 소 진행과정에서 발생할 수 있는 사생활 공개의 문제는 소송법상 변론 및 소송기록 비공개 제도의 운영에 관련된 문제로서 심판대상조항으로 말미암아 청구인의 사생활의 비밀과 자유가 제한된다고 보기는 어렵다. 또 여성의 재혼금지기간을 규정하던 구 민법 제811조가 폐지된 이상 심판대상조항으로 인하여 청구인의 혼인의 자유 및 성적자기결정권이 제한된다고 보기도 어렵다(헌재 2015. 4. 30. 2013헌마623).

18
정답 ③

③ ✗ '약사 또는 한약사가 아닌 자연인'의 약국 개설을 금지하고 위반 시 형사처벌하는, 약사법이 직업의 자유를 침해하는지 여부(소극) 비약사의 약국 개설이 허용되면, 영리 위주의 의약품 판매로 인해 의약품 오남용 및 국민 건강상의 위험이 증대할 가능성이 높고, 대규모 자본이 약국시장에 유입되어 의약품 유통체계 및 판매질서를 위협할 우려가 있다. 약국 개설은 전 국민의 건강과 보건, 나아가 생명과도 직결된다는 점에서, 달성되는 공익보다 제한되는 사익이 더 중하다고 볼 수 없다(헌재 2020.10. 29. 2019헌바249).

① ◉ "약사 또는 한약사가 아니면 약국을 개설할 수 없다."라고 규정한 약사법 제16조 제1항은 법인을 구성하여 약국을 개설·운영하려고 하는 약사들 및 이들 약사들로 구성된 법인의 직업선택의 자유와 결사의 자유를 침해하는지 여부(적극) 가) 직업수행의 자유는 공익을 위하여 상대적으로 넓은 규제가 가능하다고 인정되기 때문에 이 사건 법률조항에 의하여 직업수행의 자유가 일부 제한된다고 하여 관련 기본권에 대한 중대한 침해가 있다고 볼 수 없으므로, 완화된 심사기준, 즉 차별기준 내지 방법의 합리성 여부가 헌법적 정당성 여부의 판단기준이 된다고 하겠다.

나) 법인의 설립은 그 자체가 간접적인 직업선택의 한 방법으로서 직업수행의 자유의 본질적 부분의 하나이므로, 정당한 이유 없이 본래 약국개설권이 있는 약사들만으로 구성된 법인에게도 약국개설을 금지하는 것은 입법목적을 달성하기 위하여 필요하고 적정한 방법이 아니고, 입법형성권의 범위를 넘어 과도한 제한을 가하는 것으로서, 법인을 구성하여 약국을 개설·운영하려고 하는 약사들 및 이들로 구성된 법인의 직업선택(직업수행)의 자유의 본질적 내용을 침해하는 것이고, 동시에 약사들이 약국경영을 위한 법인을 설립하고 운영하는 것에 관한 결사의 자유를 침해하는 것이다(헌재 2002. 9. 19. 2000헌바84). 2011 지방직 7급, 2013 국가직 7급 → ① 직업의 자유에 관한 '1단계 제한'에 해당한다. ② 다른 전문직과 달리 약사에게만 업무수행을 위한 법인설립을 제한함으로써 평등권도 침해한다.

② ◉ 변호사가 변호사 업무수행을 하던 중 변리사 등록을 한 경우 대한변리사회에 의무적으로 가입하게 하는 이 사건 가입조항은 청구인의 소극적 결사의 자유, 직업수행의 자유 및 평등권을 침해하지 않는다(헌재 2017. 12. 28. 2015헌마1000).

④ ◉ 사립학교 교원이 금고 이상의 형의 집행유예를 받은 경우 그 직에서 당연퇴직하는 것으로 규정한 사립학교법 제57조 중 국가공무원법 제33조 제4호 부분은 헌법상 직업의 자유를 침해하지 않는다(헌재 2010. 10. 28. 2009헌마442).

19
정답 ③

③ ✗ 1. 피청구인이 2020. 11. 23.에 한 '코로나19 관련 제10회 변호사시험 응시자 유의사항 등 알림'(이하 '이 사건 알림'이라 한다) 중 코로나바이러스감염증-19(이하 '코로나19'라 한다) 확진환자의 시험 응시를 금지한 부분이 청구인들의 직업선택의 자유를 침해하는지 여부(적극)

2. 피청구인이 2020. 11. 20.에 한 '제10회 변호사시험 일시·장소 및 응시자준수사항 공고'(법무부공고 제2020-360호)(이하 '이 사건 공고'라 한다) 및 이 사건 알림 중 각 자가격리자의 사전 신청 마감 기한을 '2021. 1. 3.(일) 18:00'까지로 제한한 부분이 청구인들의 직업선택의 자유를 침해하는지 여부(적극)

3. 이 사건 알림 중 고위험자를 의료기관에 이송하도록 한 부분이 청구인들의 직업선택의 자유를 침해하는지 여부(적극) (헌재 2023. 2. 23. 2020헌마1736)

① ◉ 이 사건 규정 제4조 제14호 중 '협회의 유권해석에 반하는 내용의 광고' 부분, 제8조 제2항 제4호 중 '협회의 유권해석에 위반되는 행위를 목적 또는 수단으로 하여 행하는 경우' 부분(이하 '유권해석위반 광고금지규정'이라 한다)이 법률유보원칙에 위반되어 청구인들의 표현의 자유, 직업의 자유를 침해하는지 여부(적극) 유권해석위반 광고금지규정은 변호사가 변협의 유권해석에 위반되는 광고를 할 수 없도록 금지하고 있다. 위 규정은 '협회의 유권해석에 위반되는'이라는 표지만을 두고 그에 따라 금지되는 광고의 내용 또는 방법 등을 한정하지 않고 있고, 이에 해당하는 내용이 무엇인지 변호사법이나 관련 회규를 살펴보더라도 알기 어렵다. 유권해석위반 광고금지규정 위반이 징계사유가 될 수 있음을 고려하면 적어도 수범자인 변호사는 유권해석을 통해 금지될 수 있는 내용들의 대강을 알 수 있어야 함에도, 규율의 예측가능성이 현저히 떨어지고 법집행기관의 자의적인 해석을 배제할 수 없는 문제가 있다. 따라서 위 규정은 수권법률로부터 위임된 범위 내에서 명확하게 규율 범위를 정하고 있다고 보기 어려우므

로, 법률유보원칙에 위반되어 청구인들의 표현의 자유, 직업의 자유를 침해한다(헌재 2022. 5. 26. 2021헌마619). → 변호사 광고에 관한 규정 제3조 제2항 등 위헌확인

② ◉ **업무상 배임을 처벌하도록 규정한 형법(1995. 12. 29. 법률 제5057호로 개정된 것) 제356조 중 제355조 제2항에 관한 부분이, 구 '부정경쟁방지 및 영업비밀보호에 관한 법률'상 영업비밀에 해당하지 아니하는 영업상 주요자산인 정보를 유출한 경우까지 처벌함으로써 과잉금지원칙을 위반하여 근로자의 직업수행의 자유를 침해하는지 여부(소극)** 심판대상조항은 업무상 신임관계의 배반 및 그로 인한 재산상 손해 방지를 위한 것으로서 그러한 입법목적은 정당하며, 업무상 신임관계를 침해한 경우 이를 형사처벌하는 것은 위와 같은 입법목적 달성에 기여할 수 있으므로, 수단의 적합성 또한 인정된다. 구 '부정경쟁방지 및 영업비밀보호에 관한 법률'(2007. 12. 21. 법률 제8767호로 개정되고, 2013. 7. 30. 법률 제11963호로 개정되기 전의 것) 제2조 제2호의 영업비밀은 그 범위가 매우 한정적이고, 법원은 영업비밀의 범위를 법문보다 더 엄격하게 제한하고 있는 점에 비추어 보면, 영업비밀에 해당하는 정보를 유출한 경우에만 업무상 배임죄로 처벌할 경우 기업의 기술 및 재산을 충실히 보호한다는 입법목적을 달성하기에 부족하다. 한편 대법원은 기업의 자료를 유출하였다는 사정만으로 업무상 배임죄의 성립을 인정하는 것이 아니라, 불특정 다수의 사람에게 공개되지 않았고, 사용자가 상당한 시간, 노력 및 비용을 들여 제작한 설계도면 등을 담은 컴퓨터 파일과 같은 것에 한하여 영업상 주요한 자산에 해당한다고 보고 그 경우에만 업무상 배임죄를 구성한다고 하여 영업상 주요자산의 범위를 한정하고 있으므로, 근로자에 대한 형사처벌의 범위가 지나치게 확대된다고 보기도 어렵다. 나아가 우리 기업의 기술수준이 향상되면서 기술력이 가진 가치와 중요성이 높아지고 기업의 기술·정보 유출로 인한 피해 사례 또한 증가하는 상황에서 그러한 정보유출에 따른 기업의 재산상 손해를 방지하고자 하는 공익은 매우 중대하다. 따라서 심판대상조항은 과잉금지원칙을 위반하여 근로자의 직업수행의 자유를 침해한다고 볼 수 없다(헌재 2019. 12. 27. 2017헌가18).

④ ◉ **총포소지허가의 결격사유를 정한 '총포·도검·화약류 등의 안전관리에 관한 법률' 제13조 제1항 제6호의3 중 '음주운전으로 벌금 이상의 형을 선고받은 날부터 5년 이내에 다시 음주운전으로 벌금 이상의 형을 선고받고 그 집행이 종료되거나 면제된 날부터 5년이 지나지 아니한 사람'이 과잉금지원칙에 반하여 직업의 자유 및 일반적 행동의 자유를 침해하는지 여부(소극)** 음주운전을 반복하는 사람은 준법의식 및 통제능력이 미약하다는 의심이 있어 총기관리의 안전성을 담보할 수 없기 때문에 심판대상조항은 이들의 총포소지를 제한하여 국민의 생명, 신체 및 공공의 안전을 보호하고자 한 것이다. 행정청이 사안마다 개별적으로 허가 신청자의 자격을 심사하는 것은 어려우므로 심판대상조항은 총포소지의 목적이나 용도 등을 고려한 예외를 규정하지 않고 일률적으로 이들을 결격사유로 규정한 것이고, 심판대상조항이 적용된다 하더라도 5년간만 총기 소지가 제한된다. 특히 부칙 조항에 따르면 기존에 받은 허가까지 취소하는 것은 아니므로 허가 신청자의 총기 사용이 과도하게 제한된다 할 수 없다. 따라서 총기의 안전관리를 강화하여 국민의 생명·신체를 보호하고자 하는 공익은 총포를 소지하여 사용하고자 하는 사람에게 제한되는 사익보다 훨씬 크므로, 심판대상조항이 과잉금지원칙에 반하여 직업의 자유 및 일반적 행동의 자유를 침해한다고 할 수 없다(헌재 2018. 4. 26. 2017헌바341).

20   정답 ③

③ ✖ 청구인들은 심판대상조항에 의하여 형이 확정된 때부터 형의 집행이 종료되거나 집행을 받지 아니하기로 확정된 후 10년까지의 기간 동안 아동관련기관인 체육시설 또는 '초·중등교육법' 제2조 각 호의 학교를 운영하거나 그에 취업할 수 없게 되었다. 이는 일정한 직업을 선택함에 있어 기본권 주체의 능력과 자질에 따른 제한에 해당하므로 이른바 '주관적 요건에 의한 좁은 의미의 직업선택의 자유'에 대한 제한에 해당한다(헌재 2018. 6. 28. 2017헌마130).

① ◉ 주류는 국민건강에 미치는 영향이 크고, 국가의 재정에도 직접 영향을 미치는 것이기 때문에 다른 상품과는 달리 특별히 법률을 제정하여 주류의 제조 및 판매에 걸쳐 폭넓게 국가의 규제를 받도록 하고 있다. 심판대상조항은 주류 유통질서의 핵심이라고 할 수 있는 주류 판매면허업자가 면허 허가 범위를 넘어 사업을 운영하는 것을 제한함으로써, 주류 판매업면허 제도의 실효성을 확보하고자 마련된 것이다. 국가의 관리 감독에서 벗어난 판매업자의 등장으로 유통 질서가 왜곡되는 것을 방지하고 규제의 효용성을 담보하기 위하여 필요하므로, 면허의 필요적 취소를 과도한 제한이라고 볼 수 없다. 따라서 주류 판매업면허를 받은 자가 타인과 동업 경영을 하는 경우 관할 세무서장이 해당 주류 판매업자의 면허를 필요적으로 취소하도록 한 이 조항은 주류 판매면허업자의 직업의 자유를 침해하지 않는다(헌재 2021. 4. 29. 2020헌바328).

② ◉ 심판대상조항으로 인해 세무사 등록이 취소된다 하더라도 영구적으로 세무사 활동이 불가능한 것이 아니라 그 벌금형의 집행이 끝나거나 집행을 받지 아니하기로 확정된 후 3년이 지난 때에는 다시 세무사로 등록하여 활동할 수 있다. 이와 같이 제한되는 사익에 비해 세무사 직무의 공정성 및 직업윤리의식의 유지, 원활한 세무행정의 수행 등 심판대상조항으로 인하여 달성되는 공익은 매우 중대하다 할 것이므로, 심판대상조항은 법익의 균형성도 충족하였다. 따라서 심판대상조항은 과잉금지원칙에 위반되지 아니하므로 세무사법 위반으로 벌금형을 선고받은 세무사의 직업선택의 자유를 침해하지 않는다(헌재 2021. 10. 28. 2020헌바221).

④ ◉ 헌법 제15조에서 보장하는 '직업'이란 생활의 기본적 수요를 충족시키기 위하여 행하는 계속적인 소득활동을 의미하고, 성매매는 그것이 가지는 사회적 유해성과는 별개로 성판매자의 입장에서 생활의 기본적 수요를 충족하기 위한 소득활동에 해당함을 부인할 수 없다 할 것이므로, 심판대상조항은 성판매자의 직업선택의 자유도 제한하고 있다(헌재 2016. 3. 31. 2013헌가2).

| 01 ④ | 02 ④ | 03 ④ | 04 ③ | 05 ① | 06 ③ | 07 ② | 08 ② | 09 ① | 10 ③ |
| 11 ③ | 12 ③ | 13 ④ | 14 ② | 15 ① | 16 ③ | 17 ① | 18 ③ | 19 ① | 20 ② |

01

정답 ④

④ ❌ 개인정보자기결정권, 통신의 자유가 제한되는 불이익과 비교했을 때, 명의도용피해를 막고, 차명휴대전화의 생성을 억제하여 보이스피싱 등 범죄의 범행도구로 악용될 가능성을 방지함으로써 잠재적 범죄 피해 방지 및 통신망 질서 유지라는 더욱 중대한 공익의 달성효과가 인정된다. 따라서 심판대상 조항은 청구인들의 개인정보자기결정권 및 통신의 자유를 침해하지 않는다(헌재 2019. 9. 26. 2017헌마1209).

> 2023 경찰간부 전기통신역무제공에 관한 계약을 체결하는 경우 전기통신사업자로 하여금 가입자에게 본인임을 확인할 수 있는 증서 등을 제시하도록 요구하고 부정가입방지시스템 등을 이용하여 본인인지 여부를 확인하도록 규정한 「전기통신사업법」상 조항은 자신들의 인적 사항을 밝히지 않은 채 통신하고자 하는 자들의 통신의 자유를 침해한다. (×)

① ⭕ 수형자가 수발하는 서신에 대한 검열로 인하여 수형자의 통신의 비밀이 일부 제한되는 것은 국가안전보장·질서유지 또는 공공복리라는 정당한 목적을 위하여 부득이 할 뿐만 아니라 유효적절한 방법에 의한 최소한의 제한이며 통신의 자유의 본질적 내용을 침해하는 것이 아니므로 헌법에 위반된다고 할 수 없다(헌재 1998. 8. 27. 96헌마398).

② ⭕ 자유로운 의사소통은 통신내용의 비밀을 보장하는 것만으로는 충분하지 아니하고 구체적인 통신관계의 발생으로 야기된 모든 사실관계, 특히 통신관여자의 인적 동일성·통신장소·통신횟수·통신시간 등 통신의 외형을 구성하는 통신이용의 전반적 상황의 비밀까지도 보장한다(헌재 2018. 6. 28. 2012헌마538).

③ ⭕ 헌법 제18조로 보장되는 기본권인 통신의 자유란 통신수단을 자유로이 이용하여 의사소통할 권리이다. '통신수단의 자유로운 이용'에는 자신의 인적 사항을 누구에게도 밝히지 않는 상태로 통신수단을 이용할 자유, 즉 통신수단의 익명성 보장도 포함된다(헌재 2019. 9. 26. 2017헌마1209).

02

정답 ④

④ ❌ 통신제한조치기간의 연장을 허가함에 있어 총연장기간 또는 총연장횟수의 제한을 두지 아니한 통신비밀보호법 제6조 제7항 단서 중 전기통신에 관한 '통신제한조치기간의 연장'에 관한 부분이 통신의 비밀을 침해하여 위헌인지 여부(적극) 통신제한조치기간의 연장을 허가함에 있어 총연장기간 또는 총연장횟수의 제한을 두고 그 최소한의 연장기간동안 범죄혐의를 입증하지 못하는 경우 통신제한조치를 중단하게 한다고 하여도, 여전히 통신제한조치를 해야 할 필요가 있으면 법원에 새로운 통신제한조치의 허가를 청구할 수 있으므로 이로써 수사목적을 달성하는데 충분하다. 또한 법원이 실제 통신제한조치의 기간연장절차의 남용을 통제하는데 한계가 있는 이상 통신제한조치 기간연장에 사법적 통제절차가 있다는 사정만으로는 그 남용으로 인하여 개인의 통신의 비밀이 과도하게 제한되는 것을 막을 수 없다. 그럼에도 통신제한조치기간을 연장함에 있어 법운용자의 남용을 막을 수 있는 최소한의 한계를 설정하지 않은 이 사건 법률조항은 침해의 최소성원칙에 위반한다. 나아가 통신제한조치가 내려진 피의자나 피내사자는 자신이 감청을 당하고 있다는 사실을 모르는 기본권제한의 특성상 방어권을 행사하기 어려운 상태에 있으므로 통신제한조치기간의 연장을 허가함에 있어 총연장기간 또는 총연장횟수의 제한이 없을 경우 수사와 전혀 관계없는 개인의 내밀한 사생활의 비밀이 침해당할 우려도 심히 크기 때문에 기본권 제한의 법익균형성 요건도 갖추지 못하였다. 따라서 이 사건 법률조항은 헌법에 위반된다 할 것이다(헌재 2010. 12. 28. 2009헌가30).

① ⭕

> 통신비밀보호법 제4조(불법검열에 의한 우편물의 내용과 불법감청에 의한 전기통신내용의 증거사용 금지) 제3조의 규정에 위반하여, 불법검열에 의하여 취득한 우편물이나 그 내용 및 불법감청에 의하여 지득 또는 채록된 전기통신의 내용은 재판 또는 징계절차에서 증거로 사용할 수 없다.

② ⭕ 통신비밀보호법 제2조 제3호 및 제7호에 의하면 같은 법상 '감청'은 전자적 방식에 의하여 모든 종류의 음향·문언·부호 또는 영상을 송신하거나 수신하는 전기통신에 대하여 당사자의 동의 없이 전자장치·기계장치 등을 사용하여 통신의 음향·문언·부호·영상을 청취·공독하여 그 내용을 지득 또는 채록하거나 전기통신의 송·수신을 방해하는 것을 말한다. 그런데 해당 규정의 문언이 송신하거나 수신하는 전기통신 행위를 감청의 대상으로 규정하고 있을 뿐 송·수신이 완료되어 보관 중인 전기통신 내용은 대상으로 규정하지 않은 점, 일반적으로 감청은 다른 사람의 대화나 통신 내용을 몰래 엿듣는 행위를 의미하는 점 등을 고려하여 보면, 통신비밀보호법상 '감청'이란 대상이 되는 전기통신의 송·수신과 동시에 이루어지는 경우만을 의미하고, 이미 수신이 완료된 전기통신의 내용을 지득하는 등의 행위는 포함되지 않는다(대판 2012. 10. 25. 2012도4644).

③ ⭕ 피청구인 ○○구치소장이 ○○구치소에 수용중인 수형자에게 온 서신에 '허가 없이 수수되는 물품'인 녹취서와 사진이 동봉되어 있음을 확인하여 서신수수를 금지하고 발신인인 청구인에게 위 물품을 반송한 것은 교정사고를 미연에 방지하고 교정시설의 안전과 질서 유지를 위하여 불가피한 측면이 있다. 또한 청구인은 관심대상수용자로 지정된 자이고, 서신에 동봉된 녹취서는 청구인이 원고인 민사사건 증인의 증언을 녹취한 소송서류로서 타인의 실명과 개인정보가 기재되어 있다. 한편, 수용자 사이에 사진을 자유롭게 교환할 수 있도록 하는 경우 각종 교정사고가 발생할 가능성이 있다. 이와 같은 점을 종합적으로 고려하면, 이 사건 반송행위는 과잉금지원칙에 위반되어 청구인의 통신의 자유를 침해하지 않는다(헌재 2019. 12. 27. 2017헌마413).

03

정답 ④

④ ❌ 현행 헌법상 사전검열은 표현의 자유 보호대상이면 예외 없이 금지된다. 건강기능식품의 기능성 광고는 인체의 구조 및 기능에 대하여 보건용도에 유용한 효과를 준다는 기능성 등에 관한 정보를 널리 알려 해당 건강기능식품의 소비를 촉진시키기 위한 상업광고이지만, 헌법 제21조 제1항의 표현의 자유의 보호 대상이 됨과 동시에 같은 조 제2항의 사전검열 금지 대상도 된다(헌재 2018. 6. 28. 2016헌가8).

① ⭕ 대한민국 또는 헌법상 국가기관에 대하여 모욕, 비방, 사실 왜곡, 허위사실 유포 또는 기타 방법으로 대한민국의 안전, 이익 또는 위신을 해하거나 해할 우려가 있는 표현이나 행위에 대하여 형사처벌하도록 규정한 형법조항의 신설 당시 제안이유에서는 '국가의 안전과 이익, 위신 보전'을 그 입법목적으로 밝히고 있으나, 언론이 통제되고 있던 당시 상황과 위 조항의 삭제 경위 등에 비추어 볼 때 이를 진정한 입법목적으로 볼 수 있는지 의문이고, 일률적인 형사처벌을 통해 국가의 안전과 이익,

위신 등을 보전할 수 있다고 볼 수도 없으므로 수단의 적합성을 인정할 수 없다. 심판대상조항에서 규정하고 있는 "기타 방법", 대한민국의 "이익"이나 "위신" 등과 같은 개념은 불명확하고 적용범위가 지나치게 광범위하며, 이미 형법, 국가보안법, 군사기밀보호법에서 대한민국의 안전과 독립을 지키기 위한 처벌규정을 두고 있는 점, 국가의 "위신"을 훼손한다는 이유로 표현행위를 형사처벌하는 것은 자유로운 비판과 참여를 보장하는 민주주의 정신에 위배되는 점, …… 등을 고려하면 심판대상조항은 침해의 최소성 원칙에도 어긋난다. 나아가 민주주의 사회에서 국민의 표현의 자유가 갖는 가치에 비추어 볼 때, 기본권 제한의 정도가 매우 중대하여 법익의 균형성 요건도 갖추지 못하였으므로, 심판대상조항은 과잉금지원칙에 위배되어 표현의 자유를 침해한다(헌재 2015. 10. 21. 2013헌가20). **cf.** 모욕죄 - 합헌

> 2019 서울시 7급 대한민국 또는 헌법상 국가기관에 대하여 모욕, 비방, 사실왜곡, 허위사실 유포 또는 기타 방법으로 대한민국의 안전, 이익 또는 위신을 해하거나 해할 우려가 있는 표현에 대하여 형사처벌하도록 하는 것은 과잉금지원칙에 위배되어 해당 표현을 한 자의 표현의 자유를 침해한다. (O)

② ⭕ 국가공무원 복무규정 제8조의2 제2항 등은 "공무원이 직무를 수행할 때 정치적 주장을 표시 또는 상징하는 복장을 하거나 관련 물품을 착용해서는 아니 된다."라고 규정하고 있는바, 정치적 주장을 표시·상징하는 복장 등 관련 물품을 착용하는 행위는 복장 등 비언어적인 방법을 통해 정치적 의사표현을 행하는 것이라 할 수 있으므로, 이 사건 국가공무원 복무규정 제8조의2 제2항 등 역시 공무원의 정치적 표현의 자유를 제한하는 규정이라 할 것이다(헌재 2012. 5. 31. 2009헌마705).

③ ⭕ 표현의 자유의 보호영역은 일반적으로 의견의 자유 또는 의견형성의 자유와 표현의 자유 그리고 전파의 자유를 포함한다. 일반적으로 문자를 통한 표현행위가 이루어지는 과정을 살펴보면표현하고자 하는 내용이 내면적으로 형성되고 그것을 문자로 외부적으로 작성하여 그 작성된 것을 외부에 전달하거나 전파하는 단계를 거치게 되는데, 집필행위는 사람의 내면에 있는 생각이 외부로 나타나는 첫 단계의 행위란 점에서 문자를 통한 표현행위의 가장 기초적이고도 전제가 되는 행위라 할 것이다. 일반적으로 표현의 자유는 정보의 전달 또는 전파와 관련지어 생각되므로 구체적인 전달이나 전파의 상대방이 없는 집필의 단계를 표현의 자유의 보호영역에 포함시킬 것인지 의문이 있을 수 있으나, 집필은 문자를 통한 모든 의사표현의 기본 전제가 된다는 점에서 당연히 표현의 자유의 보호영역에 속해 있다고 보아야 한다(헌재 2005. 2. 24. 2003헌마289).

04
정답 ③

③ ❌ 일반적으로 집회는, 일정한 장소를 전제로 하여 특정 목적을 가진 다수인이 일시적으로 회합하는 것을 말하는 것으로 일컬어지고 있고, 그 공동의 목적은 '내적인 유대 관계'로 족하다(헌재 2009. 5. 28. 2007헌바22).

① ⭕ 잔디마당에서 집회·시위가 평화적으로 이루어지지 않을 경우 이와 근접한 시청사의 안전과 기능 유지에 직접적인 위협이 되므로, 심판대상조항은 시청사의 안전과 기능을 확보하기 위한 것이다. 또한, 심판대상조항은 집회·시위 참여자의 잔디마당에 대한 독점적·배타적 사용을 차단하여, 집회·시위에 참여하지 않는 시민이 자유롭게 잔디마당을 산책, 운동, 휴식 등의 장소로 이용할 수 있도록 하기 위한 것이기도 하다. 이러한 입법목적은 정당하고, 집회·시위를 위한 잔디마당 사용허가를 전면적·일률적으로 제한하는 것은 이에 적합한 수단이다. …… 그러나 잔디마당에서 집회·시위가 개최되는 경우 시청사의 안전과 기능 유지에 위협이 될 수도 있으나, 인천광역시가 스스로 결단하여 시청사에 인접한 곳까지 개방된 공간을 조성한 이상, 이는 불가피한 측면이 있다. 인천광역시로서는 시청사 보호를 위한 방호인력을 확충하는 등의 대안 마련을 통하여, 잔디마당에서의 집회·시위를 전면적으로 제한하지 않고도 시청사의 안전과 기능 유지라는 입법목적을 달성할 수 있다. …… 그렇다면 심판대상조항은 과잉금지원칙에 위배되어 청구인들의 집회의 자유를 침해한다(헌재 2023. 9. 26. 2019헌마1417).

② ⭕, ④ ⭕

> **헌법 제21조** ① 모든 국민은 언론·출판의 자유와 집회·결사의 자유를 가진다.
> ② 언론·출판에 대한 허가나 검열과 집회·결사에 대한 허가는 인정되지 아니한다.
> ③ 통신·방송의 시설기준과 신문의 기능을 보장하기 위하여 필요한 사항은 법률로 정한다.
> ④ 언론·출판은 타인의 명예나 권리 또는 공중도덕이나 사회윤리를 침해하여서는 아니 된다. 언론·출판이 타인의 명예나 권리를 침해한 때에는 피해자는 이에 대한 피해의 배상을 청구할 수 있다.

05
정답 ①

① ❌ 일반적으로 집회는, 일정한 장소를 전제로 하여 특정 목적을 가진 다수인이 일시적으로 회합하는 것을 말하는 것으로 일컬어지고 있고, 그 공동의 목적은 '내적인 유대 관계'로 족하다(헌재 2009. 5. 28. 2007헌바22).

② ⭕ 헌법 제21조 제2항의 '허가'는 '행정청이 주체가 되어 집회의 허용 여부를 사전에 결정하는 것'으로서 행정청에 의한 사전허가는 헌법상 금지되지만, 입법자가 법률로써 일반적으로 집회를 제한하는 것은 헌법상 '사전허가금지'에 해당하지 않는다(헌재 2001. 5. 31. 2000헌바43).

> 2020 5급 공채 헌법 제21조 제2항의 '허가'는 '행정청이 주체가 되어 집회의 허용 여부를 사전에 결정하는 것'으로서 행정청에 의한 사전허가는 헌법상 금지되지만, 입법자가 법률로써 일반적으로 집회를 제한하는 것은 헌법상 '사전허가금지'에 해당하지 않는다. (O)

③ ⭕ 헌법 제21조 제2항은 "언론·출판에 대한 허가나 검열과 집회·결사에 대한 허가는 인정되지 아니한다."고 규정하여 헌법 자체에서 언론·출판에 대한 허가나 검열의 금지와 더불어 집회에 대한 허가금지를 명시함으로써, 집회의 자유에 있어서는 다른 기본권 조항들과는 달리, '허가'의 방식에 의한 제한을 허용하지 않겠다는 헌법적 결단을 분명히 하고 있다(헌재 2014. 4. 24. 2011헌가29).

④ ⭕

> **집회 및 시위에 관한 법률 제5조(집회 및 시위의 금지)** ① 누구든지 다음 각 호의 어느 하나에 해당하는 집회나 시위를 주최하여서는 아니 된다.
> 1. 헌법재판소의 결정에 따라 해산된 정당의 목적을 달성하기 위한 집회 또는 시위
> 2. 집단적인 폭행, 협박, 손괴(損壞), 방화 등으로 공공의 안녕 질서에 직접적인 위협을 끼칠 것이 명백한 집회 또는 시위

06 [2022 해경간부]
정답 ③

③ ❌ '양심의 자유'가 보장하고자 하는 '양심'은 민주적 다수의 사고나 가치관과 일치하는 것이 아니라, 개인적 현상으로서 지극히 주관적인 것이다. 양심은 그 대상이나 내용 또는 동기에 의하여 판단될 수 없고, 양심상의 결정이 이성적·합리적인지, 타당한지 또는 법질서나 사회규범, 도덕률과 일치하는지 여부는 양심의 존재를 판단하는 기준이 될 수 없다. 일반적으로 민주적 다수는 법과 사회의 질서를 그들의 정치적 의사와 도

덕적 기준에 따라 형성하기 때문에, 국가의 법질서나 사회의 도덕률과 갈등을 일으키는 양심은 현실적으로 이러한 법질서나 도덕률에서 벗어나려는 소수의 양심이다. 그러므로 양심상 결정이 어떠한 종교관·세계관 또는 그 밖의 가치체계에 기초하고 있는지와 관계없이, 모든 내용의 양심상 결정이 양심의 자유에 의하여 보장되어야 한다(헌재 2011. 8. 30. 2007헌가12).

① ⊙ 제재를 받지 않기 위하여 어쩔 수 없이 좌석안전띠를 매었다 하여 청구인이 내면적으로 구축한 인간양심이 왜곡·굴절되고 청구인의 인격적인 존재가치가 허물어진다고 할 수는 없어 양심의 자유의 보호영역에 속하지 아니하므로, 운전 중 운전자가 좌석안전띠를 착용할 의무는 청구인의 양심의 자유를 침해하는 것이라 할 수 없다(헌재 2003. 10. 30. 2002헌마518).

② ⊙ 헌법 제19조가 보장하는 양심의 자유에 있어서의 양심에는 세계관·인생관·주의·신조 등은 물론이고 나아가 널리 개인의 인격형성에 관계되는 내심에 있어서의 가치적·윤리적 판단도 포함된다. 그러므로 양심의 자유는 널리 사물의 시시비비나 선악과 같은 윤리적 판단에 국가의 간섭을 받지 않을 내심의 자유는 물론, 이와 같은 윤리적 판단을 국가권력에 의하여 외부에 표명하도록 강제되지 않을 자유까지 포괄한다. 그런데 지문을 날인할 것인지 여부의 결정이 선악의 기준에 따른 개인의 진지한 윤리적 결정에 해당한다고 보기는 어려워, 열 손가락 지문날인의 의무를 부과하는 이 사건 시행령조항에 대하여 국가가 개인의 윤리적 판단에 개입한다거나 그 윤리적 판단을 표명하도록 강제하는 것으로 볼 여지는 없다고 할 것이므로, 이 사건 시행령조항에 의한 양심의 자유의 침해가능성 또한 없는 것으로 보인다(헌재 2005. 5. 26. 99헌마513).

④ ⊙ 헌법 제19조에서 보호하는 양심은 옳고 그른 것에 대한 판단을 추구하는 가치적·도덕적 마음가짐으로, 개인의 소신에 따른 다양성이 보장되어야 하고 그 형성과 변경에 외부적 개입과 억압에 의한 강요가 있어서는 아니되는 인간의 윤리적 내심영역이다. 따라서 단순한 사실관계의 확인과 같이 가치적·윤리적 판단이 개입될 여지가 없는 경우는 물론, 법률해석에 관하여 여러 견해가 갈리는 경우처럼 다소의 가치관련성을 가진다고 하더라도 개인의 인격형성과는 관계가 없는 사사로운 사유나 의견 등은 그 보호대상이 아니다(헌재 2002. 1. 31. 2001헌바43).

07
정답 ②

② ✕ 의료기기에 대한 광고는 의료기기의 성능이나 효능 및 효과 또는 그 원리 등에 관한 정보를 널리 알려 해당 의료기기의 소비를 촉진시키기 위한 상업광고로서 헌법 제21조 제1항의 표현의 자유의 보호대상이 됨과 동시에 같은 조 제2항의 사전검열금지원칙의 적용대상이 된다(헌재 2020. 8. 28. 2017헌가35).

① ⊙ 이 사건 대가수수 광고금지규정으로 인하여 청구인 변호사들은 광고업자에게 유상으로 광고를 의뢰하는 것이 사실상 금지되어 표현의 자유, 직업의 자유에 중대한 제한을 받게 되고, 청구인 회사로서도 변호사들로부터 광고를 수주하지 못하게 되어 영업에 중대한 제한을 받게 된다. 따라서 위 규정은 법익의 균형성도 갖추지 못하였다. 그러므로 이 사건 대가수수 광고금지규정은 과잉금지원칙을 위반하여 청구인들의 표현의 자유, 직업의 자유를 침해한다(헌재 2022. 5. 26. 2021헌마619).

> 2023 경찰간부 변호사 또는 소비자로부터 대가를 받고 법률상담 또는 사건들을 소개·알선·유인하기 위하여 변호사등을 광고·홍보·소개하는 행위를 금지하는 대한변호사협회의 '변호사광고에 관한 규정' 중 대가수수 광고금지규정은 과잉금지원칙을 위반하여 청구인들의 표현의 자유를 침해한다. (○)

③ ⊙ 헌법 제21조 제2항은 "언론·출판에 대한 허가나 검열과 집회·결사에 대한 허가는 인정되지 아니한다."라고 규정하고 있는바, 헌법재판소는 헌법 제21조 제2항 전단의 검열금지원칙이 적용되는 '검열'에 관하여 '행정권이 주체가 되어 사상이나 의견 등이 발표되기 이전에 예방적 조치로서 그 내용을 심사, 선별하여 발표를 사전에 억제하는, 즉 허가 받지 아니한 것의 발표를 금지하는 제도'라고 의미를 규명한 바 있고, 같은 조항 내의 '허가'에 대해서도, 언론의 내용에 대한 허용될 수 없는 사전적 제한이라는 점에서 '허가'와 '검열'은 본질적으로 같은 것이며, 위와 같은 요건에 해당되는 허가·검열은 헌법적으로 허용될 수 없다고 판시하고 있다(헌재 2012. 3. 29. 2011헌바53).

④ ⊙ 지역농협 이사 선거의 경우 문자메시지를 포함한 전화 및 전자우편을 포함한 컴퓨터통신을 이용한 지지 호소의 선거운동방법을 금지하고 이를 위반한 자를 처벌하는 이 사건 법률조항은 과잉금지원칙을 위반하여 결사의 자유, 표현의 자유를 침해하여 헌법에 위반된다(헌재 2016. 11. 24. 2015헌바6).

08
정답 ②

② ✕ 전기통신역무제공에 관한 계약을 체결하는 경우 전기통신사업자로 하여금 가입자에게 본인임을 확인할 수 있는 증서 등을 제시하도록 요구하고 부정가입방지시스템 등을 이용하여 본인인지 여부를 확인하도록 한 심판대상조항이 통신의 비밀을 제한하는 것은 아니다. 가입자의 인적사항이라는 정보는 통신의 내용·상황과 관계없는 '비 내용적 정보'이며 휴대전화 통신계약 체결 단계에서는 아직 통신수단을 통하여 어떠한 의사소통이 이루어지는 것이 아니므로 통신의 비밀에 대한 제한이 이루어진다고 보기는 어렵기 때문이다(헌재 2019. 9. 26. 2017헌마1209).

① ⊙ 이 사건 지침은 신병교육훈련을 받고 있는 군인의 통신의 자유를 제한하고 있으나, 신병들을 군인으로 육성하고 교육훈련과 병영생활에 조속히 적응시키기 위하여 신병교육기간에 한하여 신병의 외부 전화통화를 통제한 것이다. 또한 신병훈련기간이 5주의 기간으로서 상대적으로 단기의 기간이라는 점, 긴급한 전화통화의 경우는 지휘관의 통제 하에 허용될 수 있다는 점, 신병들이 부모 및 가족에 대한 편지를 작성하여 우편으로 송부하도록 하고 있는 점 등을 종합하여 고려하여 보면, 이 사건 지침에서 신병교육훈련기간 동안 전화사용을 하지 못하도록 정하고 있는 규율이 청구인을 포함한 신병교육훈련생들의 통신의 자유 등 기본권을 필요한 정도를 넘어 과도하게 제한하는 것이라고 보기 어렵다(헌재 2010. 10. 28. 2007헌마890).

③ ⊙ 통신비밀보호법 제5조 제2항 중 '인터넷회선을 통하여 송·수신하는 전기통신'에 관한 부분은 인터넷회선 감청의 특성을 고려하여 그 집행 단계나 집행 이후에 수사기관의 권한 남용을 통제하고 관련 기본권의 침해를 최소화하기 위한 제도적 조치가 제대로 마련되어 있지 않은 상태에서, 범죄수사 목적을 이유로 인터넷회선 감청을 통신제한조치 허가 대상 중 하나로 정하고 있으므로 침해의 최소성 요건을 충족한다고 할 수 없다. 이러한 여건 하에서 인터넷회선의 감청을 허용하는 것은 개인의 통신 및 사생활의 비밀과 자유에 심각한 위협을 초래하게 되므로 이 사건 법률조항으로 인하여 달성하려는 공익과 제한되는 사익 사이의 법익 균형성도 인정되지 아니한다. 그러므로 이 사건 법률조항은 과잉금지원칙에 위반하는 것으로 청구인의 기본권을 침해한다(헌재 2018. 8. 30. 2016헌마263).

④ ⊙ 금치처분을 받은 미결수용자에 대하여 금치기간 중 서신수수, 접견, 전화통화를 제한하는 것은 대상자를 구속감과 외로움 속에 반성에 전념하게 함으로써 수용시설 내 안전과 질서를 유지하기 위한 것이다. 접견이나 서신수수의 경우에는 교정시설의 장이 수용자의 권리구제 등을 위해 필요하다고 인정한 때에는 예외적으로 허용할 수 있도록 하여 기본권 제한을 최소화하고 있다. 전화통화의 경우에는 위와 같은 예외가 규정되어 있지는 않으나, 증거인멸 우려 등의 측면에서 미결수용자의 전화통화

의 자유를 제한할 필요성이 더 크다고 할 수 있다. 나아가 금치처분을 받은 자는 수용시설의 안전과 질서유지에 위반되는 행위, 그 중에서도 가장 중하다고 평가된 행위를 한 자이므로 이에 대하여 금치기간 중 일률적으로 전화통화를 금지한다 하더라도 과도하다고 보기 어렵다. 따라서 이 사건 서신수수·접견·전화통화 제한조항은 청구인의 통신의 자유를 침해하지 아니한다(헌재 2016. 4. 28. 2012헌마549).

09 정답 ①

① ✗ 정당가입권유금지조항은 선거에서 특정정당·특정인을 지지하기 위하여 정당가입을 권유하는 적극적·능동적 의사에 따른 행위만을 금지함으로써 공무원의 정치적 표현의 자유를 최소화하고 있고, 이러한 행위는 단순한 의견개진의 수준을 넘어 선거운동에 해당하므로 입법자는 헌법 제7조 제2항이 정한 공무원의 정치적 중립성 보장을 위해 이를 제한할 수 있다. 그러므로 정당가입권유금지조항은 과잉금지원칙에 반하여 정치적 표현의 자유를 침해하지 아니한다(헌재 2021. 8. 31. 2018헌바149).

② ○ 당내경선의 형평성과 공정성을 확보하기 위한 심판대상조항의 목적의 정당성 및 수단의 적합성이 인정된다. 그러나 이 사건 공단의 상근직원은 이 사건 공단의 경영에 관여하거나 실질적인 영향력을 미칠 수 있는 권한을 가지고 있지 아니하므로, 경선운동을 한다고 하여 그로 인한 부작용과 폐해가 크다고 보기 어렵다. 또한 공직선거법은 이미 이 사건 공단의 상근직원이 당내경선에 직·간접적으로 영향력을 행사하는 행위들을 금지·처벌하는 규정들을 마련하고 있다. 이 사건 공단의 상근직원이 그 지위를 이용하여 경선운동을 하는 행위를 금지·처벌하는 규정을 두는 것은 별론으로 하고, 이 사건 공단의 상근직원의 경선운동을 일률적으로 금지·처벌하는 것은 정치적 표현의 자유를 과도하게 제한하는 것이다. 정치적 표현의 자유의 중대한 제한에 비하여, 이 사건 공단의 상근직원이 당내경선에서 공무원에 준하는 영향력이 있다고 볼 수 없는 점 등을 고려하면 심판대상조항이 당내경선의 형평성과 공정성의 확보라는 공익에 기여하는 바가 크다고 보기 어렵다. 따라서 광주광역시 광산구 시설관리공단의 상근직원이 당원이 아닌 자에게도 투표권을 부여하는 당내경선에서 경선운동을 할 수 없도록 금지·처벌하는 심판대상조항은 과잉금지원칙에 반하여 정치적 표현의 자유를 침해한다(헌재 2021. 4. 29. 2019헌가11).

③ ○ 당내경선은 공직선거 자체와는 구별되는 정당 내부의 자발적인 의사결정에 해당하고, 경선운동은 원칙적으로 공직선거에서의 당선 또는 낙선을 위한 행위인 선거운동에 해당하지 않는다. 따라서 당내경선의 형평성과 공정성을 담보하기 위해서 국가가 개입하여야 하는 정도가 공직선거와 동등하다고 보기는 어렵다. 이와 같은 당내경선 및 경선운동의 내용 및 성질과 경선운동은 정치적 표현의 자유의 보호영역에 속하는 점 등을 고려하면, 심판대상조항이 과잉금지원칙에 반하는지 여부를 판단할 때에는 엄격한 심사기준이 적용되어야 한다(헌재 2022. 6. 30. 2021헌가24).

④ ○ 헌법 제21조 제1항은 "모든 국민은 언론·출판의 자유와 집회·결사의 자유를 가진다."라고 규정하고 있는바, 표현의 자유는 개인이 자기의 인격을 형성하는 개인적 가치인 자기실현의 수단임과 동시에 정치적 의사결정에 참여하는 사회적 가치인 자기통치를 실현하는 수단이라는 점에서 이러한 자유는 공무원에게도 원칙적으로 보장되어야 한다. 더욱이 오늘날 정치적 표현의 자유는 자유민주적 기본질서의 구성요소로서 다른 기본권에 비하여 우월한 효력을 가지므로, 공무원이라는 지위에 있다는 이유만으로 정치적 표현의 자유를 전면적으로 부정할 수는 없다(헌재 2018. 7. 26. 2016헌바139).

10 정답 ③

③ ✗ 의사가 자신이 진찰하고 치료한 환자에 관한 사생활과 정신적·신체적 비밀을 유지하고 보존하는 것은 의사의 근원적이고 보편적인 윤리이자 도덕이고, 환자와의 묵시적 약속이라고 할 것이다. 만일 의사가 환자의 신병(身病)에 관한 사실을 자신의 의사에 반하여 외부에 알려야 한다면, 이는 의사로서의 윤리적·도덕적 가치에 반하는 것으로서 심한 양심적 갈등을 겪을 수밖에 없을 것이다(헌재 2008. 10. 30. 2006헌마1401).

① ○ 헌법이 보호하려는 양심은 어떤 일의 옳고 그름을 판단함에 있어서 그렇게 행동하지 아니하고는 자신의 인격적인 존재가치가 허물어지고 말 것이라는 강력하고 진지한 마음의 소리이지, 막연하고 추상적인 개념으로서의 양심이 아니다. 음주측정요구에 처하여 이에 응하여야 할 것인지 거부해야 할 것인지 고민에 빠질 수는 있겠으나 그러한 고민은 선과 악의 범주에 관한 진지한 윤리적 결정을 위한 고민이라 할 수 없으므로 그 고민 끝에 어쩔 수 없이 음주측정에 응하였다 하여 내면적으로 구축된 인간양심이 왜곡·굴절된다고 할 수 없다. 따라서 이 사건 법률조항을 두고 헌법 제19조에서 보장하는 양심의 자유를 침해하는 것이라고 할 수 없다(헌재 1997. 3. 27. 96헌가11).

② ○ 헌법 제19조는 모든 국민은 양심의 자유를 가진다고 규정하여 양심의 자유를 기본권의 하나로 보장하고 있는바, 여기서 말하는 양심이란 세계관·인생관·주의·신조 등은 물론 이에 이르지 아니하여도 보다 널리 개인의 인격형성에 관계되는 내심에 있어서의 가치적·윤리적 판단도 포함된다(헌재 1998. 7. 16. 96헌바35).

④ ○ 제재를 받지 않기 위하여 어쩔 수 없이 좌석안전띠를 매었다 하여 청구인이 내면적으로 구축한 인간양심이 왜곡·굴절되고 청구인의 인격적인 존재가치가 허물어진다고 할 수는 없어 양심의 자유의 보호영역에 속하지 아니하므로, 운전 중 운전자가 좌석안전띠를 착용할 의무는 청구인의 양심의 자유를 침해하는 것이라 할 수 없다(헌재 2003. 10. 30. 2002헌마518).

11 정답 ③

③ ✗ 인터넷언론사에 대하여 선거일 전 90일부터 선거일까지 후보자 명의의 칼럼이나 저술을 게재하는 보도를 제한하는 구 '인터넷선거보도 심의기준 등에 관한 규정' 제8조 제2항 본문과 '인터넷선거보도 심의기준 등에 관한 규정' 제8조 제2항은 과잉금지원칙에 반하여 청구인의 표현의 자유를 침해한다(헌재 2019. 11. 28. 2016헌마90).

① ○ 헌법 제21조 제2항은 언론·출판에 대한 허가나 검열은 인정되지 아니한다고 규정하고 있는데, 여기서 말하는 검열은 그 명칭이나 형식과 관계없이 실질적으로 행정권이 주체가 되어 사상이나 의견 등이 발표되기 이전에 예방적 조치로서 그 내용을 심사, 선별하여 발표를 사전에 억제하는, 즉 허가받지 아니한 것의 발표를 금지하는 제도를 뜻한다. 광고의 심의기관이 행정기관인지 여부는 기관의 형식에 의하기보다는 그 실질에 따라 판단되어야 하고, 행정기관의 자의로 민간심의기구의 심의업무에 개입할 가능성이 열려 있다면 개입 가능성의 존재 자체로 헌법이 금지하는 사전검열이라고 보아야 한다. 의료기기법상 의료기기 광고의 심의는 식약처장으로부터 위탁받은 한국의료기기산업협회가 수행하고 있지만, 법상 심의 주체는 행정기관인 식약처장이고, 식약처장이 언제든지 그 위탁을 철회할 수 있으며, 심의위원회의 구성에 관하여도 식약처 고시를 통해 행정권이 개입하고 지속적으로 영향을 미칠 가능성이 존재하는 이상 그 구성에 자율성이 보장되어 있다고 보기 어렵다. 식약처장이 심의기준 등의 개정을 통해 심의 내용 및 절차에 영향을 줄 수 있고, 심의기관의 장이 매 심의결과를 식약처장에게 보고하여야 하며, 식약처장이 재심의를 요청하면 심의기관은 특별한 사정이 없는 한 이에 따라야 한다

는 점에서도 그 심의업무 처리에 있어 독립성 및 자율성이 보장되어 있다고 보기 어렵다. 따라서 이 사건 의료기기 광고 사전심의는 행정권이 주체가 된 사전심사로서 헌법이 금지하는 사전검열에 해당하고, 이러한 사전심의제도를 구성하는 심판대상조항은 헌법 제21조 제2항의 사전검열금지원칙에 위반된다(헌재 2020. 8. 28. 2017헌가35).

② ◎ 이 사건 지원배제 지시는 정부에 대한 비판적 견해를 가진 청구인들을 제재하기 위한 목적으로 행한 것인데, 이는 헌법의 근본원리인 국민주권주의와 자유민주적 기본질서에 반하므로, 그 목적의 정당성을 인정할 수 없어 청구인들의 표현의 자유를 침해한다(헌재 2020. 12. 23. 2017헌마416).

④ ◎ 표현의 자유를 규제하는 입법에 있어서 이러한 명확성의 원칙은 특별히 중요한 의미를 지닌다. 민주사회에서 표현의 자유가 수행하는 역할과 기능에 비추어 볼 때, 불명확한 규범에 의한 표현의 자유의 규제는 헌법상 보호받는 표현에 대한 위축적 효과를 수반하기 때문이다. 즉, 무엇이 금지되는 표현인지가 불명확한 경우에는, 자신이 행하고자 하는 표현이 규제의 대상이 아니라는 확신이 없는 기본권주체는 - 형벌 등의 불이익을 감수하고서라도 자신의 의견을 전달하고자 하는 강한 신념을 가진 경우를 제외하고 - 대체로 규제를 받을 것을 우려해서 표현행위를 스스로 억제하게 될 가능성이 높은 것이다. 그렇기 때문에 표현의 자유를 규제하는 법률은 그 규제로 인해 보호되는 다른 표현에 대하여 위축적 효과가 미치지 않도록 규제되는 표현의 개념을 세밀하고 명확하게 규정할 것이 헌법적으로 요구된다(헌재 1998. 4. 30. 95헌가16).

12 정답 ③

③ ✗ 양심적 병역거부자는 이 사건 법률조항에 따라 3년 이하의 징역이라는 형사처벌을 받는 불이익을 입게 되나 이 사건 법률조항이 추구하는 공익은 국가의 존립과 모든 자유의 전제조건인 '국가안보' 및 '병역의무의 공평한 부담'이라는 대단히 중요한 공익이고, 병역의무의 이행을 거부함으로써 양심을 실현하고자 하는 경우는 누구에게나 부과되는 병역의무에 대한 예외를 요구하는 것이므로 병역의무의 공평한 부담의 관점에서 볼 때 타인과 사회공동체 전반에 미치는 파급효과가 대단히 큰 점 등을 고려해 볼 때 이 사건 법률조항이 법익균형성을 상실하였다고 볼 수는 없다. 따라서 현역입영 또는 소집 통지서를 받은 사람이 정당한 사유 없이 입영일이나 소집일부터 3일이 지나도 입영하지 아니하거나 소집에 응하지 아니한 경우를 처벌하는 이 사건 법률조항은 양심의 자유를 침해하지 아니한다(헌재 2011. 8. 30. 2008헌가22).

> 2023 경찰 1차 현역입영 또는 소집 통지서를 받은 사람이 정당한 사유 없이 입영일이나 소집일부터 3일이 지나도 입영하지 아니하거나 소집에 응하지 아니한 경우를 처벌하는 병역법 처벌조항은 과잉금지 원칙을 위반하여 양심적 병역거부자의 양심의 자유를 침해한다. (✗)

① ◎ 헌법 제19조에서 보호하는 양심은 옳고 그른 것에 대한 판단을 추구하는 가치적·도덕적 마음가짐으로, 개인의 소신에 따른 다양성이 보장되어야 하고 그 형성과 변경에 외부적 개입과 억압에 의한 강요가 있어서는 아니되는 인간의 윤리적 내심영역이다. 따라서 단순한 사실관계의 확인과 같이 가치적·윤리적 판단이 개입될 여지가 없는 경우는 물론, 법률해석에 관하여 여러 견해가 갈리는 경우처럼 다소의 가치관련성을 가진다고 하더라도 개인의 인격형성과는 관계가 없는 사사로운 사유나 의견 등은 그 보호대상이 아니다. 이 사건의 경우와 같이 경제규제법적 성격을 가진 공정거래법에 위반하였는지 여부에 있어서도 각 개인의 소신에 따라 어느 정도의 가치판단이 개입될 수 있는 소지가 있고 그 한도에서 다소의 윤리적 도덕적 관련성을 가질 수도 있겠으나, 이러한 법률판단의 문제는 개인의 인격형성과는 무관하며, 대화와 토론을 통하여 가장 합리적인 것으로 그 내용이 동화되거나 수렴될 수 있는 포용성을 가지는 분야에 속한다고 할 것이므로 헌법 제19조에 의하여 보장되는 양심의 영역에 포함되지 아니한다(헌재 2002. 1. 31. 2001헌바43).

② ◎ 헌법 제19조는 모든 국민은 양심의 자유를 가진다고 규정하여 양심의 자유를 기본권의 하나로 보장하고 있는바, 여기서 말하는 양심이란 세계관 인생관 주의 신조 등은 물론 이에 이르지 아니하여도 보다 널리 개인의 인격형성에 관계되는 내심에 있어서의 가치적·윤리적 판단도 포함된다. 그러므로 양심의 자유에는 널리 사물의 시시비비나 선악과 같은 윤리적 판단에 국가가 개입해서는 아니 되는 내심적 자유는 물론, 이와 같은 윤리적 판단을 국가권력에 의하여 외부에 표명하도록 강제받지 아니할 자유까지 포괄한다(헌재 1998. 7. 16. 96헌바35).

④ ◎ 준법서약의 강제방법상 서약자의 양심의 자유를 침해하지 않는다(헌재 2002. 4. 25. 98헌마425).

13 정답 ④

④ ✗ 헌법재판소는 결사의 자유에서 말하는 '결사'란 자연인 또는 법인의 다수가 상당한 기간 동안 공동목적을 위하여 자유의사에 기하여 결합하고 조직화된 의사형성이 가능한 단체를 말하는 것이라고 정의하여 공동목적의 범위를 비영리적인 것으로 제한하지는 않았고, 다만, 결사 개념에 공법상의 결사나 법이 특별한 공공목적에 의하여 구성원의 자격을 정하고 있는 특수단체의 조직활동은 해당되지 않는다고 판시한 바 있을 뿐이며, 연혁적 이유 이외에는 달리 영리단체를 결사에서 제외하여야 할 뚜렷한 근거가 없는 터이므로, 영리단체도 헌법상 결사의 자유에 의하여 보호된다고 보아야 할 것이다(헌재 2002. 9. 19. 2000헌바84).

① ◎ 집시법 제2조 제1호는 '옥외집회'라 함은 천정이 없거나 4방이 폐쇄되지 않는 장소에서의 집회를 말한다라고 규정하고 4방이 폐쇄되었더라도 천장이 없거나 천장이 있더라도 4방이 폐쇄되지 않는 장소에서의 집회를 집시법의 규제대상인 옥외집회로 정의하고 있다. 주지하다시피 집회·시위의 자유는 표현의 자유의 새로운 역할을 대행하는 기본권으로서 민주주의의 제도적 토대를 형성하고 있으므로 헌법상 보장된 기본권 중에서도 극히 중요한 기본권이다. 특히 최근에 들어 집회·시위의 자유는 집권정치세력에 대한 정치적 반대의사를 집단적으로 표명하는 효과적인 수단으로서 또한 현대사회에서 언론매체를 소유할 능력이 없는 소외된 소수집단이 자신들의 권익과 주장을 옹호하기 위한 적절한 수단을 제공한다는 점에서 그 중요성을 더해가고 있다(헌재 1994. 4. 28. 91헌바14).

② ◎ 이 사건 공권력 행사는 경호대상자의 안전 보호 및 국가 간 친선관계의 고양, 질서유지 등을 위한 것이다. 돌발적이고 경미한 변수의 발생도 대비하여야 하는 경호의 특수성을 고려할 때, 경호활동에는 다양한 취약 요소들에 사전적·예방적으로 대비할 수 있는 안전조치가 충분히 이루어질 필요가 있고, 이 사건 공권력 행사는 집회장소의 장소적 특성과 미합중국 대통령의 이동경로, 집회 참가자와의 거리, 질서유지에 필요한 시간 등을 고려하여 경호 목적 달성을 위한 최소한의 범위에서 행해진 것으로 침해의 최소성을 갖추었다. 또한, 이 사건 공권력행사로 인해 제한된 사익은 집회 또는 시위의 자유 일부에 대한 제한으로서 국가 간 신뢰를 공고히 하고 발전적인 외교관계를 맺으려는 공익이 위 제한되는 사익보다 덜 중요하다고 할 수 없다. 따라서 이 사건 공권력 행사는 과잉금지원칙을 위반하여 청구인들의 집회의 자유 등을 침해하였다고 할 수 없다(헌재 2021. 10. 28. 2019헌마1091).

③ ◎ 집회 장소는 일반적으로 집회의 목적·내용과 밀접한 연관관계를 가진다. 집회는 특별한 상징적 의미 또는 집회와 특별한 연관성을 가지는 장소, 예를 들면 집회를 통해 반대하고자 하는 대상물이 위치하거나 집회의 계기를 제공한 사건이 발생한 장소 등에서 이루어져야 의견표명이 효과적으로 이루어질 수 있다. 집회 장소의 선택은 집회의 성과를 결정하는

주요 요인이 된다. 따라서 집회 장소를 선택할 자유는 집회의 자유의 실질적 부분을 형성한다(헌재 2018. 7. 26. 2018헌바137).

14   정답 ②

② ◎ 형집행법 제112조 제3항 본문 중 제108조 제4호에 관한 부분은 금치의 징벌을 받은 사람에 대해 금치기간 동안 공동행사 참가 정지라는 불이익을 가함으로써, 규율의 준수를 강제하여 수용시설 내의 안전과 질서를 유지하기 위한 것으로서, 목적의 정당성 및 수단의 적합성이 인정된다. 금치처분을 받은 사람은 최장 30일 이내의 기간 동안 공동행사에 참가할 수 없으나, 서신수수, 접견을 통해 외부와 통신할 수 있고, 종교상담을 통해 종교활동을 할 수 있다. 또한, 위와 같은 불이익은 규율 준수를 통하여 수용질서를 유지한다는 공익에 비하여 크다고 할 수 없다. 따라서 위 조항은 청구인의 통신의 자유, 종교의 자유를 침해하지 아니한다(헌재 2016. 5. 26. 2014헌마45).

① ✕ 형의 집행 및 수용자의 처우에 관한 법률' 제45조는 종교행사 등에의 참석 대상을 "수용자"로 규정하고 있어 수형자와 미결수용자를 구분하고 있지도 아니하고, 무죄추정의 원칙이 적용되는 미결수용자들에 대한 기본권 제한은 징역형 등의 선고를 받아 그 형이 확정된 수형자의 경우보다는 더 완화되어야 할 것임에도, 피청구인이 수용자 중 미결수용자에 대하여만 일률적으로 종교행사 등에의 참석을 불허한 것은 미결수용자의 종교의 자유를 나머지 수용자의 종교의 자유보다 더욱 엄격하게 제한한 것이다. 나아가 공범 등이 없는 경우 내지 공범 등이 있는 경우라도 공범이나 동일사건 관련자를 분리하여 종교행사 등에의 참석을 허용하는 등의 방법으로 미결수용자의 기본권을 덜 침해하는 수단이 존재함에도 불구하고 이를 전혀 고려하지 아니하였으므로 이 사건 종교행사 등 참석불허 처우는 침해의 최소성 요건을 충족하였다고 보기 어렵다. 그리고, 이 사건 종교행사 등 참석불허 처우로 얻어질 공익의 정도가 무죄추정의 원칙이 적용되는 미결수용자들이 종교행사 등에 참석을 하지 못함으로써 입게 되는 종교의 자유의 제한이라는 불이익에 비하여 결코 크다고 단정하기 어려우므로 법익의 균형성 요건 또한 충족하였다고 할 수 없다. 따라서, 이 사건 종교행사 등 참석불허 처우는 과잉금지원칙을 위반하여 청구인의 종교의 자유를 침해하였다(헌재 2011. 12. 29. 2009헌마527).

③ ✕ 이 사건 종교행사 처우로 얻을 수 있는 공익은 구치소의 안전과 질서 유지 및 종교집회의 원활한 진행으로서, 이러한 공익은 청구인에게 매주 1회, 일요일에 종교집회의 참석이 보장되지 않음으로써 청구인이 입게 되는 종교의 자유 침해라는 불이익보다 크다고 할 것이다. 따라서 이 사건 종교행사 처우는 법익의 균형성을 갖추었다. 따라서 이 사건 종교행사 처우는 기본권제한의 범위 내에서 이루어진 것이므로 청구인의 종교의 자유를 침해하지 아니한다(헌재 2015. 4. 30. 2013헌마190).

④ ✕ 피청구인은 출력수(작업에 종사하는 수형자)를 대상으로 원칙적으로 월 3~4회의 종교집회를 실시하는 반면, 미결수용자와 미지정 수형자에 대해서는 원칙적으로 매월 1회, 그것도 공간의 협소함과 관리 인력의 부족을 이유로 수용동별로 돌아가며 종교집회를 실시하여 실제 연간 1회 정도의 종교집회 참석 기회를 부여하고 있다. 이는 미결수용자 및 미지정 수형자의 구금기간을 고려하면 사실상 종교집회 참석 기회가 거의 보장되지 않는 결과를 초래할 수도 있다. 나아가 피청구인은 현재의 시설 여건 하에서도 종교집회의 실시 회수를 출력수와 출력수 외의 수용자의 종교의 자유를 보장하는 범위 내에서 적절히 배분하는 방법, 공범이나 동일사건 관련자가 있는 경우에 한하여 이를 분리하여 종교집회 참석을 허용하는 방법, 미지정 수형자의 경우 추가사건의 공범이나 동일사건 관련자가 없는 때에는 출력수와 함께 종교집회를 실시하는 등의 방법으로 청구인의 기본권을 덜 침해하는 수단이 있음에도 불구하고 이를 전혀 고려하지 아니하였다. 따라서 이 사건 종교집회 참석 제한 처우는 부산구치소

의 열악한 시설을 감안하더라도 과잉금지원칙을 위반하여 청구인의 종교의 자유를 침해한 것이다(헌재 2014. 6. 26. 2012헌마782).

15   정답 ①

① ✕ 집시법 제20조 제1항 제2호가 미신고 옥외집회 또는 시위를 해산명령의 대상으로 하면서 별도의 해산 요건을 정하고 있지 않더라도, 그 옥외집회 또는 시위로 인하여 타인의 법익이나 공공의 안녕질서에 대한 직접적인 위험이 명백하게 초래된 경우에 한하여 위 조항에 기하여 해산을 명할 수 있고, 이러한 요건을 갖춘 해산명령에 불응하는 경우에만 집시법 제24조 제5호에 의하여 처벌할 수 있다고 보아야 한다(대판 2012. 4. 26. 2011도6294).

② ◎

> **공공기관의 정보공개에 관한 법률 제15조(정보의 전자적 공개)** ① 공공기관은 전자적 형태로 보유·관리하는 정보에 대하여 청구인이 전자적 형태로 공개하여 줄 것을 요청하는 경우에는 그 정보의 성질상 현저히 곤란한 경우를 제외하고는 청구인의 요청에 따라야 한다.
> ② 공공기관은 전자적 형태로 보유·관리하지 아니하는 정보에 대하여 청구인이 전자적 형태로 공개하여 줄 것을 요청한 경우에는 정상적인 업무수행에 현저한 지장을 초래하거나 그 정보의 성질이 훼손될 우려가 없으면 그 정보를 전자적 형태로 변환하여 공개할 수 있다.

③ ◎ 집회의 자유는 일차적으로 국가공권력의 침해에 대한 방어를 가능하게 하는 기본권으로서, 개인이 집회에 참가하는 것을 방해하거나 또는 집회에 참가할 것을 강요하는 국가행위를 금지하는 기본권이다. 따라서 집회의 자유는 집회에 참가하지 못하게 하는 국가의 강제를 금지할 뿐 아니라, 예컨대 집회장소로의 여행을 방해하거나, 집회장소로부터 귀가하는 것을 방해하거나, 집회참가자에 대한 검문의 방법으로 시간을 지연시킴으로써 집회장소에 접근하는 것을 방해하거나, 국가가 개인의 집회참가행위를 감시하고 그에 관한 정보를 수집함으로써 집회에 참가하고자 하는 자로 하여금 불이익을 두려워하여 미리 집회참가를 포기하도록 집회참가의사를 약화시키는 것 등 집회의 자유행사에 영향을 미치는 모든 조치를 금지한다(헌재 2003. 10. 30 2000헌바67).

④ ◎ 헌법 제21조 제2항 후단의 결사의 자유에 대한 '허가제'란 행정권이 주체가 되어 예방적 조치로 단체의 설립 여부를 사전에 심사하여 일반적인 단체 결성의 금지를 특정한 경우에 한하여 해제함으로써 단체를 설립할 수 있게 하는 제도, 즉 사전 허가를 받지 아니한 단체 결성을 금지하는 제도를 말한다. 그런데 이 사건 법률조항은 노동조합 설립에 있어 노동조합법상의 요건 충족 여부를 사전에 심사하도록 하는 구조를 취하고 있으나, 이 경우 노동조합법상 요구되는 요건만 충족되면 그 설립이 자유롭다는 점에서 일반적인 금지를 특정한 경우에 해제하는 허가와는 개념적으로 구분되고, 더욱이 행정관청의 설립신고서 수리 여부에 대한 결정은 재량 사항이 아니라 의무 사항으로 그 요건 충족이 확인되면 설립신고서를 수리하고 그 신고증을 교부하여야 한다는 점에서 단체의 설립 여부 자체를 사전에 심사하여 특정한 경우에 한해서만 그 설립을 허용하는 '허가'와는 다르다. 따라서 이 사건 법률조항의 노동조합 설립신고서 반려제도가 헌법 제21조 제2항 후단에서 금지하는 결사에 대한 허가제라고 볼 수 없다(헌재 2012. 3. 29 2011헌바53).

16   정답 ③

③ ✕ · 변호사시험 성적 비공개를 통하여 법학전문대학원 간의 과다 경쟁 및 서열화를 방지하고, 교육과정이 충실하게 이행될 수 있도록 하여 다양한 분야의 전문성을 갖춘 양질의 변호사를 양성하기 위한 심판대상

조항의 입법목적은 정당하다. 그러나 변호사시험 성적 비공개로 인하여 변호사시험 합격자의 능력을 평가할 수 있는 객관적인 자료가 없어서 오히려 대학의 서열에 따라 합격자를 평가하게 되어 대학의 서열화는 더욱 고착화된다. …… 변호사시험 성적의 비공개는 기존 대학의 서열화를 고착화시키는 등의 부작용을 낳고 있으므로 수단의 적절성이 인정되지 않는다. …… 심판대상조항은 침해의 최소성 및 법익의 균형성 요건도 갖추지 못하였다. 따라서 심판대상조항은 과잉금지원칙에 위배하여 청구인들의 알 권리를 침해한다(헌재 2015. 6. 25. 2011헌마769).

• 변호사시험 합격자는 성적 공개 청구기간 내에 열람한 성적 정보를 인쇄하는 등의 방법을 통해 개별적으로 자신의 성적 정보를 보관할 수 있으나, 성적 공개 청구기간이 지나치게 짧아 정보에 대한 접근을 과도하게 제한하는 이상, 이러한 점을 들어 기본권 제한이 충분히 완화되어 있다고 보기도 어렵다. 이상을 종합하면, 특례조항은 과잉금지원칙에 위배되어 청구인의 정보공개청구권을 침해한다(헌재 2019. 7. 25. 2017헌마1329).

① ◎ 정보위원회 회의를 비공개하도록 규정한 국회법 조항은, 헌법 제50조 제1항에 위배되는 것으로 알 권리를 침해한다. 국회법은 정보위원회의 회의 일체를 비공개하도록 정함으로써 정보위원회 활동에 대한 국민의 감시와 견제를 사실상 불가능하게 하고 있다. 또한 헌법 제50조 제1항 단서에서 정하고 있는 비공개사유는 각 회의마다 충족되어야 하는 요건으로 입법과정에서 재적의원 과반수의 출석과 출석의원 과반수의 찬성으로 의결되었다는 사실만으로 헌법 제50조 제1항 단서의 '출석위원 과반수의 찬성'이라는 요건이 충족되었다고 볼 수도 없다(헌재 2022. 1. 27. 2018헌마1162).

② ◎ 고용조항 및 확인조항은 소규모 인터넷신문이 언론으로서 활동할 수 있는 기회 자체를 원천적으로 봉쇄할 수 있음에 비하여, 인터넷신문의 신뢰도 제고라는 입법목적의 효과는 불확실하다는 점에서 법익의 균형성도 잃고 있다. 따라서 고용조항 및 확인조항은 과잉금지원칙에 위배되어 청구인들의 언론의 자유를 침해한다(헌재 2016. 10. 27. 2015헌마1206).

④ ◎ 이 사건 조례 제5조 제3항은 학교구성원인 청구인들의 표현의 자유를 제한하는 것으로 지방자치법 제22조 단서 소정의 주민의 권리 또는 의무 부과에 관한 사항을 규율하는 조례에 해당한다고 볼 여지가 있다. 그런데 조례의 제정권자인 지방의회는 지역적인 민주적 정당성을 지니고 있으며, 헌법이 지방자치단체에 대해 포괄적인 자치권을 보장하고 있는 취지에 비추어, 조례에 대한 법률의 위임은 반드시 구체적으로 범위를 정하여 할 필요가 없으며 포괄적인 것으로 족하다. …… 이 사건 조례 제5조 제3항이 법률의 위임 범위를 벗어난 것도 아니다. 그러므로 이 사건 조례 제5조 제3항은 법률유보원칙에 위배되어 학교 구성원인 청구인들의 표현의 자유를 침해하지 아니한다(헌재 2019. 11. 28. 2017헌마1356).

17
정답 ①

① ◎ 가해학생에 대한 조치로 피해학생에 대한 서면사과를 규정한 구 학교폭력예방법 제17조 제1항 제1호(이하 '이 사건 서면사과조항'이라 한다)가 가해학생의 양심의 자유와 인격권을 침해하는지 여부(소극) 이 사건 서면사과조항은 가해학생에게 반성과 성찰의 기회를 제공하고 피해학생의 피해회복과 정상적인 학교생활로의 복귀를 돕기 위한 것이다. 학교폭력은 여러 복합적인 원인으로 발생하고, 가해학생도 학교와 사회가 건전한 사회구성원으로 교육해야 할 책임이 있는 아직 성장과정에 있는 학생이므로, 학교폭력 문제를 온전히 응보적인 관점에서만 접근할 수는 없고 가해학생의 선도와 교육이라는 관점도 함께 고려하여야 한다. 학교폭력의 가해학생과 피해학생은 모두 학교라는 동일한 공간에서 생활하므로, 가해학생의 반성과 사과 없이는 피해학생의 진정한 피해회복과 학교폭력의 재발방지를 기대하기 어렵다. 서면사과 조치는 단순히 의사에 반한 사과명령의 강제나 강요가 아니라, 학교폭력 이후 피해학생의 피해회복과 정상적인 교우관계회복을 위한 특별한 교육적 조치로 볼 수 있다. 가해학생은 서면사과를 통해 자신의 잘못된 행위에 대하여 책임을 지는 방법과 피해학생의 피해를 회복하는 방법을 배우고, 이를 통해 건전한 사회구성원으로 성장해나갈 수 있다. 서면사과 조치는 내용에 대한 강제 없이 자신의 행동에 대한 반성과 사과의 기회를 제공하는 교육적 조치로 마련된 것이고, 가해학생에게 의견진술 등 적정한 절차적 기회를 제공한 뒤에 학교폭력 사실이 인정되는 것을 전제로 내려지는 조치이며, 이를 불이행하더라도 추가적인 조치나 불이익이 없다. 또한 이러한 서면사과의 교육적 효과는 가해학생에 대한 주의나 경고 또는 권고적인 조치만으로는 달성하기 어렵다. 따라서 이 사건 서면사과조항이 가해학생의 양심의 자유와 인격권을 과도하게 침해한다고 보기 어렵다(헌재 2023. 2. 23. 2019헌바93등).

② ✕ 취업규칙에서 사용자가 사고나 비위행위 등을 저지른 근로자에게 시말서를 제출하도록 명령할 수 있다고 규정하는 경우, <u>그 시말서가 단순히 사건의 경위를 보고하는 데 그치지 않고 더 나아가 근로관계에서 발생한 사고 등에 관하여 '자신의 잘못을 반성하고 사죄한다는 내용'이 포함된 사죄문 또는 반성문을 의미하는 것이라면, 이는 헌법이 보장하는 내심의 윤리적 판단에 대한 강제로서 양심의 자유를 침해하는 것이므로</u>, 그러한 취업규칙 규정은 헌법에 위배되어 근로기준법 제96조 제1항에 따라 효력이 없고, 그에 근거한 사용자의 시말서 제출명령은 업무상 정당한 명령으로 볼 수 없다(대판 2010. 1. 14. 2009두6605).

③ ✕ <u>사업자단체의 독점규제 및 공정거래법 위반행위가 있을 때 공정거래위원회가 당해 사업자단체에 대하여 "법위반사실의 공표"를 명할 수 있도록 한 동법 제27조 부분이 양심의 자유를 침해하는지 여부(소극)</u>(헌재 2002. 1. 31. 2001헌바43) → 양심의 자유의 보호영역에 포함 ✕

> 2015 서울시 7급 사업자단체의 독점규제 및 공정거래법 위반행위가 있을 때 공정거래위원회가 당해 사업자단체에 대하여 법위반사실의 공표를 명할 수 있도록 한 위 법의 관계규정은 양심의 자유를 침해한다. (✕)

④ ✕ 내용상 단순히 국법질서나 헌법체제를 준수하겠다는 취지의 서약을 할 것을 요구하는 이 사건 준법서약은 국민이 부담하는 일반적 의무를 장래를 향하여 확인하는 것에 불과하며, 어떠한 가정적 혹은 실제적 상황에서 특정의 사유(思惟)를 하거나 특별한 행동을 할 것을 새로이 요구하는 것이 아니다. 따라서 <u>이 사건 준법서약은 어떤 구체적이거나 적극적인 내용을 담지 않은 채 단순한 헌법적 의무의 확인·서약에 불과하다 할 것이어서 양심의 영역을 건드리는 것이 아니다.</u> …… 국가보안법위반 및 집회및시위에관한법률위반 수형자의 가석방 결정시 준법서약서를 제출하도록 한 이 사건 규칙이 수형자에게 하등의 법적 의무를 부과하는 것이 아니며 이행강제나 처벌 또는 법적 불이익의 부과 등 방법에 의하여 준법서약을 강제하고 있는 것이 아니므로 당해 수형자의 양심의 자유를 침해하는 것이 아니다(헌재 2002. 4. 25. 98헌마425).

18
정답 ③

③ ✕ 우리 사회가 발전하고 경제규모가 커짐에 따라 법적인 분쟁도 날로 증가하는 추세에서 법률서비스 제공자인 변호사등에 대한 정확한 정보의 수요가 늘고 있는 점, 비약적으로 증가하는 변호사의 수를 고려할 때 이 사건 대가수수 광고금지규정에 의한 광고의 금지는 새로운 변호사들이 광고업체를 활용하여 자신을 알릴 기회를 배제함으로써 기존의 변호사등과의 경쟁에서 불리한 결과를 초래할 수 있는 점, 정보전달매체에 관한 기술이 발달함에 따라 광고의 수단 또한 다양해지고 있고, 인터넷과 같이 계속 변화하는 분야에서의 규제 수단 또한 헌법의 틀 안에서 다채롭고 새롭게 강구되어야 하는 점 등을 고려하면, 이 사건 대가수수 광고금

지규정에서 경제적 대가를 지급하고 광고업체를 통한 광고방법을 일률적으로 금지하고 있는 것은 그러한 규제를 달성하기 위한 필요한 범위를 넘어선 것이다. …… 그러므로 이 사건 대가수수 광고금지규정은 과잉금지원칙을 위반하여 청구인들의 표현의 자유, 직업의 자유를 침해한다(헌재 2022. 5. 26. 2021헌마619).

① ◎ **선거운동기간 중 어깨띠 등 표시물을 사용한 선거운동을 금지한 공직선거법 제68조 제2항 및 이에 위반한 경우 처벌하는 같은 법 제255조 제1항 제5호 중 '제68조 제2항'에 관한 부분(이하 '심판대상조항'이라 한다)이 정치적 표현의 자유를 침해하는지 여부(적극)** 심판대상조항은 선거에서의 균등한 기회를 보장하고 선거의 공정성을 확보하기 위한 것으로서 정당한 목적 달성을 위한 적합한 수단에 해당한다. 그러나 공직선거법상 선거비용제한 규정이나 표시물의 가액, 종류, 사용방법 등에 대한 제한 수단 마련을 통해 선거에서의 기회 균등이라는 목적 달성이 가능하며, 그 밖에 공직선거법상 후보자 비방 금지 규정 등에 비추어 심판대상조항이 무분별한 흑색선전 방지 등을 위한 불가피한 수단이라고 보기도 어려우므로, 심판대상조항은 필요한 범위를 넘어 표시물을 사용한 선거운동을 포괄적으로 금지·처벌하는 것으로서 침해의 최소성에 반한다. 또한 심판대상조항으로 인하여 일반 유권자나 후보자가 받는 정치적 표현의 자유에 대한 제약이 달성되는 공익보다 중대하므로 심판대상조항은 법익의 균형성에도 위배된다. 따라서 심판대상조항은 과잉금지원칙에 반하여 정치적 표현의 자유를 침해한다(헌재 2022. 7. 21. 2017헌가4). → 헌법불합치/표시물 사용 선거운동 금지 사건

② ◎ 공포심이나 불안감을 유발하는 문언을 반복적으로 상대방에게 도달하게 한 자를 형사처벌하도록 한 정보통신망 이용촉진 및 정보보호 등에 관한 법률 조항은 표현의 자유를 침해하지 않는다(헌재 2016. 12. 29. 2014헌바434).

④ ◎ **정당이 당원과 당원이 아닌 자에게 투표권을 부여하여 실시하는 당내경선에서 허용되는 경선운동방법을 한정하고, 이를 위반하여 경선운동을 한 자를 처벌하는 공직선거법 제57조의3 제1항(이하 '경선운동방법 제한조항'이라 한다), 제255조 제2항 제3호(이하 '경선운동방법 제한조항'과 합하여 '심판대상조항'이라 한다)가 과잉금지원칙을 위반하여 경선후보자 등 당내경선운동을 하려는 사람의 정치적 표현의 자유를 침해하는지 여부(소극)** 정당제 민주주의에서 당내경선의 의미에 비추어 볼 때, 당내경선 과정에서의 공정성은 반드시 관철되어야 하고, 혼탁한 당내경선이나 과열된 경선운동으로 인한 부작용을 최소화할 필요가 있다. 당원과 당원이 아닌 자에게 투표권을 부여하여 실시하는 방식의 당내경선이 실시되는 정당 소속 후보자에게는 사실상 선거운동기간 이전에도 선거구민을 상대로 홍보의 기회가 주어지는바, 경선운동방법 제한조항은 무소속 후보자와의 불평등 문제를 최소화하기 위해서도 원칙적으로 경선운동을 금지하고 제한된 범위 내에서만 이를 허용하는 것이다. 경선운동방법 제한조항은 경선운동의 방법으로 경선후보자가 선거사무소를 설치하거나 그 선거사무소에 간판·현판, 현수막을 설치·게시하는 방법, 유권자들과 개별적·직접적으로 대면하여 명함을 주거나 지지를 호소하는 방법 등을 허용하고 있다. 나아가 대법원은 선거운동기간의 여부와 관계없이 선거운동방법으로 허용되는 공직선거법 제59조 각 호의 행위가 공직선거법에서 허용하는 경선운동방법에 해당한다는 취지로 판시하고 있어 기본권 침해를 최소화하고 있다. 언론사의 영향력을 전제로 한 경선운동방법을 허용할 경우 언론사에의 접근 용이성 차이에 따른 불공정한 결과가 야기될 우려가 크므로, 당해 사건에서 문제된 '인터넷뉴스 홈페이지에 기사 형식의 글을 작성하여 게재하는 방법'으로 당내 경선운동을 하는 것을 허용할 경우 심판대상조항과 동일한 수준으로 입법목적을 달성할 수 있다고 단정하기 어렵다. 한편, 위와 같은 당내경선에 있어 경선운동방법을 제한함으로써 보장되는 당내경선의 평온과 공정 등의 공익은 경선후보자 등이 제한받는 사익보다 훨씬 크다. 따라서 심판대상조항은 과잉금지원칙을 위반하여 경선후보자 등 당내경선운동을 하려는 사람의 정치적 표현의 자유를 침해하지 않는다(헌재 2022. 10. 27. 2021헌바125).

19 정답 ①

① ✗ 재판에 영향을 미칠 염려가 있거나 미치게 하기 위한 집회 또는 시위를 금지하고 이를 위반한 자를 형사처벌하는 이 사건 제2호 부분은 법관의 직무상 독립을 보호하여 사법작용의 공정성과 독립성을 확보하기 위한 것으로 입법목적의 정당성은 인정되나, 국가의 사법권한 역시 국민의 의사에 정당성의 기초를 두고 행사되어야 한다는 점과 재판에 대한 정당한 비판은 오히려 사법작용의 공정성 제고에 기여할 수도 있는 점을 고려하면 사법의 독립성을 확보하기 위한 적합한 수단이라 보기 어렵다. 또한 구 집시법의 옥외집회·시위에 관한 일반규정 및 형법에 의한 규제 및 처벌에 의하여 사법의 독립성을 확보할 수 있음에도 불구하고, 이 사건 제2호 부분은 재판에 영향을 미칠 염려가 있거나 미치게 하기 위한 집회·시위를 사전적·전면적으로 금지하고 있을 뿐 아니라, 어떠한 집회·시위가 규제대상에 해당하는지를 판단할 수 있는 아무런 기준도 제시하지 아니함으로써 사실상 재판과 관련된 집단적 의견표명 일체가 불가능하게 되어 집회의 자유를 실질적으로 박탈하는 결과를 초래하므로 최소침해성 원칙에 반한다. 더욱이 이 사건 제2호 부분으로 인하여 달성하고자 하는 공익 실현 효과는 가정적이고 추상적인 반면, 이 사건 제2호 부분으로 인하여 침해되는 집회의 자유에 대한 제한 정도는 중대하므로 법익균형성도 상실하였다. 따라서 이 사건 제2호 부분은 과잉금지원칙에 위배되어 집회의 자유를 침해한다(헌재 2016. 9. 29. 2014헌가3).

② ◎ 누구든지 각급 법원의 경계 지점으로부터 100미터 이내의 장소에서 옥외집회 또는 시위를 할 경우 형사처벌한다고 규정한 심판대상조항은 집회의 자유를 침해한다(헌재 2018. 7. 26. 2018헌바137).

③ ◎ 야간시위를 금지하는 집시법 제10조 본문에는 위헌적인 부분과 합헌적인 부분이 공존하고 있으며, 위 조항 전부의 적용이 중지될 경우 공공의 질서 내지 법적 평화에 대한 침해의 위험이 높아, 일반적인 옥외집회나 시위에 비하여 높은 수준의 규제가 불가피한 경우에도 대응하기 어려운 문제가 발생할 수 있으므로, 현행 집시법의 체계 내에서 시간을 기준으로 한 규율의 측면에서 볼 때 규제가 불가피하다고 보기 어려움에도 시위를 절대적으로 금지하여 위헌성이 명백한 부분에 한하여 위헌 결정을 한다. 심판대상조항들은, 이미 보편화된 야간의 일상적인 생활의 범주에 속하는 '해가 진 후부터 같은 날 24시까지의 시위'에 적용하는 한 헌법에 위반된다(헌재 2014. 3. 27. 2010헌가2).

④ ◎ 옥외집회나 시위가 사전신고한 범위를 뚜렷이 벗어나 신고제도의 목적달성을 심히 곤란하게 하고, 그로 인하여 질서를 유지할 수 없게 된 경우에 공공의 안녕질서 유지 및 회복을 위해 해산명령을 할 수 있도록 한 것은 집회의 자유를 침해하지 않는다(헌재 2016. 9. 29. 2015헌바309).

20 정답 ②

② ✗ 공공기관등이 설치·운영하는 게시판에 언어폭력, 명예훼손, 불법정보의 유통이 이루어지는 것을 방지함으로써 얻게 되는 건전한 인터넷 문화 조성이라는 공익은 중요하다. 따라서 심판대상조항은 청구인의 익명표현의 자유를 침해하지 않는다(헌재 2022. 12. 22. 2019헌마654).

> 2023 경찰간부 공공기관 등이 설치·운영하는 모든 게시판에 본인확인조치를 한 경우에만 정보를 게시하도록 하는 것은 게시판에 자신의 사상이나 견해를 표현하고자 하는 사람에게 표현의 내용과 수위 등에 대한 자기검열 가능성을 높이는 것이므로 익명표현의 자유를 침해한다. (✗)

① ◎ 심판대상조항은 저작자 및 자신의 의사에 반하여 저작자로 표시된 사람의 권리를 보호하고, 저작자 명의에 관한 사회 일반의 신뢰를 보호하기 위한 것으로 입법목적이 정당하고, 저작자 아닌 사람을 저작자로 표시하는 행위를 금지하는 것은 적합한 수단이다. 저작자 아닌 사람을 저작자로 표기하는 데 관련된 사람들의 이해관계가 일치하는 경우가 있고, 저작권법은 여러 사람이 창작에 관여하고 이에 따라 저작자 표시를 하는 것을 금지하는 것도 아니며, 저작자 표시를 사실과 달리하는 행위를 금지하지 않으면 저작자 명의에 관한 사회일반의 신뢰라는 공익을 위 조항과 같은 정도로 달성하기 어려우므로 침해의 최소성도 충족된다. 저작물이 가지는 학문적·문화적 중요성과 이용자에게 미치는 영향 등을 고려할 때 저작자의 표시에 관한 사회적 신뢰를 유지한다는 공익이 중요한 반면, 위 조항으로 인한 불이익은 저작자 표시를 사실과 달리하여 얻을 수 있는 이익을 얻지 못하는 것에 불과하여, 위 조항은 법익의 균형성도 갖추었다. 심판대상조항은 표현의 자유 또는 일반적 행동의 자유를 침해하지 아니한다(헌재 2018. 8. 30. 2017헌바158).

③ ◎ 헌법 제21조에서 보장하고 있는 표현의 자유는, 전통적으로는 사상 또는 의견의 자유로운 표명(발표의 자유)과 그것을 전파할 자유(전달의 자유)를 의미하는 것으로서, 개인이 인간으로서의 존엄과 가치를 유지하고 행복을 추구하며 국민주권을 실현하는데 필수불가결한 것이고, 종교의 자유, 양심의 자유, 학문과 예술의 자유 등의 정신적인 자유를 외부적으로 표현하는 자유이다. 이러한 '자유로운' 표명과 전파의 자유에는 자신의 신원을 누구에게도 밝히지 아니한 채 익명 또는 가명으로 자신의 사상이나 견해를 표명하고 전파할 익명표현의 자유도 그 보호영역에 포함된다고 할 것이다(헌재 2010. 2. 25. 2008헌마324).

④ ◎ 인터넷언론사는 선거운동기간 중 당해 홈페이지 게시판 등에 정당·후보자에 대한 지지·반대 등의 정보를 게시하는 경우 실명을 확인받는 기술적 조치를 하도록 정한 위 실명확인 조항을 비롯하여, 행정안전부장관 및 신용정보업자는 실명인증자료를 관리하고 중앙선거관리위원회가 요구하는 경우 지체 없이 그 자료를 제출해야 하며, 실명확인을 위한 기술적 조치를 하지 아니하거나 실명인증의 표시가 없는 정보를 삭제하지 않는 경우 과태료를 부과하도록 정한 공직선거법 조항은 게시판 등 이용자의 익명표현의 자유 및 개인정보자기결정권과 인터넷언론사의 언론의 자유를 침해한다(헌재 2021. 1. 28. 2018헌마456).

07 Day

01 ④ 02 ① 03 ② 04 ③ 05 ④ 06 ② 07 ① 08 ④ 09 ② 10 ②
11 ① 12 ③ 13 ② 14 ③ 15 ④ 16 ② 17 ② 18 ② 19 ④ 20 ④

01
정답 ④

④ ✗ 약사의 한약조제권이란 그것이 타인에 의하여 침해되었을 때 방해를 배제하거나 원상회복 내지 손해배상을 청구할 수 있는 권리가 아니라 법률에 의하여 약사의 지위에서 인정되는 하나의 권능에 불과하고, 더욱이 의약품을 판매하여 얻게 되는 이익 역시 장래의 불확실한 기대이익에 불과한 것이므로, 구 약사법상 약사에게 인정된 한약조제권은 위 헌법조항들이 말하는 재산권의 범위에 속하지 아니한다(헌재 1997. 11. 27. 97헌바10).

① ◎ 조세채무에 대하여 면책의 효력이 미치지 못하는 것으로 규정한 '채무자 회생 및 파산에 관한 법률' 부분은 재산권을 침해하지 아니한다[헌재 2022. 9. 29. 2019헌마874, 2020헌마545(병합)].

② ◎ 임차보증금반환채권과 관련하여 이해관계인이 받는 영향이 크고 분쟁도 자주 발생하는 만큼 임대차의 존재 여부와 개시일을 분명하게 특정할 필요가 있고, 이를 위하여 주택의 인도 외에 추가로 공적 절차인 주민등록을 요구하는 것은 수긍할 수 있다. 주민등록은 등기와 달리 비용이 소요되지 않고 인터넷으로 손쉽게 신청할 수 있는 등 그 절차도 비교적 간편하므로, 이를 통하여 권리관계를 분명히 하도록 하는 것이 임차인에게 과도한 부담이라고 할 수 없다. 임차주택의 소유자인 채무자는 채권자로부터 변제 독촉 등을 받는 상황에서 머지않아 경매가 시작될 것을 예상할 수 있으며, 경매가 개시되기 전에 얼마든지 주위 사람들을 동원하여 허위의 주민등록을 하여 가장임차인을 양산할 수 있다. 따라서 심판대상조항이 주택에 대한 경매신청의 등기 전에 주택을 인도받아 주민등록을 갖춘 임차인에 한정하여 우선변제권을 보장하도록 한 것은, 담보권자 등 이해관계인을 보호하기 위해 필요한 최소한의 조치라고 볼 수 있다. 위와 같은 점들을 종합하여 볼 때, 심판대상조항이 주택에 대한 경매신청의 등기 전까지 주민등록을 갖춘 소액임차인에 한하여 우선변제를 받을 수 있도록 한 것이 입법형성의 한계를 벗어나 청구인의 재산권을 침해한다고 보기 어렵다(헌재 2020. 8. 28. 2018헌바422).

③ ◎ 재산권의 침해와 공익간의 비례성을 다시 회복하기 위한 방법은 헌법상 반드시 금전보상만을 해야 하는 것은 아니다. 입법자는 지정의 해제 또는 토지매수청구권제도와 같이 금전보상에 갈음하거나 기타 손실을 완화할 수 있는 제도를 보완하는 등 여러 가지 다른 방법을 사용할 수 있다(헌재 1998. 12. 24. 89헌마214).

02
정답 ①

① ✗ 회원제 골프장용 부동산의 재산세에 대하여 1천분의 40의 중과세율을 규정한 것은 과잉금지원칙에 반하여 회원제 골프장 운영자 등의 재산권을 침해하지 않는다(헌재 2020. 3. 26. 2016헌가17).

cf. 골프장 부가금은 일반 국민에 비해 특별히 객관적으로 밀접한 관련성을 가진다고 볼 수 없는 골프장 이용자들을 대상으로 하는 것으로서 합리적 이유가 없는 차별을 초래하므로 평등원칙에 위배된다(헌재 2019. 12. 27. 2017헌가21).

2023 경찰 2차 회원제 골프장용 부동산의 재산세에 대하여 1천분의 40의 중과세율을 규정한 구 「지방세법」 조항은 모든 회원제 골프장을 동일하게 취급하

고 있는바, 이는 회원제 골프장 운영자 등의 재산권을 침해하는 것으로서 과잉금지원칙에 반하여 헌법에 위반된다. (×)

② ⓞ 사망일시금 제도는 유족연금 또는 반환일시금을 지급받지 못하는 가입자 등의 가족에게 사망으로 소요되는 비용의 일부를 지급함으로써 국민연금제도의 수혜범위를 확대하고자 하는 차원에서 도입되었는데, 국민연금제도가 사회보장에 관한 헌법규정인 제34조 제1항, 제2항, 제5항을 구체화한 제도로서, 국민연금법상 연금수급권 내지 연금수급기대권이 재산권의 보호대상인 사회보장적 급여라고 한다면 사망일시금은 사회보험의 원리에서 다소 벗어난 장제부조적·보상적 성격을 갖는 급여로 사망일시금은 헌법상 재산권에 해당하지 아니하므로, 이 사건 사망일시금 한도 조항이 청구인들의 재산권을 제한한다고 볼 수 없다(헌재 2019. 2. 28. 2017헌마432).

③ ⓞ 청구인은 심판대상조항이 자신의 재산권 및 인간다운 생활을 할 권리도 침해한다고 주장하나, 공무원연금법이 개정되어 시행되기 전 청구인은 이미 퇴직하여 퇴직연금을 수급할 수 있는 기초를 상실한 상태이므로, 심판대상조항이 청구인의 재산권 및 인간다운 생활을 할 권리를 제한한다고 볼 수 없다(헌재 2017. 5. 25. 2015헌마933).

④ ⓞ 헌법이 보장하고 있는 재산권은 경제적 가치가 있는 모든 공법상·사법상의 권리를 뜻하며, 사적 유용성 및 그에 대한 원칙적인 처분권을 내포하는 재산가치 있는 구체적인 권리를 의미한다. 이 사건 조항을 통하여 인정되는 '수용청구권'은 사적유용성을 지닌 것으로서 재산의 사용, 수익, 처분에 관계되는 법적 권리이므로 헌법상 재산권에 포함된다고 볼 것이다(헌재 2005. 7. 21. 2004헌바57).

03
정답 ②

② ✗ 부담금은 조세에 대한 관계에서 어디까지나 예외적으로만 인정되어야 하며, 어떤 공적 과제에 관한 재정조달을 조세로 할 것인지 아니면 부담금으로 할 것인지에 관하여 입법자의 자유로운 선택권을 허용하여서는 안 된다. 부담금 납부의무자는 재정조달 대상인 공적 과제에 대하여 일반국민에 비해 '특별히 밀접한 관련성'을 가져야 하며, 부담금이 장기적으로 유지되는 경우에 있어서는 그 징수의 타당성이나 적정성이 입법자에 의해 지속적으로 심사될 것이 요구된다(헌재 2004. 7. 15. 2002헌바42).

① ⓞ 이혼시 재산분할을 청구하여 상속세 인적공제액을 초과하는 재산을 취득한 경우 그 초과부분에 대하여 증여세를 부과하는 것은, 증여세제의 본질에 반하여 증여라는 과세원인 없음에도 불구하고 증여세를 부과하는 것이어서 현저히 불합리하고 자의적이며 재산권보장의 헌법이념에 부합하지 않으므로 실질적 조세법률주의에 위배된다(헌재 1997. 10. 30. 96헌바14).

③ ⓞ 부부간의 인위적인 자산 명의의 분산과 같은 가장행위 등은 상속세및증여세법상 증여의제규정 등을 통해서 방지할 수 있고, 부부의 공동생활에서 얻어지는 절약가능성을 담세력과 결부시켜 조세의 차이를 두는 것은 타당하지 않으며, 자산소득이 있는 모든 납세의무자 중에서 혼인한 부부가 혼인하였다는 이유만으로 혼인하지 않은 자산소득자보다 더 많은 조세부담을 하여 소득을 재분배하도록 강요받는 것은 부당하며, 부부 자산소득 합산과세를 통해서 혼인한 부부에게 가하는 조세부담의 증가라는 불이익이 자산소득합산과세를 통하여 달성하는 사회적 공익보다 크다고 할 것이므로, 소득세법 제61조 제1항이 자산소득합산과세의 대상이 되는 혼인한 부부를 혼인하지 않은 부부나 독신자에 비하여 차별취급하는 것은 헌법상 정당화되지 아니하기 때문에 헌법 제36조 제1항에 위반된다(헌재 2002. 8. 29. 2001헌바82).

④ ⓞ 담세능력의 원칙은 소득이 많으면 그에 상응하여 많이 과세되어야 한다는 것, 즉 담세능력이 큰 자는 담세능력이 작은 자에 비하여 더 많은 세금을 낼 것과, 최저생계를 위하여 필요한 경비는 과세로부터 제외되어야 한다는 최저생계를 위한 공제를 요청할 뿐 입법자로 하여금 소득세법에 있어서 반드시 누진세율을 도입할 것까지 요구하는 것은 아니다(헌재 1999. 11. 25. 98헌마55).

04
정답 ③

③ ✗ 헌법 제72조의 중요정책 국민투표와 헌법 제130조의 헌법개정안 국민투표는 대의기관인 국회와 대통령의 의사결정에 대한 국민의 승인절차에 해당한다. 대의기관의 선출주체가 곧 대의기관의 의사결정에 대한 승인주체가 되는 것은 당연한 논리적 귀결이므로, 국민투표권자의 범위는 대통령선거권자·국회의원선거권자와 일치되어야 한다(헌재 2014. 7. 24. 2009헌마256).

④ ⓞ

> **국민투표법 제93조(국민투표무효의 판결)** 대법원은 제92조의 규정에 의한 소송에 있어서 국민투표에 관하여 이 법 또는 이 법에 의하여 발하는 명령에 위반하는 사실이 있는 경우라도 국민투표의 결과에 영향이 미쳤다고 인정하는 때에 한하여 국민투표의 전부 또는 일부의 무효를 판결한다.

① ⓞ

> **헌법 제89조** 다음 사항은 국무회의의 심의를 거쳐야 한다.
> 3. 헌법개정안·국민투표안·조약안·법률안 및 대통령령안

② ⓞ 헌법 제72조는 "대통령은 필요하다고 인정할 때에는 외교·국방·통일 기타 국가안위에 관한 중요정책을 국민투표에 붙일 수 있다."고 규정하여 피청구인에게 국민투표부의권을 부여하면서, 국민투표의 대상을 '외교·국방·통일 기타 국가안위에 관한 중요정책'으로 한정하고 있는 바, 여기서의 '중요정책'은 '구체적이고 특정한 정책'을 뜻한다고 보아야 한다. 대통령의 임기를 절대적으로 보장하는 헌법 제70조나 궐위사유를 한정적으로 규정하는 헌법 제68조 제2항 등 헌법규범에 비추어볼 때, 대통령에 대한 국민의 신임여부는 헌법 제72조의 '중요정책'에 포함되지 않는다고 보아야 한다. 역사적으로 볼 때 다수의 국가에서 집권자가 국민투표를 통하여 자신에 대한 국민의 신임을 물음으로써, 자신의 정치적 입지를 강화하는 데 이용한 사례가 허다하였다. 이러한 점에서 우리 헌법은 제72조의 국민투표의 대상을 명시적으로 '정책'에 한정하고 이로써 국민투표가 역사상 민주주의의 발전에 해악을 끼친 신임투표가 되어서는 아니될 것임을 선언하고 있는 것이다. 그렇다면, 피청구인이 이미 지난 선거를 통하여 획득한 자신에 대한 신임을 국민투표의 형식으로 재차 확인하고자 하는 것은 헌법 제72조의 국민투표제를 헌법이 허용하지 않는 방법으로 위헌적으로 사용하는 것이며, 이로 말미암아 국민이 국민투표를 통하여 특정한 국정사안에 대하여 자유로운 의사결정에 따라 국가권력의 행사과정에 정당하게 참여하는 것이 침해되고, 이로써 국민의 한 사람들인 청구인들의 참정권 내지 국민투표권과 정치적 의사표명을 강요받지 아니할 자유가 침해된다(헌재 2003. 11. 27. 2003헌마694).

05
정답 ④

④ ✗ 국민투표는 직접민주주의를 실현하기 위한 수단으로서 '사안에 대한 결정' 즉, 특정한 국가정책이나 법안을 그 대상으로 한다. 따라서 국민투표의 본질상 '대표자에 대한 신임'은 국민투표의 대상이 될 수 없으며, 우리 헌법에서 대표자의 선출과 그에 대한 신임은 단지 선거의 형태로써 이루어져야 한다. 대통령이 자신에 대한 재신임을 국민투표의 형태

로 묻고자 하는 것은 헌법 제72조에 의하여 부여받은 국민투표부의권을 위헌적으로 행사하는 경우에 해당하는 것으로, 국민투표제도를 자신의 정치적 입지를 강화하기 위한 정치적 도구로 남용해서는 안 된다는 헌법적 의무를 위반한 것이다(헌재 2004. 5. 14. 2004헌나1).

① ⭕ 헌법개정을 위해서는 반드시 국민투표를 거쳐야만 한다.

② ⭕

> **헌법 제72조** 대통령은 필요하다고 인정할 때에는 외교·국방·통일 기타 국가안위에 관한 중요정책을 국민투표에 붙일 수 있다.

③ ⭕

> **국민투표법 제92조(국민투표무효의 소송)** 국민투표의 효력에 관하여 이의가 있는 투표인은 투표인 10만인 이상의 찬성을 얻어 중앙선거관리위원회위원장을 피고로 하여 투표일로부터 20일 이내에 대법원에 제소할 수 있다.

06 정답 ②

② ❌

> **헌법 제110조** ④ 비상계엄하의 군사재판은 군인·군무원의 범죄나 군사에 관한 간첩죄의 경우와 초병·초소·유독음식물공급·포로에 관한 죄 중 법률이 정한 경우에 한하여 단심으로 할 수 있다. 다만, 사형을 선고한 경우에는 그러하지 아니하다.

① ⭕

> **헌법 제107조** ③ 재판의 전심절차로서 행정심판을 할 수 있다. 행정심판의 절차는 법률로 정하되, 사법절차가 준용되어야 한다.

③ ⭕ 헌법과 법률이 정한 법관에 의한 재판을 받을 권리는 직업법관에 의한 재판을 주된 내용으로 하는 것이므로, 국민참여재판을 받을 권리가 헌법 제27조 제1항에서 규정한 재판을 받을 권리의 보호범위에 속한다고 볼 수 없다(헌재 2015. 7. 30. 2014헌바447).

④ ⭕

> **헌법 제27조** ① 모든 국민은 헌법과 법률이 정한 법관에 의하여 법률에 의한 재판을 받을 권리를 가진다.
> ② 군인 또는 군무원이 아닌 국민은 대한민국의 영역 안에서는 중대한 군사상 기밀·초병·초소·유독음식물공급·포로·군용물에 관한 죄중 법률이 정한 경우와 비상계엄이 선포된 경우를 제외하고는 군사법원의 재판을 받지 아니한다.

07 정답 ①

① ⭕ 정식재판 청구기간을 '약식명령의 고지를 받은 날로부터 7일 이내'로 정하고 있는 형사소송법 규정이 약식명령 피고인의 재판청구권을 침해한다고 볼 수 없다(헌재 2013. 10. 24. 2012헌바428).

② ❌ 심판대상조항에 의한 인지액 산정의 기초가 되는 제1심 인지액을 정하는 비율 자체가 낮게 정해져 있고, 개정 전 조항에 비해 항소심 가중치도 낮추어졌으며, 재심에 대한 특별한 가중치도 없다. 아울러 법원이 소송구조제도를 통해 인지액을 납부할 경제적 능력이 부족한 사람들을 구제할 수 있다는 점을 고려하면 심판대상조항은 침해의 최소성 원칙에 위반되지 않는다. 따라서 심판대상조항은 재판청구권을 침해하지 아니한다(헌재 2017. 8. 31. 2016헌바447).

③ ❌ 재판청구권도 일반적 법률유보조항인 헌법 제37조 제2항에 따라 법률로 제한이 가능하나, 제한하는 경우에도 본질적 내용을 침해할 수 없다.

④ ❌ 심리불속행 재판의 판결이유를 생략할 수 있도록 규정한 이 사건 제5조 제1항은 심리불속행제도의 내용을 구성하는 절차적 규정으로서 헌법재판소는 이미 심리불속행제도에 대하여 여러 차례 합헌결정을 선고한 바 있다. …… 나아가 그 이상의 이유기재를 하게 하더라도 이는 법령해석의 통일을 주된 임무로 하는 상고심에게 불필요한 부담만 가중시키는 것으로서 심리불속행제도의 입법취지에 반하는 결과를 초래할 수 있으므로, 이 사건 제5조 제1항은 재판청구권 등을 침해하여 위헌이라고 볼 수 없다(헌재 2007. 7. 26. 2006헌마551 등).

08 정답 ④

④ ❌ '전투용에 공하는 시설'을 손괴한 군인 또는 군무원이 아닌 국민(이하 '일반 국민'이라 한다)이 군사법원에서 재판받도록 하는, 구 군사법원법(1987. 12. 4. 법률 제3993호로 개정되고, 2009. 12. 29. 법률 제9841호로 개정되기 전의 것) 제2조 제1항 제1호 중 '구 군형법(1981. 4. 17. 법률 제3443호로 개정되고, 2009. 11. 2. 법률 제9820호로 개정되기 전의 것) 제1조 제4항 제4호' 가운데 '구 군형법 제69조 중 전투용에 공하는 시설의 손괴죄를 범한 내국인에 대하여 적용되는 부분'(이하 '이 사건 법률조항'이라 한다)이 헌법과 법률이 정한 법관에 의한 재판을 받을 권리를 침해하는지 여부(적극) 구 군형법 제69조 중 '전투용에 공하는 시설'은 '군사목적에 직접 공용되는 시설'로 항상 '군사시설'에 해당한다. 군용물·군사시설에 관한 죄를 병렬적으로 규정하고 있었던 구 헌법(1980. 10. 27. 헌법 제9호로 개정되고, 1987. 10. 29. 헌법 제10호로 개정되기 전의 것) 제26조 제2항에서 '군용물'은 명백히 '군사시설'을 포함하지 않는 개념으로 사용된 점, 군사시설에 관한 죄를 범한 민간인에 대한 군사법원의 재판권을 제외하는 것을 명백히 의도한 헌법 개정 경과 등을 종합하면, 군인 또는 군무원이 아닌 국민에 대한 군사법원의 예외적인 재판권을 정한 헌법 제27조 제2항에 규정된 군용물에는 군사시설이 포함되지 않는다. 그렇다면 '군사시설' 중 '전투용에 공하는 시설'을 손괴한 일반 국민이 항상 군사법원에서 재판받도록 하는 이 사건 법률조항은, 비상계엄이 선포된 경우를 제외하고는 '군사시설'에 관한 죄를 범한 군인 또는 군무원이 아닌 일반 국민은 군사법원의 재판을 받지 아니하도록 규정한 헌법 제27조 제2항에 위반되고, 국민이 헌법과 법률이 정한 법관에 의한 재판을 받을 권리를 침해한다(헌재 2013. 11. 28. 2012헌가10).

① ⭕

> **헌법 제64조** ① 국회는 법률에 저촉되지 아니하는 범위 안에서 의사와 내부규율에 관한 규칙을 제정할 수 있다.
> ② 국회는 의원의 자격을 심사하며, 의원을 징계할 수 있다.
> ③ 의원을 제명하려면 국회재적의원 3분의 2 이상의 찬성이 있어야 한다.
> ④ 제2항과 제3항의 처분에 대하여는 법원에 제소할 수 없다.

② ⭕ 헌법 제27조는 국민의 재판청구권을 보장하고 있는데, 여기에는 공정한 재판을 받을 권리가 포함되어 있다. 그런데 재판청구권에는 민사재판, 형사재판, 행정재판뿐만 아니라 헌법재판을 받을 권리도 포함되므로, 헌법상 보장되는 기본권인 '공정한 재판을 받을 권리'에는 '공정한 헌법재판을 받을 권리'도 포함된다(헌재 2016. 11. 24. 2015헌마902).

③ ⭕ 한정된 사법자원을 효율적으로 분배하고 상고심 재판의 법률심 기능을 제고할 필요성이 있고, 당사자는 제1심과 제2심에서 사실오인이나 양형부당을 다툴 충분한 기회를 부여받고 있으므로, 사형, 무기 또는 10년 이상의 징역이나 금고가 선고된 사건'에 한하여 중대한 사실오인 또

는 양형부당을 이유로 한 상고를 허용한 심판대상조항은 입법형성권의 범위 내에 있어 재판청구권을 침해하지 아니한다(헌재 2020. 7. 16. 2020헌바14).

09
정답 ②

② ✗ 지급정지조항으로 인하여 이의제기 결과 사후적으로 전기통신금융사기와 무관함이 밝혀진 사기이용계좌의 명의인의 재산권이 일시적으로 제한되는 측면은 있으나, 그 제한의 정도가 전기통신금융사기 피해자를 실효적으로 구제하려는 공익에 비하여 결코 중하다고 볼 수 없다. 그러므로 지급정지조항으로 인하여 달성하려는 공익과 제한되는 사익 사이에 법익의 균형성도 인정된다. 지급정지조항은 과잉금지원칙을 위반하여 청구인의 재산권을 침해하지 아니한다(헌재 2022. 6. 30. 2019헌마579).

> 2023 경찰 2차 전기통신금융사기의 피해자가 피해구제 신청을 하는 경우, 피해자의 자금이 송금·이체된 계좌 및 해당 계좌로부터 자금의 이전에 이용된 계좌를 지급정지하는 「전기통신금융사기 피해방지 및 피해금 환급에 관한 특별법」 조항은 과잉금지원칙을 위반하여 청구인의 재산권을 침해한다. (✗)

① ◯ 의료급여수급권은 공공부조의 일종으로서 순수하게 사회정책적 목적에서 주어지는 권리이므로 개인의 노력과 금전적 기여를 통하여 취득되는 재산권의 보호대상에 포함된다고 보기 어려워, 이 사건 시행령조항 및 시행규칙조항이 청구인들의 재산권을 침해한다고 할 수 없다(헌재 2009. 9. 24 2007헌마1092).

③ ◯ **지방자치단체의 장선거 예비후보자가 정당의 공천심사에서 탈락한 후 후보자등록을 하지 않은 경우를 기탁금 반환 사유로 규정하지 않은 구 공직선거법 제57조 제1항 중 제1호 다목의 '지방자치단체의 장선거'에 관한 부분**(이하 '심판대상조항'이라 한다)이 과잉금지원칙에 위배되는지 여부(적극)(헌재 2020. 9. 24. 2018헌가15)

④ ◯ 종합부동산세는 재산세와 사이에서는 동일한 과세대상 부동산이라고 할지라도 지방자치단체에서 재산세로 과세되는 부분과 국가에서 종합부동산세로 과세되는 부분이 서로 나뉘어져 재산세를 납부한 부분에 대하여 다시 종합부동산세를 납부하는 것이 아니고, 양도소득세와 사이에서는 각각 그 과세의 목적 또는 과세 물건을 달리하는 것이므로, 이중과세의 문제는 발생하지 아니한다(헌재 2008. 11. 13 2006헌바112).

10
정답 ②

② ✗ 사용조항은 그 문언뿐만 아니라 규율형식의 면에서도 개별·구체적으로 제3자의 토지에 관한 재산권을 사용 또는 제한하려는 성격을 갖고 있다. 사용조항이 재산권을 침해하는지 여부를 판단하기 위해서는 헌법 제23조 제3항이 규정하고 있는 공용사용의 헌법적 요건을 갖추고 있는지 여부와 함께 재산권에 대한 과잉제한에 해당되는지 여부를 살펴보아야 하며, 이때 위 사용재결에 따른 구분지상권의 존속기간을 '송전선이 존속하는 때까지'로 일률적으로 정하고 있는 기간조항이 선하지 소유자의 재산권을 과도하게 제한하는지 여부도 함께 살펴본다. …… 심판대상조항 외에 미보상 선하지의 사용권원을 확보하고 이를 안정적으로 유지함으로써 전력공급의 공백을 방지할 수 있는 다른 방안을 달리 상정하기 어려울 뿐만 아니라, 심판대상조항을 두고 있는 전원개발촉진법과 전기사업법은 미 보상 선하지 소유자의 재산권이 과도하게 제한되지 않도록 적절한 제도들을 각 마련하고 있으므로 침해의 최소성에 위배되지 아니한다. …… 따라서 심판대상조항은 헌법 제23조 제3항 및 제37조 제2항에 위반된다고 볼 수 없다(헌재 2019. 12. 27. 2018헌바109).

① ◯ 공익사업법 제67조 제2항은 보상액을 산정함에 있어 당해 공익사업으로 인한 개발이익을 배제하는 조항인데, 공익사업의 시행으로 지가가 상승하여 발생하는 개발이익은 사업시행자의 투자에 의한 것으로서 피수용자인 토지소유자의 노력이나 자본에 의하여 발생하는 것이 아니므로, 이러한 개발이익은 형평의 관념에 비추어 볼 때 토지소유자에게 당연히 귀속되어야 할 성질의 것이 아니고, 또한 개발이익은 공공사업의 시행에 의하여 비로소 발생하는 것이므로, 그것이 피수용 토지가 수용 당시 갖는 객관적 가치에 포함된다고 볼 수도 없다. 따라서 개발이익은 그 성질상 완전보상의 범위에 포함되는 피수용자의 손실이라고 볼 수 없으므로, 이러한 개발이익을 배제하고 손실보상액을 산정한다 하여 헌법이 규정한 정당한 보상의 원칙에 위반되지 않는다(헌재 2009. 12. 29. 2009헌바142).

③ ◯ 유류분 반환청구는 피상속인이 생전에 한 유효한 증여라도 그 효력을 잃게 하는 것이어서 권리관계의 조속한 안정과 거래안전을 도모할 필요가 있고 이 사건 법률조항이 1년의 단기소멸시효를 정한 것은 이러한 필요에 따른 것으로 그 목적의 정당성이 인정되며 유류분 권리자가 상속이 개시되었다는 사실과 증여가 있었다는 사실 및 그것이 반환하여야 할 것임을 안 때로부터 위 기간이 기산되므로 그 기산점이 불합리하게 책정되었다고 할 수 없는 점, 유류분 반환청구는 반드시 재판상 행사해야 하는 것이 아니고 그 목적물을 구체적으로 특정해야 하는 것도 아니어서 행사의 방법도 용이한 점 등에 비추어 보면 수단의 적정성, 피해의 최소성 및 법익의 균형성을 모두 갖추고 있으므로 위 법률조항은 유류분 권리자의 재산권을 침해하지 않는다(헌재 2010. 12. 28 2009헌바20).

④ ◯ 2010. 5. 24.자 대북조치가 개성공단에서의 신규투자와 투자확대를 불허함에 따라 청구인이 보유한 개성공단 내의 토지이용권을 사용·수익하지 못하게 되는 제한이 발생하기는 하였으나, 이는 개성공단이라는 특수한 지역에 위치한 사업용 재산이 받는 사회적 제약이 구체화된 것일 뿐이므로, 공익목적을 위해 이미 형성된 구체적 재산권을 개별적, 구체적으로 제한하는 헌법 제23조 제3항 소정의 공용 제한과는 구별된다. 그렇다면 2010. 5. 24.자 대북조치로 인한 토지이용권의 제한은 헌법 제23조 제1항, 제2항에 따라 재산권의 내용과 한계를 정한 것인 동시에 재산권의 사회적 제약을 구체화하는 것으로 볼 수 있다(헌재 2022. 5. 26. 2016헌마95).

11
정답 ①

① ✗ **댐사용권의 취소·변경 처분을 할 경우 국가는 댐사용권자가 납부한 부담금이나 납부금의 일부를 반환하도록 하고, 반환할 금액은 대통령령에서 정하는 상각액을 뺀 금액을 초과하지 못하도록 규정한 댐건설관리법 제34조 제1항 및 제2항 중 각 제31조 제4항 제2호에 관한 부분(이하 '부담금반환조항'이라 한다)의 재산권 침해 여부(소극)** 부담금반환조항은 수자원을 합리적으로 개발·이용하여 국민경제의 발전을 도모하기 위한 것으로서 그 입법목적의 정당성 및 수단의 적합성이 인정된다. 댐사용권은 수자원의 효율적 이용이라는 강한 공익적 요청에 따르는 권리이며, 댐사용권에는 취소 또는 변경의 가능성이 내재되어 있는 점에 비추어 댐사용권자가 누리던 저수사용권 내지 저수 사용료 수입을 댐의 저수 이용상황 등이 변경되어 댐사용권을 취소·변경하는 경우에도 반드시 보장해야 한다고 보기는 어렵다. 댐건설관리법은 댐사용권 취소·변경 사유를 매우 제한적으로 규정하고 있고 행정소송을 통한 사후적 구제가 가능하므로, 댐사용권 취소·변경으로 인해 댐사용권자가 입는 피해는 최소화될 수 있다. 또한 댐건설관리법이 부담금 반환 시 감가상각률을 제외한 금액을 한도로 하여 반환하도록 한 취지에 비추어 보면 일반적으로 댐사용권자가 납부한 부담금에 대해서는 적어도 반환하고자 한 것임을 충분히 알 수 있다. 다만 수자원의 공공재로서의 성격 및 효율적 이용의 필요성을 고려할 때 댐사용권자에게 장래 예상되는 수익과 같은 그 이상의 손실을 반드시 보상해

야 한다고 보기는 어렵다. 따라서 부담금반환조항은 침해의 최소성을 충족하였다. 수자원의 중요성과 대체불가능성, 다목적댐의 중요성, 댐사용권은 사적 재산권이지만 동시에 다목적댐을 통한 수자원의 합리적 개발·이용이라는 공익적 목적을 갖는 권리이며 수자원의 관리라는 고양된 공익달성을 위한 행정청의 처분에 의해 그 내용이 변경될 수 있음을 전제로 하여 인정되는 권리라는 점 등을 종합하면 법익의 균형성도 충족된다. 그러므로 부담금반환조항은 과잉금지원칙에 위배되지 아니하므로 재산권을 침해하지 아니한다(헌재 2022. 10. 27. 2019헌바44).

② ⭕ 댐사용권은 사적유용성 및 그에 대한 원칙적 처분권을 내포하는 재산가치 있는 구체적 권리라고 할 것인바, 헌법 제23조에 의한 재산권보장의 대상이 된다는 것을 전제로 댐사용권의 취소·변경 처분을 할 경우 국가는 댐사용권자가 납부한 부담금이나 납부금의 일부를 반환하도록 하고, 반환할 금액은 대통령령에서 정하는 상각액을 뺀 금액을 초과하지 못하도록 한 것은 과잉금지원칙에 위반되지 않는다(헌재 2022. 10. 27. 2019헌바44).

③ ⭕ 재산권이 헌법 제23조에 의하여 보장된다고 하더라도, 입법자에 의하여 일단 형성된 구체적 권리가 그 형태로 영원히 지속될 것이 보장된다고까지 하는 의미는 아니다(헌재 1999. 4. 29. 94헌바37).

④ ⭕ 헌법상 보장된 재산권은 사적 유용성 및 그에 대한 원칙적 처분권을 내포하는 재산가치 있는 구체적 권리이므로 구체적인 권리가 아닌 단순한 이익이나 재화의 획득에 관한 기회 또는 기업활동의 사실적·법적 여건 등은 재산권보장의 대상이 아니다(헌재 2008. 6. 26. 2005헌마173).

12   정답 ③

㉠ ⭕ 공익사업의 신속하고 안정적인 시행을 위해서는 수용대상이 되는 토지 등을 둘러싼 분쟁을 조속히 확정하여야 할 필요가 있고, 이에 제소기간에 제한을 둔 것이다. 토지보상법에 따른 관계인은 공용수용의 절차를 거치면서 사업시행자와 이미 오랜 시간에 걸쳐 수용되는 토지 등에 대한 보상 등이 적정한지에 관하여 의견을 진술해 왔기 때문에, 이의신청을 거쳐 행정소송을 제기하는 경우에 이의재결에 불복할 것인지 여부에 관해 결정하고 제소를 준비하는 데 많은 시간이 필요하다고 볼 수는 없다. 따라서 심판대상조항이 정한 60일의 제소기간은 입법재량의 한계를 벗어나지 않았다고 할 것이므로, 심판대상조항은 재판청구권을 침해하지 아니한다(헌재 2022. 9. 29. 2022헌바32).

㉡ ⭕ 행정소송에 관하여 변론을 종결할 때까지만 청구의 취지 또는 원인을 변경할 수 있도록 하는 심판대상조항은 입법자가 재판절차에서 요구되는 이상인 적정·공평·신속·경제라는 법익을 두루 형량하여 청구의 변경에 일정한 시적 제한을 설정한 것이고, 이러한 법익 형량이 자의적이거나 현저하게 불합리하다고 볼 수 없으므로 심판대상조항이 재판청구권을 침해한다고 볼 수 없다(헌재 2023. 2. 23. 2019헌바244).

㉢ ❌ 심판대상조항이 한국과학기술원 총장을 국·공립학교 교원에 대한 징계 등 처분권자와 마찬가지로 교원소청심사결정에 대해 행정소송을 제기할 수 없도록 한 것은 위와 같이 공공단체인 한국과학기술원의 운영상 특수성과 공공성을 반영하고 교원의 신분 보장을 공고히 하여 궁극적으로 그 설립취지를 실현하기 위한 것으로 합리적인 이유가 있으므로 심판대상조항은 청구인의 재판청구권을 침해한다고 할 수 없다(헌재 2022. 10. 27. 2019헌바117).

㉣ ⭕ 변제공탁을 함에 있어 피공탁자를 지정할 의무는 공탁자에게 있다. 공탁관은 공탁서에 기재된 사항에 대해 형식적 심사권만을 가질 뿐이므로, 입법자가 공탁자로 하여금 피공탁자를 특정하기 위한 인적사항을 기재하도록 한 것은 공탁절차의 효율적 운용을 위한 필요하고 효과적인 방법이다. 특히 형사공탁은 피해자가 합의를 원하지 않을 때 이루어지는 피고인의 일방적 행위인바, 양형감경을 원하는 피고인의 의사를 존중하여 피공탁자의 인적사항 기재에 관한 특례를 형사공탁에 인정할 것인지, 또는 양형감경을 원하지 않는 피해자의 의사를 존중하여 형사공탁에서도 일반 공탁과 동일한 인적사항 기재를 요구할 것인지는, 범죄예방 및 피해회복을 위한 형사정책적 측면 등을 고려하여 입법형성재량에 맡겨져 있는 사항이다. 이러한 점을 고려하면 형사공탁에서도 피공탁자의 특정을 일반 공탁제도와 동일하게 정하고 있는 심판대상조항은, 입법형성권의 한계를 일탈하여 피고인의 공정한 재판을 받을 권리를 침해하지 아니한다(헌재 2021. 8. 31. 2019헌마516).

13   정답 ②

② ❌ 공무원연금법상 퇴직급여수급권은 앞서 살펴본 바와 같이 사회보장적 급여로서의 성격을 가짐과 동시에 공로보상 내지 후불임금으로서의 성격도 함께 가지고, 이와 동시에 헌법 제23조에 의하여 보장되는 재산권으로서의 성격도 아울러 가지는데, 그 구체적인 급여의 내용, 기여금의 액수 등을 형성하는 데에 있어서는 직업공무원제도나 사회보험 원리에 입각한 사회보장적 급여로서의 성격으로 인하여 일반적인 재산권에 비하여 입법자에게 상대적으로 보다 폭넓은 재량이 헌법상 허용된다. …… 심판대상조항이 형의 선고의 효력을 상실하게 하는 특별사면 및 복권을 받은 경우에도 퇴직급여 등을 여전히 감액하는 것은 그 합리적인 이유가 인정되는바, 재산권 및 인간다운 생활을 할 권리를 침해한다고 볼 수 없다(헌재 2020. 4. 23. 2018헌바402).

① ⭕ 토지의 협의취득 또는 수용 후 당해 공익사업이 다른 공익사업으로 변경되는 경우에 당해 토지의 원소유자 또는 그 포괄승계인의 환매권을 제한하고, 환매권 행사기간을 변환 고시일부터 기산하도록 한 구 공익사업을 위한 토지 등의 취득 및 보상에 관한 법률 조항은 과잉금지원칙에 위배되어 청구인의 재산권을 침해한다고 볼 수 없다(헌재 2012. 11. 29. 2011헌바49).

③ ⭕ 부당환급받은 세액을 징수하는 근거규정인 법인세법 개정조항을 개정법 시행 후 최초로 환급세액을 징수하는 분부터 적용하도록 규정한 것은 소급입법금지원칙을 위반하여 재산권을 침해한다(헌재 2014. 7. 24. 2012헌바105). → 심판대상조항은 개정조항이 시행되기 전 환급세액을 수령한 부분까지 사후적으로 소급하여 개정된 징수조항을 적용하는 것으로서 헌법 제13조 제2항에 따라 원칙적으로 금지되는 이미 완성된 사실·법률관계를 규율하는 진정소급입법에 해당한다.

④ ⭕ 영화관 관람객이 입장권 가액의 100분의 3을 부담하도록 하고 영화관 경영자는 이를 징수하여 영화진흥위원회에 납부하도록 강제하는 내용의 영화상영관 입장권 부과금 제도는 영화관 관람객의 재산권 및 영화관 경영자의 직업수행의 자유를 침해한다고 볼 수 없다(헌재 2008. 11. 27. 2007헌마860).

14   정답 ③

③ ❌ 헌법 제27조가 보장하는 재판청구권에는 공정한 헌법재판을 받을 권리도 포함되고, 헌법 제111조 제2항은 헌법재판소가 9인의 재판관으로 구성된다고 명시하여 다양한 가치관과 헌법관을 가진 9인의 재판관으로 구성된 합의체가 헌법재판을 담당하도록 하고 있으며, 같은 조 제3항은 재판관 중 3인은 국회에서 선출하는 자를 임명한다고 규정하고 있다. 그렇다면 헌법 제27조, 제111조 제2항 및 제3항의 해석상, 피청구인이 선출하여 임명된 재판관 중 공석이 발생한 경우, 국회는 공정한 헌법재판을 받을 권리의 보장을 위하여 공석인 재판관의 후임자를 선출하여야 할 구체적 작위의무를 부담한다고 할 것이다(헌재 2014. 4. 24. 2012헌마2).

① ⭕ 우리 헌법상 헌법과 법률이 정한 법관에 의한 재판을 받을 권리는 직업법관에 의한 재판을 주된 내용으로 하는 것이므로 국민참여재판을 받을 권리가 헌법 제27조 제1항에서 규정한 재판을 받을 권리의 보호범위에 속한다고 볼 수 없다(헌재 2009. 11. 26. 2008헌바12).

──── 관련판례 ────

헌법 제27조 제1항에 규정된 "헌법과 법률이 정한 법관에 의하여 재판을 받을 권리"라 함은 헌법과 법률이 정한 자격과 절차에 의하여 임명되고, 물적 독립과 인적 독립이 보장된 법관에 의한 재판을 받을 권리를 의미하는 것일 뿐 사건의 경중을 가리지 아니하고 모든 사건에 대하여 대법원을 구성하는 법관에 의한 재판을 받을 권리를 의미한다고 볼 수는 없다(대결 2004. 8. 20. 2003카기33).

② ◯ 디엔에이감식시료채취영장 발부 과정에서 채취대상자에게 자신의 의견을 밝히거나 영장 발부 후 불복할 수 있는 절차 등에 관하여 규정하지 아니한 '디엔에이신원확인정보의 이용 및 보호에 관한 법률' 제8조는 청구인들의 재판청구권을 침해한다(헌재 2018. 8. 30. 2016헌마344).

④ ◯

법원조직법 제8조(상급심 재판의 기속력) 상급법원 재판에서의 판단은 해당 사건에 관하여 하급심(下級審)을 기속(羈束)한다.

15   정답 ②

② ✗ 헌법 제23조에서 보장하고 있는 국민의 재산권은 원칙적으로 헌법 제37조 제2항에서 정하고 있는 요건을 갖춘 경우에만 정당하게 제한할 수 있다. 그런데 이 법상의 연금수급권은 사회보장수급권의 성격을 아울러 지니고 있으므로 순수한 재산권이 아니며, 사회보장수급권과 재산권이라는 양 권리의 성격이 불가분적으로 혼재되어 있다. 공무원연금의 재원은 공무원이 납부하는 기여금과 국가가 부담하는 부담금으로 구성되는데, 이 두 재원을 각각 사회보장급여, 보험료, 후불임금으로 구분하여 정확히 귀속시킬 수가 없다. 그러므로 비록 연금수급권에 재산권의 성격이 일부 있다 하더라도 그것은 이미 사회보장법리의 강한 영향을 받지 않을 수 없다 할 것이고, 또한 사회보장수급권과 재산권의 두 요소가 불가분적으로 혼재되어 있다면 입법자로서는 연금수급권의 구체적 내용을 정함에 있어 이를 하나의 전체로서 파악하여 어느 한 쪽의 요소에 보다 중점을 둘 수도 있다 할 것이다(헌재 1999. 4. 29. 97헌마333).

① ◯ 청중이나 관중으로부터 당해 공연에 대한 반대급부를 받지 아니하는 경우에는 상업용 목적으로 공표된 음반 또는 상업용 목적으로 공표된 영상저작물을 재생하여 공중에게 공연할 수 있다고 규정한 저작권법 제29조 제2항 본문 및 저작인접권의 목적이 되는 실연·음반 및 방송에 관하여 공연권제한조항을 준용하는 저작권법 제87조 제1항 중 '제29조 제2항 본문' 부분은 저작재산권자 및 저작인접권자의 재산권을 침해하지 않는다(헌재 2019. 11. 28. 2016헌마1115).

③ ◯ 심판대상조항은 악화된 연금재정을 개선하여 공무원연금제도의 건실한 유지·존속을 도모하고 연금과 보수의 이중수혜를 방지하기 위한 것이다. 퇴직공무원의 적정한 생계 보장이라는 공무원연금제도의 취지에 비추어, 연금 지급을 정지하기 위해서는 '연금을 대체할 만한 소득'이 전제되어야 한다. 지방의회의원이 받는 의정비 중 의정활동비는 의정활동 경비 보전을 위한 것이므로, 연금을 대체할 만한 소득이 있는지 여부는 월정수당을 기준으로 판단하여야 하는데, 월정수당은 지방자치단체에 따라 편차가 크고 안정성이 낮음에도 불구하고 심판대상조항은 연금을 대체할 만한 적정한 소득이 있다고 할 수 없는 경우에도 일률적으로 연금전액의 지급을 정지하여 지급정지제도의 본질 및 취지와 어긋나는 결과를 초래한다. 심판대상조항과 같이 재취업소득액에 대한 고려 없이 퇴직연금 전액의 지급을 정지할 경우 재취업 유인을 제공하지 못하여 정책목적 달성에 실패할 가능성이 크다. 연금과 보수 중 일부를 감액하는 방식으로 선출직에 취임하여 보수를 받는 것이 생활보장에 더 유리하도록 하는 등 기본권을 덜 제한하면서 입법목적을 달성할 수 있는 다양한 방법이 있다. 따라서 심판대상조항은 과잉금지원칙에 위배되어 재산권을 침해한다(헌재 2022. 1. 27. 2019헌바161).

④ ◯ 농지의 경우 그 사회성과 공공성은 일반적인 토지의 경우보다 더 강하다고 할 수 있으므로, 농지 재산권을 제한하는 입법에 대한 헌법심사의 강도는 다른 토지 재산권을 제한하는 입법에 대한 것보다 낮다고 봄이 상당하다(헌재 2010. 2. 25. 2008헌바98).

16   정답 ②

② ✗ 재산권의 내용을 새로이 형성하는 법률이 합헌적이기 위하여서는 장래에 적용될 법률이 헌법에 합치하여야 할 뿐만 아니라, 또한 과거의 법적 상태에 의하여 부여된 구체적 권리에 대한 침해를 정당화하는 이유가 존재하여야 하는 것이다(헌재 1999. 4. 29. 94헌바37).

① ◯ 일본국에 의하여 광범위하게 자행된 반인도적 범죄행위에 대하여 일본군위안부 피해자들이 일본에 대하여 가지는 배상청구권은 헌법상 보장되는 재산권일 뿐 아니라, 그 배상청구권의 실현은 무자비하게 지속적으로 침해된 인간으로서의 존엄과 가치 및 신체의 자유를 사후적으로 회복한다는 의미를 가지는 것이므로, 그 배상청구권의 실현을 가로막는 것은 헌법상 재산권 문제에 국한되지 않고 근원적인 인간으로서의 존엄과 가치의 침해와 직접 관련이 있다(헌재 2011. 8. 30. 2006헌마788).

③ ◯ 우리 헌법의 재산권 보장은 사유재산의 처분과 그 상속을 포함하는 것인바, 유언자가 생전에 최종적으로 자신의 재산권에 대하여 처분할 수 있는 법적 가능성을 의미하는 유언의 자유는 생전증여에 의한 처분과 마찬가지로 헌법상 재산권의 보호를 받는다(헌재 2008. 12. 26. 2007헌바128).

④ ◯ 일반국민이 공동불법행위자인 군인의 부담부분에 관하여 국가에 대하여 구상권을 행사할 수 없다고 해석한다면, 이는 이 사건 심판대상 부분의 헌법상 근거규정인 헌법 제29조가 구상권의 행사를 배제하지 아니하는데도 이를 배제하는 것으로 해석하는 것으로서 합리적인 이유 없이 일반국민을 국가에 대하여 지나치게 차별하는 경우에 해당하므로 헌법 제11조, 제29조에 위반된다. 또한 국가에 대한 구상권은 헌법 제23조 제1항에 의하여 보장되는 재산권이고 위와 같은 해석은 그러한 재산권의 제한에 해당하며 재산권의 제한은 헌법 제37조 제2항에 의한 기본권 제한의 한계 내에서만 가능한데, 위와 같은 해석은 헌법 제37조 제2항에 의하여 기본권을 제한할 때 요구되는 비례의 원칙에 위배하여 일반국민의 재산권을 과잉 제한하는 경우에 해당하여 헌법 제23조 제1항 및 제37조 제2항에도 위반된다고 할 것이다(헌재 1994. 12. 29. 93헌바21).

17   정답 ②

㉠ ✗ 심판대상조항은 영상물에 수록된 미성년 피해자의 진술에 대하여 원진술자의 법정진술 없이도 증거능력이 부여될 수 있도록 정함으로써 피고인의 반대신문권 행사를 제한하고 있다. 이는 헌법 제27조에서 보장하는 공정한 재판을 받을 권리를 제한하는 것이므로, 이러한 제한이 헌법적 한계를 벗어난 것인지 여부가 문제된다. …… 위와 같은 사정들을 종합할 때, 피고인의 반대신문권을 보장하면서도 미성년 피해자를 보호할 수 있는 조화적인 방법을 상정할 수 있음에도, 영상물의 원진술자인 미성년 피해자에 대한 피고인의 반대신문권을 실질적으로 배제하여 피고인의 방어권을 과도하게 제한하는 심판대상조항은 피해의 최소성 요건을 갖추지 못하였다. …… 심판대상조항은 과잉금지원칙을 위반하여 청구인의 공정한 재판을 받을 권리를 침해한다(헌재 2021. 12. 23. 2018헌바524).

㉡ ✗ 심판대상조항은 군사법원에서 무죄판결이 확정된 경우 피고인이 비용보상청구권을 '무죄판결이 확정된 날부터 6개월 이내'에 재판상 청구해야 한다고 정하면서, 비용보상청구권자의 재판청구권과 재산권

을 제한하고 있다. 심판대상조항이 단기의 제척기간을 두어 보호하고자 하는 공익은 국가재정의 합리적 운영이다. 그런데 2014. 12. 30. 개정된 형사소송법이 비용보상청구권의 제척기간을 종전 '무죄판결이 확정된 날부터 6개월'에서 '무죄판결이 확정된 사실을 안 날부터 3년, 무죄판결이 확정된 때부터 5년'으로 개정하였으나, 이후 국가재정의 합리적인 운영이 저해되었다는 사정은 보이지 않는다. 따라서 심판대상조항의 제척기간을 합리적인 범위 내에서 장기로 규정하여도 국가재정의 합리적 운영을 저해하거나 그러한 위험을 초래한다고 볼 수 없다. 그런데 군사법원법이 적용되는 비용보상청구권자의 경우 비용보상에 관한 국가의 채무관계를 일찍 확정하여 국가재정을 합리적으로 운영해야 할 필요성이 더욱 요청된다고 보기 어렵고, 군사재판의 특수성이 적용될 영역도 아니므로, 양자를 달리 취급함에 있어서 객관적으로 납득할 만한 합리적인 이유를 찾아볼 수 없다. 따라서 심판대상조항은 군사법원법의 적용을 받는 비용보상청구권자를 형사소송법의 적용을 받는 비용보상청구권자에 비하여 자의적으로 다르게 취급하고 있으므로 평등원칙에 위반된다(헌재 2023. 8. 31. 2022헌바252).

ⓒ ⓞ 재심에 있어 제소기간을 둘 것인가 등은 확정판결에 대한 법적 안정성, 재판의 신속·적정성 등을 고려하여 결정하여야 할 입법정책의 문제로, 위헌결정을 이유로 한 재심의 소에서 재심제기기간을 둔 것이 입법형성권을 현저히 일탈하였다고 볼 수 없다. 그리고 위헌결정을 받은 당사자는 스스로 재심사유가 있음을 충분히 알거나 알 수 있는 점, 위헌결정을 이유로 한 재심의 소를 제기하기 위하여 관련 기록이나 증거를 면밀히 검토할 필요가 크지 않은 점, 30일의 재심제기기간은 불변기간이어서 추후보완이 허용되는 점 등을 종합하면, 재심사유가 있음을 안 날로 30일이라는 재심제기기간이 재심청구를 현저히 곤란하게 하거나 사실상 불가능하게 할 정도로 짧다고 보기도 어렵다. 심판대상조항은 재판청구권을 침해하지 않는다(헌재 2020. 9. 24. 2019헌바130).

ⓔ ✕ 형사재판 중 결정절차에서는 그 결정 일자가 미리 당사자에게 고지되는 것이 아니기 때문에 결정에 대한 불복 여부를 결정하고 즉시항고절차를 준비하는데 있어 상당한 기간을 부여할 필요가 있다. 또한 심판대상조항의 제정 당시와 비교할 때, 오늘날의 형사사건은 그 내용이 더욱 복잡해져 즉시항고 여부를 결정함에 있어서도 많은 시간이 소요될 수 있고, 근로기준법의 개정으로 주 40시간 근무가 확대, 정착됨에 따라 금요일 오후에 결정문을 송달받을 경우 주말동안 공공기관이나 변호사로부터 법률적 도움을 구하는 것도 쉽지 않게 되었으며, 우편 접수를 통해 즉시항고를 한다고 하더라도 사실상 월요일 하루 안에 발송 및 도달을 완료해야 한다. 그럼에도 심판대상조항은 변화된 사회 현실을 제대로 반영하지 못하여, 당사자가 어느 한 순간이라도 지체할 경우 즉시항고권 자체를 행사할 수 없게 하는 부당한 결과를 초래하고 있다. 형사재판절차의 당사자가 직접 또는 다른 사람의 도움을 받아 인편으로 법원에 즉시항고장을 제출하기 어려운 상황은 얼마든지 발생할 수 있고, 교도소 또는 구치소에 있는 피고인에게 적용되는 형사소송법 제344조의 재소자 특칙 규정은 개별적으로 준용규정이 있는 경우에만 그 적용을 받게 되며, 형사소송법상의 법정기간 연장조항이나 상소권회복청구 조항들만으로는 3일이라는 지나치게 짧은 즉시항고 제기기간의 도과를 보완하기에 미흡하다. 나아가 민사소송, 민사집행, 행정소송, 형사보상절차 등의 즉시항고기간 1주나, 외국의 입법례와 비교하더라도 3일이라는 제기기간은 지나치게 짧다. 즉시항고 자체가 형사소송법상 명문의 규정이 있는 경우에만 허용되므로 기간 연장으로 인한 폐해가 크다고 볼 수도 없는 점 등을 고려하면, 즉시항고 제기기간을 3일로 제한하고 있는 심판대상조항은 즉시항고 제도를 단지 형식적이고 이론적인 권리로서만 기능하게 함으로써 헌법상 재판청구권을 공허하게 하므로 입법재량의 한계를 일탈하여 재판청구권을 침해하는 규정이다(헌재 2018. 12. 27. 2015헌바77).

18
정답 ②

② ✕ 헌법 제27조 제1항은 권리구제절차에 관한 구체적 형성을 완전히 입법자의 형성권에 맡기지는 않는다. 입법자가 단지 법원에 제소할 수 있는 형식적인 권리나 이론적인 가능성만을 제공할 뿐 권리구제의 실효성이 보장되지 않는다면 권리구제절차의 개설은 사실상 무의미할 수 있다. 그러므로 재판청구권은 법적 분쟁의 해결을 가능하게 하는 적어도 한번의 권리구제절차가 개설될 것을 요청할 뿐 아니라 그를 넘어서 소송절차의 형성에 있어서 실효성있는 권리보호를 제공하기 위하여 그에 필요한 절차적 요건을 갖출 것을 요청한다. 비록 재판절차가 국민에게 개설되어 있다 하더라도, 절차적 규정들에 의하여 법원에의 접근이 합리적인 이유로 정당화될 수 없는 방법으로 어렵게 된다면, 재판청구권은 사실상 형해화될 수 있으므로, 바로 여기에 입법형성권의 한계가 있다(헌재 2002. 10. 31. 2001헌바40).

① ⓞ 형사소송절차에서 국민참여재판제도는 사법의 민주적 정당성과 신뢰를 높이기 위하여 배심원이 사실심 법관의 판단을 돕기 위한 권고적 효력을 가지는 의견을 제시하는 제한적 역할을 수행하게 되고, 헌법상 재판을 받을 권리의 보호범위에는 배심재판을 받을 권리가 포함되지 아니한다. 그러므로 이 사건 참여재판 배제조항은 청구인의 재판청구권을 침해한다고 볼 수 없다(헌재 2014. 1. 28. 2012헌바298).

③ ⓞ 법원의 재판 또는 국회의 심의를 방해 또는 위협할 목적으로 법정이나 국회회의장 또는 그 부근에서 모욕 또는 소동한 자를 처벌하는 형법 제138조(이하 '본조'라고 한다)의 규정은, 법원 혹은 국회라는 국가기관을 보호하기 위한 것이 아니라 법원의 재판기능 및 국회의 심의기능을 보호하기 위하여 마련된 것으로, 제정 당시 그 입법경위를 살펴보면 행정기관의 일상적인 행정업무와 차별화되는 위 각 기능의 중요성 및 신성성에도 불구하고 경찰력 등 자체적 권력집행수단을 갖추지 못한 국가기관의 한계에서 생길 수 있는 재판 및 입법기능에 대한 보호의 흠결을 보완하기 위한 것임을 알 수 있다. 이와 같은 본조의 보호법익 및 입법 취지에 비추어 볼 때 헌법재판소의 헌법재판기능을 본조의 적용대상에서 제외하는 해석이 입법의 의도라고는 보기 어렵다. …… 본조의 적용대상으로 규정한 법원의 '재판기능'에 '헌법재판기능'이 포함된다고 보는 것이 입법 취지나 문언의 통상적인 의미에 보다 충실한 해석임을 나타낸다. …… 본조에서의 법원의 재판에 헌법재판소의 심판이 포함된다고 보는 해석론은 문언이 가지는 가능한 의미의 범위 안에서 그 입법 취지와 목적 등을 고려하여 문언의 논리적 의미를 분명히 밝히는 체계적 해석에 해당할 뿐, 피고인에게 불리한 확장해석이나 유추해석이 아니라고 볼 수 있다(대판 2021. 8. 26. 2020도12017).

④ ⓞ 군인이 상관의 지시나 명령에 대하여 재판청구권을 행사하는 경우에 그것이 위법·위헌인 지시와 명령을 시정하려는 데 목적이 있을 뿐, 군 내부의 상명하복관계를 파괴하고 명령불복종 수단으로서 재판청구권의 외형만을 빌리거나 그 밖에 다른 불순한 의도가 있지 않다면, 정당한 기본권의 행사이므로 군인의 복종의무를 위반하였다고 볼 수 없다(대판 2018. 3. 22. 2012두26401 전합).

19
정답 ④

④ ✕ 이 사건 한정위헌결정은 형벌 조항의 일부가 헌법에 위반되어 무효라는 내용의 일부위헌결정으로, 법원과 그 밖의 국가기관 및 지방자치단체에 대하여 기속력이 있다. 이 사건 한정위헌결정의 기속력을 부인하여 청구인들의 재심청구를 기각한 법원의 재판은 '법률에 대한 위헌결정의 기속력에 반하는 재판'으로 이에 대한 헌법소원은 허용되고 청구인들의 헌법상 보장된 재판청구권을 침해하였으므로 법 제75조 제3항에 따라 취소되어야 한다(헌재 2022. 6. 30. 2014헌마760).

① ⭕ 형사피해자는 약식명령을 고지받지 않으나, 신청을 하는 경우 형사사건의 진행 및 처리 결과에 대한 통지를 받을 수 있고, 고소인인 경우에는 신청 없이도 검사가 약식명령을 청구한 사실을 알 수 있어, 법원이나 수사기관에 자신의 진술을 기재한 진술서나 탄원서 등을 제출하는 등 의견을 밝힐 수 있는 기회를 가질 수 있다. 또한, 약식명령은 경미하고 간이한 사건을 대상으로 하기 때문에, 대부분 범죄사실에 다툼이 없는 경우가 많고, 형사피해자도 이미 범죄사실을 충분히 인지하고 있어, 범죄사실에 대한 별도의 확인 없이도 얼마든지 법원이나 수사기관에 의견을 제출할 수 있으며, 직접 범죄사실의 확인을 원하는 경우에는 소송기록의 열람·등사를 신청하는 것도 가능하므로, 형사피해자가 약식명령을 고지받지 못한다고 하여 형사재판절차에서의 참여기회가 완전히 봉쇄되어 있다고 볼 수 없다. 따라서 이 사건 고지조항은 형사피해자의 재판절차진술권을 침해하지 않는다(헌재 2019. 9. 26. 2018헌마1015).

② ⭕ 헌법 제27조 제1항의 재판을 받을 권리는 신분이 보장되고 독립된 법관에 의한 재판의 보장을 주된 내용으로 한다. 따라서 형사소송절차에서 국민참여재판제도는 사법의 민주적 정당성과 신뢰를 높이기 위하여 배심원이 사실심 법관의 판단을 돕기 위한 권고적 효력을 가지는 의견을 제시하는 제한적 역할을 수행하게 되고(재판참여법 제1조, 제46조 등 참조), 배심재판을 받을 권리를 헌법상 권리로 보장하고 있는 미국의 경우와 달리 우리 헌법상 재판을 받을 권리의 보호범위에는 배심재판을 받을 권리가 포함되지 아니한다(헌재 2014. 1. 28. 2012헌바298).

③ ⭕ 공정한 재판이란 헌법과 법률이 정한 자격이 있고, 헌법 제104조 내지 제106조에 정한 절차에 의하여 임명되고 신분이 보장되어 독립하여 심판하는 법관으로부터 헌법과 법률에 의하여 그 양심에 따라 위에서 본 적법절차에 의하여 이루어지는 재판을 의미한다. 또한 그 권리는 재판절차를 규율하는 법률과 재판에서 적용될 실체적 법률이 모두 합헌적이어야 한다는 의미에서의 법률에 의한 재판을 받을 권리뿐만 아니라 재판의 공정을 보장하기 위하여 비밀재판을 배제하고 일반국민의 감시아래 재판의 심리와 판결을 받을 권리도 내용으로 한다. 이로부터 공개된 법정의 법관의 면전에서 모든 증거자료가 조사·진술되고 이에 대하여 피고인이 공격·방어할 수 있는 기회를 보장받을 권리가, 즉 원칙적으로 당사자주의와 구두변론주의가 보장되어 당사자에게 공소사실에 대한 답변과 입증 및 반증의 기회가 부여되는 등 공격·방어권이 충분히 보장되는 재판을 받을 권리가 파생되어 나온다(헌재 1998. 7. 16. 97헌바22).

20

정답 ④

① ⭕, ② ⭕, ④ ❌

헌법 제26조 ① 모든 국민은 법률이 정하는 바에 의하여 국가기관에 문서로 청원할 권리를 가진다.
② 국가는 청원에 대하여 심사할 의무를 진다.

③ ⭕

청원법 제4조(청원사항) 청원은 다음 각 호의 어느 하나에 해당하는 경우에 한하여 할 수 있다.
3. 법률·명령·조례·규칙 등의 제정·개정 또는 폐지

08 Day

01 ③ 02 ② 03 ③ 04 ④ 05 ② 06 ③ 07 ② 08 ① 09 ② 10 ③
11 ② 12 ② 13 ① 14 ② 15 ② 16 ④ 17 ② 18 ④ 19 ③ 20 ②

01

정답 ③

㉠ ❌

헌법 제28조 형사피의자 또는 형사피고인으로서 구금되었던 자가 법률이 정하는 불기소처분을 받거나 무죄판결을 받은 때에는 법률이 정하는 바에 의하여 국가에 정당한 보상을 청구할 수 있다.

㉡ ⭕ 외국인의 경우 상호주의에 의한 제한 없이 형사보상청구권이 인정된다.

2019 비상계획관(하) 외국인은 해당 국가의 상호보증이 있는 경우에만 형사보상청구권의 주체가 될 수 있다. (×)

㉢ ⭕ 형사보상청구에 관하여 어느 정도의 제척기간을 둘 것인가의 문제는 원칙적으로 입법권자의 재량에 맡겨져 있는 것이지만, 그 청구기간이 지나치게 단기간이거나 불합리하여 무죄재판이 확정된 형사피고인이 형사보상을 청구하는것을 현저히 곤란하게 하거나 사실상 불가능하게 한다면 이는 입법재량의 한계를 넘어서는 것으로서 헌법이 보장하는 형사보상청구권을 침해하는 것이라 하지 않을 수 없다(헌재 2010. 7. 29. 2008헌가4).

㉣ ❌ 형사보상의 청구는 무죄재판이 확정된 때로부터 1년 이내에 하도록 규정하고 있는 형사보상법 제7조가 헌법 제28조에 위반되는지 여부(적극) 권리의 행사가 용이하고 일상 빈번히 발생하는 것이거나 권리의 행사로 인하여 상대방의 지위가 불안정해지는 경우 또는 법률관계를 보다 신속히 확정하여 분쟁을 방지할 필요가 있는 경우에는 특별히 짧은 소멸시효나 제척기간을 인정할 필요가 있으나, 이 사건 법률조항은 위의 어떠한 사유에도 해당하지 아니하는 등 달리 합리적인 이유를 찾기 어렵고, 일반적인 사법상의 권리보다 더 확실하게 보호되어야 할 권리인 형사보상청구권의 보호를 저해하고 있다. 또한, 이 사건 법률조항은 형사소송법상 형사피고인이 재정하지 아니한 가운데 재판할 수 있는 예외적인 경우를 상정하고 있는 등 형사피고인은 당사자가 책임질 수 없는 사유에 의하여 무죄재판의 확정사실을 모를 수 있는 가능성이 있으므로, 형사피고인이 책임질 수 없는 사유에 의하여 제척기간을 도과할 가능성이 있는바, 이는 국가의 잘못된 형사사법작용에 의하여 신체의 자유라는 중대한 법익을 침해받은 국민의 기본권을 사법상의 권리보다도 가볍게 보호하는 것으로서 부당하다(헌재 2010. 7. 29. 2008헌가4).

㉤ ⭕ 형사보상청구에 관한 제척기간을 두고 있는 것은 형사보상에 관한 국가의 채무 관계를 조기에 확정하고 예산 수립의 불안정성을 제거하여 국가재정을 합리적으로 운영하기 위한 것이므로, 이는 공공복리를 추구하기 위한 정당한 입법 목적이라 할 것이다(헌재 2010. 7. 29. 2008헌가4).

02

정답 ②

② ⭕

헌법 제28조 형사피의자 또는 형사피고인으로서 구금되었던 자가 법률이 정하는 불기소처분을 받거나 무죄판결을 받은 때에는 법률이 정하는 바에 의하여 국가에 정당한 보상을 청구할 수 있다.

① ❌ 형사보상청구권은 헌법 제28조에 따라 '법률이 정하는 바에 의하여' 행사되므로 그 내용은 법률에 의해 정해지는바, 형사보상의 구체적 내용과 금액 및 절차에 관한 사항은 입법자가 정하여야 할 사항이다. 이 사건 보상금조항 및 이 사건 보상금 시행령조항은 보상금을 일정한 범위 내로 한정하고 있는데, 형사보상은 형사사법절차에 내재하는 <u>불가피한 위험으로 인한 피해에 대한 보상으로서 국가의 위법·부당한 행위를 전제로 하는 국가배상과는 그 취지 자체가 상이하므로</u> 형사보상절차로서 인과관계 있는 모든 손해를 보상하지 않는다고 하여 반드시 부당하다고 할 수는 없다(헌재 2010. 10. 28. 2008헌마514).

③ ❌

> **형사보상 및 명예회복에 관한 법률 제8조(보상청구의 기간)** 보상청구는 <u>무죄재판이 확정된 사실을 안 날부터 3년, 무죄재판이 확정된 때부터 5년</u> 이내에 하여야 한다.

④ ❌

> **형사보상 및 명예회복에 관한 법률 제5조(보상의 내용)** ① 구금에 대한 보상을 할 때에는 그 구금일수(拘禁日數)에 따라 1일당 보상청구의 원인이 발생한 연도의 「최저임금법」에 따른 일급(日給) 최저임금액 이상 대통령령으로 정하는 금액 이하의 비율에 의한 보상금을 지급한다.
> ② 법원은 제1항의 보상금액을 산정할 때 다음 각 호의 사항을 고려하여야 한다.
>   2. 구금기간 중에 입은 재산상의 손실과 얻을 수 있었던 이익의 상실 또는 정신적인 고통과 신체 손상

03   정답 ③

③ ⭕ 국가의 예산과 공무원이라는 인적조직에 의하여 운용되는 국립대학에서 선거관리를 공정하게 하기 위하여 중립적 기구인 선거관리위원회에 선거관리를 위탁하는 것은 선거의 공정성을 확보하기 위한 적절한 방법인 점, 선거관리위원회에 위탁하는 경우는 대학의 장 후보자를 선정함에 있어서 교원의 합의된 방식과 절차에 따라 직접선거에 의하는 경우로 한정되어 있는 점, 선거에 관한 모든 사항을 선거관리위원회에 위탁하는 것이 아니라 선거관리만을 위탁하는 것이고 그 외 선거권, 피선거권, 선출방식 등은 여전히 대학이 자율적으로 정할 수 있는 점, 중앙선거관리위원회에서 위 선거관리와 관련한 규칙을 제정하고자 하는 경우 대학들은 교육인적자원부장관을 통하여 그 의견을 개진할 수 있는 점(교육공무원법 제24조의3 제2항), 선거관리위원회는 공공단체의 직접선거와 관련하여 조합원이 직접투표로 선출하는 조합장선거(농업협동조합법 제51조 제4항)와 교육위원 및 교육감선거(지방교육자치에 관한 법률 제51조 제1항)의 경우에도 그 선거사무를 관리하고 있는 점을 고려하면, 교육공무원법 제24조의3 제1항이 매우 자의적인 것으로서 합리적인 입법한계를 일탈하였거나 대학의 자율의 본질적인 부분을 침해하였다고 볼 수 없다(헌재 2006. 4. 27. 2005헌마1047).

① ❌ 헌법 제31조 제4항은 헌법상의 기본권으로 대학의 자율성을 보장하고 있고, 여기서 대학의 자율은 대학시설의 관리·운영만이 아니라 전반적인 것이어야 하므로 연구와 교육의 내용, 방법과 대상, 교과과정의 편성, 학생의 선발과 전형 및 교원의 임면에 관한 사항도 자율의 범위에 속하며, 이는 교원의 보수에 관한 사항도 마찬가지이다(대판 2018. 11. 29. 2018다207854).

② ❌ 법인화되지 않은 국립대학은 영조물에 불과하고, 그 총장은 국립대학의 대표자일 뿐이어서 행정소송의 당사자능력이 인정되지 않는다는 것이 법원의 확립된 판례이므로 설사 청구인이 이 사건 모집정지에 대하여 행정소송을 제기한다고 할지라도 부적법 각하될 가능성이 많아 행정소송에 의하여 권리 구제를 받을 가능성이 없는 경우에 해당되고, 따라서 보충성의 예외를 인정함이 상당하다. 헌법 제31조 제4항이 규정하는 교육의 자주성 및 대학의 자율성은 헌법 제22조 제1항이 보장하는 학문의 자유의 확실한 보장을 위해 꼭 필요한 것으로서 대학에 부여된 헌법상 기본권인 대학의 자율권이므로, 국립대학인 청구인도 이러한 대학의 자율권의 주체로서 헌법소원심판의 청구인능력이 인정된다(헌재 2015. 12. 23. 2014헌마1149).

④ ❌ 임용기간이 만료한 대학교원에 대한 재임용거부를 재심청구의 대상으로 명시하지 않은 교원지위향상을위한특별법 제9조 제1항 전문은 헌법 제31조 제6항 소정의 교원지위법정주의에 위반된다(헌재 2003. 12. 18. 2002헌바14).

04   정답 ④

④ ❌ 헌법 제32조 제1항이 규정한 근로의 권리는 근로자를 개인의 차원에서 보호하기 위한 권리로서 개인인 근로자가 그 주체가 되는 것이고 노동조합은 그 주체가 될 수 없다(헌재 2009. 2. 26. 2007헌바27).

구분	외국인	노동조합
헌법 제32조	○ / ✕	✕
헌법 제33조	○	○

① ⭕

> **헌법 제33조** ③ 법률이 정하는 주요방위산업체에 종사하는 근로자의 단체행동권은 법률이 정하는 바에 의하여 이를 제한하거나 인정하지 아니할 수 있다.

② ⭕ 헌재 2018. 8. 30. 2015헌가38

③ ⭕

> **헌법 제32조** ① 모든 국민은 근로의 권리를 가진다. 국가는 사회적·경제적 방법으로 근로자의 고용의 증진과 적정임금의 보장에 노력하여야 하며, 법률이 정하는 바에 의하여 최저임금제를 시행하여야 한다.
> ④ 여자의 근로는 특별한 보호를 받으며, 고용·임금 및 근로조건에 있어서 부당한 차별을 받지 아니한다.
> ⑤ 연소자의 근로는 특별한 보호를 받는다.

05   정답 ③

③ ⭕ 가사사용인 이용 가정의 경우 일반적인 사업 또는 사업장과 달리 퇴직급여법이 요구하는 사항들을 준수할만한 여건과 능력을 갖추지 못한 경우가 대부분인 것이 현실이다. 이러한 현실을 무시하고 퇴직급여법을 가사사용인의 경우에도 전면 적용한다면 가사사용인 이용자가 감당하기 어려운 경제적·행정적 부담을 가중시키는 부작용을 초래할 우려가 있다. …… 심판대상조항이 가사사용인을 일반 근로자와 달리 퇴직급여법의 적용범위에서 배제하고 있다 하더라도 합리적 이유가 있는 차별로서 평등원칙에 위배되지 아니한다(헌재 2022. 10. 27. 2019헌바454).

> 2023 경찰간부 '가구 내 고용활동'에 대해서는 「근로자퇴직급여 보장법」을 적용하지 않도록 규정한 같은 법 제3조 단서 중 '가구 내 고용활동' 부분은 합리적 이유가 있는 차별로서 평등원칙에 위배되지 아니한다. (○)

① ❌ 소정근로시간이 1주간 15시간 미만인 이른바 '초단기근로자'에 대해 퇴직급여제도 적용대상에서 제외하는 것은 근로조건의 기준은 근로의 권리를 침해하지 않는다(헌재 2021. 11. 25. 2015헌바334).

8일 순환 8 day **185**

2022 경찰 2차 퇴직급여제도가 갖는 사회보장적 급여의 성격과 근로자의 장기간 복무 및 충실한 근무를 요하는 기능을 감안하더라도, 소정근로시간이 1주간 15시간 미만인 이른바 '초단기근로자'에 대해 퇴직급여제도 적용대상에서 제외하는 것은 "근로조건의 기준은 인간의 존엄성을 보장하도록 법률로 정하도록 규정"한 헌법 제32조 제3항에 위배된다. (×)

② ❌ 교원의 노동조합 설립 및 운영 등에 관한 법률의 적용을 받는 교원의 범위를 초·중등학교에 재직 중인 교원으로 한정하고 해직교원을 제외하는 것은 전국교직원노동조합 및 해직교원들의 단결권을 침해하지 않는다(헌재 2015. 5. 28. 2013헌마671).

2023 경찰승진 '교원의 노동조합 설립 및 운영 등에 관한 법률'의 적용을 받는 교원의 범위를 초·중등학교에 재직 중인 교원으로 한정하고 있는 동법 조항은 과잉금지원칙에 위배된다. (×)

┌─ 관련판례 ─
│ '교원의 노동조합 설립 및 운영 등에 관한 법률'의 적용을 받는 교원의 범위를 초·중등학교에 재직 중인 교원으로 한정하고 있는 이 사건 법률조항은 대내외적으로 교원노조의 자주성과 주체성을 확보하여 교원의 실질적 근로조건 향상에 기여한다는 데 그 입법목적이 있는 것으로 그 목적이 정당하고, 교원노조의 조합원을 재직 중인 교원으로 한정하는 것은 이와 같은 목적을 달성하기 위한 적절한 수단이라 할 수 있다. 교원노조는 교원을 대표하여 단체교섭권을 행사하는 등 교원의 근로조건에 직접적이고 중대한 영향력을 행사하고, 교원의 근로조건의 대부분은 법령이나 조례 등으로 정해지므로 교원의 근로조건과 직접 관련이 없는 교원이 아닌 사람을 교원노조의 조합원 자격에서 배제하는 것이 단결권의 지나친 제한이라고 볼 수 없고, 교원으로 취업하기를 희망하는 사람들이 '노동조합 및 노동관계조정법'(이하 '노동조합법'이라 한다)에 따라 노동조합을 설립하거나 그에 가입하는 데에는 아무런 제한이 없으므로 이들의 단결권이 박탈되는 것도 아니다. 이 사건 법률조항 단서는 교원의 노동조합 활동이 임면권자에 의하여 부당하게 제한되는 것을 방지함으로써 교원의 노동조합 활동을 보호하기 위한 것이고, 해직 교원에게도 교원노조의 조합원 자격을 유지하도록 할 경우 개인적인 해고의 부당성을 다투는 데 교원노조의 활동을 이용할 우려가 있으므로, 해고된 사람의 교원노조 조합원 자격을 제한하는 데에는 합리적 이유가 인정된다. 한편, 교원이 아닌 사람이 교원노조에 일부 포함되어 있다는 이유로 이미 설립신고를 마치고 활동 중인 노동조합을 법외노조로 할 것인지 여부는 법외노조통보 조항이 정하고 있고, 법원은 법외노조통보 조항에 따른 행정당국의 판단이 적법한 재량의 범위 안에 있는 것인지 충분히 판단할 수 있으므로, 이미 설립신고를 마친 교원노조의 법상 지위를 박탈할 것인지 여부는 이 사건 법외노조통보 조항의 해석 내지 법 집행의 운용에 달린 문제라 할 것이다. 따라서 이 사건 법률조항은 침해의 최소성에도 위반되지 않는다. 이 사건 법률조항으로 인하여 교원 노조 및 해직 교원의 단결권 자체가 박탈된다고 할 수는 없는 반면, 교원이 아닌 자가 교원노조의 조합원 자격을 가질 경우 교원노조의 자주성에 대한 침해는 중대할 것이어서 법익의 균형성도 갖추었으므로, 이 사건 법률조항은 청구인들의 단결권을 침해하지 아니한다(헌재 2015. 5. 28. 2013헌마671).

④ ❌ **청원경찰의 복무에 관하여 국가공무원법 제66조 제1항을 준용함으로써 노동운동을 금지하는 청원경찰법(2010. 2. 4. 법률 제10013호로 개정된 것) 제5조 제4항 중 국가공무원법 제66조 제1항 가운데 '노동운동' 부분을 준용하는 부분(이하 '심판대상조항'이라 한다)이 국가기관이나 지방자치단체 이외의 곳에서 근무하는 청원경찰인 청구인들의 근로3권을 침해하는지 여부(적극)** (헌재 2008. 7. 31. 2004헌바9)

06
정답 ③

③ ❌ 심판대상조항에 의하여 제한 받는 사익은 자신이 원하는 시기에 검정고시에 응시하여 고등학교졸업의 학력인정을 취득하려는 것에 불과하다. 반면 심판대상조항이 추구하는 공익은 고등학교 퇴학자의 고졸검정고시 응시 증가를 억제하여 정규 학교교육 과정의 이수를 유도함으로써 공교육의 내실화를 도모하고자 하는 것이므로, 심판대상조항에 의하여 달성하려는 공익은 이로써 제한받는 사익보다 훨씬 크다 할 것이다. 그렇다면 고졸검정고시 공고일 기준 고등학교를 퇴학한 이후 6개월 동안 고졸검정고시의 응시자격을 제한한 심판대상조항은 청구인들의 교육을 받을 권리를 침해한다고 볼 수 없다(헌재 2022. 5. 26. 2020헌마1512).

2023 경찰간부 고시 공고일을 기준으로 고등학교에서 퇴학된 날로부터 6월이 지나지 아니한 자를 고등학교 졸업학력 검정고시를 받을 수 있는 자의 범위에서 제외하고 있는 '고등학교 졸업학력 검정고시 규칙'의 조항은 교육을 받을 권리를 침해한다. (×)

① ⭕ 의무교육무상에 관한 헌법 제31조 제3항은 교육을 받을 권리를 보다 실효성 있게 보장하기 위하여 의무교육 비용을 학령아동의 보호자 개개인의 직접적 부담에서 공동체 전체의 부담으로 이전하라는 명령일 뿐이고 의무교육의 비용을 오로지 국가 또는 지방자치단체의 예산, 즉 조세로 해결해야 함을 의미하는 것은 아니다(헌재 2008. 9. 25. 2007헌가1).

② ⭕ 청구인 권○환, 허○민은 수능시험을 준비하는 사람들로서 심판대상계획에서 정한 출제 방향과 원칙에 영향을 받을 수밖에 없다. 따라서 수능시험을 준비하면서 무엇을 어떻게 공부하여야 할지에 관하여 스스로 결정할 자유가 심판대상계획에 따라 제한된다. 이는 자신의 교육에 관하여 스스로 결정할 권리, 즉 교육을 통한 자유로운 인격발현권을 제한받는 것으로 볼 수 있다(헌재 2018. 2. 22. 2017헌마691).

④ ⭕ 헌법 제31조 제1항에서 보장되는 교육의 기회균등권은 '정신적·육체적 능력 이외의 성별·종교·경제력·사회적 신분 등에 의하여 교육을 받을 기회를 차별하지 않고, 즉 합리적 차별사유 없이 교육을 받을 권리를 제한하지 아니함과 동시에 국가가 모든 국민에게 균등한 교육을 받게 하고 특히 경제적 약자가 실질적인 평등교육을 받을 수 있도록 적극적 정책을 실현해야 한다는 것'을 의미하므로, 실질적인 평등교육을 실현해야 할 국가의 적극적인 의무가 인정되지만, 이러한 의무조항으로부터 국민이 직접 실질적 평등교육을 위한 교육비를 청구할 권리가 도출되는 것은 아니다(헌재 2003. 11. 27. 2003헌바39).

07
정답 ②

② ⭕

형사보상 및 명예회복에 관한 법률 제3조(상속인에 의한 보상청구) ① 제2조에 따라 보상을 청구할 수 있는 자가 그 청구를 하지 아니하고 사망하였을 때에는 그 상속인이 이를 청구할 수 있다.
② 사망한 자에 대하여 재심 또는 비상상고의 절차에서 무죄재판이 있었을 때에는 보상의 청구에 관하여는 사망한 때에 무죄재판이 있었던 것으로 본다.

① ❌ 형사보상은 과실책임의 원리에 의하여 고의·과실로 인한 위법행위와 인과관계 있는 모든 손해를 배상하는 손해배상과는 달리, 형사사법절차에 내재하는 불가피한 위험에 대하여 형사사법기관의 귀책사유를 따지지 않고 형사보상청구권자가 입은 손실을 보상하는 것이다.

③ ❌

> **형사보상 및 명예회복에 관한 법률 제8조(보상청구의 기간)** 보상청구는 무죄재판이 확정된 사실을 안 날부터 3년, 무죄재판이 확정된 때부터 5년 이내에 하여야 한다.

④ ❌

> **형사보상 및 명예회복에 관한 법률 제27조(피의자에 대한 보상)** ② 다음 각 호의 어느 하나에 해당하는 경우에는 피의자보상의 전부 또는 일부를 지급하지 아니할 수 있다.
> 3. 보상을 하는 것이 선량한 풍속이나 그 밖에 사회질서에 위배된다고 인정할 특별한 사정이 있는 경우

08 [2022 해경간부]   정답 ①

① ❌

> **범죄피해자 보호법 제25조(구조금의 지급신청)** ① 구조금을 받으려는 사람은 법무부령으로 정하는 바에 따라 그 주소지, 거주지 또는 범죄 발생지를 관할하는 지구심의회에 신청하여야 한다.
> ② 제1항에 따른 신청은 해당 구조대상 범죄피해의 발생을 안 날부터 3년이 지나거나 해당 구조대상 범죄피해가 발생한 날부터 10년이 지나면 할 수 없다.

② ⭕ 범죄피해자 구조청구권을 인정하는 이유는 크게 국가의 범죄방지책임 또는 범죄로부터 국민을 보호할 국가의 보호의무를 다하지 못하였다는 것과 그 범죄피해자들에 대한 최소한의 구제가 필요하다는 데 있다. 그런데 국가의 주권이 미치지 못하고 국가의 경찰력 등을 행사할 수 없거나 행사하기 어려운 해외에서 발생한 범죄에 대하여는 국가에 그 방지책임이 있다고 보기 어렵고, 상호보증이 있는 외국에서 발생한 범죄피해에 대하여는 국민이 그 외국에서 피해구조를 받을 수 있으며, 국가의 재정에 기반을 두고 있는 구조금에 대한 청구권 행사대상을 우선적으로 대한민국의 영역 안의 범죄피해에 한정하고, 향후 해외에서 발생한 범죄피해의 경우에도 구조를 하는 방향으로 운영하는 것은 입법형성의 재량의 범위 내라고 할 것이다. 따라서 범죄피해자구조청구권의 대상이 되는 범죄피해에 해외에서 발생한 범죄피해의 경우를 포함하고 있지 아니한 것이 현저하게 불합리한 자의적인 차별이라고 볼 수 없어 평등원칙에 위배되지 아니한다(헌재 2011. 12. 29. 2009헌마354).

③ ⭕, ④ ⭕

> **범죄피해자 보호법 제3조(정의)** ① 이 법에서 사용하는 용어의 뜻은 다음과 같다.
> 1. "범죄피해자"란 타인의 범죄행위로 피해를 당한 사람과 그 배우자(사실상의 혼인관계를 포함한다), 직계친족 및 형제자매를 말한다.
> 4. "구조대상 범죄피해"란 대한민국의 영역 안에서 또는 대한민국의 영역 밖에 있는 대한민국의 선박이나 항공기 안에서 행하여진 사람의 생명 또는 신체를 해치는 죄에 해당하는 행위(「형법」 제9조, 제10조 제1항, 제12조, 제22조 제1항에 따라 처벌되지 아니하는 행위를 포함하며, 같은 법 제20조 또는 제21조 제1항에 따라 처벌되지 아니하는 행위 및 과실에 의한 행위는 제외한다)로 인하여 사망하거나 장해 또는 중상해를 입은 것을 말한다.
> ② 제1항제1호에 해당하는 사람 외에 범죄피해 방지 및 범죄피해자 구조 활동으로 피해를 당한 사람도 범죄피해자로 본다.

09   정답 ②

② ❌ 동물의 사육 사업 근로자에 대하여 근로기준법 제4장에서 정한 근로시간 및 휴일 규정의 적용을 제외하도록 한 것은 근로의 권리를 침해하지 않는다(헌재 2021. 8. 31. 2018헌마563). **cf.** 영화근로자 – 근로시간을 명시하지 않아도 된다고 볼 수 없다(헌재 2022. 11. 24. 2018헌바514).

① ⭕ 근로자가 노동조합을 결성하지 아니할 자유나 노동조합에 가입을 강제당하지 아니할 자유, 그리고 가입한 노동조합을 탈퇴할 자유는 근로자에게 보장된 단결권의 내용에 포섭되는 권리로서가 아니라 헌법 제10조의 행복추구권에서 파생되는 일반적 행동의 자유 또는 제21조 제1항의 결사의 자유에서 그 근거를 찾을 수 있다(헌재 2005. 11. 24. 2002헌바95).

③ ⭕ **사용자가 노동조합의 운영비를 원조하는 행위를 부당노동행위로 금지하는 '노동조합 및 노동관계조정법'(2010.1. 1. 법률 제9930호로 개정된 것) 제81조 제4호 중 '노동조합의 운영비를 원조하는 행위'에 관한 부분(이하 '운영비원조금지조항'이라 한다)이 노동조합의 단체교섭권을 침해하는지 여부(적극)**(헌재 2018. 5. 31. 2012헌바90)

④ ⭕ 청원경찰에 대하여 직접행동을 수반하지 않는 단결권과 단체교섭권을 인정하더라도 시설의 안전 유지에 지장이 된다고 단정할 수 없다(헌재 2017. 9. 28. 2015헌마653).

10   정답 ③

③ ❌ 국가가 행하는 생계보호의 수준이 그 재량의 범위를 명백히 일탈하였는지의 여부, 즉 인간다운 생활을 보장하기 위한 객관적 내용의 최소한을 보장하고 있는지의 여부는 생활보호법에 의한 생계보호급여만을 가지고 판단하여서는 아니 되고 그 외의 법령에 의거하여 국가가 생계보호를 위하여 지급하는 각종 급여나 각종 부담의 감면등을 총괄한 수준을 가지고 판단하여야 하는바, 1994년도를 기준으로 생활보호대상자에 대한 생계보호급여와 그 밖의 각종 급여 및 각종 부담감면의 액수를 고려할 때, 이 사건 생계보호기준이 청구인들의 인간다운 생활을 보장하기 위하여 국가가 실현해야 할 객관적 내용의 최소한도의 보장에도 이르지 못하였다거나 헌법상 용인될 수 있는 재량의 범위를 명백히 일탈하였다고는 보기 어렵고, 따라서 비록 위와 같은 생계보호의 수준이 일반 최저생계비에 못미친다고 하더라도 그 사실만으로 곧 그것이 헌법에 위반된다거나 청구인들의 행복추구권이나 인간다운 생활을 할 권리를 침해한 것이라고는 볼 수 없다(헌재 1997. 5. 29. 94헌마33).

① ⭕ 헌법 제32조 제1항이 규정하는 근로의 권리는 사회적 기본권으로서 국가에 대하여 직접 일자리를 청구하거나 일자리에 갈음하는 생계비의 지급청구권을 의미하는 것이 아니라 고용증진을 위한 사회적·경제적 정책을 요구할 수 있는 권리에 그치며, 근로의 권리로부터 국가에 대한 직접적인 직장존속청구권이 도출되는 것도 아니다(헌재 2011. 7. 28. 2009헌마408).

② ⭕ 모든 국민은 인간다운 생활을 할 권리를 가지며 국가는 생활능력 없는 국민을 보호할 의무가 있다는 헌법의 규정은 모든 국가기관을 기속하지만, 그 기속의 의미는 적극적·형성적 활동을 하는 입법부 또는 행정부의 경우와 헌법재판에 의한 사법적 통제기능을 하는 헌법재판소에 있어서 동일하지 아니하다(헌재 1997. 5. 29 94헌마33).

④ ⭕ 산재보험제도는 보험가입자(사업주)가 납부하는 보험료와 국고부담을 재원으로 하여 근로자에 발생하는 업무상 재해라는 사회적 위험을 보험방식에 의하여 대처하는 사회보험제도(사회보장기본법 제3조 제2호)이므로 이 제도에 따른 산재보험수급권은 이른바 사회보장수급권의 하나에 속한다. 그런데 이러한 산재보험수급권은 국가에 대하여 적극적으로 급부를 요구하는 것이므로 헌법규정만으로는 이를 실현할 수 없고 법률에 의한 형성을 필요로 한다(헌재 2004. 11. 25. 2002헌바52).

11

정답 ③

③ ⭕ 헌법 제35조 제1항은 환경정책에 관한 국가적 규제와 조정을 뒷받침하는 헌법적 근거가 되며 국가는 환경정책 실현을 위한 재원마련과 환경침해적 행위를 억제하고 환경보전에 적합한 행위를 유도하기 위한 수단으로 환경부담금을 부과·징수하는 방법을 선택할 수 있다(헌재 2007. 12. 27. 2006헌바25).

① ❌ 헌법 제10조는 "모든 국민은 인간으로서의 존엄과 가치를 가지며, 행복을 추구할 권리를 가진다. 국가는 개인이 가지는 불가침의 기본적 인권을 확인하고 이를 보장할 의무를 진다."고 규정하여, 모든 국민이 인간으로서의 존엄과 가치를 지닌 주체임을 천명하고, 국가권력이 국민의 기본권을 침해하는 것을 금지함은 물론 이에서 더 나아가 적극적으로 국민의 기본권을 보호하고 이를 실현할 의무가 있음을 선언하고 있다. 또한 생명·신체의 안전에 관한 권리는 인간의 존엄과 가치의 근간을 이루는 기본권일 뿐만 아니라, 헌법은 "모든 국민은 보건에 관하여 국가의 보호를 받는다."고 규정하여 질병으로부터 생명·신체의 보호 등 보건에 관하여 특별히 국가의 보호의무를 강조하고 있으므로(제36조 제3항), 국민의 생명·신체의 안전이 질병 등으로부터 위협받거나 받게 될 우려가 있는 경우 국가로서는 그 위험의 원인과 정도에 따라 사회·경제적인 여건 및 재정사정 등을 감안하여 국민의 생명·신체의 안전을 보호하기에 필요한 적절하고 효율적인 입법·행정상의 조치를 취하여 그 침해의 위험을 방지하고 이를 유지할 포괄적인 의무를 진다 할 것이다(헌재 2008. 12. 26. 2008헌마419).

② ❌

헌법 제35조 ① 모든 국민은 건강하고 쾌적한 환경에서 생활할 권리를 가지며, 국가와 국민은 환경보전을 위하여 노력하여야 한다.

> 2023 경찰간부 헌법 제35조 제1항은 "모든 사람은 건강하고 쾌적한 환경에서 생활할 권리를 침해받지 아니하며, 국가는 환경보전을 위하여 노력하여야 한다."라고 규정하고 있다. (×)

④ ❌ 일정한 경우 국가는 사인인 제3자에 의한 국민의 환경권 침해에 대해서도 적극적으로 기본권 보호조치를 취할 의무를 지나, 헌법재판소가 이를 심사할 때에는 국가가 국민의 기본권적 법익 보호를 위하여 적어도 적절하고 효율적인 최소한의 보호조치를 취했는가 하는 이른바 "과소보호금지원칙"의 위반 여부를 기준으로 삼아야 한다(헌재 2008. 7. 31. 2006헌마711).

12

정답 ②

② ❌ 이 사건 법령조항은 정직처분을 받은 공무원에 대하여 정직일수를 연차유급휴가인 연가일수에서 공제하도록 규정하고 있는바, 연차유급휴가는 일정기간 근로의무를 면제함으로써 근로자의 정신적·육체적 휴양을 통하여 문화적 생활의 향상을 기하려는 데 그 의의가 있으므로 근로의무가 면제된 정직일수를 연가일수에서 공제하였다고 하여 이 사건 법령조항이 현저히 불합리하다고 보기 어렵다. 또한 정직기간을 연가일수에서 공제할 때 어떠한 비율에 따라 공제할 것인지에 관하여는 입법자에게 재량이 부여되어 있다 할 것이므로 정직기간의 비율에 따른 일수가 공제되는 일반휴직자와 달리, 공무원으로서 부담하는 의무를 위반하여 징계인 정직처분을 받은 자에 대하여 입법자가 정직일수 만큼의 일수를 연가일수에서 공제하였다고 하여 재량을 일탈한 것이라고 볼 수 없으므로 이 사건 법령조항이 청구인의 근로의 권리를 침해한다고 볼 수 없다(헌재 2008. 9. 25. 2005헌마586).

① ⭕ 내국인등 지역가입자의 경우 총 체납횟수가 6회 이상이면, 체납한 보험료를 완납할 때까지 그 가입자 및 피부양자에 대하여 보험급여를 실시하지 아니할 수 있다(구 국민건강보험법 제53조 제3항 제1호, 같은 법 시행령 제26조 제1항, 제2항 참조). 따라서 보험료가 6회 이상 체납되었다는 사정만으로 당연히 급여제한이 실시되는 것이 아니고, 공단이 별도의 급여제한 처분을 하여야만 급여제한의 효력이 발생한다. 제27조 제1항 참조) 그런데, 외국인 지역가입자는 보험급여제한 조항에 따라, 위와 같은 예외규정들(국민건강보험법 제53조 제3항, 제5항, 제6항)이 모두 적용배제된다. …… 보험급여제한 조항은 다음과 같은 점에서 외국인에 대하여 내국인등과 보험급여 제한 제도를 달리 규정함에 있어 합리적인 수준을 현저히 벗어난다. 따라서 보험급여제한 조항은 합리적인 이유 없이 외국인인 청구인들을 내국인등과 달리 취급한 것이므로, 청구인들의 평등권을 침해한다(헌재 2023. 9. 26. 2019헌마1165).

③ ⭕ 자본주의 경제질서하에서 근로자가 기본적 생활수단을 확보하고 인간의 존엄성을 보장받기 위하여 최소한의 근로조건을 요구할 수 있는 권리는 자유권적 기본권의 성격도 아울러 가지므로 이러한 경우 외국인 근로자에게도 그 기본권 주체성을 인정함이 타당하다(헌재 2007. 8. 30. 2004헌마670).

④ ⭕ 헌법 제32조 제3항은 위와 같은 근로의 권리가 실효적인 것이 될 수 있도록 "근로조건의 기준은 인간의 존엄성을 보장하도록 법률로 정한다."고 하여 근로조건의 법정주의를 규정하고 있고, 이에 따라 근로기준법 등에 규정된 연차유급휴가는 근로자의 건강하고 문화적인 생활의 실현에 이바지할 수 있도록 여가를 부여하는 데 그 목적이 있으므로 이는 인간의 존엄성을 보장하기 위한 합리적인 근로조건에 해당한다. 따라서 연차유급휴가에 관한 권리는 인간의 존엄성을 보장받기 위한 최소한의 근로조건을 요구할 수 있는 권리로서 근로의 권리의 내용에 포함된다 할 것이다(헌재 2008. 9. 25. 2005헌마586).

13

정답 ①

① ❌ 헌법 제31조 제1항의 교육을 받을 권리는, 국민이 능력에 따라 균등하게 교육받을 것을 공권력에 의하여 부당하게 침해받지 않을 권리와, 국민이 능력에 따라 균등하게 교육받을 수 있도록 국가가 적극적으로 배려하여 줄 것을 요구할 수 있는 권리로 구성되는바, 전자는 자유권적 기본권의 성격이, 후자는 사회권적 기본권의 성격이 강하다고 할 수 있다. 그런데 검정고시 응시자격을 제한하는 것은, 국민의 교육받을 권리 중 그 의사와 능력에 따라 균등하게 교육받을 것을 국가로부터 방해받지 않을 권리, 즉 자유권적 기본권을 제한하는 것이므로, 그 제한에 대하여는 헌법 제37조 제2항의 비례원칙에 의한 심사, 즉 과잉금지원칙에 따른 심사를 받아야 할 것이다(헌재 2012. 5. 31. 2010헌마139 등).

> 2023 경찰간부 검정고시응시자격을 제한하는 것은 국민의 교육받을 권리 중 그 의사와 능력에 따라 균등하게 교육을 받을 것을 국가로부터 방해받지 않을 권리를 제한하는 것이므로 과소보호금지의 원칙에 따른 심사를 받아야 할 것이다. (×)

② ⭕ 헌법 제31조 제1항은 국민의 교육을 받을 권리를 보장하고 있지만 그 권리는 통상 국가에 의한 교육조건의 개선·정비와 교육기회의 균등한 보장을 적극적으로 요구할 수 있는 권리로 이해되고 있을 뿐이고, 그로부터 위와 같은 작위의무가 헌법해석상 바로 도출된다고 볼 수 없다. 또한 사립유치원 운영자 등의 영업의 자유나 평등권을 보장하는 헌법규정으로부터도 위와 같은 작위의무가 도출된다고 볼 수 없다(헌재 2006. 10. 26. 2004헌마13).

③ ⭕, ④ ⭕ 헌법 제31조 제3항에 규정된 의무교육의 무상원칙에 있어서 의무교육 무상의 범위는 원칙적으로 헌법상 교육의 기회균등을 실현하기 위해 필수불가결한 비용, 즉 모든 학생이 의무교육을 받음에 있어

서 경제적인 차별 없이 수학하는 데 반드시 필요한 비용에 한한다. 학교급식은 학생들에게 한 끼 식사를 제공하는 영양공급 차원을 넘어 교육적인 성격을 가지고 있지만, 이러한 교육적 측면은 기본적이고 필수적인 학교 교육 이외에 부가적으로 이루어지는 식생활 및 인성교육으로서의 보충적 성격을 가지므로 의무교육의 실질적인 균등보장을 위한 본질적이고 핵심적인 부분이라고까지는 할 수 없다(헌재 2012. 4. 24. 2010헌바164).

14
정답 ④

④ ⊙

> 범죄피해자 보호법 제31조(소멸시효) 구조금을 받을 권리는 그 구조결정이 해당 신청인에게 송달된 날부터 2년간 행사하지 아니하면 시효로 인하여 소멸된다.

① ✕

> 범죄피해자 보호법 제1조(목적) 이 법은 범죄피해자 보호·지원의 기본정책 등을 정하고 타인의 범죄행위로 인하여 생명·신체에 피해를 받은 사람을 구조(救助)함으로써 범죄피해자의 복지 증진에 기여함을 목적으로 한다.

② ✕ 상호보증이 있다면 청구할 수 있다.

> 범죄피해자 보호법 제23조(외국인에 대한 구조) 이 법은 외국인이 구조피해자이거나 유족인 경우에는 해당 국가의 상호보증이 있는 경우에만 적용한다.

③ ✕ 범죄피해자 구조청구권은 1987년 개정헌법(제9차 개정헌법, 현행)에서 신설되었다.

15
정답 ③

③ ✕ 헌법 제32조 제6항의 해석에 의할 때 전몰군경의 유가족을 제외한 국가유공자의 가족은 위 헌법조항에 의한 보호대상에 포함된다고 할 수 없으므로 이 사건 부칙조항이 국가유공자의 가족인 청구인들을 교육지원과 취업지원의 대상에서 배제한다고 하여 헌법 제32조 제6항의 우선적 근로의 기회제공의무를 위반한 것이라고 할 수는 없다(헌재 2011. 6. 30. 2008헌마715).

① ⊙ 근로자가 노동조합을 결성하지 아니할 자유나 노동조합에 가입을 강제당하지 아니할 자유, 그리고 가입한 노동조합을 탈퇴할 자유는 근로자에게 보장된 단결권의 내용에 포섭되는 권리로서가 아니라 헌법 제10조의 행복추구권에서 파생되는 일반적 행동의 자유 또는 제21조 제1항의 결사의 자유에서 그 근거를 찾을 수 있다(헌재 2005. 11. 24. 2002헌바95).

② ⊙ 근로의 권리가 "일할 자리에 관한 권리"만이 아니라 "일할 환경에 관한 권리"도 함께 내포하고 있는바, 후자는 인간의 존엄성에 대한 침해를 방어하기 위한 자유권적 기본권의 성격도 갖고 있어 건강한 작업환경, 일에 대한 정당한 보수, 합리적인 근로조건의 보장 등을 요구할 수 있는 권리 등을 포함한다고 할 것이므로 외국인 근로자라고 하여 이 부분에까지 기본권 주체성을 부인할 수는 없다. 즉 근로의 권리의 구체적인 내용에 따라, 국가에 대하여 고용증진을 위한 사회적·경제적 정책을 요구할 수 있는 권리는 사회권적 기본권으로서 국민에 대하여만 인정해야 하지만, 자본주의 경제질서하에서 근로자가 기본적 생활수단을 확보하고 인간의 존엄성을 보장받기 위하여 최소한의 근로조건을 요구할 수 있는 권리는 자유권적 기본권의 성격도 아울러 가지므로 이러한 경우 외국인 근로자에게도 그 기본권 주체성을 인정함이 타당하다(헌재 2007. 8. 30. 2004헌마670).

④ ⊙ 헌법 제32조 제1항이 규정하는 근로의 권리는 사회적 기본권으로서 국가에 대하여 직접일자리를 청구하거나 일자리에 갈음하는 생계비의 지급청구권을 의미하는 것이 아니라 고용증진을 위한 사회적·경제적 정책을 요구할 수 있는 권리에 그치며, 근로의 권리로부터 국가에 대한 직접적인 직장존속청구권이 도출되는 것도 아니다(헌재 2011. 7. 28. 2009헌마408).

16
정답 ④

④ ✕ 부당해고를 제한하는 것이 근로의 권리의 내용에 포함된다 하더라도, 그 구체적 내용인 적용대상 사업장의 범위를 어떻게 정할 것인지, 또 부당해고임이 인정된 경우의 구제절차는 행정기구인 노동위원회를 거칠 수 있게 할 것인지 등에 대해서는 입법자에게 입법형성의 재량이 주어져 있다. 다만, 근로조건의 기준을 정함에 있어 인간의 존엄성을 보장하도록 한 헌법 제32조 제3항에 위반되어서는 안 된다. 그렇다면 입법자는 헌법 제32조 제3항에 의하여 인간의 존엄성에 부합하는 근로조건의 기준을 정하여야 하나, 심판대상조항이 근로의 권리를 침해하는지 여부는, 부당해고제한제도를 형성함에 있어 해고로부터 근로자를 보호할 의무를 전혀 이행하지 아니하거나 그 내용이 현저히 불합리하여 헌법상 용인될 수 있는 재량의 범위를 벗어난 것인지 여부에 달려 있다고 보아야 한다. …… 심판대상조항이 근로기준법 제11조 제2항의 위임에 따라 4인 이하 사업장에 적용될 근로기준법 조항을 정하면서, 4인 이하 사업장에 부당해고제한조항이나 노동위원회 구제절차를 적용되는 조항으로 나열하지 않았다 하여 근로자에 대한 보호의무에서 요구되는 최소한의 절차적 규율마저 하지 아니하였다거나, 그 내용이 현저히 불합리하여 헌법상 용인될 수 있는 재량의 범위를 벗어난 것이라고 볼 수 없다(헌재 2019. 4. 11. 2017헌마820).

① ⊙ 해고예고제도는 근로조건의 핵심적 부분인 해고와 관련된 사항일 뿐만 아니라, 근로자가 갑자기 직장을 잃어 생활이 곤란해지는 것을 막는 데 목적이 있으므로 근로자의 인간 존엄성을 보장하기 위한 최소한의 근로조건으로서 근로의 권리의 내용에 포함된다. 해고예고제도의 입법 취지와 근로기준법 제26조 단서에서 규정하고 있는 해고예고 적용배제사유를 종합하여 보면, 원칙적으로 해고예고 적용배제사유로 허용될 수 있는 경우는 근로계약의 성질상 근로관계 계속에 대한 근로자의 기대가능성이 적은 경우로 한정되어야 한다. "월급근로자로서 6월이 되지 못한 자"는 대체로 기간의 정함이 없는 근로계약을 한 자들로서 근로관계의 계속성에 대한 기대가 크다고 할 것이므로, 이들에 대한 해고 역시 예기치 못한 돌발적 해고에 해당한다. 따라서 6개월 미만 근무한 월급근로자 또한 전직을 위한 시간적 여유를 갖거나 실직으로 인한 경제적 곤란으로부터 보호받아야 할 필요성이 있다. 그럼에도 불구하고 합리적 이유 없이 "월급근로자로서 6개월이 되지 못한 자"를 해고예고제도의 적용대상에서 제외한 이 사건 법률조항은 근무기간이 6개월 미만인 월급근로자의 근로의 권리를 침해하고, 평등원칙에도 위배된다(헌재 2015. 12. 23. 2014헌바3).

② ⊙ 업무상 재해로 휴업하여 당해 연도에 출근의무가 없는 근로자에게도 유급휴가를 주도록 되어 있는 근로기준법 부분은 일정기간 출근한 근로자에게 일정기간 유급으로 근로의무를 면제함으로써 정신적·육체적 휴양의 기회를 제공하고 문화적 생활의 향상을 기하기 위한 것으로 그 입법목적이 정당하며 근로기준법은 근로자가 업무상의 부상 또는 질병으로 휴업한 기간을 출근한 것으로 본다는 점, 연차 유급휴가는 1년간 사용하지 않으면 소멸한다는 점까지 고려하면 청구인의 직업수행의 자유를 침해한다고 보기 어렵다(헌재 2020. 9. 24. 2017헌바433). → 근로조건인 연차 유급휴가와 관련하여 어떠한 제도를 택할 것인지 등은 입법자가 여러 가지 사회적·경제적 여건 등을 고려하여 정할 것이므로, 심판대상조항이 사용자의 직업수행의 자유를 침해하

는지 여부에 대하여는 과잉금지원칙 위반 여부로 심사할 경우에도 그 강도를 완화할 필요가 있다.

③ ◎ 헌법 제33조 제1항이 "근로자는 근로조건의 향상을 위하여 자주적인 단결권, 단체교섭권, 단체행동권을 가진다."고 규정하여 근로자에게 "단결권, 단체교섭권, 단체행동권"을 기본권으로 보장하는 뜻은 근로자가 사용자와 대등한 지위에서 단체교섭을 통하여 자율적으로 임금 등 근로조건에 관한 단체협약을 체결할 수 있도록 하기 위한 것이다. 비록 헌법이 위 조항에서 '단체협약체결권'을 명시하여 규정하고 있지 않다고 하더라도 근로조건의 향상을 위한 근로자 및 그 단체의 본질적인 활동의 자유인 '단체교섭권'에는 단체협약체결권이 포함되어 있다고 보아야 한다(헌재 1998. 2. 27. 94헌바13).

17　　　　　　　　　　　　　　　　　　　정답 ②

② ✗ 교육의 기회균등이란 국민 누구나가 교육에 대한 접근 기회 즉, 취학의 기회가 균등하게 보장되어야 함을 뜻하므로, 교육을 받을 권리는 국가로 하여금 능력이 있는 국민이 여러 가지 사회적·경제적 이유로 교육을 받지 못하는 일이 없도록 국가의 재정능력이 허용하는 범위 내에서 모든 국민에게 취학의 기회가 골고루 주어지게끔 그에 필요한 교육시설 및 제도를 마련할 의무를 부과한다. 그러나 교육을 받을 권리는 국민이 국가에 대하여 직접 특정한 교육제도나 교육과정 또는 학교시설을 요구할 수 있는 것을 뜻하지는 않는다고 할 것이다(헌재 2008. 9. 25. 2008헌마456).

① ◎ '교육을 받을 권리'란, 모든 국민에게 저마다의 능력에 따른 교육이 가능하도록 그에 필요한 설비와 제도를 마련해야 할 국가의 과제와 아울러 이를 넘어 사회적·경제적 약자도 능력에 따른 실질적 평등교육을 받을 수 있도록 적극적인 정책을 실현해야 할 국가의 의무를 뜻한다(헌재 2000. 4. 27. 98헌가16).

③ ◎ 자녀의 교육에 관한 부모의 '권리와 의무'는 서로 불가분의 관계에 있고 자녀교육권의 본질을 결정하는 구성요소이기 때문에, 부모의 자녀교육권은 '자녀교육에 대한 부모의 책임'으로도 표현될 수 있다(헌재 2000. 4. 27. 98헌가16).

④ ◎ 국가는 교육목표, 학습계획, 학습방법, 학교제도의 조직 등을 통하여 학교교육의 내용과 목표를 정할 수 있는 포괄적인 규율권한을 가지고 있다(헌재 2000. 4. 27. 98헌가16).

18　　　　　　　　　　　　　　　　　　　정답 ④

④ ✗ 해고예고제도는 근로조건의 핵심적 부분인 해고와 관련된 사항일 뿐만 아니라, 근로자가 갑자기 직장을 잃어 생활이 곤란해지는 것을 막는 데 목적이 있으므로 근로자의 인간 존엄성을 보장하기 위한 최소한의 근로조건으로서 근로의 권리의 내용에 포함된다. 해고예고제도의 입법 취지와 근로기준법 제26조 단서에서 규정하고 있는 해고예고 적용배제사유를 종합하여 보면, 원칙적으로 해고예고 적용배제사유로 허용될 수 있는 경우는 근로계약의 성질상 근로관계 계속에 대한 근로자의 기대가능성이 적은 경우로 한정되어야 한다. "월급근로자로서 6월이 되지 못한 자"는 대체로 기간의 정함이 없는 근로계약을 한 자들로서 근로관계의 계속성에 대한 기대가 크다고 할 것이므로, 이들에 대한 해고 역시 예기치 못한 돌발적 해고에 해당한다. 따라서 6개월 미만 근무한 월급근로자 또한 전직을 위한 시간적 여유를 갖거나 실직으로 인한 경제적 곤란으로부터 보호받아야 할 필요성이 있다. 그럼에도 불구하고 합리적 이유 없이 "월급근로자로서 6개월이 되지 못한 자"를 해고예고제도의 적용대상에서 제외한 이 사건 법률조항은 근무기간이 6개월 미만인 월급근로자의 근로의 권리를 침해하고, 평등원칙에도 위배된다(헌재 2015. 12. 23. 2014헌바3).

① ◎ 노조전임자의 급여를 지원하는 행위를 금지하는 노동조합 및 노동관계조정법 제81조 제4호 본문 중 '노동조합의 전임자에게 급여를 지원하는 행위' 부분(이하 '이 사건 급여지원금지조항'이라 한다)이 과잉금지원칙에 위배되는지 여부(소극) 가. 이 사건 급여지원금지조항은 사용자에 대한 근로제공 없이 노동조합의 업무만 담당하는 근로자에 대한 비용을 원칙적으로 노동조합 스스로 부담하도록 함으로써 노동조합의 자주성 및 독립성 확보에 기여하는 한편 나아가 경영의 효율성을 제고하고자 함에 목적이 있으므로 그 입법목적은 정당하고, 노조전임자에 대한 급여지원을 부당노동행위로 규정하여 금지하는 것은 입법목적 달성을 위한 적합한 수단이다.

나. 노조전임자에 대한 급여지원은 부당노동행위로서 '지배·개입행위'의 한 형태에 해당한다. 사용자가 노조전임자에 대한 급여지원 여부, 지원 규모 등을 조건으로 노동조합을 회유하거나 압박하는 등 노동조합의 활동에 영향력을 행사할 수 있으므로, 노동조합의 자주성의 중요성에 비추어 사용자의 이러한 행위는 금지하여야 할 필요성이 크다. 또한 이 사건 급여지원금지조항이 사용자의 노조전임자 급여지원을 금지하면서 예외적으로 근로시간 면제 한도의 범위 내에서 유급으로 노동조합의 업무를 수행할 수 있도록 한 것은 노동조합이 자주성을 잃지 않으면서도 노동조합의 활동을 일정수준 보장받을 수 있도록 적절한 균형점을 찾은 것으로 볼 수 있다. 이 사건 급여지원금지조항과 같이 노조전임자에 대한 급여지원을 금지하면서도 법령에 따라 정한 근로시간 면제 한도 내에서 유급으로 노조업무를 수행할 수 있게 함으로써 노조전임자를 둘러싼 불필요한 노사갈등이 예방되고, 근로시간 중 근로자의 조합활동이 감소하여 경영의 효율성이 올라가는 등 사용자의 입장에서 긍정적인 측면도 존재한다. 헌법재판소는 2018. 5. 31. 2012헌바90 결정에서 구 노동조합법 제81조 제4호 중 '노동조합의 운영비를 원조하는 행위'에 관한 부분이 노동조합의 단체교섭권을 침해한다고 판단하여 헌법불합치결정을 하였으나, 운영비 원조 금지와 노조전임자 급여 지원 금지는 그 금지의 취지와 규정의 내용, 예외의 인정 범위 등이 다르므로 이 사건 급여지원금지조항에 대하여 동일하게 볼 수는 없다. 위와 같은 사정들을 종합하면 이 사건 급여지원금지조항이 침해의 최소성에 반한다고 보기는 어렵다.

다. 이 사건 급여지원금지조항으로 인하여 초래되는 사용자의 기업의 자유의 제한은 근로시간 면제 제도로 인하여 상당히 완화되는 반면에, 이 사건 급여지원금지조항은 노동조합의 자주성과 독립성 확보, 안정적인 노사관계의 유지와 산업 평화를 도모하기 위한 것으로서 그 공익은 중대하므로 법익의 균형성도 인정된다.

라. 따라서 이 사건 급여지원금지조항은 과잉금지원칙에 위배되지 아니한다(헌재 2022. 5. 26. 2019헌바341).

② ◎ 헌법 제32조 제1항이 규정하는 근로의 권리는 사회적 기본권으로서 국가에 대하여 직접일자리를 청구하거나 일자리에 갈음하는 생계비의 지급청구권을 의미하는 것이 아니라 고용증진을 위한 사회적·경제적 정책을 요구할 수 있는 권리에 그치며, 근로의 권리로부터 국가에 대한 직접적인 직장존속청구권이 도출되는 것도 아니다. 나아가 근로자가 퇴직급여를 청구할 수 있는 권리도 헌법상 바로 도출되는 것이 아니라 퇴직급여법 등 관련 법률이 구체적으로 정하는 바에 따라 비로소 인정될 수 있는 것이므로 계속근로기간 1년 미만인 근로자가 퇴직급여를 청구할 수 있는 권리가 헌법 제32조 제1항에 의하여 보장된다고 보기는 어렵다. 그리고, 헌법 제32조 제3항은 "근로조건의 기준은 인간의 존엄성을 보장하도록 법률로 정한다."라고 규정하는바, 인간의 존엄에 상응하는 근로조건의 기준이 무엇인지를 구체적으로 정하는 것은 일차적으로 입법자의 형성의 자유에 속한다고 할 것이다(헌재 2011. 7. 28. 2009헌마408).

③ ◎ 헌법 제32조 제1항 후단은 "국가는 사회적·경제적 방법으로 근로자의 고용의 증진과 적정임금의 보장에 노력하여야 하며, 법률이 정하는

바에 의하여 최저임금제를 시행하여야 한다."라고 규정하고 있어서 근로자가 최저임금을 청구할 수 있는 권리도 헌법상 바로 도출되는 것이 아니라 최저임금법 등 관련 법률이 구체적으로 정하는 바에 따라 비로소 인정될 수 있다(헌재 2012. 10. 25. 2011헌마307).

19
정답 ③

③ ✗ 청구인 권○환, 허○민은 수능시험을 준비하는 사람들로서 심판대상계획에서 정한 출제 방향과 원칙에 영향을 받을 수밖에 없다. 따라서 수능시험을 준비하면서 무엇을 어떻게 공부하여야 할지에 관하여 스스로 결정할 자유가 심판대상계획에 따라 제한된다. 이는 자신의 교육에 관하여 스스로 결정할 권리, 즉 교육을 통한 자유로운 인격발현권을 제한받는 것으로 볼 수 있다. 한편, 청구인들은 심판대상계획으로 인해 교육을 받을 권리가 침해된다고 주장하지만, 심판대상계획이 헌법 제31조 제1항의 능력에 따라 균등하게 교육을 받을 권리를 직접 제한한다고 보기는 어렵다. 청구인들은 행복추구권도 침해된다고 주장하지만, 행복추구권에서 도출되는 자유로운 인격발현권 침해 여부에 대하여 판단하는 이상 행복추구권 침해 여부에 대해서는 다시 별도로 판단하지 않는다(헌재 2018. 2. 22. 2017헌마691).

① ◯, ② ◯, ④ ◯

┌ 관련판례 ─────────────────────────
2018학년도 수능시행기본계획 위헌확인 (헌재 2018. 2. 22. 2017헌마691)
1. '2018학년도 대학수학능력시험 시행기본계획' 중 대학수학능력시험의 문항 수 기준 70%를 한국교육방송공사(이하 'EBS'라 한다) 교재와 연계하여 출제한다는 부분(이하 '심판대상계획'이라 한다)이 고등학교 교사들에 대해 기본권 침해 가능성이 인정되는지 여부(소극) 고등학교 교사들은 고등학교 교육과정의 내용과 수준에 맞는 교육을 실시하면 되고, 이 사건 계획에 따라 그 이상의 교육 또는 고등학교 교육과정에 포함되지 않는 다른 내용의 교육을 실시하여야 하는 의무를 부담하게 되는 것이 아니다. 고등학교 교사들이 이 사건 계획에 따라 EBS 교재를 참고하여야 하는 부담을 질 수는 있지만, 이는 사실상의 부담에 불과할 뿐 EBS 교재를 참고하여야 하는 법적 의무를 부담하는 것도 아니다. 따라서 심판대상계획은 고등학교 교사인 청구인들에 대해 기본권 침해 가능성이 인정되지 않는다.
2. 성인이 된 자녀를 둔 부모가 심판대상계획으로 인해 부모의 자녀교육권을 침해받았다고 주장하면서 헌법소원심판을 청구할 수 있는지 여부(소극) 부모는 아직 성숙하지 못하고 인격을 닦고 있는 미성년 자녀를 교육시킬 교육권을 가지지만, 자녀가 성년에 이르면 자녀 스스로 자신의 기본권 침해를 다툴 수 있으므로 이와 별도로 부모에게 자녀교육권 침해를 다툴 수 있도록 허용할 필요가 없다. 이처럼 심판대상계획이 성년의 자녀를 둔 부모의 자녀교육권을 제한한다고 볼 수 없으므로, 성년의 자녀를 둔 청구인에 대해서는 기본권 침해 가능성이 인정되지 않는다.
3. 심판대상계획이 2018학년도 대학수학능력시험을 준비하는 학생인 청구인들의 교육을 통한 자유로운 인격발현권을 침해하는지 여부(소극) 심판대상계획은 사교육비를 줄이고 학교교육을 정상화하는 것을 목적으로 하므로 목적의 정당성이 인정된다. EBS는 지상파방송국으로서 손쉽게 시청이 가능하므로, 수능시험을 EBS 교재와 높은 비율로 연계하는 경우 수능시험을 준비하는 학생들의 이에 대한 의존도가 높아져 사교육을 어느 정도 진정시킬 수 있다. 학교는 EBS 교재를 보충 교재로 사용하는 등의 방법으로 학생들의 수업 집중도를 높이고 수능시험에 대한 불안감을 줄여줄 수 있으며, 학생들로 하여금 사교육에 의존하지 않고 스스로 학습하도록 유도해 갈 수도 있다. 따라서 수단의 적절성도 인정된다.
심판대상계획은 수능시험을 EBS 교재와 70% 수준으로 연계하겠다는 것을 내용으로 할 뿐, 다른 학습방법이나 사교육을 금지하는 것이 아니어서, 학생들은 EBS 교재 외에 다른 교재나 강의, 스스로 원하는 학습방법을 선택하여 수능시험을 준비하거나 공부할 수 있다. 또 수능시험이 EBS 교재에 나온 문제를 그대로 출제하는 것이 아니라, 지문이나 도표 등 자료를 활용하고 핵심 제재나 논지를 활용하는 등의 방법으로 연계되므로, 고등학교 교육과정의 중요 개념이나 원리를 이해하고 있으면 EBS 교재를 공부하지 않더라도 수능시험을 치르는데 큰 지장을 초래한다고 보기 어렵다. 한편 정부는 EBS 교재 연계제도를 융통성 없이 항구적으로 시행하려는 것이 아니라 그 시행 성과를 분석하여 연계 비율을 축소하거나 연계 방법을 개선하는 방안 나아가 연계제도를 폐지하는 방안까지 다양한 개선안을 검토하고 있다. 이런 사정을 종합하여 보면, 심판대상계획은 침해 최소성 원칙에 위배된다고 볼 수 없다. 심판대상계획이 추구하는 학교교육 정상화와 사교육비 경감이라는 공익은 매우 중요한 반면, 수능시험을 준비하는 사람들이 안게 되는 EBS 교재를 공부하여야 하는 부담은 상대적으로 가벼우므로, 심판대상계획은 법익 균형성도 갖추었다. 따라서 심판대상계획은 수능시험을 준비하는 청구인들의 교육을 통한 자유로운 인격발현권을 침해한다고 볼 수 없다.

20
정답 ②

② ✗ 당해 사건에서 문제된 청구인의 전화번호 등 개인정보가 기재된 증거서류의 제출 및 송달에 관한 근거규정인 행정심판법 제27조에 대하여 위헌결정이 선고된다 하더라도, 당시 청구인의 인적사항이 기재된 증거서류의 제출 및 송달에 관여한 공무원들로서는 그 행위 당시에 위 법률조항이 헌법에 위반되는지 여부를 심사할 권한이 없이 오로지 위 법률조항에 따라 증거자료를 제출하고 이를 송달하였을 뿐이라 할 것이므로 당해 공무원들에게 고의 또는 과실이 있다 할 수 없어 대한민국의 청구인에 대한 손해배상책임은 성립되지 아니한다 할 것이다(헌재 2009. 9. 24. 2008헌바23).

> 2023 경찰간부 행위의 근거가 된 법률조항에 대하여 위헌결정이 선고된 경우에는 위 법률조항에 따라 행위한 당해 공무원에게 고의 또는 과실이 있는 것이므로 국가배상책임이 성립한다. (✗)

① ◯

> **국가배상법 제9조(소송과 배상신청의 관계)** 이 법에 따른 손해배상의 소송은 배상심의회(이하 "심의회"라 한다)에 배상신청을 하지 아니하고도 제기할 수 있다.

③ ◯ 국가배상청구의 요건인 '공무원의 직무'에는 권력적 작용만이 아니라 비권력적 작용도 포함되며 단지 행정주체가 사경제주체로서 하는 활동만 제외된다(대판 2001. 1. 5. 98다39060).

④ ◯ 보상금 등의 지급결정에 동의한 때 "민주화운동과 관련하여 입은 피해"에 대해 재판상 화해의 성립을 간주하는 심판대상조항은 정신적 손해에 대한 국가배상청구권을 침해한다(헌재 2018. 8. 30. 2014헌바180). → 관련자와 유족이 위원회의 보상금 등 지급결정이 일응 적절한 배상에 해당된다고 판단하여 이에 동의하고 보상금 등을 수령한 경우 보상금 등의 성격과 중첩되는 적극적·소극적 손해에 대한 국가배상청구권의 추가적 행사를 제한하는 것은, 동일한 사실관계와 손해를 바탕으로 이미 적절한 배상을 받았음에도 불구하고 다시 동일한 내용의 손해배상청구를 금지하는 것이므로, 이를 지나치게 과도한 제한으로 볼 수 없다고 본 사례

> 2023 경찰간부 5·18 민주화운동과 관련하여 사망하거나 행방불명된 자 및 상이를 입은 자 또는 그 유족이 적극적·소극적 손해의 배상에 상응하는 보상금 등 지급결정에 동의하였다는 사정만으로 재판상 화해의 성립을 간주하는 것은 국가배상청구권에 대한 과도한 제한이다. (◯)

01 Day

01 ④ 02 ③ 03 ② 04 ② 05 ② 06 ④ 07 ② 08 ④ 09 ② 10 ④
11 ② 12 ③ 13 ① 14 ② 15 ② 16 ② 17 ② 18 ④ 19 ② 20 ③

01
정답 ④

④ ❌

지방자치법 제142조(예산의 편성 및 의결) ③ 지방의회는 지방자치단체의 장의 동의 없이 지출예산 각 항의 금액을 증가시키거나 새로운 비용항목을 설치할 수 없다.

① ⭕ 지방자치단체의 자치권 보장을 위하여 자치사무에 대한 감사는 합법성 감사로 제한되어야 하는바, 포괄적·사전적 일반감사나 법령위반 사항을 적발하기 위한 감사는 합목적성 감사에 해당하므로 구 지방자치법 제171조 제1항 후문상 허용되지 않는다는 점은 헌법재판소가 2009. 5. 28. 2006헌라6 결정에서 확인한 바 있다(헌재 2022. 8. 31. 2021헌라1).

② ⭕

지방자치법 제165조(지방자치단체 상호 간의 분쟁조정) ① 지방자치단체 상호 간 또는 지방자치단체의 장 상호 간에 사무를 처리할 때 의견이 달라 다툼(이하 "분쟁"이라 한다)이 생기면 다른 법률에 특별한 규정이 없으면 행정안전부장관이나 시·도지사가 당사자의 신청을 받아 조정할 수 있다. 다만, 그 분쟁이 공익을 현저히 해쳐 조속한 조정이 필요하다고 인정되면 당사자의 신청이 없어도 직권으로 조정할 수 있다.

③ ⭕ **지방자치단체의 장 선거 예비후보자가 정당의 공천심사에서 탈락한 후 후보자등록을 하지 않은 경우를 기탁금 반환 사유로 규정하지 않은 구 공직선거법 제57조 제1항 중 제1호 다목의 '지방자치단체의 장선거'에 관한 부분이 과잉금지원칙에 위배되는지 여부(적극)** 헌법재판소의 2016헌마541 결정에서의 판단은 이 사건에서도 타당하고, 그 견해를 변경할 사정이 있다고 보기 어려우므로, 지방자치단체의 장선거에 있어 정당의 공천심사에서 탈락한 후 후보자등록을 하지 않은 경우를 기탁금 반환 사유로 규정하지 않은 심판대상조항은 과잉금지원칙에 반하여 헌법에 위반된다[헌재 2020. 9. 24. 2018헌가15·2019헌가5(병합)].

02
정답 ③

③ ❌ 문화국가원리의 이러한 특성은 문화의 개방성 내지 다원성의 표지와 연결되는데, 국가의 문화육성의 대상에는 원칙적으로 모든 사람에게 문화창조의 기회를 부여한다는 의미에서 모든 문화가 포함된다. 따라서 엘리트문화뿐만 아니라 서민문화, 대중문화도 그 가치를 인정하고 정책적인 배려의 대상으로 하여야 한다(헌재 2004. 5. 27. 2003헌가1).

① ⭕ 우리 헌법상 문화국가원리는 견해와 사상의 다양성을 그 본질로 하며, 이를 실현하는 국가의 문화정책은 불편부당의 원칙에 따라야 한다(헌재 2020. 12. 23. 2017헌마416).

② ⭕ 공연관람자 등이 예술감상에 의한 정신적 풍요를 느낀다면 그것은 헌법상의 문화국가원리에 따라 국가가 적극 장려할 일이지, 이것을 일정한 집단에 의한 수익으로 인정하여 그들에게 경제적 부담을 지우는 것은 헌법의 문화국가이념(제9조)에 역행하는 것이다(헌재 2003. 12. 18. 2002헌가2).

④ ⭕ 단지 일부 지나친 고액과외교습을 방지하기 위하여 모든 학생으로 하여금 오로지 학원에서만 사적으로 배울 수 있도록 규율한다는 것은 어디에도 그 예를 찾아볼 수 없는 것일 뿐만 아니라 자기결정과 자기책임을 생활의 기본원칙으로 하는 헌법의 인간상이나 개성과 창의성·다양성을 지향하는 문화국가원리에도 위반되는 것이다(헌재 2000. 4. 27. 98헌가16).

03
정답 ②

② ❌ 청구인들이 장차 치과의사 면허시험을 볼 수 있는 자격 요건에 관하여 가진 구법에 대한 신뢰는 합법적이고 정당한 것이므로 보호가치 있는 신뢰에 해당하는 것이지만, 한편 청구인들에게 기존의 면허시험 요건에 추가하여 예비시험을 보게 하는 것은 이미 존재하는 여러 가지 면허제도상의 법적 규제에 추가하여 새로운 규제를 하나 더 부가하는 것에 그치고, 이러한 규제가 지나치게 가혹한 것이라고 하기 어려운 반면, 이러한 제도를 통한 공익적 목적은 위에서 본 바와 같이 그 정당성이 인정된다. 따라서 경과규정은 신뢰보호의 원칙에 위배한 것이라 보기 어렵다(헌재 2003. 4. 24. 2002헌마611).

① ⭕ 군인연금법상 퇴역연금 수급권자가 '사립학교교직원 연금법' 제3조의 학 교기관(이하 '사학기관'이라 한다)으로부터 보수 기타 급여를 지급받는 경우에는 대통령령이 정하는 바에 따라 퇴역연금의 전부 또는 일부의 지급을 정지할 수 있도록 하고 있는 이 사건 정지조항이 헌법상 신뢰보호의 원칙에 위반되는지 여부 (소극)(헌재 2007. 10. 25. 2005헌바68)

③ ⭕ 2012. 12. 18. 법률 제11556호로 전부개정된 '성폭력범죄의 처벌 등에 관한 특례법' 시행전 행하여진 성폭력범죄로 아직 공소시효가 완성되지 아니한 것에 대하여도 공소시효에 관한 특례의 개정규정을 적용하도록 한 것은 신뢰보호의 원칙에 위반되지 않는다(헌재 2021. 6. 24. 2018헌바457).

④ ⭕ **전문과목을 표시한 치과의원은 그 표시한 전문과목에 해당하는 환자만을 진료하여야 한다고 규정한 의료법 제77조 제3항이 신뢰보호원칙에 위배되어 청구인들의 직업수행의 자유를 침해하는지 여부(소극)**(헌재 2015. 5. 28. 2013헌마799)

04
정답 ②

② ❌ 청구인들은, 발전용원자로 및 관계시설의 건설허가 신청시 필요한 방사선환경영향평가서 및 그 초안을 작성하는 데 있어 '중대사고'에 대한 평가를 제외하고 있는 이 사건 각 고시조항이 국민들의 정확하고 공정한 여론 형성을 방해하므로 민주주의원리에도 위반된다고 주장한다. 민주주의원리의 한 내용인 국민주권주의는 모든 국가권력이 국민의 의사에 기초해야 한다는 의미일 뿐 국민이 정치적 의사결정에 관한 모든 정보를 제공받고 직접 참여하여야 한다는 의미는 아니므로, 청구인들의 이 부분 주장 역시 이유 없다(헌재 2016. 10. 27. 2012헌마121).

① ⭕ 국제법적으로, 조약은 국제법 주체들이 일정한 법률효과를 발생시키기 위하여 체결한 국제법의 규율을 받는 국제적 합의를 말하며 서면에 의한 경우가 대부분이지만 예외적으로 구두합의도 조약의 성격을 가질 수 있다(헌재 2019. 12. 27. 2016헌마253).

③ ⭕ 헌법소원은 헌법재판소법 제68조 제1항에 규정한 바와 같이 공권력의 불행사에 대하여서도 청구할 수 있지만, 입법부작위에 대한 헌법소원은 원칙적으로 인정될 수 없고, 다만 헌법에서 기본권 보장을 위해 명시적인 입법위임을 하였음에도 입법자가 이를 이행하지 않거나, 헌법해석상 특정인에게 구체적인 기본권이 생겨 이를 보장하기 위한 국가의 행위의무 내지 보호의무가 발생하였음이 명백함에도 불구하고 입법자가 아무런 입법조치를 취하지 않고 있는 경우에만 예외적으로 인정될 수 있다(헌재 1997. 7. 16. 97헌마143).

④ ⭕ 규율대상이 기본권적 중요성을 가질수록 그리고 그에 관한 공개적 토론의 필요성 내지 상충하는 이익간 조정의 필요성이 클수록, 그것이 국회의 법률에 의해 직접 규율될 필요성 및 그 규율밀도의 요구정도는 그만큼 더 증대되는 것으로 보아야 한다(헌재 2004. 3. 25. 2001헌마882).

05
정답 ②

② ❌ 헌법개정에 대한 국민투표를 최초로 규정한 것은 제5차 개정헌법이다.

> **제5차 개정헌법 제121조** ① 헌법개정안은 국회가 의결한 후 60일 이내에 국민투표에 붙여 국회의원선거권자 과반수의 투표와 투표자 과반수의 찬성을 얻어야 한다.
> ② 헌법개정안이 전항의 찬성을 얻은 때에는 헌법개정은 확정되며 대통령은 즉시 이를 공포하여야 한다.

06
정답 ④

② ⭕, ④ ❌

> **국적법 제2조(출생에 의한 국적 취득)** ① 다음 각 호의 어느 하나에 해당하는 자는 출생과 동시에 대한민국 국적(國籍)을 취득한다.
> 1. 출생 당시에 부(父)또는 모(母)가 대한민국의 국민인 자
> 2. 출생하기 전에 부가 사망한 경우에는 그 사망 당시에 부가 대한민국의 국민이었던 자
> 3. 부모가 모두 분명하지 아니한 경우나 국적이 없는 경우에는 대한민국에서 출생한 자
> ② 대한민국에서 발견된 기아(棄兒)는 대한민국에서 출생한 것으로 추정한다.

① ⭕

> **국적법 제7조(특별귀화 요건)** ① 다음 각 호의 어느 하나에 해당하는 외국인으로서 대한민국에 주소가 있는 사람은 제5조 제1호·제1호의2·제2호 또는 제4호의 요건을 갖추지 아니하여도 귀화허가를 받을 수 있다.
> 1. 부 또는 모가 대한민국의 국민인 사람. 다만, 양자로서 대한민국의 「민법」상 성년이 된 후에 입양된 사람은 제외한다.
> 2. 대한민국에 특별한 공로가 있는 사람
> 3. 과학·경제·문화·체육 등 특정 분야에서 매우 우수한 능력을 보유한 사 람으로서 대한민국의 국익에 기여할 것으로 인정되는 사람
>
> **국적법 제5조(일반귀화 요건)** 외국인이 귀화허가를 받기 위해서는 제6조나 제7조에 해당하는 경우 외에는 다음 각 호의 요건을 갖추어야 한다.
> 1. 5년 이상 계속하여 대한민국에 주소가 있을 것
> 1의2. 대한민국에서 영주할 수 있는 체류자격을 가지고 있을 것
> 2. 대한민국의 「민법」상 성년일 것
> 3. 법령을 준수하는 등 법무부령으로 정하는 품행 단정의 요건을 갖출 것
> 4. 자신의 자산(資産)이나 기능(技能)에 의하거나 생계를 같이하는 가족에 의존하여 생계를 유지할 능력이 있을 것

③ ⭕ 인지나 귀화는 후천적 국적 취득방법이다.

07
정답 ②

② ❌ 우리 헌법은 헌법에 의하여 체결·공포된 조약과 일반적으로 승인된 국제법규를 국내법과 마찬가지로 준수하고 성실히 이행함으로써 국제질서를 존중하여 항구적 세계평화와 인류공영에 이바지함을 기본이념의 하나로 하고 있으므로(헌법 전문 및 제6조 제1항 참조), 국제적 협력의 정신을 존중하여 될 수 있는 한 국제법규의 취지를 살릴 수 있도록 노력할 것이 요청된다. 우리나라는 2003. 2. 개정교토협약에 가입하였고, 2006. 2.부터 개정교토협약이 발효된 이상 국내법과 마찬가지로 이를 준수할 의무가 있다고 할 것이다. 그러나 개정교토협약이 국내법과 같은 효력을 가진다고 하더라도, 곧 헌법적 효력을 갖는 것이라고 볼 만한 근거는 없는바, 이 사건 법률조항의 위헌성 심사의 척도가 될 수는 없다(헌재 2015. 6. 25. 2013헌바193).

① ⭕ 헌법 제6조 제1항의 국제법 존중주의는 우리나라가 가입한 조약과 일반적으로 승인된 국제법규가 국내법과 같은 효력을 가진다는 것으로서 조약이나 국제법규가 국내법에 우선한다는 것이 아니다(헌재 2001. 4. 26. 99헌가13).

③ ⭕ 청구인들이 평화적 생존권이란 이름으로 주장하고 있는 평화란 헌법의 이념 내지 목적으로서 추상적인 개념에 지나지 아니하고, 평화적 생존권을 이를 헌법에 열거되지 아니한 기본권으로서 특별히 새롭게 인정할 필요성이 있다거나 그 권리내용이 비교적 명확하여 구체적 권리로서의 실질에 부합한다고 보기 어려워 헌법상 보장된 기본권이라고 할 수 없다(헌재 2009. 5. 28. 2007헌마369).

④ ⭕ 외국에의 국군의 파견결정은 파견군인의 생명과 신체의 안전뿐만 아니라 국제사회에서의 우리나라의 지위와 역할, 동맹국과의 관계, 국가안보문제 등 궁극적으로 국민 내지 국익에 영향을 미치는 복잡하고도 중요한 문제로서 국내 및 국제정치관계 등 제반상황을 고려하여 미래를 예측하고 목표를 설정하는 등 고도의 정치적 결단이 요구되는 사안이다. 따라서 그와 같은 결정은 그 문제에 대해 정치적 책임을 질 수 있는 국민의 대의기관이 관계분야의 전문가들과 광범위하고 심도 있는 논의를 거쳐 신중히 결정하는 것이 바람직하며 우리 헌법도 그 권한을 국민으로부터 직접 선출되고 국민에게 직접 책임을 지는 대통령에게 부여하고 그 권한행사에 신중을 기하도록 하기 위해 국회로 하여금 파병에 대한 동의 여부를 결정할 수 있도록 하고 있는바, 현행 헌법이 채택하고 있는 대의민주제 통치구조 하에서 대의기관인 대통령과 국회의 그와 같은 고도의 정치적 결단은 가급적 존중되어야 한다(헌재 2004. 4. 29. 2003헌마814).

08 [2022 해경2차]
정답 ④

④ ⭕ 종합생활기록부에 의하여 절대평가와 상대평가를 병행, 활용하도록 한 교육부장관 지침이 교육개혁위원회의 교육개혁방안에 따라 절대평가가 이루어 질 것으로 믿고 특수목적고등학교에 입학한 학생들의 신뢰이익을 침해하는 것인지 여부(소극) 청구인들이 이른바 특수목적고등학교인 외국어고등학교에 입학하기 위하여 원서를 제출할 당시 시행되었던 종합생활기록부 제도는 처음부터 절대평가와 상대평가를 예정하고 있었고, 대학입학전형에 있어서 학생부를 절대평가방법으로 활용할 것인가 상대평가방법으로 활용할 것인가등 그 반영방법도 대학의 자율에 일임되어 있었다. 따라서 그 이후 공표된 이 사건 제도개선보완시행지침은 1999학년도까지 대입전형자료로 절대평가와 상대평가를 병행하도록 하고 다만 종전 종합생활기록부제도의 문제점을 보완하기 위하여 과목별 석차의 기록방법 등 세부적인 사항을 개선, 변경한 데 불과하므로 이로 인하여 청구인들의 헌법상 보호할 가치가 있는 신뢰가 침해되었다고 볼 수 없다(헌재 1997. 7. 16. 97헌마38).

① ❌ 구 검사징계법 제2조 제3호의 "검사로서의 체면이나 위신을 손상

하는 행위"의 의미는, 공직자로서의 검사의 구체적 언행과 그에 대한 검찰 내부의 평가 및 사회 일반의 여론, 그리고 검사의 언행이 사회에 미친 파장 등을 종합적으로 고려하여 구체적인 상황에 따라 건전한 사회통념에 의하여 판단할 수 있으므로 명확성원칙에 위배되지 아니한다(헌재 2011. 12. 29. 2009헌바282).

② ✕ '체계정당성'(Systemgerechtigkeit)의 원리라는 것은 동일 규범 내에서 또는 상이한 규범간에 (수평적 관계이건 수직적 관계이건) 그 규범의 구조나 내용 또는 규범의 근거가 되는 원칙면에서 상호 배치되거나 모순되어서는 안 된다는 하나의 헌법적 요청(Verfassungspostulat)이다. 즉 이는 규범 상호간의 구조와 내용 등이 모순됨이 없이 체계와 균형을 유지하도록 입법자를 기속하는 헌법적 원리라고 볼 수 있다. 이처럼 규범 상호간의 체계정당성을 요구하는 이유는 입법자의 자의를 금지하여 규범의 명확성, 예측가능성 및 규범에 대한 신뢰와 법적 안정성을 확보하기 위한 것이고 이는 국가공권력에 대한 통제와 이를 통한 국민의 자유와 권리의 보장을 이념으로 하는 법치주의원리로부터 도출되는 것이라고 할 수 있다. 그러나 일반적으로 일정한 공권력작용이 체계정당성에 위반한다고 해서 곧 위헌이 되는 것은 아니다. 즉 체계정당성 위반(Systemwidrigkeit) 자체가 바로 위헌이 되는 것은 아니고 이는 비례의 원칙이나 평등원칙위반 내지 입법의 자의금지위반 등의 위헌성을 시사하는 하나의 징후일 뿐이다. 그러므로 체계정당성위반은 비례의 원칙이나 평등원칙위반 내지 입법자의 자의금지위반 등 일정한 위헌성을 시사하기는 하지만 아직 위헌은 아니고, 그것이 위헌이 되기 위해서는 결과적으로 비례의 원칙이나 평등의 원칙 등 일정한 헌법의 규정이나 원칙을 위반하여야 한다(헌재 2004. 11. 25. 2002헌바66).

③ ✕ 위임입법의 위와 같은 구체성, 명확성의 요구 정도는 각종 법률이 규제하고자 하는 대상의 종류와 성질에 따라 달라질 것이지만, 특히 처벌법규나 조세법규와 같이 국민의 기본권을 직접적으로 제한하거나 침해할 소지가 있는 법규에서는 구체성, 명확성의 요구가 강화되어 그 위임의 요건과 범위가 일반적인 급부행정법규의 경우보다 더 엄격하게 제한적으로 규정되어야 하는 반면, 규율대상이 지극히 다양하거나 수시로 변화하는 성질의 것일 때에는 위임의 구체성, 명확성의 요건이 완화된다(헌재 2009. 5. 28. 2007헌가18).

09
정답 ②

② ✕ 정당해산심판의 제소권자는 정부이다.

① ◯ 정당해산 심판절차에서는 정당해산심판의 성질에 반하지 않는 한도에서 「헌법재판소법」 제40조에 따라 민사소송에 관한 법령이 준용된다(헌법재판소법 제40조 제1항 참조). 다만 민사소송에 관한 법령의 준용이 배제되어 법률의 공백이 생기는 부분에 대하여는 헌법재판소가 정당해산심판의 성질에 맞는 절차를 창설하여 이를 메울 수밖에 없다(헌재 2014. 2. 27. 2014헌마7).

④ ◯ **정당해산결정이 선고되는 경우 그 정당 소속 국회의원이 의원직을 상실하는지 여부(적극)** 헌법재판소의 해산결정으로 정당이 해산되는 경우에 그 정당 소속 국회의원이 의원직을 상실하는지에 대하여 명문의 규정은 없으나, 정당해산심판제도의 본질은 민주적 기본질서에 위배되는 정당을 정치적 의사형성과정에서 배제함으로써 국민을 보호하는 데에 있는데 해산정당 소속 국회의원의 의원직을 상실시키지 않는 경우 정당해산결정의 실효성을 확보할 수 없게 되므로, 이러한 정당해산제도의 취지 등에 비추어 볼 때 헌법재판소의 정당해산결정이 있는 경우 그 정당 소속 국회의원의 의원직은 당선 방식을 불문하고 모두 상실되어야 한다(2014. 12. 19. 2013헌다1).

10
정답 ④

③ ◯, ④ ✕ 헌법 제1조 제2항은 '대한민국의 주권은 국민에게 있고, 모든 권력은 국민으로부터 나온다.'고 규정한다. 이와 같이 국민이 대한민국의 주권자이며, 국민은 최고의 헌법제정권력이기 때문에 성문헌법의 제·개정에 참여할 뿐만 아니라 헌법전에 포함되지 아니한 헌법사항을 필요에 따라 관습의 형태로 직접 형성할 수 있다. 그렇다면 관습헌법도 성문헌법과 마찬가지로 주권자인 국민의 헌법적 결단의 의사의 표현이며 성문헌법과 동등한 효력을 가진다고 보아야 한다(헌재 2004. 10. 21. 2004헌마554).

① ◯ 우리나라는 성문헌법을 가진 나라로서 기본적으로 우리 헌법전(憲法典)이 헌법의 법원(法源)이 된다(헌재 2004. 10. 21. 2004헌마554).

② ◯ 성문헌법이라고 하여도 그 속에 모든 헌법사항을 빠짐없이 완전히 규율하는 것은 불가능하고 또한 헌법은 국가의 기본법으로서 간결성과 함축성을 추구하기 때문에 형식적 헌법전에는 기재되지 아니한 사항이라도 이를 불문헌법(不文憲法) 내지 관습헌법으로 인정할 소지가 있다(헌재 2004. 10. 21. 2004헌마554).

11
정답 ③

③ ◯ 헌법의 기본원리는 헌법의 이념적 기초인 동시에 헌법을 지배하는 지도원리로서 입법이나 정책결정의 방향을 제시하며 공무원을 비롯한 모든 국민·국가기관이 헌법을 존중하고 수호하도록 하는 지침이 되며, 구체적 기본권을 도출하는 근거로 될 수는 없으나 기본권의 해석 및 기본권제한입법의 합헌성 심사에 있어 해석기준의 하나로서 작용한다(헌재 1996. 4. 25 92헌바47).

① ✕ 합헌적 법률해석은 "법률"의 해석기법으로 헌법해석기법이 아니다.

② ✕ 법률 또는 법률의 위 조항은 원칙적으로 가능한 범위 안에서 합헌적으로 해석함이 마땅하나 그 해석은 법의 문구와 목적에 따른 한계가 있다. 즉, 법률의 조항의 문구가 간직하고 있는 말의 뜻을 넘어서 말의 뜻이 완전히 다른 의미로 변질되지 아니하는 범위 내이어야 한다는 문의적 한계와 입법권자가 그 법률의 제정으로써 추구하고자 하는 입법자의 명백한 의지와 입법의 목적을 헛되게 하는 내용으로 해석할 수 없다는 법목적에 따른 한계가 바로 그것이다. 왜냐하면, 그러한 범위를 벗어난 합헌적 해석은 그것이 바로 실질적 의미에서의 입법작용을 뜻하게 되어 결과적으로 입법권자의 입법권을 침해하는 것이 되기 때문이다(헌재 1989. 7. 14. 88헌가5). → 헌법해석기관의 헌법해석권을 형해화하여서가 아니라 입법권자의 입법권이 침해되므로 허용되지 않는다.

④ ✕ 헌법소원은 헌법재판소법 제68조 제1항에 규정한 바와 같이 공권력의 불행사에 대하여서도 청구할 수 있지만, 입법부작위에 대한 헌법소원은 원칙적으로 인정될 수 없고, 다만 헌법에서 기본권 보장을 위해 명시적인 입법위임을 하였음에도 입법자가 이를 이행하지 않거나, 헌법해석상 특정인에게 구체적인 기본권이 생겨 이를 보장하기 위한 국가의 행위의무 내지 보호의무가 발생하였음이 명백함에도 불구하고 입법자가 아무런 입법조치를 취하지 않고 있는 경우에만 예외적으로 인정될 수 있다(헌재 1997. 7. 16 97헌마143).

12
정답 ③

② ✕, ③ ◯

> **헌법 제130조** ① 국회는 헌법개정안이 공고된 날로부터 60일 이내에 의결하여야 하며, 국회의 의결은 재적의원 3분의 2 이상의 찬성을 얻어야 한다.
> ② 헌법개정안은 국회가 의결한 후 30일 이내에 국민투표에 붙여 국회

의원선거권자 과반수의 투표와 투표자 과반수의 찬성을 얻어야 한다.
③ 헌법개정안이 제2항의 찬성을 얻은 때에는 헌법개정은 확정되며, 대통령은 즉시 이를 공포하여야 한다.
국회법 제112조(표결방법) ④ 헌법개정안은 기명투표로 표결한다.

① ❌ 우리 헌법은 헌법개정의 한계규정을 두고 있지 않다.

④ ❌ 우리나라의 헌법은 제헌헌법이 초대국회에 의하여 제정된 반면 그후의 제5차, 제7차, 제8차 및 현행의 제9차 헌법개정에 있어서는 국민투표를 거친 바 있고, 그간 각 헌법의 개정절차조항 자체가 여러 번 개정된 적이 있으며, 형식적으로도 부분개정이 아니라 전문까지를 포함한 전면개정이 이루어졌던 점과 우리의 현행 헌법이 독일기본법 제79조 제3항과 같은 헌법개정의 한계에 관한 규정을 두고 있지 아니하고, 독일기본법 제79조 제1항 제1문과 같이 헌법의 개정을 법률의 형식으로 하도록 규정하고 있지도 아니한 점 등을 감안할 때, 우리 헌법의 각 개별규정 가운데 무엇이 헌법제정규정이고 무엇이 헌법개정규정인지를 구분하는 것이 가능하지 아니할 뿐 아니라, 각 개별규정에 그 효력상의 차이를 인정하여야 할 형식적인 이유를 찾을 수 없다(헌재 1995. 12. 8. 95헌바3).

13
정답 ③

③ ⭕

지방자치법 제5조(지방자치단체의 명칭과 구역) ④ 제1항 및 제2항에도 불구하고 다음 각 호의 지역이 속할 지방자치단체는 제5항부터 제8항까지의 규정에 따라 행정안전부장관이 결정한다.
  1. 「공유수면 관리 및 매립에 관한 법률」에 따른 매립지
  2. 「공간정보의 구축 및 관리 등에 관한 법률」 제2조 제19호의 지적공부(이하 "지적공부"라 한다)에 등록이 누락된 토지
⑨ 관계 지방자치단체의 장은 제4항부터 제7항까지의 규정에 따른 행정안전부장관의 결정에 이의가 있으면 그 결과를 통보받은 날부터 15일 이내에 대법원에 소송을 제기할 수 있다.

① ❌ 지방자치단체의 폐치·분합에 관한 것은 지방자치단체의 자치행정권 중 지역고권의 보장문제이나, 대상지역 주민들은 그로 인하여 인간다운 생활공간에서 살 권리, 평등권, 정당한 청문권, 거주이전의 자유, 선거권, 공무담임권, 인간다운 생활을 할 권리, 사회보장·사회복지수급권 및 환경권 등을 침해받게 될 수도 있다는 점에서 기본권과도 관련이 있어 헌법소원의 대상이 될 수 있다(헌재 1994. 12. 29. 94헌마201).

② ❌ 헌법 제117조 및 제118조가 보장하고 있는 본질적인 내용은 자치단체의 보장, 자치기능의 보장 및 자치사무의 보장으로 어디까지나 지방자치단체의 자치권으로 헌법은 지역 주민들이 자신들이 선출한 자치단체의 장과 지방의회를 통하여 자치사무를 처리할 수 있는 대의제 또는 대표제 지방자치를 보장하고 있을 뿐이지 주민투표에 대하여는 어떠한 규정도 두고 있지 않다. 따라서 우리의 지방자치법이 비록 주민에게 주민투표권(제13조의2)과 조례의 제정 및 개폐청구권(제13조의3) 및 감사청구권(제13조의4)를 부여함으로써 주민이 지방자치사무에 직접 참여할 수 있는 길을 열어 놓고 있다 하더라도 이러한 제도는 어디까지나 입법자의 결단에 의하여 채택된 것일 뿐, 헌법이 이러한 제도의 도입을 보장하고 있는 것은 아니다. 그러므로 지방자치법 제13조의2가 주민투표의 법률적 근거를 마련하면서, 주민투표에 관련된 구체적 절차와 사항에 관하여는 따로 법률로 정하도록 하였다고 하더라도 주민투표에 관련된 구체적인 절차와 사항에 대하여 입법하여야 할 헌법상 의무가 국회에게 발생하였다고 할 수는 없다(헌재 2001. 6. 28. 2000헌마735).

④ ❌

지방자치법 제25조(주민소환) ① 주민은 그 지방자치단체의 장 및 지방의회의원(비례대표 지방의회의원은 제외한다)을 소환할 권리를 가진다.

14
정답 ③

③ ❌ 이 사건 동점자처리조항에 의하여 일반 응시자들은 국·공립학교 채용시험의 동점자처리에서 불이익을 당할 수도 있으므로 일반 응시자들의 공무담임권이 제한된다고 할 것이나, 이는 국가유공자와 그 유·가족의 생활안정을 도모하고 이를 통해 국민의 애국정신함양과 민주사회 발전에 이바지한다고 하는 공공복리를 위한 불가피한 기본권 제한에 해당하며, 앞서 본 바와 같이 비례의 원칙 내지 과잉금지의 원칙에 위반된 것으로 볼 수 없고, 기본권의 본질적인 내용을 침해한다고도 할 수 없다. 따라서 이 사건 동점자처리조항은 일반 응시자들의 공무담임권을 침해하지 아니한다(헌재 2006. 6. 29. 2005헌마44).

① ⭕ 공선법 제9조의 '공무원'이란 원칙적으로 국가와 지방자치단체의 모든 공무원, 즉 좁은 의미의 직업공무원은 물론이고, 적극적인 정치활동을 통하여 국가에 봉사하는 정치적 공무원(예컨대 대통령, 국무총리, 국무위원, 도지사, 시장, 군수, 구청장 등 지방자치단체의 장)을 포함한다(헌재 2005. 6. 30. 2004헌바33).

② ⭕ 공무원이 정년까지 근무할 수 있는 권리는 헌법의 공무원신분보장규정에 의하여 보호되는 기득권으로서 그 침해 내지 제한은 신뢰보호의 원칙에 위배되지 않는 범위 내에서만 가능하다고 할 것인 즉 기존의 정년규정을 변경하여 임용 당시의 공무원법상의 정년까지 근무할 수 있다는 기대 내지 신뢰를 합리적 이유없이 박탈하는 것은 위 공무원신분 보장규정에 위배된다 할 것이나, 임용 당시의 공무원법상의 정년까지 근무할 수 있다는 기대와 신뢰는 절대적인 권리로서 보호되어야만 하는 것은 아니고 행정조직, 직제의 변경 또는 예산의 감소 등 강한 공익상의 정당한 근거에 의하여 좌우될 수 있는 상대적이고 가변적인 것이라 할 것이므로 입법자에게는 제반사정을 고려하여 합리적인 범위내에서 정년을 조정할 입법형성권이 인정된다(헌재 2000. 12. 14. 99헌마112).

④ ⭕ 행정조직의 개폐에 관한 문제에 있어 입법자가 광범위한 입법형성권을 가진다 하더라도 행정조직의 개폐로 인해 행해지는 직권면직은 보다 직접적으로 해당 공무원들의 신분에 중대한 위협을 주게 되므로 직제 폐지 후 실시되는 면직절차에 있어서는 보다 엄격한 요건이 필요한데, 이와 관련하여 지방공무원법 제62조는 직제의 폐지로 인해 직권면직이 이루어지는 경우 임용권자는 인사위원회의 의견을 듣도록 하고 있고, 면직기준으로 임용형태·업무실적·직무수행능력·징계처분사실 등을 고려하도록 하고 있으며, 면직기준을 정하거나 면직대상을 결정함에 있어서 반드시 인사위원회의 의결을 거치도록 하고 있는바, 이는 합리적인 면직기준을 구체적으로 정함과 동시에 그 공정성을 담보할 수 있는 절차를 마련하고 있는 것이라 볼 수 있다. 그렇다면 이 사건 규정이 직제가 폐지된 경우 직권면직을 할 수 있도록 규정하고 있다고 하더라도 이것이 직업공무원제도를 위반하고 있다고는 볼 수 없다(헌재 2004. 11. 25. 2002헌바8).

15
정답 ②

② ❌ 지방자치단체의 장에 대한 주민직선제 이외의 다른 선출방법을 허용할 수 없다는 관행과 이에 대한 국민적 인식이 광범위하게 존재한다고 볼 수 있다. 주민자치제를 본질로 하는 민주적 지방자치제도가 안정적으로 뿌리내린 현 시점에서 지방자치단체의 장 선거권을 지방의회의원

선거권, 나아가 국회의원 선거권 및 대통령 선거권과 구별하여 하나는 법률상의 권리로, 나머지는 헌법상의 권리로 이원화하는 것은 허용될 수 없다. 그러므로 지방자치단체의 장 선거권 역시 다른 선거권과 마찬가지로 헌법 제24조에 의해 보호되는 기본권으로 인정하여야 한다(헌재 2016. 10. 27. 2014헌마797).

① ◉ 지방교육자치도 지방자치권행사의 일환으로서 보장되는 것이므로, 중앙권력에 대한 지방적 자치로서의 속성을 지니고 있지만, 동시에 그것은 헌법 제31조 제4항이 보장하고 있는 교육의 자주성·전문성·정치적 중립성을 구현하기 위한 것이므로, 정치권력에 대한 문화적 자치로서의 속성도 아울러 지니고 있다(헌재 2000. 3. 30. 99헌바113).

③ ◉

> **지방자치법 제124조(지방자치단체의 장의 권한대행 등)** ① 지방자치단체의 장이 다음 각 호의 어느 하나에 해당되면 부지사·부시장·부군수·부구청장(이하 이 조에서 "부단체장"이라 한다)이 그 권한을 대행한다.
> 1. 궐위된 경우
> 2. 공소 제기된 후 구금상태에 있는 경우
> 3. 「의료법」에 따른 의료기관에 60일 이상 계속하여 입원한 경우

④ ◉ 청구인의 피청구인 인천광역시에 대한 심판청구의 본질은 국가사무인 이 사건 계쟁지역의 지번부여 및 토지등록 사무에 관한 권한의 존부 및 범위에 관한 다툼이라고 할 것이고, 청구인과 피청구인 인천광역시 사이에 청구인의 지방자치권에 대한 실질적이며 직접적인 다툼이 있는 경우라고 볼 수 없으므로, 이 부분 심판청구는 지방자치단체인 청구인이 자신의 권한에 속하지 아니하는 국가사무에 관하여 다투고 있다고 봄이 상당하다. 또한 이 사건 계쟁지역의 지번부여 및 토지등록에 관한 사무는 인천광역시장이 피청구인 인천광역시의 집행기관으로서가 아니라 국가기관으로서 담당하는 사무이므로 피청구인 인천광역시는 인천광역시장의 토지등록 처분에 대하여 법적 책임을 지는 자에 해당하지도 아니한다. 따라서 이 사건 심판청구는 청구인의 권한에 속하지 아니하는 사무 또는 피청구인적격을 갖추지 못한 자를 상대로 한 권한쟁의심판청구로서 부적법하다(헌재 2011. 9. 29. 2009헌라3).

16   정답 ③

③ ◉

> **헌법 제67조** ② 제1항의 선거에 있어서 최고득표자가 2인 이상인 때에는 국회의 재적의원 과반수가 출석한 공개회의에서 다수표를 얻은 자를 당선자로 한다.

① ✗ 현행 공선법과 관련하여서는 먼저, 비례대표 후보자를 유권자들이 직접 선택할 수 있는 이른바 자유명부식이나 가변명부식과 달리 고정명부식에서는 후보자와 그 순위가 전적으로 정당에 의하여 결정되므로 직접선거의 원칙에 위반되는 것이 아닌지가 문제될 수 있다. 그러나 비례대표후보자명단과 그 순위, 의석배분방식은 선거시에 이미 확정되어 있고, 투표 후 후보자명부의 순위를 변경하는 것과 같은 사후개입은 허용되지 않는다. 그러므로 비록 후보자 각자에 대한 것은 아니지만 선거권자가 종국적인 결정권을 가지고 있으며, 선거결과가 선거행위로 표출된 선거권자의 의사표시에만 달려 있다고 할 수 있다. 따라서 고정명부식을 채택한 것 자체가 직접선거원칙에 위반된다고는 할 수 없다(헌재 2001. 7. 19. 2000헌마91).

② ✗

> **공직선거법 제189조(비례대표국회의원의석의 배분과 당선인의 결정·공고·통지)** ① 중앙선거관리위원회는 다음 각 호의 어느 하나에 해당하는 정당(이하 이 조에서 "의석할당정당"이라 한다)에 대하여 비례대표국회의원의석을 배분한다.
> 1. 임기만료에 따른 비례대표국회의원선거에서 전국 유효투표총수의 100분의 3 이상을 득표한 정당
> 2. 임기만료에 따른 지역구국회의원선거에서 5 이상의 의석을 차지한 정당

④ ✗ 심판대상조항은 집행유예자와 수형자에 대하여 전면적·획일적으로 선거권을 제한하고 있다. 심판대상조항의 입법목적에 비추어 보더라도, 구체적인 범죄의 종류나 내용 및 불법성의 정도 등과 관계없이 일률적으로 선거권을 제한하여야 할 필요성이 있다고 보기는 어렵다. 범죄자가 저지른 범죄의 경중을 전혀 고려하지 않고 수형자와 집행유예자 모두의 선거권을 제한하는 것은 침해의 최소성원칙에 어긋난다. 특히 집행유예자는 집행유예 선고가 실효되거나 취소되지 않는 한 교정시설에 구금되지 않고 일반인과 동일한 사회생활을 하고 있으므로, 그들의 선거권을 제한해야 할 필요성이 크지 않다. 따라서 심판대상조항은 청구인들의 선거권을 침해하고, 보통선거원칙에 위반하여 집행유예자와 수형자를 차별취급하는 것이므로 평등원칙에도 어긋난다(헌재 2014. 1. 28. 2012헌마409).

17   정답 ②

② ◉

> **헌법재판소법 제57조(가처분)** 헌법재판소는 정당해산심판의 청구를 받은 때에는 직권 또는 청구인의 신청에 의하여 종국결정의 선고 시까지 피청구인의 활동을 정지하는 결정을 할 수 있다.

① ✗

> **헌법 제8조** ④ 정당의 목적이나 활동이 민주적 기본질서에 위배될 때에는 정부는 헌법재판소에 그 해산을 제소할 수 있고, 정당은 헌법재판소의 심판에 의하여 해산된다.
> **헌법 제89조** 다음 사항은 국무회의의 심의를 거쳐야 한다.
> 14. 정당해산의 제소

③ ✗

> **헌법 제8조** ③ 정당은 법률이 정하는 바에 의하여 국가의 보호를 받으며, 국가는 법률이 정하는 바에 의하여 정당운영에 필요한 자금을 보조할 수 있다.

④ ✗ 헌법재판소의 해산결정에 따라 통진당 소속 비례대표 지방의회의원이었던 원고가 지방의회의원직을 상실하는지 여부(소극) 지방의회의원은 국회의원과 그 역할, 헌법·법률상 지위 등에 있어 본질적인 차이가 있고 비례대표지방의회의원의 의원직 상실이 헌법재판소의 정당해산결정 취지에서 곧바로 도출된다고 할 수 없는 점, '해산'의 문언적 의미, 정당의 해산에 관한 정당법과 공직선거법의 규정 체계, 공직선거법 제192조 제4항의 입법 연혁 등에 비추어, 공직선거법 제192조 제4항은 소속 정당이 헌법재판소의 위헌정당 해산결정에 따라 해산된 경우 비례대표 지방의회의원의 퇴직을 규정하는 조항이라고 할 수 없으므로 원고가 비례대표 전

라북도의회의원의 지위를 상실하였다고 볼 수 없다(대판 2021. 4. 29. 2016두39825).

18
정답 ④

④ ❌

선거관리위원회법 제10조(위원회의 의결정족수) ① 각급선거관리위원회는 위원과반수의 출석으로 개의하고 출석위원 과반수의 찬성으로 의결한다.
② 위원장은 표결권을 가지며 가부동수인 때에는 결정권을 가진다.

① ⭕

선거관리위원회법 제3조(위원회의 직무) ① 선거관리위원회는 법령이 정하는 바에 의하여 다음 각호의 사무를 행한다.
1. 국가 및 지방자치단체의 선거에 관한 사무
2. 국민투표에 관한 사무
3. 정당에 관한 사무
4. 「공공단체등 위탁선거에 관한 법률」에 따른 위탁선거(이하 "위탁선거"라 한다)에 관한 사무
5. 기타 법령으로 정하는 사무

② ⭕

헌법 제114조 ⑥ 중앙선거관리위원회는 법령의 범위 안에서 선거관리·국민투표관리 또는 정당사무에 관한 규칙을 제정할 수 있으며, 법률에 저촉되지 아니하는 범위 안에서 내부규율에 관한 규칙을 제정할 수 있다.

③ ⭕

선거관리위원회법 제16조(선거사무등에 대한 지시·협조요구) ② 각급 선거관리위원회는 선거사무를 위하여 인원·장비의 지원등이 필요한 경우에는 행정기관에 대하여는 지시 또는 협조요구를, 공공단체 및 「은행법」 제2조에 따른 은행(개표사무종사원을 위촉하는 경우에 한한다)에 대하여는 협조요구를 할 수 있다.

19 [2023 비상계획관]
정답 ②

② ❌

헌법 제68조 ① 대통령의 임기가 만료되는 때에는 임기만료 70일 내지 40일 전에 후임자를 선거한다.
② 대통령이 궐위된 때 또는 대통령 당선자가 사망하거나 판결 기타의 사유로 그 자격을 상실한 때에는 60일 이내에 후임자를 선거한다.

① ⭕

공직선거법 제16조(피선거권) ① 선거일 현재 5년 이상 국내에 거주하고 있는 40세 이상의 국민은 대통령의 피선거권이 있다. 이 경우 공무로 외국에 파견된 기간과 국내에 주소를 두고 일정기간 외국에 체류한 기간은 국내거주기간으로 본다.

③ ⭕

헌법 제67조 ① 대통령은 국민의 보통·평등·직접·비밀선거에 의하여 선출한다.
② 제1항의 선거에 있어서 최고득표자가 2인 이상인 때에는 국회의 재적의원 과반수가 출석한 공개회의에서 다수표를 얻은 자를 당선자로 한다.
③ 대통령후보자가 1인일 때에는 그 득표수가 선거권자 총수의 3분의 1 이상이 아니면 대통령으로 당선될 수 없다.

④ ⭕ 제14대 대통령선거에서 실제로 기탁금에서 공제하여야 할 국고부담연설비용이 모두 기탁금액을 훨씬 초과하였고 후보자들이 보고한 선거비용지출금액도 기탁금액과 비교할 수 없을 정도로 막대하며 아울러 기탁금액은 대통령선거에서 불성실한 입후보에 대하여 실질적인 제재효과를 거둘 수 있는 금액이어야 한다는 점을 고려하면, 기탁금 3억원은 대통령선거에서 기탁금제도의 목적달성에 필요한 금액을 넘지 아니하고 입후보하려는 국민의 기본권의 본질적 내용을 침해하는 정도에 이르지도 아니하여 입법재량의 범위를 일탈한 과다한 금액이라고 할 수 없다(헌재 1995. 5. 25. 92헌마269).

20
정답 ③

③ ⭕ 지방의회의원과 지방자치단체장을 선출하는 지방선거는 지방자치단체의 기관을 구성하고 그 기관의 각종 행위에 정당성을 부여하는 행위라 할 것이므로 지방선거사무는 지방자치단체의 존립을 위한 자치사무에 해당하고, 따라서 법률을 통하여 예외적으로 다른 행정주체에게 위임되지 않는 한, 원칙적으로 지방자치단체가 처리하고 그에 따른 비용도 지방자치단체가 부담하여야 한다. 다만 국가적 통일성을 유지하기 위하여 국가의 관여가 필요하거나 특정 사안이 해당 지방자치단체의 문제에 그치지 않고 국가 전체의 문제와 직결되는 등의 경우에는 지방자치단체의 독자성을 보장하는 범위 내에서 필요에 따라 국가가 관여할 수 있다(헌재 2008. 6. 26. 2005헌라7).

① ❌ 헌법 제117조 제2항은 지방자치단체의 종류를 법률로 정하도록 규정하고 있을 뿐 지방자치단체의 종류 및 구조를 명시하고 있지 않으므로 이에 관한 사항은 기본적으로 입법자에게 위임된 것으로 볼 수 있다. 헌법상 지방자치제도보장의 핵심영역 내지 본질적 부분이 특정 지방자치단체의 존속을 보장하는 것이 아니며 지방자치단체에 의한 자치행정을 일반적으로 보장하는 것이므로, 현행법에 따른 지방자치단체의 중층구조 또는 지방자치단체로서 특별시·광역시 및 도와 함께 시·군 및 구를 계속하여 존속하도록 할지 여부는 결국 입법자의 입법형성권의 범위에 들어가는 것으로 보아야 한다. 같은 이유로 일정구역에 한하여 당해 지역 내의 지방자치단체인 시·군을 모두 폐지하여 중층구조를 단층화하는 것 역시 입법자의 선택범위에 들어가는 것이다(헌재 2006. 4. 27. 2005헌마1190).

② ❌ 지방자치단체의 폐치·분합에 관한 것은 지방자치단체의 자치행정권 중 지역고권의 보장문제이나, 대상지역 주민들은 그로 인하여 인간다운 생활공간에서 살 권리, 평등권, 정당한 청문권, 거주·이전의 자유, 선거권, 공무담임권, 인간다운 생활을 할 권리, 사회보장·사회복지수급권 및 환경권 등을 침해받게 될 수도 있다는 점에서 기본권과도 관련이 있어 헌법소원의 대상이 될 수 있다(헌재 1994. 12. 29. 94헌마201).

④ ❌ 지방자치단체의 장이 금고 이상의 형을 선고받고 그 형이 확정되지 아니한 경우 부단체장이 그 권한을 대행하도록 규정한 지방자치법 제111조 제1항 제3호는 과잉금지원칙을 위반하여 자치단체장인 청구인의 공무담임권을 침해한다(헌재 2010. 9. 2. 2010헌마418).

02 Day

01 ① 02 ② 03 ② 04 ② 05 ④ 06 ② 07 ③ 08 ④ 09 ③ 10 ④
11 ① 12 ④ 13 ② 14 ① 15 ③ 16 ③ 17 ② 18 ④ 19 ① 20 ③

01
정답 ①

① ✗ • 주택재개발정비사업조합인 청구인이 공법인의 지위에서 기본권의 수범자로 기능하는 경우 기본권의 주체가 될 수 없다고 본 사례 재개발조합이 공법인의 지위에서 행정처분의 주체가 되는 경우에 있어서는, 위 조합은 재개발사업에 관한 국가의 기능을 대신하여 수행하는 공권력 행사자 내지 기본권 수범자의 지위에 있다. 따라서 재개발조합이 기본권의 수범자로 기능하면서 행정심판의 피청구인이 된 경우에 적용되는 심판대상조항의 위헌성을 다투는 이 사건에 있어, 재개발조합인 청구인은 기본권의 주체가 된다고 볼 수 없다.

• 재개발조합이 행정심판의 피청구인이 된 경우 그 인용재결에 기속되도록 규정한, 행정심판법 제49조 제1항 중 피청구인 가운데 '도시 및 주거환경정비법상 재개발사업의 사업시행자인 조합'에 관한 부분이 평등원칙에 위배되는지 여부(소극) 심판대상조항은 행정청의 자율적 통제와 국민 권리의 신속한 구제라는 행정심판의 취지에 맞게 행정청으로 하여금 행정심판을 통하여 스스로 내부적 판단을 종결시키고자 하는 것이므로 그 합리성이 인정된다. 따라서 심판대상조항은 평등원칙에 반하지 않는다(헌재 2022. 7. 21. 2019헌바543 등).

② ◯, ③ ◯ 헌법상 근로의 권리는 '일할 자리에 관한 권리'만이 아니라 '일할 환경에 관한 권리'도 의미하는데, '일할 환경에 관한 권리'는 인간의 존엄성에 대한 침해를 방어하기 위한 권리로서 외국인에게도 인정되며, 건강한 작업환경, 일에 대한 정당한 보수, 합리적인 근로조건의 보장 등을 요구할 수 있는 권리 등을 포함한다. 여기서의 근로조건은 임금과 그 지불방법, 취업시간과 휴식시간 등 근로계약에 의하여 근로자가 근로를 제공하고 임금을 수령하는 데 관한 조건들이고, 이 사건 출국만기보험금은 퇴직금의 성질을 가지고 있어서 그 지급시기에 관한 것은 근로조건의 문제이므로 외국인인 청구인들에게도 기본권 주체성이 인정된다(헌재 2016. 3. 31. 2014헌마367).

④ ◯ 청구인은 공법상 재단법인인 방송문화진흥회가 최다출자자인 방송사업자로서 방송법 등 관련 규정에 의하여 공법상의 의무를 부담하고 있지만, 그 설립목적이 언론의 자유의 핵심 영역인 방송 사업이므로 이러한 업무 수행과 관련해서는 기본권 주체가 될 수 있고, 그 운영을 광고수익에 전적으로 의존하고 있는 만큼 이를 위해 사경제 주체로서 활동하는 경우에도 기본권 주체가 될 수 있다. 이 사건 심판청구는 청구인이 그 운영을 위한 영업활동의 일환으로 방송광고를 판매하는 지위에서 그 제한과 관련하여 이루어진 것이므로 그 기본권 주체성이 인정된다(헌재 2013. 9. 26. 2012헌마271).

02
정답 ②

㉠ ◯ 헌법상 기본권의 주체가 될 수 있는 법인은 원칙적으로 사법인에 한하는 것이고 공법인은 헌법의 수범자이지 기본권의 주체가 될 수 없다. 축협중앙회는 지역별·업종별 축협과 비교할 때, 회원의 임의탈퇴나 임의해산이 불가능한 점 등 그 공법인성이 상대적으로 크다고 할 것이지만, 이로써 공법인이라고 단정할 수는 없을 것이고, 이 역시 그 존립목적 및 설립형식에서의 자주적 성격에 비추어 사법인적 성격을 부인할 수 없으므로, 축협중앙회는 공법인성과 사법인성을 겸유한 특수한 법인으로서 이 사건에서 기본권의 주체가 될 수 있다(헌재 2000. 6. 1. 99헌마553).

㉡ ◯ 국가나 국가기관 또는 국가조직의 일부나 공법인은 기본권의 '수범자(Adressat)'이지 기본권의 주체로서 그 '소지자(Trager)'가 아니고 오히려 국민의 기본권을 보호 내지 실현해야 할 '책임'과 '의무'를 지니고 있는 지위에 있을 뿐이다(헌재 1994. 12. 29. 93헌마120).

㉢ ✗ 진보신당은 국민의 정치적 의사형성에 참여하기 위한 조직으로 성격상 권리능력 없는 단체에 속하지만, 구성원과는 독립하여 그 자체로서 기본권의 주체가 될 수 있고, 그 조직 자체의 기본권이 직접 침해당한 경우 자신의 이름으로 헌법소원심판을 청구할 수 있다(헌재 2008. 12. 26. 2008헌마419).

㉣ ◯ 인간의 생명은 고귀하고, 이 세상에서 무엇과도 바꿀 수 없는 존엄한 인간 존재의 근원이다. 이러한 생명에 대한 권리, 즉 생명권은 비록 헌법에 명문의 규정이 없다 하더라도 인간의 생존본능과 존재목적에 바탕을 둔 선험적이고 자연법적인 권리로서 헌법에 규정된 모든 기본권의 전제로서 기능하는 기본권 중의 기본권이다. 모든 인간은 헌법상 생명권의 주체가 되며, 형성 중의 생명인 태아에게도 생명에 대한 권리가 인정되어야 한다. 따라서 태아도 헌법상 생명권의 주체가 되며, 국가는 헌법 제10조에 따라 태아의 생명을 보호할 의무가 있다(헌재 2008. 7. 31. 2004헌바81).

03
정답 ②

㉠ ◯ 흡연권은 위와 같이 사생활의 자유를 실질적 핵심으로 하는 것이고 혐연권은 사생활의 자유뿐만 아니라 생명권에까지 연결되는 것이므로 혐연권이 흡연권보다 상위의 기본권이라 할 수 있다. 이처럼 상하의 위계질서가 있는 기본권끼리 충돌하는 경우에는 상위기본권우선의 원칙에 따라 하위기본권이 제한될 수 있으므로, 결국 흡연권은 혐연권을 침해하지 않는 한에서 인정되어야 한다(헌재 2004. 8. 26. 2003헌마457).

㉡ ✗ 한정된 의료재정의 범위 내에서 적정하고 지속적인 의료서비스를 제공하기 위해서는 환자의 의료행위선택권 역시 제한될 수밖에 없으며, 의료재정의 범위 내에서 의료급여 수급권자에 대한 의료의 질을 유지하기 위하여 현행 정액수가제와 같은 정도로 입법목적을 달성하면서 기본권을 덜 제한하는 수단이 명백히 존재한다고 보기 어려우므로, 심판대상조항은 침해의 최소성과 법익의 균형성을 갖추었다. 따라서 심판대상조항은 수급권자인 청구인의 의료행위선택권을 침해하지 아니한다(헌재 2020. 4. 23. 2017헌마103).

> 2023 경찰간부 만성신부전증환자에 대한 외래 혈액투석 의료급여수가의 기준을 정액수가로 규정한 '의료급여수가의 기준 및 일반기준'상 조항은 과잉금지원칙에 반하여 수급권자인 청구인의 의료행위선택권을 침해한다. (✗)

㉢ ◯ 채권자취소권이 행사되면 채권자의 재산권인 채권의 실효성은 확보될 수 있는 반면, 채무자와 수익자 간의 법률행위가 취소되고 수익자가 취득한 재산이 채무자의 책임재산으로 회복되게 됨으로써 채무자 및 수익자의 일반적 행동의 자유 내지 여기에서 파생되는 계약의 자유와 수익자의 재산권이 제한되는 결과를 가져오게 된다. 즉 이 사건 법률조항으로 인하여 채권자의 재산권과 채무자 및 수익자의 일반적 행동의 자유, 그리고 채권자의 재산권과 수익자의 재산권이 동일한 장에서 충돌하는 문제가 발생하게 되는 것이다. 따라서 이 사건의 쟁점은 이러한 기본권의 충돌과 그 해결방법이고, 구체적으로는 채권자취소권제도의 목적의 정당성과 채권자취소권의 행사로 인하여 제한되는 채무자와 수익자의 기본권제한의 정도가 비례성을 유지하고 있는가가 문제된다. …… 앞서 본 바와 같이 이 사건 법률조항은 채권자에게 채권의 실효성 확보를 위한 수

단으로서 채권자취소권을 인정함으로써, 채권자의 재산권과 채무자와 수익자의 일반적 행동의 자유 내지 계약의 자유 및 수익자의 재산권이 서로 충돌하게 되는바, 위와 같은 채권자와 채무자 및 수익자의 기본권들이 충돌하는 경우에 기본권의 서열이나 법익의 형량을 통하여 어느 한 쪽의 기본권을 우선시키고 다른 쪽의 기본권을 후퇴시킬 수는 없다고 할 것이다. 사적자치의 원칙은 헌법 제10조의 행복추구권 속에 함축된 일반적 행동자유권에서 파생된 것으로서 헌법 제119조 제1항의 자유시장 경제질서의 기초이자 우리 헌법상의 원리이고, 계약자유의 원칙은 사적자치의 기본원칙으로서 이러한 사적자치의 원칙이 법률행위의 영역에서 나타난 것이므로, 채권자의 재산권과 채무자 및 수익자의 일반적 행동의 자유권 중 어느 하나를 상위기본권이라고 할 수는 없을 것이고, 채권자의 재산권과 수익자의 재산권 사이에서도 어느 쪽이 우월하다고 할 수는 없을 것이기 때문이다. 따라서 이러한 경우에는 헌법의 통일성을 유지하기 위하여 상충하는 기본권 모두가 최대한으로 그 기능과 효력을 발휘할 수 있도록 조화로운 방법을 모색하되(규범조화적 해석), 법익형량의 원리, 입법에 의한 선택적 재량 등을 종합적으로 참작하여 심사하여야 할 것이다(헌재 2007. 10. 25. 2005헌바96).

ㄹ. ◎ 하나의 법률관계를 둘러싸고 두 기본권이 충돌하는 경우에는 구체적인 사안에서의 사정을 종합적으로 고려한 이익형량과 함께 양 기본권 사이의 실제적인 조화를 꾀하는 해석 등을 통하여 이를 해결하여야 하고, 그 결과에 따라 정해지는 양 기본권 행사의 한계 등을 감안하여 그 행위의 최종적인 위법성 여부를 판단하여야 한다(대판 2010. 4. 22. 2008다38288 전합).

04
정답 ②

② ✗ 죄형법정주의의 원칙에서 파생되는 명확성의 원칙은 법률이 처벌하고자 하는 행위가 무엇이며 그에 대한 형벌이 어떠한 것인지를 누구나 예견할 수 있고, 그에 따라 자신의 행위를 결정할 수 있도록 구성요건을 명확하게 규정하는 것을 의미한다. 그러나 처벌법규의 구성요건이 명확하여야 한다고 하여 모든 구성요건을 단순한 서술적 개념으로 규정하여야 하는 것은 아니고, 다소 광범위하여 법관의 보충적인 해석을 필요로 하는 개념을 사용하였다고 하더라도 통상의 해석방법에 의하여 건전한 상식과 통상적인 법감정을 가진 사람이면 당해 처벌법규의 보호법익과 금지된 행위 및 처벌의 종류와 정도를 알 수 있도록 규정하였다면 처벌법규의 명확성에 배치되는 것이 아니다(대판 2014. 1. 29. 2013도12939).

① ◎ 법치국가원리의 한 표현인 명확성의 원칙은 기본적으로 모든 기본권제한입법에 대하여 요구된다. 규범의 의미내용으로부터 무엇이 금지되는 행위이고 무엇이 허용되는 행위인지를 수범자가 알 수 없다면 법적 안정성과 예측가능성은 확보될 수 없게 될 것이고, 또한 법집행 당국에 의한 자의적 집행을 가능하게 할 것이기 때문이다(헌재 1998. 4. 30. 95헌가16).

③ ◎ 이 사건 금지조항 중 '그 밖의 방법'이 규율하고 있는 대상은 '폭행', '협박', '위력', '위계'에 준하는 것으로 볼 수 있을 정도의 것으로 응급의료종사자에게 유·무형의 방법으로 영향력을 행사하여 응급환자에 대한 진료에 지장을 주거나 지장을 줄 위험을 발생하게 할 만한 행위라고 봄이 타당하고, 이 사건 금지규정이 예시하고 있는 '폭행', '협박', '위력', '위계'는 '그 밖의 방법'을 해석하는 유용한 판단지침이 된다. 이와 같이 응급의료법의 입법 취지, 규정형식 및 문언의 내용을 종합하여 볼 때, 건전한 상식과 통상적인 법 감정을 가진 일반인이라면 구체적인 사건에서 어떠한 행위가 이 사건 금지조항의 '그 밖의 방법'에 의하여 규율되는지 충분히 예견할 수 있고, 이는 법관의 보충적 해석을 통하여 확정될 수 있는 개념이다. 따라서 이 사건 금지조항의 '그 밖의 방법' 부분은 죄형법정주의의 명확성의 원칙에 위반된다고 할 수 없다(헌재 2019. 6. 28. 2018헌바28).

④ ◎ 누구든지 선거기간 중 선거에 영향을 미치게 하기 위하여 그 밖의 집회나 모임을 개최할 수 없고, 이를 위반하는 자를 처벌하는 공직선거법 부분이 죄형법정주의의 명확성원칙에 위배되는지 여부(소극) 선거에 영향을 미치는 행위'란 '선거과정 및 선거결과에 변화를 주거나 그러한 영향을 미칠 우려가 있는 일체의 행동'으로 해석할 수 있고, 구체적인 사건에서 그 행위가 이루어진 시기, 동기, 방법 등 제반 사정을 종합하여 그 내용을 판단할 수 있다. 대법원 판례에 나타난 구체적 사례에 관한 해석 기준을 바탕으로 하면, 건전한 상식과 통상적인 법 감정을 가진 사람이라면 누구나, 선거에 영향을 미치게 하기 위한 의사에 따라 이루어지는 행위와, 선거와 관계없이 단순한 의사표현으로서 이루어지는 행위를 구분할 수 있다. 또한 심판대상조항은 '향우회·종친회·동창회·단합대회 또는 야유회'를 제외한 '모든 집회나 모임'의 개최를 금지하는 것이 명확하다. 그렇다면 심판대상조항은 죄형법정주의의명확성원칙에 위배되지 않는다[헌재 2022. 7. 21. 2018헌바357, 2021헌가7(병합)].

05
정답 ④

④ ✗ 국가인권위원회는 법률상의 독립된 국가기관이고, 피해자인 진정인에게는 국가인권위원회법이 정하고 있는 구제조치를 신청할 법률상 신청권이 있는데 국가인권위원회가 진정을 각하 및 기각결정을 할 경우 피해자인 진정인으로서는 자신의 인격권 등을 침해하는 인권침해 또는 차별행위 등이 시정되고 그에 따른 구제조치를 받을 권리를 박탈당하게 되므로, 진정에 대한 국가인권위원회의 각하 및 기각결정은 피해자인 진정인의 권리행사에 중대한 지장을 초래하는 것으로서 항고소송의 대상이 되는 행정처분에 해당하므로, 그에 대한 다툼은 우선 행정심판이나 행정소송에 의하여야 할 것이다. 따라서 이 사건 심판청구는 행정심판이나 행정소송 등의 사전 구제절차를 모두 거친 후 청구된 것이 아니므로 보충성 요건을 충족하지 못하였다(헌재 2015. 3. 26. 2013헌마214).

① ◎ 권한쟁의심판은 국회의 입법행위 등을 포함하여 권한쟁의 상대방의 처분 또는 부작위가 헌법 또는 법률에 의하여 부여받은 청구인의 권한을 침해하였거나 침해할 현저한 위험이 있는 때 제기할 수 있는 것인데, 헌법상 국가에게 부여된 임무 또는 의무를 수행하고 그 독립성이 보장된 국가기관이라고 하더라도 오로지 법률에 설치근거를 둔 국가기관이라면 국회의 입법행위에 의하여 존폐 및 권한범위가 결정될 수 있으므로 이러한 국가기관은 '헌법에 의하여 설치되고 헌법과 법률에 의하여 독자적인 권한을 부여받은 국가기관'이라고 할 수 없다. 즉, 청구인이 수행하는 업무의 헌법적 중요성, 기관의 독립성 등을 고려한다고 하더라도, 국회가 제정한 국가인권위원회법에 의하여 비로소 설립된 청구인은 국회의 위 법률 개정행위에 의하여 존폐 및 권한범위 등이 좌우되므로 헌법 제111조 제1항 제4호 소정의 헌법에 의하여 설치된 국가기관에 해당한다고 할 수 없다. 결국, 권한쟁의심판의 당사자능력은 헌법에 의하여 설치된 국가기관에 한정하여 인정하는 것이 타당하므로, 법률에 의하여 설치된 청구인에게는 권한쟁의심판의 당사자능력이 인정되지 아니한다(헌재 2010. 10. 28. 2009헌라6).

② ◎

국가인권위원회법 제5조(위원회의 구성) ① 위원회는 위원장 1명과 상임위원 3명을 포함한 11명의 인권위원(이하 "위원"이라 한다)으로 구성한다.

② 위원은 다음 각 호의 사람을 대통령이 임명한다.
  1. 국회가 선출하는 4명(상임위원 2명을 포함한다)
  2. 대통령이 지명하는 4명(상임위원 1명을 포함한다)
  3. 대법원장이 지명하는 3명

③ ⭕

> **국가인권위원회법 제47조(피해자를 위한 법률구조 요청)** ① 위원회는 진정에 관한 위원회의 조사, 증거의 확보 또는 피해자의 권리 구제를 위하여 필요하다고 인정하면 피해자를 위하여 대한법률구조공단 또는 그 밖의 기관에 법률구조를 요청할 수 있다.
> ② 제1항에 따른 법률구조 요청은 피해자의 명시한 의사에 반하여 할 수 없다.

06 [2022 국가직 7급] 정답 ②

② ❌ 국가항공보안계획은, 이미 출국 수속 과정에서 일반적인 보안검색을 마친 승객을 상대로, 촉수검색(patdown)과 같은 추가적인 보안 검색 실시를 예정하고 있으므로 이로 인한 인격권 및 신체의 자유 침해 여부가 문제된다. 이 사건 국가항공보안계획은 민간항공 보안에 관한 국제협약의 준수 및 항공기 안전과 보안을 위한 것으로 입법목적의 정당성 및 수단의 적합성이 인정되고, 항공운송사업자가 다른 체약국의 추가 보안검색 요구에 응하지 않을 경우 항공기의 취항 자체가 거부될 수 있으므로 이 사건 국가항공보안계획에 따른 추가 보안검색 실시는 불가피하며, 관련 법령에서 보안검색의 구체적 기준 및 방법 등을 마련하여 기본권 침해를 최소화하고 있으므로 침해의 최소성도 인정된다. 또한 국내외적으로 항공기 안전사고와 테러 위협이 커지는 상황에서, 민간항공의 보안 확보라는 공익은 매우 중대한 반면, 추가 보안검색 실시로 인해 승객의 기본권이 제한되는 정도는 그리 크지 아니하므로 법익의 균형성도 인정된다. 따라서 이 사건 국제항공보안계획은 헌법상 과잉금지원칙에 위반되지 않으므로, 청구인의 기본권을 침해하지 아니한다(헌재 2018. 2. 22. 2016헌마780).

① ⭕ 지역아동센터의 시설별 신고정원의 80% 이상을 돌봄취약아동으로 구성하도록 한 보건복지부 '2019년 지역아동센터 지원 사업안내' 관련 부분은 지역아동센터 이용에 있어서 돌봄취약아동과 일반아동을 분리하려는 것이 아니라 돌봄취약아동에게 우선권을 부여하려는 것이다. 돌봄취약아동이 일반아동과 함께 초·중등학교를 다니고 방과 후에도 다른 돌봄기관을 이용할 선택권이 보장되고 있는 이상, 설령 이 사건 이용아동규정에 따라 돌봄취약아동이 일반아동과 교류할 기회가 다소 제한된다고 하더라도 그것만으로 청구인 아동들의 인격 형성에 중대한 영향을 미친다고 보기는 어렵다. 이 사건 이용아동규정은 과잉금지원칙에 위반하여 청구인 운영자들의 직업수행의 자유 및 청구인 아동들의 인격권을 침해하지 않는다(헌재 2022. 1. 27. 2019헌마583).

③ ⭕ 이 사건 법률조항에 근거하여 친일반민족행위반민규명위원회(이하 '반민규명위원회'라 한다)의 조사대상자 선정 및 친일반민족행위 결정이 이루어지면, 조사대상자의 사회적 평가에 영향을 미치므로 헌법 제10조에서 유래하는 일반적 인격권이 제한받는다. 다만 이러한 결정에 있어서 대부분의 조사대상자는 이미 사망하였을 것이 분명하나, 조사대상자가 사자(死者)의 경우에도 인격적 가치에 대한 중대한 왜곡으로부터 보호되어야 한다. 사자(死者)에 대한 사회적 명예와 평가의 훼손은 사자(死者)와의 관계를 통하여 스스로의 인격상을 형성하고 명예를 지켜온 그들의 후손의 인격권, 즉 유족의 명예 또는 유족의 사자(死者)에 대한 경애추모의 정을 제한하는 것이다(헌재 2010. 10. 28. 2007헌가23).

④ ⭕ 변호사 정보 제공 웹사이트 운영자가 변호사들의 개인신상정보를 기반으로 변호사들의 인맥지수를 산출하여 공개하는 서비스를 제공한 사안에서, 인맥지수의 사적·인격적 성격, 산출과정에서 왜곡 가능성, 인맥지수 이용으로 인한 변호사들의 이익 침해와 공적 폐해의 우려, 그에 반하여 이용으로 달성될 공적인 가치의 보호 필요성 정도 등을 종합적으로 고려하면, 운영자가 변호사들의 개인신상정보를 기반으로 한 인맥지수를 공개하는 표현행위에 의하여 얻을 수 있는 법적 이익이 이를 공개하지 않음으로써 보호받을 수 있는 변호사들의 인격적 법익에 비하여 우월하다고 볼 수 없어, 결국 운영자의 인맥지수 서비스 제공행위는 변호사들의 개인정보에 관한 인격권을 침해하는 위법한 것이라고 한 사례(대판 2011. 9. 2. 2008다42430 전합).

07 정답 ③

③ ❌ 이 사건 금혼조항은, 촌수를 불문하고 부계혈족 간의 혼인을 금지한 구 민법상 동성동본금혼 조항에 대한 헌법재판소의 헌법불합치 결정의 취지를 존중하는 한편, 우리 사회에서 통용되는 친족의 범위 및 양성평등에 기초한 가족관계 형성에 관한 인식과 합의에 기초하여 혼인이 금지되는 근친의 범위를 한정한 것이므로 그 합리성이 인정되며, 입법목적 달성에 불필요하거나 과도한 제한을 가하는 것이라고는 볼 수 없으므로 침해의 최소성에 반한다고 할 수 없다(헌재 2022. 10. 27. 2018헌바115).

- 8촌이내 금혼 - 합헌
- 무효조항 - 헌법불합치

> 2023 경찰간부 8촌 이내의 혈족 사이에서는 혼인할 수 없도록 하는 「민법」 제809조 제1항은 입법목적의 달성에 필요한 범위를 넘는 과도한 제한으로서 침해의 최소성을 충족하지 못하므로 혼인의 자유를 침해한다. (×)

① ⭕ 심판대상조항에 따르면, 혼인 종료 후 300일 내에 출생한 자녀가 전남편의 친생자가 아님이 명백하고, 전남편이 친생추정을 원하지도 않으며, 생부가 그 자를 인지하려는 경우에도, 그 자녀는 전남편의 친생자로 추정되어 가족관계등록부에 전남편의 친생자로 등록되고, 이는 엄격한 친생부인의 소를 통해서만 번복될 수 있다. 그 결과 심판대상조항은 이혼한 모와 전남편이 새로운 가정을 꾸리는 데 부담이 되고, 자녀와 생부가 진실한 혈연관계를 회복하는 데 장애가 되고 있다. 이와 같이 민법 제정 이후의 사회적·법률적·의학적 사정변경을 전혀 반영하지 아니한 채, 이미 혼인관계가 해소된 이후에 자가 출생하고 생부가 출생한 자를 인지하려는 경우마저도, 아무런 예외 없이 그 자를 전남편의 친생자로 추정함으로써 친생부인의 소를 거치도록 하는 심판대상조항은 입법형성의 한계를 벗어나 모가 가정생활과 신분관계에서 누려야 할 인격권, 혼인과 가족생활에 관한 기본권을 침해한다(헌재 2015. 4. 30. 2013헌마623).

② ⭕ 심판대상조항으로 행위자는 구성요건의 엄격한 해석 하에 일반적 행동자유권을 제한받는 데 반하여, 이를 통해 피해자 개인의 '함부로 촬영당하지 않을 자유'를 보호하고 사회일반의 건전한 성적 풍속 및 성도덕을 보호하며 공공의 혐오감과 불쾌감을 방지할 수 있으므로, 결국 보호하여야 할 공익이 더욱 크다고 할 수 있다. 따라서 심판대상조항이 과잉금지원칙에 위배되어 청구인의 일반적 행동자유권을 침해한다고 볼 수 없다(헌재 2017. 6. 29. 2015헌바243).

④ ⭕ 기부행위자 본인은 자신의 재산을 사회적 약자나 소외 계층을 위하여 출연함으로써 자기가 속한 사회에 공헌하였다는 행복감과 만족감을 실현할 수 있으므로, 이는 헌법상 인격의 자유로운 발현을 위하여 필요한 행동을 할 수 있어야 한다는 의미의 행복추구권과 그로부터 파생되는 일반적 행동자유권의 행사로서 당연히 보호되어야 한다(헌재 2014. 2. 27. 2013헌바106).

08 정답 ④

④ ⭕ ·직무수행 중 사망한 소방공무원에 대하여 순직군경으로서의 보훈혜택을 부여하지 않는다고 해서 이를 합리적인 이유없는 차별에 해당한다고 볼 수 없다(헌재 2005. 9. 29. 2004헌바53).

- 순직공무원의 적용범위를 확대한 개정 공무원연금법을 소급하여 적용하지 아니하도록 한 개정 법률부칙은 평등의 원칙에 위배되지 않는다(헌재 2012. 8. 23. 2011헌바169).

① ✖ 현역병과 달리 사회복무요원에게 보수 외에 중식비, 교통비, 피복 등을 제외한 다른 의식주 비용을 지급하지 않는 것은 해당 비용과 직무수행 간의 밀접한 관련성 유무를 고려한 것이다. 현역병은 엄격한 규율이 적용되는 내무생활을 하면서 총기·폭발물 사고 등 위험에 노출되어 있는데, 병역의무 이행에 대한 보상의 정도를 결정할 때 위와 같은 현역병 복무의 특수성을 반영할 수 있으며, 사회복무요원은 생계유지를 위하여 필요한 경우 복무기관의 장의 허가를 얻어 겸직할 수 있는 점 등을 고려하면, 심판대상조항이 사회복무요원에게 현역병의 봉급과 동일한 보수를 지급하면서 중식비, 교통비, 피복 등을 제외한 다른 의식주 비용을 추가로 지급하지 않는다 하더라도, 사회복무요원을 현역병에 비하여 합리적 이유 없이 자의적으로 차별한 것이라고 볼 수 없다. 따라서 심판대상조항은 청구인들의 평등권을 침해하지 아니한다(헌재 2019. 2. 28. 2017헌마374).

② ✖ 심판대상조항이 30일 미만 구금된 자와 유죄판결을 받은 자로서 '관련자' 결정을 받은 자를 보상금과 생활지원금의 지급대상에 포함시키지 않았다고 하더라도, 그 차별이 현저하게 불합리하거나 자의적인 차별이라고 보기 어렵다. 따라서 심판대상조항은 청구인의 평등권을 침해하지 않는다(헌재 2019. 4. 11. 2016헌마418).

③ ✖ 소년법 중 형의 집행이 종료되거나 면제된 자에 한하여 자격에 관한 법령의 적용에 있어 장래에 향하여 형의 선고를 받지 아니한 것으로 본다고 규정한 이 사건 구법 조항이 형의 집행이 종료 또는 면제된 자와 달리 집행유예를 선고받은 소년범에 대한 자격완화 특례규정을 두지 아니하여 자격제한을 함에 있어 군인사법 등 해당 법률의 적용을 받도록 한 것은 불합리한 차별이라 할 것이므로, 이 사건 구법 조항은 평등원칙에 위반된다(헌재 2018. 1. 25. 2017헌가7).

09 정답 ③

③ ✖ 일반적 행동자유권은 모든 행위를 할 자유와 행위를 하지 않을 자유로 가치있는 행동만 그 보호영역으로 하는 것은 아닌 것으로, 그 보호영역에는 개인의 생활방식과 취미에 관한 사항도 포함되며, 여기에는 위험한 스포츠를 즐길 권리와 같은 위험한 생활방식으로 살아갈 권리도 포함된다(헌재 2003. 10. 30. 2002헌마518).

① ○ **전국기능경기대회 입상자의 국내기능경기대회 참가를 금지하는 숙련기술장려법 시행령 부분'이 청구인들의 행복추구권을 침해하는지 여부(적극)**
전국기능경기대회 입상자는 입상으로 이미 그 숙련기술의 우수성을 인정받은 사람들이므로, 숙련기술인의 사기를 진작시키고 그 저변을 확대하고자 하는 국내기능경기대회의 의미를 훼손시키지 않으려면 어느 정도 국내기능경기대회 참가를 제한할 필요가 있다. …… 전국기능경기대회 입상자 중 해당 종목 '1, 2위 상위 득점자'가 아닌 나머지 입상자는 국제기능올림픽 대표선발전에도 출전할 수 없으므로, 전국기능경기대회 입상자의 국내기능경기대회 재도전 금지는 결국 국제기능올림픽 대표선발전에 출전할 기회까지 봉쇄하는 결과가 된다. 따라서 이 사건 시행령조항이 전국기능경기대회 입상자의 국내기능경기대회 참가를 전면적으로 금지하는 것은 입법형성권의 한계를 넘어선 것으로서 청구인들의 행복추구권을 침해한다(헌재 2015. 10. 21. 2013헌마757, 헌법불합치).

② ○ 헌법이 보호하는 명예권은 그 기본권 주체가 가지고 있는 인격과 명예가 부당하게 훼손되는 것의 배제 를 청구할 권리이지, 국가가 기본권 주체에게 최대한의 사회적 평가를 부여하도록 국가에게 요청할 권리라고 볼 수는 없다(헌재 2018. 5. 31. 2016헌마626).

④ ○ 청구인에게 정당방위 또는 정당행위가 성립할 여지가 충분함에도 불구하고 폭행 혐의를 인정한 기소유예처분이 청구인의 평등권과 행복추구권을 침해하였다. 청구인의 폭행은 피해자가 청구인에게 먼저 위법적인 유형력을 행사하자 이에 저항하는 과정에서 발생한 점, 청구인은 피해자로부터 폭행을 당하여 약 28일 간의 치료가 필요한 비교적 중한 상해를 입었음에도 이에 대항하여 행사한 유형력의 정도는 비교적 경미한 점, 여성인 청구인이 남성인 피해자에게 일방적으로 발로 차이고, 잡혀 끌려가자 이에 저항하며 피해자의 손을 떼어내려고 시도하고 그 과정에서 손톱으로 피해자의 팔을 할퀸 것은 폭행을 회피하기 위한 최소한의 방어수단이었던 것으로 보이는 점 등에 비추어 보면, 청구인의 행위는 정당행위 또는 정당방위에 해당할 여지가 충분하다. 따라서 이 사건 기소유예처분에는 수사미진과 법리오해의 잘못이 있다(헌재 2023. 8. 31. 2021헌마994).

10 정답 ①

① ✖ 헌법상의 기본권은 제1차적으로 개인의 자유로운 영역을 공권력의 침해로부터 보호하기 위한 방어적 권리이지만 다른 한편으로 헌법의 기본적인 결단인 객관적인 가치질서를 구체화한 것으로서, 사법을 포함한 모든 법 영역에 그 영향을 미치는 것이므로 사인간의 사적인 법률관계도 헌법상의 기본권 규정에 적합하게 규율되어야 한다. 다만 기본권 규정은 그 성질상 사법관계에 직접 적용될 수 있는 예외적인 것을 제외하고는 사법상의 일반원칙을 규정한 민법 제2조, 제103조, 제750조, 제751조 등의 내용을 형성하고 그 해석 기준이 되어 간접적으로 사법관계에 효력을 미치게 된다(대판 2011. 1. 27. 2009다19864).

② ○ 통치구조의 구성원리는 자기목적적인 것이 아니라 국민의 기본권과 헌법이 추구하는 가치를 보장하고 실현하기 위한 수단의 성격을 가지는 것이다. 따라서 자유위임원칙 역시 무제한적으로 보장되는 것은 아니며, 국회의 기능을 수행하기 위해서 필요한 범위 내에서 불가피하게 제한될 수밖에 없는 것이다(헌재 2020. 5. 27. 2019헌라).

③ ○ 서울기독교청년회(서울YMCA)가 남성 회원에게는 별다른 심사 없이 총회의결권 등을 가지는 총회원 자격을 부여하면서도 여성 회원의 경우에는 지속적인 요구에도 불구하고 원천적으로 총회원 자격심사에서 배제하여 온 것은, 여성 회원들의 인격적 법익을 침해하여 불법행위를 구성한다(대판 2011. 1. 27. 2009다19864).

④ ○ 헌법재판소법 제68조 제1항의 헌법소원심판은 개별적인 공권력의 행사 또는 불행사로 인하여 헌법상 보장된 기본권을 침해받은 자가 제기하는 주관적 권리구제형 헌법소원이다. 헌법 제10조에서 규정하듯이 모든 국가권력은 국민의 기본권에 기속되므로 원칙적으로 기본권에 기속되는 국가권력은 모두 헌법소원의 대상이 된다고 하여야 할 것이다(헌재 2005. 5. 26 2004헌마671).

11 정답 ①

① ✖ 이 사건 규정의 태아 성별 고지 금지는 낙태, 특히 성별을 이유로 한 낙태를 방지함으로써 성비의 불균형을 해소하고 태아의 생명권을 보호하기 위해 입법된 것이다. 그런데 임신 기간이 통상 40주라고 할 때, 낙태가 비교적 자유롭게 행해질 수 있는 시기가 있는 반면, 낙태를 할 경우 태아는 물론, 산모의 생명이나 건강에 중대한 위험을 초래하여 낙태가 거의 불가능하게 되는 시기도 있는데, 성별을 이유로 하는 낙태가 임신 기간의 전 기간에 걸쳐 이루어질 것이라는 전제 하에, 이 사건 규정이 낙태가 사실상 불가능하게 되는 임신 후반기에 이르러서도 태아에 대한 성별 정보를 태아의 부모에게 알려 주지 못하게 하는 것은 최소침해성원칙을 위반하는 것이고, 이와 같이 임신후반기 공익에 대한 보호의 필요성이 거

의 제기되지 않는 낙태 불가능 시기 이후에도 의사가 자유롭게 직업수행을 하는 자유를 제한하고, 임부나 그 가족의 태아 성별 정보에 대한 접근을 방해하는 것은 기본권 제한의 법익 균형성 요건도 갖추지 못한 것이다. 따라서 이 사건 규정은 헌법에 위반된다 할 것이다(헌재 2008. 7. 31. 2004헌마1010).

② ◎ 거짓이나 그 밖의 부정한 방법으로 보조금을 교부받거나 보조금을 유용하여 어린이집 운영정지, 폐쇄명령 또는 과징금 처분을 받은 어린이집에 대하여 그 위반사실을 공표하도록 한 것이 인격권 및 개인정보자기결정권을 침해하는지 여부(소극) 심판대상조항을 통하여 추구하는 영유아의 건강한 성장 도모 및 영유아 보호자들의 보육기관 선택권 보장이라는 공익이 공표대상자의 법 위반사실이 일정기간 외부에 공표되는 불이익보다 크다. 따라서 심판대상조항은 과잉금지원칙을 위반하여 인격권 및 개인정보자기결정권을 침해하지 아니한다(헌재 2022. 3. 31. 2019헌바520).

③ ◎ [1] 이 사건 운동화착용불허행위는 구 행형법제20조의 위임과 구 행형법 시행령 제73조 제2항의 재위임에 따른 구 수용자의류 및 침구급여에 관한 규칙과 수용자 피복관리 및 제작에 관한 지침에 근거를 둔 처분으로서 법률유보 원칙에 위배되지 아니한다. 그리고 유죄판결이 확정된 청구인의 경우에는 무죄추정 원칙이라든가 방어권이 문제될 여지가 없고, 청구인이 출석한 재판은 민사재판이었으므로 운동화 대신 고무신을 착용하였다고 하여공정한 재판을 받을 권리가 침해되었다고 볼 여지가 없다. 또한, 미결수용자와 형이 확정된 수용자는 구금되어 있다는 점에서만 유사점이 있을 뿐 본질적으로 동질적인 집단이라고 할 수 없으므로 평등권 침해 역시 문제되지 않는다.

[2] 이 사건 운동화착용불허행위는 시설 바깥으로의 외출이라는 기회를 이용한 도주를 예방하기 위한 것으로서 그 목적이 정당하고, 위와 같은 목적을 달성하기 위한 적합한 수단이라 할 것이다. 또한 신발의 종류를 제한하는 것에 불과하여 법익침해의 최소성과 균형성도 갖추었다할 것이므로, 이 사건 운동화착용불허행위가 기본권제한에 있어서의 과잉금지원칙에 반하여 청구인의 인격권과 행복추구권을 침해하였다고 볼 수 없다(헌재 2011. 2. 24. 2009헌마209).

④ ◎ 이 사건 청구인들로 하여금 유치기간동안 위와 같은 구조의 화장실을 사용 하도록 강제한 피청구인의 행위는 인간으로서의 기본적 품위를 유지할 수 없도록 하는 것으로서, 수인하기 어려운 정도라고 보여지므로 전체적으로 볼 때 비인도적·굴욕적일 뿐만 아니라 동시에 비록 건강을 침해할 정도는 아니라고 할지라도 헌법 제10조의 인간의 존엄과 가치로부터 유래하는 인격권을 침해하는 정도 에 이르렀다고 판단된다(헌재 2001. 7. 19. 2000헌마546).

12
정답 ④

④ ✗ 집단급식소에 근무하는 영양사의 직무를 규정한 조항을 위반한 자를 처벌하는 조항은 …… 집단급식소에 근무하는 영양사가 직무를 수행하지 아니한 경우 처벌한다는 의미만을 전달할 뿐, 그 판단기준에 관해서는 구체적이고 유용한 지침을 제공하지 않는다. 이는 식품위생법의 다른 금지규정 및 형벌규정과 대조된다. 이상과 같은 점을 고려할 때 처벌조항은 죄형법정주의 명확성원칙에 위반된다(헌재 2023. 3. 23. 2019헌바141, 위헌).

① ◎ 이 사건 집행정지 요건 조항에서 집행정지 요건으로 규정한 '회복하기 어려운 손해'는 대법원 판례에 의하여 '특별한 사정이 없는 한 금전으로 보상할 수 없는 손해로서 이는 금전보상이 불능인 경우 내지는 금전보상으로는 사회관념상 행정처분을 받은 당사자가 참고 견딜 수 없거나 또는 참고 견디기가 현저히 곤란한 경우의 유형, 무형의 손해'를 의미한 것으로 해석할 수 있고, '긴급한 필요'란 손해의 발생이 시간상 임박하여 손해를 방지하기 위해서 본안판결까지 기다릴 여유가 없는 경우를 의미하는 것으로, 이는 집행정지가 임시적 권리구제제도로서 잠정성, 긴급성, 본안소송에의 부종성의 특징을 지니는 것이라는 점에서 그 의미를 쉽게 예측할 수 있다. 이와 같이 심판대상조항은 법관의 법 보충작용을 통한 판례에 의하여 합리적으로 해석할 수 있고, 자의적인 법해석의 위험이 있다고 보기 어려우므로 명확성원칙에 위배되지 않는다(헌재 2018. 1. 25. 2016헌바208).

② ◎ 어린이집이 시·도지사가 정한 수납한도액의 범위를 넘어 필요경비를 수납한 경우 시정 또는 변경을 명할 수 있도록 한 영유아보육법(2011. 6. 7. 법률 제10789호로 개정된 것) 제44조 제5호 중 '제38조에 따른 그 밖의 필요경비'에 관한 부분이 명확성원칙에 위배되는지 여부(소극) '시정'과 '변경'의 사전적인 의미, 심판대상조항은 영유아보육법 제38조 위반에 대한 제재규정이라는 점, 영유아보육법 제38조 위반 행위의 대표적인 모습은 어린이집이 보호자로부터 관할 시·도지사가 정한 한도액을 초과하여 보호자로부터 필요경비를 수납하는 것이라는 점을 종합적으로 고려하면, 심판대상조항이 규정하고 있는 '시정 또는 변경' 명령은 '영유아보육법 제38조 위반행위에 대하여 그 위법사실을 시정하도록 함으로써 정상적인 법질서를 회복하는 것을 목적으로 행해지는 행정작용'으로, 여기에는 과거의 위반행위로 인하여 취득한 필요경비 한도 초과액에 대한 환불명령도 포함됨을 어렵지 않게 예측할 수 있다. 따라서 심판대상조항은 명확성원칙에 위배되지 않는다(헌재 2017. 12. 28. 2016헌바249).

③ ◎ 전문과목을 표시한 치과의원은 그 표시한 전문과목에 해당하는 환자만을 진료하여야 한다고 규정한 것이 명확성원칙에 위배되어 청구인들의 직업수행의 자유를 침해하는지 여부(소극) 치과전문의가 되기 위해서는 치과의사 면허를 받은 자가 치과전공의 수련과정을 거쳐 치과전문의 자격시험에 합격해야 하므로, 심판대상조항의 수범자인 치과전문의는 각 전문과목의 진료내용과 진료영역 및 전문과목 간의 차이점 등을 알 수 있다. 따라서 심판대상조항은 명확성원칙에 위배되어 직업수행의 자유를 침해한다고 볼 수 없다(헌재 2015. 5. 28. 2013헌마799).

13
정답 ②

② ✗

> 국적법 제15조(외국 국적 취득에 따른 국적 상실) ① 대한민국의 국민으로서 자진하여 외국 국적을 취득한 자는 그 외국 국적을 취득한 때에 대한민국 국적을 상실한다.

① ◎

> 국적법 제4조(귀화에 의한 국적 취득) ① 대한민국 국적을 취득한 사실이 없는 외국인은 법무부장관의 귀화허가(歸化許可)를 받아 대한민국 국적을 취득할 수 있다.
> ③ 제1항에 따라 귀화허가를 받은 사람은 법무부장관 앞에서 국민선서를 하고 귀화증서를 수여받은 때에 대한민국 국적을 취득한다. 다만, 법무부장관은 연령, 신체적·정신적 장애 등으로 국민선서의 의미를 이해할 수 없거나 이해한 것을 표현할 수 없다고 인정되는 사람에게는 국민선서를 면제할 수 있다.

③ ◎ 이 사건 심판대상규정이 청구인들과 같은 정부수립이전이주동포를 재외동포법의 적용대상에서 제외한 것은 합리적 이유없이 정부수립이전이주동포를 차별하는 자의적인 입법이어서 헌법 제11조의 평등원칙에 위배된다(헌재 2001. 11. 29. 99헌마494).

④ ◎ 국적은 국민의 자격을 결정짓는 것이고, 이를 취득한 사람은 국가

의 주권자가 되는 동시에 국가의 속인적 통치권의 대상이 되므로, 귀화허가는 외국인에게 대한민국 국적을 부여함으로써 국민으로서의 법적 지위를 포괄적으로 설정하는 행위에 해당한다. 한편 국적법 등 관계 법령 어디에도 외국인에게 대한민국의 국적을 취득할 권리를 부여하였다고 볼 만한 규정이 없다. 이와 같은 귀화허가의 근거 규정의 형식과 문언, 귀화허가의 내용과 특성 등을 고려하여 보면, 법무부장관은 귀화신청인이 법률이 정하는 귀화요건을 갖추었다고 하더라도 귀화를 허가할 것인지 여부에 관하여 재량권을 가진다(대판 2010. 7. 15. 2009두19069).

14   정답 ①

① ✗

헌법전문
유구한 역사와 전통에 빛나는 우리 대한국민은 3·1운동으로 건립된 대한민국임시정부의 법통과 불의에 항거한 4·19민주이념을 계승하고, 조국의 민주개혁과 평화적 통일의 사명에 입각하여 정의·인도와 동포애로써 민족의 단결을 공고히 하고, 모든 사회적 폐습과 불의를 타파하며, 자율과 조화를 바탕으로 자유민주적 기본질서를 더욱 확고히 하여 정치·경제·사회·문화의 모든 영역에 있어서 각인의 기회를 균등히 하고, 능력을 최고도로 발휘하게 하며, 자유와 권리에 따르는 책임과 의무를 완수하게 하여, 안으로는 국민생활의 균등한 향상을 기하고 밖으로는 항구적인 세계평화와 인류공영에 이바지함으로써 우리들과 우리들의 자손의 안전과 자유와 행복을 영원히 확보할 것을 다짐하면서 <u>1948년 7월 12일에 제정되고 8차에 걸쳐 개정된 헌법을</u> 이제 국회의 의결을 거쳐 국민투표에 의하여 개정한다

② ◎ "헌법전문에 기재된 3.1정신"은 우리나라 헌법의 연혁적·이념적 기초로서 헌법이나 법률해석에서의 해석기준으로 작용한다고 할 수 있지만, 그에 기하여 곧바로 국민의 개별적 기본권성을 도출해낼 수는 없다고 할 것이므로, 헌법소원의 대상인 "헌법상 보장된 기본권"에 해당하지 아니한다(헌재 2001. 3. 21 99헌마139).
④ ◎ 헌법은 국가유공자 인정에 관하여 명문 규정을 두고 있지 않으나 전문(前文)에서 "3.1운동으로 건립된 대한민국임시정부의 법통을 계승"한다고 선언하고 있다. 이는 대한민국이 일제에 항거한 독립운동가의 공헌과 희생을 바탕으로 이룩된 것임을 선언한 것이고, 그렇다면 국가는 일제로부터 조국의 자주독립을 위하여 공헌한 독립유공자와 그 유족에 대하여는 응분의 예우를 하여야 할 헌법적 의무를 지닌다(헌재 2005. 6. 30. 2004헌마859).

15   정답 ③

①◎, ③✗ '체계정당성'의 원리라는 것은 동일 규범 내에서 또는 상이한 규범간에 (수평적 관계이건 수직적 관계이건) 그 규범의 구조나 내용 또는 규범의 근거가 되는 원칙면에서 상호 배치되거나 모순되어서는 안 된다는 하나의 헌법적 요청이다. 즉 이는 규범 상호간의 구조와 내용 등이 모순됨이 없이 체계와 균형을 유지하도록 입법자를 기속하는 헌법적 원리라고 볼 수 있다(헌재 2004. 11. 25. 2002헌바66).
② ◎ 일반적으로 일정한 공권력작용이 체계정당성에 위반한다고 해서 곧 위헌이 되는 것은 아니다. 즉 체계정당성 위반 자체가 바로 위헌이 되는 것은 아니고 이는 비례의 원칙이나 평등원칙위반 내지 입법의 자의금지위반 등의 위헌성을 시사하는 하나의 징후일 뿐이다. 그러므로 체계정당성위반은 비례의 원칙이나 평등원칙위반 내지 입법자의 자의금지위반 등 일정한 위헌성을 시사하기는 하지만 아직 위헌은 아니고, 그것이 위헌이 되기 위해서는 결과적으로 비례의 원칙이나 평등의 원칙 등 일정

한 헌법의 규정이나 원칙을 위반하여야 한다(헌재 2004. 11. 25. 2002헌바66).
④ ◎ 규범 상호간의 체계정당성을 요구하는 이유는 입법자의 자의를 금지하여 규범의 명확성, 예측가능성 및 규범에 대한 신뢰와 법적 안정성을 확보하기 위한 것이고 이는 국가공권력에 대한 통제와 이를 통한 국민의 자유와 권리의 보장을 이념으로 하는 법치주의원리로부터 도출되는 것이라고 할 수 있다(헌재 2004. 11. 25. 2002헌바66).

16   정답 ③

③ ✗

헌법 제121조 ① 국가는 농지에 관하여 경자유전의 원칙이 달성될 수 있도록 노력하여야 하며, 농지의 소작제도는 금지된다.
② 농업생산성의 제고와 농지의 합리적인 이용을 위하거나 불가피한 사정으로 발생하는 농지의 임대차와 위탁경영은 법률이 정하는 바에 의하여 인정된다.

① ◎

헌법 제126조 국방상 또는 국민경제상 긴절한 필요로 인하여 법률이 정하는 경우를 제외하고는, 사영기업을 국유 또는 공유로 이전하거나 그 경영을 통제 또는 관리할 수 없다.

② ◎ 우리 헌법의 경제질서 원칙에 비추어 보면, 사회보험방식에 의하여 재원을 조성하여 반대급부로 노후생활을 보장하는 강제저축 프로그램으로서의 국민연금제도는 상호부조의 원리에 입각한 사회연대성에 기초하여 고소득계층에서 저소득층으로, 근로 세대에서 노년 세대로, 현재 세대에서 미래 세대로 국민간의 소득재분배 기능을 함으로써 오히려 위 사회적 시장경제질서에 부합하는 제도라 할 것이므로 국민연금제도가 헌법상의 시장경제질서에 위배된다는 위 주장은 이유 없다 할 것이다(헌재 2001. 2. 22. 99헌마365).
④ ◎ 헌법 제123조 제5항은 국가에게 "농·어민의 자조조직을 육성할 의무"와 "자조조직의 자율적 활동과 발전을 보장할 의무"를 아울러 규정하고 있는데, 이러한 국가의 의무는 자조조직이 제대로 활동하고 기능하는 시기에는 그 조직의 자율성을 침해하지 않도록 하는 후자의 소극적 의무를 다하면 된다고 할 수 있지만, 그 조직이 제대로 기능하지 못하고 향후의 전망도 불확실한 경우라면 단순히 그 조직의 자율성을 보장하는 것에 그쳐서는 아니 되고, 적극적으로 이를 육성하여야 할 전자의 의무까지도 수행하여야 한다(헌재 2000. 6. 1. 99헌마553).

17   정답 ②

② ✗ 청구인(사회당)은 등록이 취소된 이후에도, 취소 전 사회당의 명칭을 사용하면서 대외적인 정치활동을 계속하고 있고, 대내외 조직 구성과 선거에 참여할 것을 전제로 하는 당헌과 대내적 최고의사결정기구로서 당대회와, 대표단 및 중앙위원회, 지역조직으로 시·도위원회를 두는 등 계속적인 조직을 구비하고 있는 사실 등에 비추어 보면, 청구인은 등록이 취소된 이후에도 '등록정당'에 준하는 '권리능력 없는 사단'으로서의 실질을 유지하고 있다고 볼 수 있으므로 이 사건 헌법소원의 청구인능력을 인정할 수 있다. 또한, 정당설립의 자유는 그 성질상 등록된 정당에게만 인정되는 기본권이 아니라 청구인과 같이 등록정당은 아니지만 권리능력 없는 사단의 실체를 가지고 있는 정당에게도 인정되는 기본권이라고 할 수 있고, 청구인이 등록정당으로서의 지위를 갖추지 못한 것은 결국 이 사건 법률조항 및 같은 내용의 현행 정당법(제17조, 제18조)의 정당등록요건규정 때문이고, 장래에도 이 사건 법률조항과 같은 내용의 현행 정당법 규정에 따라 기본권제한이 반복될 위험이 있으므로, 심판청구

의 이익을 인정할 수 있다(헌재 2006. 3. 30. 2004헌마246).

① ○ 국회법 제48조 제3항 본문에 의하여 침해당하였다고 주장하는 기본권은 청구인이 국회 상임위원회에 소속하여 활동할 권리, 청구인이 무소속 국회의원으로서 교섭단체소속 국회의원과 동등하게 대우받을 권리라는 것으로서 이는 입법권을 행사하는 국가기관인 국회를 구성하는 국회의원의 지위에서 향유할 수 있는 권한일 수는 있을지언정 헌법이 일반국민에게 보장하고 있는 기본권이라고 할 수는 없다(헌재 2000. 8. 31. 2000헌마156).

③ ○ 국립대학인 서울대학교는 다른 국가기관 내지 행정기관과는 달리 공권력의 행사자의 지위와 함께 기본권의 주체라는 점도 중요하게 다루어져야 한다. 여기서 대학의 자율은 대학시설의 관리·운영만이 아니라 학사관리 등 전반적인 것이라야 하므로 연구와 교육의 내용, 그 방법과 그 대상, 교과과정의 편성, 학생의 선발, 학생의 전형도 자율의 범위에 속해야 하고 따라서 입학시험제도도 자주적으로 마련될 수 있어야 한다(헌재 1992. 10. 1. 92헌마68).

④ ○ 재개발조합의 공공성과 도시정비법에서 위 조합에 행정처분을 할 수 있는 권한을 부여한 취지 등을 종합하여 볼 때, 재개발조합이 공법인의 지위에서 행정처분의 주체가 되는 경우에 있어서는, 위 조합은 재개발사업에 관한 국가의 기능을 대신하여 수행하는 공권력 행사자 내지 기본권 수범자의 지위에 있다고 할 것이다. …… 재개발조합이 기본권의 수범자로 기능하면서 행정심판의 피청구인이 된 경우에 적용되는 심판대상조항의 위헌성을 다투는 이 사건에 있어, 재개발조합인 청구인은 기본권의 주체가 된다고 볼 수 없다(헌재 2022. 7. 21. 2019헌바 543).

18 정답 ④

④ ✗ '정신건강증진 및 정신질환자 복지서비스 지원에 관한 법률', '형의 집행 및 수용자의 처우에 관한 법률'에 있는 다른 제도들을 통하여 국민의 정신건강을 유지하는 데에 필요한 국가적 급부와 배려가 이루어지고 있으므로, 이 사건 법률조항들에서 치료감호대상자의 치료감호 청구권이나 법원의 직권에 의한 치료감호를 인정하지 않는다 하더라도 국민의 보건에 관한 국가의 보호의무에 반한다고 보기 어렵다(헌재 2021. 1. 28. 2019헌가24).

① ○ 이 사건 고시가 개정 전 고시에 비하여 완화된 수입위생조건을 정한 측면이 있다 하더라도, 미국산 쇠고기의 수입과 관련한 위험상황 등과 관련하여 개정 전 고시 이후에 달라진 여러 요인들을 고려하고 지금까지의 관련 과학기술 지식 과 OIE 국제기준 등에 근거하여 보호조치를 취한 것이라면, 이 사건 고시상의 보호조치가 체감적으로 완벽한 것은 아니라 할지라도, 위 기준과 그 내용에 비추어 쇠고기 소비자인 국민의 생명·신체의 안전을 보호하기에 전적으로 부적합하거나 매우 부족하여 그 보호의무를 명백히 위반한 것이라고 단정하기는 어렵다 할 것이다(헌재 2008. 12. 26. 2008헌마419).

② ○ 담배사업법은 담배의 제조 및 판매 자체는 금지하고 있지 않지만, 현재로서는 흡연과 폐암 등의 질병 사이에 필연적인 관계가 있다거나 흡연자 스스로 흡연 여부를 결정할 수 없을 정도로 의존성이 높아서 국가가 개입하여 담배의 제조 및 판매 자체를 금지하여야만 한다고 보기는 어렵다. 또한, 담배사업법은 담배성분의 표시나 경고문구의 표시, 담배광고의 제한 등 여러 규제들을 통하여 직접흡연으로부터 국민의 생명·신체의 안전을 보호하려고 노력하고 있다. 따라서 담배사업법이 국가의 보호의무에 관한 과소보호금지 원칙을 위반하여 청구인의 생명·신체의 안전에 관한 권리를 침해하였다고 볼 수 없다(헌재 2015. 4. 30. 2012헌마38).

③ ○ 외국의 대사관저에 대하여 강제집행을 할 수 없다는 이유로 집달관이 청구인들의 강제집행의 신청의 접수를 거부하여 강제집행이 불가능하게 된 경우 국가가 청구인들에게 손실을 보상하는 법률을 제정하여야 할 헌법상의 명시적인 입법 위임은 인정되지 아니하고, 헌법의 해석으로도 그러한 법률을 제정함으로써 청구인들의 기본권을 보호하여야 할 입법자의 행위의무 내지 보호의무가 발생하였다고 볼 수 없다(헌재 1998. 5. 28. 96헌마44).

19 정답 ①

① ✗ 헌법 제10조의 행복추구권은 국민이 행복을 추구하기 위하여 필요한 급부를 국가에게 적극적으로 요구할 수 있는 것을 내용으로 하는 것이 아니라, 국민이 행복을 추구하기 위한 활동을 국가권력의 간섭 없이 자유롭게 할 수 있다는 포괄적인 의미의 자유권으로서의 성격을 가진다고 할 것이다(헌재 2011. 3. 31 2009헌마617).

② ○ 일반적 행동자유권에는 적극적으로 자유롭게 행동을 하는 것은 물론 소극적으로 행동을 하지 않을 자유 즉 부작위의 자유도 포함되는 것으로, 법률행위의 영역에 있어서는 계약을 체결할 것인가의 여부, 체결한다면 어떠한 내용의, 어떠한 상대방과의 관계에서, 어떠한 방식으로 계약을 체결하느냐 하는 것도 당사자 자신이 자기의사로 결정하는 자유뿐만 아니라 원치 않으면 계약을 체결하지 않을 자유 즉 원치 않는 계약의 체결은 법이나 국가에 의하여 강제받지 않을 자유인 이른바 계약자유의 원칙도, 여기의 일반적 행동자유권으로부터 파생되는 것이라 할 것이다(헌재 1991. 6. 3 89헌마204).

③ ○ 행복추구권 속에 함축된 일반적인 행동자유권과 개성의 자유로운 발현권은 국가안전보장, 질서유지 또는 공공복리에 반하지 않는 한 입법 기타 국정상 최대의 존중을 필요로 하는 것이라고 볼 것이다(헌재 1991. 6. 3 89헌마204).

④ ○ 행복추구권은 다른 기본권에 대한 보충적 기본권으로서의 성격을 지니므로, 직업선택의 자유라는 우선적으로 적용되는 기본권의 침해 여부를 판단하는 이상 행복추구권 침해 여부에 대해서는 별도로 판단하지 않는다(헌재 2015. 4. 30. 2014헌마621).

20 정답 ③

③ ✗ 지방공사와 지방자치단체, 지방의회의 관계에 비추어 볼 때, 지방공사 직원의 직을 겸할 수 없도록 함에 있어 지방의회의원과 국회의원은 본질적으로 동일한 비교집단이라고 볼 수 없으므로, 양자를 달리 취급하였다고 할지라도 이것이 지방의회의원인 청구인의 평등권을 침해한 것이라고 할 수는 없다(헌재 2012. 4. 24. 2010헌마605).

① ○ 공무원에 버금가는 정도의 공정성·청렴성 및 직무의 불가매수성이 요구되는 각종 분야에 종사하는 사람 중 어느 범위까지 청탁금지법의 적용을 받도록 할 것인지는 업무의 공공성, 청탁관행이나 접대문화의 존재 및 그 심각성의 정도, 국민의 인식, 사회에 미치는 파급효 등 여러 요소를 고려하여 입법자가 선택할 사항으로 입법재량이 인정되는 영역이다. 부정청탁금지조항과 금품수수금지조항 및 신고조항과 제재조항은 전체 민간부문을 대상으로 하지 않고 사립학교 관계자와 언론인만 '공직자 등'에 포함시켜 공직자와 같은 의무를 부담시키고 있는데, 이들 조항이 청구인들의 일반적 행동자유권 등을 침해하지 않는 이상, 민간부문 중 우선 이들만 '공직자등'에 포함시킨 입법자의 결단이 자의적 차별이라 보기는 어렵다. 교육과 언론은 공공성이 강한 영역으로 공공부문과 민간부문이 함께 참여하고 있고, 참여 주체의 신분에 따른 차별을 두기 어려운 분야이다. 따라서 사립학교 관계자와 언론인 못지않게 공공성이 큰 민간 분야 종사자에 대해서 청탁금지법이 적용되지 않는다는 이유만으로 부정청탁금지조항과 금품수수금지조항 및 신고조항과 제재조항이 청구인들의 평등권을 침해한다고 볼 수 없다(헌재 2016. 7. 28 2015헌마236).

② ⭕ 외국거주 외국인유족의 퇴직공제금 수급 자격을 인정하지 아니하는 구 건설근로자의 고용개선 등에 관한 법률 제14조 제2항 중 구 산업재해보상보험법 제63조 제1항 가운데 '그 근로자가 사망할 당시 대한민국 국민이 아닌 자로서 외국에서 거주하고 있던 유족은 제외한다'를 준용하는 부분이 헌법에 위반된다. 건설근로자가 사망한 경우 '외국거주 외국인유족'은 자신이 거주하는 국가에서 발행하는 공신력 있는 문서로서 '퇴직공제금을 지급받을 유족의 자격'을 충분히 입증할 수 있어 건설근로자공제회의 퇴직공제금 지급 업무에 특별한 어려움이 초래될 일도 없다는 점에서 '외국거주 외국인유족'을 퇴직공제금을 지급받을 유족의 범위에서 제외할 이유가 없다. 나아가 퇴직공제금은 '일시금'으로 지급되는 것이어서 '건설근로자의 사망 당시 유족인지 여부'만 확인하면 되므로 퇴직공제금 수급 자격에 있어 '외국거주 외국인유족'이 '외국인'이라는 사정 또는 '외국에 거주'한다는 사정이 '대한민국 국민인 유족' 혹은 '국내거주 외국인유족'과 달리 취급받을 합리적인 이유가 될 수 없다. 이상의 점들을 종합하면, 심판대상조항은 합리적 이유 없이 '외국거주 외국인유족'을 '대한민국 국민인 유족' 및 '국내거주 외국인유족'과 차별하는 것이므로 평등원칙에 위반된다(헌재 2023. 3.23. 2020헌바471, 위헌).

④ ⭕ 보훈보상대상자의 부모에 대한 유족보상금 지급 시 수급권자를 1인에 한정하고 나이가 많은 자를 우선하도록 규정한 보훈보상대상자 지원에 관한 법률 제11조 제1항 제2호 등에 대한 위헌법률심판사건에서, 수급권자를 부모 중 1인으로 한정하고 있는 부분에 대하여 국가가 보훈보상대상자 및 그 유족에게 지급할 구체적인 보상의 내용 등에 관한 사항은 …… 국가의 재정부담 능력이 중요한 요소로 고려되어야 하는 것은 사실이다. 그러나 부모에 대한 보상금 지급에 있어서 예외 없이 오로지 1명에 한정하여 지급해야 할 필요성이 크다고 볼 수 없다. 심판대상조항이 국가의 재정부담능력의 한계를 이유로 하여 부모 1명에 한정하여 보상금을 지급하도록 하면서 어떠한 예외도 두지 않은 것에는 합리적 이유가 있다고 보기 어렵다 라고 하면서, 또한 부모 중 나이가 많은 자를 우선하도록 한 부분에 대하여도 부모 중 나이가 많은 자가 나이가 적은 자를 부양한다고 일반화할 합리적인 이유가 없고, 연장자라는 이유로 보상금을 지급하는 것은 보상금 수급권이 갖는 사회보장적 성격에 부합하지 아니한다(헌재 2018. 6. 28. 2016헌가14).

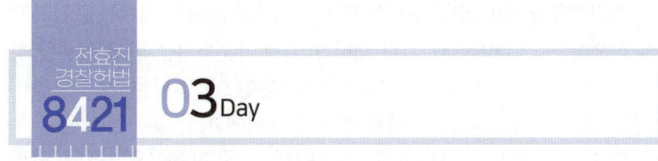

01 ④ 02 ③ 03 ③ 04 ② 05 ② 06 ② 07 ④ 08 ③ 09 ③ 10 ①
11 ② 12 ③ 13 ③ 14 ② 15 ③ 16 ③ 17 ② 18 ③ 19 ① 20 ④

01
정답 ④

④ ❌ 전기통신사업법이 통신자료 취득에 대한 사후통지절차를 규정하고 있지 않은 것은 적법절차원칙에 위배하여 청구인들의 개인정보자기결정권을 침해한다(헌재 2022. 7. 21. 2016헌마388).

① ⭕ 적법절차원칙이란, 국가공권력이 국민에 대하여 불이익한 결정을 하기에 앞서 국민은 자신의 견해를 진술할 기회를 가짐으로써 절차의 진행과 그 결과에 영향을 미칠 수 있어야 한다는 법원리를 말한다. 그런데 이 사건의 경우, 국회의 탄핵소추절차는 국회와 대통령이라는 헌법기관 사이의 문제이고, 국회의 탄핵소추의결에 의하여 사인으로서의 대통령의 기본권이 침해되는 것이 아니라, 국가기관으로서의 대통령의 권한 행사가 정지되는 것이다. 따라서 국가기관이 국민과의 관계에서 공권력을 행사함에 있어서 준수해야 할 법원칙으로서 형성된 적법절차의 원칙을 국가기관에 대하여 헌법을 수호하고자 하는 탄핵소추절차에는 직접 적용할 수 없다고 할 것이고, 그 외 달리 탄핵소추절차와 관련하여 피소추인에게 의견진술의 기회를 부여할 것을 요청하는 명문의 규정도 없으므로, 국회의 탄핵소추절차가 적법절차원칙에 위배되었다는 주장은 이유 없다(헌재 2004. 5. 14. 2004헌나1).

② ⭕ 특정공무원범죄의 범인에 대한 추징판결을 범인 외의 자가 그 정황을 알면서 취득한 불법재산 및 그로부터 유래한 재산에 대하여 그 범인 외의 자를 상대로 집행할 수 있도록 규정한 심판대상조항에 따른 추징판결의 집행은 그 성질상 신속성과 밀행성을 요구하는데, 제3자에게 추징판결의 집행사실을 사전에 통지하거나 의견 제출의 기회를 주게 되면 제3자가 또다시 불법재산 등을 처분하는 등으로 인하여 집행의 목적을 달성할 수 없게 될 가능성이 높다. 따라서 심판대상조항이 제3자에 대하여 특정공무원범죄를 범한 범인에 대한 추징판결을 집행하기에 앞서 제3자에게 통지하거나 의견을 진술할 기회를 부여하지 않은 데에는 합리적인 이유가 있다. 나아가 제3자는 심판대상조항에 의한 집행에 관한 검사의 처분이 부당함을 이유로 재판을 선고한 법원에 재판의 집행에 관한 이의신청을 할 수 있다(형사소송법 제489조). 또한 제3자는 각 집행절차에서 소송을 통해 불복하는 등 사후적으로 심판대상조항에 의한 집행에 대하여 다툴 수 있다. 따라서 심판대상조항은 적법절차원칙에 위배된다고 볼 수 없다(헌재 2020. 2. 27. 2015헌가4).

③ ⭕ 피고인 스스로 치료감호를 청구할 수 있는 권리나, 법원으로부터 직권으로 치료감호를 선고받을 수 있는 권리는 헌법상 재판청구권의 보호범위에 포함되지 않는다. 공익의 대표자로서 준사법기관적 성격을 가지고 있는 검사에게만 치료감호 청구권한을 부여한 것은, 본질적으로 자유박탈적이고 침익적 처분인 치료감호와 관련하여 재판의 적정성 및 합리성을 기하기 위한 것이므로 적법절차원칙에 반하지 않는다. 그렇다면 이 사건 법률조항들은 재판청구권을 침해하거나 적법절차원칙에 반한다고 보기 어렵다(헌재 2021. 1. 28. 2019헌가24).

02
정답 ③

③ ❌ 공직선거법 제59조(이하 '이 사건 선거운동기간조항'이라 한다) 중 선거운동기간 전에 개별적으로 대면하여 말로 하는 선거운동에 관한 부분 및 이

사건 처벌조항 부분이 과잉금지원칙에 반하여 선거운동 등 정치적 표현의 자유를 침해하는지 여부(적극) 기간 제한 없이 선거운동을 무한정 허용할 경우 후보자 간의 지나친 경쟁이 선거관리의 곤란으로 이어져 부정행위의 발생을 막기 어렵고, 후보자 간의 경제력 차이에 따른 불공평이 생길 우려가 있다. 그러므로 선거운동기간을 제한하는 것 자체가 정치적 표현의 자유를 과도하게 제한한다고 보기 어렵다. 그러나 선거운동을 어느 정도 규제하는 것에 불가피한 측면이 있더라도, 그 제한의 정도는 정치·사회적 발전단계와 국민의식의 성숙도 등을 종합하여 합리적으로 결정해야 한다. 그럼에도 심판대상조항은 입법목적을 달성하는 데 지장이 없는 선거운동방법, 즉 돈이 들지 않는 방법으로서 '후보자 간 경제력 차이에 따른 불균형 문제'나 '사회·경제적 손실을 초래할 위험성'이 낮은, 개별적으로 대면하여 말로 지지를 호소하는 선거운동까지 금지하고 처벌함으로써, 과잉금지원칙에 반하여 선거운동 등 정치적 표현의 자유를 과도하게 제한하고 있다. …… 결국 이 사건 선거운동기간조항 중 선거운동기간 전에 개별적으로 대면하여 말로 하는 선거운동에 관한 부분, 이 사건 처벌조항 부분은 과잉금지원칙에 반하여 선거운동 등 정치적 표현의 자유를 침해한다(헌재 2022. 2. 24. 2018헌바146).

① ⓞ 헌법재판소는 2023년 9월 26일 재판관 7:2의 의견으로, 북한 지역으로 전단 등 살포를 하여 국민의 생명·신체에 위해를 끼치거나 심각한 위험을 발생시키는 것을 금지하고, 이를 위반한 경우 처벌하는 '남북관계 발전에 관한 법률'(2020. 12. 29. 법률 제17763호로 개정된 것) 제24조 제1항 제3호, 제25조 중 제24조 제1항 제3호에 관한 부분은 모두 헌법에 위반된다는 결정을 선고하였다. …… 심판대상조항은 국민의 생명·신체의 안전을 보장하고 남북 간 긴장을 완화하며 평화통일을 지향하여야 하는 국가의 책무를 달성하기 위한 것으로서 목적의 정당성이 인정되며, 심판대상 조항은 입법목적 달성에 적합한 수단이 된다. 심판대상 조항과 같이 전단 등 살포를 금지·처벌하지 않더라도, 현장에 출동한 경찰이 전단 등 살포로 국민의 생명·신체에 위해나 심각한 위험이 발생할 우려가 있다고 판단하면, '경찰관직무집행법'에 기하여 행위자에게 경고하고, 위해 방지를 위하여 필요한 경우 살포를 직접 제지하는 등 상황에 따른 유연한 조치를 할 수 있다. 또한 전단 등 살포 전에 살포 시간, 장소, 방법 등을 사전에 신고하도록 하고, 관할 경찰서장은 관련 법률에 저촉될 여지가 있는 경우 '살포금지통고'를 할 수 있도록 하는 등의 입법적 보완을 하면, 경찰이 이에 대응하기 용이해지므로, 심판대상조항을 통한 제한보다 덜 침익적인 수단이 될 수 있다. …… 심판대상조항은 침해의 최소성을 충족하지 못한다. 심판대상조항으로 접경지역 주민의 안전이 확보되고, 평화통일의 분위기가 조성될지는 단언하기 어려운 반면, 심판대상조항이 초래하는 정치적 표현의 자유에 대한 제한은 매우 중대하므로, 법익의 균형성도 인정되지 않는다. 그렇다면 심판대상조항은 과잉금지원칙에 위배되어 청구인들의 표현의 자유를 침해한다[헌재 2023. 9. 26. 2020헌마1724·1733(병합)].

② ⓞ 음란표현은 헌법 제21조가 규정하는 언론·출판의 자유의 보호영역 내에 있다고 볼 것이다(헌재 2009. 5. 28. 2006헌바109).

④ ⓞ **공개장소에서의 연설·대담장소 또는 대담·토론회장에서 연설·대담·토론용으로 사용하는 경우를 제외하고는 선거운동을 위하여 확성장치를 사용할 수 없도록 한 공직선거법 제91조 제1항 및 구 공직선거법 제255조 제2항 제4호 중 '제91조 제1항의 규정에 위반하여 확성장치를 사용하여 선거운동을 한 자' 부분(이하 '확성장치사용 금지조항'이라 한다)이 정치적 표현의 자유를 침해하는지 여부(소극)** 확성장치에 의한 기계적인 소음은 다수의 사람들이 건강하고 쾌적한 환경에서 생활할 권리에 직접적인 영향을 미치며, 경쟁적인 사용으로 인한 피해 확산의 우려도 있으므로, 확성장치사용 금지조항은 입법목적의 정당성과 수단의 적합성이 인정된다. 확성장치에 의해 기계적으로 유발되는 소음은 자연적으로 발생하는 생활소음에 비하여 상대적으로 큰 피해를 유발할 가능성이 높고, 모든 종류의 공직선거 때마다 확성장치로 인한 소음을 감내할 것을 요구한다면 선거 전반에의 혐오감을 야기시킬 우려가 있다. 반면, 선거운동에서 다소 전통적인 수단이라 할 수 있는 확성장치의 사용을 규제한다고 하더라도 후보자는 보다 접근이 용이한 다른 선거운동방법을 활용할 수 있고, 확성장치의 출력수나 사용시간을 규제하는 입법은 확성장치사용 자체를 제한하는 방안과 동등하거나 유사한 효과가 있다고 볼 수도 없으므로 확성장치사용 금지조항은 침해의 최소성에 어긋나지 않는다. 또한 확성장치 사용을 제한함으로써 달성할 수 있는 공익이 그로 인하여 제한되는 정치적 표현의 자유보다 작다고 할 수 없으므로, 확성장치사용 금지조항은 법익의 균형성에도 반하지 않는다. 따라서 확성장치사용 금지조항은 과잉금지원칙에 반하여 정치적 표현의 자유를 침해하지 않는다(헌재 2022. 7. 21. 2018헌바357).

03 정답 ③

③ ✗ **보안관찰처분대상자가 교도소 등에서 출소한 후 7일 이내에 출소사실을 신고하도록 정한 구 보안관찰법 출소 후 신고의무에 관한 부분('출소후신고조항 및 위반 시 처벌조항')이 과잉금지원칙을 위반하여 청구인의 사생활의 비밀과 자유 및 개인정보자기결정권을 침해하는지 여부(소극)** 출소 후 출소사실을 신고하여야 하는 신고의무 내용에 비추어 보안관찰처분대상자(이하 '대상자'라 한다)의 불편이 크다거나 7일의 신고기간이 지나치게 짧다고 할 수 없다. 보안관찰해당범죄는 민주주의체제의 수호와 사회질서의 유지, 국민의 생존 및 자유에 중대한 영향을 미치는 범죄인 점, 보안관찰법은 대상자를 파악하고 재범의 위험성 등 보안관찰처분의 필요성 유무의 판단 자료를 확보하기 위하여 위와 같은 신고의무를 규정하고 있다는 점 등에 비추어 출소 후 신고의무 위반에 대한 제재수단으로 형벌을 택한 것이 과도하다거나 법정형이 다른 법률들에 비하여 각별히 과중하다고 볼 수도 없다. 따라서 출소후신고조항 및 위반 시 처벌조항은 과잉금지원칙을 위반하여 청구인의 사생활의 비밀과 자유 및 개인정보자기결정권을 침해하지 아니한다(헌재 2021. 6. 24. 2017헌바479).

① ⓞ 이 사건 검사행위는 교도소의 안전과 질서를 유지하고, 수형자의 교화·개선에 지장을 초래할 수 있는 물품을 차단하기 위한 것으로서 그 목적이 정당하고, 수단도 적절하며, 검사의 실효성을 확보하기 위한 최소한의 조치로 보이고, 달리 덜 제한적인 대체수단을 찾기 어려운 점 등에 비추어 보면 이 사건 검사행위가 과잉금지원칙에 위배하여 사생활의 비밀 및 자유를 침해하였다고 할 수 없다(헌재 2011. 10. 25. 2009헌마691).

② ⓞ 보안관찰처분대상자가 교도소 등에서 출소 후 신고한 거주예정지 등 정보에 변동이 생길 때마다 7일 이내 이를 신고하도록 규정한 「보안관찰법」상 변동신고조항 및 위반 시 처벌조항은 과잉금지원칙을 위반하여 청구인의 사생활의 비밀과 자유 및 개인정보자기결정권을 침해한다(헌재 2021. 6. 24. 2017헌바479).

④ ⓞ 존속상해치사죄와 같은 범죄행위가 헌법상 보호되는 사생활의 영역에 속한다고 볼 수 없을 뿐만 아니라, 이 사건 법률조항의 입법목적이 정당하고 그 형의 가중에 합리적 이유가 있으며 직계존속이 아닌 통상인에 대한 상해치사죄도 형사상 처벌되고 있는 이상, 그 가중처벌에 의하여 가족관계상 비속의 사생활이 왜곡된다거나 존속에 대한 효의 강요나 개인 윤리문제에의 개입 등 외부로부터 부당한 간섭이 있는 것이라고는 말할 수 없으므로, 이 사건 법률조항은 헌법 제17조의 사생활의 자유를 침해하지 아니한다(헌재 2002. 3. 28. 2000헌바53).

04 정답 ②

② ✗ 법무부장관으로 하여금 거짓이나 그 밖의 부정한 방법으로 귀화허가를 받은 자에 대하여 그 허가를 취소할 수 있도록 규정하면서도 그

취소권의 행사기간을 따로 정하고 있지 아니한 국적법 제21조 중 귀화허가취소에 관한 부분은 과잉금지원칙에 위배되어 거주·이전의 자유 및 행복추구권을 침해하지 않는다(헌재 2015. 9. 24. 2015헌바26).

① ⊙ 누구든지 주민등록 여부와 무관하게 거주지를 자유롭게 이전할 수 있으므로 주민등록 여부가 거주·이전의 자유와 직접적인 관계가 있다고 보기 어려우며, 영내 기거하는 현역병은 병역법으로 인해 거주·이전의 자유를 제한받게 되므로 이 사건 법률조항은 영내 기거 현역병의 거주·이전의 자유를 제한하지 않는다(헌재 2011. 6. 30. 2009헌마59).

③ ⊙ 거주·이전의 자유는 거주지나 체류지라고 볼 만한 정도로 생활과 밀접한 연관을 갖는 장소를 선택하고 변경하는 행위를 보호하는 기본권인바, 이 사건에서 서울광장이 청구인들의 생활형성의 중심지인 거주지나 체류지에 해당한다고 할 수 없고, 서울광장에 출입하고 통행하는 행위가 그 장소를 중심으로 생활을 형성해 나가는 행위에 속한다고 볼 수도 없으므로 청구인들의 거주·이전의 자유가 제한되었다고 할 수 없다(헌재 2011. 6. 30. 2009헌마406).

④ ⊙ 심판대상 법률조항의 입법목적은 병역준비역에 편입된 사람이 병역의무를 면탈하기 위한 수단으로 국적을 이탈하는 것을 제한하여 병역의무 이행의 공평을 확보하려는 것이다. 헌법 제39조 제1항은 모든 국민은 법률이 정하는 바에 의하여 국방의 의무를 부담한다고 규정하고, 국민인 남성은 헌법과 병역법 등이 정하는 바에 따라 병역의무를 성실하게 수행하여야 하는바, 병역의무의 이행에 공평을 확보하려는 심판대상 법률조항의 입법목적은 정당하다. …… 병역준비역에 편입된 복수국적자의 국적선택 기간이 지났다고 하더라도, 그 기간 내에 국적이탈 신고를 하지 못한 데 대하여 사회통념상 그에게 책임을 묻기 어려운 사정 즉, 정당한 사유가 존재하고, 또한 병역의무 이행의 공평성 확보라는 입법목적을 훼손하지 않음이 객관적으로 인정되는 경우라면, 병역준비역에 편입된 복수국적자에게 국적선택 기간이 경과하였다고 하여 일률적으로 국적이탈을 할 수 없다고 할 것이 아니라, 예외적으로 국적이탈을 허가하는 방안을 마련할 여지가 있다. 이처럼 '병역의무의 공평성 확보'라는 입법목적을 훼손하지 않으면서도 기본권을 덜 침해하는 방법이 있는데도 심판대상 법률조항은 그러한 예외를 전혀 두지 않고 일률적으로 병역의무 해소 전에는 국적이탈을 할 수 없도록 하는바, 이는 피해의 최소성 원칙에 위배된다. …… 이상의 사정을 종합하면, 심판대상 법률조항은 과잉금지원칙에 위배되어 청구인의 국적이탈의 자유를 침해한다(헌재 2020. 9. 24. 2016헌마889).

05

정답 ②

② ✗

통신비밀보호법 제4조(불법검열에 의한 우편물의 내용과 불법감청에 의한 전기통신내용의 증거사용 금지) 제3조의 규정에 위반하여, 불법검열에 의하여 취득한 우편물이나 그 내용 및 불법감청에 의하여 지득 또는 채록된 전기통신의 내용은 재판 또는 징계절차에서 증거로 사용할 수 없다.

① ⊙ 통신제한조치기간의 연장을 허가함에 있어 총연장기간 또는 총연장횟수의 제한을 두고 그 최소한의 연장기간동안 범죄혐의를 입증하지 못하는 경우 통신제한조치를 중단하게 한다고 하여도, 여전히 통신제한조치를 해야 할 필요가 있으면 법원에 새로운 통신제한조치의 허가를 청구할 수 있으므로 이로써 수사목적을 달성하는 데 충분하다. 또한 법원이 실제 통신제한조치의 기간연장절차의 남용을 통제하는 데 한계가 있는 이상 통신제한조치 기간연장에 사법적 통제절차가 있다는 사정만으로는 그 남용으로 인하여 개인의 통신의 비밀이 과도하게 제한되는 것을 막을 수 없다. 그럼에도 통신제한조치기간을 연장함에 있어 법운용자의 남용을 막을 수 있는 최소한의 한계를 설정하지 않은 이 사건 법률조항은 침해의 최소성원칙에 위반한다. 나아가 통신제한조치가 내려진 피의자나 피내사자는 자신이 감청을 당하고 있다는 사실을 모르는 기본권제한의 특성상 방어권을 행사하기 어려운 상태에 있으므로 통신제한조치기간의 연장을 허가함에 있어 총연장기간 또는 총연장횟수의 제한이 없을 경우 수사와 전혀 관계없는 개인의 내밀한 사생활의 비밀이 침해당할 우려도 심히 크기 때문에 기본권 제한의 법익균형성 요건도 갖추지 못하였다. 따라서 이 사건 법률조항은 헌법에 위반된다 할 것이다(헌재 2010. 12. 28. 2009헌가30).

③ ⊙ 공개되지 아니한 타인간의 대화를 녹음 또는 청취하여 지득한 대화의 내용을 공개하거나 누설한 자를 처벌하는 이 사건 법률조항이 불법감청·녹음 등에 의하여 취득한 타인간의 대화내용을 어떠한 경로로 알게 되었는지 그 지득경위를 묻지 않고 그 대화내용을 공개한 자를 처벌하는 이유는, 대화내용을 공개함으로써 대화의 비밀이 침해되는 정도가 그 대화내용을 알게 된 경위에 따라서 달라지는 것은 아니기 때문이다. …… 이와 같이 이 사건 법률조항이 불법 취득한 타인간의 대화내용을 공개한 자를 처벌함에 있어 형법 제20조(정당행위)의 일반적 위법성조각사유에 관한 규정을 적정하게 해석 적용함으로써 공개자의 표현의 자유도 적절히 보장될 수 있는 이상, 이 사건 법률조항에 형법상의 명예훼손죄와 같은 위법성조각사유에 관한 특별규정을 두지 아니하였다는 점만으로 기본권 제한의 비례성을 상실하였다고는 볼 수 없다(헌재 2011. 8. 30. 2009헌바42).

④ ⊙ 통신의 비밀이란 서신·우편·전신의 통신수단을 통하여 개인 간에 의사나 정보의 전달과 교환(의사소통)이 이루어지는 경우, 통신의 내용과 통신이용의 상황이 개인의 의사에 반하여 공개되지 아니할 자유를 의미한다. 그러나 가입자의 인적사항이라는 정보는 통신의 내용·상황과 관계없는 '비 내용적 정보'이며 휴대전화 통신계약 체결 단계에서는 아직 통신수단을 통하여 어떠한 의사소통이 이루어지는 것이 아니므로 통신의 비밀에 대한 제한이 이루어진다고 보기는 어렵다(헌재 2019. 9. 26. 2017헌마1209).

06

정답 ②

② ✗ 초·중등학교의 교육공무원이 정치단체의 결성에 관여하거나 이에 가입하는 행위를 금지한 국가공무원법 제65조 제1항 관련부분이 정치적 표현의 자유 및 결사의 자유를 침해하는지 여부(적극) (헌재 2020. 4. 23. 2018헌마551)

① ⊙ 심판대상조항은 국민의 생명·신체의 안전을 보장하고 남북 간 긴장을 완화하며 평화통일을 지향하여야 하는 국가의 책무를 달성하기 위한 것으로서 목적의 정당성이 인정되며, 심판대상조항은 입법목적 달성에 적합한 수단이 된다. 그러나 심판대상조항과 같이 전단 등 살포를 금지·처벌하지 않더라도, 현장에 출동한 경찰이 전단 등 살포로 국민의 생명·신체에 위해나 심각한 위험이 발생할 우려가 있다고 판단하면, '경찰관 직무집행법'에 기하여 행위자에게 경고하고, 위해 방지를 위하여 필요한 경우 살포를 직접 제지하는 등 상황에 따른 유연한 조치를 할 수 있다. 또한 전단 등 살포 전에 살포 시간, 장소, 방법 등을 사전에 신고하도록 하고, 관할 경찰서장은 관련 법률에 저촉될 여지가 있는 경우 '살포 금지 통고'를 할 수 있도록 하는 등의 입법적 보완을 하면, 경찰이 이에 대응하기 용이해지므로, 심판대상조항을 통한 제한보다 덜 침익적인 수단이 될 수 있다… 심판대상조항은 침해의 최소성을 충족하지 못한다. 심판대상조항으로 접경지역 주민의 안전이 확보되고, 평화통일의 분위기가 조성될지는 단언하기 어려운 반면, 심판대상조항이 초래하는 정치적 표현의 자유에 대한 제한은 매우 중대하므로, 법익의 균형성도 인정되지 않는다. 그렇다면 심판대상조항은 과잉금지원칙에 위배되어 청구인들의 표현의 자유를 침해한다(헌재 2023. 9. 26. 2020헌마1724).

③ ◎ 공직자의 공무집행과 직접적인 관련이 없는 개인적인 사생활에 관한 사실이라도 일정한 경우 공적인 관심 사안에 해당할 수 있다. 공직자의 자질·도덕성·청렴성에 관한 사실은 그 내용이 개인적인 사생활에 관한 것이라 할지라도 순수한 사생활의 영역에 있다고 보기 어렵다. 이러한 사실은 공직자 등의 사회적 활동에 대한 비판 내지 평가의 한 자료가 될 수 있고, 업무집행의 내용에 따라서는 업무와 관련이 있을 수도 있으므로, 이에 대한 문제제기 내지 비판은 허용되어야 한다(헌재 2013. 12. 26. 2009헌마747).

④ ◎ 의료광고의 사전심의는 보건복지부장관으로부터 위탁을 받은 각 의사협회가 행하고 있으나 사전심의의 주체인 보건복지부장관은 언제든지 위탁을 철회하고 직접 의료광고 심의업무를 담당할 수 있는 점, 의료법 시행령이 심의위원회의 구성에 관하여 직접 규율하고 있는 점, 심의기관의 장은 심의 및 재심의 결과를 보건복지부장관에게 보고하여야 하는 점, 보건복지부장관은 의료인 단체에 대해 재정지원을 할 수 있는 점, 심의기준·절차 등에 관한 사항을 대통령령으로 정하도록 하고 있는 점 등을 종합하여 보면, 각 의사협회는 행정권의 영향력에서 벗어나 독립적이고 자율적으로 사전심의업무를 수행하고 있다고 보기 어렵다. 따라서 이 사건 법률규정들은 사전검열금지원칙에 위배된다(헌재 2015. 12. 23. 2015헌바75).

07 [2022 해경간부] 정답 ④

④ ✗ 법원 인근에서 옥외집회나 시위가 열릴 경우 해당 법원에서 심리 중인 사건의 재판에 영향을 미칠 위협이 존재한다는 일반적 추정이 구체적 상황에 따라 부인될 수 있는 경우라면, 입법자로서는 각급 법원 인근일지라도 예외적으로 옥외집회·시위가 가능하도록 관련 규정을 정비하여야 한다. 법원 인근에서의 집회라 할지라도 법관의 독립을 위협하거나 재판에 영향을 미칠 염려가 없는 집회도 있다. 예컨대 법원을 대상으로 하지 않고 검찰청 등 법원 인근 국가기관이나 일반법인 또는 개인을 대상으로 한 집회로서 재판업무에 영향을 미칠 우려가 없는 집회가 있을 수 있다. 법원을 대상으로 한 집회라도 사법행정과 관련된 의사표시 전달을 목적으로 한 집회 등 법관의 독립이나 구체적 사건의 재판에 영향을 미칠 우려가 없는 집회도 있다. 한편 집시법은 심판대상조항 외에도 집회·시위의 성격과 양상에 따라 법원을 보호할 수 있는 다양한 규제수단을 마련하고 있으므로, 각급 법원 인근에서의 옥외집회·시위를 예외적으로 허용한다고 하더라도 이러한 수단을 통하여 심판대상조항의 입법목적은 달성될 수 있다. 심판대상조항은 입법목적을 달성하는 데 필요한 최소한도의 범위를 넘어 규제가 불필요하거나 또는 예외적으로 허용 가능한 옥외집회·시위까지도 일률적·전면적으로 금지하고 있으므로, 침해의 최소성 원칙에 위배된다. 심판대상조항은 각급 법원 인근의 모든 옥외집회를 전면적으로 금지함으로써 상충하는 법익 사이의 조화를 이루려는 노력을 전혀 기울이지 않아, 법익의 균형성 원칙에도 어긋난다. 심판대상조항은 과잉금지원칙을 위반하여 집회의 자유를 침해한다(헌재 2018. 7. 26. 2018헌바137).

① ◎ 집회나 시위 해산을 위한 살수차 사용은 집회의 자유 및 신체의 자유에 대한 중대한 제한을 초래하므로 살수차 사용요건이나 기준은 법률에 근거를 두어야 하고, 살수차와 같은 위해성 경찰장비는 본래의 사용방법에 따라 지정된 용도로 사용되어야 하며 다른 용도나 방법으로 사용하기 위해서는 반드시 법령에 근거가 있어야 한다(헌재 2018. 5. 31. 2015헌마476).

② ◎ 시위는 공공의 안녕질서, 법적 평화 및 타인의 평온에 미치는 영향이 크고, 야간이라는 특수한 시간적 상황은 시민들의 평온이 강하게 요청되는 시간대로, 야간의 시위는 주간의 시위보다 질서를 유지시키기가 어렵다. 야간의 시위 금지는 이러한 특징과 차별성을 고려하여 사회의 안녕질서를 유지하고 시민들의 주거 및 사생활의 평온을 보호하기 위한 것으로서 정당한 목적 달성을 위한 적합한 수단이 된다. 그런데 집시법 제10조 본문에 의하면, 낮 시간이 짧은 동절기의 평일의 경우, 직장인이나 학생은 사실상 시위를 주최하거나 참가할 수 없게 되는 등 집회의 자유가 실질적으로 박탈되는 결과가 초래될 수 있다. 나아가 도시화·산업화가 진행된 현대 사회에서 전통적 의미의 야간, 즉 '해가 뜨기 전이나 해가 진 후'라는 광범위하고 가변적인 시간대는 위와 같은 '야간'이 특징이나 차별성이 명백하다고 보기 어려움에도 일률적으로 야간 시위를 금지하는 것은 목적달성을 위해 필요한 정도를 넘는 지나친 제한으로서 침해의 최소성 원칙 및 법익균형성 원칙에 반한다. 따라서 심판대상조항들은 과잉금지원칙에 위배하여 집회의 자유를 침해한다(헌재 2014. 3. 27. 2010헌가2).

③ ◎ 국회의사당 인근에서의 집회가 심판대상조항에 의하여 보호되는 법익에 대한 직접적인 위협을 초래한다는 일반적 추정이 구체적인 상황에 의하여 부인될 수 있는 경우라면, 입법자로서는 예외적으로 옥외집회가 가능할 수 있도록 심판대상조항을 규정하여야 한다. 예를 들어, 국회의 기능을 직접 저해할 가능성이 거의 없는 '소규모 집회', 국회의 업무가 없는 '공휴일이나 휴회기 등에 행하여지는 집회', '국회의 활동을 대상으로 한 집회가 아니거나 부차적으로 국회에 영향을 미치고자 하는 의도가 내포되어 있는 집회'처럼 옥외집회에 의한 국회의 헌법적 기능이 침해될 가능성이 부인되거나 또는 현저히 낮은 경우에는, 입법자로서는 심판대상조항으로 인하여 발생하는 집회의 자유에 대한 과도한 제한 가능성이 완화될 수 있도록 그 금지에 대한 예외를 인정하여야 한다. …… 이처럼, 심판대상조항은 입법목적을 달성하는 데 필요한 최소한도의 범위를 넘어, 규제가 불필요하거나 또는 예외적으로 허용하는 것이 가능한 집회까지도 이를 일률적·전면적으로 금지하고 있으므로 침해의 최소성 원칙에 위배된다(헌재 2018. 5. 31. 2013헌바322).

08 정답 ③

③ ◎ 정당의 공직선거 후보자 선출은 자발적 조직 내부의 의사결정에 지나지 아니한다. 따라서 청구인이 정당의 내부경선에 참여할 권리는 헌법이 보장하는 공무담임권의 내용에 포함된다고 보기 어렵고, 청구인의 소속 정당이 당내경선을 실시하지 않는다고 하여 청구인이 공직선거의 후보자로 출마할 수 없는 것이 아니므로, 심판대상조항으로 인하여 청구인의 공무담임권이 침해될 여지는 없다(헌재 2014. 11. 27. 2013헌마814).

① ✗ 획일적으로 30세까지는 순경과 소방사·지방소방사 및 소방간부후보생의 직무수행에 필요한 최소한도의 자격요건을 갖추고, 30세가 넘으면 그러한 자격요건을 상실한다고 보기 어렵고, 이 점은 순경을 특별채용하는 경우 응시연령을 40세 이하로 제한하고, 소방사·지방소방사와 마찬가지로 화재현장업무 등을 담당하는 소방교·지방소방교의 경우 특채시험의 응시연령을 35세 이하로 제한하고 있는 점만 보아도 분명하다. 따라서 이 사건 심판대상 조항들이 순경 공채시험, 소방사 등 채용시험, 그리고 소방간부 선발시험의 응시연령의 상한을 '30세 이하'로 규정하고 있는 것은 합리적이라고 볼 수 없으므로 침해의 최소성 원칙에 위배되어 청구인들의 공무담임권을 침해한다(헌재 2012. 5. 31. 2010헌마278).

② ✗ 피성년후견인인 국가공무원은 당연퇴직한다고 정한 구 국가공무원법 제69조 제1호 중 제33조 제1호 가운데 '피성년후견인'에 관한 부분, 국가공무원법 제69조 제1호 중 제33조 제1호에 관한 부분은 공무담임권을 침해한다(헌재 2022. 12. 22. 2020헌가8).

④ ✗ 위 규정은 금고 이상의 선고유예의 판결을 받은 모든 범죄를 포괄하여 규정하고 있을 뿐 아니라, 심지어 오늘날 누구에게나 위험이 상존하는 교통사고 관련 범죄 등 과실범의 경우마저 당연퇴직의 사유에서 제외하지 않고 있으므로 최 소침해성의 원칙에 반한다. …… 이 사건 법률조항은 과잉금지원칙에 위배하여 공무담임권을 침해하는 조항이라고 할 것이다(헌재 2003. 10. 30. 2002헌마684).

09   정답 ③

③ ❌ 인터넷게시판을 설치·운영하는 정보통신서비스 제공자에게 본인확인조치의무를 부과하여 게시판이용자로 하여금 본인확인절차를 거쳐야만 게시판을 이용할 수 있도록 하는 본인확인제를 규정한 정보통신망 이용촉진 및 정보보호 등에 관한 법률은 과잉금지원칙에 위배하여 인터넷게시판 이용자의 표현의 자유, 개인정보자기결정권 및 인터넷게시판을 운영하는 정보통신서비스 제공자의 언론의 자유를 침해한다(헌재 2012. 8. 23. 2010헌마47).

① ⭕

> 헌법 제21조 ④ 언론·출판은 타인의 명예나 권리 또는 공중도덕이나 사회윤리를 침해하여서는 아니 된다. 언론·출판이 타인의 명예나 권리를 침해한 때에는 피해자는 이에 대한 피해의 배상을 청구할 수 있다.

② ⭕ 신문의 편집인 등으로 하여금 아동보호사건에 관련된 아동학대행위자를 특정하여 파악할 수 있는 인적 사항 등을 신문 등 출판물에 싣거나 방송매체를 통하여 방송할 수 없도록 하는 '아동학대범죄의 처벌 등에 관한 특례법' 제35조 제2항 중 '아동학대행위자'에 관한 부분(이하 '보도금지조항'이라 한다)이 언론·출판의 자유, 국민의 알권리를 침해하는지 여부(소극) 학대로부터 아동을 특별히 보호하여 건강한 성장을 도모하는 것은 중요한 법익이다. 이에는 아동학대 자체로부터의 보호뿐만 아니라 사건처리 과정에서 발생할 수 있는 사생활 노출 등 2차 피해로부터의 보호도 포함된다. 아동학대행위자 대부분은 피해아동과 평소 밀접한 관계에 있으므로, 행위자를 특정하여 파악할 수 있는 식별정보를 신문, 방송 등 매체를 통해 보도하는 것은 피해아동의 사생활 노출 등 2차 피해로 이어질 가능성이 매우 높다. 식별정보 보도 후에는 2차 피해를 차단하기 어려울 수 있고, 식별정보 보도를 허용할 경우 대중에 알려질 가능성을 두려워하는 피해아동이 신고를 자발적으로 포기하게 만들 우려도 있다. 따라서 아동학대행위자에 대한 식별정보의 보도를 금지하는 것이 과도하다고 보기 어렵다. 보도금지조항은 아동학대사건 보도를 전면금지하지 않으며 오직 식별정보에 대한 보도를 금지할 뿐으로, 익명화된 형태의 사건보도는 가능하다. 따라서 보도금지조항으로 제한되는 사익은 아동학대행위자의 식별정보 보도라는 자극적인 보도의 금지에 지나지 않는 반면 이를 통해 달성하려는 2차 피해로부터의 아동보호 및 아동의 건강한 성장이라는 공익은 매우 중요하다. 따라서 보도금지조항은 언론·출판의 자유와 국민의 알 권리를 침해하지 않는다(헌재 2022. 10. 27. 2021헌가4).

④ ⭕ 과잉금지원칙 위반 여부에 대한 판단(적극) 잔디마당에서 집회·시위가 평화적으로 이루어지지 않을 경우 이와 근접한 시청사의 안전과 기능유지에 직접적인 위협이 되므로, 심판대상조항은 시청사의 안전과 기능을 확보하기 위한 것이다. 또한, 심판대상조항은 집회·시위참여자의 잔디마당에 대한 독점적·배타적 사용을 차단하여 집회·시위에 참여하지 않는 시민이 자유롭게 잔디마당을 산책, 운동, 휴식 등의 장소로 이용할 수 있도록 하기 위한 것이기도 하다. 이러한 입법 목적은 정당하고, 집회·시위를 위한 잔디마당 사용허가를 전면적·일률적으로 제한하는 것은 이에 적합한 수단이다. 잔디마당은 도심에 위치하고 일반인에게 자유롭게 개방된 공간이며 접근하기 편리하고 다중의 이목을 집중시키기에 유리하여, 인천광역시 또는 그 인근 지역에 거주하거나 생활근거지를 둔 다수인이 모여 공통의 의견을 표명하기에 적합하다. 특히 잔디마당을 둘러싸고 인천광역시, 시의회 청사 등이 자리 잡고 있으므로, 지방자치단체의 행정사무에 대한 의견을 표명하려는 목적이나 내용의 집회를 여는 경우에는 장소와의 관계가 매우 밀접하여 상징성이 큰 곳이다. 이러한 장소적 특성을 고려하면, 집회 장소로 잔디마당을 선택할 자유는 원칙적으로 보장되어야 하고, 공유재산의 관리나 공공시설의 설치·관리등의 명목으로 일방적으로 제한되어서는 안 된다. 잔디마당에서 집회·시위가 개최되는 경우 시청사의 안전과 기능유지에 위협이 될 수도 있으나 인천광역시가 스스로 결단하여 시청사에 인접한 곳까지 개방된 공간을 조성한 이상, 이는 불가피한 측면이 있다. 인천광역시로서는 시청사 보호를 위한 방호인력을 확충하는 등의 대안 마련을 통하여, 잔디마당에서의 집회·시위를 전면적으로 제한하지 않고도 시청사의 안전과 기능 유지라는 입법목적을 달성할 수 있다. 잔디마당이 현재 일반인에게 널리 개방되어 자유로운 통행과 휴식등 공간으로 활용되고 있는 이상 이곳이 여전히 국토계획법상 공공청사 부지에 속하고, 집회·시위를 목적으로 한 분수광장의 사용이 용이하다는 점만으로, 심판대상조항에 따른 제한이 정당화될 수 없다. 따라서 심판대상조항은 침해의 최소성 요건을 갖추지 못하였다. 심리적 압력을 받지 않고 공무에 집중할 수 있는 환경이 조성되며, 집회·시위의 영향을 받지 않고 잔디마당을 산책 운동 휴식을 위한 공간으로 사용하려 하는 사람의 편익이 증진될 여지가 있는 반면, 잔디마당을 집회 장소로 선택할 자유는 완전히 제한되는바, 공공에 위험을 야기하지 않고 시청사의 안전과 기능에도 위협이 되지 않는 집회나 시위까지도 예외 없이 금지되는 불이익이 발생하게 된다. 그렇다면 심판대상조항으로 인하여 제한되는 사익이 위 공익보다 중대하여, 심판대상조항은 법익의 균형성 요건도 갖추지 못하였다. 그렇다면 심판대상조항은 과잉금지원칙에 위배되어 청구인들의 집회의 자유를 침해한다(헌재 2023. 9. 26. 2019헌마1417).

10   정답 ①

① ❌ 중혼을 혼인취소의 사유로 정하면서 그 취소청구권의 제척기간 또는 소멸사유를 규정하지 않은 이 사건 법률조항은 우리 사회의 중대한 공익이며 헌법 제36조 제1항으로부터 도출되는 일부일처제를 실현하기 위한 것이다. 이 사건 법률조항은 중혼을 혼인무효사유가 아니라 혼인취소사유로 정하고 있는데, 혼인취소의 효력은 기왕에 소급하지 아니하므로 중혼이라 하더라도 법원의 취소판결이 확정되기 전까지는 유효한 법률혼으로 보호받는다. 후혼의 취소가 가혹한 결과가 발생하는 경우에는 구체적 사건에서 법원이 권리남용의 법리 등으로 해결하고 있다. 따라서 중혼 취소청구권의 소멸에 관하여 아무런 규정을 두지 않았다 하더라도, 이 사건 법률조항이 현저히 입법재량의 범위를 일탈하여 후혼배우자의 인격권 및 행복추구권을 침해하지 아니한다(헌재 2014. 7. 24. 2011헌바275).

② ⭕ 성명은 개인의 정체성과 개별성을 나타내는 인격의 상징으로서 개인이 사회 속에서 자신의 생활영역을 형성하고 발현하는 기초가 되는 것이라 할 것이므로 자유로운 성의 사용 역시 헌법상 인격권으로부터 보호된다고 할 수 있다(헌재 2005. 12. 22. 2003헌가6).

③ ⭕ 수형자가 민사법정에 출석하기까지 교도관이 반드시 동행하여야 하므로 수용자의 신분이 드러나게 되어 있어 재소자용 의류를 입었다는 이유로 인격권과 행복추구권이 제한되는 정도는 제한적이고, 형사법정 이외의 법정 출입 방식은 미결수용자와 교도관 전용 통로 및 시설이 존재하는 형사재판과 다르며, 계호의 방식과 정도도 확연히 다르다. 따라서 심판대상조항이 민사재판에 출석하는 수형자에 대하여 사복착용을 허용하지 아니한 것은 청구인의 인격권과 행복추구권을 침해하지 아니한다(헌재 2015. 12. 23. 2013헌마712).

④ ⭕ 청구인에게 상체승의 포승과 수갑을 채우고 별도의 포승으로 다른 수용자와 연승한 행위는 청구인의 인격권 내지 신체의 자유를 침해하지 않는다(헌재 2014. 5. 29. 2013헌마280).

11   정답 ②

② ❌ 헌법 제11조 제1항은 "모든 국민은 법 앞에 평등하다."고 선언하면서, 이어서 "누구든지 성별·종교 또는 사회적 신분에 의하여 정치적·경

제적·사회적·문화적 생활의 모든 영역에 있어서 차별을 받지 아니한다."고 규정하고 있다. 이 사건 법률조항은 '성별'을 기준으로 병역의무를 달리 부과하도록 한 규정이고, 이는 헌법 제11조 제1항 후문이 예시하는 사유에 기한 차별임은 분명하다. 그러나 헌법 제11조 제1항 후문의 위와 같은 규정은 불합리한 차별의 금지에 초점이 있고, 예시한 사유가 있는 경우에 절대적으로 차별을 금지할 것을 요구함으로써 입법자에게 인정되는 입법형성권을 제한하는 것은 아니다(헌재 2014. 2. 27. 2011헌마825). → 남성에 한정한 병역의무 부과 사건

> 2020 법무사 헌법은 사회적 신분에 대한 차별금지와 같이 헌법 제11조 제1항 후문에서 예시한 사유가 있는 경우에 절대적으로 차별을 금지할 것을 요구함으로써 입법자에게 인정되는 입법형성권을 제한한다. (×)

① ⓞ 친일반민족행위자의 후손이라는 점이 헌법 제11조 제1항 후문의 사회적 신분에 해당한다 할지라도 이것만으로는 헌법에서 특별히 평등을 요구하고 있는 경우라고 할 수 없고, 아래와 같이 친일재산의 국가귀속은 연좌제금지원칙이 적용되는 경우라고 볼 수도 없으며 그 외 달리 친일반민족행위자의 후손을 특별히 평등하게 취급하도록 규정한 헌법 규정이 없는 이상, 친일반민족행위자의 후손에 대한 차별은 평등권 침해 여부의 심사에서 엄격한 기준을 적용해야 하는 경우라 볼 수 없다. 또한, 이 사건 귀속조항은 친일반민족행위자의 후손이 가지는 모든 재산을 귀속대상으로 규정한 것이 아니라 그가 선조로부터 상속받은 재산 중 친일행위의 대가인 것만 귀속대상으로 규정하고 있다. 그렇다면 이 사건 귀속조항은 그 차별취급으로 기본권에 대한 중대한 제한을 초래하는 경우라고 할 수 없으므로, 역시 평등권 침해 여부의 심사에서 엄격한 기준을 적용해야 하는 경우에 해당하지 않는다. 따라서 이 사건 귀속조항으로 인한 차별이 청구인들의 평등권을 침해하였는지 여부에 대한 심사는 완화된 기준이 적용되어야 한다(헌재 2011. 3. 31. 2008헌바141).

③ ⓞ '수사가 진행 중이거나 형사재판이 계속 중이었다가 그 사유가 소멸한 경우'에는 잔여 퇴직급여 등에 대해 이자를 가산하는 규정을 두면서, '형이 확정되었다가 그 사유가 소멸한 경우'에는 이자 가산 규정을 두지 않은 군인연금법(2013. 3. 22. 법률 제11632호로 개정된 것) 제33조 제2항이 평등원칙을 위반하는지 여부(적극) '금고 이상의 형을 받았다가 재심으로 무죄판결을 받은 사람'은 군 복무 중 급여제한사유에 해당함이 없이 직무상 의무를 다한 성실한 군인이라는 점에서 '수사 중이거나 형사재판 계속 중이었다가 불기소처분 등을 받은 사람'과 차이가 없다. 급여제한사유에 해당하지 않는 사람임이 뒤늦게라도 밝혀졌다면, 수사 중이거나 형사재판 계속 중이어서 잠정적·일시적으로 지급을 유보하였던 경우인지, 아니면 당해 형사절차가 종료되어 확정적으로 지급을 제한하였던 경우인지에 따라 잔여 퇴직급여에 대한 이자 가산 여부를 달리 할 이유가 없다(헌재 2016. 7. 28. 2015헌바20).

④ ⓞ '공익신고자 보호법'상 보상금의 지급을 신청할 수 있는 자의 범위를 '내부 공익신고자'로 한정함으로써 '외부 공익신고자'를 보상금 지급대상에서 배제하도록 정한, '공익신고자 보호법' 제26조 제1항 중 '내부 공익신고자' 부분(이하 '이 사건 법률조항'이라 한다)이 평등원칙에 위배되는지 여부(소극) 공익침해행위의 효율적인 발각과 규명을 위해서는 내부 공익신고가 필수적인데, 내부 공익신고자는 조직 내에서 배신자라는 오명을 쓰기 쉬우며, 공익신고로 인하여 신분상, 경제상 불이익을 받을 개연성이 높다. 이 때문에 보상금이라는 경제적 지원조치를 통해 내부 공익신고를 적극적으로 유도할 필요성이 인정된다. 반면, '내부 공익신고자가 아닌 공익신고자'(이하 '외부 공익신고자'라 한다)는 공익신고로 인해 불이익을 입을 개연성이 높지 않기 때문에 공익신고 유도를 위한 보상금 지급이 필수적이라 보기 어렵다. '공익신고자 보호법'상 보상금의 의의와 목적을 고려하면, 이와 같이 공익신고 유도 필요성에 있어 차이가 있는 내부 공익신고자와 외부 공익신고자를 달리 취급하는 것에 합리성을 인정할 수 있다. 또한, 무차별적 신고로 인한 행정력 낭비 등 보상금이 초래한 전문신고자의 부작용 문제를 근본적으로 해소하고 공익신고의 건전성을 제고하고자 보상금 지급대상을 내부 공익신고자로 한정한 입법자의 판단이 충분히 납득할만한 점, 외부 공익신고자도 일정한 요건을 갖추는 경우 포상금, 구조금 등을 지급 받을 수 있는 점 등을 아울러 고려할 때, 이 사건 법률조항이 평등원칙에 위배된다고 볼 수 없다(헌재 2021. 5. 27. 2018헌바127).

12 정답 ③

③ ✕ 헌법 제12조 제4항 본문은 신체구속을 당한 사람에 대하여 변호인의 조력을 받을 권리를 규정하고 있는바, 이를 위하여서는 신체구속을 당한 사람에게 변호인과 사이의 충분한 접견교통을 허용함은 물론 교통내용에 대하여 비밀이 보장되고 부당한 간섭이 없어야 하는 것이며, 이러한 취지는 접견의 경우뿐만 아니라 변호인과 미결수용자 사이의 서신에도 적용되어 그 비밀이 보장되어야 할 것이다(헌재 1995. 7. 21. 92헌마144).

① ⓞ 구치소장이 변호인접견실에 CCTV를 설치하여 미결수용자와 변호인 간의 접견을 관찰한 이 사건 CCTV 관찰행위는 금지물품의 수수나 교정사고를 방지하거나 이에 적절하게 대처하기 위한 것으로 교도관의 육안에 의한 시선계호를 CCTV 장비에 의한 시선계호로 대체한 것에 불과하므로 그 목적의 정당성과 수단의 적합성이 인정된다. 형집행법 및 형집행법 시행규칙은 수용자가 입게 되는 피해를 최소화하기 위하여 CCTV의 설치·운용에 관한 여러 가지 규정을 두고 있고, 이에 따라 변호인접견실에 설치된 CCTV는 교도관이 CCTV를 통해 미결수용자와 변호인 간의 접견을 관찰하더라도 접견내용의 비밀이 침해되거나 접견교통에 방해가 되지 않도록 조치를 취하고 있는 점, 금지물품의 수수를 적발하거나 교정사고를 효과적으로 방지하고 교정사고가 발생하였을 때 신속하게 대응하기 위하여는 CCTV를 통해 관찰하는 방법 외에 더 효과적인 다른 방법을 찾기 어려운 점 등에 비추어 보면, 이 사건 CCTV 관찰행위는 그 목적을 달성하기 위하여 필요한 범위 내의 제한으로 침해의 최소성을 갖추었다. CCTV 관찰행위로 침해되는 법익은 변호인접견 내용의 비밀이 폭로될 수 있다는 막연한 추측과 감시받고 있다는 심리적인 불안 내지 위축으로 법익의 침해가 현실적이고 구체화되어 있다고 보기 어려운 반면, 이를 통하여 구치소 내의 수용질서 및 규율을 유지하고 교정사고를 방지하고자 하는 것은 교정시설의 운영에 꼭 필요하고 중요한 공익이므로, 법익의 균형성도 갖추었다. 따라서 이 사건 CCTV 관찰행위가 청구인의 변호인의 조력을 받을 권리를 침해한다고 할 수 없다(헌재 2016. 4. 28. 2015헌마243).

② ⓞ 변호인의 조력을 받을 권리란 국가권력의 일방적인 형벌권행사에 대항하여 자신에게 부여된 헌법상, 소송법상의 권리를 효율적이고 독립적으로 행사하기 위하여 변호인의 도움을 얻을 피의자·피고인의 권리를 의미한다(헌재 2004. 9. 23. 2000헌마138).

④ ⓞ 국가보안법위반죄로 구속기소된 청구인의 변론준비를 위하여 피청구인인 검사에게 그가 보관중인 수사기록일체에 대한 열람·등사신청을 하였으나 같은 달 26. 피청구인은 국가기밀의 누설이나 증거인멸, 증인협박, 사생활침해의 우려 등 정당한 사유를 밝히지 아니한 채 이를 전부 거부한 것은 청구인의 신속·공정한 재판을 받을 권리와 변호인의 조력을 받을 권리를 침해하는 것으로 헌법에 위반된다 할 것이다(헌재 1997. 11. 27. 94헌마60).

13 정답 ③

③ ✕ 우리 정부가 직접 청구인들의 기본권을 침해하는 행위를 한 것은 아니지만, 청구인들의 일본에 대한 배상청구권의 실현 및 인간으로서의 존엄과 가치의 회복을 하는 데 있어서 현재의 장애상태가 초래된 것은 우

리 정부가 청구권의 내용을 명확히 하지 않고 '모든 청구권'이라는 포괄적 개념을 사용하여 이 사건 협정을 체결한 것에도 책임이 있다는 점에 주목한다면, 피청구인에게 그 장애상태를 제거하는 행위로 나아가야 할 구체적 작위의무가 있음을 부인하기 어렵다(헌재 2019. 12. 27. 2012헌마939).

① ○ 대한민국 외교부장관과 일본국 외무부대신이 2015. 12. 28. 공동발표한 일본군 위안부 피해자 문제 관련 합의(이하 '이 사건 합의'라 한다)가 헌법소원심판청구의 대상이 되는지 여부(소극) 이 사건 합의는 양국 외교장관의 공동발표와 정상의 추인을 거친 공식적인 약속이지만, 서면으로 이루어지지 않았고, 통상적으로 조약에 부여되는 명칭이나 주로 쓰이는 조문 형식을 사용하지 않았으며, 헌법이 규정한 조약체결 절차를 거치지 않았다. 또한 합의 내용상 합의의 효력에 관한 양 당사자의 의사가 표시되어 있지 않을 뿐만 아니라, 구체적인 법적 권리·의무를 창설하는 내용을 포함하고 있지도 않다. 이 사건 합의를 통해 일본군 '위안부' 피해자들의 권리가 처분되었다거나 대한민국 정부의 외교적 보호권한이 소멸하였다고 볼 수 없는 이상 이 사건 합의가 일본군 '위안부' 피해자들의 법적 지위에 영향을 미친다고 볼 수 없으므로 위 피해자들의 배상청구권 등 기본권을 침해할 가능성이 있다고 보기 어렵고, 따라서 이 사건 합의를 대상으로 한 헌법소원심판청구는 허용되지 않는다(헌재 2019. 12. 27. 2016헌마253).

② ○ 헌법소원심판의 대상이 되는 것은 헌법에 위반된 "공권력의 행사 또는 불행사"이다. 여기서 '공권력'이란 입법권·행정권·사법권을 행사하는 모든 국가기관·공공단체등의 고권적 작용이라고 할 수 있는바, 이 사건 협정은 우리나라 정부가 일본 정부와의 사이에서 어업에 관해 체결·공포한 조약(조약 제1477호)으로서 헌법 제6조 제1항에 의하여 국내법과 같은 효력을 가지므로, 그 체결행위는 고권적 행위로서 '공권력의 행사'에 해당한다(헌재 2001. 3. 21. 99헌마139).

④ ○ 법률의 위헌 여부가 재판의 전제가 된다는 것은 그 법률이 당해 사건에 적용되고 그 위헌 여부에 따라 재판의 주문이 달라지거나 재판의 내용과 효력에 관한 법률적 의미가 달라지는 것을 의미하는바, 근거 법률에 대한 위헌 결정이 행정처분의 효력에 영향을 미칠 여지가 없는 경우에는 그 법률의 위헌 여부에 따라 당해 사건 재판의 주문이 달라지거나 재판의 내용과 효력에 관한 법률적 의미가 달라질 수 없는 것이므로 재판의 전제성을 인정할 수 없게 된다. 물론 위헌인 법률에 기한 행정처분이 무효인지 여부는 당해 사건을 재판하는 법원이 판단할 사항이다(헌재 2014. 1. 28. 2011헌바38).

14 [2022 경위 공채]   정답 ②

② ✗ 변호인이 피의자신문에 자유롭게 참여할 수 있는 권리는 피의자가 가지는 변호인의 조력을 받을 권리를 실현하는 수단이므로 헌법상 기본권인 변호인의 변호권으로서 보호되어야 한다. 피의자신문에 참여한 변호인이 피의자 옆에 앉는다고 하여 피의자 뒤에 앉는 경우보다 수사를 방해할 가능성이 높아진다거나 수사기밀을 유출할 가능성이 높아진다고 볼 수 없으므로, 이 사건 후방착석요구행위의 목적의 정당성과 수단의 적절성을 인정할 수 없다(헌재 2017. 11. 30. 2016헌마503).

③ ○ 반사회적 중범죄의 하나인 '마약류 관리에 관한 법률'을 위반한 자가 택시운송사업의 운전업무에 종사하는 것을 일정기간 동안 금지하여 국민의 생명, 신체, 재산을 보호하고 시민들의 택시이용에 대한 불안감을 해소하며, 도로교통에 관한 공공의 안전을 확보하고자 하는 입법목적은 정당하며, 마약류사범에 대해 택시운송사업의 운전업무를 일정기간 수행하지 못하도록 하고, 이미 해당 업무에 종사하는 경우라도 이러한 결격사유에 해당하는 경우 그 운전자격을 필요적으로 취소하고 택시운송사업 운전업무에서 일정기간 배제하는 것은 이러한 입법목적을 달성하기 위한 적절한 방법이다. 그러나 일정한 자격제도의 일부를 형성하고 있는 법령에서 결격사유 또는 취소사유의 적용기간을 얼마로 할 것인지에 대해서는 기본적으로 입법자의 입법재량이 인정되는 부분임을 감안하더라도, 20년이라는 기간은 좁게는 여객자동차운송사업과 관련된 결격사유 또는 취소사유를 규정하는 법률에서, 넓게는 기타 자격증 관련 직업의 결격사유 또는 취소사유를 규율하는 법률에서도 쉽게 찾아보기 어려운 긴 기간으로, 택시운송사업 운전업무 종사자의 일반적인 취업 연령이나 취업 실태에 비추어볼 때 실질적으로 해당 직업의 진입 자체를 거의 영구적으로 막는 것에 가까운 효과를 나타내며, 타 운송수단 대비 택시의 특수성을 고려하더라도 지나치게 긴 기간이라 할 수 있다. 또한 택시운송사업의 운전자격 제한 기간을 기존의 2년에서 20년으로 늘리는 것이 관련 범죄를 예방하기 위한 필요최소한의 기간인지에 대한 실증적 뒷받침이 없고, 이러한 장기간의 연장에 대한 필요성이나 효과에 대한 특정한 근거를 찾기 어렵다. 심판대상조항은 구체적 사안의 개별성과 특수성을 고려할 수 있는 여지를 일체 배제하고 그 위법의 정도나 비난 가능성의 정도가 미약한 경우까지도 획일적으로 20년이라는 장기간 동안 택시운송사업의 운전업무 종사자격을 제한하는 것이므로 침해의 최소성 원칙에 위배되며, 법익의 균형성 원칙에도 반한다. 따라서 심판대상조항은 청구인들의 직업선택의 자유를 침해한다(헌재 2015. 12. 23. 2013헌마575).

④ ○ 임차주택의 양수인이 임대인의 지위를 승계하도록 규정한 심판대상조항은 임차인이 주택의 인도와 주민등록이라는 주택임대차보호법상의 대항요건을 갖춘 때에 한하여 양수인에게 임대차계약상의 권리·의무를 그대로 승계하도록 하고 있어, 사회적 약자인 임차인의 주거생활의 안정을 도모함과 동시에 주민등록이라는 공시기능을 통하여 주택 양수인의 불측의 손해를 예방할 수 있도록 하고 있으므로, 기본권 침해의 최소성 원칙에 반하지 아니한다(헌재 2017. 8. 31. 2016헌바146).

15   정답 ③

③ ✗ 헌법 제17조의 사생활의 비밀은 국가가 사생활 영역을 들여다보는 것에 대한 보호를 제공하는 기본권이며, 사생활의 자유는 국가가 사생활의 자유로운 형성을 방해하거나 금지하는 것에 대한 보호를 의미한다. 청구인은 청구인이 없는 상태에서 피청구인이 비밀리에 거실 및 작업장 검사를 실시함으로써 청구인의 사생활의 비밀과 자유를 침해하였다고 주장하는바, 피청구인은 청구인이 없는 상태에서 사생활 영역이거나 사생활에 연결될 수 있는 청구인의 거실 또는 작업장에서 이 사건 검사행위를 하여 개인 물품 등을 조사함으로써 일응 청구인의 사생활의 비밀 및 자유를 제한하였다고 볼 수 있으므로, 이 사건 검사행위가 과잉금지원칙에 위배하여 청구인의 사생활의 비밀 및 자유를 침해하였는지 여부를 살펴본다(헌재 2011. 10. 25. 2009헌마691).

① ○ 사생활의 비밀은 국가가 사생활영역을 들여다보는 것에 대한 보호를 제공하는 기본권이며, 사생활의 자유는 국가가 사생활의 자유로운 형성을 방해하거나 금지하는 것에 대한 보호를 의미한다(헌재 2010. 12. 28. 2009헌바258).

② ○ 헌법 제17조에서 보장하는 사생활의 비밀이란 사생활에 관한 사항으로 일반인에게 아직 알려지지 아니하고 일반인의 감수성을 기준으로 할 때 공개를 원하지 않을 사항을 말한다. 감시, 도청, 비밀녹음, 비밀촬영 등에 의해 다른 사람의 사생활의 비밀을 탐지하거나 사생활의 평온을 침입하는 행위, 사적 사항의 무단 공개 등은 타인의 사생활의 비밀과 자유의 불가침을 해하는 것이다. 인터넷회선 감청은 해당 인터넷회선을 통하여 흐르는 모든 정보가 감청 대상이 되므로, 이를 통해 드러나게 되는 개인의 사생활 영역은 전화나 우편물 등을 통하여 교환되는 통신의 범위를 넘는다. 더욱이 오늘날 이메일, 메신저, 전화 등 통신뿐 아니라, 각종 구매, 게시물 등록, 금융서비스 이용 등 생활의 전 영역이 인터넷을 기반

으로 이루어지기 때문에, 인터넷회선 감청은 타인과의 관계를 전제로 하는 개인의 사적 영역을 보호하려는 헌법 제18조의 통신의 비밀과 자유 외에 헌법 제17조의 사생활의 비밀과 자유도 제한하게 된다(헌재 2018. 8. 30. 2016헌마263).

④ ◎ 피고인이나 변호인에 의한 공판정에서의 녹취는 진술인의 인격권 또는 사생활의 비밀과 자유에 대한 침해를 수반하고, 실체적 진실발견 등 다른 법익과 충돌할 개연성이 있으므로, 녹취를 금지해야 할 필요성이 녹취를 허용함으로써 달성하고자 하는 이익보다 큰 경우에는 녹취를 금지 또는 제한함이 타당하다(헌재 1995. 12. 8. 91헌마114).

16   정답 ③

③ ✕ 국가가 국민의 생명·신체의 안전을 보호할 의무를 진다 하더라도 국가의 보호의무를 입법자 또는 그로부터 위임받은 집행자가 어떻게 실현하여야 할 것인가 하는 문제는 원칙적으로 권력분립과 민주주의의 원칙에 따라 국민에 의하여 직접 민주적 정당성을 부여받고 자신의 결정에 대하여 정치적 책임을 지는 입법자의 책임범위에 속하므로, 헌법재판소는 단지 제한적으로만 입법자 또는 그로부터 위임받은 집행자에 의한 보호의무의 이행을 심사할 수 있다. 따라서 국가가 국민의 생명·신체의 안전에 대한 보호의무를 다하지 않았는지 여부를 헌법재판소가 심사할 때에는 국가가 이를 보호하기 위하여 적어도 적절하고 효율적인 최소한의 보호조치를 취하였는가 하는 이른바 '과소보호금지 원칙'의 위반 여부를 기준으로 삼아, 국민의 생명·신체의 안전을 보호하기 위한 조치가 필요한 상황인데도 국가가 아무런 보호조치를 취하지 않았든지 아니면 취한 조치가 법익을 보호하기에 전적으로 부적합하거나 매우 불충분한 것임이 명백한 경우에 한하여 국가의 보호의무의 위반을 확인하여야 한다(헌재 2015. 4. 30. 2012헌마38).

① ◎ 심판대상조항에서 동물장묘업 등록에 관하여 장사법 제17조 외에 다른 지역적 제한사유를 규정하지 않았다는 사정만으로 청구인들의 환경권을 보호하기 위한 입법자의 의무를 과소하게 이행하였다고 평가할 수는 없다. 따라서 심판대상조항은 청구인들의 환경권을 침해하지 않는다(헌재 2020. 3. 26. 2017헌마1281).

② ◎ 국가의 신체와 생명에 대한 보호의무는 교통과실범의 경우 발생한 침해에 대한 사후처벌뿐이 아니라, 무엇보다도 우선적으로 운전면허 취득에 관한 법규 등 전반적인 교통관련법규의 정비, 운전자와 일반국민에 대한 지속적인 계몽과 교육, 교통안전에 관한 시설의 유지 및 확충, 교통사고 피해자에 대한 보상제도 등 여러 가지 사전적·사후적 조치를 함께 취함으로써 이행된다. 그렇다면 이 사건에서는 교통사고를 방지하는 다른 보호조치에도 불구하고 국가가 형벌권이란 최종적인 수단을 사용하여야만 가장 효율적으로 국민의 생명과 신체권을 보호할 수 있는가가 문제된다. 이를 위하여는 무엇보다도 우선적으로 형벌권의 행사가 곧 법익의 보호로 직결된다는 양자 간의 확연하고도 직접적인 인과관계와 긴밀한 내적인 연관관계가 요구되고, 형벌이 법익을 가장 효율적으로 보호할 수 있는 유일한 방법인 경우, 국가가 형벌권을 포기한다면 국가는 그의 보호의무를 위반하게 된다. 그러나 교통과실범에 대한 국가형벌권의 범위를 확대한다고 해서 형벌권의 행사가 곧 확실하고도 효율적인 법익의 보호로 이어지는 것은 아니다. 형벌의 일반예방효과와 범죄억제기능을 어느 정도 감안한다 하더라도 형벌을 통한 국민의 생명·신체의 안전이라는 법익의 보호효과는 그다지 확실한 것이 아니며, 결국 이 경우 형벌은 국가가 취할 수 있는 유효적절한 수많은 수단 중의 하나일 뿐이지, 결코 형벌까지 동원해야만 보호법익을 유효적절하게 보호할 수 있다는 의미의 최종적인 유일한 수단이 될 수는 없는 것이다. 그러므로 이 사건 법률조항을 두고 국가가 일정한 교통사고범죄에 대하여 형벌권을 행사하지 않음으로써 도로교통의 전반적인 위험으로부터 국민의 생명과 신체를 적절하고 유효하게 보호하는 아무런 조치를 취하지 않았다든지, 아니면 국가가 취한 현재의 제반 조치가 명백하게 부적합하거나 부족하여 그 보호의무를 명백히 위반한 것이라고 할 수 없다(헌재 2009. 2. 26. 2005헌마764).

④ ◎ 청구인이 주장하는 일제의 국내 강제동원으로 인한 종래의 피해에 대하여 국가에 금전적 보상을 요구할 수 있는 권리는, 생존권적 기본권과 관련된 것으로 볼 수 있는지 여부는 별론으로 하고, 우리 재판소가 채택하고 있는 위와 같은 기본권 보호의무 법리와는 관련이 없는 것이다(헌재 2012. 7. 26. 2011헌바352).

17   정답 ②

② ✕ 성년후견인관련조항은 스스로 법률행위를 하거나 신상에 관한 결정을 하고 행위를 하는 데 현실적인 어려움을 겪고 있는 사람이 성년후견인의 지원을 통하여 거래상의 불이익이나 신상에 대한 위해를 입지 않도록 하기 위한 것으로서, 목적의 정당성과 수단의 적합성이 인정된다. …… 위와 같은 사정들을 종합하면 성년후견인 관련조항은 피성년후견인의 자기결정권과 일반적 행동자유권이 필요최소한의 범위 내에서 제한되도록 규정한 것으로서 기본권 침해의 최소성 원칙을 충족한다. 나아가 성년후견인관련조항에 의하여 피성년후견인의 기본권이 제한되는 정도가 위 조항에 의하여 달성되는 피성년후견인 본인의 신상과 재산의 보호 강화, 피성년후견인 보호에 드는 사회적 비용의 효율적 운용 및 거래 안전이라는 법익보다 크다고 보기 어려우므로, 법익의 균형성도 갖추었다. 따라서 성년후견인관련조항이 과잉금지원칙에 위배되어 피성년후견인의 자기결정권 및 일반적 행동자유권을 침해하였다고 볼 수 없다(헌재 2019. 12. 27. 2018헌바161).

① ◎ 원칙적으로 '범죄사실' 자체가 아닌 그 범죄를 저지른 자가 누구인지, 즉 '피의자' 개인에 관한 부분은 일반 국민에게 널리 알려야 할 공공성을 지닌다고 할 수 없다. 이에 대한 예외는 피의자가 공인으로서 국민의 알권리의 대상이 되는 경우, 특정강력범죄나 성폭력범죄를 저지른 피의자의 재범방지 및 범죄예방을 위한 경우(특정강력범죄 처벌에 관한 특례법 제8조의2, 성폭력범죄의 처벌 등에 관한 특례법 제23조 참조), 체포되지 않은 피의자의 검거나 중요한 증거의 발견을 위하여 공개수배의 필요성이 있는 경우 등에 극히 제한적으로 인정될 수 있을 뿐이다. 특히 피의자를 특정하는 결과를 낳게 되는 수사관서 내에서 수사 장면의 촬영은 보도과정에서 사건의 사실감과 구체성을 추구하고, 범죄정보를 좀 더 실감나게 제공하려는 목적 외에는 어떠한 공익도 인정하기 어렵다. 청구인은 공인이 아니며 보험사기를 이유로 체포된 피의자에 불과해 신원공개가 허용되는 어떠한 예외사유에도 해당한다고 보기 어렵다. 나아가 피청구인은 기자들에게 청구인이 경찰서 내에서 수갑을 차고 얼굴을 드러낸 상태에서 조사받는 모습을 촬영할 수 있도록 허용한 것인바, 앞서 본 예외적 사유가 없는 청구인에 대한 이러한 수사 장면의 공개 및 촬영은 이를 정당화할 만한 어떠한 공익 목적도 인정하기 어려우므로 촬영허용행위는 목적의 정당성 자체가 인정되지 아니한다(헌재 2014. 3. 27. 2012헌마652).

③ ◎ 자기낙태죄 조항은 모자보건법에서 정한 사유에 해당하지 않는다면 결정가능기간 중에 다양하고 광범위한 사회적·경제적 사유를 이유로 낙태갈등 상황을 겪고 있는 경우까지도 예외 없이 전면적·일률적으로 임신의 유지 및 출산을 강제하고, 이를 위반한 경우 형사처벌하고 있다. 따라서, 자기낙태죄 조항은 입법목적을 달성하기 위하여 필요한 최소한의 정도를 넘어 임신한 여성의 자기결정권을 제한하고 있어 침해의 최소성을 갖추지 못하였고, 태아의 생명 보호라는 공익에 대하여만 일방적이고 절대적인 우위를 부여함으로써 법익균형성의 원칙도 위반하였으므로, 과잉금지원칙을 위반하여 임신한 여성의 자기결정권을 침해한다(헌재 2019. 4. 11. 2017헌바127).

④ ◎ 고졸검정고시 또는 '고등학교 입학자격 검정고시'에 합격했던 자는 해당 검정고시에 다시 응시할 수 없도록 응시자격을 제한한 이 사건 규정은 정규 교육과정의 학생이 검정고시제도를 입시전략에 활용하는 것을 방치함으로써 발생할 수 있는 공교육의 붕괴를 막고, 상급학교 진학 시 검정고시 출신자와 정규학교 출신자 간의 형평성을 도모하고자 하는 것으로서 그 입법목적의 정당성은 인정할 수 있으나, 이와 같은 목적의 달성을 위해 선행되어야 할 근본적인 조치에 대한 검토 없이 검정고시 제도 도입 이후 허용되어 온 합격자의 재응시를 아무런 경과조치 없이 무조건적으로 금지함으로써 응시자격을 단번에 영구히 박탈한 것이어서 최소침해성의 원칙에 위배되고 법익의 균형성도 상실하고 있다 할 것이므로 과잉금지원칙에 위배된다(헌재 2012. 5. 31. 2010헌마139). → 교육을 받을 권리를 침해한다고 판시함

18
정답 ③

③ ✕ 야당 소속 후보자 지지 혹은 정부 비판은 정치적 견해로서 개인의 인격주체성을 특징짓는 개인정보에 해당하고, 그것이 지지 선언 등의 형식으로 공개적으로 이루어진 것이라고 하더라도 여전히 개인정보자기결정권의 보호범위 내에 속한다(헌재 2020. 12. 23. 2017헌마416).

2023 경찰승진 야당 소속 후보자 지지 혹은 정부 비판은 정치적 견해로서 개인의 인격주체성을 특정짓는 개인정보에 해당하지만, 그것이 지지 선언 등의 형식으로 공개적으로 이루어진 것이라면 개인정보자기결정권의 보호범위 내에 속하지 않는다. (✕)

① ◎ **이 사건 법률조항이 개인정보자기결정권을 제한하는지 여부(적극)** 전기통신사업자가 수사기관 등의 통신자료 제공요청에 따라 수사기관 등에 제공하는 이용자의 성명, 주민등록번호, 주소, 전화번호, 아이디, 가입일 또는 해지일은 청구인들의 동일성을 식별할 수 있게 해주는 개인정보에 해당하므로, 이 사건 법률조항은 개인정보자기결정권을 제한한다[헌재 2022. 7. 21. 2016헌마388, 2022헌마105·110·126(병합)].

② ◎ 수사경력자료 정리조항에서 범죄경력자료의 삭제를 규정하지 않은 것이 개인정보자기결정권을 침해한다고 볼 수 없다(헌재 2012. 7. 26. 2010헌마446).

④ ◎ 성폭력범죄의 처벌 등에 관한 특례법상 공중밀집장소에서의 추행죄로 유죄판결이 확정된 자를 신상정보 등록대상자로 규정한 심판대상조항은 과잉금지원칙을 위반하여 청구인의 개인정보자기결정권을 침해하지 않는다(헌재 2017. 12. 28. 2016헌마1124).

19
정답 ①

① ✕ 헌법 제12조 제3항과는 달리 헌법 제16조 후문은 "주거에 대한 압수나 수색을 할 때에는 검사의 신청에 의하여 법관이 발부한 영장을 제시하여야 한다."라고 규정하고 있을 뿐 영장주의에 대한 예외를 명문화하고 있지 않다. 그러나 헌법 제12조 제3항과 헌법 제16조의 관계, 주거 공간에 대한 긴급한 압수·수색의 필요성, 주거의 자유와 관련하여 영장주의를 선언하고 있는 헌법 제16조의 취지 등을 종합하면, 헌법 제16조의 영장주의에 대해서도 그 예외를 인정하되, 이는 ⊙ 그 장소에 범죄혐의 등을 입증할 자료나 피의자가 존재할 개연성이 소명되고, ⓒ 사전에 영장을 발부받기 어려운 긴급한 사정이 있는 경우에만 제한적으로 허용될 수 있다고 보는 것이 타당하다(헌재 2018. 4. 26. 2015헌바370).

② ◎ 주거침입죄는 사실상의 주거의 평온을 보호법익으로 하는 것이므로 그 주거자 또는 간수자가 건조물 등에 거주 또는 간수할 권리를 가지고 있는가의 여부는 범죄의 성립을 좌우하는 것이 아니며, 점유할 권리 없는 자의 점유라고 하더라도 그 주거의 평온은 보호되어야 할 것이므로, 권리자가 그 권리를 실행함에 있어 법에 정하여진 절차에 의하지 아니하고 그 건조물 등에 침입한 경우에는 주거침입죄가 성립한다(대판 1987. 11. 10. 87도1760).

③ ◎ 헌법 제16조가 보장하는 주거의 자유는 개방되지 않은 사적 공간인 주거를 공권력이나 제3자에 의해 침해당하지 않도록 함으로써 국민의 사생활영역을 보호하기 위한 권리이므로, 주거용 건축물의 사용·수익관계를 정하고 있는 이 사건 법률조항이 주거의 자유를 제한한다고 볼 수도 없다(헌재 2015. 11. 26. 2013헌바415).

④ ◎ 헌법 제16조가 보장하는 주거의 자유는 개방되지 않은 사적 공간인 주거를 공권력이나 제3자에 의해 침해당하지 않도록 함으로써 국민의 사생활영역을 보호하기 위한 권리이다(헌재 2014. 7. 24. 2012헌마662).

20
정답 ④

④ ✕ 청원경찰이 금고 이상의 형의 선고유예를 받은 경우 당연 퇴직되도록 규정한 청원경찰법조항은 금고 이상의 형의 선고유예를 받은 자를 청원경찰직에서 당연 퇴직시킴으로써 청원경찰의 사회적 책임 및 청원경찰직에 대한 국민의 신뢰를 제고하고, 청원경찰로서의 성실하고 공정한 직무수행을 담보하기 위한 법적 조치이므로, 그 입법목적의 정당성이 인정된다. …… 금고 이상의 형의 선고유예를 받은 경우라고 하여도 범죄의 종류, 죄질, 내용이 지극히 다양하므로, 그에 따라 국민의 청원경찰직에 대한 신뢰 등에 미치는 영향도 큰 차이가 있다. 예컨대 과실로 인한 범죄로 금고 이상의 형의 선고유예를 받게 된 경우에는 당연히 청원경찰직에서 배제하여야 할 만큼 청원경찰로서의 품위를 크게 손상시킨다고 보기 어려운 경우도 다수 존재한다. 따라서 선고유예 판결의 확정에 따른 당연 퇴직 사유를 규정함에 있어서 직업의 자유에 대한 제한을 최소화하기 위해서는 입법목적을 달성함에 반드시 필요한 범죄의 유형, 내용 등으로 그 범위를 가급적 한정하여 규정하거나, 혹은 적어도 청원경찰법상에 마련된 징계 등 별도의 제도로써도 입법목적을 충분히 달성할 수 있는 것으로 판단되는 경우를 당연퇴직 사유에서 제외시켜 규정하여야 한다. …… 그럼에도 불구하고 심판대상조항은 청원경찰이 저지른 범죄의 종류나 내용을 불문하고 범죄행위로 금고 이상의 형의 선고유예를 받게 되면 당연히 퇴직되도록 규정함으로써 청원경찰에게 공무원보다 더 가혹한 제재를 가하고 있다. 따라서 심판대상조항은 침해의 최소성 원칙에 위배된다. …… 심판대상조항은 과잉금지원칙에 반하여 직업의 자유를 침해한다(헌재 2018. 1. 25. 2017헌가26).

① ◎ 직업행사의 자유는 직업결정의 자유에 비하여 상대적으로 그 침해의 정도가 작다고 할 것이어서, 이에 대하여는 공공복리 등 공익상의 이유로 비교적 넓은 법률상의 규제가 가능하지만, 직업수행의 자유를 제한할 때에도 헌법 제37조 제2항에 의거한 비례의 원칙에 위배되어서는 안 된다(헌재 2003. 10. 30. 2000헌마563).

② ◎ 헌법 제15조에 의한 직업선택의 자유라 함은 자신이 원하는 직업 내지 직종을 자유롭게 선택하는 직업의 선택의 자유뿐만 아니라 그가 선택한 직업을 자기가 결정한 방식으로 자유롭게 수행할 수 있는 직업의 수행의 자유를 포함한다고 할 것인바, 이 자유는 각자의 생활의 기본적 수요를 충족시키는 방편이 되고 개성신장의 바탕이 된다는 점에서 주관적 공권의 성격을 가지면서도 국민 개개인이 선택한 직업의 수행에 의하여 국가의 사회질서와 경제질서가 형성된다는 점에서 사회적 시장경제질서라고 하는 객관적 법질서의 구성요소이기도 하다(헌재 1995. 7. 21. 94헌마125).

③ ◎ 치과전문의 자격 인정 요건으로 '외국의 의료기관에서 치과의사전문의 과정을 이수한 사람'을 포함하지 아니한 심판대상조항은 치과의사로서 외국의 의료기관에서 치과전문의 과정을 이수한 사람이라도 다시 국내에서 치과전문의 수련과정을 이수하도록 하여 국내 실정에 맞는

경험과 지식을 갖추도록 하기 위한 것이므로 입법목적이 정당하고, 그 수단 또한 적합하다. 외국의 의료기관에서 치과전문의 과정을 이수한 사람에 대해 그 외국의 치과전문의 과정에 대한 인정절차를 거치거나, 치과전문의 자격시험에 앞서 예비시험제도를 두는 등 직업의 자유를 덜 제한하는 방법으로도 입법목적을 달성할 수 있고, 이미 국내에서 치과의사면허를 취득하고 외국의 의료기관에서 치과전문의 과정을 이수한 사람들에게 다시 국내에서 전문의 과정을 다시 이수할 것을 요구하는 것은 지나친 부담을 지우는 것이므로, 심판대상조항은 침해의 최소성원칙에 위배되고 법익의 균형성도 충족하지 못한다. 따라서 심판대상조항은 과잉금지원칙에 위배되어 청구인들의 직업수행의 자유를 침해한다(헌재 2015. 9. 24. 2013헌마197).

04 Day

| 01 ③ | 02 ④ | 03 ③ | 04 ① | 05 ④ | 06 ④ | 07 ② | 08 ② | 09 ③ | 10 ② |
| 11 ① | 12 ② | 13 ② | 14 ④ | 15 ② | 16 ② | 17 ② | 18 ④ | 19 ② | 20 ③ |

01   정답 ③

③ ✗ 장기미집행 도시계획시설결정의 실효제도는 도시계획시설부지로 하여금 도시계획시설결정으로 인한 사회적 제약으로부터 벗어나게 하는 것으로서 결과적으로 개인의 재산권이 보다 보호되는 측면이 있는 것은 사실이나, 이와 같은 보호는 입법자가 새로운 제도를 마련함에 따라 얻게 되는 법률에 기한 권리일 뿐 헌법상 재산권으로부터 당연히 도출되는 권리는 아니다(헌재 2005. 9. 29. 2002헌바84).

① ◎ 우리 헌법이 보장하고 있는 재산권은 경제적 가치가 있는 모든 공법상·사법상의 권리를 뜻하는데, 이러한 재산권의 범위에는 동산·부동산에 대한 모든 종류의 물권은 물론, 재산가치 있는 모든 사법상의 채권과 특별법상의 권리 및 재산가치 있는 공법상의 권리 등이 포함된다(헌재 2015. 9. 8. 2015헌마809).

② ◎ 국가의 간섭을 받지 아니하고 자유로이 기부행위를 할 수 있는 기회의 보장은 헌법상 보장된 재산권의 보호범위에 포함되지 않는다(헌재 1998. 5. 28. 96헌가5).

④ ◎ 환매권의 발생기간을 제한하고 있는 '공익사업을 위한 토지 등의 취득 및 보상에 관한 법률' 제91조 제1항 중 '토지의 협의취득일 또는 수용의 개시일("취득일"이라 한다)부터 10년 이내에' 부분(이하 '이 사건 법률조항'이라 한다)이 재산권을 침해하는지 여부(적극) 토지수용 등 절차를 종료하였다고 하더라도 공익사업에 해당 토지가 필요 없게 된 경우에는 토지수용 등의 헌법상 정당성이 장래를 향하여 소멸한 것이므로, 이러한 경우 종전 토지소유자가 소유권을 회복할 수 있는 권리인 환매권은 헌법이 보장하는 재산권의 내용에 포함되는 권리이다.
환매권의 발생기간을 제한한 것은 사업시행자의 지위나 이해관계인들의 토지이용에 관한 법률관계 안정, 토지의 사회경제적 이용 효율 제고, 사회일반에 돌아가야 할 개발이익이 원소유자에게 귀속되는 불합리 방지 등을 위한 것인데, 그 입법목적은 정당하고 이와 같은 제한은 입법목적 달성을 위한 유효적절한 방법이라 할 수 있다. 그러나 2000년대 이후 다양한 공익사업이 출현하면서 공익사업 간 중복·상충 사례가 발생하였고, 산업구조 변화, 비용 대비 편익에 대한 지속적 재검토, 인근 주민들의 반대 등에 직면하여 공익사업이 지연되다가 폐지되는 사례가 다수 발생하고 있다. 이와 같은 상황에서 이 사건 법률조항의 환매권 발생기간 '10년'을 예외 없이 유지하게 되면 토지수용 등의 원인이 된 공익사업의 폐지 등으로 공공필요가 소멸하였음에도 단지 10년이 경과하였다는 사정만으로 환매권이 배제되는 결과가 초래될 수 있다. 다른 나라의 입법례에 비추어 보아도 발생기간을 제한하지 않거나 더 길게 규정하면서 행사기간 제한 또는 토지에 현저한 변경이 있을 때 환매거절권을 부여하는 등 보다 덜 침해적인 방법으로 입법목적을 달성하고 있다. 이 사건 법률조항은 침해의 최소성 원칙에 어긋난다(헌재 2020. 11. 26. 2019헌바131).

02   정답 ④

④ ✗ 공항·항만 등 국가중요시설의 경비업무를 담당하는 특수경비원에게 경비업무의 정상적인 운영을 저해하는 일체의 쟁의행위를 금지하는 경비업법 제15조 제3항은 특수경비원의 단체행동권을 박탈한 것으로

헌법 제33조 제1항에 위배된다고 볼 수 없다(헌재 2009. 10. 29. 2007헌마1359).

① ◎ 헌법 제32조 제1항은 "모든 국민은 근로의 권리를 가진다. 국가는 사회적·경제적 방법으로 근로자의 고용의 증진과 적정임금의 보장에 노력하여야 하며, 법률이 정하는 바에 의하여 최저임금제를 시행하여야 한다."라고 규정하고 있다. 이는 국가의 개입·간섭을 받지 않고 자유로이 근로를 할 자유와, 국가에 대하여 근로의 기회를 제공하는 정책을 수립해 줄 것을 요구할 수 있는 권리 등을 기본적인 내용으로 하고 있고, 이 때 근로의 권리는 근로자를 개인의 차원에서 보호하기 위한 권리로서 개인인 근로자가 근로의 권리의 주체가 되는 것이고, 노동조합은 그 주체가 될 수 없는 것으로 이해되고 있다(헌재 2009. 2. 26. 2007헌바27).

② ◎ 일용근로자로서 3개월을 계속 근무하지 아니한 자를 해고예고제도의 적용제외사유로 규정하고 있는 근로기준법 제35조 제1호는 청구인의 근로의 권리를 침해하지 않는다(헌재 2017. 5. 25. 2016헌마640).

③ ◎ 교원의 노동조합 설립 및 운영 등에 관한 법률'의 적용을 받는 교원의 범위를 초·중등학교에 재직 중인 교원으로 한정하고 있는 '교원의 노동조합 설립 및 운영 등에 관한 법률' 제2조는 청구인 전국교직원노동조합 및 해직 교원들의 단결권을 침해하지 않는다(헌재 2015. 5. 28. 2013헌마671).

03
정답 ③

③ ✗ 국립대학 총장후보자에 지원하려는 사람에게 접수시 1,000만원의 기탁금을 납부하도록 하고, 지원서 접수시 기탁금 납입 영수증을 제출하도록 하는 이 사건 기탁금조항을 통한 후보자 난립 방지, 선거의 과열 예방 등의 목적과 공무담임권의 제약 정도를 비교할 때, 이 사건 기탁금조항으로 달성하려는 공익이 제한되는 공무담임권 정도보다 크다고 단정할 수 없으므로, 이 사건 기탁금조항은 법익의 균형성 원칙에도 위배된다. 따라서 이 사건 기탁금조항은 과잉금지원칙에 반하여 청구인의 공무담임권을 침해한다(헌재 2018. 4. 26. 2014헌마274).

① ◎ 피성년후견인인 국가공무원은 당연퇴직한다고 정한 구 국가공무원법 제69조 제1호 중 제33조 제1호 가운데 '피성년후견인'에 관한 부분, 국가공무원법 제69조 제1호 중 제33조 제1호에 관한 부분은 공무담임권을 침해한다(헌재 2022. 12. 22. 2020헌가8).

> 2023 경찰 1차 피성년후견인인 국가공무원은 당연퇴직한다고 규정한 국가공무원법 조항은 성년후견이 개시되지는 않았으나 동일한 정도의 정신적 장애가 발생한 국가공무원의 경우와 비교할 때 사익의 제한 정도가 과도하여 과잉금지원칙에 위반되므로 공무담임권을 침해한다. (○)
> 2023 경찰간부 피성년후견인인 국가공무원은 당연퇴직한다고 정한 구 「국가공무원법」 조항 중 '피성년후견인'에 관한 부분은 정신상의 장애로 직무를 감당할 수 없는 국가공무원을 부득이 공직에서 배제하는 불가피한 조치로서 공무담임권을 침해하지 않는다. (✗)

② ◎ 공직선거법 제256조 제1항 제5호 중 제108조 제11항 제2호 선거범죄로 100만 원 이상의 벌금형의 선고를 받은 자는 지방의회의원의 직에서 퇴직한다고 규정한 공직선거법 제266조 부분이 청구인들의 공무담임권을 침해하는지 여부(소극) 선거에 관한 여론조사의 결과에 영향을 미치게 하기 위하여 둘 이상의 전화번호를 착신전환 등 조치를 통해 같은 사람이 두 차례 이상 응답하거나 이를 지시·권유·유도하는 행위는 여론조사의 표본을 왜곡하여 선거의 공정성을 직접적으로 해한다. 선거의 공정성을 직접적으로 훼손하는 행위로 형사처벌을 받은 사람이라면 지방자치행정을 민주적이고 공정하게 수행할 것이라고 기대하기 어렵다(헌재 2022. 3. 31. 2019헌마986).

④ ◎ 헌법 제25조의 공무담임권은 모든 국민이 누구나 그 능력과 적성에 따라 공직에 취임할 수 있는 균등한 기회를 보장한다. 이 사건 기탁금 납부조항은 국립대학인 경북대학교에서 총장임용후보자선거의 후보자가 되려는 사람에게 기탁금 납부를 요구하므로, 이들의 공무담임권을 제한한다. …… 그러므로 이 사건 기탁금납부조항은 청구인의 공무담임권을 침해하지 아니한다(헌재 2022. 5. 26. 2020헌마1219).

04
정답 ①

① ◎ 국민연금은 국민이 인간다운 생활을 할 수 있도록 최저생활을 보장하기 위한 사회보장적 급여로서 법상의 급여액은 국민의 생활수준·물가 기타 경제사정에 맞추어 최저생활을 유지할 수 있도록 될 수 있으면 많은 급여를 지급하는 것이 바람직할 것이나, 한편 급여에 필요한 재원은 한정되어 있고, 인구의 노령화 등으로 급여대상자는 점점 증가하고 있어 급여수준은 국민연금재정의 장기적인 균형이 유지되도록 조정되어야 할 필요가 있으므로 한 사람의 수급권자에게 여러 종류의 연금의 수급권이 발생한 경우 그 연금을 모두 지급하는 것 보다는 일정한 범위에서 그 지급을 제한하여야 할 필요성이 있고 국민연금의 급여수준은 수급권자가 최저생활을 유지하는데 필요한 금액을 기준으로 결정해야 할 것이지 납입한 연금보험료의 금액을 기준으로 결정하거나 여러 종류의 수급권이 발생하였다고 하여 반드시 중복하여 지급해야 할 것은 아니므로, 이 사건 법률조항이 수급권자에게 2 이상의 급여의 수급권이 발생한 때 그 자의 선택에 의하여 그 중의 하나만을 지급하고 다른 급여의 지급을 정지하도록 한 것은 공공복리를 위하여 필요하고 적정한 방법으로서 헌법 제37조 제2항의 기본권 제한의 입법적 한계를 일탈한 것으로 볼 수 없고, 또 합리적인 이유가 있으므로 평등권을 침해한 것도 아니다(헌재 2000. 6. 1. 97헌마190).

② ✗ 생계급여를 지급함에 있어 '개별가구 또는 개인의 여건'에 관한 조건 부과 유예 대상자의 범위를 정할 때 '대학원에 재학 중인 사람'과 '부모에게 버림받아 부모를 알 수 없는 사람'에 대하여 조건 부과 유예사유를 두지 않은 이 사건 시행령조항은 청구인의 인간다운 생활을 할 권리를 침해하지 않는다(헌재 2017. 11. 30. 2016헌마448).

③ ✗ 공무원연금법상 퇴직급여수급권은 앞서 살펴본 바와 같이 사회보장적 급여로서의 성격을 가짐과 동시에 공로보상 내지 후불임금으로서의 성격도 함께 가지고, 이와 동시에 헌법 제23조에 의하여 보장되는 재산권으로서의 성격도 아울러 가지는데, 그 구체적인 급여의 내용, 기여금의 액수 등을 형성하는 데에 있어서는 직업공무원제도나 사회보험 원리에 입각한 사회보장적 급여로서의 성격으로 인하여 일반적인 재산권에 비하여 입법자에게 상대적으로 보다 폭넓은 재량이 헌법상 허용된다. …… 심판대상조항이 형의 선고의 효력을 상실하게 하는 특별사면 및 복권을 받은 경우에도 퇴직급여 등을 여전히 감액하는 것은 그 합리적인 이유가 인정되는바, 재산권 및 인간다운 생활을 할 권리를 침해한다고 볼 수 없다(헌재 2020. 4. 23. 2018헌바402).

④ ✗ 경과실의 범죄로 인한 사고는 개념상 우연한 사고의 범위를 벗어나지 않으므로 경과실로 인한 범죄행위에 기인하는 보험사고에 대하여 의료보험급여를 부정하는 것은 우연한 사고로 인한 위험으로부터 다수의 국민을 보호하고자 하는 사회보장제도로서의 의료보험의 본질을 침해하여 헌법에 위반된다(헌재 2003. 12. 18 2002헌바1).

05
정답 ④

④ ✗ 공익사업법 제67조 제2항은 보상액을 산정함에 있어 당해 공익사업으로 인한 개발이익을 배제하는 조항인데, 공익사업의 시행으로 지가가 상승하여 발생하는 개발이익은 사업시행자의 투자에 의한 것으로

서 피수용자인 토지소유자의 노력이나 자본에 의하여 발생하는 것이 아니므로, 이러한 개발이익은 형평의 관념에 비추어 볼 때 토지소유자에게 당연히 귀속되어야 할 성질의 것이 아니고, 또한 개발이익은 공공사업의 시행에 의하여 비로소 발생하는 것이므로, 그것이 피수용 토지가 수용 당시 갖는 객관적 가치에 포함된다고 볼 수도 없다. 따라서 개발이익은 그 성질상 완전보상의 범위에 포함되는 피수용자의 손실이라고 볼 수 없으므로, 이러한 개발이익을 배제하고 손실보상액을 산정한다 하여 헌법이 규정한 정당한 보상의 원칙에 위반되지 않는다(헌재 2009. 12. 29. 2009헌바142).

① ◯ 종래 보수연동제에 의하여 연금액의 조정을 받아오던 기존의 연금수급자에게 법률개정을 통해 물가연동제에 의한 연금액조정방식을 적용하도록 하는 것은 소급입법금지원칙이나 신뢰보호원칙에 위배되지 않으며, 재산권, 행복추구권을 침해하지 않는다(헌재 2005. 6. 30. 2004헌바42).

② ◯ 조기노령연금의 수급개시연령을 59세에서 60세로 상향조정한 심판대상조항은 신뢰보호원칙을 위반하여 청구인의 재산권을 침해하지 않는다(헌재 2013. 10. 24. 2012헌마906).

③ ◯ **공제회가 관리·운용하는 학교안전공제 및 사고예방 기금이 헌법 제23조 제1항에 의하여 보호되는 공제회의 재산권에 해당하는지 여부(소극)** 공제회가 관리·운용하는 기금은 학교안전사고보상공제 사업 등에 필요한 재원을 확보하고, 공제급여에 충당하기 위하여 설치 및 조성되는 것으로서 학교안전법령이 정하는 용도에 사용되는 것일 뿐, 각 공제회에 귀속되어 사적 유용성을 갖는다거나 원칙적 처분권이 있는 재산적 가치라고 보기 어렵다(헌재 2015. 7. 30. 2014헌가7).

06   정답 ④

④ ✕ 이 사건 법률이 설사 수도를 분할하는 국가정책을 집행하는 내용을 가지고 있고 대통령이 이를 추진하고 집행하기 이전에 그에 관한 국민투표를 실시하지 아니하였다고 하더라도 국민투표권이 행사될 수 있는 계기인 대통령의 중요정책 국민투표 부의가 행해지지 않은 이상 청구인들의 국민투표권이 행사될 수 있을 정도로 구체화되었다고 할 수 없으므로 그 침해의 가능성은 인정되지 않는다(헌재 2005. 11. 24. 2005헌마579).

① ◯

> **국민투표법 제28조(운동을 할 수 없는 자)** ① 정당법상의 당원의 자격이 없는 자는 운동을 할 수 없다.

② ◯ 국민투표는 국가의 중요정책이나 헌법개정안에 대해 주권자로서의 국민이 그 승인 여부를 결정하는 절차인데, 주권자인 국민의 지위에 아무런 영향을 미칠 수 없는 주민등록 여부만을 기준으로 하여, 주민등록을 할 수 없는 재외국민의 국민투표권 행사를 전면적으로 배제하고 있는 국민투표법 제14조 제1항은 앞서 본 국정선거권의 제한에 대한 판단에서와 동일한 이유에서 청구인들의 국민투표권을 침해한다(헌재 2007. 6. 28. 2004헌마644).

③ ◯ 특히 헌법 제130조 제2항에 의하면 헌법개정안 국민투표는 '국회의원선거권자' 과반수의 투표와 투표자의 과반수의 찬성을 얻도록 규정하고 있는바, 헌법은 헌법개정안 국민투표권자로서 국회의원선거권자를 예정하고 있다. 재외선거인은 임기만료에 따른 비례대표국회의원선거에 참여하고 있으므로, 재외선거인에게 국회의원선거권이 있음은 분명하다. 국민투표법조항이 국회의원선거권자인 재외선거인에게 국민투표권을 인정하지 않은 것은 국회의원선거권자의 헌법개정안 국민투표 참여를 전제하고 있는 헌법 제130조 제2항의 취지에도 부합하지 않는다(헌재 2014. 7. 24 2009헌마256).

07   정답 ②

② ✕ 청원서가 일반인에게 공개되면 그로부터 30일 이내에 10만 명 이상의 동의를 받도록 한 것은 국회의 한정된 심의 역량과 자원의 효율적 배분을 고려함과 동시에, 일정 수준 이상의 인원에 해당하는 국민 다수가 관심을 갖고 동의하는 의제가 논의 대상이 되도록 하기 위한 것이다. 국회에 대한 청원은 법률안 등과 같이 의안에 준하여 위원회 심사를 거쳐 처리되고, 다른 행정부 등 국가기관과 달리 국회는 합의제 기관이라는 점에서 청원 심사의 실효성을 확보할 필요성 또한 크다. 이와 같은 점에서 국민동의법령조항들이 설정하고 있는 청원찬성·동의를 구하는 기간 및 그 인원수는 불합리하다고 보기 어렵다. 따라서 국민동의법령조항들은 입법재량을 일탈하여 청원권을 침해하였다고 볼 수 없다(헌재 2023. 3. 23. 2018헌마460).

① ◯

> **청원법 제6조(청원 처리의 예외)** 청원기관의 장은 청원이 다음 각 호의 어느 하나에 해당하는 경우에는 처리를 하지 아니할 수 있다. 이 경우 사유를 청원인(제11조 제3항에 따른 공동청원의 경우에는 대표자를 말한다)에게 알려야 한다.
> 1. 국가기밀 또는 공무상 비밀에 관한 사항
> 2. 감사·수사·재판·행정심판·조정·중재 등 다른 법령에 의한 조사·불복 또는 구제절차가 진행 중인 사항
> 3. 허위의 사실로 타인으로 하여금 형사처분 또는 징계처분을 받게 하는 사항
> 4. 허위의 사실로 국가기관 등의 명예를 실추시키는 사항
> 5. 사인간의 권리관계 또는 개인의 사생활에 관한 사항
> 6. 청원인의 성명, 주소 등이 불분명하거나 청원내용이 불명확한 사항

③ ◯

> **청원법 제21조(청원의 처리 등)** ② 청원기관의 장은 청원을 접수한 때에는 특별한 사유가 없으면 90일 이내(제13조 제1항에 따른 공개청원의 공개 여부 결정기간 및 같은 조 제2항에 따른 국민의 의견을 듣는 기간을 제외한다)에 처리결과를 청원인(공동청원의 경우 대표자를 말한다)에게 알려야 한다. 이 경우 공개청원의 처리결과는 온라인청원시스템에 공개하여야 한다.

④ ◯

> **청원법 제9조(청원방법)** ① 청원은 청원서에 청원인의 성명(법인인 경우에는 명칭 및 대표자의 성명을 말한다)과 주소 또는 거소를 적고 서명한 문서(「전자문서 및 전자거래 기본법」에 따른 전자문서를 포함한다)로 하여야 한다.

08   정답 ②

② ◯ 국제관습법에 의하면 국가의 주권적 행위는 다른 국가의 재판권으로부터 면제되는 것이 원칙이다. 그러나 우리나라의 영토 내에서 행하여진 외국의 사법적 행위에 대하여는 그것이 주권적 활동에 속하는 것이거나 이와 밀접한 관련이 있어서 이에 대한 재판권의 행사가 외국의 주권적 활동에 대한 부당한 간섭이 될 우려가 있다는 등의 특별한 사정이 없는 한 해당 국가를 피고로 하여 우리나라 법원이 재판권을 행사할 수 있다(대판 2023. 4. 27. 2019다247903).

① ✕ 공익사업의 안정적인 시행을 위하여서는 수용대상토지의 수용

여부 못지않게 보상금을 둘러싼 분쟁 역시 조속히 확정하여야 할 필요가 있다. 또한 토지소유자는 협의 및 수용재결 단계를 거치면서 오랜 기간 보상금 액수에 대하여 다투어 왔으므로, 수용재결의 보상금 액수에 관하여 보상금증감청구소송을 제기할 것인지 결정하는 데에 많은 시간이 필요하지 않다. 따라서 이 사건 법률조항이 정한 60일의 제소기간은 입법재량의 한계를 벗어났다고 보기 어려우므로, 보상금증감청구소송을 제기하려는 토지소유자의 재판청구권을 침해한다고 볼 수 없다(헌재 2016. 7. 28. 2014헌바206).

③ ✗ 교원소청심사위원회의 결정에 대하여 행정소송법으로 정하는 바에 따라 소송을 제기할 수 있는 주체에서 공공단체인 광주과학기술원을 제외하도록 하는 '교원의 지위 향상 및 교육활동 보호를 위한 특별법' 제10조 제4항 중 '공공단체' 가운데 '광주과학기술원'에 관한 부분이 청구인의 재판청구권을 침해하는지 여부(소극) 심판대상조항이 공공단체인 광주과학기술원을 교원소청심사위원회의 결정에 불복하여 행정소송을 제기할 수 있는 제소권자 범위에서 제외하여 행정소송을 제기하지 못하도록 한 것은, 교원의 인사를 둘러싼 분쟁을 신속하게 해결하고 궁극적으로는 광주과학기술원의 설립취지를 효과적으로 실현하기 위한 것이다. 교원의 신분보장을 둘러싼 재판상 권리구제절차를 어떻게 마련할 것인지는 당해 학교의 설립목적과 공공적 성격의 정도, 국가의 감독 수준 등을 두루 고려하여 정할 수 있는 것으로, 교원 근로관계의 법적 성격에 의해서만 좌우된다고 보기 어렵다. 광주과학기술원 설립목적의 특수성과 그 목적을 달성하기 위한 국가의 관리·감독 및 재정 지원, 사무의 공공성 내지 공익성 등을 고려할 때, 그 소속 교원의 신분을 국·공립학교의 교원의 그것과 동등한 정도로 보장하면서 공공단체인 광주과학기술원이 교원소청심사결정에 대해 행정소송을 제기할 수 없도록 한 것을 두고 입법형성의 범위를 벗어났다고 보기 어렵다. 입법자는 대학의 경쟁력 강화와 교육 및 연구역량을 향상시키고자 법인 형태로 설립하는 대학에 교원 임용과 관련한 자율성을 부여하는 한편, 해당 대학의 공공단체로서의 지위를 고려하여 교원의 지위를 두텁게 제도를 형성하는 것이 가능하다. 교원소청심사위원회의 인용결정이 있을 경우 광주과학기술원의 제소를 금지하여 교원으로 하여금 확정적이고 최종적으로 징계 등 불리한 처분에서 벗어날 수 있도록 한 것은 공공단체의 책무를 규정한 교원지위법의 취지에도 부합한다. 따라서 심판대상조항은 청구인 광주과학기술원의 재판청구권을 침해하지 아니한다(헌재 2022. 10. 27. 2021헌마1557).

④ ✗ 약식명령에 대하여 단기의 불복기간을 설정한 것은, 경미하고 간이한 사건들을 신속하게 처리하게 함으로써 사법자원의 효율적인 배분을 통하여 국민의 재판청구권을 충실하게 보장하고자 하는 것으로서 그 합리성이 인정된다. …… 따라서 이 사건 법률조항이 합리적인 입법재량의 범위를 벗어나 약식명령 피고인의 재판청구권을 침해한다고 볼 수 없다(헌재 2013. 10. 24. 2012헌바428).

09

정답 ③

③ ○

범죄피해자 보호법 제23조(외국인에 대한 구조) 이 법은 외국인이 구조피해자이거나 유족인 경우에는 해당 국가의 상호보증이 있는 경우에만 적용한다.

① ✗

헌법 제30조 타인의 범죄행위로 인하여 생명·신체에 대한 피해를 받은 국민은 법률이 정하는 바에 의하여 국가로부터 구조를 받을 수 있다.

② ✗ 범죄피해자 보호법에 의한 범죄피해 구조금 중 위 법 제17조 제2항의 유족구조금은 사람의 생명 또는 신체를 해치는 죄에 해당하는 행위로 인하여 사망한 피해자 또는 그 유족들에 대한 손실보상을 목적으로 하는 것으로서, 위 범죄행위로 인한 손실 또는 손해를 전보하기 위하여 지급된다는 점에서 불법행위로 인한 소극적 손해의 배상과 같은 종류의 금원이라고 봄이 타당하다(대판 2017. 11. 9. 2017다228083).

④ ✗

범죄피해자 보호법 제21조(손해배상과의 관계) ① 국가는 구조피해자나 유족이 해당 구조대상 범죄피해를 원인으로 하여 손해배상을 받았으면 그 범위에서 구조금을 지급하지 아니한다.

10

정답 ②

① ✗, ② ○ 우리 헌법은 사회국가원리를 명문으로 규정하고 있지는 않지만, 헌법의 전문, 사회적 기본권의 보장(헌법 제31조 내지 제36조), 경제 영역에서 적극적으로 계획하고 유도하고 재분배하여야 할 국가의 의무를 규정하는 경제에 관한 조항(헌법 제119조 제2항 이하) 등과 같이 사회국가원리의 구체화된 여러 표현을 통하여 사회국가원리를 수용하였다. 사회국가란 한마디로, 사회정의의 이념을 헌법에 수용한 국가, 사회현상에 대하여 방관적인 국가가 아니라 경제·사회·문화의 모든 영역에서 정의로운 사회질서의 형성을 위하여 사회현상에 관여하고 간섭하고 분배하고 조정하는 국가이며, 궁극적으로는 국민 각자가 실제로 자유를 행사할 수 있는 그 실질적 조건을 마련해 줄 의무가 있는 국가이다(헌재 2002. 12. 18. 2002헌마52).

③ ✗ 사회적 기본권은 입법과정이나 정책결정과정에서 사회적 기본권에 규정된 국가목표의 무조건적인 최우선적 배려가 아니라 단지 적절한 고려를 요청하는 것이다. 이러한 의미에서 사회적 기본권은, 국가의 모든 의사결정과정에서 사회적 기본권이 담고 있는 국가목표를 고려하여야 할 국가의 의무를 의미한다(헌재 2002. 12. 18. 2002헌마52).

④ ✗ 국가가 인간다운 생활을 보장하기 위한 헌법적 의무를 다하였는지의 여부가 사법적 심사의 대상이 된 경우에는, 국가가 최저생활보장에 관한 입법을 전혀 하지 아니하였다든가 그 내용이 현저히 불합리하여 헌법상 용인될 수 있는 재량의 범위를 명백히 일탈한 경우에 한하여 헌법에 위반된다고 할 수 있다(헌재 2004. 10. 28. 2002헌마328).

11

정답 ①

① ✗ 노동조합법 제3조 제4호 단서는 "해고의 효력을 다투고 있는 자를 근로자가 아닌 자로 해석하여서는 아니 된다."고 규정하고 있는바, 이 규정의 취지가 단지 사용자가 정당한 이유 없이 근로자를 해고함으로써 노동조합의 설립이나 존속을 저지하는 것을 막기 위한 것에 그치는 것이 아니라, 해고된 근로자가 해고된 때로부터 상당한 기간 내에 노동위원회에 부당노동행위 구제신청을 하거나 법원에 해고무효확인의 소를 제기하여 그 해고의 효력을 다투고 있는 경우에는, 그 해고에도 불구하고 근로자의 신분이나 노동조합원으로서의 신분을 계속 보유하는 것으로 보아 그 지위를 보장하여 주려는 데에도 있는 것이므로, 근로자가 회사로부터 해고를 당하였다고 하더라도 상당한 기간 내에 노동위원회에 부당노동행위 구제신청을 하여 그 해고의 효력을 다투고 있었다면, 위 법규정의 취지에 비추어 노동조합원으로서의 지위를 상실하는 것이라고 볼 수 없다(대판 1992. 3. 31. 91다14413).

② ○ 근로기준법에 마련된 해고예고제도는 근로조건의 핵심적 부분인 해고와 관련된 사항일 뿐만 아니라, 근로자가 갑자기 직장을 잃어 생활이 곤란해지는 것을 막는 데 목적이 있으므로, 근로자의 인간 존엄성을 보장하기 위한 합리적 근로조건에 해당한다. 따라서 근로관계 종료 전 사

용자로 하여금 근로자에게 해고예고를 하도록 하는 것은 개별 근로자의 인간 존엄성을 보장하기 위한 최소한의 근로조건 가운데 하나에 해당하므로, 해고예고에 관한 권리는 근로의 권리의 내용에 포함된다(헌재 2015. 12. 23. 2014헌바3).

③ ◎ 타인과의 사용종속관계하에서 근로를 제공하고 그 대가로 임금 등을 받아 생활하는 사람은 노동조합법상 근로자에 해당하고, 노동조합법상의 근로자성이 인정되는 한, 그러한 근로자가 외국인인지 여부나 취업자격의 유무에 따라 노동조합법상 근로자의 범위에 포함되지 아니한다고 볼 수는 없다(대판 2015. 6. 25. 2007두4995 전합).

④ ◎ 노동관계 당사자가 쟁의행위를 함에 있어서는 그 목적·방법 및 절차상의 한계를 존중하지 않으면 아니 되며, 그 한계를 벗어나지 아니하는 범위 안에서 관계자들의 민사상 및 형사상의 책임이 면제되는 것이다(헌재 1990. 1. 15. 89헌가103).

12
정답 ②

② ✗ 형사재판에 계속 중인 사람에 대하여 출국을 금지할 수 있다고 규정한 심판대상조항은 형사재판에 계속 중인 사람이 국가의 형벌권을 피하기 위하여 해외로 도피할 우려가 있는 경우 법무부장관으로 하여금 출국을 금지할 수 있도록 하는 것일 뿐으로, 무죄추정의 원칙에서 금지하는 유죄 인정의 효과로서의 불이익 즉, 유죄를 근거로 형사재판에 계속 중인 사람에게 사회적 비난 내지 응보적 의미의 제재를 가하려는 것이라고 보기 어렵다. 따라서 심판대상조항은 무죄추정의 원칙에 위배된다고 볼 수 없다(헌재 2015. 9. 24. 2012헌바302).

① ◎ 소환된 증인 또는 그 친족 등이 보복을 당할 우려가 있는 경우 재판장은 당해 증인의 인적 사항의 전부 또는 일부를 공판조서에 기재하지 아니하게 할 수 있고, 이때 증인의 인적사항이 증인신문의 모든 과정에서 공개되지 아니하도록 한 특정범죄신고자 등 보호법 제11조 제2항, 제3항 및 피고인을 퇴정시키고 증인신문을 행할 수 있도록 규정한 이 사건 법률조항들은 특정범죄에 관한 형사절차에서 국민이 안심하고 자발적으로 협조할 수 있도록 그 범죄신고자 등을 실질적으로 보호함으로써 피해자의 진술을 제약하는 요소를 제거하고 이를 통해 범죄로부터 사회를 방위함에 이바지함과 아울러 실체적 진실의 발견을 용이하게 하기 위한 것으로서, 그 목적의 정당성 및 수단의 적합성이 인정되며, 피고인 퇴정조항에 의하여 피고인 퇴정 후 증인신문을 하는 경우에도 피고인은 여전히 형사소송법 제161조의2에 의하여 반대신문권이 보장되고, 이때 변호인이 반대신문 전에 피고인과 상의하여 반대신문사항을 정리하면 피고인의 반대신문권이 실질적으로 보장될 수 있는 점, 인적사항이 공개되지 아니한 증인에 대하여는 증인신문 전에 수사기관 작성의 조서나 증인 작성의 진술서 등의 열람·복사를 통하여 그 신문 내용을 어느 정도 예상할 수 있고, 변호인이 피고인과 상의하여 반대신문의 내용을 정리한 후 반대신문할 수 있는 점 등에 비추어, 기본권제한의 정도가 특정범죄의 범죄신고자 등 증인 등을 보호하고 실체적 진실의 발견에 이바지하는 공익에 비하여 크다고 할 수 없어 법익의 균형성도 갖추고 있으며, 기본권제한에 관한 피해의 최소성 역시 인정되므로, 공정한 재판을 받을 권리를 침해한다고 할 수 없다(헌재 2010. 11. 25. 2009헌바57).

③ ◎ 소송의 지연을 목적으로 함이 명백한 기피신청의 경우 그 신청을 받은 법원 또는 법관이 결정으로 기각할 수 있도록 한 간이기각제도는 형사소송절차의 신속성이라는 공익을 달성하는 데 필요하고 적절한 방법으로써 즉시항고에 의한 불복도 가능하므로, 심판대상조항은 공정한 재판을 받을 권리를 침해하지 아니한다(헌재 2021. 2. 25. 2019헌바551).

④ ◎ 심의위원회의 배상금 등 지급결정에 신청인이 동의한 때에는 국가와 신청인 사이에 민사소송법에 따른 재판상 화해가 성립된 것으로 보는 세월

피해지원법 제16조가 과잉금지원칙을 위반하여 청구인들의 재판청구권을 침해하는지 여부(소극) 세월호피해지원법 제16조는 지급절차를 신속히 종결함으로써 세월호 참사로 인한 피해를 신속하게 구제하기 위한 것이다. 세월호피해지원법에 따라 배상금 등을 지급받고도 또다시 소송으로 다툴 수 있도록 한다면, 신속한 피해구제와 분쟁의 조기종결 등 세월호피해지원법의 입법목적은 달성할 수 없게 된다. 세월호피해지원법 규정에 의하면, 심의위원회의 제3자성, 중립성 및 독립성이 보장되어 있다고 인정되고, 그 심의절차에 공정성과 신중성을 제고하기 위한 장치도 마련되어 있다. 세월호피해지원법은 소송절차에 준하여 피해에 상응하는 충분한 배상과 보상이 이루어질 수 있도록 관련 규정을 마련하고 있다. 신청인에게 지급결정 동의의 법적 효과를 안내하는 절차를 마련하고 있으며, 신청인은 배상금 등 지급에 대한 동의에 관하여 충분히 생각하고 검토할 시간이 보장되어 있고, 배상금 등 지급결정에 대한 동의 여부를 자유롭게 선택할 수 있다. 따라서 심의위원회의 배상금 등 지급결정에 동의한 때 재판상 화해가 성립한 것으로 간주하더라도 이것이 재판청구권 행사에 대한 지나친 제한이라고 보기 어렵다. 세월호피해지원법 제16조가 지급결정에 재판상 화해의 효력을 인정함으로써 확보되는 배상금 등 지급을 둘러싼 분쟁의 조속한 종결과 이를 통해 확보되는 피해구제의 신속성 등의 공익은 그로 인한 신청인의 불이익에 비하여 작다고 보기는 어려우므로, 법익의 균형성도 갖추고 있다. 따라서 세월호피해지원법 제16조는 청구인들의 재판청구권을 침해하지 않는다(헌재 2017. 6. 29. 2015헌마654).

13
정답 ②

② ✗ 대학의 자율성 즉, 대학의 자치란 대학이 그 본연의 임무인 연구와 교수를 외부의 간섭 없이 수행하기 위하여 인사·학사·시설·재정 등의 사항을 자주적으로 결정하여 운영하는 것을 말한다. 따라서 연구·교수활동의 담당자인 교수가 그 핵심주체라 할 것이나, 연구·교수활동의 범위를 좁게 한정할 이유가 없으므로 학생, 직원 등도 포함될 수 있다(헌재 2013. 11. 28. 2007헌마1189).

① ◎ 대체로 보자면, 대학 본연의 기능인 학술의 연구나 교수, 학생선발·지도 등과 관련된 교무·학사행정의 영역에서는 대학구성원의 결정이 우선한다고 볼 수 있으나, 학교법인으로서도 설립 목적을 구현하는 차원에서 조정적 개입은 가능하다고 할 것이고, 우리 법제상 학교법인에게만 권리능력이 인정되므로 각종 법률관계의 형성이나 법적 분쟁의 해결에는 법인이 대학을 대표하게 될 것이다. 한편, 대학의 재정, 시설 및 인사 등의 영역에서는 학교법인이 기본적인 윤곽을 결정하되, 대학구성원에게는 이러한 영역에 대하여 일정 정도 참여권을 인정하는 것이 필요하다(헌재 2013. 11. 28. 2007헌마1189).

③ ◎ 헌법 제31조 제4항이 규정하는 교육의 자주성 및 대학의 자율성은 헌법 제22조 제1항이 보장하는 학문의 자유의 확실한 보장을 위해 꼭 필요한 것으로서 대학에 부여된 헌법상 기본권인 대학의 자율권이므로, 국립대학인 청구인도 이러한 대학의 자율권의 주체로서 헌법소원심판의 청구인능력이 인정된다(헌재 2015. 12. 23. 2014헌마1149).

④ ◎ 학교법인의 이사회 등에 외부인사를 참여시키는 것은 다양한 이해관계자의 참여를 통해 개방적인 의사결정을 보장하고, 외부의 환경 변화에 민감하게 반응함과 동시에 외부의 감시와 견제를 통해 대학의 투명한 운영을 보장하기 위한 것이며, 대학 운영의 투명성과 공공성을 높이기 위해 정부도 의사형성에 참여하도록 할 필요가 있는 점, 사립학교의 경우 이사와 감사의 취임 시 관할청의 승인을 받도록 하고, 관련법령을 위반하는 경우 관할청이 취임 승인을 취소할 수 있도록 하고 있는 점 등을 고려하면, 외부인사 참여 조항은 대학의 자율의 본질적인 부분을 침해하였다고 볼 수 없다(헌재 2014. 4. 24. 2011헌마612).

14
정답 ④

④ ✗ 형사피고인 등으로서 적법하게 구금되었다가 후에 무죄판결 등을 받음으로써 발생하는 신체의 자유 제한에 대한 보상은 형사사법절차에 내재하는 불가피한 위험으로 인한 피해에 대한 보상으로서, 국가의 위법·부당한 행위를 전제하는 국가배상과는 그 취지 자체가 상이한 것이고, 따라서 그 보상 범위도 손해배상의 범위와 동일하여야 하는 것이 아니다. 국가의 형사사법행위가 고의·과실로 인한 것으로 인정되는 경우에는 국가배상청구 등 별개의 절차에 의하여 인과관계 있는 모든 손해를 배상받을 수 있으므로, 형사보상절차로써 인과관계 있는 모든 손해를 보상하지 않는다고 하여 반드시 부당하다고 할 수는 없을 것이다(헌재 2010. 10. 28. 2008헌마514).

① ◯ 보상액의 산정에 기초되는 사실인정이나 보상액에 관한 판단에서 오류나 불합리성이 발견되는 경우에도 그 시정을 구하는 불복신청을 할 수 없도록 하는 것은 형사보상청구권 및 그 실현을 위한 기본권으로서의 재판청구권의 본질적 내용을 침해하는 것이라 할 것이고, 나아가 법적 안정성만을 지나치게 강조함으로써 재판의 적정성과 정의를 추구하는 사법제도의 본질에 부합하지 아니하는 것이다. 또한, 불복을 허용하더라도 즉시항고는 절차가 신속히 진행될 수 있고 사건수도 과다하지 아니한데다 그 재판내용도 비교적 단순하므로 불복을 허용한다고 하여 상급심에 과도한 부담을 줄 가능성은 별로 없다고 할 것이어서, 이 사건 불복금지조항은 형사보상청구권 및 재판청구권을 침해한다고 할 것이다(헌재 2010. 10. 28. 2008헌마514).

② ◯ 형사보상청구에 관하여 어느 정도의 제척기간을 둘 것인가의 문제는 원칙적으로 입법권자의 재량에 맡겨져 있는 것이지만, 그 청구기간이 지나치게 단기간이거나 불합리하여 무죄재판이 확정된 형사피고인이 형사보상을 청구하는것을 현저히 곤란하게 하거나 사실상 불가능하게 한다면 이는 입법재량의 한계를 넘어서는 것으로서 헌법이 보장하는 형사보상청구권을 침해하는 것이라 하지 않을 수 없다(헌재 2010. 7. 29. 2008헌가4).

③ ◯ 이 사건 법률조항에 규정된 제척기간이 현실적으로 비용보상청구권 행사를 불가능하게 하거나 현저한 곤란을 초래할 정도로 지나치게 짧다고 단정할 수 없다. 이 사건 법률조항을 통해 달성하려고 하는 비용보상에 관한 국가 채무관계를 조기에 확정하여 국가재정을 합리적으로 운영한다는 공익이 청구인 등이 입게 되는 경제적 불이익에 비해 작다고 단정하기도 어려워 법익의 균형성도 갖추었다. 따라서 이 사건 법률조항은 과잉금지원칙에 위반되어 청구인의 재판청구권 및 재산권을 침해하지는 않는다(헌재 2015. 4. 30. 2014헌바408).

15
정답 ②

② ◯ 특수임무수행자 등이 보상금 등의 지급결정에 동의한 때에는 특수임무수행 또는 이와 관련한 교육훈련으로 입은 피해에 대하여 재판상 화해가 성립된 것으로 보는 '특수임무수행자 보상에 관한 법률' 제17조의2 가운데 특수임무수행 또는 이와 관련한 교육훈련으로 입은 피해 중 '정신적 손해'에 관한 부분은 국가배상청구권 또는 재판청구권을 침해하지 않는다(헌재 2021. 9. 30. 2019헌가28).

> 2023 경찰 2차 특수임무수행자 등이 보상금 등의 지급결정에 동의한 때에는 특수임무수행 또는 이와 관련한 교육훈련으로 입은 피해에 대하여 재판상 화해가 성립된 것으로 보는 「특수임무수행자 보상에 관한 법률」 제17조의2 가운데 특수임무수행 또는 이와 관련한 교육훈련으로 입은 피해 중 '정신적 손해'에 관한 부분이 과잉금지원칙을 위반하여 국가배상청구권을 침해한다고 보기 어렵다. (◯)

구분	재판청구권	국가배상청구권
5·18 민주화운동	합헌	정신적 손해 부분 침해
특수임무수행	합헌	합헌

① ✗ 신청인이 동의한 때 배상심의회의 배상결정에 민사소송법 규정에 의한 재판상의 화해 효력을 부여한 국가배상법 조항은 재판청구권을 과도하게 제한하는 것이다(헌재 1995. 5. 25. 91헌가7).

> 2018 서울시 7급(상) 신청인이 동의한 때 배상심의회의 배상결정에 민사소송법 규정에 의한 재판상의 화해 효력을 부여한 것은 행정상의 손해배상에 관한 분쟁을 신속히 종결·이행시키기 위한 것으로 헌법에 위반되지 아니한다. (✗)

참고 국가배상법 배상심의회 논점
- 재판상 화해 → 위헌 → 민법상 화해
- 필요적 전치 → 합헌 → 임의적 전치

③ ✗ 헌법 제29조 제1항 제1문은 '공무원의 직무상 불법행위'로 인한 국가 또는 공공단체의 책임을 규정하면서 제2문은 '이 경우 공무원 자신의 책임은 면제되지 아니한다'고 규정하여 헌법상 국가배상책임은 공무원의 책임을 일정 부분 전제하는 것으로 해석될 수 있고, 헌법 제29조 제1항에 법률유보 문구를 추가한 것은 국가재정을 고려하여 국가배상책임의 범위를 법률로 정하도록 한 것으로 해석된다. 공무원의 고의 또는 과실이 없는데도 국가배상을 인정할 경우 피해자 구제가 확대되기는 하겠지만 현실적으로 원활한 공무수행이 저해될 수 있어 이를 입법정책적으로 고려할 필요성이 있다. 외국의 경우에도 대부분 국가에서 국가배상책임에 공무수행자의 유책성을 요구하고 있으며, 최근에는 국가배상법상의 과실관념의 객관화, 조직과실의 인정, 과실 추정과 같은 논리를 통하여 되도록 피해자에 대한 구제의 폭을 넓히려는 추세에 있다. 이러한 점들을 고려할 때, 이 사건 법률조항이 국가배상청구권의 성립요건으로서 공무원의 고의 또는 과실을 규정한 것을 두고 입법형성의 범위를 벗어나 헌법 제29조에서 규정한 국가배상청구권을 침해한다고 보기는 어렵다(헌재 2015. 4. 30. 2013헌바395).

④ ✗

> **국가배상법 제4조(양도 등 금지)** 생명·신체의 침해로 인한 국가배상을 받을 권리는 양도하거나 압류하지 못한다.

16
정답 ②

② ✗ 이 사건 법률조항들은 특정범죄에 관한 형사절차에서 국민이 안심하고 자발적으로 협조할 수 있도록 그 범죄신고자 등을 실질적으로 보호함으로써 피해자의 진술을 제약하는 요소를 제거하고 이를 통해 범죄로부터 사회를 방위함에 이바지함과 아울러 실체적 진실의 발견을 용이하게 하기 위한 것으로서, 그 목적의 정당성 및 수단의 적합성이 인정되며, 피고인 퇴정조항에 의하여 피고인 퇴정 후 증인신문을 하는 경우에도 피고인은 여전히 형사소송법 제161조의2에 의하여 반대신문권이 보장되고, 이때 변호인이 반대신문 전에 피고인과 상의하여 반대신문사항을 정리하면 피고인의 반대신문권이 실질적으로 보장될 수 있는 점, 인적사항이 공개되지 아니한 증인에 대하여는 증인신문 전에 수사기관 작성의 조서나 증인 작성의 진술서 등의 열람·복사를 통하여 그 신문 내용을 어느 정도 예상할 수 있고, 변호인이 피고인과 상의하여 반대신문의 내용을 정리한 후 반대신문할 수 있는 점 등에 비추어, 기본권제한의 정도가 특정범죄의 범죄신고자 등 증인 등을 보호하고 실체적 진실의 발견에 이바지하는 공익에 비하여 크다고 할 수 없어 법익의 균형성도 갖추고 있으며, 기본권제한에 관한 피해의 최소성 역시 인정되므로, 공정한 재판을

받을 권리를 침해한다고 할 수 없다(헌재 2010. 11. 25. 2009헌바57).

① ⭕ 상속재산분할에 관한 사건의 결과는 가족공동체의 안정에 커다란 영향을 미친다는 특수성을 감안할 때, 구체적인 상속분의 확정과 분할의 방법에 관하여서는 가정법원이 당사자의 주장에 구애받지 않고 후견적 재량을 발휘하여 합목적적으로 판단하여야 할 필요성이 인정된다. 이와 같은 점을 고려하여 가사비송 조항은 상속재산분할에 관한 사건을 법원의 후견적 재량이 인정되는 가사비송절차에 의하도록 한 것이다. 가사소송법 관계법령은 상속재산분할에 관한 사건을 가사비송사건으로 규정하면서도 절차와 심리방식에 있어 당사자의 공격방어권과 처분권을 담보하기 위한 여러 제도들을 마련하고 있다. 따라서 가사비송 조항이 입법재량의 한계를 일탈하여 상속재산분할에 관한 사건을 제기하고자 하는 자의 공정한 재판을 받을 권리를 침해한다고 볼 수 없다(헌재 2017. 4. 27. 2015헌바24).

③ ⭕ 헌법 제27조 제5항에서 형사피해자의 재판절차진술권을 독립된 기본권으로 보장한 취지는 피해자 등에 의한 사인소추를 전면 배제하고 형사소추권을 검사에게 독점시키고 있는 현행 기소독점주의의 형사소송체계 아래에서 형사피해자로 하여금 당해 사건의 형사재판절차에 참여할 수 있는 청문의 기회를 부여함으로써 형사사법의 절차적 적정성을 확보하기 위한 것이므로, 위 헌법조항의 형사피해자의 개념은 반드시 형사실체법상의 보호법익을 기준으로 한 피해자개념에 한정하여 결정할 것이 아니라 형사실체법상으로는 직접적인 보호법익의 향유주체로 해석되지 않는 자라 하더라도 문제된 범죄행위로 말미암아 법률상 불이익을 받게 되는 자의 뜻으로 풀이하여야 할 것이다(헌재 2002. 10. 31. 2002헌마453).

④ ⭕ 변호사와 접견하는 경우에도 수용자의 접견은 원칙적으로 접촉차단시설이 설치된 장소에서 하도록 규정하고 있는 형의 집행 및 수용자의 처우에 관한 법률 시행령(2008. 10. 29. 대통령령 제21095호로 개정된 것) 제58조 제4항(이하 '이 사건 접견조항'이라 한다)이 재판청구권을 침해하는지 여부(적극) 이 사건 접견조항에 따르면 수용자는 효율적인 재판준비를 하는 것이 곤란하게 되고, 특히 교정시설 내에서의 처우에 대하여 국가 등을 상대로 소송을 하는 경우에는 소송의 상대방에게 소송자료를 그대로 노출하게 되어 무기대등의 원칙이 훼손될 수 있다. 변호사 직무의 공공성, 윤리성 및 사회적 책임성은 변호사 접견권을 이용한 증거인멸, 도주 및 마약 등 금지물품 반입 시도 등의 우려를 최소화시킬 수 있으며, 변호사접견이라 하더라도 교정시설의 질서 등을 해할 우려가 있는 특별한 사정이 있는 경우에는 예외를 두도록 한다면 악용될 가능성도 방지할 수 있다. 따라서 이 사건 접견조항은 과잉금지원칙에 위배하여 청구인의 재판청구권을 지나치게 제한하고 있으므로, 헌법에 위반된다(헌재 2013. 8. 29. 2011헌마122).

17 정답 ②

② ❌ 위임입법의 경우 그 한계는 예측가능성인바, 이는 법률에 이미 대통령령으로 규정될 내용 및 범위의 기본사항이 구체적으로 규정되어 있어서 누구라도 당해 법률로부터 대통령령 등에 규정될 내용의 대강을 예측할 수 있어야 함을 의미하고, 이러한 예측가능성의 유무는 당해 특정조항 하나만을 가지고 판단할 것은 아니고 관련 법조항 전체를 유기적·체계적으로 종합 판단하여야 하며 각 대상법률의 성질에 따라 구체적·개별적으로 검토하여 법률조항과 법률의 입법 취지를 종합적으로 고찰할 때 합리적으로 그 대강이 예측될 수 있는 것이라면 위임의 한계를 일탈하지 아니한 것이다(대판 2007. 10. 26. 2007두9884).

① ⭕ 법률에 의한 처벌법규의 위임은, 헌법이 특히 인권을 최대한으로 보장하기 위하여 죄형법정주의와 적법절차를 규정하고, 법률(형식적 의미의)에 의한 처벌을 특별히 강조하고 있는 기본권보장 우위사상에 비추어 바람직스럽지 못한 일이므로, 그 요건과 범위가 보다 엄격하게 제한적으로 적용되어야 한다(헌재 1991. 7. 8 91헌가4).

③ ⭕

> **헌법 제75조** 대통령은 법률에서 구체적으로 범위를 정하여 위임받은 사항과 법률을 집행하기 위하여 필요한 사항에 관하여 대통령령을 발할 수 있다.

④ ⭕ 국민주권주의, 권력분립주의 및 법치주의를 기본원리로 하고 있는 우리 헌법하에서 국민의 헌법상 기본권 및 기본의무와 관련된 중요한 사항 내지 본질적인 내용에 대한 정책형성기능은 원칙적으로 주권자인 국민에 의하여 선출된 대표자들로 구성되는 입법부가 담당하여 법률의 형식으로써 이를 수행해야 하고, 이와 같이 입법화된 정책을 집행하거나 적용함을 임무로 하는 행정부나 사법부에 그 기능을 넘겨서는 안 된다(헌재 1996. 10. 31. 93헌바14).

18 정답 ④

④ ⭕ 의무교육의 실시범위와 관련하여 의무교육의 무상원칙을 규정한 헌법 제31조 제3항은 초등교육에 관하여는 직접적인 효력규정으로서 개인이 국가에 대하여 입학금·수업료 등을 면제받을 수 있는 헌법상의 권리라고 볼 수 있다(헌재 1991. 2. 11. 90헌가27).

> **2017 경정승진** '의무교육은 무상으로 한다.'는 헌법 제31조 제3항은 초등교육에 관하여는 직접적인 효력규정으로서, 이로부터 개인은 국가에 대하여 초등학교의 입학금·수업료 등을 면제받을 수 있는 헌법상의 권리를 가진다. (⭕)

① ❌ 의무교육의 실시범위와 관련하여 의무교육의 무상원칙을 규정한 헌법 제31조 제3항은 초등교육에 관하여는 직접적인 효력규정으로서 개인이 국가에 대하여 입학금·수업료 등을 면제받을 수 있는 헌법상의 권리라고 볼 수 있다. 그러나 중등교육의 경우에는 초등교육과는 달리 헌법 제31조 제2항에서 직접 중학교교육 또는 고등학교교육 등 중등교육을 지칭하지 아니하고 단지 법률이 정하는 교육이라고 규정하였을 뿐이므로 무상의 의무교육 중 초등교육을 넘는 중학교교육 이상의 교육에 대하여는 국가의 재정형편 등을 고려하여 입법권자가 법률로 정한 경우에 한하여 인정될 수 있는 것이다. 따라서 무상의 중등교육을 받을 권리는 법률에서 중등교육을 의무교육으로서 시행하도록 규정하기 전에는 헌법상 권리로서 보장되는 것은 아니다(헌재 1991. 2. 11. 90헌가27).

> **2019 경채** 무상의 중등교육을 받을 권리는 법률에서 중등교육을 의무교육으로서 시행하도록 규정하기 전이더라도 헌법상 권리로서 보장되는 것이다. (❌)

② ❌ 학교폭력예방법에 따른 학교폭력사안 처리 절차 및 기준, 그 처리과정에서 가해학생측에게 보장된 각종 기회 및 권리구제절차 등에 비추어 볼 때, 이 사건 징계조치 조항이 가해학생에 대하여 수개의 조치를 병과할 수 있도록 하고 출석정지조치를 취함에 있어 기간의 상한을 두고 있지 않다고 하더라도, 가해학생의 학습의 자유에 대한 제한이 입법 목적 달성에 필요한 최소한의 정도를 넘는다고 볼 수 없다. 따라서 이 사건 징계조치 조항은 침해의 최소성 원칙에 위반되지 아니한다. …… 이 사건 징계조치 조항은 학습의 자유를 침해하지 아니한다(헌재 2019. 4. 11. 2017헌바140).

③ ❌ 이 사건 수시모집요강은 기초생활수급자·차상위계층, 장애인 등을 대상으로 하는 일부 특별전형에만 검정고시 출신자의 지원을 허용하고 있을 뿐 수시모집에서의 검정고시 출신자의 지원을 일률적으로 제한함으로써 실질적으로 검정고시 출신자의 대학입학 기회의 박탈이라는

결과를 초래하고 있다. 수시모집의 학생선발방법이 정시모집과 동일할 수는 없으나, 이는 수시모집에서 응시자의 수학능력이나 그 정도를 평가하는 방법이 정시모집과 다른 것을 의미할 뿐, 수학능력이 있는 자들에게 동등한 기회를 주고 합리적인 선발 기준에 따라 학생을 선발하여야 한다는 점은 정시모집과 다르지 않다. 따라서 수시모집에서 검정고시 출신자에게 수학능력이 있는지 여부를 평가받을 기회를 부여하지 아니하고 이를 박탈한다는 것은 수학능력에 따른 합리적인 차별이라고 보기 어렵다. 피청구인들은 정규 고등학교 학교생활기록부가 있는지 여부, 공교육 정상화, 비교내신 문제 등을 차별의 이유로 제시하고 있으나 이러한 사유가 차별취급에 대한 합리적인 이유가 된다고 보기 어렵다. 그렇다면 이 사건 수시모집요강은 검정고시 출신자인 청구인들을 합리적인 이유 없이 차별함으로써 청구인들의 균등하게 교육을 받을 권리를 침해한다(헌재 2017. 12. 28 2016헌마649).

19   정답 ②

② ⭕ 채용시험의 가점에 관한 국가유공자법 개정이 예측가능하고, 채용시험의 가점은 단지 법률이 부여한 기회를 활용한 것으로서 원칙적으로 사적 위험부담의 범위에 속하는 점, 국가유공자의 가족, 특히 자녀의 합격률 증가로 심화되는 일반 응시자들의 평등권 및 공무담임권 침해를 방지할 공익적 필요성은 상당히 큰 점, 심판대상조항의 적용시점을 정하는 것은 입법재량의 영역에 속하는 것인 점 등을 종합하면, 개정 국가유공자법 시행 직후에 국가유공자로 등록된 사람의 가족에 대하여 경과규정을 두지 않았다는 이유만으로 심판대상조항이 헌법상의 신뢰보호원칙에 위배되어 직업선택의 자유, 공무담임권을 침해하였다고 볼 수 없다(헌재 2015. 2. 26. 2012헌마400).

① ❌ 교육공무원법(2016. 1. 27. 법률 제13819호로 개정된 것) 제10조의4 중 미성년자에 대하여 성범죄를 범하여 형을 선고받아 확정된 자와 성인에 대한 성폭력범죄를 범하여 벌금 100만 원 이상의 형을 선고받아 확정된 자는 초·중등교육법상의 교원에 임용될 수 없도록 한 부분은 과잉금지원칙에 반하여 청구인의 공무담임권을 침해한다고 볼 수 없다(헌재 2019. 7. 25. 2016헌마754).

> 2023 경찰간부 미성년자에 대하여 성범죄를 범하여 형을 선고받아 확정된 자와 성인에 대한 성폭력범죄를 범하여 벌금 100만 원 이상의 형을 선고받아 확정된 자는 「초·중등교육법」상의 교원에 임용될 수 없도록 한 부분은 그 제한의 범위가 지나치게 넓고 포괄적이어서 공무담임권을 침해한다. (×)

③ ❌ 심판대상조항은 아동과 관련이 없는 직무를 포함하여 모든 일반직공무원 및 부사관에 임용될 수 없도록 하므로, 제한의 범위가 지나치게 넓고 포괄적이다. 또한, 심판대상조항은 영구적으로 임용을 제한하고, 결격사유가 해소될 수 있는 어떠한 가능성도 인정하지 않는다. 아동에 대한 성희롱 등의 성적 학대행위로 형을 선고받은 경우라고 하여도 범죄의 종류, 죄질 등은 다양하므로, 개별 범죄의 비난가능성 및 재범 위험성 등을 고려하여 상당한 기간 동안 임용을 제한하는 덜 침해적인 방법으로도 입법목적을 충분히 달성할 수 있다. 따라서 심판대상조항은 과잉금지원칙에 위배되어 청구인의 공무담임권을 침해한다(헌재 2022. 11. 24. 2020헌마1181).

> 2023 경찰간부 「국가공무원법」 해당 조항 중 「아동복지법」 제17조 제2호 가운데 '아동에게 성적 수치심을 주는 성희롱 등의 성적 학대행위로 형을 선고받아 그 형이 확정된 사람은 일반직 공무원으로 임용될 수 없도록 한 부분은 아동·청소년 대상 성범죄의 재범률을 고려해 볼 때 공무담임권을 침해하지 않는다. (×)
> 유사 '아동·청소년이용음란물임을 알면서 이를 소지한 죄로 형을 선고받아 그 형이 확정된 사람은 국가공무원법 제2조 제2항 제1호의 일반직공무원으로 임용될 수 없도록 한 것'은 헌법에 합치되지 아니한다. (○)

④ ❌ 고등교육법상의 교원은 학생의 입학, 수업, 시험출제, 성적평가에서 졸업 후 사회진출에 이르기까지 학생에 대하여 폭넓게 영향력을 행사할 수 있는 지위에 있는 점, 대학생활 전반에 관하여 지도와 상담을 하는 고등교육법상 교원이 학생을 상대로 성폭력범죄를 저지르는 경우 학생으로서는 이러한 교원의 부당한 행위에 저항하기 힘든 취약한 지위에 있게 되고, 따라서 일단 고등교육법상의 교원으로 임용되고 나면 성폭력범죄의 의도를 가진 행위를 차단하기가 극히 어려워지는 점 등에 비추어 보면, 교육공무원법 제10조의4 제3호 중 벌금 100만 원 이상의 형을 선고받아 그 형이 확정된 사람은 고등교육법 제2조가 규정하는 학교의 교원에 임용될 수 없도록 한 심판대상조항이 성인에 대한 성폭력범죄 행위로 벌금 100만 원 이상의 형을 선고받고 확정된 자에 한하여 고등교육법상의 교원으로 임용할 수 없도록 한 것은, 성폭력범죄를 범하는 대상과 형의 종류에 따라 성폭력범죄에 관한 교원으로서의 최소한의 자격기준을 설정하였다고 할 것이므로, 과잉금지원칙에 반하여 청구인의 공무담임권을 침해한다고 할 수 없다(헌재 2020. 12. 23. 2019헌마502).

20   정답 ③

③ ❌ 이 사건 공단의 상근직원이 그 지위를 이용하여 경선운동을 하는 행위를 금지·처벌하는 규정을 두는 것은 별론으로 하고, 이 사건 공단의 상근직원의 경선운동을 일률적으로 금지·처벌하는 것은 정치적 표현의 자유를 과도하게 제한하는 것이다. 정치적 표현의 자유의 중대한 제한에 비하여, 이 사건 공단의 상근직원이 당내경선에서 공무원에 준하는 영향력이 있다고 볼 수 없는 점 등을 고려하면 심판대상조항이 당내경선의 형평성과 공정성의 확보라는 공익에 기여하는 바가 크다고 보기 어렵다. 따라서 심판대상조항은 과잉금지원칙에 반하여 정치적 표현의 자유를 침해한다(헌재 2021. 4. 29. 2019헌가11).

① ⭕ 예비후보자홍보물의 수량을 제한하는 공직선거법 제60조의3 제1항 제4호 중 '세대수의 100분의 10 이내에 해당하는 수' 부분은 예비후보자의 선거운동 자유를 과도하게 제한함으로써 선거운동의 자유를 침해한다고 볼 수 없다(헌재 2009. 7. 30. 2008헌마180).

② ⭕ 인터넷언론사는 선거운동기간 중 당해 홈페이지 게시판 등에 정당·후보자에 대한 지지·반대 등의 정보를 게시하는 경우 실명을 확인받는 기술적 조치를 하도록 정한 실명확인 조항을 비롯하여, 행정안전부장관 및 신용정보업자는 실명인증자료를 관리하고 중앙선거관리위원회가 요구하는 경우 지체 없이 그 자료를 제출해야 하며, 실명확인을 위한 기술적 조치를 하지 아니하거나 실명인증의 표시가 없는 정보를 삭제하지 않는 경우 과태료를 부과하도록 정한 공직선거법 조항(이하 '심판대상조항'이라 한다)은 게시판 등 이용자의 익명표현의 자유 및 개인정보자기결정권과 인터넷언론사의 언론의 자유를 침해한다(헌재 2021. 1. 28. 2018헌마456).

④ ⭕ '후보자가 되고자 하는 자'는 후보자의사를 인정할 수 있는 객관적 징표 등을 고려하여 그 해당 여부를 판단하고, 공직선거법 제112조는 기부행위의 개념을 정의하고 예외적으로 허용되는 기부행위를 상세히 규정하고 있으므로 이 사건 기부행위금지 조항은 죄형법정주의 명확성원칙에 위배되지 않는다. 이 사건 기부행위금지 조항은 부정한 경제적 이익이 유권자의 자유의사를 왜곡시키는 것을 방지함으로써 선거의 공정성을 보장하기 위한 규정으로, 객관적으로 후보자의사가 표출되기 전에 이루어진 기부행위는 적용대상에서 배제되고, 공직선거법 제112조 제2항 및 대법원 판례가 선거운동 내지 선거와 무관한 기부행위, 일응 선거와 유관해 보이더라도 사회상규에 위배되지 않는 기부행위를 처벌대상에서 제외하고 있으므로, 이 사건 기부행위금지 조항은 과잉금지원칙에 위배되어 선거운동의 자유를 침해하지 않는다(헌재 2021. 2. 25. 2018헌바223).

01 Day

01 ③ 02 ③ 03 ② 04 ① 05 ① 06 ② 07 ③ 08 ④ 09 ④ 10 ②
11 ④ 12 ① 13 ① 14 ② 15 ④ 16 ② 17 ④ 18 ② 19 ④ 20 ④

01
정답 ③

③ ⭕

> 헌법 제60조 ① 국회는 상호원조 또는 안전보장에 관한 조약, 중요한 국제조직에 관한 조약, 우호통상항해조약, 주권의 제약에 관한 조약, 강화조약, 국가나 국민에게 중대한 재정적 부담을 지우는 조약 또는 입법사항에 관한 조약의 체결·비준에 대한 동의권을 가진다.

① ❌

> 헌법 제73조 대통령은 조약을 체결·비준하고, 외교사절을 신임·접수 또는 파견하며, 선전포고와 강화를 한다.

② ❌ 국회의원의 심의·표결권은 국회의 대내적인 관계에서 행사되고 침해될 수 있을 뿐 다른 국가기관과의 대외적인 관계에서는 침해될 수 없는 것이므로, 대통령 등 국회 이외의 국가기관과의 사이에서는 권한침해의 직접적인 법적 효과를 발생시키지 아니한다. 따라서 피청구인 대통령이 조약 체결·비준에 대한 국회의 동의를 요구하지 않았다고 하더라도 국회의원인 청구인들의 심의·표결권이 침해될 가능성은 없다(헌재 2015. 11. 26. 2013헌라3).

④ ❌ 국회의 의사가 다수결에 의하여 결정되었음에도 다수결의 결과에 반대하는 소수의 국회의원에게 권한쟁의심판을 청구할 수 있게 하는 것은 다수결의 원리와 의회주의의 본질에 어긋날 뿐만 아니라, 국가기관이 기관 내부에서 민주적인 방법으로 토론과 대화에 의하여 기관의 의사를 결정하려는 노력 대신 모든 문제를 사법적 수단에 의해 해결하려는 방향으로 남용될 우려도 있으므로, 국가기관의 부분 기관이 자신의 이름으로 소속기관의 권한을 주장할 수 있는 '제3자 소송담당'을 명시적으로 허용하는 법률의 규정이 없는 현행법 체계하에서는 국회의 구성원인 국회의원이 국회의 조약에 대한 체결·비준 동의권의 침해를 주장하는 권한쟁의심판을 청구할 수 없다(헌재 2007. 7. 26. 2005헌라8).

02
정답 ③

③ ❌ 행복추구권, 연좌제 금지는 제8차 개정헌법(1980년 헌법)에서 최초로 규정하였으나 범죄피해자구조청구권은 제9차 개정헌법 때 신설되었다.

03
정답 ②

② ❌ 행정권력의 부작위에 대한 헌법소원은 공권력의 주체에게 헌법에서 유래하는 작위의무가 특별히 구체적으로 규정되어 이에 의거하여 기본권의 주체가 행정행위 내지 공권력의 행사를 청구할 수 있음에도 공권력의 주체가 그 의무를 해태하는 경우에 허용될 수 있는 것이므로, 기본권의 침해가 없는 행정청의 단순한 부작위는 헌법소원의 대상이 될 수 없다. 그런데, 우리 헌법에 피청구인 또는 대한민국 정부가 현재 중국의 영토인 간도 지역을 회복하여야 할 작위의무가 특별히 규정되어 있다거나 헌법 해석상 그러한 작위의무가 도출된다고 보기 어려울 뿐만 아니라, 중국에 대해 간도협약이 무효임을 주장하여야 하는 어떠한 법적인 의무가 있다고도 볼 수 없다. 따라서, 설령 피청구인이 중국에 대해 간도협약의 무효를 주장하는 등 간도 지역을 우리의 영토로 회복하기 위한 적극적인 행위를 하지 않고 있다고 하더라도, 청구인은 피청구인에 대해 그와 같은 적극적인 공권력 행사를 청구할 수 있는 권리가 있다고 볼 수 없으므로, 이 사건 심판청구는 헌법소원이 허용될 수 없는 공권력의 불행사를 대상으로 한 것이어서 부적법하다(헌재 2009. 9. 22. 2009헌마516).

① ⭕

> 남북관계 발전에 관한 법률 제13조(남북관계발전기본계획의 수립) ① 정부는 남북관계발전에관한기본계획(이하 "기본계획"이라 한다)을 5년마다 수립하여야 한다.
> ② 기본계획은 통일부장관이 남북관계발전위원회의 심의 및 국무회의 심의를 거쳐 이를 확정한다. 다만, 예산이 수반되는 기본계획은 국회의 동의를 얻어야 한다.

③ ⭕ 우리 헌법이 "대한민국의 영토는 한반도와 그 부속도서로 한다"는 영토조항(제3조)을 두고 있는 이상 대한민국의 헌법은 북한지역을 포함한 한반도 전체에 그 효력이 미치고 따라서 북한지역은 당연히 대한민국의 영토가 되므로, 북한을 법 소정의 "외국"으로, 북한의 주민 또는 법인 등을 "비거주자"로 바로 인정하기는 어렵지만, 개별 법률의 적용 내지 준용에 있어서는 남북한의 특수관계적 성격을 고려하여 북한지역을 외국에 준하는 지역으로, 북한주민 등을 외국인에 준하는 지위에 있는 자로 규정할 수 있다고 할 것이다(헌재 2005. 6. 30. 2003헌바114).

④ ⭕ 당해 사건과 같이 남한과 북한 주민 사이의 외국환 거래에 대하여는 법 제15조 제3항에 규정되어 있는 "거주자 또는 비거주자" 부분 즉 대한민국 안에 주소를 둔 개인 또는 법인인지 여부가 문제되는 것이 아니라, 남북교류협력에관한법률(이하 '남북교류법'이라 한다) 제26조 제3항의 "남한과 북한" 즉 군사분계선 이남지역과 그 이북지역의 주민인지 여부가 문제되는 것이다. 즉, 외국환거래의 일방 당사자가 북한의 주민일 경우 그는 이 사건 법률조항의 '거주자' 또는 '비거주자'가 아니라 남북교류법의 '북한의 주민'에 해당하는 것이다. 그러므로, 당해 사건에서 아태위원회가 법 제15조 제3항에서 말하는 '거주자'나 '비거주자'에 해당하는지 또는 남북교류법상 '북한의 주민'에 해당하는지 여부는 법률해석의 문제에 불과한 것이고, 헌법 제3조의 영토조항과는 관련이 없다(헌재 2005. 6. 30. 2003헌바114).

04
정답 ①

① ❌ 헌법 제119조는 헌법상 경제질서에 관한 일반조항으로서 국가의 경제정책에 대한 하나의 헌법적 지침일 뿐, 그 자체가 기본권의 성질을 가진다거나 독자적인 위헌심사의 기준이 된다고 할 수 없다(헌재 2017. 7. 27. 2015헌바278).

② ⭕ 비약적으로 증가되는 의료인 수를 고려할 때, 이 사건 조항에 의한 의료광고의 금지는 새로운 의료인들에게 자신의 기능이나 기술 혹은 진단 및 치료방법에 관한 광고와 선전을 할 기회를 배제함으로써, 기존의 의료인과의 경쟁에서 불리한 결과를 초래할 수 있는데, 이는 자유롭고 공정한 경쟁을 추구하는 헌법상의 시장경제질서에 부합되지 않는다(헌재 2005. 10. 27. 2003헌가3).

③ ⭕ 경제목표는 일차적으로 입법자에 의하여 구체화되고 실현된다. 입법자는 경제현실의 역사와 미래에 대한 전망, 목적달성에 소요되는 경제적 사회적 비용, 당해 경제문제에 관한 국민 내지 이해관계인의 인식 등 제반사정을 두루 감안하여 가능한 여러 정책 중 필요하다고 판단되는 경제정책을 선택할 수 있고, 입법자의 그러한 정책판단과 선택은 그것이 독과점규제 지역경제육성 중소기업보호라는 헌법적 요청을 구체화시

키고 실현시키는 것인 한, 그리고 그것이 현저히 합리성을 결여한 것이라고 볼 수 없는 한 경제에 관한 국가적 규제 조정권한의 행사로서 존중되어야 하고 사법적 판단에 의해 함부로 대체되어서는 아니 된다(헌재 1996. 12. 26. 96헌가18).

④ ◎ 헌법은 단지 국가가 실현하려고 의도하는 전형적인 경제목표를 예시적으로 구체화하고 있을 뿐이므로 기본권의 침해를 정당화할 수 있는 모든 공익을 아울러 고려하여 법률의 합헌성 여부를 심사하여야 한다(헌재 1996. 12. 26. 96헌가18).

05
정답 ①

① ✗ 헌법 제8조 제1항의 정당설립의 자유와 제2항의 헌법적 요청을 함께 고려하여 볼 때, 입법자가 정당으로 하여금 헌법상 부여된 기능을 이행하도록 하기 위하여 그에 필요한 절차적·형식적 요건을 규정함으로써 정당의 자유를 구체적으로 형성하고 동시에 제한하는 경우를 제외한다면, 정당설립에 대한 국가의 간섭이나 침해는 원칙적으로 허용되지 아니한다(헌재 1999. 12. 23. 99헌마135).

② ◎ "누구든지 2 이상의 정당의 당원이 되지 못한다."라고 규정하고 있는 정당법 제42조 제2항이 정당의 당원인 청구인들의 정당 가입·활동의 자유를 침해하는지 여부(소극) 심판대상조항은 예외 없이 복수 당적 보유를 금지하고 있으나, 정당법상 당원의 입당, 탈당 또는 재입당이 제한되지 아니하는 점, 복수 당적 보유를 허용하면서도 예상되는 부작용을 실효적으로 방지할 수 있는 대안을 상정하기 어려운 점, 어느 정당의 당원이라 하더라도 일반에 개방되는 다른 정당의 경선에 참여하는 등 다양한 방법으로 정치적 의사를 표현할 수 있다는 점 등을 고려하면, 심판대상조항이 침해의 최소성에 반한다고 보기 어렵다. 나아가, 정당의 당원인 청구인들로 하여금 다른 정당의 당원이 될 수 없도록 하는 정당 가입·활동 자유 제한의 정도가 정당정치를 보호·육성하고자 하는 공익에 비하여 중하다고 볼 수 없다. 따라서 심판대상조항이 정당의 당원인 청구인들의 정당 가입·활동의 자유를 침해한다고 할 수 없다(헌재 2022. 3. 31. 2020헌마1729).

③ ◎ 국회 입법활동의 활성화와 효율화를 이루기 위하여는 우선적으로 교섭단체의 전문성을 제고시켜야 하며, 교섭단체가 필요로 하는 전문인력을 공무원 신분인 정책연구위원으로 임용하여 그 소속의원들의 입법활동을 보좌하도록 할 필요성이 발생하므로 교섭단체에 한하여 정책연구위원을 배정하는 것은 입법재량의 범위 내로서 그 차별에 합리적인 이유가 있다 할 것이다(헌재 2008. 3. 27. 2004헌마654).

④ ◎ 정당의 명칭은 그 정당의 정책과 정치적 신념을 나타내는 대표적인 표지에 해당하므로, 정당설립의 자유는 자신들이 원하는 명칭을 사용하여 정당을 설립하거나 정당활동을 할 자유도 포함한다고 할 것이다. …… 이러한 정당 관련 헌법과 법률의 규정과 정당의 중요성을 참작하여 볼 때, 한편으로 입법자는 정당설립의 자유를 최대한 보장하는 방향으로 입법하여야 하고, 또 다른 한편에서 헌법재판소는 정당설립의 자유를 제한하는 법률의 합헌성을 심사할 때에 헌법 제37조 제2항에 따라 엄격한 비례심사를 하여야 한다(헌재 2014. 1. 28. 2012헌가19).

06
정답 ③

③ ◎ 헌재 2020. 4. 23. 2018헌마551

① ✗ 봉안시설을 설치·관리한다는 것은 봉안묘, 봉안당 등 봉안시설에 필요한 설비를 하고, 그러한 설비를 갖춘 봉안시설을 유지하고 개량하는 행위를 하는 것으로, '장사 등에 관한 법률'(이하 '장사법'이라 한다)에서 구 '매장 및 묘지 등에 관한 법률'(이하 '매장법'이라 한다)과 달리 신고제를 택하면서도 사설봉안시설의 적정한 관리를 위하여 일정 규모 이상의 봉안시설에 대하여 재단법인의 설립을 요하는 입법취지 등을 종합적으로 살펴보면, 심판대상조항 중 '설치·관리하려는 자'의 의미에 장사법에 의하여 새로이 봉안시설을 설치·관리하려는 자뿐만 아니라 이미 구 매장법에 따라 봉안시설을 설치·관리하던 자가 추가 설치하려는 경우도 포함된다는 것을 충분히 예측할 수 있다. 따라서 심판대상조항은 법률의 명확성원칙에 위반되지 아니한다(헌재 2021. 8. 31. 2019헌바453).

② ✗ 위와 같은 입법취지, 용어의 사전적 의미, 법원의 법률해석 등을 종합하면, 이 사건 품위손상조항의 '품위'란 '청원경찰이 경찰관에 준하여 경비 및 공안업무를 하는 주체로서 직책을 맡아 수행해 나가기에 손색이 없는 인품'을 의미하며, 이를 '손상'하는 행위란 '위 인품에 어울리지 않는 행위를 함으로써 국민이 가지는 청원경찰에 대한 정직성, 공정성, 도덕성에 대한 믿음을 떨어뜨릴 우려가 있는 행위'라고 해석할 수 있다. 비록 '직무의 내외를 불문하고'라는 문구가 명시되어 있지는 않지만 경찰관에 준하는 공적 업무를 수행하는 청원경찰에 대한 국민의 신뢰가 반드시 직무와 관련된 영역에서만 존재한다고 보기는 어려우므로, 직무와 무관한 영역에서의 청원경찰의 행위라 하더라도 청원경찰로서의 품위를 손상시켜 그 직 수행에 대한 신뢰를 실추시킬 수 있는 행위는 이에 포함된다고 보아야 한다. 특정 행위가 청원경찰로서 품위를 손상하는 행위인지 여부는 청원경찰의 구체적 언행과 그에 대한 내부의 평가 및 국민 일반의 인식, 해당 행위가 사회에 미치는 파장 등을 종합적으로 고려하여 구체적으로 판단할 수 있을 것이다. 따라서 이 사건 품위손상조항은 명확성원칙에 위배되지 않는다(헌재 2022. 5. 26. 2019헌바530).

④ ✗ 매출액의 사전적 의미, 과징금부과조항의 입법목적, 과징금부과조항에 따른 과징금의 법적 성격, 구 정보통신망법상의 관련 규정, 현대 사회에서 개인정보의 다양한 경제적 활용 가능성 등을 고려하면, 과징금부과조항에서 '위반행위와 관련한 매출액'이 위반행위로 인하여 취득한 이익만을 의미하는 것이 아니라 위반행위로 인하여 직접 또는 간접적으로 영향을 받는 서비스의 매출액을 의미하는 것임을 충분히 알 수 있다. 따라서 과징금부과조항 중 '위반행위와 관련한 매출액' 부분은 명확성원칙에 위반되지 않는다(헌재 2022. 5. 26. 2020헌바259).

07
정답 ③

③ ◎ 채권자취소권이 행사되면 채권자의 재산권인 채권의 실효성은 확보될 수 있는 반면, 채무자와 수익자 간의 법률행위가 취소되고 수익자가 취득한 재산이 채무자의 책임재산으로 회복되게 됨으로써 채무자 및 수익자의 일반적 행동의 자유 내지 여기에서 파생되는 계약의 자유와 수익자의 재산권이 제한되는 결과를 가져오게 된다. 즉 이 사건 법률조항으로 인하여 채권자의 재산권과 채무자 및 수익자의 일반적 행동의 자유, 그리고 채권자의 재산권과 수익자의 재산권이 동일한 장에서 충돌하는 문제가 발생하게 되는 것이다. 따라서 이 사건의 쟁점은 이러한 기본권의 충돌과 그 해결방법이고, 구체적으로는 채권자취소권제도의 목적의 정당성과 채권자취소권의 행사로 인하여 제한되는 채무자와 수익자의 기본권제한의 정도가 비례성을 유지하고 있는가가 문제된다. …… 앞서 본 바와 같이 이 사건 법률조항은 채권자에게 채권의 실효성 확보를 위한 수단으로서 채권자취소권을 인정함으로써, 채권자의 재산권과 채무자와 수익자의 일반적 행동의 자유 내지 계약의 자유 및 수익자의 재산권이 서로 충돌하게 되는바, 위와 같은 채권자와 채무자 및 수익자의 기본권들이 충돌하는 경우에 기본권의 서열이나 법익의 형량을 통하여 어느 한 쪽의 기본권을 우선시키고 다른 쪽의 기본권을 후퇴시킬 수는 없다고 할 것이다. 사적자치의 원칙은 헌법 제10조의 행복추구권 속에 함축된 일반적 행동자유권에서 파생된 것으로서 헌법 제119조 제1항의 자유시장 경제질서의 기초이자 우리 헌법상의 원리이고, 계약자유의 원칙은 사적자치권의 기본원칙으로서 이러한 사적자치의 원칙이 법률행위의 영역에서 나타난 것이므로, 채권자의 재산권과 채무자 및 수익자의 일반적 행동의 자유

권 중 어느 하나를 상위기본권이라고 할 수는 없을 것이고, 채권자의 재산권과 수익자의 재산권 사이에서도 어느 쪽이 우월하다고 할 수는 없을 것이기 때문이다. 따라서 이러한 경우에는 헌법의 통일성을 유지하기 위하여 상충하는 기본권 모두가 최대한으로 그 기능과 효력을 발휘할 수 있도록 조화로운 방법을 모색하되(규범조화적 해석), 법익형량의 원리, 입법에 의한 선택적 재량 등을 종합적으로 참작하여 심사하여야 할 것이다(헌재 2007. 10. 25. 2005헌바96).

① ○ 공무담임권에 관한 헌법규정이 직업의 자유에 대한 특별규정으로서 우선적으로 적용되어야 하며 직업의 자유의 적용은 배제된다고 보아야 할 것이므로, 위 부분에 대하여도 별도 판단을 하지 아니한다(헌재 2005. 10. 27. 2004헌바41).

② ○ 이 사건 법률조항은 노동조합의 조직유지·강화를 위하여 당해 사업장에 종사하는 근로자의 3분의 2 이상을 대표하는 노동조합(이하 '지배적 노동조합'이라 한다)의 경우 단체협약을 매개로 한 조직강제[이른바 유니언 샵(Union Shop) 협정의 체결]를 용인하고 있다. 이 경우 근로자의 단결하지 아니할 자유와 노동조합의 적극적 단결권(조직강제권)이 충돌하게 되나, 근로자에게 보장되는 적극적 단결권이 단결하지 아니할 자유보다 특별한 의미를 갖고 있고, 노동조합의 조직강제권도 이른바 자유권을 수정하는 의미의 생존권(사회권)적 성격을 함께 가지는 만큼 근로자 개인의 자유권에 비하여 보다 특별한 가치로 보장되는 점 등을 고려하면, 노동조합의 적극적 단결권은 근로자 개인의 단결하지 않을 자유보다 중시된다고 할 것이고, 또 노동조합에게 위와 같은 조직강제권을 부여한다고 하여 이를 근로자의 단결하지 아니할 자유의 본질적인 내용을 침해하는 것으로 단정할 수는 없다(헌재 2005. 11. 24. 2002헌바95).

④ ○ 기업의 경영에 관한 의사결정의 자유 등 영업의 자유와 근로자들이 누리는 일반적 행동자유권 등이 '근로조건' 설정을 둘러싸고 충돌하는 경우에는, 근로조건과 인간의 존엄성 보장 사이의 헌법적 관련성을 염두에 두고 구체적인 사안에서의 사정을 종합적으로 고려한 이익형량과 함께 기본권들 사이의 실제적인 조화를 꾀하는 해석 등을 통하여 이를 해결하여야 하고, 그 결과에 따라 정해지는 두 기본권 행사의 한계 등을 감안하여 두 기본권의 침해 여부를 살피면서 근로조건의 최종적인 효력 유무 판단과 관련한 법령 조항을 해석·적용하여야 한다(대판 2018. 9. 13. 2017두38560).

08
정답 ④

④ ○

국가인권위원회법 제30조(위원회의 조사대상) ① 다음 각 호의 어느 하나에 해당하는 경우에 인권침해나 차별행위를 당한 사람(이하 "피해자"라 한다) 또는 그 사실을 알고 있는 사람이나 단체는 위원회에 그 내용을 진정할 수 있다.
1. 국가기관, 지방자치단체, 「초·중등교육법」 제2조, 「고등교육법」 제2조와 그 밖의 다른 법률에 따라 설치된 각급 학교, 「공직자윤리법」 제3조의2 제1항에 따른 공직유관단체 또는 구금·보호시설의 업무 수행(국회의 입법 및 법원·헌법재판소의 재판은 제외한다)과 관련하여 「대한민국헌법」 제10조부터 제22조까지의 규정에서 보장된 인권을 침해당하거나 차별행위를 당한 경우
2. 법인, 단체 또는 사인(私人)으로부터 차별행위를 당한 경우

①

국가인권위원회법 제49조(조사와 조정 등의 비공개) 위원회의 진정에 대한 조사·조정 및 심의는 비공개로 한다. 다만, 위원회의 의결이 있을 때에는 공개할 수 있다.

②

국가인권위원회법 제2조(정의) 이 법에서 사용하는 용어의 뜻은 다음과 같다.
3. "평등권 침해의 차별행위"란 합리적인 이유 없이 성별, 종교, 장애, 나이, 사회적 신분, 출신 지역(출생지, 등록기준지, 성년이 되기 전의 주된 거주지 등을 말한다), 출신 국가, 출신 민족, 용모 등 신체조건, 기혼·미혼·별거·이혼·사별·재혼·사실혼 등 혼인 여부, 임신 또는 출산, 가족 형태 또는 가족 상황, 인종, 피부색, 사상 또는 정치적 의견, 형의 효력이 실효된 전과(前科), 성적(性的) 지향, 학력, 병력(病歷) 등을 이유로 한 다음 각 목의 어느 하나에 해당하는 행위를 말한다. 다만, 현존하는 차별을 없애기 위하여 특정한 사람(특정한 사람들의 집단을 포함한다. 이하 이 조에서 같다)을 잠정적으로 우대하는 행위와 이를 내용으로 하는 법령의 제정·개정 및 정책의 수립·집행은 평등권 침해의 차별행위(이하 "차별행위"라 한다)로 보지 아니한다.

③ ✗

국가인권위원회법 제30조(위원회의 조사대상) ③ 위원회는 제1항의 진정이 없는 경우에도 인권침해나 차별행위가 있다고 믿을 만한 상당한 근거가 있고 그 내용이 중대하다고 인정할 때에는 직권으로 조사할 수 있다.

09
정답 ④

④ ✗

국민투표법 제92조(국민투표무효의 소송) 국민투표의 효력에 관하여 이의가 있는 투표인은 투표인 10만인 이상의 찬성을 얻어 중앙선거관리위원회위원장을 피고로 하여 투표일로부터 20일 이내에 대법원에 제소할 수 있다.

① ○

헌법 제128조 ① 헌법개정은 국회재적의원 과반수 또는 대통령의 발의로 제안된다.
헌법 제129조 제안된 헌법개정안은 대통령이 20일 이상의 기간 이를 공고하여야 한다.

② ○

헌법 제128조 ② 대통령의 임기연장 또는 중임변경을 위한 헌법개정은 그 헌법개정 제안 당시의 대통령에 대하여는 효력이 없다.

③ ○ 신임여부를 국민투표에 붙이고 국민이 불신임을 표시한 경우 사임하는 것은 피청구인의 임기를 절대적으로 보장하는 헌법 제70조나 궐위사유를 한정적으로 규정하는 헌법 제68조 제2항 등 헌법규범에 부합될 수 없다. …… 결론적으로, 피청구인은 국민투표를 통하여 자신에 대한 신임을 물을 헌법적 권한이 없는 것이고 따라서 피청구인이 이미 지난 선거를 통하여 획득한 자신에 대한 신임을 국민투표의 형식으로 재차 확인하고자 하는 것은 헌법 제72조의 국민투표제를 헌법이 허용하지 않는 방법으로 위헌적으로 사용하는 것이다(헌재 2003. 11. 27. 2003헌마694).

10
정답 ②

② ✗ 대통령령으로 정하는 공공기관 및 공기업으로 하여금 매년 정원의 100

분의 3 이상씩 34세 이하의 청년 미취업자를 채용하도록 한 청년고용촉진 특별법 제5조 제1항 및 같은 법 시행령 제2조 단서(이하 '청년할당제'라고 한다)가 35세 이상 미취업자들의 평등권, 직업선택의 자유를 침해하는지 여부(소극) 청년할당제는 일정 규모 이상의 기관에만 적용되고, 전문적인 자격이나 능력을 요하는 경우에는 적용을 배제하는 등 상당한 예외를 두고 있다. 더욱이 3년간 한시적으로만 시행하며, 청년할당제가 추구하는 청년실업해소를 통한 지속적인 경제성장과 사회안정은 매우 중요한 공익인 반면, 청년할당제가 시행되더라도 현실적으로 35세 이상 미취업자들이 공공기관 취업기회에서 불이익을 받을 가능성은 크다고 볼 수 없다. 따라서 이 사건 청년할당제가 청구인들의 평등권, 공공기관 취업의 자유를 침해한다고 볼 수 없다(헌재 2014. 8. 28. 2013헌마553).

① ◉ 청구인이 공동거주자의 지위에 있고 사실상 평온을 해치는 방법으로 공동주거에 들어간 사실이 인정되지 않음에도 불구하고, 주거침입 피의사실이 인정됨을 전제로 기소유예처분을 한 것은 자의적인 검찰권 행사로서 청구인의 평등권과 행복추구권을 침해한다(헌재 2023. 9. 26. 2021헌마1602).

③ ◉ 공중보건의사가 군사교육에 소집된 기간을 복무기간에 산입하지 않도록 규정한 병역법 제34조 제3항은 청구인들의 평등권을 침해하지 않는다(헌재 2020. 9. 24. 2019헌마472).

④ ◉ 우정직 공무원을 우체국장 및 과·실장의 보직 부여 대상에서 제외한 '우정사업본부 직제 시행규칙' 제19조 및 구 '우정사업본부 현업관서의 설치 등에 관한 세칙' 제4조 제1항, '우정사업본부 현업관서의 설치 등에 관한 규정' 제4조 제1항(이하 위 조항들을 합쳐 '심판대상조항'이라 한다)이 우정직 공무원인 청구인들의 평등권을 침해하는지 여부(소극) 심판대상조항은 순환보직을 통해 행정상 관리업무 등을 담당할 것을 전제로 채용이나 인사관리가 이루어진 직군과 직렬들을 대상으로 우체국장이나 과·실장의 보직을 받을 수 있게 한 것으로, 우정사업본부 내 효율적인 인사관리를 위한 것이다. 비록 우정직 공무원이 우체국장 및 과·실장 보직에서 제외되었다 하더라도 이는 우정직 공무원의 채용, 인사관리 및 담당 업무의 독자성 등을 고려하여 이루어진 것이므로 이러한 차별취급이 불합리한 것으로서 우정직 공무원인 청구인들의 평등권을 침해한다고 보기 어렵다(헌재 2023. 8. 31. 2020헌마116).

11
정답 ④

④ ✘ 세무당국에 사업자등록을 하고 운전교습업을 영위해오던 운전교습업자의 운전교육행위를 일률적으로 금지하는 이 사건 법률조항은 일정한 직업과 행위를 금지하거나 제한하는 것일 뿐, 이러한 직업활동의 수행이나 행위로 인하여 얻은 구체적인 재산에 대한 사용·수익 및 처분 권한을 제한하는 것은 결코 아니라고 할 것이고, 청구인들이 비록 세무당국에 사업자등록을 하고 운전교습업에 종사하였다고 하더라도, 사업자등록은 과세행정상의 편의를 위하여 납세자의 인적사항 등을 공부에 등재하는 행위에 불과하므로 운전교습업의 계속에 대하여 국가가 신뢰를 부여하였다고 보기도 어렵다(헌재 2003. 9. 25. 2001헌마447).

① ◉ '체계정당성'(Systemgerechtigkeit)의 원리라는 것은 동일 규범 내에서 또는 상이한 규범 간에 (수평적 관계이건 수직적 관계이건) 그 규범의 구조나 내용 또는 규범의 근거가 되는 원칙면에서 상호 배치되거나 모순되어서는 안 된다는 하나의 헌법적 요청(Verfassungspostulat)이다. 즉 이는 규범 상호간의 구조와 내용 등이 모순됨이 없이 체계와 균형을 유지하도록 입법자를 기속하는 헌법적 원리라고 볼 수 있다. 이처럼 규범 상호간의 체계정당성을 요구하는 이유는 입법자의 자의를 금지하여 규범의 명확성, 예측가능성 및 규범에 대한 신뢰와 법적 안정성을 확보하기 위한 것이고 이는 국가공권력에 대한 통제와 이를 통한 국민의 자유와 권리의 보장을 이념으로 하는 법치주의원리로부터 도출되는 것이라고 할 수 있다. 그러나 일반적으로 일정한 공권력작용이 체계정당성에 위반한다고 해서 곧 위헌이 되는 것은 아니다. 즉 체계정당성 위반(Systemwidrigkeit) 자체가 바로 위헌이 되는 것은 아니고 이는 비례의 원칙이나 평등원칙위반 내지 입법의 자의금지위반 등의 위헌성을 시사하는 하나의 징후일 뿐이다. 그러므로 체계정당성위반은 비례의 원칙이나 평등원칙위반 내지 입법자의 자의금지위반 등 일정한 위헌성을 시사하기는 하지만 아직 위헌은 아니고, 그것이 위헌이 되기 위해서는 결과적으로 비례의 원칙이나 평등의 원칙 등 일정한 헌법의 규정이나 원칙을 위반하여야 한다(헌재 2004. 11. 25. 2002헌바66).

② ◉ 위임입법에 있어서 위임의 구체성·명확성의 요구 정도는 규제대상의 종류와 성격에 따라서 달라진다. 즉 급부행정 영역에서는 기본권침해 영역보다는 구체성의 요구가 다소 약화되어도 무방하다고 해석되며, 다양한 사실관계를 규율하거나 사실관계가 수시로 변화될 것이 예상될 때에는 위임의 명확성의 요건이 완화된다. 뿐만 아니라 위임조항에서 위임의 구체적 범위를 명확히 규정하고 있지 않다고 하더라도 당해 법률의 전반적 체계와 관련규정에 비추어 위임조항의 내재적인 위임의 범위나 한계를 객관적으로 분명히 확정할 수 있다면 이를 일반적이고 포괄적인 백지위임에 해당하는 것으로 볼 수 없다(헌재 1997. 12. 24. 95헌마390).

③ ◉ 개정된 신법이 피적용자에게 유리한 경우에 이른바 시혜적인 소급입법을 하여야 한다는 입법자의 의무가 헌법상의 원칙들로부터 도출되지는 아니한다. 따라서 이러한 시혜적 소급입법을 할 것인지의 여부는 입법재량의 문제로서 그 판단은 일차적으로 입법기관에 맡겨져 있는 것이므로 이와 같은 시혜적 조치를 할 것인가를 결정함에 있어서는 국민의 권리를 제한하거나 새로운 의무를 부과하는 경우와는 달리 입법자에게 보다 광범위한 입법형성의 자유가 인정된다(헌재 1998. 11. 26. 97헌바67).

12
정답 ①

① ✘ 기혼 여성 공직자에게 배우자의 직계존·비속의 재산을 등록하도록 하는 것은 위헌 혼인한 남성 등록의무자와 달리 혼인한 여성 등록의무자의 경우에만 본인이 아닌 배우자의 직계존·비속의 재산을 등록하는 것은 여성의 사회적 지위에 대한 그릇된 인식을 양산하고 가족관계에 있어 시가와 친정이라는 이분법적 차별구조를 정착시킬 수 있으며 이것이 사회적 관계로 확장될 경우 남성우위, 여성비하의 사회적 풍토를 조성하게 될 우려가 있다. 이는 성별에 의한 차별금지 및 혼인과 가족생활에서의 양성의 평등을 천명하고 있는 헌법에 정면으로 위배되는 것이므로 그 목적의 정당성을 인정할 수 없다(헌재 2021. 9. 30. 2019헌가3).

② ◉ [1] 부모가 자녀의 이름을 지어주는 것은 자녀의 양육과 가족생활을 위하여 필수적인 것이고, 가족생활의 핵심적 요소라 할 수 있으므로, '부모가 자녀의 이름을 지을 자유'는 혼인과 가족생활을 보장하는 헌법 제36조 제1항과 행복추구권을 보장하는 헌법 제10조에 의하여 보호받는다. [2] 심판대상조항은 자녀의 이름에 사용할 수 있는 한자를 정함에 있어 총 8,142자를 '인명용 한자'로 지정하고 있는데 이는 결코 적지 아니하고, '인명용 한자'의 범위를 일정한 절차를 거쳐 계속 확대함으로써 이름에 한자를 사용함에 있어 불편함이 없도록 하는 보완장치를 강구하고 있다. 또한 '인명용 한자'가 아닌 한자를 사용하였다고 하더라도, 출생 신고나 출생자 이름 자체가 불수리되는 것은 아니고, 가족관계등록부에 해당 이름이 한글로만 기재되어 종국적으로 해당 한자가 함께 기재되지 않는 제한을 받을 뿐이며, 가족관계등록부나 그와 연계된 공적 장부 이외에 사적 생활의 영역에 서 해당 한자 이름을 사용하는 것을 금지하는 것도 아니다. 따라서 심판대상조항은 자녀의 이름을 지을 자유를 침해하지 않는다(헌재 2016. 7. 28. 2015헌마964).

③ ◉ 이 사건 무효조항을 통하여 이 사건 금혼조항의 실효성을 확보함

으로써 가까운 혈족 사이 상호 관계 및 역할, 지위와 관련하여 발생할 수 있는 혼란을 방지하고 가족제도의 기능을 보호하여 달성되는 공익은 결코 적지 아니하나, 이 사건 무효조항으로 인하여 제한되는 사익의 중대함을 고려하면, 이 사건 무효조항은 법익균형성을 충족하지 못한다. 그렇다면, 이 사건 무효조항은 과잉금지원칙에 위배하여 혼인의 자유를 침해한다(헌재 2022. 10. 27. 2018헌바115).

④ ◎ 육아휴직신청권은 헌법 제36조 제1항 등으로부터 개인에게 직접 주어지는 헌법적 차원의 권리라고 볼 수는 없고, 입법자가 입법의 목적, 수혜자의 상황, 국가예산, 전체적인 사회보장수준, 국민정서 등 여러 요소를 고려하여 제정하는 입법에 적용요건, 적용대상, 기간 등 구체적인 사항이 규정될 때 비로소 형성되는 법률상의 권리에 불과하다 할 것이다 (헌재 2008. 10. 30. 2005헌마1156).

13 정답 ①

① ◎ 한정된 의료급여재정의 범위 내에서 적정하고 지속적인 의료서비스를 제공하고, 의료의 질을 유지할 수 있는 방법으로 현행 정액수가제와 같은 정도로 입법목적을 달성하면서 기본권을 덜 제한하는 수단이 명백히 존재한다고 보기 어렵고, 의료급여 수급권자가 입게 되는 불이익이 공익보다 크다고 볼 수도 없다. 심판대상조항은 수급권자인 청구인의 의료행위선택권을 침해하지 않는다(헌재 2020. 4. 23. 2017헌마103).

② ✕ 모든 인간은 헌법상 생명권의 주체가 되며, 형성 중의 생명인 태아에게도 생명에 대한 권리가 인정되어야 한다. 태아가 비록 그 생명의 유지를 위하여 모(母)에게 의존해야 하지만, 그 자체로 모(母)와 별개의 생명체이고, 특별한 사정이 없는 한, 인간으로 성장할 가능성이 크기 때문이다. 따라서 태아도 헌법상 생명권의 주체가 되며, 국가는 헌법 제10조 제2문에 따라 태아의 생명을 보호할 의무가 있다(헌재 2019. 4. 11. 2017헌바127).

③ ✕ 인간이라는 생명체의 형성이 출생 이전의 그 어느 시점에서 시작됨을 인정하더라도, 법적으로 사람의 시기를 출생의 시점에서 시작되는 것으로 보는 것이 헌법적으로 금지된다고 할 수 없다(헌재 2008. 7. 31. 2004헌바81).

④ ✕ '이 사건 금지조항'과 구 '응급의료에 관한 법률'(2015. 1. 28. 법률 제13106호로 개정되고, 2019. 1. 15. 법률 제16252호로 개정되기 전의 것) 제60조 제1항 제1호 중 이 사건 금지조항을 위반하여 '응급의료를 방해한 사람'에 관한 부분(이하 '이 사건 처벌조항'이라 하며, 위 두 조항을 통틀어 '이 사건 각 심판대상조항'이라 한다)이 응급환자의 자기결정권 내지 일반적 행동자유권을 제한하는지 여부(소극) 이 사건 각 심판대상조항은 응급환자 본인의 의료에 관한 자기결정권을 직접제한하거나 그러한 제한을 규범의 목적으로 하고 있지 않다. 또한, 응급환자 본인의 행위가 응급환자의 생명과 건강에 중대한 위해를 가할 우려가 있어 사회통념상 용인될 수 없는 정도의 것으로 '응급진료 방해 행위'로 평가되는 경우 이는 정당한 자기결정권 내지 일반적 행동의 자유의 한계를 벗어난 것이므로, 이를 다른 응급진료 방해 행위와 마찬가지로 금지하고 형사처벌의 대상으로 한다고 하여 자기결정권 내지 일반적 행동의 자유의 제한의 문제가 발생하는 것은 아니다(헌재 2019. 6. 28. 2018헌바128).

14 정답 ②

② ✕ 지역구국회의원선거 예비후보자의 기탁금 반환 사유로 예비후보자가 당의 공천심사에서 탈락하고 후보자등록을 하지 않았을 경우를 규정하지 않은 심판대상조항은 예비후보자가 후보자로 등록하지 않는 경우 납부한 기탁금을 국가 또는 지방자치단체에 귀속되도록 하여, 예비후보자의 무분별한 난립으로 인한 폐단을 방지하고 그 성실성을 담보하기 위한 것으로서, 그 입법목적이 정당하고, 방법의 적정성 또한 인정된다. 정당의 추천을 받고자 공천신청을 하였음에도 정당의 후보자로 추천받지 못한 예비후보자는 소속 정당에 대한 신뢰·소속감 또는 당선가능성 때문에 본선거의 후보자로 등록을 하지 아니할 수 있다. 이를 두고 예비후보자가 처음부터 진정성이 없이 예비후보자 등록을 하였다거나 예비후보자로서 선거운동에서 불성실하다고 단정할 수 없다. 심판대상조항으로 인해 정당 공천관리위원회의 심사에서 탈락한 예비후보자가 소속 정당을 탈당하고 본선거의 후보자로 등록한다면 오히려 무분별한 후보자 난립의 결과가 발생할 수도 있다. 예비후보자가 본선거에서 정당후보자로 등록하려 하였으나 자신의 의사와 관계없이 정당 공천관리위원회의 심사에서 탈락하여 본선거의 후보자로 등록하지 아니한 것은 후보자 등록을 하지 못할 정도에 이르는 객관적이고 예외적인 사유에 해당한다. 따라서 이러한 사정이 있는 예비후보자가 납부한 기탁금은 반환되어야 함에도 불구하고, 심판대상조항이 이에 관한 규정을 두지 아니한 것은 입법형성권의 범위를 벗어난 과도한 제한이라고 할 수 있다. 이러한 예비후보자에게 그가 납부한 기탁금을 반환한다고 하여 예비후보자의 성실성과 책임성을 담보하는 공익이 크게 훼손된다고 할 수 없으므로, 그 공익은 심판대상조항이 이러한 예비후보자에게 기탁금을 반환하지 아니하도록 함으로써 그가 입게 되는 기본권 침해의 불이익보다 크다고 단정할 수 없다. 그러므로 심판대상조항은 과잉금지원칙에 반하여 청구인의 재산권을 침해한다(헌재 2018. 1. 25. 2016헌마541).

① ◎ 정당의 등록요건으로 "5 이상의 시·도당과 각 시·도당 1,000명 이상의 당원"을 요구하는 구 정당법 조항은 청구인의 정당설립의 자유를 침해하지 않는다(헌재 2006. 3. 30 2004헌마246).

③ ◎ 일정기간 동안 선거에 영향을 미치게 하기 위한 현수막, 광고물의 설치·게시나 표시물의 착용을 금지하는 공직선거법 제90조 관련 부분(이하 '시설물설치 등 금지조항'이라 한다)이 정치적 표현의 자유를 침해하는지 여부(적극) 시설물설치 등 금지조항은 선거에서의 균등한 기회를 보장하고 선거의 공정성을 확보하기 위한 것으로서 입법목적의 정당성 및 수단의 적합성이 인정된다. 그러나 선거비용을 제한·보전하거나 일반 유권자가 과도한 비용을 들여 현수막, 그 밖의 광고물을 설치·게시하거나 그 밖의 표시물을 착용하는 행위를 제한하는 수단을 통해서 선거에서의 기회 균등이라는 심판대상조항의 입법목적의 달성이 가능하고, 공직선거법상 후보자 비방 금지 규정 등을 통해 무분별한 흑색선전 등의 방지도 가능한 점을 종합하면, 시설물설치 등 금지조항은 목적 달성에 필요한 범위를 넘어 장기간 동안 선거에 영향을 미치게 하기 위한 현수막, 그 밖의 광고물의 설치·게시나 그 밖의 표시물의 착용을 금지·처벌하는 것으로서 침해의 최소성에 반한다. 또한 시설물설치 등 금지조항으로 인하여 일반 유권자나 후보자가 받는 정치적 표현의 자유에 대한 제약이 위 조항을 통해 달성되는 공익보다 중대하므로 시설물설치 등 금지조항은 법익의 균형성에도 위배된다. 따라서 시설물설치 등 금지조항은 과잉금지원칙에 반하여 정치적 표현의 자유를 침해한다[헌재 2022. 7. 21. 2017헌바100, 2021헌가5, 6, 2021헌바19, 207, 232, 298(병합)].

④ ◎ [1] 이 사건 법률조항은 전국을 하나의 선거구로 하는 정당선거로서의 성격을 가지는 비례대표국회의원선거의 취지를 살리고, 각 선거의 특성에 맞는 선거운동방법을 규정함으로써 선거에 소요되는 사회적 비용을 절감하고 효율적인 선거관리를 도모하여 선거의 공정성을 달성하고자 함에 그 목적이 있는바 그 입법목적은 정당하고, 비례대표국회의원후보자에게공개장소에서의연설·대담을 금지하는 것은 위와 같은 입법목적을 달성함에 있어 적절한 수단이다. 공직선거법은 비례대표국회의원선거가 기본적으로 전국을 하나의 선거구로 하는 정당선거라는 점을 고려하여 그 특성에 맞추어 더 적합하고 효율적인 선거운동방법을 허용하고 있는 점, 만약 비례대표국회의원후보자에게 공개장소에서의 연설·

대담을 허용한다면 각 정당은 정당의 정강이나 정책실현 의지보다는 후보자 개인의 지명도나 연설 및 홍보 능력 등에 기초하여 비례대표국회의원후보자를 지명할 가능성이 높아져 비례대표국회의원선거제도의 취지가 몰각될 우려가 있고, 연설·대담에 소요되는 비용과 노력으로 인한 경제적 부담이 가중되어 정당의 재정적 능력의 차이에 따라 선거운동기회가 차별적으로 부여되는 결과가 야기될 수 있는 점 등을 종합하여 보면, 이 사건 법률조항과 동일한 효과를 가지면서도 덜 침익적인 수단을 발견할 수 없으므로, 이 사건 법률조항은 침해의 최소성원칙에 위배되지 아니한다. 또한 이 사건 법률조항을 통하여 달성하려는 선거의 공정성 확보 등의 공익은 매우 중대한 반면, 비례대표국회의원후보자로 하여금 공개장소에서 연설·대담을 하게 할 필요성이나 이를 금지함으로써 제한되는 비례대표국회의원후보자의 이익 내지 정당활동의 자유가 결코 크다고 볼 수 없어, 이 사건 법률조항은 법익의 균형성도 갖추었다. 따라서 이 사건 법률조항은 과잉금지원칙에 반하여 청구인의 선거운동의 자유 및 정당활동의 자유를 침해한다고 할 수 없다.

[2] 비례대표국회의원선거가 지역구국회의원선거와는 달리 정당에 대한 선거로서의 성격을 갖고 있기 때문에 지역구국회의원후보자에게 허용되는 모든 선거운동방법이 반드시 비례대표국회의원후보자에게 허용되어야 하는 것은 아닐 뿐만 아니라, 공직선거법은 각 선거의 특성에 맞추어 더 적합하고 효율적인 수단을 허용하고 있는 점 등에 비추어 보면, 이 사건 법률조항이 지역구국회의원후보자와 비례대표국회의원후보자를 달리 취급하고 있다고 하여, 그러한 차별취급에는 합리적인 이유가 있다고 할 것이어서 청구인의 평등권을 침해하지 아니한다(헌재 2013. 10. 24. 2012헌마311).

15
정답 ④

④ ✘ 후보자가 1인일 경우에도 투표를 실시하도록 하면 당선자가 없어 재선거를 하게 되는 경우도 발생할 수 있는데 이 경우 재선거 실시에 따르는 새로운 후보자 확보 가능성의 문제, 행정적인 번거로움과 시간·비용의 낭비는 물론이고 지방자치단체의 장 업무의 공백 역시 필연적으로 뒤따르게 된다. 입법자가 위와 같은 사정을 고려하여 후보자가 1인일 경우 투표를 실시하지 않고 해당 후보자를 지방자치단체의 장 당선자로 정하도록 결단한 것은 입법목적 달성에 필요한 범위를 넘은 과도한 제한이라 할 수 없으므로 심판대상조항은 청구인의 선거권을 침해하지 않는다(헌재 2016. 10. 27. 2014헌마797).

① ◯

지방자치법 제32조(조례와 규칙의 제정 절차 등) ⑧ 조례와 규칙은 특별한 규정이 없으면 공포한 날부터 20일이 지나면 효력을 발생한다.

② ◯

지방자치법 제28조(조례) ① 지방자치단체는 법령의 범위에서 그 사무에 관하여 조례를 제정할 수 있다. 다만, 주민의 권리 제한 또는 의무 부과에 관한 사항이나 벌칙을 정할 때에는 법률의 위임이 있어야 한다.

③ ◯ 지방자치단체는 헌법상 자치입법권이 인정되고, 법령의 범위 안에서 그 권한에 속하는 모든 사무에 관하여 조례를 제정할 수 있다는 점과 조례는 선거를 통하여 선출된 그 지역의 지방의원으로 구성된 주민의 대표기관인 지방의회에서 제정되므로 지역적인 민주적 정당성까지 갖고 있다는 점을 고려하면, 조례에 위임할 사항은 헌법 제75조 소정의 행정입법에 위임할 사항보다 더 포괄적이어도 헌법에 반하지 않는다고 할 것이다(헌재 2004. 9. 23. 2002헌바76).

16
정답 ②

② ◯

공직선거법 제47조(정당의 후보자추천) ③ 정당이 비례대표국회의원선거 및 비례대표지방의회의원선거에 후보자를 추천하는 때에는 그 후보자 중 100분의 50 이상을 여성으로 추천하되, 그 후보자명부의 순위의 매 홀수에는 여성을 추천하여야 한다.
④ 정당이 임기만료에 따른 지역구국회의원선거 및 지역구지방의회의원선거에 후보자를 추천하는 때에는 각각 전국지역구총수의 100분의 30 이상을 여성으로 추천하도록 노력하여야 한다.

① ✘ 입법자는 정당설립의 자유를 최대한 보장하는 방향으로 입법하여야 하고, 헌법재판소는 정당설립의 자유를 제한하는 법률의 합헌성을 심사할 때에 헌법 제37조 제2항에 따라 엄격한 비례심사를 하여야 한다(헌재 2014. 1. 28. 2012헌마431).

③ ✘

정당법 제33조(정당소속 국회의원의 제명) 정당이 그 소속 국회의원을 제명하기 위해서는 당헌이 정하는 절차를 거치는 외에 그 소속 국회의원 전원의 2분의 1 이상의 찬성이 있어야 한다.

④ ✘ 국회의원선거에 참여하여 의석을 얻지 못하고 유효투표총수의 100분의 2 이상을 득표하지 못한 정당에 대해 그 등록을 취소하도록 한 정당법은 정당설립의 자유를 침해한다(헌재 2014. 1. 28. 2012헌마431).

17
정답 ④

④ ✘ 지방자치단체는 그 고유사무인 자치사무와 법령에 따라 지방자치단체에 속하는 사무에 관하여 법령에 위반되지 않는 범위 안에서 스스로 조례를 제정할 수 있지만(지방자치법 제22조, 제9조 제1항), 국가사무인 기관위임 사무에 관하여는 개별 법령에서 일정한 사항을 조례로 정하도록 위임하고 있는 경우에 한하여 조례를 제정할 수 있다(대판 2009. 12. 24. 2007추141).

① ◯ 대의민주주의 아래에서 대표자에 대한 선출과 신임은 선거의 형태로 이루어지는 것이 바람직하고, 주민소환은 대표자에 대한 신임을 묻는 것으로서 그 속성은 재선거와 다를 바 없으므로 선거와 마찬가지로 그 사유를 묻지 않는 것이 제도의 취지에 부합한다(헌재 2011. 3. 31. 2008헌마355).

② ◯ 지방자치단체 주민으로서의 자치권 또는 주민권은 "헌법에 의하여 직접 보장된 개인의 주관적 공권"이 아니어서, 그 침해만을 이유로 하여 국가사무인 고속철도의 역의 명칭 결정의 취소를 구하는 헌법소원심판을 청구할 수 없다(헌재 2006. 3. 30. 2003헌마837).

③ ◯ 헌법이 감사원을 독립된 외부감사기관으로 정하고 있는 취지, 중앙정부와 지방자치단체는 서로 행정기능과 행정책임을 분담하면서 중앙행정의 효율성과 지방행정의 자주성을 조화시켜 국민과 주민의 복리증진이라는 공동목표를 추구하는 협력관계에 있다는 점을 고려하면 지방자치단체의 자치사무에 대한 합목적성 감사의 근거가 되는 이 사건 관련규정은 그 목적의 정당성과 합리성을 인정할 수 있다. 또한 감사원법에서 지방자치단체의 자치권을 존중할 수 있는 장치를 마련해두고 있는 점, 국가재정지원에 상당부분 의존하고 있는 우리 지방재정의 현실, 독립성이나 전문성이 보장되지 않은 지방자치단체 자체감사의 한계 등으로 인한 외부감사의 필요성까지 감안하면, 이 사건 관련규정이 지방자치단체의 고유한 권한을 유명무실하게 할 정도로 지나친 제한을 함으로써 지방자치권의 본질적 내용을 침해하였다고는 볼 수 없다(헌재 2008. 5. 29. 2005헌라3).

18
정답 ②

② ✗ 심판대상조항이 제한하고 있는 직업의 자유는 국가자격제도정책과 국가의 경제상황에 따라 법률에 의하여 제한할 수 있는 국민의 권리에 해당한다. 국가정책에 따라 정부의 허가를 받은 외국인은 정부가 허가한 범위 내에서 소득활동을 할 수 있는 것이므로, 외국인이 국내에서 누리는 직업의 자유는 법률에 따른 정부의 허가에 의해 비로소 발생하는 권리이다. 따라서 외국인인 청구인에게는 그 기본권 주체성이 인정되지 아니하며, 자격제도 자체를 다툴 수 있는 기본권 주체성이 인정되지 아니하는 이상 국가자격제도에 관련된 평등권에 관하여 따로 기본권주체성을 인정할 수 없다(헌재 2014. 8. 28. 2013헌마359).

① ○ 법인도 법인의 목적과 사회적 기능에 비추어 볼 때 그 성질에 반하지 않는 범위 내에서 인격권의 한 내용인 사회적 신용이나 명예 등의 주체가 될 수 있고 법인이 이러한 사회적 신용이나 명예 유지 내지 법인격의 자유로운 발현을 위하여 의사결정이나 행동을 어떻게 할 것인지를 자율적으로 결정하는 것도 법인의 인격권의 한 내용을 이룬다고 할 것이다. 그렇다면 이 사건 심판대상조항은 방송사업자의 의사에 반한 사과행위를 강제함으로써 방송사업자의 인격권을 제한한다(헌재 2012. 8. 23. 2009헌가27).

③ ○ 기본권 주체성의 인정문제와 기본권제한의 정도는 별개의 문제이므로, 외국인에게 직장 선택의 자유에 대한 기본권 주체성을 인정한다는 것이 곧바로 이들에게 우리 국민과 동일한 수준의 직장선택의 자유가 보장된다는 것을 의미하는 것은 아니라고 할 것이다(헌재 2011. 9. 29. 2009헌마351).

④ ○ 대통령도 국민의 한사람으로서 제한적으로나마 기본권의 주체가 될 수 있는바, 대통령은 소속 정당을 위하여 정당활동을 할 수 있는 사인으로서의 지위와 국민 모두에 대한 봉사자로서 공익실현의 의무가 있는 헌법기관으로서의 지위를 동시에 갖는데 최소한 전자의 지위와 관련하여는 기본권 주체성을 갖는다고 할 수 있다(헌재 2004. 5. 14. 2004헌나1).

19
정답 ④

④ ✗ 국적에 관한 사항은 국가의 주권자의 범위를 확정하는 고도의 정치적 속성을 가지고 있어서 당해 국가가 역사적 전통과 정치·경제·사회·문화 등 제반사정을 고려하여 결정할 문제이다. 헌법 제2조 제1항은 "대한민국의 국민이 되는 요건은 법률로 정한다"고 하여 기본권의 주체인 국민에 관한 내용을 입법자가 형성하도록 하고 있다. 이는 대한민국 국적의 '취득'뿐만 아니라 국적의 유지, 상실을 둘러싼 전반적인 법률관계를 법률에 규정하도록 위임하고 있는 것으로 풀이할 수 있다(헌재 2014. 6. 26. 2011헌마502).

① ○ 심판대상 법률조항의 입법목적은 병역준비역에 편입된 사람이 병역의무를 면탈하기 위한 수단으로 국적을 이탈하는 것을 제한하여 병역의무 이행의 공평을 확보하려는 것이다. 복수국적자의 주된 생활근거지나 대한민국에서의 체류 또는 거주 경험 등 구체적 사정에 따라서는 사회통념상 심판대상 법률조항이 정하는 기간 내에 국적이탈 신고를 할 것으로 기대하기 어려운 사유가 인정될 여지가 있다. 주무관청이 구체적 심사를 통하여, 주된 생활근거를 국내에 두고 상당한 기간 대한민국 국적자로서의 혜택을 누리다가 병역의무를 이행하여야 할 시기에 근접하여 국적을 이탈하려는 복수국적자를 배제하고 병역의무 이행의 공평성이 훼손되지 않는다고 볼 수 있는 경우에만 예외적으로 국적선택 기간이 경과한 후에도 국적이탈을 허가하는 방식으로 제도를 운용한다면, 병역의무 이행의 공평성이 훼손될 수 있다는 우려는 불식될 수 있다. 병역준비역에 편입된 복수국적자의 국적선택 기간이 지났다고 하더라도, 그 기간 내에 국적이탈 신고를 하지 못한 데 대하여 사회통념상 그에게 책임을 묻기 어려운 사정 즉, 정당한 사유가 존재하고, 병역의무 이행의 공평성 확보라는 입법목적을 훼손하지 않음이 객관적으로 인정되는 경우라면, 병역준비역에 편입된 복수국적자에게 국적선택 기간이 경과하였다고 하여 일률적으로 국적이탈을 할 수 없다고 할 것이 아니라, 예외적으로 국적이탈을 허가하는 방안을 마련할 여지가 있다. 심판대상 법률조항의 존재로 인하여 복수국적을 유지하게 됨으로써 대상자가 겪어야 하는 실질적 불이익은 구체적 사정에 따라 상당히 클 수 있다. 국가에 따라서는 복수국적자가 공직 또는 국가안보와 직결되는 업무나 다른 국적국과 이익충돌 여지가 있는 업무를 담당하는 것이 제한될 가능성이 있다. 현실적으로 이러한 제한이 존재하는 경우, 특정 직업의 선택이나 업무 담당이 제한되는 데 따르는 사익 침해를 가볍게 볼 수 없다. 심판대상 법률조항은 과잉금지원칙에 위배되어 청구인의 국적이탈의 자유를 침해한다(헌재 2020. 9. 24. 2016헌마889).

② ○ 천재지변·전쟁·내란·폭동·테러 등 국외 위난상황에서 국민의 생명·신체나 재산에 대한 피해에 사후적으로 대응하는 데에는 한계가 있고, 우리나라의 주권이 미치지 않는 국외에서 발생하는 상황을 사전에 예방하기도 어렵다. 또한 국외 위난상황은 외교적 분쟁, 재난이나 감염병의 확산 등 국가·사회에 큰 영향을 미칠 수 있다. 따라서 여행금지국가로 고시된 사정을 알면서도 외교부장관으로부터 예외적 여권사용 등의 허가를 받지 않고 여행금지국가를 방문하는 등의 행위를 형사처벌하는 이 사건 처벌조항의 입법목적은 국외 위난상황으로부터 국민의 생명·신체나 재산을 보호하고 국외 위난상황으로 인해 국가·사회에 미칠 수 있는 파급 효과를 사전에 예방하는 것이다. 이와 같은 이 사건 처벌조항의 입법목적은 정당하고, 이 사건 처벌조항은 이에 적합한 수단이다. 해외 여행이 증가하고 국제 테러리즘이 심각한 국제문제로 대두되면서 재외국민 보호를 위한 사후적 대처만으로 그 피해를 줄일 수 없게 되었다. 특히 2007년에 발생한 아프가니스탄 한국인 납치사건 당시에도 국외 위난 상황을 알리는 제도가 있었지만 위와 같은 사건을 예방할 수 없었다. 이를 계기로 여권법에 이 사건 처벌조항을 도입하여 여행금지제도의 실효성을 강화하고자 하였다. 이 사건 처벌조항은 형벌을 수단으로 사용하여 그 경고 기능을 강화하려는 것이다. 또한 소수의 일탈이나 다른 국민들의 모방을 방지할 수 있는 수준의 수단이 필요하다. 따라서 형벌 외의 방법으로는 이 사건 처벌조항과 동일한 수준의 입법목적을 달성하기 어렵다. 외교부장관으로부터 허가를 받은 경우에는 이 사건 처벌조항으로 형사처벌되지 않도록 가벌성이 제한되어 있고, 이를 위반한 경우에도 처벌수준이 비교적 경미하다. 따라서 이 사건 처벌조항은 침해의 최소성원칙에 반하지 않는다. 국외 위난상황이 우리나라의 국민 개인이나 국가·사회에 미칠 수 있는 피해는 매우 중대한 반면, 이 사건 처벌조항으로 인한 불이익은 완화되어 있으므로, 이 사건 처벌조항은 법익의 균형성원칙에도 반하지 않는다. 그러므로 이 사건 처벌조항은 과잉금지원칙에 반하여 청구인의 거주·이전의 자유를 침해하지 않는다(헌재 2020. 2. 27. 2016헌마945).

③ ○ '재외국민'이라 함은 우리 국적을 가지고 있으면서 외국에서 영주하거나 장기간 외국에서 체류하며 생활하는 사람을 말하는바, 헌법 제2조 제2항은 '국가는 법률이 정하는 바에 의하여 재외국민을 보호할 의무를 진다.'고 규정하고 있다. 헌법 제2조 제2항에서 정한 국가의 재외국민 보호의무에 의하여 재외국민이 거류국에 있는 동안 받게 되는 보호는, 조약 기타 일반적으로 승인된 국제법규와 당해 거류국의 법령에 의하여 누릴 수 있는 모든 분야에서 정당한 대우를 받도록 거류국과의 관계에서 국가가 하는 외교적 보호와 국외 거주 국민에 대하여 정치적인 고려에서 특별히 법률로써 정하여 베푸는 법률·문화·교육 기타 제반영역에서의 지원을 뜻하는 것이다(헌재 2010. 7. 29. 2009헌가13).

20

정답 ④

④ ✗ 국민주권주의는 헌법 제1조에서 규정하고 있다.

① ◉ 우리 헌법은 전문에서 "3·1운동으로 건립된 대한민국임시정부의 법통"의 계승을 천명하고 있는바, 비록 우리 헌법이 제정되기 전의 일이라 할지라도 국가 가 국민의 안전과 생명을 보호하여야 할 가장 기본적인 의무를 수행하지 못한 일제강점기에 일본군위안부로 강제 동원되어 인간의 존엄과 가치가 말살된 상태에서 장기간 비극적인 삶을 영위하였던 피해자들의 훼손된 인간의 존엄과 가치를 회복시켜야 할 의무는 대한민국임시정부의 법통을 계승한 지금의 정부가 국민에 대하여 부담하는 가장 근본적인 보호의무에 속한다고 할 것이다(헌재 2011. 8. 30. 2006헌마788).

② ◉

> **헌법전문**
> 유구한 역사와 전통에 빛나는 우리 대한국민은 3·1운동으로 건립된 대한민국임시정부의 법통과 불의에 항거한 4·19민주이념을 계승하고, 조국의 민주개혁과 평화적 통일의 사명에 입각하여 정의·인도와 동포애로써 민족의 단결을 공고히 하고, 모든 사회적 폐습과 불의를 타파하며, 자율과 조화를 바탕으로 자유민주적 기본질서를 더욱 확고히 하여 정치·경제·사회·문화의 모든 영역에 있어서 각인의 기회를 균등히 하고, 능력을 최고도로 발휘하게 하며, 자유와 권리에 따르는 책임과 의무를 완수하게 하여, 안으로는 국민생활의 균등한 향상을 기하고 밖으로는 항구적인 세계평화와 인류공영에 이바지함으로써 우리들과 우리들의 자손의 안전과 자유와 행복을 영원히 확보할 것을 다짐하면서 1948년 7월 12일에 제정되고 8차에 걸쳐 개정된 헌법을 이제 국회의 의결을 거쳐 국민투표에 의하여 개정한다.

③ ◉ 헌법 전문은 헌법의 이념 내지 가치를 제시하고 있는 헌법규범의 일부로서 헌법으로서의 규범적 효력을 나타내기 때문에 구체적으로는 헌법소송에서의 재판규범인 동시에 헌법이나 법률해석에서의 해석기준이 되고, 입법형성권 행사의 한계와 정책결정의 방향을 제시하며, 나아가 모든 국가기관과 국민이 존중하고 지켜가야 하는 최고의 가치규범이다. 우리 헌법 전문은 "유구한 역사와 전통에 빛나는 우리 대한민국은 3·1운동으로 건립된 대한민국임시정부의 법통 …… 을 계승하고"라고 하여, 대한민국헌법이 성립된 유래와 대한민국이 대한민국임시정부의 법통을 계승하고 있음을 밝히고 있다(헌재 2006. 3. 30. 2003헌마806).

02 Day

01 ④ 02 ② 03 ① 04 ① 05 ① 06 ② 07 ① 08 ② 09 ② 10 ④
11 ④ 12 ④ 13 ④ 14 ② 15 ③ 16 ② 17 ④ 18 ④ 19 ② 20 ③

01

정답 ④

④ ✗ 시설경비업을 허가받은 경비업자로 하여금 허가받은 경비업무 외의 업무에 경비원을 종사하게 하는 것을 금지하고, 이를 위반한 경비업자에 대한 허가를 취소하도록 정하고 있는 경비업법 부분은 경비업무에 전념하게 하여 국민의 생명·신체 또는 재산에 대한 위험을 방지하고자 하는 것으로 입법목적의 정당성 및 수단의 적합성은 인정된다. 다만 비경비업무의 수행이 경비업무의 전념성을 직접적으로 해하지 아니하는 경우가 있음에도 불구하고, 심판대상조항은 경비업무의 전념성이 훼손되는 정도를 고려하지 아니한 채 경비업자가 경비원으로 하여금 비경비업무에 종사하도록 하는 것을 일률적·전면적으로 금지하고 있는 점, 경비업자가 허가받은 시설경비업무 외의 업무에 경비원을 종사하게 한 때에는 필요적으로 경비업의 허가를 취소하도록 규정하고 있는 등에 비추어 볼 때, 심판대상조항은 침해의 최소성에 위배된다. 심판대상조항은 과잉금지원칙에 위반하여 시설경비업을 수행하는 경비업자의 직업의 자유를 침해한다(헌재 2023. 3. 23. 2020헌가19, 헌법불합치).

① ◉ 형법 제304조 중 "혼인을 빙자하여 음행의 상습없는 부녀를 기망하여 간음한 자" 부분은 형벌규정을 통하여 추구하고자 하는 목적 자체가 헌법에 의하여 허용되지 않는 것으로서 그 정당성이 인정되지 않는다고 할 것이다(헌재 2009. 11. 26. 2008헌바58).

② ◉ 변호인이 피의자신문에 자유롭게 참여할 수 있는 권리는 피의자가 가지는 변호인의 조력을 받을 권리를 실현하는 수단이므로 헌법상 기본권인 변호인의 변호권으로서 보호되어야 한다. 피의자신문에 참여한 변호인이 피의자 옆에 앉는다고 하여 피의자 뒤에 앉는 경우보다 수사를 방해할 가능성이 높아진다거나 수사기밀을 유출할 가능성이 높아진다고 볼 수 없으므로, 이 사건 후방착석요구행위의 목적의 정당성과 수단의 적절성을 인정할 수 없다(헌재 2017. 11. 30. 2016헌마503).

③ ◉ 기혼 여성 공직자에게 배우자의 직계존·비속의 재산을 등록하도록 하는 것은 위헌 혼인한 남성 등록의무자와 달리 혼인한 여성 등록의무자의 경우에만 본인이 아닌 배우자의 직계존·비속의 재산을 등록하는 것은 여성의 사회적 지위에 대한 그릇된 인식을 양산하고 가족관계에 있어 시가와 친정이라는 이분법적 차별구조를 정착시킬 수 있으며 이것이 사회적 관계로 확장될 경우 남성우위, 여성비하의 사회적 풍토를 조성하게 될 우려가 있다. 이는 성별에 의한 차별금지 및 혼인과 가족생활에서의 양성의 평등을 천명하고 있는 헌법에 정면으로 위배되는 것이므로 그 목적의 정당성을 인정할 수 없다(헌재 2021. 9. 30. 2019헌가3).

02

정답 ②

② ✗ 법률정보 제공 사이트를 운영하는 甲 주식회사가 공립대학교인 乙 대학교 법과대학 법학과 교수로 재직 중인 丙의 사진, 성명, 성별, 출생연도, 직업, 직장, 학력, 경력 등의 개인정보를 위 법학과 홈페이지 등을 통해 수집하여 위 사이트 내 '법조인' 항목에서 유료로 제공한 경우, 甲 회사가 영리 목적으로 丙의 개인정보를 수집하여 제3자에게 제공하였더라도 그에 의하여 얻을 수 있는 법적 이익이 정보처리를 막음으로써 얻을 수 있는 정보주체의 인격적 법익에 비하여 우월하므로, 甲 회사의 행위를

丙의 개인정보자기결정권을 침해하는 위법한 행위로 평가할 수 없고, 甲 회사가 丙의 개인정보를 수집하여 제3자에게 제공한 행위는 丙의 동의가 있었다고 객관적으로 인정되는 범위 내이고, 甲 회사에 영리 목적이 있었다고 하여 달리 볼 수 없으므로, 甲 회사가 丙의 별도의 동의를 받지 아니하였다고 하여 개인정보 보호법 제15조나 제17조를 위반하였다고 볼 수 없다(대판 2016. 8. 17. 2014다235080).

① ◎ 인간의 존엄과 가치, 행복추구권을 규정한 헌법 제10조 제1문에서 도출되는 일반적 인격권 및 헌법 제17조의 사생활의 비밀과 자유에 의하여 보장되는 개인정보자기결정권은 자신에 관한 정보가 언제 누구에게 어느 범위까지 알려지고 또 이용되도록 할 것인지를 정보주체가 스스로 결정할 수 있는 권리이다(대판 2016. 8. 17. 2014다235080).

③ ◎ 직계혈족이기만 하면 아무런 제한 없이 자녀의 가족관계 증명서 및 기본증명서의 교부를 청구하여 발급받을 수 있도록 규정한 가족관계의 등록 등에 관한 법률 제15조 제1항은 과잉금지원칙에 위배되어 청구인의 개인정보자기결정권을 침해한다(헌재 2020. 8. 28 2018헌마927).

④ ◎ 이 사건 교육관련기관의 정보공개에 관한 특례법 시행령 조항은 공시대상정보로서 교원의 교원단체 및 노동조합 "가입현황(인원 수)"만을 규정할 뿐 개별 교원의 명단은 규정하고 있지 아니한바, 교원의 교원단체 및 노동조합 가입에 관한 정보는 '개인정보 보호법'상의 민감정보로서 특별히 보호되어야 할 성질의 것이고, 인터넷 게시판에 공개되는 '공시'로 말미암아 발생할 교원의 개인정보 자기결정권에 대한 중대한 침해의 가능성을 고려할 때, 이 사건 시행령조항은 학부모 등 국민의 알 권리와 교원의 개인정보 자기결정권이라는 두 기본권을 합리적으로 조화시킨 것이라 할 수 있으므로, 학부모들의 알 권리를 침해하지 않는다(헌재 2011. 12. 29. 2010헌마293).

03
정답 ①

① ✗ 심판대상조항은 방송편성의 자유와 독립을 보장하기 위하여 방송에 개입하여 부당하게 영향력을 행사하는 '간섭'에 이르는 행위만을 금지하고 처벌할 뿐이고, 방송법과 다른 법률들은 방송 보도에 대한 의견 개진 내지 비판의 통로를 충분히 마련하고 있다. 따라서 심판대상조항이 과잉금지원칙에 반하여 표현의 자유를 침해한다고 볼 수 없다(헌재 2021. 8. 31. 2019헌바439).

② ◎ 정당에 관련된 표현행위는 직무 내외를 구분하기 어려우므로 '직무와 관련된 표현행위만을 규제'하는 등 기본권을 최소한도로 제한하는 대안을 상정하기 어려우며, 위 입법목적이 사회복무요원이 제한받는 사익에 비해 중대하므로 이 사건 법률조항 중 '정당'에 관한 부분은 청구인의 정치적 표현의 자유 및 결사의 자유를 침해하지 않는다(헌재 2021. 11. 25. 2019헌마534).

③ ◎ 사람을 비방할 목적으로 정보통신망을 통하여 공공연하게 거짓의 사실을 드러내어 다른 사람의 명예를 훼손한 자를 형사처벌하도록 규정한 심판대상조항은 과잉금지원칙에 반하여 청구인들의 표현의 자유를 침해하지 아니한다(헌재 2021. 3. 25. 2015헌바438).

④ ◎ 언론의 자유는 언론·출판의 본질적 표현의 방법과 내용의 자유를 보장하는 것이지, 그를 객관화하는 수단으로 필요한 시설이나 언론기업의 주체인 기업인으로서의 활동에 관한 것까지 포함하는 것으로 볼 수 없다(헌재 2016. 10. 27. 2015헌마1206).

04
정답 ①

① ✗ 집회의 자유에 의하여 보호되는 것은 단지 '평화적' 또는 '비폭력적' 집회이다. 집회의 자유는 민주국가에서 정신적 대립과 논의의 수단으로서, 평화적 수단을 이용한 의견의 표명은 헌법적으로 보호되지만, 폭력을 사용한 의견의 강요는 헌법적으로 보호되지 않는다(헌재 2003. 10. 30. 2000헌바67).

> **관련판례**
> 집회의 자유는 사회·정치현상에 대한 불만과 비판을 공개적으로 표출케 함으로써 정치적 불만이 있는 자를 사회에 통합하고 정치적 안정에 기여하는 기능을 한다(헌재 2003. 10. 30. 2000헌바67).

② ◎ 옥외집회·시위에 대한 경찰의 촬영행위는 증거보전의 필요성 및 긴급성, 방법의 상당성이 인정되는 때에는 헌법에 위반된다고 할 수 없으나, 경찰이 옥외집회 및 시위 현장을 촬영하여 수집한 자료의 보관·사용 등은 엄격하게 제한하여, 옥외집회·시위 참가자 등의 기본권 제한을 최소화해야 한다(헌재 2018. 8. 30. 2014헌마843).

③ ◎ 집회가 국가권력에 의하여 세인의 주목을 받지 못하는 장소나 집회에서 표명되는 의견에 대하여 아무도 귀 기울이지 않는 장소로 추방된다면, 기본권의 보호가 사실상 그 효력을 잃게 된다는 점에서도 집회의 자유에 있어서 장소의 중요성은 뚜렷하게 드러난다. 집회장소가 바로 집회의 목적과 효과에 대하여 중요한 의미를 가지기 때문에, 누구나 '어떤 장소에서' 자신이 계획한 집회를 할 것인가를 원칙적으로 자유롭게 결정할 수 있어야만 집회의 자유가 비로소 효과적으로 보장되는 것이다. 따라서 집회의 자유는 다른 법익의 보호를 위하여 정당화되지 않는 한, 집회장소를 항의의 대상으로부터 분리시키는 것을 금지한다(헌재 2003. 10. 30. 2000헌바67).

④ ◎ 집시법상의 시위는, 다수인이 공동목적을 가지고 ㉠ 도로·광장·공원 등 공중이 자유로이 통행할 수 있는 장소를 행진함으로써 불특정한 여러 사람의 의견에 영향을 주거나 제압을 가하는 행위와 ㉡ 위력 또는 기세를 보여 불특정한 여러 사람의 의견에 영향을 주거나 제압을 가하는 행위를 말한다고 풀이해야 할 것이다. 따라서 집시법상의 시위는 반드시 '일반인이 자유로이 통행할 수 있는 장소'에서 이루어져야 한다거나 '행진' 등 장소 이동을 동반해야만 성립하는 것은 아니다(헌재 2014. 3. 27. 2010헌가2).

05
정답 ①

① ◎ 여권발급 신청인이 북한 고위직 출신의 탈북 인사로서 신변에 대한 위해 우려가 있다는 이유로 신청인의 미국 방문을 위한 여권발급을 거부한 것은 여권법 제8조 제1항 제5호에 정한 사유에 해당한다고 볼 수 없고 거주·이전의 자유를 과도하게 제한하는 것으로서 위법하다(대판 2008. 1. 24. 2007두10846).

② ✗ 법인 등의 경제주체는 헌법 제14조에 의하여 보장되는 거주·이전의 자유의 주체로서 기업활동의 근거지인 본점이나 사무소를 어디에 둘 것인지, 어디로 이전할 것인지 자유로이 결정할 수 있고, 한편 본점이나 사무소의 설치·이전은 통상적인 영업활동에 필수적으로 수반되는 것이므로 그 설치·이전의 자유는 헌법 제15조에 의하여 보장되는 직업의 자유의 내용에 포함되기도 한다. 이 법률조항은 수도권내의 과밀억제권역 안에서 본점이나 주된 사무소로 사용하기 위하여 취득하는 부동산에 대하여 중과세하는 것이므로 이로 인하여 거주·이전의 자유와 직업의 자유(기업의 자유, 영업의 자유)가 일정하게 제약을 받게 된다(헌재 2000. 12. 14. 98헌바104).

③ ✗ 거주·이전의 자유란 국민이 자기가 원하는 곳에 주소나 거소를 설정하고 그것을 이전할 자유를 말하며 그 자유에는 국내에서의 거주·이전의 자유 이외에 해외여행 및 해외이주의 자유가 포함되고, 해외여행 및 해외이주의 자유는 대한민국의 통치권이 미치지 않는 곳으로 여행하거나 이주할 수 있는 자유로서 구체적으로 우리나라를 떠날 수 있는 출국의 자유와 외국 체류를 중단하고 다시 우리나라로 돌아올 수 있는 입국의

자유를 포함한다(대판 2008. 1. 24. 2007두10846).

④ ✕ 경찰청장이 2009. 6. 3. 경찰버스들로 서울특별시 서울광장을 둘러싸 통행을 제지한 행위(이하 '이 사건 통행제지행위'라고 한다)가 청구인들의 거주·이전의 자유를 제한하는지 여부(소극) 거주·이전의 자유는 거주지나 체류지라고 볼 만한 정도로 생활과 밀접한 연관을 갖는 장소를 선택하고 변경하는 행위를 보호하는 기본권인바, 이 사건에서 서울광장이 청구인들의 생활형성의 중심지인 거주나 체류지에 해당한다고 할 수 없고, 서울광장에 출입하고 통행하는 행위가 그 장소를 중심으로 생활을 형성해 나가는 행위에 속한다고 볼 수도 없으므로 청구인들의 거주·이전의 자유가 제한되었다고 할 수 없다(헌재 2011. 6. 30. 2009헌마406).

06 정답 ②

② ✕ 성범죄의 재범을 억제하고 수사의 효율성을 제고하기 위하여, 법무부장관이 등록대상자의 재범 위험성이 상존하는 20년 동안 그의 신상정보를 보존·관리하는 것은 정당한 목적을 위한 적합한 수단이다. 그런데 재범의 위험성은 등록대상 성범죄의 종류, 등록대상자의 특성에 따라 다르게 나타날 수 있고, 입법자는 이에 따라 등록기간을 차등화함으로써 등록대상자의 개인정보자기결정권에 대한 제한을 최소화하는 것이 바람직함에도, 이 사건 관리조항은 모든 등록대상 성범죄자에 대하여 일률적으로 20년의 등록기간을 적용하고 있으며, …… 이 사건 관리조항이 추구하는 공익이 중요하더라도, 모든 등록대상자에게 20년 동안 신상정보를 등록하게 하고 위 기간 동안 각종 의무를 부과하는 것은 비교적 경미한 등록대상 성범죄를 저지르고 재범의 위험성도 많지 않은 자들에 대해서는 달성되는 공익과 침해되는 사익 사이의 불균형이 발생할 수 있으므로 이 사건 관리조항은 개인정보자기결정권을 침해한다(헌재 2015. 7. 30. 2014헌마340).

① ⭕ 개인정보자기결정권의 보호대상이 되는 개인정보는 개인의 신체, 신념, 사회적 지위, 신분 등과 같이 개인의 인격주체성을 특징짓는 사항으로서 그 개인의 동일성을 식별할 수 있게 하는 일체의 정보라고 할 수 있고, 반드시 개인의 내밀한 영역이나 사사(私事)의 영역에 속하는 정보에 국한되지 않고 공적 생활에서 형성되었거나 이미 공개된 개인정보까지 포함한다. 또한 그러한 개인정보를 대상으로 한 조사·수집·보관·처리·이용 등의 행위는 모두 원칙적으로 개인정보자기결정권에 대한 제한에 해당한다(헌재 2005. 5. 26. 99헌마513).

③ ⭕ 법 제15조의5 제1항 제1호는 어린이집 안전사고 내지 아동학대 적발 및 방지를 위한 것으로, 아동학대 등이 의심되는 경우 보호자가 영상정보 열람을 통해 이를 확인할 수 있도록 하는 것은 어린이집에 CCTV 설치를 의무화하는 이유이다. 법은 CCTV 열람의 활용 목적을 제한하고 있고, 어린이집 원장은 열람시간 지정 등을 통해 보육활동에 지장이 없도록 보호자의 열람 요청에 적절히 대응할 수 있으므로 이 조항으로 어린이집 원장이나 보육교사 등의 기본권이 필요 이상으로 과도하게 제한된다고 볼 수 없다. 또한 이를 통해 달성할 수 있는 보호자와 어린이집 사이의 신뢰회복 및 어린이집 아동학대 근절이라는 공익의 중대함에 반하여, 제한되는 사익이 크다고 보기 어렵다. 따라서 법 제15조의5 제1항 제1호는 과잉금지원칙을 위반하여 어린이집 보육교사 등의 개인정보자기결정권 및 어린이집 원장의 직업수행의 자유를 침해하지 아니한다(헌재 2017. 12. 28. 2015헌마994).

> 2023 경찰승진 영유아보육법은 CCTV 열람의 활용 목적을 제한하고 있고, 어린이집 원장은 열람시간 지정 등을 통해 보육활동에 지장이 없도록 보호자의 열람 요청에 적절히 대응할 수 있으므로 동법의 CCTV 열람조항으로 보육교사의 개인정보자기결정권이 필요 이상으로 과도하게 제한된다고 볼 수 없다. (O)

> 참고 CCTV 논점
> 구치소장이 변호인접견실에 CCTV를 설치하여 미결수용자와 변호인 간의 접견을 관찰한 행위가 변호인의 조력을 받을 권리를 침해하는지 여부(소극)(헌재 2016. 4. 28. 2015헌마243)

> 2022 해경 2차 구치소장이 수용자의 거실에 폐쇄회로 텔레비전을 설치하여 계호한 행위는 수용자의 사생활의 비밀 및 자유를 침해하지 않는다. (O)

④ ⭕ 이 사건 제공행위에 의하여 제공된 접견녹음파일로 특정개인을 식별할 수 있고, 그 대화내용 등은 인격주체성을 특징짓는 사항으로 그 개인의 동일성을 식별할 수 있게 하는 정보이므로, 정보주체인 청구인의 동의 없이 접견녹음파일을 관계기관에 제공하는 것은 청구인의 개인정보자기결정권을 제한하는 것이다. 그런데 이 사건 제공행위는 형사사법의 실체적 진실을 발견하고 이를 통해 형사사법의 적정한 수행을 도모하기 위한 것으로 그 목적이 정당하고, 수단 역시 적합하다. …… 사적 대화내용을 분리하여 제공하는 것은 그 구분이 실질적으로 불가능하고, 범죄와 관련 있는 대화내용을 쉽게 파악하기 어려워 전체제공이 불가피한 점 등을 고려할 때 침해의 최소성 요건도 갖추고 있다. 나아가 접견내용이 기록된다는 사실이 미리 고지되어 그에 대한 보호가치가 그리 크다고 볼 수 없는 점 등을 고려할 때, 법익의 불균형을 인정하기도 어려우므로, 과잉금지원칙에 위반하여 청구인의 개인정보자기결정권을 침해하였다고 볼 수 없다(헌재 2012. 12. 27. 2010헌마153).

> 2023 경찰승진 구치소장이 검사의 요청에 따라 미결수용자와 그 배우자의 접견녹음파일을 미결수용자의 동의 없이 제공하더라도, 이러한 제공행위는 형사사법의 실체적 진실을 발견하고 이를 통해 형사사법의 적정한 수행을 도모하기 위한 것으로 미결수용자의 개인정보자기결정권을 침해하는 것은 아니다. (O)

구분	접견녹음	CCTV
미결수용자와 변호인	위헌	합헌
미결수용자와 그 배우자	합헌	합헌

07 [2022 해경간부] 정답 ①

> 헌법 제13조 ② 모든 국민은 소급입법에 의하여 참정권의 제한을 받거나 재산권을 박탈당하지 아니한다.
> 헌법 제23조 ① 모든 국민의 재산권은 보장된다. 그 내용과 한계는 법률로 정한다.
> ② 재산권의 행사는 공공복리에 적합하도록 하여야 한다.
> ③ 공공필요에 의한 재산권의 수용·사용 또는 제한 및 그에 대한 보상은 법률로써 하되, 정당한 보상을 지급하여야 한다.

08 정답 ②

②

> 청원법 제21조(청원의 처리 등) ② 청원기관의 장은 청원을 접수한 때에는 특별한 사유가 없으면 90일 이내에 처리결과를 청원인(공동청원의 경우 대표자를 말한다)에게 알려야 한다. 이 경우 공개청원의 처리결과는 온라인청원시스템에 공개하여야 한다.
> ③ 청원기관의 장은 부득이한 사유로 제2항에 따른 처리기간에 청원을 처리하기 곤란한 경우에는 60일의 범위에서 한 차례만 처리기간을 연장할 수 있다.

청원법 제22조(이의신청) ① 청원인은 다음 각 호의 어느 하나에 해당하는 경우로서 공개 부적합 결정 통지를 받은 날 또는 제21조에 따른 처리기간이 경과한 날부터 30일 이내에 청원기관의 장에게 문서로 이의신청을 할 수 있다.

청원법 제13조(공개청원의 공개 여부 결정 통지 등) ① 공개청원을 접수한 청원기관의 장은 접수일부터 15일 이내에 청원심의회의 심의를 거쳐 공개 여부를 결정하고 결과를 청원인(공동청원의 경우 대표자를 말한다)에게 알려야 한다.
② 청원기관의 장은 공개청원의 공개결정일부터 30일간 청원사항에 관하여 국민의 의견을 들어야 한다.

① ◎

헌법 제89조 다음 사항은 국무회의의 심의를 거쳐야 한다.
15. 정부에 제출 또는 회부된 정부의 정책에 관계되는 청원의 심사

③ ◎ 지방의회에 청원을 할 때에 지방의회 의원의 소개를 얻도록 한 것은 의원이 미리 청원의 내용을 확인하고 이를 소개하도록 함으로써 청원의 남발을 규제하고 심사의 효율을 기하기 위한 것이고, 지방의회 의원 모두가 소개의원이 되기를 거절하였다면 그 청원내용에 찬성하는 의원이 없는 것이므로 지방의회에서 심사하더라도 인용가능성이 전혀 없어 심사의 실익이 없으며, 청원의 소개의원도 1인으로 족한 점을 감안하면 이러한 정도의 제한은 공공복리를 위한 필요·최소한의 것이라고 할 수 있다(헌재 1999. 11. 25. 97헌마54).

④ ◎ 헌법상 보장된 청원권은 공권력과의 관계에서 일어나는 여러 가지 이해관계, 의견, 희망 등에 관하여 적법한 청원을 한 모든 당사자에게 국가기관이 청원을 수리할 뿐만 아니라 이를 심사하여 청원자에게 그 처리결과를 통지할 것을 요구할 수 있는 권리를 말하나, <u>청원사항의 처리결과에 심판서나 재결서에 준하여 이유를 명시할 것까지를 요구하는 것은 청원권의 보호범위에 포함되지 아니하므로 청원 소관관서는 청원법이 정하는 절차와 범위 내에서 청원사항을 성실·공정·신속히 심사하고 청원인에게 그 청원을 어떻게 처리하였거나 처리하려고 하는지를 알 수 있는 정도로 결과통지함으로써 충분하고, 비록 그 처리내용이 청원인이 기대하는 바에 미치지 않는다고 하더라도 헌법소원의 대상이 되는 공권력의 행사 내지 불행사라고는 볼 수 없다</u>(헌재 1997. 7. 16. 93헌마239).

09
정답 ②

② ◎ 헌법 제25조의 공무담임권이 공무원의 재임 기간 동안 충실한 공무 수행을 담보하기 위하여 공무원의 퇴직급여 및 공무상 재해보상을 보장할 것까지 그 보호영역으로 하고 있다고 보기 어렵다(헌재 2014. 6. 26. 2012헌마459).

① ✕ 수뢰죄를 범하여 금고 이상의 형의 선고유예를 받은 국가공무원은 당연퇴직하도록 한 국가공무원법조항은 과잉금지원칙에 반하여 청구인의 공무담임권을 침해하지 않는다(헌재 2013. 7. 25. 2012헌바409).

③ ✕ 관련 자격증 소지자에게 세무직 국가공무원 공개경쟁채용시험에서 일정한 가산점을 부여하는 제도는 가산 대상 자격증을 소지하지 아니한 사람들에 대하여는 공직으로의 진입에 장애를 초래하여 공무담임권을 제한하는 측면이 있지만, 전문적 업무 능력을 갖춘 사람을 우대하여 직업공무원제도의 능력주의를 구현하는 측면이 있으므로 과잉금지원칙 위반 여부를 심사할 때 이를 고려할 필요가 있다(헌재 2020. 6. 25. 2017헌마1178). → 과잉금지원칙에 반하지 않는다.

④ ✕ 이 사건 기탁금귀속조항은 후보자가 사망하거나 제1차 투표에서 유효투표수의 100분의 15 이상을 득표한 경우에는 기탁금 전액을, 제1차 투표에서 유효투표수의 100분의 10 이상 100분의 15 미만을 득표한 경우에는 기탁금 반액을 후보자에게 반환하고, 반환되지 않은 기탁금은 경북대학교 발전기금에 귀속되도록 하고 있다. 이하에서는 이 사건 기탁금귀속조항이 후보자의 재산권을 침해하는지 여부에 대하여 살핀다(헌재 2022. 5. 26. 2020헌마1219). → 기탁금 귀속조항과 달리 기탁금 납부조항은 공무담임권의 침해여부 위주로 판단하였다.

10
정답 ④

④ ◎ 서울대학교 2023학년도 저소득학생 특별전형의 모집인원을 모두 수능위주전형으로 선발하도록 정한, 피청구인의 2021. 4. 29.자 '서울대학교 2023학년도 대학 신입학생 입학전형 시행계획'이 신뢰보호원칙에 위배되어 청구인의 균등하게 교육을 받을 권리를 침해하는지 여부(소극) 대학입학전형시행계획에 매년 새로운 내용이 규정될 수 있다는 점, 교육부장관이 2018년경부터 수능위주전형 비율을 높이는 대입정책을 발표해 왔다는 점, 서울대학교의 저소득학생 특별전형이 이미 2022학년도부터 일부 수능위주전형으로 실시되었다는 점을 고려하면, '2023학년도 입시계획'에 기존 전형방법과 다른 전형방법이 규정될 수 있음은 충분히 예측할 수 있으므로, 저소득학생 특별전형이 학생부종합전형으로 실시될 것이라는 청구인의 신뢰는 보호가치가 크다고 볼 수 없다. …… 이 사건 입시계획은 고등교육법에 규정된 공표시기보다 6개월 빨리 예고되었고, 이 사건 입시계획으로 인해 청구인의 서울대 입학 기회 자체가 박탈되는 것이 아니다. 따라서 이 사건 입시계획으로 달성되는 공익이 청구인이 받는 불이익보다 크다고 할 수 있으므로, 이 사건 입시계획은 신뢰보호원칙에 위배하여 청구인의 균등하게 교육을 받을 권리를 침해하지 않는다(헌재 2022. 9. 29. 2021헌마929).

① ✕ 의무교육의 무상성에 관한 헌법상 규정은 교육을 받을 권리를 보다 실효성 있게 보장하기 위해 의무교육 비용을 학령아동 보호자의 부담으로부터 공동체 전체의 부담으로 이전하라는 명령일 뿐 의무교육의 모든 비용을 조세로 해결해야 함을 의미하는 것은 아니므로, 학교용지부담금의 부과대상을 수분양자가 아닌 개발사업자로 정하고 있는 특례법 제2조 제2호, 제5조 제1항 본문은 의무교육의 무상원칙에 위배되지 아니한다(헌재 2008. 9. 25. 2007헌가9).

② ✕ 청구인들은 '2018학년도 대학수학능력시험 시행기본계획' 중 대학수학능력시험의 문항 수 기준 70%를 한국교육방송공사(이하 'EBS'라 한다) 교재와 연계하여 출제한다는 심판대상계획으로 인해 교육을 받을 권리가 침해된다고 주장하지만, 심판대상계획이 헌법 제31조 제1항의 능력에 따라 균등하게 교육을 받을 권리를 직접 제한한다고 보기는 어렵다(헌재 2018. 2. 22. 2017헌마691).

③ ✕ 헌법 제31조 제1항에서 말하는 "능력에 따라 균등하게 교육을 받을 권리"란 법률이 정하는 일정한 교육을 받을 전제조건으로서의 능력을 갖추었을 경우 차별 없이 균등하게 교육을 받을 기회가 보장된다는 것이지 일정한 능력, 예컨대 지능이나 수학능력 등이 있다고 하여 제한 없이 다른 사람과 차별하여 어떠한 내용과 종류와 기간의 교육을 받을 권리가 보장된다는 것은 아니다. 따라서 의무취학 시기를 만 6세가 된 다음 날 이후의 학년초로 규정하고 있는 교육법 제96조 제1항은 의무교육제도 실시를 위해 불가피한 것이며 이와 같은 아동들에 대하여 만 6세가 되기 전에 앞당겨서 입학을 허용하지 않는다고 해서 헌법 제31조 제1항의 능력에 따라 균등하게 교육을 받을 권리를 본질적으로 침해한 것으로 볼 수 없다(헌재 1994. 2. 24. 93헌마192).

11
정답 ④

④ ✕ 헌법 제23조 제3항은 "공공필요에 의한 재산권의 수용·사용 또는

제한 및 그에 대한 보상은 법률로써 하되, 정당한 보상을 지급하여야 한다."라고 규정하고 있는바, 이 헌법의 규정은 보상청구권의 근거에 관하여서 뿐만 아니라 보상의 기준과 방법에 관하여서도 법률의 규정에 유보하고 있는 것으로 보아야 하고, 위 구 토지수용법과 지가공시법의 규정들은 바로 헌법에서 유보하고 있는 그 법률의 규정들로 보아야 할 것이다. 그리고 "정당한 보상"이라 함은 원칙적으로 피수용재산의 객관적인 재산가치를 완전하게 보상하여야 한다는 완전보상을 뜻하는 것이라 할 것이다(대판 1993. 7. 13. 93누2131).

① ⓞ 우리 헌법 제23조는 "① 모든 국민의 재산권은 보장된다. 그 내용과 한계는 법률로 정한다. ② 재산권의 행사는 공공복리에 적합하도록 하여야 한다. ③ 공공필요에 의한 재산권의 수용·사용 또는 제한 및 그에 대한 보상은 법률로써 하되, 정당한 보상을 지급하여야 한다"라고 규정하고 있다. 위 조문 제1항은 재산권 보장의 원칙을 천명한 것으로서 그 재산권 보장이란 국민 개개인이 재산권을 향유할 수 있는 법 제도로서의 사유재산제도를 보장함과 동시에 그 기조 위에서 그들이 현재 갖고 있는 구체적 재산권을 개인의 기본권으로 보장한다는 이중적 의미를 가지고 있으며(헌재 1994. 2. 24. 92헌가15), 재산권의 내용과 한계를 정하는 법률의 경우에도 사유재산제도나 사유재산을 부인하는 것은 재산권 보장규정의 침해를 의미하고, 결코 재산권형성적 법률유보라는 이유로 정당화될 수 없다(헌재 1993. 7. 29. 92헌바20).

② ⓞ 개발제한구역 지정으로 인하여 토지를 종래의 목적으로도 사용할 수 없거나 또는 더 이상 법적으로 허용된 토지이용의 방법이 없기 때문에 실질적으로 토지의 사용·수익의 길이 없는 경우에는 토지소유자가 수인해야 하는 사회적 제약의 한계를 넘는 것으로 보아야 한다(헌재 1998. 12. 24. 89헌마214).

③ ⓞ 우리 헌법이 보장하고 있는 재산권은 경제적 가치가 있는 모든 공법상·사법상의 권리를 뜻하는데, 이러한 재산권의 범위에는 동산·부동산에 대한 모든 종류의 물권은 물론, 재산가치 있는 모든 사법상의 채권과 특별법상의 권리 및 재산가치 있는 공법상의 권리 등이 포함되나, 단순한 기대이익·반사적 이익 또는 경제적인 기회 등은 속하지 않는다(헌재 2019. 4. 2. 2019헌마297).

국민을 국가에 대하여 지나치게 차별하는 경우에 해당하므로 헌법 제11조, 제29조에 위반되며, 헌법 제23조 제1항 및 제37조 제2항에도 위반된다(헌재 1994. 12. 29. 93헌바21).

② ⓞ …… 불법행위의 피해자가 '손해 및 가해자를 인식하게 된 때'로부터 3년 이내에 손해배상을 청구하도록 하는 것은 불법행위로 인한 손해배상청구에 있어 피해자와 가해자 보호의 균형을 도모하기 위한 것이므로, 과거사정리법 제2조 제1항 제3, 4호에 규정된 사건에 민법 제766조 제1항의 '주관적 기산점'이 적용되도록 하는 것은 합리적 이유가 인정된다. 그러나, 국가가 소속 공무원들의 조직적 관여를 통해 불법적으로 민간인을 집단 희생시키거나 장기간의 불법구금·고문 등에 의한 허위자백으로 유죄판결을 하고 사후에도 조작·은폐를 통해 진상규명을 저해하였음에도 불구하고, 그 불법행위 시점을 소멸시효의 기산점으로 삼는 것은 피해자와 가해자 보호의 균형을 도모하는 것으로 보기 어렵고, 발생한 손해의 공평·타당한 분담이라는 손해배상제도의 지도원리에도 부합하지 않는다. 그러므로 과거사정리법 제2조 제1항 제3, 4호에 규정된 사건에 민법 제166조 제1항, 제766조 제2항의 '객관적 기산점'이 적용되도록 하는 것은 합리적 이유가 인정되지 않는다. 결국, 민법 제166조 제1항, 제766조 제2항의 객관적 기산점을 과거사정리법 제2조 제1항 제3, 4호의 민간인 집단희생사건, 중대한 인권침해·조작의혹사건에 적용하도록 규정하는 것은, 소멸시효제도를 통한 법적 안정성과 가해자 보호만을 지나치게 중시한 나머지 합리적 이유 없이 위 사건 유형에 관한 국가배상청구권 보장 필요성을 외면한 것으로서 입법형성의 한계를 일탈하여 청구인들의 국가배상청구권을 침해한다[헌재 2018. 8. 30. 2014헌바148·62·19·66, 2015헌바50·40(병합); 2014헌바223·90, 2016헌바419(병합)].

③ ⓞ

국가배상법 제7조(외국인에 대한 책임) 이 법은 외국인이 피해자인 경우에는 해당 국가와 상호 보증이 있을 때에만 적용한다.

2023 경찰 2차 「국가배상법」은 외국인이 피해자인 경우에는 해당 국가와 상호보증이 있을 때에만 「국가배상법」을 적용한다고 규정하고 있다. (O)

12
정답 ④

④ ✕ **국가배상법 제9조의 배상결정전치주의가 법관에 의한 재판을 받을 권리, 신속한 재판을 받을 권리를 제한하여 국민의 재판청구권을 침해하는지 여부(소극)** (헌재 2000. 2. 24. 99헌바17) → 헌법재판소는 구 국가배상법 제9조에 대하여 합헌결정을 하였으나, 2000. 12. 29. 개정 국가배상법은 배상결정전치주의를 폐지하고, 배상심의회의 배상신청을 하지 아니하고도 국가배상법에 의한 손해배상의 소송을 제기할 수 있도록 하였다.

2018 지방직 7급 헌법재판소는 국가배상법상의 배상결정전치주의가 법관에 의한 재판을 받을 권리와 신속한 재판을 받을 권리를 침해한다고 하였고, 이에 따라 국가배상법상의 배상결정전치주의가 폐지되었다. (✕)
2023 경찰간부 「국가배상법」에 따른 손해배상의 소송은 배상심의회에 배상신청을 하지 아니하면 제기할 수 없다. (O)

① ⓞ 국가배상법 제2조 제1항 단서 중 군인에 관련되는 부분을, 일반국민이 직무집행 중인 군인과의 공동불법행위로 직무집행 중인 다른 군인에게 공상을 입혀 그 피해자에게 공동의 불법행위로 인한 손해를 배상한 다음 공동불법행위자인 군인의 부담부분에 관하여 국가에 대하여 구상권을 행사하는 것을 허용하지 않는다고 해석한다면, 이는 위 단서 규정의 헌법상 근거규정인 헌법 제29조가 구상권의 행사를 배제하지 아니하는데도 이를 배제하는 것으로 해석하는 것으로서 합리적인 이유 없이 일반

13
정답 ④

④ ✕ 심판대상조항은 소방공무원이 그 업무의 성격상 사회공공의 안녕과 질서 유지에 미치는 영향력이 크고, 그 책임 및 직무의 중요성, 신분 및 근로조건의 특수성이 인정되므로, 노동조합원으로서의 지위를 가지고 업무를 수행하는 것이 적절하지 아니하다고 보아 노동조합 가입대상에서 제외한 것이다. 소방공무원은 화재를 예방·경계하거나 진압하고, 화재, 재난·재해 그 밖의 위급한 상황에서의 구조·구급활동 등을 통하여 국민의 생명·신체 및 재산을 보호하는 업무를 수행하며, 소방행정의 기능은 현대사회가 복잡 다양화하고 각종 사고가 빈발함에 따라 그 역할이 확대되어 오늘날 소방행정은 재난관리의 중심적인 업무를 수행하는바, 현시점에서 노동기본권을 보장함으로 말미암아 예상되는 사회적 폐해가 너무 크다. 또한 소방공무원은 특정직 공무원으로서 '소방공무원법'에 의하여 신분보장이나 대우 등 근로조건의 면에서 일반직공무원에 비하여 두텁게 보호받고 있다. 따라서 심판대상조항이 헌법 제33조 제2항의 입법형성권의 한계를 일탈하여 소방공무원인 청구인의 단결권을 침해한다고 볼 수 없다(헌재 2008. 12. 26. 2006헌마462).

2023 경찰승진 헌법재판소는 소방공무원을 노동조합 가입대상에서 제외한 '공무원의 노동조합 설립 및 운영 등에 관한 법률' 조항이 소방공무원들의 단결권을 침해한다고 판단하였다. (✕)

> **공무원의 노동조합 설립 및 운영 등에 관한 법률 제6조(가입 범위)** ① 노동조합에 가입할 수 있는 사람의 범위는 다음 각 호와 같다.
> 1. 일반직공무원
> 2. 특정직공무원 중 외무영사직렬·외교정보기술직렬 외무공무원, 소방공무원 및 교육공무원(다만, 교원은 제외한다)
> 3. 별정직공무원
> 4. 제1호부터 제3호까지의 어느 하나에 해당하는 공무원이었던 사람으로서 노동조합 규약으로 정하는 사람
> 5. 삭제
>
> ② 제1항에도 불구하고 다음 각 호의 어느 하나에 해당하는 공무원은 노동조합에 가입할 수 없다.
> 1. 업무의 주된 내용이 다른 공무원에 대하여 지휘·감독권을 행사하거나 다른 공무원의 업무를 총괄하는 업무에 종사하는 공무원
> 2. 업무의 주된 내용이 인사·보수 또는 노동관계의 조정·감독 등 노동조합의 조합원 지위를 가지고 수행하기에 적절하지 아니한 업무에 종사하는 공무원
> 3. 교정·수사 등 공공의 안녕과 국가안전보장에 관한 업무에 종사하는 공무원

① ◎ 외국인근로자에게 3년의 체류기간 동안 3회까지 사업장을 변경할 수 있도록 하고 대통령령이 정하는 부득이한 사유가 있는 경우에는 추가로 사업장변경이 가능하도록 하고 있으므로 직장선택의 자유를 침해하지 아니한다(헌재 2011. 9. 29. 2007헌마1083). → 외국인도 제한적으로라도 직장선택의 자유를 향유할 수 있다고 한 사례 / 직장변경의 횟수를 제한하고 있는 이 사건 법률조항은 근로의 권리를 제한하는 것은 아니라 할 것이다.(근로의 권리 ×, 직업의 자유 ○)

② ◎ 이 사건 사유제한조항 및 이 사건 고시조항(이하 '본안 심판대상조항들'이라 한다)은 외국인근로자의 사업장 변경 사유를 제한하고 있는바, 이로 인하여 외국인근로자는 일단 형성된 근로관계를 포기하고 직장을 이탈하는 데 있어 제한을 받게 되므로 이는 직업선택의 자유 중 직장선택의 자유를 제한하고 있다. 헌법상 근로의 권리에, 열악한 근로환경을 갖춘 사업장을 이탈하여 다른 사업장으로 이직함으로써 사적(私的)으로 근로환경을 개선하거나 해결하는 방법을 보장하는 것까지 포함된다고 볼 수는 없다. 따라서 본안 심판대상조항들은 근로의 권리를 제한하지 않는다(헌재 2021. 12. 23. 2020헌마395).

③ ◎ 국가 또는 지방자치단체의 정책결정에 관한 사항이나 기관의 관리·운영에 관한 사항으로서 근무조건과 직접 관련되지 아니하는 사항을 공무원노동조합의 단체교섭대상에서 제외하고 있는 공무원의 노동조합 설립 및 운영 등에 관한 법률 관련조항에서 정책결정에 관한 사항이나 기관의 관리·운영 사항이 근무조건과 직접 관련되지 않을 때 이를 교섭대상에서 제외하도록 한 이유는, 이 사항들은 모두 국가 또는 지방자치단체가 행정책임주의 및 법치주의원칙에 따라 자신의 권한과 책임 하에 전권을 행사하여야 할 사항으로서 이를 교섭대상으로 한다면 행정책임주의 및 법치주의원칙에 반하게 되고, 설령 교섭대상으로 삼아 단체협약을 체결한다 하더라도 무효가 되어 교섭대상으로서의 의미를 가지지 못하기 때문이다. 이러한 상황이 발생하는 것을 방지하기 위해서는 위 사항들을 교섭대상에서 제외하는 것이 부득이하므로 이 사건 규정이 과잉금지원칙에 위반된다고 볼 수 없다. 이 규정이 합리적 근거 없이 입법형성권의 범위를 일탈하여 청구인들의 단체교섭권을 침해하는 것으로 보이지 아니한다(헌재 2013. 6. 27. 2012헌바169). → 근무조건과 '직접' 관련되어 교섭대상이 되는 사항은 공무원이 공무를 제공하는 조건이 되는 사항 그 자체를 의미하는 것이므로 '직접'의 의미가 법집행기관의 자의적인 법집행을 초래할 정도로 불명확하다고 볼 수 없으므로 명확성원칙에 위반된다고 볼 수 없다.

14
정답 ②

② ✗ 과세대상인 자본이득의 범위를 실현된 소득에 국한할 것인가 혹은 미실현이득을 포함시킬 것인가의 여부는, 과세목적·과세소득의 특성·과세기술상의 문제 등을 고려하여 판단할 입법정책의 문제일 뿐, 헌법상의 조세개념에 저촉되거나 그와 양립할 수 없는 모순이 있는 것으로는 볼 수 없다(헌재 1994. 7. 29. 92헌바49).

① ◎ 조세법률주의를 지나치게 철저하게 시행한다면 복잡·다양하고도 끊임없이 변천하는 경제상황에 대처하여 적확하게 과세대상을 포착하고 적정하게 과세표준을 산출하기 어려워 담세력에 응한 공평과세의 목적을 달성할 수 없게 된다. 따라서 조세법률주의를 견지하면서도 조세평등주의와의 조화를 위하여 경제현실에 응하여 공정한 과세를 할 수 있게 하고 탈법적인 조세회피행위에 대처하기 위해서는 납세의무의 중요한 사항이나 본질적인 내용에 관련된 것이라 하더라도 그 중 경제현실의 변화나 전문적 기술의 발달 등에 즉응하여야 하는 세부적인 사항에 관하여는 국회 제정의 형식적 법률보다 더 탄력성이 있는 행정입법에 이를 위임할 필요가 있다(헌재 2013. 6. 27. 2011헌바386).

③ ◎ 과세요건명확주의 내지 명확성원칙은, 과세요건을 법률로 규정하였다고 하더라도 그 규정내용이 지나치게 추상적이고 불명확하면 이에 대한 과세관청의 자의적인 해석과 집행을 초래할 염려가 있으므로, 그 규정 내용이 명확하고 일의적이어야 한다는 것을 말한다(헌재 2016. 9. 29. 2014헌바114).

④ ◎ 소득세법 제88조 제1항 전문과 제94조 제1호가 규정하고 있는 '양도'는 양도소득세 제도 및 입법취지, 당해 문구의 일반적 의미 등을 종합해 볼 때 자산이 유상으로 사실상 이전되는 경우를 의미함이 분명하고, 제98조와 관련조항을 전체적·체계적으로 해석하면 하위법규인 대통령령에서 규정될 내용과 범위를 예측할 수 있으며, 부칙 제8조는 제88조 제1항, 제94조 제1호 및 제98조에 따른 의제 규정에 해당하므로, 양도소득세제도 및 이 사건 심판대상 조항의 입법취지, 당해 문구의 일반적 의미 등을 종합해 볼 때, 이 사건 심판대상 조항이 과세요건을 명확하게 규정하지 아니하여 국민생활의 법적 안정성과 예측가능성을 침해하고 있다고 할 수는 없으므로, 조세법률주의원칙에 위반되지 아니한다(헌재 2008. 7. 31. 2006헌바95).

15
정답 ③

③ ✗ 특별교통수단에 있어 표준휠체어만을 기준으로 휠체어 고정설비의 안전기준을 정한 부분은 합리적 이유 없이 표준휠체어를 이용할 수 있는 장애인과 표준휠체어를 이용할 수 없는 장애인을 달리 취급하여 청구인의 평등권을 침해한다(헌재 2023. 5. 25. 2019헌마1234).

① ◎ 장애인의 복지를 향상해야 할 국가의 의무가 다른 다양한 국가과제에 대하여 최우선적인 배려를 요청할 수 없을 뿐 아니라, 나아가 헌법의 규범으로부터는 '장애인을 위한 저상버스의 도입'과 같은 구체적인 국가의 행위의무를 도출할 수 없는 것이다. 국가에게 헌법 제34조에 의하여 장애인의 복지를 위하여 노력을 해야 할 의무가 있다는 것은, 장애인도 인간다운 생활을 누릴 수 있는 정의로운 사회질서를 형성해야 할 국가의 일반적인 의무를 뜻하는 것이지, 장애인을 위하여 저상버스를 도입해야 한다는 구체적 내용의 의무가 헌법으로부터 나오는 것은 아니다(헌재 2002. 12. 18. 2002헌마52).

② ◎ 생활이 어려운 국민에게 필요한 급여를 행하여 이들의 최저생활을 보장하기 위해 제정된 '국민기초생활 보장법'은 부양의무자에 의한 부양과 다른 법령에 의한 보호가 이 법에 의한 급여에 우선하여 행하여지도록 하는 보충급여의 원칙을 채택하고 있는바, '형의 집행 및 수용자의 처우에 관한 법률' 및 치료감호법에 의한 구치소·치료감호시설에 수용

중인 자는 당해 법률에 의하여 생계유지의 보호와 의료적 처우를 받고 있으므로 이러한 구치소·치료감호시설에 수용 중인 자에 대하여 '국민기초생활 보장법'에 의한 중복적인 보장을 피하기 위하여 개별가구에서 제외하기로 한 입법자의 판단이 헌법상 용인될 수 있는 재량의 범위를 일탈하여 인간다운 생활을 할 권리와 보건권을 침해한다고 볼 수 없다(헌재 2012. 2. 23. 2011헌마123).

④ ⓞ 국가가 인간다운 생활을 보장하기 위한 헌법적 의무를 다하였는지의 여부가 사법적 심사의 대상이 된 경우에는, 국가가 최저생활보장에 관한 입법을 전혀 하지 아니하였다든가 그 내용이 현저히 불합리하여 헌법상 용인될 수 있는 재량의 범위를 명백히 일탈한 경우에 한하여 헌법에 위반된다고 할 수 있다(헌재 2004. 10. 28. 2002헌마328).

16 　　　　　　　　　　　　　　　　　　　　　　　정답 ②

② ✕ 헌법 제32조 제1항이 규정하는 근로의 권리는 사회적 기본권으로서 국가에 대하여 직접일자리를 청구하거나 일자리에 갈음하는 생계비의 지급청구권을 의미하는 것이 아니라 고용증진을 위한 사회적·경제적 정책을 요구할 수 있는 권리에 그치며, 근로의 권리로부터 국가에 대한 직접적인 직장존속청구권이 도출되는 것도 아니다. 나아가 근로자가 퇴직급여를 청구할 수 있는 권리도 헌법상 바로 도출되는 것이 아니라 퇴직급여법 등 관련 법률이 구체적으로 정하는 바에 따라 비로소 인정될 수 있는 것이므로 계속근로기간 1년 미만인 근로자가 퇴직급여를 청구할 수 있는 권리가 헌법 제32조 제1항에 의하여 보장된다고 보기는 어렵다. 그리고, 헌법 제32조 제3항은 "근로조건의 기준은 인간의 존엄성을 보장하도록 법률로 정한다."라고 규정하는바, 인간의 존엄에 상응하는 근로조건의 기준이 무엇인지를 구체적으로 정하는 것은 일차적으로 입법자의 형성의 자유에 속한다고 할 것이다(헌재 2011. 7. 28. 2009헌마408).

① ⓞ 헌법 제32조 및 제33조에 각 규정된 근로기본권은 근로자의 근로조건을 개선함으로써 그들의 경제적·사회적 지위의 향상을 기하기 위한 것으로서 자유권적 기본권으로서의 성격보다는 생존권 내지 사회권적 기본권으로서의 측면이 보다 강한 것으로서 그 권리의 실질적 보장을 위해서는 국가의 적극적인 개입과 뒷받침이 요구되는 기본권이다(헌재 1991. 7. 22. 89헌가106).

③ ⓞ

> 헌법 제33조 ① 근로자는 근로조건의 향상을 위하여 자주적인 단결권·단체 교섭권 및 단체행동권을 가진다.
> ② 공무원인 근로자는 법률이 정하는 자에 한하여 단결권·단체교섭권 및 단체행동권을 가진다.

④ ⓞ 헌법 제32조 제1항은 "모든 국민은 근로의 권리를 가진다. 국가는 사회적·경제적 방법으로 근로자의 고용의 증진과 적정임금의 보장에 노력하여야 하며, 법률이 정하는 바에 의하여 최저임금제를 시행하여야 한다."라고 규정하고 있다. 이는 국가의 개입·간섭을 받지 않고 자유로이 근로를 할 자유와, 국가에 대하여 근로의 기회를 제공하는 정책을 수립해 줄 것을 요구할 수 있는 권리 등을 기본적인 내용으로 하고 있고, 이때 근로의 권리는 근로자를 개인의 차원에서 보호하기 위한 권리로서 개인인 근로자가 근로의 권리의 주체가 되는 것이고, 노동조합은 그 주체가 될 수 없는 것으로 이해되고 있다(헌재 2009. 2. 26 2007헌바27).

17 　　　　　　　　　　　　　　　　　　　　　　　정답 ④

④ ✕ 신속한 재판을 위한 어떤 직접적이고 구체적인 청구권이 이 헌법규정으로부터 직접 발생하지는 않는다(헌재 1999. 9. 16. 98헌마75).

> 2015 경정승진 헌법 제27조 제3항은 '모든 국민은 신속한 재판을 받을 권리를 가진다.'고 규정하고 있으므로 모든 국민은 법률에 의한 구체적 형성이 없어도 직접 신속한 재판을 청구할 수 있는 권리를 가진다. (✕)

구분	신속한 재판을 받을 권리	공정한 재판을 받을 권리
헌법규정	✕	○
구체적인 권리	○	✕

① ⓞ 과학의 진전을 통하여 기존의 확정판결에서 인정된 사실과는 다른 새로운 사실이 발견된다 하더라도, 이는 확정판결 이후 언제라도 일어날 수 있는 일이므로 이를 재심사유로 인정하는 것은 확정판결에 기초하여 형성된 복잡·다양한 사법적(私法的) 관계들을 항시 불안전한 상태로 두는 것이라 할 수 있다. 또한, 시효제도 등 다소간 실체적 진실의 희생이나 양보 하에 법적 안정성을 추구하는 여러 법적 제도들이 있다는 점 등을 함께 고려해 볼 때, 과학기술의 발전으로 인해 기존의 확정판결에서 인정된 사실과는 다른 새로운 사실이 드러난 경우를 민사소송법상 재심의 사유로 인정하고 있지 않는 이 사건 법률조항은 입법자의 합리적인 재량의 범위를 벗어나 재판청구권 내지 평등권을 침해한다고 할 수 없다(헌재 2009. 4. 30. 2007헌바121).

② ⓞ 사법보좌관제도는 이의절차 등에 의하여 법관이 사법보좌관의 소송비용액 확정결정절차를 처리할 수 있는 장치를 마련함으로써 적정한 업무처리를 도모함과 아울러 사법보좌관의 처분에 대하여 법관에 의한 사실확정과 법률의 해석적용의 기회를 보장하고 있는바, 이는 한정된 사법 인력을 실질적 쟁송에 집중하도록 하면서 궁극적으로 국민의 재판 받을 권리를 실질적으로 보장한다는 입법목적 달성에 기여하는 적절한 수단임을 인정할 수 있다. 따라서 사법보좌관에게 소송비용액 확정결정절차를 처리하도록 한 이 사건 조항이 그 입법재량권을 현저히 불합리하게 또는 자의적으로 행사하였다고 단정할 수 없으므로 헌법 제27조 제1항에 위반된다고 할 수 없다(헌재 2009. 2. 26. 2007헌바8).

③ ⓞ 디엔에이감식시료채취영장 발부 과정에서 채취대상자에게 자신의 의견을 밝히거나 영장 발부 후 불복할 수 있는 절차 등에 관하여 규정하지 아니한 '디엔에이신원확인정보의 이용 및 보호에 관한 법률'은 청구인들의 재판청구권을 침해한다(헌재 2018. 8. 30. 2016헌마344).

> 2020 입법고시 디엔에이감식시료채취 영장 발부 과정에서 채취대상자가 자신의 의견을 진술하거나 영장 발부에 불복하는 등의 절차를 두지 아니한 것은 재판청구권을 침해하는 것이다. (○)

18 　　　　　　　　　　　　　　　　　　　　　　　정답 ④

④ ✕ 심판대상조항으로 인하여 교육공무원 아닌 대학 교원들이 향유하지 못하는 단결권은 헌법이 보장하고 있는 근로 3권의 핵심적이고 본질적인 권리이다. 심판대상조항의 입법목적이 재직 중인 초·중등교원에 대하여 교원노조를 인정해 줌으로써 교원노조의 자주성과 주체성을 확보한다는 측면에서는 그 정당성을 인정할 수 있을 것이나, 교원노조를 설립하거나 가입하여 활동할 수 있는 자격을 초·중등교원으로 한정함으로써 교육공무원이 아닌 대학 교원에 대해서는 근로기본권의 핵심인 단결권조차 전면적으로 부정한 측면에 대해서는 그 입법목적의 정당성을 인정하기 어렵고, 수단의 적합성 역시 인정할 수 없다. 설령 일반 근로자 및 초·중등교원과 구별되는 대학 교원의 특수성을 인정하더라도, 대학 교원에게도 단결권을 인정하면서 다만 해당 노동조합이 행사할 수 있는 권리를 다른 노동조합과 달리 강한 제약 아래 두는 방법도 얼마든지 가능하므로, 단결권을 전면적으로 부정하는 것은 필요 최소한의 제한이라고 보기 어렵다. 또 최근 들어 대학 사회가 다층적으로 변화하면서 대학 교원

의 사회·경제적 지위의 향상을 위한 요구가 높아지고 있는 상황에서 단결권을 행사하지 못한 채 개별적으로만 근로조건의 향상을 도모해야 하는 불이익은 중대한 것이므로, 심판대상조항은 과잉금지원칙에 위배된다. 다음으로 교육공무원인 대학 교원에 대하여 보더라도, 교육공무원의 직무수행의 특성과 헌법 제33조 제1항 및 제2항의 정신을 종합해 볼 때, 교육공무원에게 근로 3권을 일체 허용하지 않고 전면적으로 부정하는 것은 합리성을 상실한 과도한 것으로서 입법형성권의 범위를 벗어나 헌법에 위반된다(헌재 2018. 8. 30. 2015헌가38).

> **2023 경찰승진** 교육공무원이 아닌 대학 교원의 단결권을 인정하지 않는 것은 헌법에 위배되지만, 교육공무원인 대학 교원의 단결권을 인정하지 않는 것은 헌법에 위배되지 않는다. (×)

① ◎ 청원경찰은 일반근로자일 뿐 공무원이 아니므로 원칙적으로 헌법 제33조 제1항에 따라 근로 3권이 보장되어야 한다. 청원경찰은 제한된 구역의 경비를 목적으로 필요한 범위에서 경찰관의 직무를 수행할 뿐이며, 그 신분보장은 공무원에 비해 취약하다. 또한 국가기관이나 지방자치단체 이외의 곳에서 근무하는 청원경찰은 근로조건에 관하여 공무원뿐만 아니라 국가기관이나 지방자치단체에 근무하는 청원경찰에 비해서도 낮은 수준의 법적 보장을 받고 있으므로, 이들에 대해서는 근로 3권이 허용되어야 할 필요성이 크다. …… 심판대상조항이 모든 청원경찰의 근로 3권을 전면적으로 제한하는 것은 입법목적 달성을 위해 필요한 범위를 넘어선 것이므로, 심판대상조항은 침해의 최소성 원칙에 위배된다(헌재 2017. 9. 28. 2015헌마653).

② ◎ 헌법 제33조 제1항은 "근로자는 근로조건의 향상을 위하여 자주적인 단결권·단체교섭권 및 단체행동권을 가진다."고 규정하고 있다. 여기서 헌법상 보장된 근로자의 단결권은 단결할 자유만을 가리킬 뿐이고, 단결하지 아니할 자유 이른바 소극적 단결권은 이에 포함되지 않는다(헌재 1999. 11. 25. 98헌마141).

③ ◎ 근로의 권리란 인간이 자신의 의사와 능력에 따라 근로관계를 형성하고, 타인의 방해를 받음이 없이 근로관계를 계속 유지하며, 근로의 기회를 얻지 못한 경우에는 국가에 대하여 근로의 기회를 제공하여 줄 것을 요구할 수 있는 권리를 말하는바, 이러한 근로의 권리는 생활의 기본적인 수요를 충족시킬 수 있는 생활수단을 확보해 주고, 나아가 인격의 자유로운 발현과 인간의 존엄성을 보장해 주는 기본권이다(헌재 2015. 5. 28. 2013헌마619).

19
정답 ②

② ✕ 심판대상조항이 퇴직급여제도의 설정에 있어서 4주간을 평균한 1주간의 소정근로시간을 기준으로 15시간 미만인 근로자를 그 적용대상에서 배제하고 있는 것은 퇴직급여제도의 성격 및 기능에 비추어 사용자의 부담을 경감하기 위한 기준을 설정한 것으로, 이것이 헌법상 용인될 수 있는 입법재량의 범위를 현저히 일탈한 것이라고 볼 수 없으므로, 헌법 제32조 제3항에 위배되는 것으로 볼 수 없다(헌재 2021. 11. 25. 2015헌바334).

① ◎ 영화근로자의 업무가 재량근로 대상 업무에 해당할 수 있다는 사실만으로 근로시간을 명시하지 않아도 된다고 볼 수도 없다(헌재 2022. 11. 24. 2018헌바514). → 영화업자는 영화근로자와 계약을 체결할 때 영화근로자의 임금, 근로시간 및 그 밖의 근로조건을 구체적으로 밝히도록 하고 이를 위반할 경우 처벌토록 한 영화 및 비디오물의 진흥에 관한 법률(2015. 5. 18. 법률 제13306 호로 개정된 것) 제3조의4 중 '근로시간'에 관한 부분, 제96조의2 중 '근로시간'에 관한 부분이 평등권을 침해하는지 여부(소극)

③ ◎ 헌법 제15조 직업의 자유와 제32조 근로의 권리는 국가에게 단지 사용자의 처분에 따른 직장 상실에 대하여 최소한의 보호를 제공해 줄 의무를 지울 뿐이고, 여기에서 직장 상실로부터 근로자를 보호하여 줄 것을 청구할 수 있는 권리가 나오지는 않는다(헌재 2013. 10. 24. 2010헌마219).

④ ◎ 입법자는 헌법 제32조 제3항에 의하여 인간의 존엄성에 부합하는 근로조건의 기준을 정하여야 하나, 심판대상조항이 근로의 권리를 침해하는지 여부는, 부당해고제한제도를 형성함에 있어 해고로부터 근로자를 보호할 의무를 전혀 이행하지 아니하거나 그 내용이 현저히 불합리하여 헌법상 용인될 수 있는 재량의 범위를 벗어난 것인지 여부에 달려 있다고 보아야 한다. …… 개별 근로관계법상의 해고금지조항은 4인 이하 사업장에도 금지되고 있어 부당해고제한조항이 적용되지 않는 부분을 일부 보완하고 있다. 또한 4인 이하 사업장에도 근로기준법 제35조의 해고예고제도가 적용되므로, 해고예고를 받은 날부터 30일분의 임금청구가 가능하여 4인 이하 사업장에 대한 최소한의 근로자 보호는 이루어지고 있다. 노동위원회 구제절차는 부당해고제한조항의 적용을 전제로 하여서만 그 실익이 있고, 구제절차는 그 자체로 4인 이하 사업장에 법적으로 대응하는 데 필요한 관리비용 증가를 수반하며, 구제명령으로 부과되는 금전보상이나 이행강제금 등은 사업장에 경제적 부담으로 돌아갈 수 있는 조치들이다. 4인 이하 사업장에 이를 준수하라고 강제할 만한 여건이 조성되어 있지 않다는 행정입법 제·개정자의 판단이 명백히 불합리하다고 볼 사정이 없다. 그렇다면 4인 이하 사업장에 부당해고제한조항이나 노동위원회 구제절차를 적용되는 근로기준법 조항으로 나열하지 않았다 하여 헌법상 용인될 수 있는 재량의 범위를 벗어난 것이라고 볼 수 없으므로, 심판대상조항은 청구인의 근로의 권리를 침해하지 아니한다(헌재 2019. 4. 11. 2017헌마820).

20
정답 ③

③ ✕ 병역법 제88조 제1항은 가장 기본적인 국민의 국방의 의무를 구체화하기 위하여 마련된 것이고, 이와 같은 병역의무가 제대로 이행되지 않아 국가의 안전보장이 이루어지지 않는다면 국민의 인간으로서의 존엄과 가치도 보장될 수 없음은 불을 보듯 명확한 일이므로, 병역의무는 궁극적으로는 국민 전체의 인간으로서의 존엄과 가치를 보장하기 위한 것이라 할 것이고, 양심적 병역거부자의 양심의 자유가 위와 같은 헌법적 법익보다 우월한 가치라고는 할 수 없으니, 위와 같은 헌법적 법익을 위하여 헌법 제37조 제2항에 따라 피고인의 양심의 자유를 제한한다 하더라도 이는 헌법상 허용된 정당한 제한이다(대판 2004. 7. 15. 2004도2965 전합).

① ◎ 국가정보원의 2005년도 7급 제한경쟁시험 채용공고 중 '남자는 병역을 필한 자' 부분은 현역군인 신분자에게 다른 직종의 시험응시기회를 제한하고 있으나 이는 병역의무 그 자체를 이행하느라 받는 불이익으로서 병역의무 중에 입는 불이익에 해당될 뿐, 병역의무의 이행을 이유로 한 불이익은 아니므로 이 사건 공고로 인하여 현역군인이 타 직종에 시험응시를 하지 못하는 것은 헌법 제39조 제2항에서 금지하는 '불이익한 처우'라 볼 수 없다(헌재 2007. 5. 31. 2006헌마627).

② ◎ 헌법 제23조 제1항이 보장하고 있는 사유재산권은 사유재산에 관한 임의적인 이용, 수익, 처분권을 본질로 하기 때문에 사유재산의 처분금지를 내용으로 하는 입법조치는 원칙으로 재산권에 관한 입법형성권의 한계를 일탈하는 것이고, 조세의 부과·징수는 국민의 납세의무에 기초하는 것으로서 원칙으로 재산권의 침해가 되지 않지만 그로 인하여 납세의무자의 사유재산에 관한 이용, 수익, 처분권이 중대한 제한을 받게 되는 경우에는 그것도 재산권의 침해가 될 수 있다(헌재 1997. 12. 24. 96헌가19).

④ ◎ 헌법 제31조 제3항에 규정된 의무교육 무상의 원칙에 있어서 무상의 범위는 헌법상 교육의 기회균등을 실현하기 위해 필수불가결한 비용, 즉 모든 학생이 의무교육을 받음에 있어서 경제적인 차별 없이 수학하는 데 반드시 필요한 비용에 한한다고 할 것이며, 수업료나 입학금의 면제, 학교와 교사 등 인적·물적 기반 및 그 기반을 유지하기 위한 인건비

와 시설유지비, 신규시설투자비 등의 재원마련 및 의무교육의 실질적인 균등보장을 위해 필수불가결한 비용은 무상의 범위에 포함된다. 그런데 학교운영지원비는 그 운영상 교원연구비와 같은 교사의 인건비 일부와 학교회계직원의 인건비 일부 등 의무교육과정의 인적기반을 유지하기 위한 비용을 충당하는데 사용되고 있다는 점, 학교회계의 세입상 현재 의무교육기관에서는 국고지원을 받고 있는 입학금, 수업료와 함께 같은 항에 속하여 분류되고 있음에도 불구하고 학교운영지원비에 대해서만 학생과 학부모의 부담으로 남아있다는 점, 학교운영지원비는 기본적으로 학부모의 자율적 협찬금의 외양을 갖고 있음에도 그 조성이나 징수의 자율성이 완전히 보장되지 않아 기본적이고 필수적인 학교 교육에 필요한 비용에 가깝게 운영되고 있다는 점 등을 고려해보면 학교운영지원비를 학교회계 세입항목에 포함시키도록 하는 세입조항은 헌법 제31조 제3항에 규정되어 있는 의무교육의 무상원칙에 위배되어 헌법에 위반된다(헌재 2012. 8. 23. 2010헌바220).

01 Day

01 ② 02 ④ 03 ③ 04 ④ 05 ④ 06 ③ 07 ④ 08 ① 09 ② 10 ③
11 ④ 12 ③ 13 ③ 14 ④ 15 ④ 16 ③ 17 ② 18 ① 19 ④ 20 ①

01
정답 ②

② ⓞ 헌법 제8조 제2항은 헌법 제8조 제1항에 의하여 정당의 자유가 보장됨을 전제로 하여, 그러한 자유를 누리는 정당의 목적·조직·활동이 민주적이어야 한다는 요청, 그리고 그 조직이 국민의 정치적 의사형성에 참여하는데 필요한 조직이어야 한다는 요청을 내용으로 하는 것으로서, 정당에 대하여 정당의 자유의 한계를 부과하는 것임과 동시에 입법자에 대하여 그에 필요한 입법을 해야 할 의무를 부과하고 있다(헌재 2004. 12. 16. 2004헌마456).

① ✕

> 헌법 제8조 ① 정당의 설립은 자유이며, 복수정당제는 보장된다.

③ ✕

> 헌법 제8조 ④ 정당의 목적이나 활동이 민주적 기본질서에 위배될 때에는 정부(국회 ×)는 헌법재판소에 그 해산을 제소할 수 있고, 정당은 헌법재판소의 심판에 의하여 해산된다.

④ ✕ 헌법 제8조 제4항의 민주적 기본질서 개념은 정당해산결정의 가능성과 긴밀히 결부되어 있다. 이 민주적 기본질서의 외연이 확장될수록 정당해산결정의 가능성은 확대되고, 이와 동시에 정당 활동의 자유는 축소될 것이다. 민주 사회에서 정당의 자유가 지니는 중대한 함의나 정당해산심판제도의 남용가능성 등을 감안한다면, 헌법 제8조 제4항의 민주적 기본질서는 최대한 엄격하고 협소한 의미로 이해해야 한다(헌재 2014. 12. 19. 2013헌다1).

02
정답 ④

④ ✕ 농협·축협 조합장이 금고 이상의 형을 선고받고 그 형이 확정되지 아니한 경우에도 이사가 그 직무를 대행하도록 규정한 것이 직업수행의 자유를 침해하는지 여부(적극) 단순히 금고 이상의 형을 선고받은 모든 범죄로 그 적용대상을 무한정 확대함으로써 기본권의 최소 침해성원칙을 위반하였다. …… 따라서 이 사건 법률조항들은 과잉금지원칙에 위반하여 청구인들의 직업수행의 자유를 침해한다(헌재 2013. 8. 29. 2010헌마562).

① ⓞ 지역농협 임원 선거는 국민주권 내지 대의민주주의 원리와 관계없는 단체 내부의 조직구성에 관한 것으로서 공익을 위하여 상대적으로 폭넓은 법률상 규제가 가능하다(헌재 2013. 7. 25. 2012헌바120).

② ⓞ 사법적인 성격을 지니는 농협의 조합장선거에서 조합장을 선출하거나 조합장으로 선출될 권리, 조합장선거에서 선거운동을 하는 것은 헌법에 의하여 보호되는 선거권의 범위에 포함되지 않는다(헌재 2012. 2. 23. 2011헌바154).

③ ⓞ 선거운동 기간 외에는 중소기업중앙회 회장선거에 관한 선거운동을 제한하고, 이를 위반하면 형사처벌하는 중소기업협동조합법 관련 부분은 죄형법정주의 명확성원칙에 위반되지 않는다(헌재 2021. 7. 15. 2020헌가9).

03
정답 ③

③ ✗ 대의민주주의 아래에서 대표자에 대한 선출과 신임은 선거의 형태로 이루어지는 것이 바람직하고, 주민소환은 대표자에 대한 신임을 묻는 것으로서 그 속성은 재선거와 다를 바 없으므로 선거와 마찬가지로 그 사유를 묻지 않는 것이 제도의 취지에 부합한다(헌재 2011. 3. 31. 2008헌마355).

① ◎ 우리헌법은 지방자치제도를 제도적으로 보장하고 있으며 이러한 제도적 보장은 최대한의 보장을 하고 있는 기본권과는 달리 제도자체의 폐지나 금지만을 보장함으로서 입법권자에게 광범위한 입법재량을 인정한다.

② ◎ [1] 지방자치제 실시를 유보하던 개정 전 헌법 부칙 제10조를 삭제한 현행헌법 및 이에 따라 자치사무에 관한 감사규정은 존치하되 '위법성 감사'라는 단서를 추가하여 자치사무에 대한 감사를 축소한 구 지방자치법 제158조 신설경위, 자치사무에 관한 한 중앙행정기관과 지방자치단체의 관계가 상하의 감독관계에서 상호보완적 지도·지원의 관계로 변화된 지방자치법의 취지, 중앙행정기관의 감독권 발동은 지방자치단체의 구체적 법위반을 전제로 하여 작동되도록 제한되어 있는 점, 그리고 국가감독권 행사로서 지방자치단체의 자치사무에 대한 감사원의 사전적·포괄적 합목적성 감사가 인정되므로 국가의 중복감사의 필요성이 없는 점 등을 종합하여 보면, <u>중앙행정기관의 지방자치단체의 자치사무에 대한 구 지방자치법 제158조 단서 규정의 감사권은 사전적·일반적인 포괄감사권이 아니라 그 대상과 범위가 한정적인 제한된 감사권이라 해석함이 마땅하다.</u>
[2] 중앙행정기관이 구 지방자치법 제158조 단서 규정상의 감사에 착수하기 위해서는 자치사무에 관하여 특정한 법령위반행위가 확인되었거나 위법행위가 있었으리라는 합리적 의심이 가능한 경우이어야 하고, 또한 그 감사대상을 특정해야 한다. 따라서 <u>전반기 또는 후반기 감사와 같은 포괄적·사전적 일반감사나 위법사항을 특정하지 않고 개시하는 감사 또는 법령위반사항을 적발하기 위한 감사는 모두 허용될 수 없다</u>(헌재 2009. 5. 28. 2006헌라6).

④ ◎ 법률에서 조례에 위임하는 방식에 관해서는 법률상 제한이 없다. 조례의 제정권자인 지방의회는 선거를 통해서 지역적인 민주적 정당성을 지니고 있는 주민의 대표기관이다. 헌법 제117조 제1항은 지방자치단체에 포괄적인 자치권을 보장하고 있다. 따라서 조례에 대한 법률의 위임은 법규명령에 대한 법률의 위임과 같이 반드시 구체적으로 범위를 정하여 할 필요가 없다. 법률이 주민의 권리·의무에 관한 사항에 관하여 구체적으로 범위를 정하지 않은 채 조례로 정하도록 포괄적으로 위임한 경우에도 지방자치단체는 법령에 위반되지 않는 범위 내에서 주민의 권리·의무에 관한 사항을 조례로 제정할 수 있다(대판 2017. 12. 5. 2016추5162).

04
정답 ④

④ ✗ <u>이동통신단말장치를 구입하고자 하는 청구인들이 '이동통신단말장치 유통구조 개선에 관한 법률'(단말기유통법) 관련 부분(이하 '지원금상한 조항'이라 한다)이 청구인들의 계약의 자유를 침해하는지 여부(소극)</u> 단말기유통법상의 지원금 상한 조항은 계약 당사자인 이동통신사업자 등과 이용자인 청구인들이 이동통신단말 장치를 구입하고 이동통신서비스 이용에 관한 계약을 체결함에 있어 자유로운 의사에 따라 지원금 지급의 조건이나 액수와 같은 계약의 구체적인 내용을 정할 수 있는 계약의 자유를 제한한다. …… 단말기유통법이 지원금 상한 조항으로 인한 기본권 제한을 최소화하기 위한 제도적 장치를 마련하고 있고, 달리 이동통신산업의 건전한 발전과 이용자의 권익 보호라는 입법목적을 달성하면서 덜 침익적인 대체적 방안을 발견할 수도 없으므로 지원금 상한 조항은 침해의 최소성을 갖추었다고 볼 것이다(헌재 2017. 5. 25. 2014헌마844).

① ◎ <u>임대차존속기간을 20년으로 제한한 민법 제651조 제1항이 계약의 자유를 침해하는지 여부(적극)</u> 토지임대차의 경우, 견고한 건물 소유 목적인지 여부에 따라 이 사건 법률조항의 적용 여부에 차이를 두는 것은, 소유 건물이 견고한 건물에 해당하는지 여부가 불분명한 경우도 있어 이에 대한 분쟁이 유발될 수 있을 뿐 아니라, 건축기술이 발달된 오늘날 견고한 건물에 해당하는지 여부가 임대차존속기간 제한의 적용 여부를 결정하는 기준이 되기에는 부적절하다. 또한 지하매설물 설치를 위한 토지임대차나 목조건물과 같은 소위 비견고건물의 소유를 위한 토지임대차의 경우 이 사건 법률조항으로 인해 임대차기간이 갱신되지 않는 한 20년이 경과한 후에는 이를 제거 또는 철거해야 하는데, 이는 사회경제적으로도 손실이 아닐 수 없다. 이 사건 법률조항은 입법취지가 불명확하고, 사회경제적 효율성 측면에서 일정한 목적의 정당성이 인정된다 하더라도 과잉금지원칙을 위반하여 계약의 자유를 침해한다(헌재 2013. 12. 26. 2011헌바234).

② ◎ 기간제 근로계약을 제한 없이 허용할 경우, 일반 근로자층은 단기의 근로계약 체결을 강요당하더라도 이를 거부할 수 없을 것이고, 이 경우 불안정 고용은 증가할 것이며, 정규직과의 격차는 심화될 것이므로 이러한 사태를 방지하기 위해서는 기간제근로자 사용기간을 제한하여 무기계약직으로의 전환을 유도할 수밖에 없다. 사용자로 하여금 2년을 초과하여 기간제근로자를 사용할 수 없도록 한 심판대상조항으로 인해 경우에 따라서는 개별 근로자들에게 일시 실업이 발생할 수 있으나, 이는 기간제근로자의 무기계약직 전환 유도와 근로조건 개선을 위해 불가피한 것이고, 심판대상조항이 전반적으로는 고용불안 해소나 근로 조건 개선에 긍정적으로 작용하고 있다는 것을 부인할 수 없으므로 기간제근로자의 계약의 자유를 침해한다고 볼 수 없다(헌재 2013. 10. 24. 2010헌마219).

③ ◎ 퇴직금을 퇴직일로부터 14일 이내에 지급하도록 한 것과 임금을 매월 1회 이상 정기적으로 지급하도록 한 것은 사용자의 계약의 자유 및 기업활동의 자유를 침해하지 아니한다(헌재 2005. 9. 2. 2002헌바11).

05
정답 ④

④ ◎ 어떤 법률의 개념이 다의적이고 그 어의(語意)의 테두리 안에서 여러 가지 해석이 가능할 때, 헌법을 최고법규로 하는 통일적인 법질서의 형성을 위하여 헌법에 합치되는 해석을 택하여야 하며, 이에 의하여 위헌적인 결과가 될 해석은 배제하면서 합헌적이고 긍정적인 면은 살려야 한다는 것이 헌법의 일반법리이다(대판 2005. 1. 27. 2004도7488).

① ✗ <u>구체적 사건에서의 법률의 해석·적용권한은 사법권의 본질적 내용을 이루는 것임이 분명하다. 그러나 법률에 대한 위헌심사는 당연히 당해 법률 또는 법률조항에 대한 해석이 전제되는 것이고, 헌법재판소의 한정위헌의 결정은 단순히 법률을 구체적인 사실관계에 적용함에 있어서 그 법률의 의미와 내용을 밝히는 것이 아니라 법률에 대한 위헌성심사의 결과로서 법률조항이 특정의 적용영역에서 제외되는 부분은 위헌이라는 것을 뜻한다. 따라서 헌법재판소의 한정위헌결정은 결코 법률의 해석에 대한 헌법재판소의 단순한 견해가 아니라, 헌법에 정한 권한에 속하는 법률에 대한 위헌심사의 한 유형인 것이다</u>(헌재 1997. 12. 24 96헌마172).

② ✗ 합헌적 법률해석은 헌법이 아닌 법률의 해석기법에 해당한다.

③ ✗ 법률 또는 법률의 위 조항은 원칙적으로 가능한 범위 안에서 합적으로 해석함이 마땅하나 그 해석은 법의 문구와 목적에 따른 한계가 있다. 즉, 법률의 조항의 문구가 간직하고 있는 말의 뜻을 넘어서 말의 뜻이 완전히 다른 의미로 변질되지 아니하는 범위 내이어야 한다는 문의적 한계와 입법권자가 그 법률의 제정으로써 추구하고자 하는 입법자의 명백한 의지와 입법의 목적을 헛되게 하는 내용으로 해석할 수 없다는 법목적에 따른 한계가 바로 그것이다(헌재 1989. 7. 14. 88헌가5).

06

정답 ③

③ ✗ 우리 헌법은 변호인의 조력을 받을 권리가 불구속 피의자·피고인 모두에게 포괄적으로 인정되는지 여부에 관하여 명시적으로 규율하고 있지는 않지만, 불구속 피의자의 경우에도 변호인의 조력을 받을 권리는 우리 헌법에 나타난 법치국가원리, 적법절차원칙에서 인정되는 당연한 내용이고, 헌법 제12조 제4항도 이를 전제로 특히 신체구속을 당한 사람에 대하여 변호인의 조력을 받을 권리의 중요성을 강조하기 위하여 별도로 명시하고 있다. 피의자·피고인의 구속 여부를 불문하고 조언과 상담을 통하여 이루어지는 변호인의 조력자로서의 역할은 변호인선임권과 마찬가지로 변호인의 조력을 받을 권리의 내용 중 가장 핵심적인 것이고, 변호인과 상담하고 조언을 구할 권리는 변호인의 조력을 받을 권리의 내용 중 구체적인 입법형성이 필요한 다른 절차적 권리의 필수적인 전제요건으로서 변호인의 조력을 받을 권리 그 자체에서 막바로 도출되는 것이다(헌재 2004. 9. 23. 2000헌마138).

① ○ 우리 헌법이 변호인의 조력을 받을 권리가 불구속 피의자·피고인 모두에게 포괄적으로 인정되는지 여부에 관하여 명시적으로 규율하고 있지는 않지만, 불구속 피의자의 경우에도 변호인의 조력을 받을 권리는 우리 헌법에 나타난 법치국가원리, 적법절차원칙에서 인정되는 당연한 내용이고, 헌법 제12조 제4항도 이를 전제로 특히 신체구속을 당한 사람에 대하여 변호인의 조력을 받을 권리의 중요성을 강조하기 위하여 별도로 명시하고 있다고 할 것이다(헌재 2004. 9. 23. 2000헌마138).

② ○ 피고인의 신속·공정한 재판을 받을 권리 및 변호인의 조력을 받을 권리는 헌법이 보장하고 있는 기본권이고, 변호인의 수사서류 열람·등사권은 피고인의 신속·공정한 재판을 받을 권리 및 변호인의 조력을 받을 권리라는 헌법상 기본권의 중요한 내용이자 구성요소이며 이를 실현하는 구체적인 수단이 된다. 따라서 변호인의 수사서류 열람·등사를 제한함으로 인하여 결과적으로 피고인의 신속·공정한 재판을 받을 권리 또는 변호인의 충분한 조력을 받을 권리가 침해된다면 이는 헌법에 위반되는 것이다(헌재 2010. 6. 24. 2009헌마257).

④ ○ **미결수용자와 변호인 사이의 서신을 검열한 행위가 헌법에 위반되는지 여부(적극)** 헌법 제12조 제4항 본문은 신체구속을 당한 사람에 대하여 변호인의 조력을 받을 권리를 규정하고 있는바, 이를 위하여서는 신체구속을 당한 사람에게 변호인과 사이의 충분한 접견교통을 허용함은 물론 교통내용에 대하여 비밀이 보장되고 부당한 간섭이 없어야 하는 것이며, 이러한 취지는 접견의 경우뿐만 아니라 변호인과 미결수용자 사이의 서신에도 적용되어야 할 것이다.(헌재 1995. 7. 21. 92헌마144).

07

정답 ④

④ ✗ '형의 집행 및 수용자의 처우에 관한 법률' 제45조는 종교행사 등에의 참석 대상을 "수용자"로 규정하고 있어 수형자와 미결수용자를 구분하고 있지도 아니하고, 무죄추정의 원칙이 적용되는 미결수용자들에 대한 기본권 제한은 징역형 등의 선고를 받아 그 형이 확정된 수형자의 경우보다는 더 완화되어야 할 것임에도, 피청구인이 수용자 중 미결수용자에 대하여만 일률적으로 종교행사 등에의 참석을 불허한 것은 미결수용자의 종교의 자유를 나머지 수용자의 종교의 자유보다 더욱 엄격하게 제한한 것이다. 나아가 공범 등이 없는 경우 내지 공범 등이 있는 경우라도 공범이나 동일사건 관련자를 분리하여 종교행사 등에의 참석을 허용하는 등의 방법으로 미결수용자의 기본권을 덜 침해하는 수단이 존재함에도 불구하고 이를 전혀 고려하지 아니하였으므로 이 사건 종교행사 등 참석불허 처우는 침해의 최소성 요건을 충족하였다고 보기 어렵다. 그리고, 이 사건 종교행사 등 참석불허 처우로 얻어질 공익의 정도가 무죄추정의 원칙이 적용되는 미결수용자들이 종교행사 등에 참석을 하지 못함으로써 입게 되는 종교의 자유의 제한이라는 불이익에 비하여 결코 크다고 단정하기 어려우므로 법익의 균형성 요건 또한 충족하였다고 할 수 없다. 따라서, 이 사건 종교행사 등 참석불허 처우는 과잉금지원칙을 위반하여 청구인의 종교의 자유를 침해하였다(헌재 2011. 12. 29. 2009헌마527).

① ○ 종교의 자유에서 종교에 대한 적극적인 우대조치를 요구할 권리가 직접 도출되거나 우대할 국가의 의무가 발생하지 아니한다. 종교시설의 건축행위에만 기반시설부담금을 면제한다면 국가가 종교를 지원하여 종교를 승인하거나 우대하는 것으로 비칠 소지가 있어 헌법 제20조 제2항의 국교금지·정교분리에 위배될 수도 있다고 할 것이므로 종교시설의 건축행위에 대하여 기반시설부담금 부과를 제외하거나 감경하지 아니하였더라도, 종교의 자유를 침해하는 것이 아니다(헌재 2010. 2. 25. 2007헌바131).

② ○ 압류 등 강제집행은 국가가 강제력을 행사함으로써 채권자의 사법상 청구권에 대한 실현을 도모하는 절차로서 채권자의 재산권은 궁극적으로 강제집행에 의하여 그 실현이 보장되는 것인바, 이 사건 법률조항은 전통사찰에 대하여 채무명의를 가진 일반 채권자(이하 '전통사찰의 일반 채권자'라 한다)가 전통사찰 소유의 전법용 경내지의 건조물 등에 대하여 압류하는 것을 금지하고 있으므로 '전통사찰의 일반 채권자'의 재산권을 제한한다. …… 종교의 자유는 신앙의 자유, 종교적 행위의 자유 및 종교적 집회·결사의 자유를 그 내용으로 하는바, 이 사건 법률조항은 전통사찰 소유의 일정 재산에 대한 압류를 금지할 뿐이므로 그로 인하여 위와 같은 종교의 자유의 내용 중 어떠한 것도 제한되지는 아니한다(헌재 2012. 6. 27. 2011헌바34).

③ ○ 구치소에 종교행사 공간이 1개뿐이고, 종교행사는 종교, 수형자와 미결수용자, 성별, 수용동별로 진행되며, 미결수용자는 공범이나 동일사건 관련자가 있는 경우 이를 분리하여 참석하게 해야 하는 점을 고려하면 피청구인이 미결수용자 대상 종교 행사를 4주에 1회 실시했더라도 종교의 자유를 과도하게 제한하였다고 보기 어렵고, 구치소의 인적·물적 여건상 하루에 여러 종교행사를 동시에 하기 어려우며, …… 이 사건 종교행사 처우는 청구인의 종교의 자유를 침해하지 않는다(헌재 2015. 4. 30. 2013헌마190). → 피청구인 ○○구치소장이 2012. 12. 21.부터 2013. 4. 5.까지 ○○구치소 내 미결수용자를 대상으로 한 개신교 종교행사를 4주에 1회, 일요일이 아닌 요일에 실시한 행위('이 사건 종교행사 처우')가 청구인의 종교의 자유를 침해하는지 여부(소극)

08

정답 ①

① ○ 고등학교 진학 기회의 제한은 대학 등 고등교육기관에 비하여 당사자에게 미치는 제한의 효과가 더욱 크므로 보다 더 엄격히 심사하여야 한다. 따라서 이 사건 중복지원금지 조항의 차별 목적과 차별의 정도가 비례원칙을 준수하는지 살펴본다(헌재 2019. 4. 11. 2018헌마221). → 중복지원금지 조항이 청구인 학생 및 학부모의 평등권을 침해하여 헌법에 위반된다고 본 사례

② ✗ 헌법재판소는 2016. 9. 29. 2014헌바254 결정으로, 근로자가 사업주의 지배관리 아래 출퇴근하던 중 발생한 사고로 부상 등이 발생한 경우만 업무상 재해로 인정하던 구법 조항에 대하여 '통상의 출퇴근 재해를 업무상 재해로 인정하지 아니한 것은 헌법에 합치되지 않는다'는 취지의 헌법불합치결정(이하 '이 사건 헌법불합치결정'이라 한다)을 하였다. 이 사건 헌법불합치결정에서 기존 제도에서 배제된 집단이 받는 중대한 불이익이 이미 확인된 이상, 신법 조항을 소급적용함으로써 산재보험에 미치는 재정상 부담과, 그로써 회복할 수 있는 합헌적 상태의 이익을 충분히 고려하여 차별취급이 합리적인지 여부를 판단하여야 한다. 그런데 최근 산재보험 재정수지와 적립금 보유액, 통상의 출퇴근 재해를 업무상 재해로 인정함에 따라 인상된 보험료율 등을 살펴보면, 이 사건 헌법불합치결정 이후 통상의 출퇴근 사고를 당한 근로자에게 이미 위헌성이 확인된 구법 조항을 계속 적용하면서까지 산재보험 기금의 재정건전성을 담보

할 필요가 있는지 의문이 있다. 또한 개정법은 통상의 출퇴근 재해 인정에 따른 산재보험 기금의 재정상 부담을 완화할 수 있는 다양한 방법을 마련하고 있다. 심판대상조항이 신법 조항의 소급적용을 위한 경과규정을 두지 않음으로써 개정법 시행일 전에 통상의 출퇴근 사고를 당한 비혜택근로자를 보호하기 위한 최소한의 조치도 취하지 않은 것은, 산재보험의 재정상황 등 실무적 여건이나 경제상황 등을 고려한 것이라고 하더라도, 그 차별을 정당화할 만한 합리적인 이유가 있는 것으로 보기 어렵고, 이 사건 헌법불합치결정의 취지에도 어긋난다. 따라서 심판대상조항은 헌법상 평등원칙에 위반된다(헌재 2019. 9. 26. 2018헌바218).

③ ❌ 대한민국 국민인 남자에 한하여 병역의무를 부과한 구 병역법 제3조 제1항(이 사건 법률조항)은 헌법이 특별히 양성평등을 요구하는 경우나 관련 기본권에 중대한 제한을 초래하는 경우의 차별취급을 그 내용으로 하고 있다고 보기 어려우며, 징집대상자의 범위 결정에 관하여는 입법자의 광범위한 입법형성권이 인정된다는 점에 비추어 이 사건 법률조항이 평등권을 침해하는지 여부는 완화된 심사기준에 따라 판단하여야 한다(헌재 2010. 11. 25. 2006헌마328). → 이 사건 법률조항이 성별을 기준으로 병역의무자의 범위를 정한 것은 자의금지원칙에 위배하여 평등권을 침해하지 않는다.

> 2017 법원직 헌법 제11조 제1항 제2문은 차별금지사유로서 성별을 명시하고 있으므로 대한민국 국민인 남자에 한하여 병역의무를 부과하는 병역법 조항이 평등권을 침해하는지 여부는 완화된 심사척도인 자의금지원칙 위반 여부가 아니라 엄격한 심사기준을 적용하여 판단하여야 한다. (✕)

④ ❌ 심판대상조항들이 생부인 청구인들의 평등권을 침해하는지 여부(소극) 심판대상조항들이 혼인 중인 여자와 남편 아닌 남자 사이에서 출생한 자녀의 경우에 혼인 외 출생자의 신고의무를 모에게만 부과하고, 남편 아닌 남자인 생부에게 자신의 혼인 외 자녀에 대해서 출생신고를 할 수 있도록 규정하지 아니한 것은 모는 출산으로 인하여 그 출생자와 혈연관계가 형성되는 반면에, 생부는 그 출생자와의 혈연관계에 대한 확인이 필요할 수도 있고, 그 출생자의 출생사실을 모를 수도 있다는 점에 있으며, 이에 따라 가족관계등록법은 모를 중심으로 출생신고를 규정하고, 모가 혼인 중일 경우에 그 출생자는 모의 남편의 자녀로 추정하도록 한 민법의 체계에 따르도록 규정하고 있는 점에 비추어 합리적인 이유가 있다. 그렇다면, 심판대상조항들은 생부인 청구인들의 평등권을 침해하지 않는다(헌재 2023. 3. 23. 2021헌마975).

09   정답 ②

② ❌ "문화의 영역에 있어서 각인의 기회를 균등히" 할 것에 대해서는 헌법 제9조가 아닌 헌법전문에서 선언하고 있다.

> **헌법 제9조** 국가는 전통문화의 계승·발전과 민족문화의 창달에 노력하여야 한다.

③ ⭕ '국가는 전통문화의 계승·발전과 민족문화의 창달에 노력하여야 한다'라고 규정한 우리 헌법 제9조에 근거하여 제정된 것으로서, 국가의 문화재에 관한 사무를 관장하던 관할 행정관청이 어떤 사찰을 전통사찰로 지정하는 행위는 해당 사찰을 국가의 '보존공물(保存公物)'로 지정하는 처분에 해당한다고 보아야 한다. 또한, 헌법 제9조의 규정취지와 민족문화유산의 본질에 비추어 볼 때, 국가가 민족문화유산을 보호하고자 하는 경우 이에 관한 헌법적 보호법익은 '민족문화유산의 존속' 그 자체를 보장하는 것이고, 원칙적으로 민족문화유산의 훼손등에 관한 가치보상(價値補償)이 있는지 여부는 이러한 헌법적 보호법익과 직접적인 관련이 없다(헌재 2003. 1. 30. 2001헌바64).

④ ⭕ 국가는 학교교육에 관한 한, 교육제도의 형성에 관한 폭넓은 권한을 가지고 있지만, 학교교육 밖의 사적인 교육영역에서는 원칙적으로 부모의 자녀교육권이 우위를 차지하고, 국가 또한 헌법이 지향하는 문화국가이념에 비추어, 학교교육과 같은 제도교육 외에 사적인 교육의 영역에서도 사인의 교육을 지원하고 장려해야 할 의무가 있으므로 사적인 교육영역에 대한 국가의 규율권에는 한계가 있다(헌재 2009. 10. 29. 2008헌마635).

10   정답 ③

③ ❌ 이 사건 심판대상조항에 의해 달성하려는 공익은 사학 연금 재정의 악화에 대비하여 사학연금제도의 유지·존속을 도모하려는 것으로 그 공익적 가치는 매우 큰데 반하여, 퇴직연금 수급권의 성격상 급여의 구체적인 내용은 가변적인 것일 수 있고, 제반 사정을 고려하면 연금수급자들의 신뢰는 퇴직 후에도 현 제도 그대로 연금액을 받을 것이라는 것이 아니며, 그러한 신뢰에 기하여 투자 등의 조치를 취하는 것은 아닐뿐더러, 이 사건 심판대상조항은 퇴직연금 중의 일부의 지급을 정지할 뿐이므로, 퇴직연금 수급자들이 입는 불이익은 그다지 크지 않다. 따라서 보호하려는 퇴직연금 수급자의 신뢰의 가치에 비하여 유지하려는 공익적 가치가 더욱 긴급하고 중요하므로, 이 사건 심판대상조항이 헌법상 신뢰보호의 원칙에 위반된다고 할 수 없다(헌재 2009. 7. 30. 2007헌바113).

① ⭕ 위헌적 법률에 기초한 신뢰이익은 위헌적 법률의 존속에 관한 것에 불과하여 위헌적인 상태를 제거해야 할 법치국가적 공익과 비교형량해 보면 공익이 신뢰이익에 대하여 원칙적인 우위를 차지하기 때문에 합헌적인 법률에 기초한 신뢰이익과 동일한 정도의 보호, 즉 "헌법에서 유래하는 국가의 보호의무"까지는 요청할 수는 없다(헌재 2006. 3. 30. 2005헌마598).

② ⭕ 구 매장법이 장사법으로 전부개정되면서 그 부칙 제3조에서 종전의 법령에 따라 설치된 봉안시설을 장사법에 의하여 설치된 봉안시설로 보도록 함으로써 구 매장법에 따라 설치허가를 받은 봉안시설 설치·관리인의 기존의 법상태에 대한 신뢰는 이미 보호되었다. 더 나아가 장사법 시행 후 추가로 설치되는 부분에 대해서까지 기존의 법상태에 대한 보호가치 있는 신뢰가 있다고 보기 어렵다. 따라서 심판대상조항은 신뢰보호원칙에 위반되지 아니한다(헌재 2021. 8. 31. 2019헌바453).

④ ⭕ '개성공단의 정상화를 위한 합의서'에는 국내법과 동일한 법적 구속력을 인정하기 어렵고, 과거 사례 등에 비추어 개성공단의 중단 가능성은 충분히 예상할 수 있었으므로, 개성공단 전면중단 조치는 신뢰보호원칙을 위반하여 개성공단 투자기업인 청구인들의 영업의 자유와 재산권을 침해하지 아니한다(헌재 2022. 1. 27. 2016헌마364).

11   정답 ④

④ ❌ 직업의 자유 중 이 사건에서 문제되는 직장선택의 자유는 인간의 존엄과 가치 및 행복추구권과도 밀접한 관련을 가지는 만큼 단순히 국민의 권리가 아닌 인간의 권리로 보아야 할 것이므로 외국인도 제한적으로라도 직장선택의 자유를 향유할 수 있다고 보아야 한다(헌재 2011. 9. 29. 2007헌마1083).

① ⭕ 고용 허가를 받아 국내에 입국한 외국인근로자의 출국만기보험금을 출국 후 14일 이내에 지급하도록 한 '외국인근로자의 고용 등에 관한 법률'(2014. 1. 28. 법률 제12371호로 개정된 것) 제13조 제3항 중 '피보험자등이 출국한 때부터 14 일 이내' 부분이 청구인들의 근로의 권리를 침해하는지 여부(소극)(헌재 2016. 3. 31. 2014헌마367)

> 2023 경찰간부 고용허가를 받아 국내에 입국한 외국인근로자의 출국만기보험금을 출국 후 14일 이내에 지급하도록 한 「외국인근로자의 고용 등에 관한 법률」의 해당 조항 중 '피보험자등이 출국한 때부터 14일 이내' 부분이 청구인들의 근로의 권리를 침해한다고 보기 어렵다. (⭕)

② ○ 업무상 배임을 처벌하도록 규정한 형법(1995. 12. 29. 법률 제5057호로 개정된 것) 제356조 중 제355조 제2항에 관한 부분이, 구 '부정경쟁방지 및 영업비밀보호에 관한 법률'상 영업비밀에 해당하지 아니하는 영업상 주요자산인 정보를 유출한 경우까지 처벌함으로써 과잉금지원칙을 위반하여 근로자의 직업수행의 자유를 침해하는지 여부(소극) 영업상 주요자산에 해당하는 정보를 유출하는 행위도 직업의 자유에서 보호되는 직업에 해당하는지 문제될 수 있는데, 여기서 말하는 '직업'이란 생활의 기본적 수요를 충족시키기 위하여 행하는 계속적인 소득활동을 의미하고, 사회적 유해성이 있다 하여 직업의 자유의 보호영역에서 제외되는 것은 아니다. 따라서 만약 근로자가 회사의 영업상 주요자산에 해당하는 정보를 유출한 행위가 사회적으로 유해하다고 보더라도, 생활의 기본적 수요를 충족시키기 위한 계속적 소득활동의 일환으로 이루어진 이상 직업의 자유의 보호영역에서 제외되지는 않는다(헌재 2019. 12. 27. 2017헌가18).

③ ○ 직업선택의 자유에는 자신이 원하는 직업 내지 직종에 종사하는 데 필요한 전문지식을 습득하기 위한 직업교육장을 임의로 선택할 수 있는 '직업교육장 선택의 자유'도 포함된다(헌재 2009. 2. 26. 2007헌마1262).

12
정답 ③

③ ✗

국민투표법 제98조(투표의 연기) 천재·지변으로 인하여 투표를 실시할 수 없거나, 실시하지 못한 때에는 대통령은 투표를 연기하거나 다시 투표일을 정하여야 한다.

① ○

국민투표법 제1조(목적) 이 법은 헌법 제72조의 규정에 의한 외교·국방·통일 기타 국가안위에 관한 중요정책과 헌법 제130조의 규정에 의한 헌법개정안에 대한 국민투표에 관하여 필요한 사항을 규정함을 목적으로 한다.

② ○

국민투표법 제7조(투표권) 19세 이상의 국민은 투표권이 있다.
국민투표법 제9조(투표권이 없는 자) 투표일 현재 「공직선거법」 제18조의 규정에 따라 선거권이 없는 자는 투표권이 없다.

④ ○

국민투표법 제97조(재투표) ① 제93조의 규정에 의하여 국민투표의 전부 또는 일부의 무효판결이 있을 때에는 재투표를 실시하여야 한다.

13
정답 ③

㉠ ✗ 헌법상 보장된 청원권은 공권력과의 관계에서 일어나는 여러 가지 이해관계, 의견, 희망 등에 관하여 적법한 청원을 한 모든 당사자에게 국가기관이 청원을 수리할 뿐만 아니라 이를 심사하여 청원자에게 그 처리결과를 통지할 것을 요구할 수 있는 권리를 말하나, 청원사항의 처리결과에 심판이나 재결서에 준하여 이유를 명시할 것까지를 요구하는 것은 청원권의 보호범위에 포함되지 아니하므로 청원 소관관서는 청원법이 정하는 절차와 범위 내에서 청원사항을 성실·공정·신속히 심사하고 청원인에게 그 청원을 어떻게 처리하였거나 처리하려고 하는지를 알 수 있는 정도로 결과통지함으로써 충분하고, 비록 그 처리내용이 청원인이 기대하는 바에 미치지 않는다고 하더라도 헌법소원의 대상이 되는 공권력의 행사 내지 불행사라고는 볼 수 없다(헌재 1997. 7. 16. 93헌마239).

㉡ ○

청원법 제4조(청원기관) 이 법에 따라 국민이 청원을 제출할 수 있는 기관(이하 "청원기관"이라 한다)은 다음 각 호와 같다.
1. 국회·법원·헌법재판소·중앙선거관리위원회, 중앙행정기관(대통령 소속 기관과 국무총리 소속 기관을 포함한다)과 그 소속 기관
2. 지방자치단체와 그 소속 기관
3. 법령에 따라 행정권한을 가지고 있거나 행정권한을 위임 또는 위탁받은 법인·단체 또는 그 기관이나 개인

㉢ ✗

청원법 제5조(청원사항) 국민은 다음 각 호의 어느 하나에 해당하는 사항에 대하여 청원기관에 청원할 수 있다.
1. 피해의 구제
2. 공무원의 위법·부당한 행위에 대한 시정이나 징계의 요구
3. 법률·명령·조례·규칙 등의 제정·개정 또는 폐지
4. 공공의 제도 또는 시설의 운영
5. 그 밖에 청원기관의 권한에 속하는 사항

㉣ ○ 헌법상 청원권이 보장된다 하더라도 청원권의 구체적 내용은 입법활동에 의하여 형성되며 입법형성에는 폭넓은 재량권이 있으므로 입법자는 수용 목적 달성을 저해하지 않는 범위 내에서 교도소 수용자에게 청원권을 보장하는 합리적인 수단을 선택할 수 있다고 할 것인바, 서신을 통한 수용자의 청원을 아무런 제한 없이 허용한다면 수용자가 이를 악용하여 검열 없이 외부에 서신을 발송하는 탈법수단으로 이용할 수 있게 되므로 이에 대한 검열은 수용 목적 달성을 위한 불가피한 것으로서 청원권의 본질적 내용을 침해한다고 할 수 없다(헌재 2001. 11. 29. 99헌마713).

14
정답 ④

④ ○ 환매권의 발생기간을 제한하고 있는 '공익사업을 위한 토지 등의 취득 및 보상에 관한 법률' 제91조 제1항 중 '토지의 협의취득일 또는 수용의 개시일부터 10년 이내에' 부분은 재산권을 침해한다(헌재 2020. 11. 26. 2019헌바131).

① ✗ 2015년 개정된 '상가건물 임대차보호법'에서 신설된 제10조의4는 기존에 관행으로만 인정되어오던 권리금의 회수기회를 법적으로 보장하기 위한 것이다. 심판대상조항은 그 보호 대상의 범위를 설정한 것으로서, 대규모점포의 경우 임대인이 막대한 비용과 노력을 들여 상권을 형성하고 유지·관리하며 임차인은 그 결과로 형성된 지명도나 고객을 이용하여 영업을 하는 측면이 있는데, 권리금 회수기회 보호 규정을 대규모점포에 적용함에 있어서는 이러한 대규모점포의 특성을 고려하여 임대인의 지위와의 조화를 도모할 필요가 있는 점, 권리금 회수기회 보호 대상에 포함시킬 필요가 있는 경우 추후 실태조사를 거쳐 추가하도록 개정할 수 있는 점, 대규모점포의 경우에도 민법 규정이나 계약갱신요구권 및 대항력 규정의 적용으로 권리금 회수를 간접적으로 보호받고 있는 점 등을 고려하면, 심판대상조항이 입법형성권의 한계를 일탈하여 청구인들의 재산권을 침해한다고 보기 어렵다(헌재 2020. 7. 16. 2018헌바242).

② ✗ 전자세금계산서를 발급하여야 할 의무가 있는 자가 전자세금계산서를 발급하지 아니하고 세금계산서의 발급시기에 전자세금계산서 외의 세금계산서를 발급한 경우에는 그 공급가액의 1퍼센트를 곱한 금액을 납부세액에 더하거나 환급세액에서 빼도록 한 구 부가가치세법 제60조 제2항 제2호 단서는 재산권을 침해하지 않는다(헌재 2020. 12. 23. 2018헌바439).

③ ❌ 심판대상조항은 과거 전란으로 인한 등기부와 지적공부 등의 멸실, 등기제도에 대한 인식 부족, 부동산 매수 관련 증명서류의 소실 등의 이유로 실체관계에 부합하지 않는 등기가 많았던 문제를 해소할 목적으로, 부동산의 사실상 양수인 또는 그 대리인이 보증서를 바탕으로 발급받은 확인서로써 등기원인을 증명하는 서면 없이 단독으로 신속·간이하게 소유권이전등기를 신청할 수 있도록 하였다. 한편 소유권특조법은 심판대상조항에 따른 등기의 진실성을 보장하기 위해 보증인의 최소인원과 자격을 제한하고, 확인서 발급 관련 공고 및 이의신청절차를 두고, 허위의 방법으로 확인서를 발급받거나 허위의 보증서를 작성한 사람 등을 처벌하는 조항을 마련하였다. 또한 심판대상조항이 예정한 바와 달리 진실과 불일치하는 등기가 마쳐지더라도 소송으로써 이를 바로잡는 것도 가능하다. 그렇다면 심판대상조항은 입법형성권의 한계를 벗어났다고 보기 어려운바, 청구인의 재산권을 침해하지 않는다(헌재 2020. 12. 23. 2019헌바41).

15 정답 ④

④ ❌ 헌법 제28조의 형사보상청구권이 국가의 형사사법작용에 의하여 신체의 자유가 침해된 국민에게 그 구제를 인정하여 국민의 기본권 보호를 강화하는 데 그 목적이 있는 점에 비추어 보면, 외형상·형식상으로 무죄재판이 없다고 하더라도 형사사법절차에 내재하는 불가피한 위험으로 인하여 국민의 신체의 자유에 관하여 피해가 발생하였다면 형사보상청구권을 인정하는 것이 타당하다. 심판대상조항은 소송법상 이유 등으로 무죄재판을 받을 수는 없으나 그러한 사유가 없었더라면 무죄재판을 받을 만한 현저한 사유가 있는 경우 그 절차에서 구금되었던 개인 역시 형사사법절차에 내재하는 불가피한 위험으로 인하여 신체의 자유에 피해를 입은 것은 마찬가지이므로 국가가 이를 마땅히 책임져야 한다는 고려에서 마련된 규정이다. 원판결의 근거가 된 가중처벌규정에 대하여 헌법재판소의 위헌결정이 있었음을 이유로 개시된 재심절차에서, 공소장의 교환적 변경을 통해 위헌결정된 가중처벌규정보다 법정형이 가벼운 처벌규정으로 적용법조가 변경되어 피고인이 무죄판결을 받지는 않았으나 원판결보다 가벼운 형으로 유죄판결이 확정됨에 따라 원판결에 따른 구금형 집행이 재심판결에서 선고된 형을 초과하게 된 이 사건과 같은 경우, 소송법상 이유로 무죄재판을 받을 수는 없으나 그러한 사유가 없었다면 무죄재판을 받았을 것임이 명백하고 원판결의 형 가운데 재심절차에서 선고된 형을 초과하는 부분의 전부 또는 일부에 대해서는 결과적으로 부당한 구금이 이루어진 것으로 볼 수 있다는 점에서 심판대상조항이 형사보상 대상으로 규정하고 있는 경우들과 본질적으로 다르다고 보기 어렵다. 다만 무죄재판을 받을 수 없었던 사유가 '적용법조에 대한 공소장의 교환적 변경'이라는 점에 차이가 있다. 그런데 형사사법기관이 피고인을 위한 비상구제절차인 재심절차에 이르러 공소장의 교환적 변경 등을 통해 무죄재판을 피하였다고 하더라도, 피고인이 그러한 형사사법절차 속에서 이미 신체의 자유에 관한 중대한 피해를 입었다면, 피고인 개인으로 하여금 그 피해를 부담하도록 하는 것은 헌법상 형사보상청구권의 취지에 어긋난다. 결과적으로 부당한 구금으로 이미 피고인의 신체의 자유에 관한 중대한 피해가 발생한 이상, 공소장의 교환적 변경을 통하여 무죄재판을 피하였다는 사정은 피고인에 대한 형사보상청구권 인정 여부를 달리할 합리적인 근거가 될 수 없다. 그럼에도 불구하고 심판대상조항이 이 사건에서 문제되는 경우를 형사보상 대상으로 규정하지 아니한 것은 현저히 자의적인 차별로서 평등원칙을 위반하여 청구인들의 평등권을 침해한다(헌재 2022. 2. 24. 2018헌마998).

① ⭕ 형사보상청구권은 국가의 형사사법작용에 의해 신체의 자유라는 중대한 법익을 침해받은 국민을 구제하기 위하여 헌법상 보장된 국민의 기본권이므로 일반적인 사법상의 권리보다 더 확실하게 보호되어야 할 권리이다. 그럼에도 불구하고 아무런 합리적인 이유 없이 그 청구기간을 1년이라는 단기간으로 제한한 것은 입법 목적 달성에 필요한 정도를 넘어선 것이라고 할 것이다(헌재 2010. 7. 29. 2008헌가4).

② ⭕ 형사보상청구권은 헌법 제28조에 따라 '법률이 정하는 바에 의하여' 행사되므로 그 내용은 법률에 의해 정해지는바, 형사보상의 구체적 내용과 금액 및 절차에 관한 사항은 입법자가 정하여야 할 사항이다. 이 사건 보상금조항 및 이 사건 보상금 시행령조항은 보상금을 일정한 범위 내로 한정하고 있는데, 형사보상은 형사사법절차에 내재하는 불가피한 위험으로 인한 피해에 대한 보상으로서 국가의 위법·부당한 행위를 전제로 하는 국가배상과는 그 취지 자체가 상이하므로 형사보상절차로서 인과관계 있는 모든 손해를 보상하지 않는다고 하여 반드시 부당하다고 할 수는 없으며, 보상금액의 구체화·개별화를 추구할 경우에는 개별적인 보상금액을 산정하는데 상당한 기간의 소요 및 절차의 지연을 초래하여 형사보상제도의 취지에 반하는 결과가 될 위험이 크고 나아가 그로 인하여 형사보상금의 액수에 지나친 차등이 발생하여 오히려 공평의 관념을 저해할 우려가 있는바, 이 사건 보상금조항 및 이 사건 보상금시행령조항은 청구인들의 형사보상청구권을 침해한다고 볼 수 없다(헌재 2010. 10. 28. 2008헌마514).

③ ⭕ 헌법 제28조의 형사보상청구권은 국가의 형사사법권이라는 공권력에 의해 인신구속이라는 중대한 법익의 침해가 발생한 국민에게 그 피해를 보상해주는 기본권이다. 이러한 형사보상청구권은 국가의 공권력 작용에 의하여 신체의 자유를 침해받은 국민에 대해 금전적인보상을 청구할 권리를 인정하는 것이므로 형사보상청구권이 제한됨으로 인하여 침해되는 국민의 기본권은 단순히 금전적인 권리에 불과한 것이라기보다는 실질적으로 국민의 신체의 자유와 밀접하게 관련된 중대한 기본권이라고 할 것이다(헌재 2010. 7. 29. 2008헌가4).

16 정답 ③

③ ❌ 보험료를 체납하는 것은 가입자가 자신의 의무를 이행하지 않는 것이므로, 그 반대급부에 해당하는 보험급여를 제한하는 것은 그러한 의무불이행에 대한 제재로서의 성격을 가진다. 보험급여는 건강보험의 가입자가 누릴 수 있는 가장 핵심적인 혜택이므로, 보험료를 체납한 사람에게 보험급여 자체를 제한하는 것은 보험료 납부를 보장하는 실효적인 수단이라고 할 수 있다. 만약 위와 같은 제재수단이 없다면, 가입자가 충분한 자력이 있음에도 보험료를 고의로 납부하지 않은 채 보험급여만을 받고자 하는 도덕적 해이가 만연하여 건강보험제도 자체의 존립이 위태로워질 수 있다. 나아가 앞서 살펴본 소득월액보험료 도입의 입법취지나 배경을 고려하면, 소득월액보험료를 일정기간 이상 체납한 가입자에 대하여 보수월액보험료를 납부하였다는 이유로 보험급여를 제한하지 아니할 경우, 해당 가입자는 다른 가입자들과 비교할 때 자신의 실제 경제적 능력에 비하여 훨씬 낮은 수준의 보험료만을 납부하고서도 그들과 동일한 내용의 보험급여를 지급받을 수 있게 되어, 형평에 부합하지 않는 결과가 초래될 수 있다. 따라서 소득월액보험료 체납자에 대한 보험급여를 제한하는 것은 그 취지를 충분히 납득할 수 있다. …… 심판대상조항은 소득월액보험료를 체납한 기간이 1개월 미만이거나, 월별 보험료의 총체납 횟수가 6회 미만인 경우에는 보험급여를 제한할 수 없도록 하고 있다(심판대상조항 및 구법 시행령 제26조 제1항, 제2항 참조). 또한 보험료를 3회 이상 체납한 사람은 국민건강보험공단에 분할납부를 신청할 수 있는데(구법 제82조 제1항), 분할납부 승인을 받고 그 승인된 보험료를 1회 이상 납부한 경우에는 국민건강보험공단이 보험급여를 지급할 수 있다(구법 제53조 제5항). 심판대상조항에 따라 보험급여를 하지 아니하는 기간(급여제한기간)에 받은 보험급여의 경우에도, 국민건강보험공단이 위 기간에 보험급여를 받은 사실이 있음을 가입자에게 통지한 날부터 2개

월이 지난 날이 속한 달의 납부기한 이내에 체납된 보험료를 완납하거나, 분할납부 승인을 받은 체납보험료를 1회 이상 낸 경우에는 보험급여로 인정하는 등(구법 제53조 제6항), 국민건강보험법은 심판대상조항으로 인하여 가입자가 과도한 불이익을 입지 않도록 배려하고 있다. 이상의 내용을 종합하면, 심판대상조항은 청구인의 인간다운 생활을 할 권리나 재산권을 침해하지 아니한다(헌재 2020. 4. 23. 2017헌바244).

① ⭕ 인간다운 생활을 할 권리로부터 인간의 존엄에 상응하는 "최소한의 물질적인 생활"의 유지에 필요한 급부를 요구할 수 있는 구체적인 권리가 상황에 따라서는 직접 도출될 수 있다고 할 수는 있어도, 동 기본권이 직접 그 이상의 급부를 내용으로 하는 구체적인 권리를 발생케 한다고는 볼 수 없다고 할 것이다. 이러한 구체적 권리는 국가가 재정형편 등 여러가지 상황들을 종합적으로 감안하여 법률을 통하여 구체화할 때에 비로소 인정되는 법률적 차원의 권리라고 할 것이다(헌재 1998. 2. 27. 97헌가10).

② ⭕ 인간다운 생활을 할 권리는 국민 중에서도 자연인에게 인정되는 기본권이라는 것이 다수설의 입장이다.

④ ⭕ 국가가 행하는 생계보호의 수준이 그 재량의 범위를 명백히 일탈하였는지의 여부, 즉 인간다운 생활을 보장하기 위한 객관적 내용의 최소한을 보장하고 있는지의 여부는 생활보호법에 의한 생계보호급여만을 가지고 판단하여서는 아니 되고 그 외의 법령에 의거하여 국가가 생계보호를 위하여 지급하는 각종 급여나 각종 부담의 감면 등을 총괄한 수준을 가지고 판단하여야 하는바, 1994년도를 기준으로 생활보호대상자에 대한 생계보호급여와 그 밖의 각종 급여 및 각종 부담감면의 액수를 고려할 때, 이 사건 생계보호기준이 청구인들의 인간다운 생활을 보장하기 위하여 국가가 실현해야 할 객관적 내용의 최소한도의 보장에도 이르지 못하였다거나 헌법상 용인될 수 있는 재량의 범위를 명백히 일탈하였다고는 보기 어렵고, 따라서 비록 위와 같은 생계보호의 수준이 일반 최저생계비에 못 미친다고 하더라도 그 사실만으로 곧 그것이 헌법에 위반된다거나 청구인들의 행복추구권이나 인간다운 생활을 할 권리를 침해한 것이라고는 볼 수 없다(헌재 1997. 5. 29. 94헌마33).

17 정답 ②

② ❌ 동물의 사육 사업 근로자에 대하여 근로기준법 제4장에서 전한 근로시간 및 휴일 규정의 적용을 제외하도록 한 심판대상조항이 입법자가 입법재량의 한계를 일탈하여 인간의 존엄을 보장하기 위한 최소한의 근로조건을 마련하지 않은 것이라고 보기 어려우므로, 심판대상조항은 청구인의 근로의 권리를 침해하지 않는다(헌재 2021. 8. 31. 2018헌마563).

① ⭕ 심판대상조항이 퇴직급여제도의 설정에 있어 4주간을 평균한 1주간의 소정근로시간을 기준으로 15시간 미만인 근로자를 그 적용대상에서 배제하고 있는 것은 퇴직급여제도의 성격 및 기능에 비추어 사용자의 부담을 경감하기 위한 기준을 설정한 것으로, 이것이 헌법상 용인될 수 있는 입법재량의 범위를 현저히 일탈한 것이라고 볼 수 없으므로, 헌법 제32조 제3항에 위배되는 것으로 볼 수 없다(헌재 2021. 11. 25. 2015헌바334).

③ ⭕ 헌법 제33조 제2항이 직접 '법률이 정하는 자'만이 노동 3권을 향유할 수 있다고 규정하고 있어서 '법률이 정하는 자' 이외의 공무원은 노동 3권의 주체가 되지 못하므로, '법률이 정하는 자' 이외의 공무원에 대해서도 노동 3권이 인정됨을 전제로 하여 헌법 제37조 제2항의 과잉금지원칙을 적용할 수는 없는 것이다(헌재 2007. 8. 30. 2003헌바51).

④ ⭕ 입법자는 헌법 제32조 제3항에 의하여 인간의 존엄성에 부합하는 근로조건의 기준을 정하여야 하나, 심판대상조항이 근로의 권리를 침해하는지 여부는, 부당해고제한제도를 형성함에 있어 해고로부터 근로자를 보호할 의무를 전혀 이행하지 아니하거나 그 내용이 현저히 불합리하여 헌법상 용인될 수 있는 재량의 범위를 벗어난 것인지 여부에 달려있다고 보아야 한다. …… 개별 근로관계법상의 해고금지조항은 4인 이하 사업장에도 금지되고 있어 부당해고제한조항이 적용되지 않는 부분을 일부 보완하고 있다. 또한 4인 이하 사업장에도 근로기준법 제35조의 해고예고제도가 적용되므로, 해고예고를 받은 날부터 30일분의 임금청구가 가능하여 4인 이하 사업장에 대한 최소한의 근로자 보호는 이루어지고 있다. 노동위원회 구제절차는 부당해고제한조항의 적용을 전제로 하여서만 그 실익이 있고, 구제절차는 그 자체로 4인 이하 사업장에 법적으로 대응하는 데 필요한 관리비용 증가를 수반하며, 구제명령으로 부과되는 금전보상이나 이행강제금 등은 사업장에 경제적 부담으로 돌아갈 수 있는 조치들이다. 4인 이하 사업장에 이를 준수하라고 강제할 만한 여건이 조성되어 있지 않다는 행정입법 제·개정자의 판단이 명백히 불합리하다고 볼 사정이 없다. 그렇다면 4인 이하 사업장에 부당해고제한조항이나 노동위원회 구제절차를 적용되는 근로기준법 조항으로 나열하지 않았다 하여 헌법상 용인될 수 있는 재량의 범위를 벗어난 것이라고 볼 수 없으므로, 심판대상조항은 청구인의 근로의 권리를 침해하지 아니한다(헌재 2019. 4. 11. 2017헌마820).

18 정답 ①

① ❌, ② ⭕, ③ ⭕, ④ ⭕

> **헌법전문**
> 유구한 역사와 전통에 빛나는 우리 대한국민은 3·1운동으로 건립된 대한민국임시정부의 법통과 불의에 항거한 4·19민주이념을 계승하고, 조국의 민주개혁과 평화적 통일의 사명에 입각하여 정의·인도와 동포애로써 민족의 단결을 공고히 하며, 모든 사회적 폐습과 불의를 타파하며, 자율과 조화를 바탕으로 자유민주적 기본질서를 더욱 확고히 하여 정치·경제·사회·문화의 모든 영역에 있어서 각인의 기회를 균등히 하고, 능력을 최고도로 발휘하게 하며, 자유와 권리에 따르는 책임과 의무를 완수하게 하여, 안으로는 국민생활의 균등한 향상을 기하고 밖으로는 항구적인 세계평화와 인류공영에 이바지함으로써 우리들과 우리들의 자손의 안전과 자유와 행복을 영원히 확보할 것을 다짐하면서 1948년 7월 12일에 제정되고 8차에 걸쳐 개정된 헌법을 이제 국회의 의결을 거쳐 국민투표에 의하여 개정한다.

19 [2023 비상계획관] 정답 ④

㉠ ❌ 심판대상조항에 의하여 제한 받는 사익은 자신이 원하는 시기에 검정고시에 응시하여 고등학교졸업의 학력인정을 취득하려는 것에 불과하다. 반면 심판대상조항이 추구하는 공익은 고등학교 퇴학자의 고졸검정고시 응시 증가를 억제하여 정규 학교교육 과정의 이수를 유도함으로써 공교육의 내실화를 도모하고자 하는 것이므로, 심판대상조항에 의하여 달성하려는 공익은 이로써 제한받는 사익보다 훨씬 크다 할 것이다. 그렇다면 고졸검정고시 공고일 기준 고등학교를 퇴학한 이후 6개월 동안 고졸검정고시의 응시자격을 제한한 심판대상조항은 청구인들의 교육을 받을 권리를 침해한다고 볼 수 없다(헌재 2022. 5. 26. 2020헌마1512).

㉡ ⭕ 평생교육을 포함한 교육시설의 입학자격에 관하여는 입법자에게 광범위한 형성의 자유가 있다고 할 것이어서, 3년제 전문대학의 2년 이상의 이수자에게 의무교육기관이 아닌 대학에의 일반 편입학을 허용하지 않는 것이 교육을 받을 권리나 평생교육을 받을 권리를 본질적으로 침해하지 않는다(헌재 2010. 11. 25. 2010헌마144).

㉢ ⭕ 헌법 제31조 제3항에 규정된 의무교육의 무상원칙에 있어서 의무

교육 무상의 범위는 원칙적으로 헌법상 교육의 기회균등을 실현하기 위해 필수불가결한 비용, 즉 모든 학생이 의무교육을 받음에 있어서 경제적인 차별 없이 수학하는 데 반드시 필요한 비용에 한한다(헌재 2012. 4. 24. 2010헌바164).

ⓔ ◉ 고등교육법 및 같은 법 시행령, 사립학교법, 지방자치법의 관련 규정을 종합하면, 청구인의 학교 설치, 운영 및 지도에 관한 사무는 지역적 특성에 따라 달리 다루어야 할 필요성이 있는 사무로서 유아원부터 고등학교 및 이에 준하는 학교에 관한 사무에 한하여 이를 자치사무로 보아야 할 것이고, 대학의 설립 및 대학생정원 증원 등 운영에 관한 사무는 국가적 이익에 관한 것으로서 전국적인 통일을 기할 필요성이 있는 국가사무로 보아야 할 것이다(헌재 2012. 7. 26. 2010헌라3).

20
정답 ①

① ✖ 재혼을 유족연금수급권 상실사유로 규정한 구 군인연금법 제29조 제1항 제2호가 재혼한 배우자의 인간다운 생활을 할 권리와 재산권을 침해하는지 여부(소극) 심판대상조항은 한정된 재원의 범위 내에서 유족들을 보다 효과적으로 보호하기 위하여 재혼 상대방 배우자를 통한 사적 부양이 가능한 배우자의 재혼을 유족연금수급권 상실사유로 규정한 것이므로, 입법재량의 한계를 벗어나 재혼한 배우자의 인간다운 생활을 할 권리와 재산권을 침해하였다고 볼 수 없다(헌재 2022. 9. 29. 2021헌가28).

② ◉ 우리 헌법은 헌법 제119조 이하의 경제에 관한 장에서 "균형있는 국민경제의 성장과 안정, 적정한 소득의 분배, 시장의 지배와 경제력남용의 방지, 경제주체간의 조화를 통한 경제의 민주화, 균형있는 지역경제의 육성, 중소기업의 보호육성, 소비자보호 등"의 경제영역에서의 국가목표를 명시적으로 규정함으로써 국가가 경제정책을 통하여 달성하여야 할 "공익"을 구체화하고, 동시에 헌법 제37조 제2항의 기본권제한을 위한 일반법률유보에서의 "공공복리"를 구체화하고 있다. 그러나 경제적 기본권의 제한을 정당화하는 공익이 헌법에 명시적으로 규정된 목표에만 제한되는 것은 아니고, 헌법은 단지 국가가 실현하려고 의도하는 전형적인 경제목표를 예시적으로 구체화하고 있을 뿐이므로 기본권의 침해를 정당화할 수 있는 모든 공익을 아울러 고려하여 법률의 합헌성 여부를 심사하여야 한다(헌재 1996. 12. 26. 96헌가18).

③ ◉ 헌법 제119조는 헌법상 경제질서에 관한 일반조항으로서 국가의 경제정책에 대한 하나의 헌법적 지침일 뿐, 그 자체가 기본권의 성질을 가진다거나 독자적인 위헌심사의 기준이 된다고 할 수 없다(헌재 2017. 7. 27. 2015헌바278).

④ ◉ 근로자의 날을 관공서의 공휴일에 포함시키지 않은 '관공서의 공휴일에 관한 규정' 제2조 본문이 공무원인 청구인들의 평등권을 침해하는지 여부(소극) 헌법재판소는 헌재 2015. 5. 28. 2013헌마343 결정에서, 심판대상조항과 같이 근로자의 날을 관공서의 공휴일에 포함시키지 않은 구 '관공서의 공휴일에 관한 규정' 제2조 본문에 대해 공무원들의 평등권을 침해하지 않는다고 판단하였다. …… 헌법재판소의 위 선례의 입장은 그대로 타당하고, 심판대상조항은 청구인들의 평등권을 침해한다고 볼 수 없다(헌재 2022. 8. 31. 2020헌마1025).